西學東漸
中學西傳

甲午年陽春 崔爾元題

法国汉学家德理文
(Le Marquis d'Hervey de Saint Denys, 1822—1892)

法国汉学家爱德华·沙畹
(Emmanuel-èdouard Chavannes, 1865—1918)

总第十九集
2015年秋冬卷
CSSCI来源集刊
北京语言大学主办

阎纯德 主编

漢學研究

Chinese Studies

学苑出版社

图书在版编目（CIP）数据

汉学研究．总第19集：2015年秋冬卷／阎纯德主编．— 北京：学苑出版社，2015.10
ISBN 978-7-5077-4897-0

Ⅰ．①汉… Ⅱ．①阎… Ⅲ．①汉学－文集 Ⅳ．① K207.8-53

中国版本图书馆CIP数据核字（2015）第247302号

出 版 人	孟　白
责任编辑	杨　雷
封面题字	朱天曙
封面设计	徐道会
出版发行	学苑出版社
社　　址	北京市丰台区南方庄2号院1号楼
邮政编码	100079
网　　址	www.book001.com
电子信箱	xueyuanpress@163.com
销售电话	010-67675512　67678944　67601101（邮购）
经　　销	新华书店
印 刷 厂	北京京华虎彩印刷有限公司
开本尺寸	710×1000　1/16
印　　张	40.75
字　　数	650千字
版　　次	2015年11月第1版
印　　次	2015年11月第1次印刷
定　　价	80.00元

汉学研究编辑委员会

顾　　问：汤一介　　李学勤　　袁行霈　　李宇明
　　　　　李向玉　　安平秋
主　　任：崔希亮
副 主 任：韩经太
主　　编：阎纯德
副 主 编：周　阅
编　　委：乐黛云　　王　宁　　王晓平　　方　铭
　　　　　刘顺利　　严绍璗　　李明滨　　李庆本
　　　　　杜道明　　张西平　　张国刚　　张　华
　　　　　何培忠　　周　阅　　段江丽　　耿　昇
　　　　　柴剑虹　　钱林森　　钱婉约　　徐志啸
　　　　　郭　鹏　　阎纯德　　阎国栋　　黄晓敏
　　　　　熊文华

卷 前 絮 语

2013年，国家主席习近平首倡加强国际上的"政治沟通、道路联通、贸易畅通、货币流通、民心相通，共同建设'丝绸之路经济带'"和"21世纪海上丝绸之路"；翌年博鳌亚洲论坛年会上便诞生了"一带一路"这一温暖的世界之梦。这个古色古香的东方之梦，如果能看到朝阳的灿烂，人类就可能减少悲剧发生。金秋时节，习近平主席成功访问美国，大国与大国的牵手，不是为了主宰世界，而是要造福人类，这必然又给了汉学一个繁荣的机会。

一位诗人说：**历史，是宇宙醒世的钟声，震撼乾坤；历史，是太阳系愤怒的呐喊，唤起善良人们的勇气**。中国沉重的历史是在不断抗击天灾人祸和外族侵略而后才获得威武不屈个性的，这也炼就了我们的文化信仰。

今年适逢中国人民抗击日本军国主义暨世界反法西斯战争胜利七十周年，也是中国和平之旅走向远方的一个开元。从"丝绸之路"到"一带一路"(One Belt and One Road)，就像从土路、茶马古道、铁路，由车载马驮到普通列车、"动车"再到"高铁"，车头福星高照，其全部思想就是在经济、文化交流中使彼此共赢与和平。我们倡导和平，就是反对战争。汉语言词汇里崭新的四字短语，像春风里响起的鸽哨，穿过风雨，歌唱着未来，从东方这块古老而又年轻的大地上高高竖起承诺与责任的旗帜。

公元前138年，张骞奉汉武帝之命历经千难万险打通西域，之后从长安到罗马，这条已经存在了两千一百多年的"古道"和公元1431年明朝郑和率领两百多艘海船、两万七千多将士七次下西洋播种友谊的海路，便是中国21世纪走向和平的精神奠基之依据。这个世纪是个你中有我我中有你的世纪，沿着这条路，中国希望兴天下之利与之共赢，真诚搭建命运共同体。老子曾以"上善若水"比喻人德人心："水善利万物而不争，处众人之所恶，故几于道。居善地，心善渊，与善仁，言善信，正善治，事善能，动善时。"墨子亦言："天下之人皆相爱，强不执弱，众不劫寡，富不侮贫，贵不傲贱，诈不欺愚。"这就是我们做人做事"厚德"的文化精神。

从古至今，中国人所受教育最多的就是以儒家思想为核心的文化。这种文化没有侵扰凌辱他人的基因。明末清初"西学东渐"和"中学西传"，除了西方的科学和文艺复兴后那些民主、自由、博爱思潮对于中国的影响，也有列强加害于中国的苦难。从1842年《中英南京条约》到《北京条约》、《中法新约》、《马关条约》和1901年的《辛丑条约》，中华大地写满了屈辱和悲壮，也唤醒了沉睡的中华。当中国醒狮般站起，中国文化的善良没有因为红日照亮了东方而变异。汉学诞生于中国文化，作为有别于中国文化的这种文化，其发展又与中国的兴衰息息相关。文化在交流中追求圆满，《汉学研究》就是异质文化之间的一种美丽寄托。

这一集开篇有对乐黛云、钱林森、严绍璗教授在比较文学与汉学研究领域所做不凡贡献的报告，彰显了这"三驾马车"在其人生长途中的潇洒风采。"维也纳论坛：中欧文化对话（二）"是上一集"春夏卷"话语的延续，李孝聪作为中国地图史研究的首席专家，笔下这篇《16至18世纪中欧地图学史领域的交流》是一重要学术文章。"法国汉学研究专辑"（中法建交50周年特别策划之四）刊发了邱海婴博士所译德理文汉学名著《中国的诗歌艺术和诗律学》和李国强译法国汉学巨擘沙畹的《论殷历》，以及贺梦莹对沙畹《史记》翻译过程中对于早期中国历法与乐律的研究都是法国汉学史的重要的研究课题。国立巴黎东方语言学院是法国汉学家的摇篮，戴密微作为现代法国汉学界的代表人物之一，除了他的学术著作，就培养汉学家而言也立下了汗马功劳。这一栏目下钱林森撰写的18世纪法国作家笔下的"中国故事"和黄晓敏的文章，都是中法文化关系的绚丽风景。

汉学研究之理论亟待加强。张西平和阎国栋教授关于俄罗斯汉学及李雪涛关于德国中国学发展的见解，都对国别汉学的特点、历史与现状做了简明而清晰的论述，使我们获益匪浅。大洋洲的汉学比较年轻，熊文华教授的文章揭开了这块处女地令人惊喜的汉学面纱。高超、万燚和宋健关于美国汉学家对于中国古代文学的研究，这告诉我们一个事实：由费正清开创的美国"中国学"并非只是关注现当代中国政治、经济、历史的研究。王晓平、徐志啸、段江丽、田访、边明江从不同视角编织了一期"日本汉学（中国学）研究"的学术花篮。"春秋论坛"中耿昇、石云涛的大文，如数家珍般将"丝路"和西域的前世与今生叙说得亲切明白；江岚、金永平、刘婷的文章，也让我们重温文化交流中汉学留下的许多经典想象。

人间万象清晰而又混沌。我们是沉睡后的醒者，清晨起来，面对世界，居安而思危，期盼着少些忧患而多些久安！

阎纯德　2015年9月27日　中秋节

目 录

卷前絮语 /阎纯德（1）

特 稿
严绍璗与"日本中国学"的不解之缘 /张西艳（1）
汉学视域：比较文化长途的三驾马车
——记乐黛云、钱林森、严绍璗教授荣获"中国比较文学终身成就奖"
/张峻巍（13）

汉学研究论坛
半个世纪以来德国中国学发展之我见
——以德国中国历史研究为例的几点认识 /李雪涛（18）
汉学的名实之争与镜鉴 /陈戎女 许双双（28）

维也纳论坛：中欧文化对话（二）
汉学的演进与中外文化之约 /阎纯德（40）
16 至 18 世纪中欧地图学史领域的文化交流研究 /李孝聪（57）
中欧关系中的人性 /［奥地利］诚曦（Judith Suchanek）著 杨玉英 译（77）

法国汉学研究专辑（中法建交 50 周年特别策划之四）
中国诗歌艺术和诗律学
／［法］德理文（Le Marquis d'Hervey de Saint Denys）著 邱海婴 译（81）
论殷历 ／［法］沙畹 著 李国强 译（108）
沙畹《史记》翻译过程中对早期中国历法与乐律的研究 /贺梦莹（132）
戴密微：东方语言学院与汉学研究
／克里斯蒂娜·阮桂雅（Christine Nguyen Tri）著 岳 瑞 译（148）
禁烟运动挽救国民党统治的万灵药？
／［法］包利威（Xavier Paulès）著 陈 阳 译（183）
18 世纪法国作家笔下的"中国故事""中国小说" /钱林森（210）
华裔法语作家的文学创作及其特点 ／［法］黄晓敏（240）

俄国汉学研究

19世纪俄罗斯汉学特点研究　　　　　　　　　　　　　　　／张西平（260）
俄罗斯汉学今昔谈　　　　　　　　　　　　　　　　　　　／阎国栋（280）
试从《诗品》的翻译及研究看阿理克的文学研究思想　　　　／马　琳（288）
阿列克谢耶夫俄译《聊斋》对中国民间婚俗的阐释　　　　　／李逸津（296）

澳大利亚汉学研究

澳大利亚学者早期的中国问题研究　　　　　　　　　　　　／熊文华（306）
澳大利亚学者对儒家学说、中国宗教和历史的研究　　　　　／熊文华（319）

美国汉学研究

论宇文所安对唐诗史的重塑　　　　　　　　　　　　　　　／高　超（338）
帕特里克·韩南的中国文学研究析论　　　　　　　　　　　／万　燚（352）
中国的礼仪和习俗　　　　　　　　　／［美］H. Standish 著　官　濛 译（366）

日本汉学（中国学）研究

写本文献与广汉文之学　　　　　　　　　　　　　　　　　／王晓平（378）
日本学者石川三佐男先生的楚辞研究
　　——谨以本文悼念石川三佐男先生　　　　　　　　　　／徐志啸（389）
日本中国哲学研究之一端
　　——《日本中国学会报》1949—2013哲学类论文统计与分析　／田　访（396）
日本"中国文学"研究侧影
　　——《日本中国学会报》1949—2011"文学"类论文统计与分析
　　　　　　　　　　　　　　　　　　　　　　　／段江丽　金文京（435）
狩野直喜与《唐太宗入冥记》等敦煌变文（片段）在中国的早期传播
　　　　　　　　　　　　　　　　　　　　　　　　　　　／边明江（482）

春秋论坛

中国、哈萨克斯坦与丝绸之路经济带　　　　　　　　　　　／耿　昇（499）
汉代外来的珍珠　　　　　　　　　　　　　　　　　　　　／石云涛（506）
化"腐朽"为"神奇"：芬格莱特眼中的"礼"　　　　　　／宋　健（518）
伦敦中国会　　　　　　　　　　　　　　　　　　　　　　／何　玲（531）
从平托《远游记》看地理大发现时期伊比利亚文学视阈中的中国形象
　　　　　　　　　　　　　　　　　　　　　　　　　　　／邹雅艳（548）
论日本"幻灯事件"研究的流变　　　　　　　　　　　　　／蒋永国（559）

目 录

中国典籍传播研究

英译《春园采茶词》与茶文化的西行　　　　　　　　　　　　　　／江　岚（572）

论《道德经》中"道"与"德"之英译　　　　　　　　　　　　　　／金永平（589）

明清之际中国儒家经典西译的里程碑
　　——以耶稣会士卫方济的《中国六经》法译本第三卷《论语》译本为中心
　　　　　　　　　　　　　　　　　　　　　　　　　　　　　　／刘　婷（597）

《四书》英译研究在中国
　　——基于中国知网的期刊论文和博硕士论文调查　　　　　　　／于培文（608）

首部英文本中国印刷史之汉译考　　　　　　　　　　　　　　　／程熙旭（623）

书评与动态

辨章学术　考镜源流
　　——《〈论语〉与近代日本》的方法论特色及启示　　　　　　／王广生（633）

Contents

Editor's Remarks　　　　　　　　　　　　　　　　　　　　　／Yan Chunde（ 1 ）

Special Contributions

Yan Shaodang and His Irrevocable Commitment to *China Studies in Japan*
　　　　　　　　　　　　　　　　　　　　　　　　　　　　　／Zhang Xiyan（ 1 ）

Sinologist Visual Threshold: Troika on a Long Journey to Comparative Culture
　　　　　　　　　　　　　　　　　　　　　　　　　　　　　／Zhang Junwei（ 13 ）

Sinological Forum

My Personal Opinion on the Development of German China Studies in the
　　Past Five Decades　　　　　　　　　　　　　　　　　　／Li Xuetao（ 18 ）

Disputes over the Name and Reality of Sinology and Its Warning taken from
　　　　　　　　　　　　　　　　　　　　／Chen Rongnü, Xu Shuangshuang（ 28 ）

Vienna Forum——Dialogues on Cultures Between China and Europe（B）

Evolution of Sinology and the Convenance of Chinese And Foreign Cultures
　　　　　　　　　　　　　　　　　　　　　　　　　　　　　／Yan Chunde（ 40 ）

Cultural Exchanges in the History of Cartography during 16th-18th Centuries
　　between China and Europe　　　　　　　　　　　　　　／Li Xiaocong（ 57 ）

Humanity in Sino-European Relations

/ [Austria] Judith Suchanek, translated by Yang Yuying (77)

Special Section for French Sinology（D）

The Art of Chinese Poetry and its Versification（A）

/ [France] Le Marquis d' Hervey Saint-Denys, translated by Qiu Haiying (81)

On the *Yin* Calendar   / [France] Edouard Chavannes, translated by Li Guoqiang (108)

Emmanuel-èdouard Chavannes' Efforts in the Early Chinese Calendar System in the process His Translation of *The Historical Records*   /He Mengying (132)

Paul Demieville: the Oriental Languages College and Sinology   /Yue Rui (148)

Was the Ban on opium-Smoking a Panacea for the Nationalist Government?

/ [France] Xavier Paulès, translated by Chen Yang (183)

The "Chinese Stories" and "Chinese Novels" by French Writers in 18th Century

/Qian Linsen (210)

The Characteristics of the Literary Works by French Chinese Writers

/ [France] Huang Xiaomin (240)

Sinology in Russia

On the Features of the 19th-century Russian Chinese Studies   /Zhang Xiping (260)

On the Past and Present of Russian Chinese Studies   /Yan Guodong (280)

Vassili Alexeiev's ideas on Literary Researches from His Translation and Studies on *Grades of Poetry*   /Ma Lin (288)

The Interpretation of Chinese Folk Marriage Customs in Vassili Alexeiev's Russian Translation of *The Strange Tales of Liaochai*   /Li Yijin (296)

Sinology in Australia

Early Australian China Studies   /Xiong Wenhua (306)

Australian Scholars' Contributions to the Studies of Chinese Confucianism, Religions and History   /Xiong Wenhua (319)

Sinology in America

Reinterpretation of the History of Tang Poetry by Stephen Owen   /Gao Chao (338)

An Analysis of Patrick Hanan's Chinese Literature Studies   /Wan Yi (352)

Chinese Etiquettes and Customs

/ [America] H. Standish, translated by Guan Meng (366)

Sinology in Japan

Manuscripts and Enlarged Sinology　　　　　　　　　　　/Wang Xiaoping （378）

Japanese Scholar Ishikawa Misao's Studies on *The Songs of Chu*　/Xu Zhixiao （389）

The Statistics and Analysis of the Philosophical Theses in *The Bulletina
　of Chinese Studies in Japan* during 1949—2013　　　　/Tian Fang （396）

A Glimpse of the Chinese Literature Studies in Japan during 1949—2011
　　　　　　　　　　　　　　　　　　　　/Duan Jiangli, Jin Wenjing （435）

Kano Naoki and the Early Spread of *Emperor Li Shimin Going into the Nether
　World* and Other Dunhuang Narrative Literature (Fragments) in China
　　　　　　　　　　　　　　　　　　　　　　　　/Bian Mingjiang （482）

Spring and Autumn Forum

China, Kazakhstan and Silk Road Economic Belt　　　/Geng Sheng （499）

The Pearls from the Foreign Countries in Han Dynasty　　/Shi Yuntao （506）

Transforming the Corruptible into Mysterious Life: "Rites" in Herbert
　Fingarette's Eyes　　　　　　　　　　　　　　　　　/Song Jian （518）

The Forgotten China Club in London　　　　　　　　　　　/He Ling （531）

The Chinese Images Seen From the Iberian Literature in Times of Great
　Geographical Discovery through *Pilgrimage* by Fernão Mendes Pinto
　　　　　　　　　　　　　　　　　　　　　　　　　　/Zou Yayan （548）

On the Evolvement of the Researches on "the Slides Show Incident" Happened in
Japan　　　　　　　　　　　　　　　　　　　　　/Jiang Yongguo （559）

Wide Spreading of Classical Chinese Books

English Translation of The Ballad on Tea-Picking and Chinese Tea
　Culture to the West　　　　　　　　　　　　　　　　/Jiang Lan （572）

On the Translation of "Tao" and "Te" in *Tao-te Ching*　/Jin Yong-ping （589）

The Milestone of the Translations of Chinese Confucian Classics in the
　West in Late Ming and Early Qing Dynasties　　　　　/Liu Ting （597）

Researches of the English Translations of *The Four Books* in China
　　　　　　　　　　　　　　　　　　　　　　　　　　/Yu Peiwen （608）

Textual Research on the Chinese Translation of the First English Version
　of *The History of Chinese Printing*　　　　　　　　/Cheng Xixu （623）

Book Review and Academic Trends

Distinguishing Academic Achievements, Examining the Source and Course
——The Methodological Features and Its Inspiration of *The Analects and Modern Japan* /Wang Guangsheng (633)

Translated by Yang Yuying
Revised by Xiong Wenhua

·特 稿·

严绍璗与"日本中国学"的不解之缘

张西艳

摘　要：严绍璗先生自从邂逅"日本中国学"以后，走上了以"日本中国学"研究为核心的"国际中国学"研究的道路。严先生从最基本的原始材料的积累开始，不仅在东亚文学与文化关系研究领域取得了令人瞩目的成就，而且在"日本中国学"学科建设中做出了突出的贡献，以"日本中国学"为核心推进了"国际中国学"的学科理论建设，并努力为"国际中国学"正名。

关键词：严绍璗　日本中国学　国际中国学

　　他出身于北大中文系古典文献专业，却阴差阳错学起了日语。他邂逅了"日本中国学"，并由此走上以"日本中国学"研究为核心的"国际中国学"研究的道路。他是日藏汉籍的执着追踪者，也是"原典实证"与"文本细读"方法论的坚守者。他从最基本的原始材料的积累开始，努力于学术史和学科理论的建设。他在比较文学尤其是东亚文学与文化关系研究领域取得了令人瞩目的成就。他虽年逾古稀，却仍为"国际中国学"正名而孜孜矻矻。他就是深受同行敬重后辈敬仰的北京大学中文系教授严绍璗先生。严先生的学术贡献很难用几句话就概括完毕，本文仅就严先生与其学术主干之一"日本中国学"的不解之缘进行尝试性的探讨。

一、机缘巧合，学日语、邂逅"日本中国学"

　　1959 年，严先生考入北京大学中文系古典文献专业，当时的学制是五年，这无疑为日后严先生在文献学方面的建树打下了坚实的专业功底。当时的北大，规定新生要学两年半的外语，中学学哪门外语大学还继续学哪门。毕业于上海复兴中学的严先生虽在初中时学的俄语，但由于高中时学的是英语，所以被编入全校的英语课程班。严先生在英语课程班的学习虽有些吃力，但经过努力还是顺利通过了。等学校办公室统计分数的时候，才发现编错班了。原来，本应被编入一年级上学期课程班的严先生，竟被编入了三年级上学期的课程班，难怪课程内容那么难，要很努力才能赶上。是阴差阳错，也是机缘巧合，严先生用一学期的时间修了别人要用五个学期才能修完的第一外语，也为学习第二外语提供了契机。此时，专业主任魏建功先生让严先生再学一门日文："一定要去翻动那些日本人的著作，看看他们做了些什么研究，不要被他们笑话了我们。"① 魏先生不愧是音韵学和文献学方面的专家，他的决定不仅体现了超前的学术眼光和前瞻意识，也流露出浓厚的爱国主义情怀。魏先生的决定开启了严先生学习日语的道路，也影响了严先生的一生。

1960年的中国，学日文是很不吃香的，当时的北大，除日语专业外全校只有9个人在学日语。严先生师从陈信德先生和魏敷训先生，开始了日文的入门训练，并充分利用北大图书馆的日文书籍，开始涉足日本"汉学"和"中国学"领域。1964年，严先生毕业时，曾在魏建功先生的建议下考取了中国科学院的研究生。可在中科院念了刚刚两个月，严先生又突然被叫回北大工作。原来，1949年以前的北京曾有个叫"燕京—哈佛学社"的组织，解放时作为帝国主义侵华机构被查封，其资料都被封在北大图书馆，十多年来没人动过。当时的国务院副秘书长齐燕铭先生提出趁该学社中的中方老人还在，对资料进行开封检查和鉴定价值，并建议北大找一两个年轻人跟着整理材料。时任北大副校长兼专业主任的魏建功先生推荐了既懂英文又懂日文且成绩优秀的严先生，并冲破一些阻碍将严先生留在北大工作。此项工作虽不久后停止，却在严先生心中打开了一扇窗，严先生明白了英语中的"Sinology"就是"外国人对中国文化的研究"。

此后不久，那一场史无前例的十年浩劫开始了。当时作为年轻助教的严先生既不是革命的对象，也不是革命的动力，虽幸免于难，却也无所事事，成了游手好闲派。当时唯一发行的外文唱片是毛主席的《为人民服务》，有英文版也有日文版的，严先生费尽周折找到唱片，跟着唱片反复练习英文和日文听力。1969年，严先生去江西"北大五七干校"时，不顾夫人的担心，带

---

① 严绍璗《我和日本中国学》，载《日本中国学史》，江西人民出版社1991年，第5页。

去了日文版的《毛主席语录》和《毛泽东选集》,一有空就反复翻阅。1971年,严先生从江西回到北大,在未名湖畔,严先生碰到中文系老系主任杨晦先生,当时尚未平反的杨先生很关心严先生的外语学习情况,他对严先生说:"日文不能丢,英文也要捡起来,外文这东西不要丢,有时间再学点德文什么的,你别看现在没用,以后会大有用处。"① 杨先生的话让严先生十分感动。

正是由于深受魏建功先生、杨晦先生这样深有远见卓识的老一辈学者的鼓励和影响,严先生即便在没有日文学习环境的条件下,也坚持日文的学习。正是由于这种坚持和不断的努力,严先生不仅能够阅读日文书籍资料,而且能讲一口流利的日语。1971年8月,北大校领导安排严先生与周培原、周一良教授一起接待"日本第十届青年访华团"。此后的6年多时间里,严先生参与接待过大约两百多批外国人的参观访问。当然,并不是所有的"外事接待员"都能成为"国际中国学"的研究者,严先生在接待外国知识界人士的过程中,不仅从外国学者对于"中国历史和中国文化"提出的各种问题中得到很大的启示,而且也被允许在图书馆内阅读一些当时"不开放"的文献书籍。严先生充分利用这个机会,阅读了大量外国人研究中国文化的著作,尤其是20世纪初期的"日本中国学"的著作,例如井上哲次郎的《日本的朱子学》《日本的阳明学》《日本的古学》三大名著,还有石田干之助的《欧洲的中国研究》等名著。通过对这些知识的接触和了解,加上严先生一直关注的西方传教士的资料,严先生在对国际中国文化研究层面慢慢形成了新的视野。

1974年秋冬,中日邦交恢复不久,经周恩来总理亲自批准,严先生等7人组成的"北京大学社会科学访日团"到达了近代"日本中国学"发源地之一的日本国立京都大学人文科学研究所。在访问期间,从仙台到冲绳,严先生一行访问了日本8个城市的14所大学,见到了吉川幸次郎、贝冢茂树等200余位日本的"中国学家"。严先生与日本的"中国学家"研讨切磋,第一次亲身感受到日本学者研究中国文化的实态,也目睹了若干日本收藏的"中华文献典籍"。通过这次访问,"日本中国学"的学术意识和学术观念在严先生的心里扎下了根。自此,严先生与"日本中国学"真正结下了不解之缘。

---

① 张哲俊《严绍璗学术研究》,北京大学出版社2010年,第77页。

二、筚路蓝缕，从事"日本中国学"研究

　　严先生自大学时期起，就开始接触日本"汉学"和日本"中国学"领域的知识，并对这一领域产生了浓厚的兴趣。为了敲开这扇学术之门，严先生决心认真研读这一领域的基本资料。可是，当时国内这一领域的资料却少得可怜，严先生也为此茫然。通过1974年的访日，严先生找到了敲开"日本中国学"大门的钥匙。之后，十年浩劫结束，中国的学术研究迎来了春天。严先生也终于能够放开手脚自由地从事"日本中国学"的研究工作。

　　1978年，受中国社会科学院情报研究所中国学研究室主任孙越先生委托，严先生开始编写日本研究中国的人员和机构目录。严先生在平时的接待和1974年的访日工作中收集了不少研究中国文化的日本人员名单，但那些远远不够。为了把社科院委任的目录编好，严先生先是在北京图书馆（现在的国图）待了两个月，然后又在中国社会科学院图书馆待了两个月，之后又跑到上海图书馆待了三个月。那个年代哪里像现在有电脑那么方便，严先生为了查找资料可谓历尽艰辛。在北图查找资料的两个月里，由于出去吃午饭就得重新借书，为了节省时间，严先生总是忍着不吃午饭，渴了就喝几口厕所里的自来水，然后继续查资料，直到5点关门后出来，在小摊吃点大饼什么的再骑车回家。晚上，累得精疲力竭的严先生又赶紧整理一天抄的资料，第二天一早再骑自行车从中关村赶到北海。

　　历经几年的积累和十几个月的艰苦奋斗，严先生在日本中国学领域的第一部工具书《日本的中国学家》于1980年1月出版。该书共收入日本中国学家1105人，辑入他们的著作10345种。苦尽甘来，严先生的《日本的中国学家》作为"日本中国学"的基础性资料的第一部工具书，也成为我国国外中国学研究的第一部资料书，被誉为"中国学术界研究国际汉学的开山之作"。

　　另外，自1977年7月起，严先生从北大图书馆和北京图书馆的英日刊物中抄译一些国外研究中国文化的资料，以严先生所在的北大古典文献专业为基地，编辑了一份名为《国外中国古文化研究》的刊物。这份在现在看来是一个"非法出版物"的刊物在北大中文系领导的支持下，大约两个月出一期，每期15到20页，在当时反响极好，刊物内容还经常被国务院古籍出版规划小组主编的《古籍整理出版情况简报》和中国社会科学院历史研究所主编的

《中国史通讯》转载。从1979年起,《古籍整理出版情况简报》发表了很多严先生关于日本学者研究中国古代文化的报道,如《日本学者对中国文学史分歧的见解》《日本学者论〈诗经〉》《日本学者论〈尚书〉》等文章。1981年,严先生做了一个日本学者十年来对中欧古史十大问题的研究,《古籍整理出版情况简报》为此还特地为严先生开出一个特刊。

从编写《日本的中国学家》开始,严先生始终坚持从基础性资料的搜集和整理编纂做起,并在基本资料的搜集整理中形成了理论性的思考。从80年代初期起,严先生开始致力于日本中国学学术史的研究。日本中国学史的研究,涉及双边文化的关系,需要有充裕的基础资料和足够的理论修养,是一项十分艰巨的工程。在动手全面进入日本中国学史的研究之前,严先生先以中国文学为代表,研究了中日文化接触的形式与相关内容,撰写了《中日古代文学关系史稿》(1987年出版),这是一部经典的比较文学研究专著。在此基础上,严先生开始了多卷本的《日本中国学史》的研究工作。1991年,46万字的第一卷本《日本中国学史》由江西人民出版社出版。严先生在书中从对日本汉学的研讨入手,对日本中国学的发生、形成、流派、发展中的变异状态等具体内容进行了详细的介绍和评述,并通过"我和日本中国学"一文,明确了"日本中国学"的概念,指出了"日本中国学"的显著特点。直到目前,严先生的《日本中国学史》这部著作仍被国内外学界认为是中国人研究"国际中国学"的国别史中非常有价值的书。2009年,《日本中国学史》经严先生修改和增补后达60万字,定名为《日本中国学史稿》,作为"列国汉学史书系"之一,由学苑出版社出版。

在以"日本中国学"研究为核心的"国际中国学"研究的过程中,严先生意识到"国际中国学"的形成,是以中华文化在域外的流布作为基础的,又受到多元文化的影响。日本文化与中华文化的密切接触,主要是通过汉籍作为"桥梁通道"而得以实现的。在对中日古代文学关系的具体研究中,严先生愈加肯定,文献典籍是中国文化传入日本的主要载体,掌握了这些典籍的来龙去脉,基本上也就弄清了中国文化传入日本的主要方式和特点。因此,从1984年起,严先生开始编撰《日藏汉籍善本书录》。为了编撰《日藏汉籍善本书录》,严先生先后30余次往返中日之间,造访了日本100多个藏书机构,调查书籍18000多种,搜集了当时汉籍藏本的80%左右,直到2007年,400万字的书录由中华书局出版。历经23年执着跋涉和追寻才完成的《日藏汉籍善本书录》是目前世界范围内研究中日关系的最宏大的基础性文献考察报告。书录在文献考察的基础上，以文本事实为依据，论证了中日之间两千年的文化联系，为东亚文化研究和"日本中国学"研究奠定了坚实的文本基础。书录在日本学界也引起极大的反响，日本著名文献学家大庭修、日本东方学会理事长户川芳郎等学者一致认为严先生完成了本应由日本学者完成的工作。书录也成为严先生 2011 年获得在国际日本学界拥有崇高地位的"山片蟠桃奖"的主要代表作之一。

作为"日本中国学"研究的一个重要组成部分，严先生自 1974 年首次访日时便萌生了要查明日藏汉籍状况的念头。在编撰《日藏汉籍善本书录》的二十余年间，严先生先后于日本京都大学人文科学研究所、日本佛教大学文学部、日本宫城学院女子大学、日本文部省国际日本文化研究中心、日本文部科学省"国文学史料馆"等日本学术机构担任半年或一年的客座教授，并于日本东京大学、早稻田大学、东海大学、新潟大学等日本高校和学术机构进行短期访问或学术演讲。随着学术理念的不断提升，严先生对汉籍的域外传播所内具的文化学意义愈加重视。在编撰《日藏汉籍善本书录》期间，严先生还陆续出版了《汉籍在日本的流布研究》（1992 年）、《中国文化在日本》（1993 年）、《日本藏宋人文集善本钩沉》（1995 年）、《日本藏汉籍珍本追踪纪实——严绍璗海外访书志》（2005 年）等专著。读这些书的时候，眼前会浮现严先生万里跋涉、艰辛追踪的身影，让人不能不为之感动。

三、玉汝于成，以"日本中国学"为核心推进"国际中国学"学科建设

1974 年的赴日让严先生与"日本中国学"结下了不解之缘。1990 年春末，严先生在《我和日本中国学》一文中写道："15 年来，我在日本'汉学'和'中国学'的学术方面，着手于两件工作。一是始终坚持从基础性资料的搜集和整理编纂做起，二是努力于学术史和学科理论的建设，这二者又是密切相关联的。"① 自那之后 25 年匆匆而过。40 余年来，严先生一直这样努力着。正是由于这种坚持和努力，严先生在日本中国学、东亚文学与文化关系

---

① 严绍璗《我和日本中国学》，《日本中国学史》，江西人民出版社 1991 年，第 6—7 页。

等领域取得了令人瞩目的学术成就,不仅奠定了"日本中国学"的学科基础,而且以"日本中国学"为核心推进了"国际中国学"的学科理论建设。

1980年1月出版的《日本的中国学家》一书,可以说是严先生在"日本中国学"研究中所做的"基本文本建设"。在这本书的前言一开头,严先生就指出:"'日本的中国学家',指的是当前日本在社会科学领域内从事中国问题研究的学者专家,它与传统的日本'汉学家'的概念不同,既包括研究古代中国历史文化的专家,也包括研究现代中国社会生活各个方面的专家。"① 这是严先生第一次指出"日本中国学家"与"日本汉学家"在概念上的不同。

1983年,在严先生的努力下,北京大学中文系古典文献专业正式开设"日本中国学"课程,这是我国大学史上第一门关于"Sinology"的课程。1985年4月,严先生出任北京大学中文系古典文献专业主任,同年建立了"国际中国学研究室"。1986年,由严先生提出的在"古文献学专业硕士培养"中增设"日本汉学-中国学方向"的申请得到北大研究生院的批准,严先生开始招收"日本中国学"方向的硕士。同在这一年,严先生开设了"日本中国学史"课程,开始为学生讲授日本近代中国学形成的历史过程、流派与学者评价等。1988年,严先生开设的"日本中国学史"这门课程被摄制成36个小时的录像教学片,开始在全国相关大学中作为课程资料放映。

1987年12月26日至翌年1月10日,在严先生的策划和主持下,北京大学"国际中国学研究室"与深圳大学文化研究所在深圳大学联合举办了"国际中国学研讨班"。严先生不光本人亲自担任主讲,还邀请了汤一介、章培恒、李学勤、安平秋以及香港、加拿大的诸位先生主讲。研讨班有40余人参加,这是我国学术史上第一个全国性的"Sinology"学术研讨班。

1991年,严先生在《日本中国学史》一书中非常明确地指出,"日本汉学"与"日本中国学"是两种不同的学术范畴。"日本汉学"和"日本中国学"虽然都是以中国文化东传日本作为基本的背景,都是以中国文化为专门研究对象的独特的学术。这一学术,在古代日本被称之为"汉学",在近代日本被称之为"中国学",它们以一个否定另一个的方式,作为日本研究中国文化的两大历史时代互相连接在一起。在《我和日本中国学》一文中,严先生指出,"日本汉学"不仅表现为日本人从学术上试图研究中国文化,而且更表

---

① 严绍璗《日本的中国学家》,中国社会科学出版社1980年,第1页。

现为研究者在立场上具有把研究对象充作自我意识形态抑或社会意识形态，即作为哲学观念、价值尺度、道德标准等的强烈趋向。"日本中国学"是日本以"明治维新"为标识的近代化潮流中形成的一种"国别文化研究"，其性质不同于"汉学"。"日本中国学"最显著的特点在于摆脱了传统的"经学主义"文化观念，以"近代主义"和"理想主义"作为其学术的导向。严先生在论述了"日本汉学"与"日本中国学"学术概念和本质的区别后，又详细阐述了"日本中国学"涉及的四个方面的主要内容。

第一，中国文化向日本及世界传播的轨迹和方式（其中包括了日本与各国对中国文献典籍的收集、整理和研究）；第二，日本与世界各国在接受中国文化的过程中，本民族文化在内在层次上所产生的诸种变异（其中包括文化的形态与内容的分解、复合等）；第三，日本与世界各国在漫长的历史进程中所形成的"中国观"，特别是"中国文化观"的内容、特点及其变迁；第四，对中国文化诸领域各类学术具体内容的研究（其中包括在研究中形成的各种学术流派及其方法论）。[1]

就"日本中国学"学术研究的课题对象而言，它们属于中国文化研究的范畴，但其研究者的主体观念和方法论则是以日本文化素养为背景而形成的，研究者所阐发的一系列观点在本质上都是日本文化观念在一个特殊领域里的表现。所以，正如严先生所指出的那样，"日本中国学"是一门涉及双边文化（其中也包含多边文化）的近代边缘性学科。

《日本的中国学家》作为国外中国学研究的第一部资料书，为国外中国学研究提供了一个入门的途径。《日本中国学史》对"国际中国学"学术史的研究起了实质性的提升作用，被国内外学术界公认为中国人研究"国际中国学"的国别史中非常有价值的著作。2009年，《日本中国学史》经严先生增补修正，定名为《日本中国学史稿》，由学苑出版社出版。除此之外，自1981年，严先生发表《吉川幸次郎与"吉川中国学"》开始，严先生还陆续撰写发表了《日本的中国学》《欧洲中国学的形成与早期理性主义学派》《日本近代中国学形成的历史》《20世纪日本近代中国学的实证主义研究——实证论的特质与经院派

---

[1] 严绍璗《我和日本中国学》，载《日本中国学史》，江西人民出版社1991年，第2页。

的先驱者们》《我对国际中国学（汉学）的认识》《20世纪日本中国学的启示》《我对Sinology的理解和思考》等大量有关"中国学"研究的论文。

1990年，严先生从北大古典文献专业转入北大比较文学研究所（1994年更名为"北京大学比较文学与比较文化研究所"）。1995年，北大比较文学与比较文化研究所开始把"国际中国学"作为硕士和博士学位培养点的专业方向之一，严先生开始招收"日本中国学"方向的博士，北京大学比较文学与比较文化研究所也成为"日本中国学"学科专业人才培养的重要基地。1998年，"日本中国学"又成为北大"博士后流动站"的合作研究项目之一。

从最基本的原始材料的积累开始，从基础文本到学科理论建设，从专业设置到人才培养，严先生不仅在"日本中国学"学科建设中做出了突出的贡献，还以"日本中国学"为核心推进了"国际中国学"的学科理论建设。

四、孜孜矻矻，为包括"日本中国学"在内的"国际中国学"正名

早在1964年刚留北大从事"燕京—哈佛学社"资料的整理工作时，严先生就明白了英语中的"Sinology"就是"外国人对中国文化的研究"。1974年，他访问了作为日本中国学发源地之一的日本国立京都大学人文科学研究所，由此敲开"日本中国学"的大门。之后，从《日本的中国学家》到《日本中国学史》，严先生一直主张使用"中国学"的概念以对应欧美学界普遍使用的"Sinology"。对于中国学术界来说，"Sinology"研究也已成为一门备受瞩目的学术。但是，中国学术界对"Sinology"这一学术却有"中国学"、"汉学"、"中国研究"等多种表述，存在着学术概念的差异和混乱。

2004年谷雨时节，严先生在为其主编的《北京大学20世纪国际中国学（汉学）研究文库》撰写序言时，写下了《国际"Sinology"研究范畴的界定》一文。在这篇文章中，严先生首先指出我国学术界不少人对"Sinology"这一学术的误解，进而指出了"Sinology"确定性的四个学术层面。

第一，关于中国文化向域外传递的轨迹和方式。第二，关于中国文化在传入对象国之后，于对象国文化语境中的存在状态——即对象国文化对中国文化的容纳、排斥和变异的状态。第三，关于世界各国（对具体的学

者来说，当然是特定的对象国）在历史的进程中在不同的政治、经济和文化条件中形成的"中国观"。第四，关于在中国文化（以人文学术为主体）的各个领域中的世界各国学者的具体的研究成果和他们的方法论。①

读过严先生的《日本中国学史》的人肯定会纳闷，一直主张使用"中国学"的概念以对应"Sinology"的严先生在此还用英文。关于这一点，严先生在脚注中这样写道，"关于'Sinology'的意义，学术界有很不同的理解。本篇在行文中仍然使用'Sinology'。当使用译文时，译为'中国学'，但同时又要加一个括号（汉学），以示对各学派的尊重。"② 从这里可以看出严先生对学术界各学派的尊重。但是，正如孔夫子所言，"名不正则言不顺，言不顺则事不成。"严先生也一直在为此思考、再思考和反思。

2005年7月，严先生在教育部"世界汉语大会国际汉学会场"的开幕式上，做了题为《我对国际"Sinology"的理解和思考》③ 的主题演讲。在演讲中，严先生首先说明了他采用英语"Sinology"这一学术概念而不采用汉语文化中的"汉学"或者"中国学"，是因为我国学术界在关于"Sinology"这一概念的汉语文化表述中，还存在着相当大的分歧，而这样的分歧，事实上也表现出我们的研究在学术史的层次上还不够清晰；在与国际学术界的对话中，事实上也还存在着不同学术概念的混乱和差异。严先生认为，学术史上关于对"Sinology"所表述的学术内涵，是有一个历史的时间的区分概念的。例如，在汉语文化中，欧美日本各国在工业文明建立之前所存在的对中国文化的研究，可以称之为"汉学"，而在各国的近代文化确立之后开展的对中国文化的研究，可以称之为"中国学"。在"汉学"时代，对研究者而言，他们意念中的"中国文化"就是"汉族文化"。作为研究对象的"汉族文化"，他们不仅是作为"客体"进行研究，而且在不同的层面上还作为"主体"的"意识形态"的材料来加以吸收。在"中国学"时代，对这些国家的学界而言，以"汉民族文化"为主体的"中国多民族文化"是作为世界文化的一个类型而存在，即只是作为研究者的客体而存在。研究者并不是把自己的研究

---

① 严绍璗《国际"Sinology"研究范畴的界定》，载《比较文学与文化"变异体"研究》，复旦大学出版社2011年，第101—103页。
② 《国际"Sinology"研究范畴的界定》，第100页。
③ 《国际"Sinology"研究范畴的界定》，第110—121页。

对象作为意识形态的材料吸收，而是在学理上作为认识世界与理解世界文化的一种学术，并进而利用这样的学术来构建自己本国的文化话语。严先生在演讲中，不仅阐明了"国际中国学"与"国际汉学"的本质区别，对"Sinology"这一学术的基本定位和价值意义进行了探讨，强调了"Sinology"这一学术包含的四个层面的内涵，还指出了从事"Sinology"这一学术的研究者所应具备的四个方面的知识素养。

2007 年，严先生在《探索与争鸣》第 2 期上发表了《对海外中国学研究的反思》[①] 一文。他在文中指出，目前中国学界把"国际中国学"定位为"学术性的工具"的观念，往往建立在对我国人文"特定学术价值"的"自我认定"为中心的评价标准基础上。这在事实上可能导致对"国际中国学"作为一门具有世界性意义的"学术的本体"缺乏更有效的和更深刻的理解与把握。严先生以"日本中国学"研究为例，指出中国的研究者需要重视"海外中国学"研究的文化语境，重视学术史的观念和"研究文本"的原典性问题。

严先生一直在为"Sinology"这一学术概念和内涵在汉语文化中的正确表述孜孜不倦地努力着。当中国对世界各地对中国文化研究成果的接受、理解、把握和回应已经有了一个学科化倾向的时候，2010 年 6 月，《中国社会科学报》刊登了严先生的《"汉学"应正名为"国际中国学"》一文。正如严先生所说，研究对象需要正名，这关系到对研究对象的理解、把握和阐释。严先生在文章首先阐述了"汉学"这一概念的起源，并进一步指出，18 世纪中后期之前的欧洲、19 世纪中期之前的日本对中国文化的研究，人们称之为"汉学"是合理的。欧洲 18 世纪后期以来对中国文化的研究，日本 19 世纪中期以来对中国文化的研究，在内涵的价值层面与外在的研究材料层面有了重大的变迁和改观，面对这一学术内核的根本性增量和价值观念的移位，应该采用"中国学"的概念才是合理的。而且，中国文化是多元性的文化，"如果我们在 21 世纪仍然把世界对中国文化的研究称之为'汉学'就不大合理了。我希望在命名的时候要根据研究对象内涵的不断变化与时俱进。"[②]

严先生正式提出"汉学"应正名为"国际中国学"之后，紧接着发表了《我对国际中国学研究的再思考》一文，严先生以他对"国际中国学"研究

---

① 严绍璗《对海外中国学研究的反思》，载《探索与争鸣》2007 年第 2 期。
② 严绍璗《"汉学"应正名为"国际中国学"》，载《中国社会科学报》2010 年 6 月 1 日第 003 版。

的实践与思考，从四个层面进行了探讨。

一、究竟应该使用什么样的学术概念来规范"国际中国文化研究"。二、中国研究者应该怎样为"国际中国学"学术价值定位。三、在我们审视和接纳日本中国学的学术成果的过程中，我们应该把日本对中国文化的研究，放置在相关的世界性文化视野中考察。四、在国际中国学研究中，研究者应该重视作为研究的文本问题，特别是重视文本的原典性问题。①

2011年，严先生在《中国比较文学》上发表了《我对"国际Sinology"学术性质的再思考》。为进一步推进"国际Sinology"这一学术沿着近代人文科学的基本规范发展，严先生指出有两个层面的问题亟待厘清。一是在汉语"文化语境"中究竟应该如何定义"国际Sinology"；二是确立"国际Sinology"内含的"多元文化"因素概念。关于在汉语"文化语境"中究竟应该如何定义"国际Sinology"，严先生明确指出，"学术界如果继续漠视'国际中国文化研究'内核的演变造成传统'汉学'学科内容'变异'这样的基本状态，可预料的后果至少会在两个层面上显现：一则将在学科领域内造成近代性学科导向的迷失或混乱，二则在国内外会产生（事实上已经存在）以'汉学学术'、'国学大师'等非学术概念质疑我国《宪法》精神的严重后果。在这样的学术状态下，使用'中国学'的概念和范畴应该说是合适的而且是必须的了。"②

从初涉"Sinology"领域到与"日本中国学"结缘，从"日本中国学"到"国际中国学"，严先生在以"日本中国学"研究为核心的"国际中国学"研究的道路上艰苦跋涉了好久。直到今天，严先生仍为"国际中国学"的正名而孜孜矻矻地努力着。

在推动和实施"中国文化走出去"的今天，推进"国际中国学"研究的步伐成为一种必然。但在大踏步迈出这个步伐之前，很有必要先读读严先生的这些文章，先为"国际中国学"正名。这样，迈出的步伐才能坚定且踏实。

（张西艳：北京外国语大学中文学院比较文学与跨文化专业博士生）

---

① 严绍璗《我对国际中国学研究的再思考》，载《国际汉学》2010年第2期，第1—12页。
② 严绍璗《我对"国际Sinology"学术性质的再思考》，载《中国比较文学》2011年第1期。

汉学视域：比较文化长途的三驾马车

——记乐黛云、钱林森、严绍璗教授荣获"中国比较文学终身成就奖"

张峻巍

2015年，中国的比较文学学科步入了而立之年。在改革开放的背景下，这门新兴的人文学科终于在中国大陆扎根成长。在三十年前，第一届中国比较文学年会召开，中国比较文学学会成立，北京、上海的几所高校先后设立比较文学研究机构，这标志着这门学科在中国高校和学术体制中正式确立。其后众多学者筚路蓝缕艰辛耕耘，至今中国的比较文学在世界范围内已具有影响。为表彰对本学科具有突出贡献的学者，中国比较文学学会决定设立"中国比较文学终身成就奖"。首届颁奖典礼于今年4月11日在成都市四川大学举行，四川省相关领导、四川大学校领、中国比较文学学会理事会成员均出席并致辞。《汉学研究》的三位编委，乐黛云、钱林森、严绍璗三位教授均获此殊荣。

乐黛云，1931年生于贵州省，20世纪50年代毕业于北京大学中文系。系北京大学中文系现代文学与比较文学教授、博士生导师兼北京外国语大学比较文学与跨文化对话教授、博士生导师，同时担任中国比较文学学会终身荣誉会长、北京大学跨文化研究中心主任。

乐先生是中国新时期比较文学学科的领军人物。早在80年代初，乐先生在国内率先进行西方文学对中国现当代文学的影响研究。为扩大比较文学影响，她参与筹建了中国比较文学学会，并南下出任深圳大学中文系主任（1984—1989），同时兼任北京大学比较文学与比较文化研究所所长（1984—1998）。为支持本学科发展，乐先生先后放弃了参评现当代文学专业的教授职称和博导职务的机会，坚持申请比较文学专业教授和博导，为本学科的体制化发展做出了重大贡献。90年代前后，鉴于乐先生的学术智慧和卓越成就，她先后当选为中国比较文学学会会长（1989—2014），国际比较文学学会副主席（1990—1997）。这一时期，比较文学在国内学术体制中得到稳固发展，适应中国的学科理论逐步成型。到了20世纪末，乐先生开始关注比较文学对于人类精神世界的影响，并大力倡导超越工具理性的"新人文主义"，在国内学界引起较大反响。

进入新世纪，面对全球各种文明间存在的紧张关系，乐先生在"新人文主义"的基础上，将研究集中到"全球化中的多元化"这一领域。她大力倡导并努力实践比较文学在跨文化对话中的积极作用，为沟通多元文明的根本价值而奔走。这一观点也得到了国内外学者的广泛关注。同时在乐先生和其他学者共同努力下，中国比较文学进入全面的发展时期。国内上百所大学成立比较文学比较文化研究所，开设了比较文学课程，中国比较文学学会和下属的分学会拥有会员近千人。

在几十年的学术生涯中，乐先生曾先后在哈佛大学、斯坦福大学等外国大学访学或担任客座教授。她勤于笔耕，先后出版比较文学、跨文化研究论著几十种，并译成多国文字。个人专著包括《比较文学原理》《跨文化之桥》《中国小说中的知识分子》（英文版）等；合著有《自然》（中、法、意大利文版）、《面向风暴》（英、德、日文版）、《透过历史的烟尘》等；主编有《国外鲁迅研究论集》《独角兽与龙》（中、法文版）、《跨文化个案研究丛书》14卷、《中学西渐丛书》8卷、《远近丛书》《跨文化对话》（已出32卷）等；合作主编有《世界诗学大辞典》《中国文学在国外丛书》《文化传递与文学形象》等。

在获奖致辞中，乐先生回顾了自己几十年的学术生涯。她勉励年轻学人不要怕困难，要有担当，不要怕闲话，为了祖国的文化事业努力奉献自己。获奖之后乐先生先后以"21世纪思维方式转型对比较文学学科提出的新问题"和"构建多元文化共同体中的比较文学"为题进行了两场讲座。在讲座中，乐先生指出当今世界多元主义与反多元主义的严重对立。在这一背景下习近平主席提出的"命运共同体"概念十分值得重视。它既有助于中国在今后的发展中与其他国家、与生态环境和谐相处，也有助于全人类形成互相依存的国际新秩序。在形成这一"共同体"的过程中，各种文化之间的对话应该是一条有效途径。中国比较文学诞生于跨文化的语境中，在构建"命运共同体"的进程中要加深跨文化交流作用。若要创造出人类的"命运共同体"，

汉学视域：比较文化长途的三驾马车
——记乐黛云、钱林森、严绍璗教授荣获"中国比较文学终身成就奖"

原则应该是"和而不同"。

钱林森，1937年出生于江苏省。南京大学教授，博士生导师，中国比较文学学会学术顾问，江苏省比较文学学会名誉会长。20世纪50年代就读于北京大学中文系和北京外国语学院。毕业后被派遣至法国、刚果等国教授中国文学。70年代末回国后，他率先向国内学界介绍中国文学在法语国家的译介情况，是新时期中法比较文学研究和法国汉学研究的先驱者。80年代初，钱先生参与筹建了江苏省比较文学学会、南京大学比较文学研究会、中法比较文化研究会等学术组织并出任要职，为江苏省和南京大学的比较文学发展起到了奠基性作用。之后的十年里，钱先生个人编著的《中外文学因缘》（南京大学比较文学研究会研究丛刊）、《牧女与蚕娘》、专著《中国文学在法国》、参与主编的丛书《中国文学在国外》等陆续出版，在国内首先系统地译介法国汉学界的研究成果。同时，他还应邀前往巴黎七大、巴黎东方语言文化学院等法国高校讲学或担任客座教授。90年代中期，钱先生的研究从中法文学比较逐步拓展到中西文化交流等领域，并出版了多部译作、论著，其中包括合译法国学者艾田蒲的巨著《中国之欧洲》，合著《中国文化对欧洲的影响》，主编《文化：中西对话中的差异与共存》等。1995年，钱先生创建了南京大学比较文学与比较文化研究所并出任所长。随后他担任双语集刊《跨文化对话》（中法双语）的执行主编直至今日。1999年，在"二十世纪法国作家与中国"国际研讨会上，钱先生担任中方主持人，并与法国学者共同主编会议论文集。同年，钱先生当选为中国比较文学学会副会长并在之后连任五届（1999—2014）。

进入新世纪，钱先生承接了多个重大项目，全面致力于跨文化对话的理论与实践探索。首先是主编了十卷本《外国作家与中国文化》大型丛书，并撰写了其中的《法国作家与中国文化》一卷。其后又主编了《法国汉学家论中国文学》三卷本。这些丛书较为全面系统地展现了海外汉学领域的主要研究成果。此外钱先生还参与主编并翻译了《走近中国》丛书，参与翻译《法国文化史》（第二卷）等。旅欧期间，钱先生曾访谈过程抱一、罗多弼等多位当今欧洲知名学者、艺术家，并于2009年将访谈编成《和而不同：中法文化对话集》出版。2005年起担任"十一五"国家重点图书《中外文学交流史》（十七卷本）的总主编，并撰写其中《中法交流史史稿》一卷，2015年本丛书即将面世。

钱先生在获得"终身成就奖"后说道:"感谢比较文学前辈、同辈和后辈学人的共同努力。设立这一奖项对于本学科是一次创新,这一殊荣会鞭策自己再接再厉。自己虽然已年近80,但仍然会耕耘不止"。在随后的讲座中,他发表了题为"永远在路上——《中外文学交流史》撰管见"的讲座。钱先生列举在撰写《中法交流史史稿》过程中,他个人对于跨文化和汉学研究中的具体思考。在撰写过程中,他从设定的历史叙述结构起始点出发,以法国的中国形象、汉学和中法文学(文化)"关系"史的文本梳理、解读为重心,致力于将形象、汉学、文学关系融为一体,作跨文化的哲学层面的审视,并从广义的文学概念和现代观念体系中思考、探索中法两国文学交流的意义。最终,以求在跨文化对话视野下和现代世界体系中全面梳理、描述中法两国文学关系(交流)史。

严绍璗,1940年出生于上海市。20世纪50年代末就读于北京大学中文系,毕业后留任北大教师。现任北京大学比较文学与比较文化研究所教授,北京外国语大学荣誉教授,北京大学(教育部人文社科研究重点基地)外国语学院"东方文学研究中心"学术委员会主任,国际中国文化研究学会名誉会长,全国古籍整理与出版规划领导小组成员,国家宋庆龄基金会孙平化日本学研究奖励基金专家委员会主任,中华日本学会常务理事,中国比较文学学会学术顾问。

严绍璗先生主要从事以中国文化为基本教养的"东亚文化"研究。他从对象国的"汉学"和"中国学"入手,研究该国的本体文化与本体文学,最终进入"跨文化"研究的学术体系。早在20世纪六七十年代,严先生顶住政治运动的冲击,坚持查阅外文资料,打下了扎实基础。80年代初,严教授从日本汉学研究起步,扩展到比较文学领域。在对日本短歌诗和小说的研究中,他使用了扎实的文献史料,为后来"原典实证研究"方法的开端。这一方法旨在运用原典资料系统揭示东亚文化与文学的历史联系和各自的民族特征。进入90年代,他将这一方法不断深化,力求从发生学角度阐明文化交流与变异中的运行机制,最终建立了关于理解东亚文化本质的"变异体"理论,从而把对东亚文化与文学的"双边关系研究"提升为以"文化语境"为背景的"文化与文学的发生学"研究。这些研究以《中日古代文学关系史稿》和《中国与东北亚文化关系志》及相关论文为代表,其理论价值与演示模式在比较文学的一般研究中具有普遍性意义。

汉学视域：比较文化长途的三驾马车
——记乐黛云、钱林森、严绍璗教授荣获"中国比较文学终身成就奖"

严先生又是新时期"国际汉学"的学术创始人之一，他的贡献尤其体现在对日本汉学和汉学典籍的系统性整理和研究上。1980年他出版了《日本的中国学家》是该领域我国首部学科工具书，1992年出版的《日本中国学史》又是本领域第一部学说史。从80年代起至今，严先生结合日本汉学研究，在近30年的时间里累计往返日本30多次，造访日本近百家藏书机构，详细查阅了存放在全日本约百分之八十的汉籍善本藏本，整理文献10800多种，相继出版《汉籍在日本流布的研究》《日本藏宋人文集善本钩沉》等书。其中尤以2007年出版《日藏汉籍善本书录》（三卷本）为集大成者。此书融合了日本汉学、比较文学和古文献学的研究方法。用扎实的原典和宏观的跨文化视角推进了中日跨文化交流的学理性研究。

在颁奖典礼上，严先生回顾了走上比较文学道路的曲折历程。他认为现在比较文学的中国学派已经基本形成，自己深感欣慰。此次终身成就奖典礼也是比较文学界的新老交替。如今新生代的学者已经在国际学界崭露头角，他相信今后比较文学在中国会继续蓬勃发展。当天下午，严先生以"人文学术研究中的'通融'与'越界'"为题，讲述了自己在北大求学以及在学术研究中留下的经验和体会。他鼓励在场的年轻学者重视原典材料的重要性并在研究中多思考，在这一过程中新问题会不断涌现，在解决的过程中研究会不断深入。

（张峻巍：四川大学博士）

·汉学研究论坛·

半个世纪以来德国中国学发展之我见

——以德国中国历史研究为例的几点认识

李雪涛

摘 要：德国中国学自20世纪60年代以来发生了重大的变化，以往以翻译、阐释为主的语文学传统，由于受到美国中国学区域研究的影响，逐渐为实用的政治、经济、法律等研究领域所替代，而在研究上则强调社会科学方法的运用。但这些研究永远也代替不了以古典学、历史学为主的汉学研究。本文以中国历史研究为例，对德国汉学专业化发展进行了探讨，指出，不论是汉学还是中国学都已经超越了纯粹的某一专业的研究范畴，而开始呈现出一种跨学科交叉的综合研究态势。因此，以去中心化和互动为核心理念的中国研究必然成为这一学科未来发展的趋势。

关键词：范式转换 德国中国学 全球史

一

范式转换（Shift of paradigm）概念的提出唤起了人们关注时代思潮的更深层次的结构。时代的进步势必形成与过去的典范不相符的新学说，从而使一种标准的形态发生动摇，最终造成典范的转变。对中国研究的范式转换，是时代的思想和社会处境变化的必然结果。德国汉学及其有关中国的知识、文化传统，从一开始就是在阐释和翻译，在传统中国、文化中国与当代中国、现实中国，也是在中国的精神、文化等人文的传统，以及中国社会的各个方面之间交错进行的。根本不存在所谓孤立的德国汉学的翻译时期、阐释时期，

半个世纪以来德国中国学发展之我见
——以德国中国历史研究为例的几点认识

或者截然分开的汉学时代、中国学时代，这些从一开始就是纵横交错、交织在一起的。德国汉学滥觞是从实用目的出发的"东方语言学院"（Seminar für Orientalische Sprachen，SOS，1887年在柏林建立）开始的，很多的汉学家也是从重视实际工作的传教士、外交官的身份转变成为学者的。汉学学术史本身就是范式转换的历史。考察每一个范式转换的事例，都是了解德国乃至西方对中国认识的基本前提。

实际上，德国汉学除了注重自身的发展和传统之外，也会对中国社会的变革做出相应的反应来。早在20世纪50年代，联邦德国已经开始建立了一些大学之外的中国研究机构。1956年由联邦德国政府外交部与汉堡市共同成立了亚洲情报所（Institut für Asienkunde，IFA），[①] 其中最重要的是有关中国大陆现实政治问题的研究，并出版杂志 China aktuell（中国要闻）；1959年德国外交部在波恩大学恢复了1887年建于柏林的"东方语言学院"，以培养实用的包括汉语在内的东方语言为主；1967年在大众基金会和福特基金会的支持下，在当时联邦德国的首都波恩建立了德国亚洲学会（Deutsche Gesellschaft für Asienkunde，DGA），使德国从汉学和日本学研究，向政治、经济、法律多领域研究拓展，促进德国与东亚的交流与合作，提供当代东亚研究方面的咨询服务等。

最近十年左右退休的德国汉学系的教授们，大都是1968级欧洲学生运动的参与者，多数也都是左派，因此他们也都受到当时中国的"文革"和毛主义的影响。1968级学生运动在一定程度上解构了当时传统的汉学研究，学生们要求与时俱进地研究中国的革命形势，因此单纯的语文学方法的古典学研究，显然不能适应诸如毛主义的研究，必然要引进社会科学的各种方法。设在西柏林的自由大学东亚系率先开始相关的革新，德国其他大学的汉学系也都积极响应。1970年代末中国的改革开放，使得中国成为了西欧特别是当时联邦德国的潜在市场，中国可能在经济方面给德国带来巨大的利益，而当时德国的汉学界根本无法培养相应的人才，因此很多的大学开始开设汉学与经济学相结合的专业。比较早的有蒂宾根大学（Eberhard-Karls-Universität Tübingen）开设的区域研究组合课程，包括国民经济学（Volkswirtschaftslehre）

[①] 请参考：Hans-Wilm Schütte（Hrsg.）. *Fünfzig Jahre Institut für Asienkunde in Hamburg*.（Mitteilungen des Instituts für Asienkunde; Nr. 398）. Hamburg 2006.

与东亚文化学的结合。近年来，相关的组合课程愈来愈多，很多汉学系除了提供传统的专业课程之外（被称作"汉学 I"Sinologie I），也增加了所谓的中国研究课程（被称作"汉学 II"Sinologie II），以便于同国民经济或企业经济（Betriebswirtschaftslehre）等热门专业相结合，这同时也是适应中国研究的需要。

今天，在中国研究中所遇到的挑战和问题是以往纯粹的汉学（Sinologie, sinology）所无法解决的，因此必然会出现所谓的中国学/中国研究（Chinawissenschaften, Chinese Studies）。汉学与中国学是一对既有区别又有联系的研究，对文化中国、历史中国进行的古典学、语文学、历史学的解读依然需要，并且永远不会消失，同时只可能是德文中所谓的"幽兰专业"（Orchideefach）；而关涉到中国现实问题的中国学，所关注的是中国社会的不同方面，如政治、经济、军事、外交、法律、医疗等，其所使用的方法当然来自社会科学乃至自然科学的各个领域。

对于汉学的中国学倾向，很难作价值的判断。有很多在一百年前从未听说过的专业，现在却成了热门的专业，也不在少数。有的学者认为美国汉学向中国学的转向，实际上是从阳春白雪之学，转向了从之者众的大众专业："费正清则在将汉学研究重心由古代下移到近现代并应用社会科学方法的同时，本质上有全面退回沙畹以前欧洲传统汉学的弊端，尽管表面看来更具现实感。"[①] "费正清面临的问题，与其说是将汉学研究推进一步，不如说是如何使少数天才的事业变成多数凡人的职业。批量培养标准化的学位获得者，正是其方法的成功标志与应用价值。"[②] 也就是说，跟汉学培养出的人文大家不同，中国学培养出的人才是多学科多层次的研究群体。实际上，曾在汉堡创立第一个汉学教席的福兰阁（Otto Franke，1863—1946），他的弟子白乐日（Stefan（Etienne）Balázs，1905—1963）于 1932 年所撰写的博士论文《唐代（618—906）经济史论集》[③] 就已经开始借用马克斯·韦伯（Max Weber，1864—1920）的社会经济学的方法研究中国唐代的经济问题了。白乐日在论文中从中国官僚制度的角度来阐释中国社会之发展，中国社会中学者-官员阶

---

① 桑兵《国学与汉学——近代中外学界交往录》，浙江人民出版社 1999 年，第 15 页。
② 同上，第 17 页。
③ Beiträge zur Wirtschaftsgeschichte der T'ang-Zeit（618—906），Dissertation, 1932.（Tag der Promation; 15. Februar 1932.）

半个世纪以来德国中国学发展之我见
——以德国中国历史研究为例的几点认识

层及其与占统治地位的制度的复杂关系,是他考察中国社会结构的重点所在。从韦伯的方法论和研究范式出发,借以考察中国社会变迁过程中各种普遍性和特殊性,这是白乐日对中国隋唐以来经济史研究的重要范式。这对当时以语文学为主流的古典式汉学研究,无疑是一种革命式的宣言。

美国中国学是美国全球战略支配下的区域研究(Area Studies)的一个组成部分,由于在冷战时期受到美国政府和各种基金会的支持,其自身带有对策性和意识差形态的特征,并且需要在短时期内取得可以看得见的成绩,于是集团协作式的团队工作(Teamwork)成了其运作的主要方式。这种方式当然可以在某些方面,如政治学、社会学、经济学、人类学等社会科学领域,乃至在大型辞书的编纂方面在短时间内取得成效,但真正有创造性的人文成就,往往是个人苦心孤诣中创造的。况且作为国家意志的研究项目,往往会成为功利目的的工具。在这种情况下,即便是历史研究也会成为现实关怀的投影。实际上,用社会科学方法从事的中国学研究,永远也代替不了以古典学、历史学为主的汉学研究。因此,欧洲的汉学家们,对于美国中国学一昧追求方法模式的更新、理论阐释的前沿特征而忽略对文本本身的深入解读,也多有批评。

归根结底,西方的现实境遇促成了其汉学的问题意识,汉学的最终目的是为了其自身的发展。但西方学者出于自身的需求而进行的他者研究,在萨义德(Edward Said,1935—2003)看来是不正当的,是理应受到批判的。后来的学者认为,无论是东方还是西方,都应当进行平等的研究和比较,并不存在西方的唯一中心。

二

19世纪下半叶已经有一种现象,亦即专业领域的学者进入中国研究的某一方面,最典型的例子莫过于德国著名的地质学家、地图学家以及考察旅行者李希霍芬(Ferdinand von Richthofen,1833—1905)了。1868至1872年,李希霍芬曾到中国做过七次远征,正是在这段时期中,他指出古楼兰遗址旁边的罗布泊的位置,甘肃走廊南缘的祁连山脉的英文名称就是依他的名字命名的:Richthofen Range。李希霍芬依据其在华考察的资料,完成了巨著《中国——亲身旅行和据此所作研究的成果》(*China. Ergebnisse eigener Reisen und darauf gegründeter Studien. 5 Bände mit Atlas*)。全书正文共五卷,并附有两册地图集。其中第一卷出版于 1877 年,"丝绸之路"(Seidenstraße)一词便首次出现于本书中。1872 年李希霍芬从中国回到德国后,于 1873—1878 年担任柏林地理学会(Berliner Gesellschaft für Erdkunde)的会长。1875 年他被波恩大学任命为地理学教授,1886 年后则转到柏林洪堡大学。在他的弟子之中,最为有名同时也与中国研究相关的是瑞典探险家斯文·赫定(Sven Hedin, 1865—1952)。在近代地理学的诸多领域中,李希霍芬被视为重要的先驱者,他在中国的地质记录与观察结果、文献倍受专业学者推崇。但德国汉学家们认为李希霍芬属于"非汉学的中国通"(eine nicht-sinologische Chinakompetenz),尽管福兰阁等对他的批评尤其严厉,不过对他的成就福兰阁也说了公道的话:"由李希霍芬的著作而获得的普遍声誉会使人期待,大量的学术教育机构将会更加关注这个新的巨大的研究领域。政治和学术二者以同样令人难忘的方式指向了远东。"① 公正地讲,李希霍芬的著作对于全面考察和理解中国的地理地貌有着重要的启示,不能以其汉语水平不够、中文引用的部分错误而抹杀其结论的正当性。

　　实际上从 20 世纪下半叶以来,各个学科专业化的倾向愈来愈明显,汉学领域当然也不例外。如果还一味强调汉学的古典语文学特征,仅仅致力于所谓中国文史哲通才培养的话,德国汉学很可能跟不上世界中国学发展的步伐。而汉学系根本容纳不下有关中国研究的各个学科。早在 20 世纪 60 年代就已经有个别在汉学以外专业取得巨大成就的学者,如柏林自由大学就有以政治学教授、右派反共分子杜莫斯(Jürgen Domes,1932—1999)为主的对中国大陆政治进行研究的团体。② 而在 20 世纪 70 年代末改革开放以来,这一发展趋势愈来愈明显,越来越多在中国学术研究领域取得卓越成就的学者在非汉学的领域任教:文树德(Paul U. Unschuld, 1943—)教授于 1986—2006 年任慕尼黑大学医史研究所所长,之后他出任柏林医学中心——夏洛特医院

---

① Otto Franke,„ Die sinologischen Studien in Deutschland ", in: Ders., *Ostasiatische Neubildungen*. Hamburg: Verlag von C. Boysen, 1911. S. 361.

② Jürgen Domes 教授的著作主要涉及国共两党的历史与现实,包括:*Politik und Herrschaft in Rotchina*(红色中国的政治与统治). Stuttgart 1965; *Vertagte Revolution. Über die Politik der Kuomintang von 1923 bis 1937*(推迟了的革命——论国民党 1923—1937 年的政策). Berlin 1969; *Politische Landeskunde der Volksrepublik China*(中华人民共和国的国情政治). Berlin 1982.

半个世纪以来德国中国学发展之我见
——以德国中国历史研究为例的几点认识

（Charité）中国生命科学理论、历史及伦理研究所（Horst-Görtz-Stiftungsinstitut für Theorie, Geschichte und Ethik Chinesischer Lebenswissenschaften, HGI）所长，研究所是由霍斯特·格尔茨基金会赞助设立的；从民族学和政治学角度对中国进行研究的王海（Thomas Heberer, 1947—）教授，自 1998 年以来他任杜伊斯堡-艾森大学政治学和东亚学的教授；科隆大学"现代中国研究所"的法学家何意志（Robert Heuser）是研究中国法律制度的专家，其活动领域主要是在法学界；奥斯特哈默尔（Jürgen Osterhammel, 1952—）教授自 1999 年执教于康斯坦茨大学，是近现代史研究所（Institut für Neuere und Neueste Geschichte, Universität Konstanz）的教授等。这些在各专业领域任教的学者，为汉学和中国学术进入真正的西方学术领域做出了贡献。

拿有关中国历史的著作来讲，由汉学家撰写的几部重要的中国历史著作，大都是"世界史"（Weltgeschichte）中的一本。18 世纪德意志哥廷根历史学派的创始人伽特勒（Johann Christoph Gatterer, 1727—1799）在他于 1761 年出版了著名的《普遍史手册》第一卷（全名为 *Handbuch der Universalhistorie nach ihrem gesamten Umfange von Erschaffung der Welt bis zum Ursprunge der meisten heutigen Reiche und Staaten*, 以从创世到今天的绝大部分帝国与国家起源整体为依据而编纂的普遍史手册，第一部分出版于 1761 年，第二部分 1764 年）的专著中，就以 345 页的篇幅来描述中国。依据耶稣会传教士的史料，伽特勒将中国历史分为三个时期：一、始自中华帝国的起源至耶稣降生前四世纪；二、耶稣降生前第四世纪和第三世纪；三、耶稣降生前第二世纪以降，此时的中国历史真正丰沛和意趣盎然起来。[①] 1910 年孔好古出版了他的《中国历史》（*Geschichte Chinas*, 1910），这是德国著名的三卷本《乌尔施泰因世界史》（*Ullsteins Weltgeschichte*）的一部分。孔好古运用民族志学的方法，对先秦史做了比较全面的考察。莱比锡的另一位汉学家叶乃度（Eduard Erkes, 1891—1958），于 1948 年在柏林出版了《中国历史》（*Die Geschichte Chinas*. Berlin, Volk und Wissen, 1948）。这是一家出版教科书的出版社，当然中国历史只是其整体世界史的一部分。慕尼黑的汉学家福赫伯（Herbert Franke, 1914—

---

① Johann Christoph Gatterer, *Handbuch der Universalhistorie nach ihrem gesamten Umfange bis auf unsere Zeiten fortgesetzt; des zweyten Theils erster Band: Nebst einer vorläufigen Einleitung, worin das Verzeichnis der Geschichtsschreiber bis auf die neuern Zeiten fortgeführt worden*. Göttingen: Vandenhoeck, 1764. Einleitung, S. 4.

2011）和陶德文（Rolf Trauzettel，1930—）所撰写的《中华帝国》（*Das chinesische Kaiserreich*. 1968）。这本书是"费舍尔世界史"系列中的第 19 本（Fischer Weltgeschichte，Band 19）。

这一系列的有关中国历史的德文著作，都是当时所认为的世界史的一部分。尽管这些世界史著作卷帙浩繁，但基本上都存在三个方面的局限性：一是在叙述的时候以欧洲为中心，以一种线性的发展逻辑否认世界的异质性和文明的多元化；二是将各地历史简单地叠加在一起，缺乏相互的关联性，更谈不到相互间的互动；三是基本上以地区、民族或文化的历史现象为研究对象，读者很难对所谓的世界史有一个整体观。

奥斯特哈默尔的研究才真正将近代以来的中国放在全球史的范畴中来看待，他强调将打破民族国家界限的研究对象置于广阔的相互关系情境中来理解和考察，并从互动来理解历史，强调互动者互为主体。《世界的演变：19世纪的历史》（*Die Verwandlung der Welt. Eine Geschichte des* 19. *Jahrhunderts*. München 2009）一书并不是简单地对 19 世纪各国的历史进行罗列，而是要对当今世界的起源予以追溯，向读者展示为什么 19 世纪是使全世界走向现代的决定性的历史时期。奥斯特哈默尔的高超之处并不在于"宏大叙事"的研究，他也不遵守事件的时间顺序。相反，他把世界发展到现代的丰富资料，分成三个主要方面，下面又细分为 18 个主题，来做准确的阐述。这些全球史的主题包含了范畴（如时间或者空间），问题领域（如边境），对转变的情况的调查（如生活水平），进程（如革命），结构（如城市或者国家）或者生产和再生产的定义范围（如工作或者知识）。通过这种方式，可以避免忽视对历史人物或逸事/叙事的外在逻辑的分析。奥斯特哈默尔认为：全球史是全球系统的互动史。他尽管是汉学家，但他清楚地认识到，源自欧洲本身的史学发展已经不可能只靠其自身说明清楚了。奥斯特哈默尔的影响显然并不仅仅局限于汉学领域，他的著作基本上都是以全球史的视野展开的，他也因此获得过德国著名的莱布尼茨奖。2014 年 7 月 17 日，总理默克尔（Angela Merkel，1954—）六十大寿的时候，奥斯特哈默尔应邀到总理府，在 1000 位被邀请的客人面前做了一场题为"各种过去：论历史的时间之线"（Vergangenheiten: Über die Zeithorizonte der Geschichte）的全球史报告，中国当然也是其中重要的一个方面。

半个世纪以来德国中国学发展之我见
——以德国中国历史研究为例的几点认识

三

法国年鉴学派著名的历史学家费弗尔（Lucian Febvre，1878—1956）意识到，一种封闭的学科在当代是毫无价值、毫无生命力的，他指出："所有的发现都不是发生于每个学科的内部及核心，而是发生于学科的边界、前沿、交叉处，正在这些地方，各个学科互相渗透。"① 费正清（John King Fairbank，1907—1991）在他的自传中在描述自己在答辩时的表现时写道："我已经学会了如何成为历史学家中的汉学家，以及稍加变化，又成为汉学家中的历史学家。很像一个不易被抓住的中国土匪，处在两省辖地的边缘，一边来抓便逃到另一端。"② 在历史学和汉学的交界处、边缘进行研究，这其实也是费正清之所以能另辟蹊径，成就美国中国学的原因所在。

从目前德国汉学的发展来看，由于文化教育的大权掌握在各个州政府手中，因此各个汉学系的发展也是极不平衡的，研究的方向与教学的内容一般也会根据教授的兴趣和专业知识来予以确定。如波恩大学在顾彬（Wolfgang Kubin，1945—）教授离开了之后，历史学家廉亚明（Ralph Kauz）接替了这一教席，波恩的研究重点也从中国文学、思想史，转到了中国历史，特别是元代以来中国与波斯帝国的关系史上。汉堡大学更关注中国古代哲学，以及晚清以来的近现代史；柏林大学强调当代社会科学研究的内容；慕尼黑大学则偏向中国思想史和哲学史的内容；埃尔兰根-纽伦堡大学、法兰克福大学则为中国科技史和观念史的研究提供了很好的交流平台；有关东亚艺术史的研究在海德堡大学有很好的研究所……此种情景跟美国中国学比较起来，既有优势也有弱点：优势是为学术自由发展提供了空间，弱点是很难有计划地统筹比较大型的汉学项目。

尽管如此，在欧洲汉学的整合方面，德国也做了一些努力，如由海德堡大学汉学系瓦格纳（Rudolf Wagner，1941—）教授牵头，于1998年建立起了"欧洲中国研究数字资源中心"（European Center for Digital Resources in

---

① Lucian Febvre, *Combats pour l'histoire*. Paris: Armand Collin, 1953, p.30.
② 费正清（J. K. Fairbank）著，黎鸣等译《费正清自传》，天津人民出版社1993年，第170页。

Chinese Studies）。今天欧洲的汉学资源得到了进一步的整合，如 EVOCS（European Virtual OPAC for Chinese Studies 欧洲中国研究虚拟图书馆联合编目），其中就包括了奥地利、德国、瑞士，德国联合目录，比利时、荷兰、法国、英国以及斯堪的纳维亚各重要汉学图书馆的馆藏。

2003 年以来，欧盟尝试着希望通过引进以美国为样板的、在欧洲和世界范围内普遍得到承认的学士和硕士课程（Bologna-Prozess，"博洛尼亚进程"），来实现欧盟统一化的规定。这些年来，此项政策性义务在德国的汉学界和中国学界一直争论不断。拿汉学系的学士生来讲，因为在四个学期内既要学一定的汉语语言知识，又要对中国文化有比较深入的认识，这完全是不可能的。

进入 21 世纪以来，德国汉学的专业化倾向更加明显，同时也更加专注于用社会科学的方法进行的中国研究（Chinawissenschaften）。2006 年，汉堡的"亚洲情报所"（IFA）更名为"德国全球及区域研究所"（German Institute of Global and Area Studies，GIGA），大开本的德、英文的 China aktuell（中国要闻）也改版为小开本的全英文的刊物 Journal of Current Chinese Affairs（当代中国期刊）。而墨卡托基金会（Stiftung Mercator）也于 2013 年 11 月宣布，将在未来 5 年内斥资 1840 万欧元在柏林建立欧洲最大的中国问题研究中心，从而打造研究中国的"新智库"，以便让德国更好地与"世界第二大经济体"中国打交道，赢得未来。

而在大学方面一种跨学科的串联也早已开始了。海德堡大学就设立了"雅斯贝尔斯高等跨文化研究中心"（Karl Jaspers Centre for Advanced Transcultural Studies）。这个中心属于"全球背景下的亚洲与欧洲：文化流动的不对称性"卓越研究群（Cluster of Excellence "Asia and Europe in a Global Context: Shifting Asymmetries in Cultural Flows"），由联邦政府所赞助。这个计划能获得批准是因为连接跨学科和跨文化的做法——德国政府所赞助的大型卓越计划都是要凸显跨学科、跨领域、跨文化的基本方向。这种学术政策恰好要打破学科的封闭性。这样，汉学就融入跨学科的架构里，同时在这个架构中获得新的意义。知识结构的变迁使得传统汉学系关起门来做学问的方式加速终结，当然也使得以思想和文学的文献为核心的经典研究进一步解体。

早在 20 世纪 90 年代埃克哈德（Maren Eckhardt，1964—）就曾以在波鸿鲁尔大学（Ruhr-Universität Bochum）为例，对以区域研究的方式建立起来的

半个世纪以来德国中国学发展之我见
——以德国中国历史研究为例的几点认识

东亚研究的未来做了前瞻。她指出亚洲研究/中国研究的三个方向性前景：①区域间具有相互"渗透性"，它们很少被界定在固定的范围内，而是处于不断变化之中；②区域研究不再是出于自身的目的，而是理解全球性的、跨国家论题的基础；③跨学科之间的交流不仅仅局限于理论方面，而是更加注重实际运用。[①] 因此，以去中心化和互动为核心理念的中国学必然成为这一学科未来发展的趋势。

不论是汉学还是中国学都已经超越了纯粹的某一专业的研究范畴，而开始呈现出一种跨学科交叉的综合研究态势。正是包括德国汉学家/中国学家的参与，使得中国学术和问题的研究具有世界性意义。对于中国学界来讲，德国学者的这些研究无疑为中国文化以及中国的现代化发展道路提供了另外一种解读的视角，一种批判和反思的路向。全球化时代的到来，使得占世界人口五分之一的中国既离不开世界，同时也必然会对世界产生巨大的影响！

（李雪涛：德国波恩大学哲学博士，北京外国语大学全球史研究院院长）

[①] 埃克哈德（Maren Eckhardt）《东亚学在鲁尔区波鸿大学——以中国学为例阐述其历史渊源》，见上揭马汉茂等编《德国汉学：历史、发展、人物与视角》，大象出版社 2005 年，第 357—365 页，此处引文见第 364 页。

汉学的名实之争与镜鉴*

陈戎女　许双双

摘　要：本文是对当下屡有争议的汉学热点争鸣的回顾与反思。首先，汉学的学科名称之争始终存在，究竟称"汉学"还是"中国学"或者其他称谓，学者们各执一词。本文主张，在理解汉学学科历史的基础上明确其实质（即研究内容与方法），而非确定一个毫无瑕疵之称谓。其次，汉学对中国的误读误释既提供了富有启发的"洞见"，也裹挟着不少"盲见"，本文主张以汉学为镜鉴，从中不仅可以映照出我们在他者视野中的变形，也可以检省我们看自己看他者时是否若是。

关键词：汉学　中国学　误读

域外学者对中国的研究已有400多年的历史，西方专业汉学也已走过了200年的历程。当前全球化语境下，海外汉学日益受到中国学术界和政府层面的关注，近几十年来国内对海外汉学的研究呈现出越来越繁荣的趋势，但仍有不少问题一直处于争鸣状态。

一、汉学的名与实

20世纪70年代末80年代初以来，中国学者对海外汉学、中国学的介绍和研究异军突起，并形成了一股不小的热潮。但时至今日，学科名称之争仍未停止，究竟称"汉学"还是"中国学"学者们各执一词，尚没有达成一致意见。传统汉学，英语是Sinology，最早由欧洲人建立，以法国汉学为代表，注重文献研究和典籍研究，属于人文学科的范畴；中国学也有特指，英语是

---

* 本研究是北京语言大学院级科研项目的成果（中央高校基本科研业务专项资金资助），项目编号为15YJ010010。

Chinese Studies，第二次世界大战后由美国人建立，偏重对中国现当代政治、经济等具体问题的研究，属于社会学科的范畴。统观国内学者对学科命名的意见，不外乎有如下三种：

第一，继续沿用"汉学"一词作为学科之名。任继愈先生主编的《国际汉学》、李学勤先生主编的《国际汉学著作提要》、阎纯德先生主编的《汉学研究》是这一种意见的代表。

李学勤先生在《国际汉学漫步》中对"汉学"的概念做了解析："汉学专指有关中国历史文化、语言文学等方面的研究。汉学的'汉'，是以历史上的名称来指中国，和 Sinology 的语根 Sino- 来源于'秦'一样，不是指一代一族。汉学作为一门学科，词的使用范围本没有国别的界线。"[①]

鉴于汉学一词习用已久，特别在海外普遍流行，因此李学勤先生不主张将汉学更名为"中国学"。阎纯德教授也强调"任何一个学术域名的诞生及其历史生命，都是由历史决定的，想人为地改变它不容易。"[②]

第二，改"汉学"为"中国学"。北京大学严绍璗先生，著有《日本中国学史稿》，是这一种意见的代表。

严先生在《"汉学"应正名为"国际中国学"》一文中强调："我们要充分认识到中华民族的文化是多元性的文化，充分认识这一多元性的历史价值的现实性与意识形态意义，以及对未来人类文明所能做出的贡献。如果我们在 21 世纪仍然把世界对中国文化的研究称之为'汉学'就不大合理了。我希望在命名的时候要根据研究对象内涵的不断变化与时俱进。"[③] 严先生在北京语言大学"跨文化论坛 2014：海外汉学与比较文学研究新方向"学术研讨会上，对"汉学"、"中国学"之名也进行了反思，国际汉学之称虽很典雅，但他认为中国文化研究在当代中国语境下应该叫"国际中国学"更为恰切。近代社会以前，世界各国对中国文化的研究主要是对汉文化的研究，而且其中大部分是在儒学研究的层面上，因此叫"汉学"是可以的。但进入近代，整个中国都被纳入到世界研究的范式之内，中国由 56 个民族组成，国外学界对囊括 56 个民族的中国文化进行研究，以"汉"一字加以概述是不可能的，故

---

① 李学勤《国际汉学漫步·序》，河北教育出版社 1997 年，第 1 页。
② 阎纯德《异名共体之汉学与中国学》，载《国际汉学》2012 年第 2 期。
③ 严绍璗《"汉学"应正名为"国际中国学"》，载《中国社会科学报》2010 年 6 月 1 日，第 3 版。

称"中国学"更妥当。严先生主张，国际中国学比国际汉学更符合时代的特征，更具有学理性，而且在政治权利的运行上也更加安全。

第三，认为"汉学"与"中国学"作为学科名称皆不可取。中国比较文学学会终身荣誉会长、北京大学乐黛云教授是持这一观点的代表。

乐先生认为不论"汉学"还是"中国学"，它们出现时有各自的时代背景和学科含义，前者是源自欧洲的传统，其实背后潜藏着文化强国的掠夺和好奇，伯希和可为一例。后者更是如此，美国在第二次世界大战以后为了了解和驾驭中国才建立了中国学，学科背后的政治目的昭然若揭。乐先生在北京语言大学"跨文化论坛2014"上表示很欣赏严绍璗等诸位先生在香港成立的"国际中国文化研究学会"。在乐先生看来，"国际中国文化研究"的提法是在用我们中国自己的话语重建学科，名称虽显得冗长，却非常科学地表述了"汉学研究"和"中国学研究"的全部内容，不仅名实相符，且终于甩掉了西方殖民侵略的背景。乐先生是从学科形成的政治背景来看待名称的问题，名称不仅只是命名这么简单，还涉及谁有权命名、命名后的学科阐释权，这就牵涉到祛除西方话语霸权、建立文化自觉意识等高瞻远瞩的问题了。

由上述可见，学者们对此学科的称谓尚未形成统一观点，众说纷纭，各有各的道理。学界秉承的不同观点也必然导致了多种概念的混杂使用，现有的一些研究机构及出版物名称各异，都明显揭示出学界在名称理解和概念使用上的分歧。国内的相关研究机构如北京外国语大学的中国海外汉学研究中心、北京语言大学的汉学研究所、中国人民大学汉学研究中心、清华大学的国际汉学研究所、陕西师范大学的国际汉学研究所、复旦大学的中国学研究中心、华东师范大学的海外中国学研究中心等，这些研究机构不仅侧重的研究内容不同，隶属关系也不一样。由此，各研究机构出版的学术辑刊名称也各异，如《国际汉学》《汉学研究》《世界汉学》《清华汉学研究》《国际汉学集刊》《中国学》《海外中国学评论》等。

为学科正名，历来是某一学科发展到一定阶段后的必然之举。古语云：名不正则言不顺。但是反观诸多学科，恰恰是在名与实之间留下缝隙或偌大的空间，而且也名实不副地沿用至今。远的不提，就说"比较文学"这一术语（法语 littérature comparée，英语 comparative literature），从19世纪初学科诞生始，就受到各种苛责和批评，发明它的法国人称它是"有缺陷"却又是"必要的"词（布吕奈尔），而美国人也指责这个虚设的概念经不起推敲（库珀),"只是一个为方便而使用的名词"(艾德治),以至于,学科史上连续出现多篇以《比较文学的名与实》题名的论文,均涉及学科的名称与研究内容、方法严重脱节的弊病,最著名的如1921巴腾斯伯格和1970年韦勒克的同名论文。比较文学的名实不符,原因很多,如学科名术语的出现早于学科定位,学科名称与研究内容、研究方法不吻合等。

比较文学学科史上的这一幕,像极了汉学与中国学的名称之争,只是"比较文学"一语始终没有碰到狭路相逢的强劲对手罢了。如果借鉴比较文学的名实之争的历史经验,应该说,要紧的是实(nature),即学科的研究内容与方法的界定,而非确定一个沿用万世而无丝毫瑕疵之称谓。换句话说,无论使用"汉学""中国学"还是"国际中国文化研究"的名称,只需规定好研究对象、研究方法等即可。问题是,学科往往不是死的,而是活在历史之中。名实之争,很多时候反映出的是学科的历史演进带出的问题,当老名称不能涵盖新内容,名实不符时,争论就不可避免。然而,是不是任何学科发展到一个新的历史阶段(比如从传统走向了现代),就要换一个名称,仍然值得反思。西方最古老的学科哲学,虽然也经历了现代化的洗礼,最多是内部出现各种分支(比如分析哲学),也还没听说整个学科就改换门庭,另启新名了。

在汉学的名实之争中,学者们的观点各有所据,这并非坏事,其实统一口径不一定好过众说纷纭,因为在争论中,各种思想主张的登场亮相,让从业者耳听八方,更加清楚身置何处,更有利于未来学科建设的规范化和谱系化。

《汉学研究》杂志既以"汉学"为刊名,我们不妨细究一下"汉学"作为学科名称具有哪些合理性。

第一,"汉学"并非特指关于"汉民族"的学问。

李学勤先生多次谈到,"汉学"的"汉"字,既非特指"汉代",也非专指"汉民族",其词根Sino源于秦朝的"秦"(Sin),泛指整个中国。将Sinology译作"汉学",在阎纯德教授看来,不过是借用了汉代"汉学"之名,因为汉代"汉学"涵盖的内容毕竟是中国文化最经典最核心的部分。[1] 俄罗斯远东研究所所长季塔连科在上海"世界中国学论坛"上也证实,在俄罗斯,

---

[1] 阎纯德《异名共体之汉学与中国学》,载《国际汉学》2012年第2期。

"'汉学'就是'中国学',俄罗斯一开始就把汉学当作综合科学。一般汉学家都要懂得汉、满、蒙、藏四种语言"①。可见在国际上,至少俄罗斯的汉学家们并没有把汉族和中国划上等号,一样关注满、蒙、藏等少数民族文化研究。因此称"汉学"之名有分裂中国之嫌、犯了大汉族主义的说法,并非国际公认的共识。

第二,"汉学"称谓由来已久。

孙越生等人在《世界中国学家名录》②中认为,汉代的训诂之学,如今又用来指国外中国研究,易发生混淆,故建议将 Sinology 改译为"中国学"。"汉学"确有两种不同的含义和阐释,一指中国汉代的经学,二指外国汉学家研究中国文化经典所体现的中国文化学问的总称。但若说二者易发生混淆,则只是对中国人而言部分如此。国际上以"汉学"指外国人研究中国历史、语言、文学、文化、艺术等的学问,这个学术称谓由来已久(起码已是近三百年的历史),且被广泛认可。若贸然选用一个新的学科名称取代之,切断了几百年来的学术传承,也不利于各国学者的学术交流。

再者,"中国学"的称谓也极易与"美国学"发生混淆。在美国有"美国学",可是"美国学"是由美国的学者们创立的,由本国人提出并以本国加以命名的学问。美国学者旨在对自身历史、文化与传统做出深刻反思,摆脱欧洲文化的阴影,发展出美国文化的个性。然而"中国学"却是由美国人创建的,而非由中国学者提出,其开山鼻祖费正清(John King Fairbank)将对中国的研究从古代下移到近代,并应用社会科学的方法,以实用、现实的眼光研究中国当代的政治、经济、社会、军事等问题。

第三,"汉学"(sinology)包含"中国学"(Chinese studies)的内容和理念。

"汉学"和"中国学"有着明显的学术分野,传统"汉学"侧重对中国历史、文化、语言、文学等人文学科的研究,"中国学"则拓宽至当代中国研究的对象范围,涉及自然科学、社会科学和人文学科的所有领域。从历史发展的角度看,"中国学"是将"汉学"研究推进了一步,使得欧洲汉学这种

---

① 季塔连科《在俄罗斯,汉学就是中国学》,《世界走向中国:从汉学到中国学——2004·上海"世界中国学论坛"发言选登》,载《淮阴师范学院学报》2005 年第 1 期。

② 中国社会科学院文献信息中心、外事局编《世界中国学家名录》"编者前言",社会科学文献出版社 1994 年,第 1 页。

少数天才的事业变成多数凡人的职业,从曲高和寡到从之者众。① 换句话说,汉学经历了从传统到现代的历史演进。尤其到了 21 世纪,"汉学"和"中国学"在研究内容和方式上已出现了融通的现象,当下的美国汉学家有采用欧洲传统汉学研究方法和模式从事研究的,同样在欧洲也有很多汉学家踏入了美国汉学家研究的路径。② 阎纯德教授在《莫随意给"汉学"更名换姓》一文中,明确提出"sinology 已经包含了 Chinese studies 的内容和理念"。③ 因此,把论述中国政治、经济等问题的文章称之为"汉学"完全可以接受。譬如,19 世纪英国汉学家德庇时(John Francis Davis)著有《中国人:中华帝国及其居民概述》④ 一书,除了涉及中国历史、语言、文学、宗教、艺术等传统汉学领域,第四章"中国地理概述"(Geographical Sketch of China)、第六章"政府管理与律例"(Government and Legislation)、第十八章"科学"(Sciences)、第二十章"农业及统计"(Agriculture and Statistics)、第二十一章"商业"(Commerce)等内容亦广涉当今所谓中国学研究,然而这些章节都是德庇时"汉学"研究成果的一部分。

此外,不少学者以为,"汉学"一词较"中国学"更典雅、更有历史厚重感,"汉学"历经百年,承载着厚重的学术传统与历史文化渊源,虽然"汉学"的研究范式在现代发生转型,但是历史和传统始终割裂不断。在汉学研究早期,无论日本还是欧洲,研究者和研究对象呈现主客交融的关系,汉学家多是因为喜欢这个研究客体才去进行学术研究。到了近代,学术发展规模日渐宏大,主客逐渐分离。学者研究一个对象较少是凭由个人的喜好,更多是因为学术研究上的需要,研究者为了保持客观冷静,和研究对象感情上的交流日趋稀少。陈平原《在"学问"与"友情"之间——普实克的意义及边

---

① 桑兵《国学与汉学:近代中外学界交往录》,浙江人民出版社 1999 年,第 15 页,第 21—22 页。桑兵在肯定费正清创建的美国中国学的积极意义时,也指出其与巴黎汉学(欧洲汉学之代表)相比有两个根本倒退,一是对中国文化与历史的认识重新回到封闭与停滞的观念,二是将中国文化由对人类文化对认识,重新降格为功利目的的工具。随着其研究阵营的日益扩大,对中国的认识越来越外在和支离。
② 阎纯德《从传统到现代:汉学形态的历史演进》,载《文史哲》2004 年第 5 期。
③ 阎纯德《莫随意给"汉学"更名换姓》,载《中国社会科学报》2010 年 9 月 28 日,第 13 版。
④ John Francis Davis, *The Chinese: A General Description of the Empire of China and Its Inhabitants*, in two volumes, London: Charles Knight, 1836.

界》论文中,讨论了普实克作为"中国学家""东欧学者"以及作为"中国人朋友"三种身份之间的缝隙,他十分欣赏普实克作为一位汉学家,并非只是"外部观察",也有自己的"内在体验"与"生命情怀"。[①]但反观现在捷克年轻一辈的汉学家,也包括欧美及日本年轻一代汉学家,通常是和研究对象"中国"保持一定的距离,中国只是其研究对象,他们不一定对中国保有好感。将学术做成熟练的技术活儿,而没有个人情怀投入其中,事实上是很悲哀的一件事情,是现代学术体制的一种缺失。

"汉学"和"中国学"这两个概念并不互相排斥,因此对二者很难泾渭分明地区隔。有时综合二者不失为一种可取之道,如《汉学研究》冠以"汉学"之中文刊名,又取"Chinese Studies"作为英文刊名,中英文刊名有意采用不对等的翻译策略,既是学科概念的未定性和开放性所致,也凸显了主编阎纯德先生的办刊宗旨与方向,用意深远。

二、汉学的"洞见"与"不见"

近些年来,伴随着汉学热,防御性的声音也不断出现,主要来自民族主义者、国学大家、后殖民主义理论家,他们对汉学和中国学或批评,或调侃,议论纷纷。有些非华裔的汉学家的著述中偶尔会犯一些低级错误,如美国著名汉学家芮效卫先生说《金瓶梅》主要是以情欲和对金钱的爱好为主题,因此《金瓶梅》里面有一个最终极的大坏人叫蔡京,谐音"财精",在中国高中水平以上的人都不会犯这样的错误。但汉学的研究成果也不乏值得中国学者学习的地方,尤其在方法论上对中国学者的启示是非常大的。我们究竟应该如何去评判这些汉学研究成果?面对汉学家对中国及中国文化典籍的误读,又该如何对待?

首先需要廓清汉学与中国本土文化之间的关系。有的学者认为国外的中国文化研究和中国文化本身完全没有关系,完全是汉学家们自己的自说自话。也有一部分学者主张应该站在中国本体的角度来看待国外的中国文化研究。张西平教授在"跨文化论坛2014"上精辟地指出,这两种观点实际上都走入

---

① 陈平原《国际视野与本土情怀——如何与汉学家对话》,载《上海师范大学学报》2011年6期。

了两个极端，前者不懂得比较文化，不懂得用中国文化母体来判断国外的中国文化研究，后者则把国外中国文化的变异误读和中国文化本体之间复杂的关系简单化。事实上，中国文化本体和国际中国文化研究有着千丝万缕的关系，但它们又绝对不是一回事，须站在一个更高的、更多维的角度考察。汉学是在中西方交往的特定历史中形成的，是中西方互动共创的一个过程，因此对汉学成果的意义评判也必须放到这一互动过程中去，理性地把握。

"误读"产生的机制主要是由于中外学者考察中国文化时的视点不同，域外"汉学"是从外部，尤其是西方立场来看待中国文化，而中国的"国学"则是从内部来看待我们自己的文化。不同的文化、民族、语言、历史注定了汉学家站在域外立场来解读中国和中国文化时会产生理解的错位，产生误读。正如乐黛云教授在《文化差异与文化误读》一文中所谈到的

> 所谓误读就是按照自身的文化传统，思维方式，自己所熟悉的一切去解读另一种文化。一般说来，人们只能按照自己的思维模式去认识这个世界！他原有的"视域"决定了他的"不见"和"洞见"，决定了他将对另一种文化如何选择、如何切割，然后又决定了他如何对其认知和解释。①

汉学家受自身母体文化思维方式、理论模式等影响，在理解中国的时候，势必与中国人的阐释不完全一样，因此误读是正常的，恰恰是通过误读，汉学带来了"洞见"与"不见"。

从跨文化传播的通道来看，汉学家看起来"不正确"的阐释，为域外读者提供了一个容易进入他者文化的路径，只有这样，中国文化的符号和内涵才易为域外对象国接受。事实也证明，由对象国的学者阐释中国文化，它的传播领域、范围更宽广，传播效果更佳。

既然承认跨文化传播和研究中文化误读是难以避免的事实存在，那么，我们或许该问一问文化误读到底产生了什么样的后果。

汉学家对中国和中国文化的误读可以从正反两方面看。从正面看，国外汉学家解读中国文学和文化时，他们的诠释立场、美学趣味更贴合对象国读

---

① 乐黛云《文化差异与文化误读》，载乐黛云、勒·比雄主编《独角兽与龙——在寻找中西文化普遍性中的误读》，北京大学出版社1995年，第110页。

者的心理状态，更能满足读者的期待，因此更有利于中国作品在国外的传播，与域外读者群体建立起文化交流，促进异质文化之间的对话。举个简单的例子，中国文学在海外产生较大影响的，基本上都是由外国翻译家译介的作品。成功的例子早年有霍克斯译《红楼梦》，20世纪90年代苏童《妻妾成群》和《红粉》两部小说的法译本问世，[①] 以及近来名声大噪的葛浩文译莫言。当然汉学家翻译中国文学和文化典籍时存在大量有意无意地误读、误释，甚至缺失、疏漏，这个代价的付出，收获的是中国文学和文化在对象国得到广泛传播。反观杨宪益先生、叶君健先生，他们是中国最杰出的翻译家，对中国文学文化知根知底，然而他们翻译的文学作品却因为域外读者难以接受，销量远不及汉学家不正确的译作。

从反面来看，他者的误读若作为镜鉴为我所用，我们可以从他者（汉学家）的视角反观自身文化，帮助我们更清楚地认识自我。乐黛云先生在"跨文化论坛2014"上曾中肯地谈到，西方很多汉学家把中国作为他者以反思他们自己文化的特点和弱点，反思他们自己走过的路与中国之不同。正如法国汉学家弗朗索瓦·于连在《为什么我们西方人研究哲学不能绕开中国》一文中所说，中国文化是一个最好的"他者"，因为它遥远、陌生、独立，有利于研究者暂时离开习以为常的思维方式，摆脱他们的种族中心论，而从另一个角度来思考。于连对中国的研究正是为了更好地阅读希腊，加深对西方文化源头的了解就是更清楚地了解自己。德国汉学家顾彬在《只有中国人理解中国?》一文中也提到：

> 对我而言，关心中国是重要的，那是加强我的自我认识的一个手段：以自我为参照，我是不可能理解我自己的，我只能参照那个不同的东西。只有借助于知道我确实不是什么的那个东西，我才能确定我潜在地可能是什么。[②]

顾彬明确表示自己研究中国文化的目的即以中国文化作为参照，旨在审视自己，完成自我认识与理解。同理，我们也可以从汉学家们的误读中省察

---

① 1992年杨安妮（Annie Au Yeung）和弗朗索瓦·了诺伊（Françoise Lemoine）译《妻妾成群》，1995年丹尼斯·贝纳加姆（Denis Bénéjam）译《红粉》。
② 顾彬《只有中国人理解中国?》，载《读书》编辑部编著《读书2006》（下），三联书店2007年。

自身文化，有差异的多元化的解读可以帮助我们跳出狭隘的自我视角，从他者视角吸收有用的资源。

恰恰是域外解读者某些创造性的误读，为国人理解自身的传统提供了一个差异化的视角，产生新的启示。例如《剑桥中国文学史》，不同于国内高校普遍使用的北京大学袁行霈教授主编的《中国文学史》教材，它打破了以朝代进行文学分期的"三古七段"传统，放大了六朝和明代前中期的历史，重新发现了一些被忽略的现象和作家，并从"旁观者"的视角提出颇多新的洞见。洞见不一定是正确意见，也不一定是最终的意见，然而新见一定会打破之前固定的思维模式，让陈见得到一次检验，从而证实或证伪。例如，《剑桥中国文学史》的撰者之一王德威先生认为，1841年龚自珍逝世具有文学史的界标意义，标志着古典中国结束，近代开启。这个说法对于我们思考中国文学史何时划出近代的开端提出了一种刺激性的思考。虽然《剑桥中国文学史》是以西方汉学家的视角对中国文学史的改写，基于解构主义的底子，带着他们对文学史的主观理解，不一定那么客观，但在内容和方法上的突破和创新，还是给国内学者以耳目一新的感觉，对本土的古代文学研究不无借鉴和参考价值。

但是，对跨文化过程中的误读，仍然需要保持一种清醒意识：误读的正面意义可能有被夸大的嫌疑。从董仲舒"诗无达诂"、谭献"作者之用心未必然，而读者之用心何必不然"，到罗兰·巴特"作者死了"、德里达"误读使批评家对作品的洞见不断产生"、布鲁姆"一切阅读都是误读"……[1]误读几乎成为一个无所不在、无所不包的概念。强调误读的合理存在，即是强调读者的重要性，将文本视为一个开放的系统，故而不存在唯一正确的解读，读者可以多样化阐释文本，即使背离作者原有之意也是合理的。过度强调误读，带出的是阐释合理性的问题。

汉学中的误读是普遍现象。顾彬曾多次撰文说明，汉学家有误解"中国"对象的权力，汉学的跨文化理解具有"误解的正面意义"，所以，"只有非中国人能够理解中国"，汉学家就是这种非中国人的代表。[2] 顾彬自谦是"在理解和非理解之间的边界地带徘徊的汉学流浪者"，他试图为汉学家的"误读"

---

[1] 王峰、马琰《论文本误读的限度》，载《求索》2011年第11期。
[2] 陈戎女《汉学家的焦虑和误解的权力》，载《中国文化研究》2007年第2期。

辩护，认为中国人在研究自己文化的时候，碍于对本民族文学文化前见性的理解，可能研究视阈非常狭隘，非常主观。反倒是汉学家们在研究中国的时候，保有客观的"内在的距离"，正是这种距离感确保了汉学对中国这个"异"文化的研究具有客观性。顾彬还主张："任何种类的理解，都是解释，由于我们的理解总是会不同，因此我们的解释也会不同。因此，没有最终的陈述，只有瞬时的解释。我们从来不会再次以相同的方式来理解某事。"① 换句话说，没有人能够拥有对自己或他者文化的最终理解，即使中国学者也不能对本国经典盖棺定论，不容许其他的阐释。汉学是外国人对中国的研究，中国学者没有理由更没有权利以国学的标准来要求汉学，否则汉学和国学同一副面孔，就失去了它的学科意义。

然而，即便承认误读的权利，却不能不正视，跨文化的误读误解是把双刃剑，既可以锋利地手刃本土陈见，也可能确凿是错误理解从而产生消极影响。例如"20年代初，梁启超曾到欧洲游学，亲自体察了西方文化现状。回来后，写了一本《欧洲心影录》说是西方濒临严重精神危机，几乎已是朝不保夕，因此大声疾呼要以中国的'精神文明'去拯救西方的'物质疲惫'。结果并非拯救了别人，倒是国内崇拜国粹，热心复古的浪潮大大盛行起来，延缓了中国文化现代化的进程。"② 梁启超的西方观察不尽然完全不准确，但开出的文化药方却仍唱的是中国文明优越论的老调。还有很多误读带着强烈的意识形态偏见和价值判断，结论自然偏颇。例如19世纪郭实腊等早期来华的英美人士，他们对中国文学从观感到功能都采取了否定的态度，郭实腊甚至认为中国文学作品不过是"文学名义下的垃圾"③。不难想象，早期中西文化交流中很难有客观冷静的观察，大多是异质文化乍一碰撞下错愕之情的流露，几乎"不见"中国文化本身，其误读结论当然严重影响了对他国民族文化的正确理解，甚至会产生文化排斥心理。

对于汉学中的误读，陈奇佳教授在北京语言大学"跨文化论坛2014"上谈到，应该允许汉学家对中国文化存有一些误读，但是当前的问题在于域外汉学家对自己的研究太过自信了。如宫崎市定、佐竹靖雄的专著多有随意立

---

① 顾彬《误读的正面意义》，载《文史哲》2005年第1期。
② 乐黛云《文化差异与文化误读》，载乐黛云、勒·比雄主编《独角兽与龙——在寻找中西文化普遍性中的误读》，北京大学出版社1995年，第111页。
③ 吴义雄《商人、传教士与西方"中国学"的转变》，载《中山大学学报》2005年第6期。

论和穿凿附会之嫌，武断地将《水浒传》成书时间断在万历二十年后，反映出某些海外汉学家轻视中国学者已有研究成果的现状，这也是一种典型的"不见"或盲见。从宫崎市定、佐竹靖雄的论说和所引参考文献来看，他们基本没有吸纳或拒绝吸纳中国学界的一些基础性成果，导致某些汉学家的论说在不经意间出现一些本可以避免的硬伤。

但中国学界和域外汉学并不是截然不能沟通的，有效的解决办法是加强中外学者之间平等的互动对话，消除文化壁垒，走向理解和交流。如果发现域外汉学的翻译或观点确有不实之处，可提出加以纠正。若汉学家们听到批评的声音并且接受，也许会纠正知识上、结构上的不足，然后当他们继续研究的时候，可能会有一个不同的空间。这方面历史上不无例案，例如捷克汉学家普实克与华裔学者夏志清之间关于中国现代文学的论战，夏志清认为鲁迅的地位不如张爱玲、钱钟书，可是普实克认为鲁迅是最重要的现代文学家。他们二人的观点反映了不同的视角，然而二人的论争却意外地激发了国内外学界对中国现代文学研究若干问题的关注：到底中国现代文学的历史有什么规律？到底哪些现代作家更堪称经典？可见海内外学者的互动对话有利于在不同观点的交锋中进入问题领域，在对话中我们可能会更接近要寻找的答案。

几百年来，蔚为壮观的域外汉学研究历史中，"洞见"和"不见"并存。从跨文化交流的角度视之，我们不可能要求汉学家的研究呈现出一个完全真实的中国形象，这不合乎文化交流和对话的逻辑，否则西方汉学与国学有何差异。因此，面对汉学家的误读，要试图弄清楚为什么会产生这些误读，是带有对象国接受语境的解读变形，还是带有个人价值判断和意识形态前见的随意曲解。无论是汉学的"洞见"还是"不见"，都可以成为一面镜子，从中不仅可以映照出我们在他者视野中的变形，以之为鉴，也可以检省我们看自己看他者时是否若是。

（陈戎女：北京语言大学教授、比较文学研究所所长；许双双：北京语言大学硕士）

·维也纳论坛：中欧文化对话（二）·

汉学的演进与中外文化之约

阎纯德

摘　要：文化很像一条永远不停航行的大船，人类就生活在这条既古老又年轻的大船上。为了子孙万代的太平与幸福，人类唯一的生存之道就是同舟共济。

人类的历史非常漫长，从远古到今天，文化跟着历史的运行而诞生。人类创造了历史，历史在演进中演绎文化的生成与发展。

自先秦以降，就有张骞通西域、郑和下西洋和中国古代四大发明的传播；中国历朝历代都有与亚洲、非洲与欧洲的商贸沟通与文化交流的光辉记录。

明末清初汉学兴起，在西学东渐和中学西传过程中，中西文化牵手，谱写了人类文化交流史上的伟大篇章。

关键词：古人类　历史　张骞　郑和　汉学　文化交流

从六七百万年前东非的"原始人类"到八万年前的"现代人"，都有为生存频繁地迁徙。走出非洲的人种与欧亚人种之间有着连续的基因交流与融合，这种交流带来的是人类的进化，构成现代世界人群。

原始人类以牺牲的代价而"出发"，闯过洪水猛兽的侵害，寻找谋生的安居之地，无论是在欧洲，或是在亚洲，抑或是跨越白令海峡闯荡美洲，经过数万年的生息、进化、衍变，由群体部落进而形成原始人类社会。人类学上的"走出"与"走进"，在农业史上显示在更新世末期和全新世早期亚洲西部和非洲东北部就有了栽培植物。非洲不仅从亚洲得到了近东栽培的大麦和小麦，还得到了从东南亚传入的植物品种。人群的流动来往，就是交流，就是进步。

从原始社会始直至当今，人类面临的不再是单纯的大自然的威慑和伤害，而是人与人、部族与部族、民族与民族及国家与国家之间的利益纠缠。这种纠缠通过交际、沟通、交流而解开"纠结",使关系发生质变。为了利益,有的结盟成非道德的利益共同体。交际、沟通、交流有两种,一是"善"的文化交融,二是"恶"的战争相残。前者引导人类和谐、进步、共荣,达至"四海之内皆兄弟";后者以杀戮相向,其后果是人性的泯灭,社会的倒退。

一

在人类发展史上,中西文化交流源远流长。从先秦两汉起,这种以文化为先的和平交流便已开始,最为世人称道的大规模沟通与交流当属张骞通西域与郑和下西洋,无论是陆路"丝绸之路"或是海上"丝绸之路",都开现代人类沟通和文化交流之先河。

中华民族不是保守的民族,尽管漫长的封建社会笼罩了中国几千年,但是历朝历代的统治者基本都崇尚开放精神,既喜欢对外介绍自己,也喜欢了解别人。这就是中与外的沟通、交流、互动,从接触,到商贸,到文化,到宗教,慢慢成为汉学之源,才有汉学的勃兴与繁荣。

据《汉书·西域传》记载,汉武帝建元三年,即公元前138年,张骞"以郎应募",出陇西,经匈奴,西行至大宛,经康居,抵达大月氏,再至大夏,致使中原文明第一次通过"丝绸之路"广泛传播,汉夷文化得以频繁交流,张骞也因其卓越的贡献备受武帝赏识,被封为"博望侯"。其后他又被多次遣使,成为"中国走向世界第一人"。

张骞所通之西域,既包括葱岭以东的"南道诸国"和"北道诸国",也包括葱岭以西现今的中亚细亚、阿富汗、伊朗、乌兹别克至地中海沿岸一带和罗马帝国。汉代与外国的交流建立之后,安息等国使者不断访问长安和进行贸易,佛教也经北印度的迦尸弥罗(克什米尔、犍陀罗)传入中亚,又沿着丝绸之路传到长安,并在中国发扬光大,开花结果。

佛教的流传在人类文化交流史上属于大事。据赵朴初著《佛教史略》所言,东汉永平十年即公元67年,佛教已正式由官方传入中国。汉明帝因夜梦金人殿庭飞翔,次晨便问于群臣,太史傅毅回曰:西方大圣人名佛,恐怕就是陛下之所梦。帝遂遣中郎将蔡愔等十八人到西域访求佛道。蔡愔等于西域遇竺法兰、摄摩腾二人,并得佛像经卷,用白马驮回洛阳,帝特建精舍,曰白马寺。接着，摄摩腾与竺法兰在寺里译出《四十二章经》。到了东汉末叶的桓帝、灵帝时代（147—189年），西域佛教学者相继从安息、月氏、天竺、康居来到长安，"由此译事渐盛，法事也渐兴"。

在文化史上，以孔孟儒家学说为核心的中国文化最先影响朝鲜半岛和越南，然后才是日本。这些周边国家与中国的关系复杂，历来有"同种同文"之说，或曰同属"汉字文化圈"，或者说它们的文化与中国文化有着很深的"血缘"关系。到了唐朝，佛教极盛，长安遣唐使云集，他们将佛教带到朝鲜半岛和越南。公元522年，中国佛教渡海东传日本，中国典籍开始大量传入日本。至此，中外的文化交流开始渐渐深入。

及至唐代，文化上承接了汉风开放之潮流，那时与异质文化的交流相对更加频繁，商贸往来和文化交流都有了发展，西方和中国周边国家或地域的人士通过陆路和水路进入中国腹地，长安、洛阳、扬州、泉州、广州等城市，都是中外贸易和文化交汇的重要都会。

尽管中国笼罩在漫长的封建社会阴影下，但是反反复复的朝代更替与社会的兴衰却从未停止过与外国的平等交流。发生在唐朝玄宗天宝年间历时七年零二个月的安禄山与史思明发起的"安史之乱"（755年12月16日至763年2月17日）祸害了中原，结束了盛唐神话；虽然战乱平息，但此乱对中国的政治、经济、社会、文化和对外关系均产生了巨大影响。战乱不仅使中原百姓带着创伤逃难南迁，还使陆路丝绸之路受阻，这致使东南沿海人口增多、手工业发达、农田水利改善，经济崛起为海外贸易发展创造了条件，福建泉州（曾称"鲤城""温陵""刺桐城"）也就成为商贾云集之繁荣大港。

1087年，宋朝在泉州设立市舶司，使其对外贸易进入新的发展时期。到了元朝，国力强盛，泉州港对外交通四通八达。马可·波罗到泉州，盛赞"刺桐"（即泉州）是世界最大的港口之一；赵汝适的《诸蕃志》、汪大渊的《岛夷志略》和周致中的《异域记》等古文献均对宋元时期泉州港的兴旺发达有过翔实记载，所谓"云山百越路、市井十州人"和"车马之迹盈其庭，水陆之物充其俎"，正是对那个时代和平富饶泉州的描绘。

宋元两朝的开放精神，造就了泉州成为"东方第一"贸易大港，使中国与亚洲海域之"北洋""东洋""西洋"实现了经贸连接与互动，中国古代"四大发明"及金银、铜器、铁器、瓷器、丝绸、茶叶、中草药和儒释道文化典籍等得以广泛传播；世界各地的特产如珍珠、象牙、香料，尤其是农作物占城稻、棉花、红薯等得以传入中国。

从唐末至宋元，海上丝绸之路把中国与世界连在一起，几百年的中外商贸和文化交流，沟通了人类物质文明和精神文明，推动了人类历史的前进和社会的发展。

二

文化交流从来都是互相的，但中国古代四大发明——造纸术、印刷术、火药、指南针——在世界文化交流史上，对人类的贡献极其巨大。这四大发明中，西汉发明的造纸术最早外传他国。公元105年，东汉蔡伦改进了造纸术，不久即传入朝鲜半岛；三国至唐朝时期，造纸术又经朝鲜半岛的新罗、百济、高句丽东传日本，再传到越南、柬埔寨。公元九、十世纪，造纸术又经丝绸之路西传印度。公元751年，唐朝高仙芝率军与大食（阿拉伯帝国）将军沙利会战于怛逻斯（哈萨克斯坦江布尔），因唐军西域军队叛乱而战败，唐军中的部分造纸工匠被俘，他们成为阿拉伯人在撒马尔罕建造的第一个造纸中心的技术人员，接着又于公元794年在阿拉伯帝国的都城巴格达建立了新的造纸工场。之后，造纸术迅速传播到叙利亚、埃及和摩洛哥，随后传入西班牙和意大利。乾隆年间，供职于清廷的耶稣会教士蒋友仁（Michel Benoist，1715—1774）将中国的造纸技术用工笔设色组画寄回巴黎，中国先进的造纸技术遂在欧洲得以迅速传播。

印刷术外传也极早。公元7世纪，日本通过遣唐使和留学生不仅学习了儒家文化，也学得了先进技术，雕版印刷术就是在这时传到了日本。北宋时，中国刻字工匠进入朝鲜半岛，培养了朝鲜第一批印刷工匠，掌握了毕昇发明的活字印刷术。由于蒙古人在其征服地区广泛使用纸钞，印刷纸钞的活字印刷术便沿着丝绸之路西传西亚、北非和欧洲。元朝时代，欧洲人来到中国，学会了使用木活字，并用于只有26个拉丁字母的文字印刷。

中国火药的最早记载是在唐朝末年。南宋时期发明火枪，这是人类使用火药的一个飞跃。公元1234年蒙古灭金，并将俘获的工匠和火器掠走，将匠人编入军队，以其装备的火器大军横扫东欧。1241年4月9日，蒙古大军与波兰人和日耳曼人的联军激战时便使用了强大的火器。蒙古人建立的伊利汗国，成为中国火药技术西传阿拉伯、希腊和欧洲乃至世界各地的重要枢纽。

指南针的发明对人类走向海洋发挥了重要作用。据史记载，黄帝时期就出现了传说中的指南车，战国时期出现了指示方向的司南，北宋时期有了罗盘针。十二三世纪，指南针由海路传入阿拉伯，然后由阿拉伯传入欧洲。

"近代世界所赖以建立的各种基本发现和发明有一半以上来自中国，中国对世界科学技术发生影响的重要发现和发明至少有 100 项，因此在中世纪漫长岁月里，中国在科技方面一直居于世界领先地位"①。其中造纸、印刷、火药和指南针从西汉至宋元，在中国与东西方各国的交流中传播，对人类历史和文明进程的影响是两千年来最具有革命性的。英国哲学家、思想家、作家和科学家弗兰西斯·培根（Francis Bacon，1561—1626）说，"我们若要观察新发明的力量、效能和结果，最显著的例子便是印刷术、火药和指南针了"，"历史上没有任何帝国、宗教或显赫人物能比这三大发明对人类的事物有更大的影响力"；这些发明已改变了世界的面貌和万事万物的原有状态，其波及范围不限于某一局部地区，而是整个世界，其影响所及不是一时一世，而是持续达数百年之久。

中国四大发明的传播，不仅开启了人类文化交流的辉煌历史，也是人类进入近现代的序曲。

三

中国与海外的交流，最具深远历史意义的还有郑和（1371—1433）下西洋。据《明史·郑和传》记载，郑和下西洋旨在"耀兵异域，示中国富强"，宣示大明威德。有智略、知兵习战的郑和承明朝成祖朱棣之命，于 1405 年起，率领 200 多艘海船、两万七千多人从苏州太仓刘家港起锚南下，先后七次远航西太平洋和印度洋，拜访了印度洋周边的三十多个国家，最远曾到达非洲东部的红海、麦加，完成了人类历史上伟大的壮举。英国皇家海军潜水艇指挥官、海洋历史学家加文·孟席斯（Gavin Menzies；1937—）甚至认为郑和实现了环球航行，于"大航海时代"之前已经发现美洲和大洋洲。此论见于他在 2002 年出版的畅销书《1421 年：中国发现世界》（*1421：The Year China Discovered the World*；鲍家庆译，2003 年，台北：远流出版社；师研群

---

① 潘吉星《中国古代四大发明：源流、外传及影响》，中国科学技术大学出版社 2002 年。

译，2005年，北京：京华出版社）和当年在云南大学举办的"第二届昆明郑和研究国际会议"上发表的题为《郑和是环球航海第一伟人》的主题报告，再次论证他的观点。他的论据来源于1763年绘制的附注有永乐十六年（1418年）的中国航海地图《天下全舆总图》。该地图不仅反映了天下诸番向明成祖皇帝朱棣进贡的场景，还有详细的航海区域，以及绘画美洲、欧洲、非洲的轮廓。此外，该图还附有对美洲土著（肤色黑红、头部和腰戴羽毛），以及澳大利亚土著（肤色黝黑、赤身、腰部戴有骨制品）的描述。

郑和二十八年间的七次远航都是和平之旅，没有占领别人国家的一寸土地，宝船每次都把所载陶瓷、丝绸等宝物作为礼物赠予造访之国，因此赢得他国之赞赏与欢迎。许多国家也都礼尚往来，皇帝本人或派遣使者，乘郑和宝船并携带香料、染料、宝石等特产珍奇向明帝回赠。仅明初永乐年间，与海外平等的和平来往交流就有三十多个国家，加深了明朝和南洋诸国及东非的贸易、外交和文化的联系，郑和也就成为人类航海史上的先驱。

郑和七下西洋比葡萄牙航海家迪亚士（Bartholmeu Dias，1450—1500）于1488年春探险非洲好望角早83年；比西班牙国王派遣的意大利航海家哥伦布（Christoforo Columbus；1451—1506）于1492年至1502年四次横渡大西洋到达美洲大陆早87年；比另一位葡萄牙航海探险家达·伽马（Vasco da Gama；1460—1524）于1497年奉国王之命绕过好望角开辟通往印度新航线，两次远航到达印度西南部重镇卡利库特早92年；比为西班牙皇室效力的葡萄牙航海家麦哲伦（Fernando de Magallanes，1480—1521）在1519—1521年率领船队首次环航地球早114年。这些航海家、探险家，他们的足迹虽然曾经留下灾难，但是对于人类发社会的拓展还是有着不可磨灭贡献的。而中国的张骞与郑和，播仁爱于友邦，留给世界与历史的记忆是友善与和平，是平等的商贸往来与平等的文化交流。虽然"明朝皇帝以上邦大国之君，奉'天命天君'的旨意来管理天下"，但他昭示"各国之间不可以众欺寡，以强凌弱，要共享天下太平之福；主张国与国和睦相处，建立和发展友好关系"。

关于郑和下西洋，摩洛哥穆斯林学者、大旅行家伊本·白图泰（بطوطة ابن，拉丁文名 ibn Battuta；1304—1377）所著《伊本·白图泰游记》（بطوطة ابن رحلة；拉丁文 *Rihla ibn Battuta*；中文版，马金鹏译，1985年出版）亦记述了郑和下西洋的盛况。英国汉学家李约瑟（Joseph Needham，1900—1995）在其《中国科技史》中多有阐述，印度尼西亚学者认为，郑和是传播和平的使者，他传播的是"以和为贵"的中国传统礼仪，以及"四海一家""天下为公"的中华文明。

郑和七下西洋没有称霸海洋的"帝国"目的，虽然至少要花国库银子六百万两，虽然尽遭后世爱国者之诟病，甚至连梁启超这样的学者都批评说："其希望之性质安在，则雄主之野心，欲博怀柔远人、万国来同等虚誉，聊以自娱耳。"但是，以人类航海史、中外文化交流和人类沟通史而论，其伟大贡献不可诋毁。

四

西方汉学因其浩瀚广博而成为汉学的形象代表。但是，西方汉学却没有亚洲汉学悠久。从世界汉学历史发展的角度看，朝鲜半岛、越南和日本的汉学要早于西方的汉学，比如日本在十四五世纪已经初步形成了汉学，而那时西方的传教士还没有进入中国。当然，汉学的历史藏在文献里，而隐性源头却在文献之外。

文化往往伴随经济流动，其交流也会在不自觉或无意识状态下发生。在公元八九世纪至十六七八世纪，关于中国的社会与文化，多见于西方商人、外交使节、旅行家、探险家、传教士、文化人所写的游记、日记、札记、通信、报告之中，这些文字包含了重要的汉学资源，因此这些文献被称为"旅游汉学"。这些人的东来源于文艺复兴，因为这一思潮的开放影响了欧洲人的思想和生活，他们或通商，或传教，或探险、猎奇，了解和研究中国文化是他们一致的目的，于是汉学便在葡萄牙、西班牙、意大利、法国、英国、德国、俄罗斯、荷兰等主要的西方国家逐步发展起来。

这类游记和著作较早有公元851年成书的描述大唐帝国繁荣富强的阿拉伯佚名作者的《中国与印度游记》、威廉·吕布吕基斯的《远东游记》（1254）、意大利的雅各·德安科纳（Jacob D'Ancona）的《光明之城》（The City of Light）、贝尔西奥的《中华王国的风俗与法律》（1554）、《利玛窦中国札记》、亚历山大·德·罗德的《在中国的数次旅行》（1666）、南怀仁的《中国皇帝出游西鞑靼行记》（1684）、费尔南·门德斯·托平（Fernão Mendes Pinto, 1509—1583）的《远游记》、李明的《关于中国现状的新回忆录》（1696）和《中华帝国全志》（《中国通志》）等，还有罗明坚、金尼阁、汤若望、卫匡国等名士的著作，以及大量名不见经传的传教士、商人、旅行家、探险家的各种记述，都成为日后汉学兴旺发达的必然因素。再近一些，如美国商人亨特（William C Hunter，1812—1891）的《广州番鬼录》与《旧中国杂记》这类著作主要描述和介绍中国的山川、城池、气候，以及生活起居、饮食、服饰、音乐、舞蹈等物质文明，也涉及一些中国的观念文化。这些著作中，影响最大的是《马可·波罗纪行》（《东方见闻录》）。马可·波罗（Marco Polo）于1275年随父亲和叔父来中国，觐见过元世祖忽必烈，1295年回国后出版了这本书，它以美丽的语言和无穷的魅力翔实地记述了中国元朝的财富、人口、政治、物产、文化、社会与生活，第一次向西方细腻地展示了"唯一的文明国家"——"神秘中国"——的方方面面。

这些包罗中国万象的著作，以他们自己的文化视角开始了中西文化最初的碰撞。这些游记、日记、札记、通信和报告，有赞美，有误读，也有批评，但因为其中包含大量中国物质文化及政治、经济、历史、地理、宗教、科举等多方面的记载，而成为中国学术史上有重要价值的文献。

汉学的发生、发展与经济、政治、交通及资讯分不开，其历史分为"萌芽""初创""成熟""发展""繁荣"几个时期，也有的分为"游记汉学""传教士汉学""专业汉学"（学术汉学）和"现代汉学"几个阶段。

汉学真正形成于明末兴起的"西学东渐"和"中学西传"的互动之中。自1540年罗耀拉（S. Ignatins de Loyola）、圣方济各·沙勿略（Francisco Xavier）等人来华，开始了以意大利、西班牙传教士为主的耶稣会的传教时期。意大利的范礼安（Alexandre Valignani）、罗明坚（Michel Ruggieri）、利玛窦神甫（Matteo Ricci）等人来华之后，耶稣会士的宗教活动在中国开始了新的一页。数以千计的传教士为传播福音而学习汉语，其中一些传教士"入乡随俗"，深得中国文化之肌理，成为名载史册的汉学先驱，为汉学的发展、中西文化交流做出了重大贡献。以利玛窦为核心的耶稣会士的历史意义在于他们开始了对中国文化的全面"开垦"，他们不仅著书立说，还把《大学》《中庸》《论语》《孟子》等中国文化经典译成西文，开创了西学东渐中学西传之先河，使中国文化对西方科学与哲学产生重要影响。

1588年，西班牙的胡安·冈萨雷斯·德·门多萨（Juan Gonzalez de Mendoza）的《中华大帝国史》问世，这部汉学史上第一部汉学著作，名副其实地对中国的政治、历史、地理、文字、教育、科学、军事、矿产、物产、衣食住行、风俗习惯等做了百科全书式的介绍，以七种文字印行，风靡欧洲。在世界汉学史上，这些各国的汉学家，以对中国文化不同领域的独特的理解和建树，拓展中国文化的疆土，在汉学史上铸造了学术思想之丰碑。

欧洲18世纪前后的伟大哲学家、汉学家与文人，几乎没有不受中国文化浸润的。这其中，有的则是因为受到中国文化如儒家思想的直接影响而建立了自己伟大的学说。这一历史事实，不是中国人夜郎自大自己所云，而是西方学者自己所认定的。

五

汉学的形成、发展和繁荣，是人类文化交流史上件大事。但是，文化交流从来都是互动的，中国文化的传播与中国文化海纳百川地吸纳外国的优秀文化也是一致的。

虽然中西文化交流的历史已逾两千余年，而西方真正发现中国，看清和读懂中国，则始于汉学诞生之后。尽管这些汉学家多以西方的视角和世界观来塑造中国形象，但这些论述正是西方与中国真正的文化关系史的正常现象。

真正的中西文化交流，还得从那些耶稣会士说起。他们工作于明清宫廷、官府和名儒、士大夫之中，也有的就生活在百姓之中。他们读中文、习汉书、循汉礼，对中国有了越来越真、越来越深的理解和感情。他们自己关于中国的著述和翻译著作传入西方后，在西方很快酝酿起那场18世纪前后持久的"中国热"，"使中国从神话走向了现实"。

18世纪前后的中欧文化关系，以与法国的文化关系最具代表性。1582年耶稣会士从澳门进入中国，此后历史上才有了真正的汉学。汉学之于法国，虽然不是最早，但是18世纪之后，法国很快成为欧洲汉学之盟主。起自这个时期，欧洲的伟大哲学家、汉学家与文人，几乎没有不受中国文化浸润的。这其中，有的则是因受中国文化如儒家思想的直接影响而建立了自己的学说。这一历史事实，不是中国人夜郎自大自己所云，而是西方学者自己所认定的。

习近平在法国爱丽舍宫的一次讲话中说："中法分别是东西方文明的重要代表，两国灿烂的思想和文化都为人类社会发展作了杰出贡献。但两国人民有着天然的亲近感，互相欣赏，互相吸引。"① 接着，还讲到孟德斯鸠、伏尔泰、卢梭等思想家对中国的深远影响，也讲到老子、孔子、孟子等中国先哲给法国带去的不同视角。十七八世纪之交是"康乾盛世"，也是"汉风"吹拂欧洲最盛的时期。康熙和乾隆二帝思想比较开放，乐于了解了世界，惊羡外来的科技与文化，因此这便促进了中国与欧洲，特别是与法国的经济与文化交流。要了解中国与欧洲和法国的文化交流及对彼此的影响，有两部耿昇翻译的著作可作最为权威的解读，一是法国著名汉学家艾田蒲（Rene Etiemble，1909—2013）所著《中国文化西传欧洲史》（此书即为此前由许钧和钱林森所译的《中国之欧洲》）和法国学者雅克·布罗斯（Jacques Brosse）的《发现中国》。这两部论著有许多相似之处，都是全面论述从唐朝到18世纪清朝中期中国文化西传欧洲的历史、中欧文化交流、中国文化在欧洲的传播及影响，以及从罗马帝国时期到法国大革命期间中国文化对欧洲的影响，包括西方寻找中国、阿拉伯世界发现中国、马可·波罗与中国、中国佛教对欧洲的影响、中国艺术与意大利文艺复兴的关系、传教士和商人与中国和中国文化的关系、传教士掀起的"中国热"、伏尔泰和孟德斯鸠等人的中国观、欧洲的中国形象、重农学派与中国、18世纪欧洲教科书和辞书中的中国、欧洲的亲华派和仇华派等，涉及哲学、史学、宗教、文艺、戏剧、数学、风俗、美学、语言文字、外交关系、情爱、伦理等。这些论述具体到法国，可以令人信服地理解中国文化在18世纪前后在法国的传播的结果："法国发现中国"，中国思想在欧洲所掀起的"中国热"，尤其深深影响了法国。

"中国热"形成的因素主要因为那时传教士、汉学家已有大量介绍中国的游记及中国文化经典的译介流传到法国上层社会；其次是中国的丝绸、陶瓷、茶叶等经过陆路与海陆到达法国，成为法国上层社会的最爱；再者，1698年3月9日起，以希腊海洋女神命名的法国安菲特立特号船两次远航广州，汉学家马若瑟（Joseph Morrison，1666—1736）写信给国王，对中国盛赞有加，这些都促成"中国热"的兴起。

中西文化交流虽然历史悠久，但是，真正的文化交流始于清朝。中西文化接触，表现为两种哲学思想和文化意识的深层冲撞、较量和交流，对彼此都产生了很大影响。十七八世纪在法国出版的关于中国的历史、哲学、宗教

---

① 2014年3月26日，习近平"在法国总统奥朗德举行的欢迎宴会上的祝酒词"。

和社会的著作很多，法国的文化精英利用中法文化之争获得了更多的关于儒学的完整真谛。当传教士头脑中的哲学还完全被神学占有着，而到达中国后，他们不可能设想出与宗教大相径庭的思想。于是，"耶稣会士们有意将'儒教'与基督教相提并论"。另外，拉丁文比法文更能准确地表达儒家经典本义；法文属于拉丁语系，故法国人比英国人、德国人及北欧人能更多地接触和更好地理解中国儒家经典，从而造成欧洲受中国儒家文化影响最大的是法国。

从汉学发达史来考察，可以发现法国有前后百年铺天盖地的中国儒家文化著作。这其中包括欧洲汉学三大学术成就《通讯集》《中华帝国志》和《中国丛刊》对于中国的全面介绍，此三者便是推动"中国热"形成的重要"媒体"。"法国汉学家介绍的孔子，往往成了'西化'的孔老夫子，不是把孔子视为哲学家"，而是"被奉为基督教的先驱，甚至还认为他曾预见过耶稣——基督的降生"。儒家文化的基督化是由卫匡国神父人为确立的。中国人的伦理独立于宗教，法国的思想家们本来就有世俗伦理的倾向，他们最终受到了其本质为无神论的儒学的"归化"。

十七八世纪的法国，大哲学家如繁星灿烂，他们是启蒙时代的骄子，但他们中的许多人，都不同程度地受过中国儒家文化的影响。法国启蒙思想家、哲学家培尔（Pierre Bayle；1647—1706）的全部唯物主义思想受中国儒学的影响很大，著有《历史批评辞典》，他通过耶稣会士柏应理的著作而获得了有关中国儒释道三教的知识，特别熟悉和赞赏中国儒学文化的唯物论和无神论。培尔出于反对路易十四的偏执而开始关心中国，由对基督教的成见而转向无神论。他对《圣经》所谓包括全部人类历史的思想提出了质疑，认为信仰某一尊神并非就是道德的标准，以中国儒家的宽容精神来抨击西方基督教社会的狭隘。他认为中国儒学文士不信奉基督教的道德，但并不比基督徒逊色，中国儒学的无神论不是少数哲学家特有的专权，而是中国占突出地位的哲学理论。培尔于其《有关彗星的不同思想》中认为，中国儒家文化的无神论无碍于中华民族的形成和存在，相反却成就了该国的繁荣昌盛。法国唯心主义哲学家、神学家和笛卡儿派学者马勒伯朗士（Nicolas Malebranche；1638—1715）受耶稣会士中的"异端分子"傅圣泽（Jean-François Foue-quet，1665—1714年）的影响而对中国则有与众不同的看法。他虽在其《一名基督教哲学家与一名中国哲学家的对话录》（1708年）中，对自己杜撰的那名中国儒学哲学家大肆嘲弄,但他的神学思想却明显地受到了中国神话的影响。他希望从中国人的思想中觅寻归化中国人的手段,鼓吹人类的认知均来源于神,而不是出于对事物的直接观感。他受儒学与朱程理学中理气观的影响,又力主将朱熹的"理"比定为基督教的上帝,这一点在一定程度上则奠定了他的神学观。他反复声称中国的儒家玄学为一种无神论,与斯宾诺莎的唯物论或泛神论具有明显的共同之处。他的《对话录》实际上是借中国之名而攻击斯宾诺莎的。所以,中国儒家思想已渗透了笛卡儿派神学家和唯心主义学者的思想之中。法国独立思想家和怀疑论哲学之鼻祖拉摩持·勒瓦耶(François La Mothe Le Vayer,1588—1672年)的《论异教徒们的道德》(1614年)是受到金尼阁(Nicolas Trigaujt,1577—1628)介绍的孔子形象的影响,赞扬孔夫子的道德与圣性,开创了视孔夫子就是中国的苏格拉底之先例。他以一种全新的思想提出拯救不信基督者,正是由于发现中国儒家文化,才使拉摩特·勒瓦耶成为一名不信教的独立思想家和作家。

有着"欧洲的孔夫子"之雅号的法国18世纪启蒙思想家、反对暴政的批判主义哲学家伏尔泰(Voltaire,1691—1778),是18世纪法国"中国热"潮流的主要始作俑者。他为研究世界起源和人类文明发展史,开始注意远远超过《圣经》或越出《圣经》范畴之外的中国的古老历史;他为反对当时欧洲的暴政和提倡"开明君主制"而才研究中国风俗和儒学中"仁"的观念。他崇拜儒家思想,视孔子为真正的哲学家,曾说"那个圣人是孔夫子,他自视清高,是人类的立法者,绝不会欺骗人类。没有任何立法者比孔夫子曾对世界宣布了更有用的真理"。他的"中国热"思想是为自己的理想——将法国变成像中国那样有着宗教宽容精神的国度——的追求和理论服务的,他的哲学理论都带有中国儒家文化影响的烙印。他批评天主教是"两足禽兽",是"一些狡猾的人布置的一个最可耻的骗人罗网",而传教士则是"文明恶棍"。他的"中国热"思想包括中国古老的历史、儒学和风俗,在其《风俗论》(1740—1756年)、《路易十四时代》(1732年)和《哲学辞典》(1764年)等传世名著中,都对中国做了专门论述。

孟德斯鸠(Charles Louis de Secondat Montesquieu,1689—1755)是法国"立法、行政、司法"三权分立制的创始人,这位启蒙思想家在研究了中国的文官政府、明经取仕、御史制度、皇权和政权、礼仪、民族同化等问题之后,在其《论法的精神》中一再述及中国儒家文化的价值,认为中国人情温顺、驯服，风俗淳朴，不受豪华和富贵的腐蚀，赞扬中国政府执法严厉，要"治理像中国这样一个幅员辽阔的国家，必须使用法的精神"。他的三权分立思想的形成过程，也是受了中国儒家政府体制的影响。

狄德罗（Denis Diderot, 1713—1784）自幼受业于耶稣会士，因著述无神论思想的《哲学思想录》而被查禁，还被投入监狱；出狱后从事百科全书的编辑出版，成为法国启蒙时代百科全书派的领袖，他的《对自然的解释》《达朗贝和狄德罗的谈话》《关于物质和运动的原理》等重要著作中的唯物主义思想都受到中国和印度文化的影响。在他参与编写的著作中一是开扩了关于儒家文化的知识和好奇心，二是将中国奉为欧洲楷模的合理性。他在《百科全书》中，借鉴布鲁克（Johan Jacob Brucker）于1742—1744年在莱比锡出版的《批判哲学史》第4卷中在长达10页的"中国哲学"条目中写道："每个人都可以根据他所赋予这些词的意义，而分别论述中国儒家文化的有神论或无神论、多神论或偶像崇拜。至于那些希望把中国理学中的'理'仅仅理解为我们'上帝'的人，当有人反对他们而说明'理'之正常功能时，他们就会感到非常尴尬。"

汉学家尼古拉·弗雷烈（Nicolas Fréret, 1688—1747）对中国历史纪年和帝国起源研究甚为深入。汉学家戴密微（Paul Demiéville, 1894—1979）称他是"最具有好奇心、最认真严肃和最富有自由思想的学者"。他的人文科学思想很大程度上是受入华耶稣会士所介绍的儒家文化的影响。他利用美文学科学院的领导地位，在刊物、出版物、报告会及与海外通信交流中都大力促进对中国及其儒学的研究。由于他与宋君荣的通信，才得出中国儒生文士都是无神论者或是斯宾诺莎（Baruch de Spinoza, 1632—1677）泛神论者。"他根据柏应理神父的著作而认为孔夫子具有一种神秘教理，认为儒家风俗是中国最崇高和最受器重的一门科学。"弗雷烈和傅尔蒙（Étienne Fourmont, 1683—1745）都得力于华裔汉学家黄嘉略的帮助而成为法国本土从事中国儒家文化研究的奠基人，而且还将汉学研究纳入到科学院人文科学的范畴。法国启蒙时代自由思想家阿尔让侯爵（Marquis d'Argens, 1703—1771），在中国思想的影响之下批判基督教的政治和哲学，使之有了唯物主义史观之萌芽，他利用中国儒家文化观点写成《中国信札》（1739—1740），揭露18世纪欧洲的政治与宗教，认为欧洲君主没有中国君主的尧舜道德。

法国18世纪启蒙运动的先驱、教育家费奈伦（François de Salignac de La

Mothe Fénélon，1651—1715）深入研究了中国儒家的礼仪、教育、皇权及中华民族的起源、官民和君臣关系之后，尽管也对中国有所批评，但他的君权思想的确立，还是受了儒家思想的影响。因为入华耶稣会士所描述的中国政府与其理想的政府有吻合性，特别是在重农方面，中国民众福利问题强化了他的重农主义倾向。

耶稣会士关注中国农业，著书立说，尤其特别提及中国皇帝每年都亲扶犁躬耕第一趟地，以祈告天地保丰年。这种记述在欧洲传播甚广，使重农派坚信"世界第一财源为土地，第一职业为农业"。18世纪的法国，受中国影响最大的是重农派，代表人物杜果（Anne-Robert Jacques Turgot，1727—1781）和魁奈（François Quesnay，1694—1774）均受到儒家文化的很大影响，他们都是推动"中国热"的主要学者政治家。重农派学者不是热衷于中国儒家哲学、礼仪、宗教、历史，而是旨在借鉴中国经济制度来改革欧洲的经济。杜果在1774年出任路易十六财政大臣时，据中国之榜样试行财政、行政和政治改革。中国是农耕大国，"历代王朝都奉农业为国之根本，以自给自足的农业庄园经济为基础"。魁奈甚至曾于1758年上谏路易十五国王，要求他仿效中国皇帝，在季亲耕。魁奈的名著《中华帝国的专制主义》和杜果《关于改革和财富分配的想法》（1766年）均为重农派的代表作。一位法国学者与我讨论法国重农派时说，在十七八九世纪，中国的农耕意识深深影响了法国的重农派，法国许多植物就是由传教士从中国带到法国的，巴黎百分之六十的植物来自中国，尤其从云南移植过来的最多，法国的泡桐来自河南兰考。

如果从洪若翰（Jean de Fontaney，1643—1710）、张诚（Jean-François Gerbillon，1654—1707）、白晋（Joachim Bouvet，1656—1730）、李明（Louis-Daniel Lecomte，1655—1728）和刘应（Claude de Visdelou，1656—1737）于1687年传教士抵达中国后又谒见康熙皇帝算起，真正意义上的中法文化交流起码有三百多年的历史。从1814年12月11日雷慕莎（Abel Rémusat，1788—1832）将汉学作为一门学问第一次在法兰西学院开设"汉学讲座"起，学术汉学取代"传教士汉学"，从此汉语携汉学走上欧洲大学的讲台，开创了至今已经二百年历史的汉学研究的新世纪。

六

法国是当时欧洲"中国热"的中心，但中国文化对其他国家的思想界也同样有不可低估的影响。德国哲学家、数学家莱布尼茨（Gottfried Wilhelm Leibniz，1646—1716）是较早接触中国文化的欧洲人，他不仅从马可·波罗那里了解过中国文化，还从法国传教士汉学家白晋（Joachim Bouvet，1662—1732）向他介绍《周易》和八卦的系统中了解了"阴"与"阳"的基本知识，他甚至认为《易经》中的"阴"与"阳"是他的数学"二进制"的中国版，《周易》八卦可以用他的二进制来解释，因此断言"二进制是具有世界性最完美的逻辑语言"。

从德国思想家、古典哲学创始人伊曼努尔·康德（Immanuel Kant，1724—1804）到黑格尔（Georg Wilhelm Friedrich Hegel，1770—1831），他们都在"中国热"或余热中受到中国文化的影响，尤其对以孔子为代表的儒家思想和道家思想有着较深的了解与认识。他们与法国的思想家有所不同，即他们不是一味地赞赏，而是也有批评，他们也确有接受，并受其影响。黑格尔在其《哲学史讲演录》中对孔子、孟子讲得很少，但对《周易》，尤其对《老子》中的"道"和"无"却用专门章节给予特别的讨论。所谓黑格尔说"中国无哲学"流布甚广，这可从两个方面来认识：其一，有人认为可能翻译没有真正达意，因为他并没有明确如此断言；其二，黑格尔不太明白"中国哲学特别是儒家哲学的表现样式和精神实质"，他们只是以自己的是非为是非，儒家哲学是以教化为重心，以道德境界的提升为追求，"以文教化，最终落脚于道德人心和民情风俗的醇化，正是中国式哲学的体现"以及"内圣外王"的人生哲学，是社会哲学和政治哲学的融合，是从道德自我的建立进而建立道德社会，齐风化俗、平治天下的理想思想纲领，可谓是典范的文化哲学。黑格尔认为，中国哲人的著作不过就是一段一段的诗，中国哲学"从思想开始，然后流入空虚，而哲学也同样沦为空虚"[1]，只是些常识性的道德教训，"真正的哲学是自西方开始"[2]。我们说黑格尔的看法欠妥，是因为中国古代哲学是内化哲学，通过这种内化表现在现实中，再从现实上升为内化，也就是说中国哲学是以"生命"为中心，由此展开其教训、智慧、学问与修行。而西方哲学以神为中心，起自对于知识与自然的解释与反省，更多地表现为外化。中国思想的三大主流为儒释道，而儒家思想为主流的主流，将主

---

[1] 黑格尔《哲学讲演录》第一卷122页。
[2] 黑格尔《哲学讲演录》第一卷98页。

体性复加为"内在道德性",即"成为道德的主体性"。西方哲学不重主体性而重客体性,它有很好的逻辑和反省知识论,有客观的、分解的本体论与宇宙论,但是它没有好的人生哲学。

七

从远古到当今,人类社会走过了极为漫长而黑暗的时代,残酷的战争使人类走上成熟。广袤的大地与海洋"浓缩"为一个地球村,虽是五大洲,确是彼此为邻。人类的进步表现在各个领域,但文化的多元与越来越多的彼此尊重,该是最重要的收获。这其中,由于汉学的诞生,才有了"西学东渐"和"中学西传",这便是人类文化关系从隔膜走向和谐的历史性狂欢。

从最初的接触到商贸沟通和文化上的无意交流,到汉学的萌芽再到成熟,汉学经历了萌芽、形成、成熟、发展和繁荣各个阶段,名称虽异,其核心都是"SINOLOGY"(汉学),都是关于中国的文史哲经、教育、政治、民俗、艺术等一切领域的学问。葡萄牙文、西班牙文、意大利文、法文、英文等文字的"汉学"一词均来自拉丁语,其意都是关于中国的学问。历史上,汉学家没有用"中国学"而用"汉学",这不仅是对中国历史的尊重,也是对中国文化深思熟虑的结果。在中国,我们沿用西方汉学家惯用的"汉学"之名,既是出于约定俗成,也是对汉学历史的尊重。

汉学与"国学"相异而又文化同体;当"西学"东渐时,"中学"也在西传。这也正是世界文明互动的理念。"中国文化向世界传递,不可能是原汁原味的。这正如马克思的表述:'文化的传递是以不正确理解的方式进行的',因为一种文本向另一种语言、另一种文化体系传递时,对方接受的功能是以其本体哲学为核心的,它是根据自我需要来接受的,不可能把你所有的表述接收到自己的文化中,而是根据自己的需要来选择的。"① 这一思想包含着人们常说及的"文化误读"问题,"误读"就是一种选择,因而很可能就是一种更接近真理的思维、思想和哲学表述。自十六七世纪以降,先秦时代的诸子百家的学术思想,如"四书"(《论语》《孟子》《大学》和《中庸》)"五经"(《诗》《书》《礼》《易》《春秋》)以及《道德经》、《孙子兵法》等,

---

① 严绍璗《"西学东渐"和"中学西传"及其他》,载《汉学研究》2014年秋冬卷。

几乎都被汉学家译传西方,几百年来,仅《易经》的英文全译本、简译本就有八十多种,西班牙文、法文、俄文、意大利文、德文、日文、韩文等也均有多种版本。西方的科技、人文思想、哲学、文学也同时译传中国。就是说,东方与西方的互动,无论是哲学思想、心灵的宗教寄托,还是对万物的艺术诠释,人类文明的这些重要领域,都是互相影响和互相浸透的。

异质文化的交流是双向的,一方面要认识自我,另一方面是认识"他者"。中国曾经向世界送去过科学与思想,之后中国向西方吸纳的不仅是科学、宗教和文学元素,更多的则是人文主义思想——除了科学、民主、自由思想,以及后来的空想社会主义和共产主义思想。这些对中国命运影响深远的思想,使中国在资本帝国主义以鸦片战争实施瓜分中国之后,中华帝国虽然已告终结,但是中国没有灭亡,中华民族在其保卫战中,重建了中国文化、中国精神、中国形象。

汉学的诞生及其演进是中国文化无穷生命力的展示,是人类文化交流的美丽之约。人类文化交往既然是文明互动,彼此就得平等相处;大国小国既然都是地球村的平等公民,大家就得在文化互动中更新自我,互取其长,互补其短,和谐共荣,让我们的世界家园变得更美、更安全、更太平。

(阎纯德:北京语言大学教授)

参考文献

[1] 艾田蒲(Rene Etiemble)著,许钧、钱林森译《欧洲之中国》,河南人民出版社1995年。

[2] 艾田蒲(Rene Etiemble)著,耿昇译《中国文化西传欧洲史》,商务印书馆2000年。

[3] 雅克·布罗斯(Jacques Brosse)著,耿昇译《发现中国》,山东画报出版社2002年。

[4] 朱谦之(1899—1972年)《中国哲学对欧洲的影响》,上海人民出版社2006年。

[5] 阎纯德《从"传统"到"现代":汉学形态的历史演进》,载《文史哲》2004年第5期。

16 至 18 世纪中欧地图学史领域的文化交流研究

李孝聪

摘 要：在 16 至 18 世纪这两百多年间，中国人绘制的舆图与欧洲人编绘的地图相互间曾经有过频繁的传递，中欧双方制图师皆在原图基础上重新编制了为自己所用的新地图。这一跨越空间的中外地图文化的交流，不但动摇了长期以来中国人固有的"天圆地方""华夏乃天下之中"的空间文化观念，而且也使从未了解东方的欧洲人大开眼界。从此以后，中国人开始有了趋近于真实的天下图，而欧洲人编制的世界地图或亚洲地图的东亚部分也越来越准确。通过比较 16 至 18 世纪欧洲人绘制东亚和中国地图在准确性层面的变化和素材本源，以利玛窦《坤舆万国全图》、卫匡国《中国新地图集》以及其他传教士编制的中国地图、唐维尔（d'Anville）《中国、蒙古与西藏新地图集》（*Nouvelle Atlas de la Chine, de la Tartars Chinosis et du Thibet*）为例，结合在海外调查发现的书信档案，分析中国地图传播的路径和过程，我们发现正是由于罗洪先的《广舆图》、康熙朝《皇舆全览图》等中国地图的外传，从真正科学意义上影响了欧洲人对东亚地理的认知，推动了欧洲绘制亚洲和中国地图向正确方面的改观，从而印证了中国和欧洲在制图领域文化交流的价值和意义。

关键词：古地图　卫匡国　广舆图　传教士　康熙《皇舆全览图》

随着西方航海事业的需要，地形测量和根据投影经纬法绘制地图的科学性在西方逐渐被认同，加之旅行考察成果对近代地理学发展所起的作用，曾导致西方地图史学界对传统中国舆图的科学性和准确性提出怀疑。那么是否欧洲人在 19 世纪以前绘制的世界地图就十分科学和准确无误呢？尤其对于欧亚大陆东部的描绘真的是根据实地考察的成果而绘制的吗？

众所周知，在 16 至 18 世纪这两百多年间，中国人绘制的舆图与欧洲人编绘的地图相互间曾经有过传递，并在原图基础上重新编绘了当地人的新地图。这一跨越空间的中外地图文化的交流，不但动摇了长期以来中国人固有的"天圆地方""华夏乃天下之中"的空间文化观念，而且也使从未了解东方的西方人大开眼界。从此以后，中国人开始有了趋近于真实的天下图，而欧洲人编制的世界地图或亚洲地图的东亚部分也越来越准确。人们比较熟悉的著名两例，其中一例是 16 世纪下半叶，耶稣会传教士利玛窦（Matteo Ricci）在明万历十年（1582）将奥特利乌斯（Abraham Ortelius）1570 年新绘制的世界地图（*TYPVS ORBIS TERRARVM*）从澳门带进中国，并在原图基础上于万历三十年（1602）改编绘制了自己的汉文《坤舆万国全图》，由此而在明朝中国人的书籍中派生出若干形式类似的天下舆图①。虽然这类投影经纬网式世界地图似乎并未占据中国舆图的主流，可是毕竟开启了中国人对天下的视野。另一例则是 18 世纪初，康熙四十七年至五十七年间（1708—1718）由中国官员与西方传教士一同赴各地进行的全国地图测绘，制成的《皇舆全览图》被送到法国巴黎镌制成铜版，被法国宫廷地图学家唐维尔（d'Anville）看到，增补了穿越欧亚内陆的地理内容和道路，编制成《中国、蒙古与西藏新地图集》（*Nouvelle Atlas de la Chine, de la Tartars Chinosis et du Thibet*），于 1737 年在巴黎用法文出版。这些内容更为详尽准确的新地图，成为大多数欧洲制图师编制地图的蓝本，使欧洲印制的世界地图、亚洲东部地图、中国总图由此改观。这是以地图交往为载体而表现的中外文化相遇，在人类对地球、地理和地图的科学认识方面，曾经起过相互丰富、相互补充的作用与影响。

通过上述两例的回顾，人们不难看出中外地图交流与传递对于人类科学认知地球所起的作用，下面我们再就 16—18 世纪中国舆图的西传与西方测绘制图东来之二三事进行梳理，看看东、西方地理观是如何通过地图文化的传递而相互影响与促进的。在信息技术还不够发达的时代，欧亚大陆两端生活

---

① 据不完全统计，见于记载的明朝国人编制的世界地图有：冯应京《月令义记》之《山海舆地全图》，程百二据冯图翻刻在《方舆胜略》内的《山海舆地图》（东、西半球图），章潢《图书编》之《舆地山海全图》和《昊天浑元图》，潘光祖《舆地备考》之东西两半球经度图，王在晋《海防纂要》之《周天各国图》，王圻《三才图会》之《山海舆地全图》，熊明遇《格致草》之《坤舆万国全图》等。

的人类对地球知识的传播速度相当缓慢，即使是 15、16 世纪之交西方开始地理大发现的航海探险时期，曾经因航海所至而对地球的认知逐渐明朗，涌现出一批新绘制的地图，对于航船未能到达的海岸和内陆地区的描绘仍然十分模糊。譬如：著名的荷兰制图大师麦卡托（Gerardus Mercator 1512—1594）、洪第乌斯（Jodocus Hondius 1563—1612），采用麦卡托投影绘制的《亚洲地图》或《中国地图》，对太平洋西海岸的描绘相当粗略，亚洲内陆更加失真以致水系互相连通。但凡曾经有欧洲航船到达过的非洲、阿拉伯半岛、印度次大陆和东南半岛海岸线却准确得多，显然是根据罗盘仪沿着海岸航行，而对沿海地带有着清晰的了解以后，才绘制出比较准确的地图。

图 1　1570 年印度与东方地图

（引自 ［日本］ 神户市立博物馆编《古地图セレクション》，1994 年）

欧洲制图师对于东亚的了解是随着西方航船的北上逐渐变得清晰，例如从广东沿海至长江口以南的海岸线在 17 世纪的地图中已经不再是一条直线，而呈现曲折，珠江口也略微准确了一些。从地图上沿海地带标注地名的疏密程度，可以证明凡是地名密集的地方曾有航船经过或停靠，凡是地名稀疏的海岸可能仍然少有西方的海船游弋。当然，我们也不能过于相信旅行考察的成

59

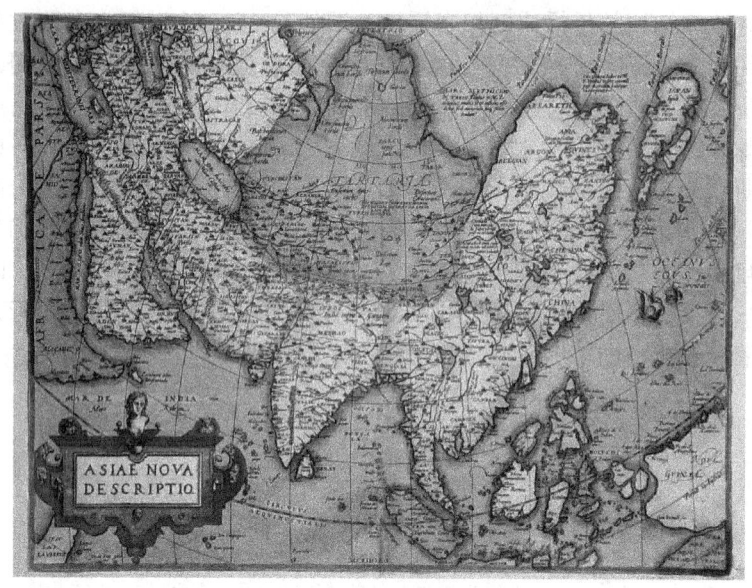

图2　1570年新亚洲地图
（引自［日本］神户市立博物馆编《古地図セレクション》，1994年）

图3　Speed's the Kingdome of China in 1620

果对于地图绘制准确性的支撑。像1620年印制的中国地图（图3），将台湾岛画成三个相互独立的岛屿。出现这类错误，不会是依据流传到西方的中国人绘制的地图而摹绘，可能是西方人在船上对于台湾海岸不准确的观察所致，即将宽阔的河口误以为是海峡。即使是由中国官员与西方传教士共同测绘制成的康熙《皇舆全览图》，也会有某些错误，譬如将广东雷州半岛北部分别流向东、西的两条河流画成连通的一条河流，当然不是实际观察测量的结果。换句话说，编制《皇舆全览图》的那些绘图人竟然蒙蔽了康熙皇上，这个失误影响了后来的许多地图。

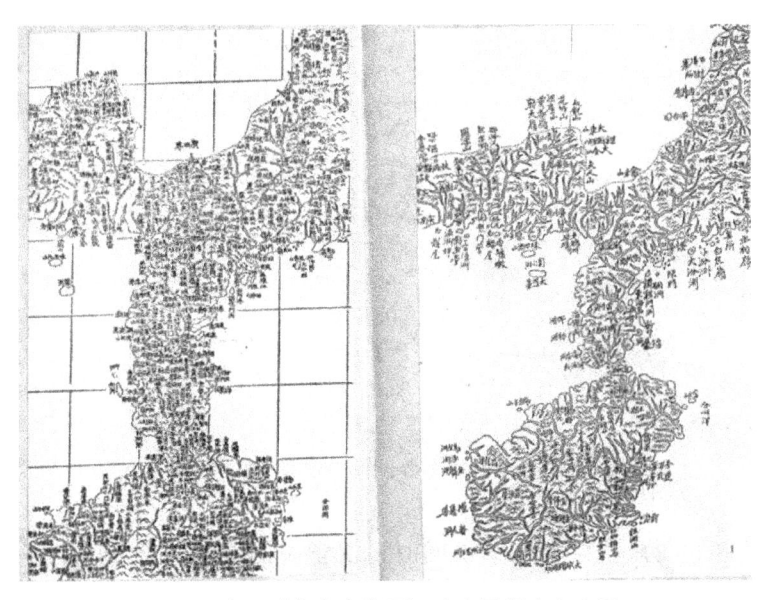

图4　康熙《皇舆全览图》广东雷州半岛之误

既然西方对东方的了解并不全靠实地考察，那么是何人、何物打开了欧洲人认识东方的眼界？答案是流传到西方的中国人绘制的舆图。

第一次改变欧洲人绘制东亚地图或中国地图面孔的人是来华耶稣会士卫匡国（Martino Martini），他以明朝中叶罗洪先（1504—1567）的《广舆图》为底图改编成自己的《中国新图志》，1655年在荷兰阿姆斯特丹出版。从此以后截至1737年的八十多年间，欧洲印制的中国地图形式都与《广舆图》很接近。荷兰海牙绘画艺术博物馆（Meermanno-Westreenianum Museum, The Hague）收藏着1684年来华耶稣会士柏应理神父（Father Philippus Couplet，1622—1693）赠送给当时荷兰阿姆斯特丹市市长尼古拉·韦特森（Nicola Witsen）的一部《广舆图》，图集内还保存着由韦特森先生当年用硬笔书写的一纸说明。

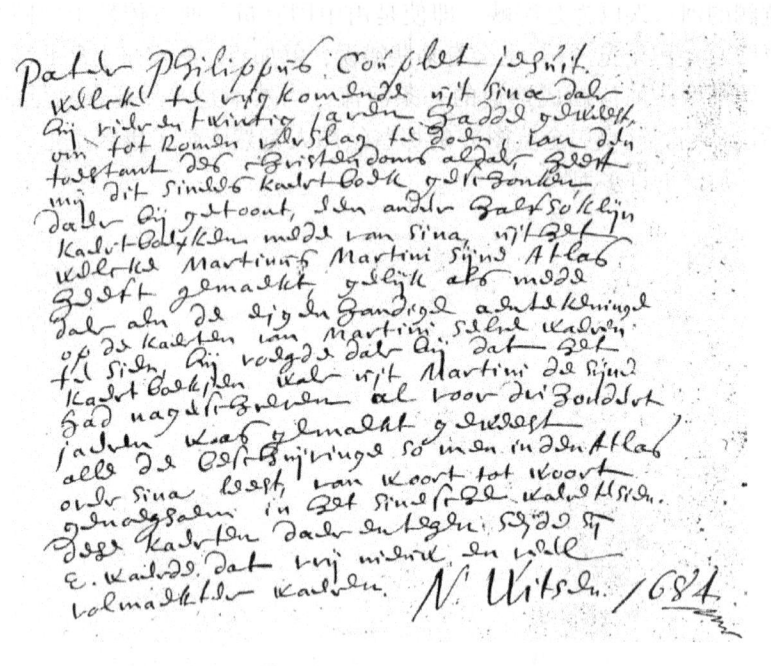

图5　荷兰阿姆斯特丹市长N. Witsen信件（影本）

1991年我在荷兰莱顿大学访问时请汉学院的费梅尔教授（Professor W. Vermeer）将其译成中文：

> 耶稣会神父柏应理从中国回来向罗马教廷汇报在华基督教的情况，他在那边已经生活了24年，柏应理给我看了这本中国地图集。同时，他还给我看了比它尺寸小一半的另一部中国地图集，说卫匡国曾根据那本小尺寸地图集编绘了他自己的中国新地图集，并指给我看那本地图集上还留有卫匡国手写的注记。柏应理进一步说那本地图集是根据三百年前已经有的地图重画的（编者按：指元代朱思本绘《舆地图》），卫匡国将那部尺寸小的地图集里的中文叙述逐字逐句地译成拉丁文，编入他自

己的那部中国新地图集里。但是，柏应理对我说：送给您的这部地图集（指尺寸较大的）更加完美和精致。

尼古拉·韦特森（Nicolas Witsen）1684年

卫匡国那段经历是这样的：1650年受耶稣会中国教区会长阳玛诺（Manuel Diaz，1574—1659）委派，耶稣会士卫匡国（Martino Martini）从杭州回罗马教廷传信部禀报在中国的传教士的情况。1651年1月卫匡国到达福建金门岛北部的安海，3月搭乘中国商船从福建前往马尼拉，在吕宋盘桓了一年左右，于1652年5月经望加锡（Makasar，今印度尼西亚苏拉威西岛西南端）来到巴达维亚（Batavia，今印度尼西亚雅加达）。1653年2月卫匡国从巴达维亚搭乘荷兰东印度公司的舰船启程前往欧洲，取道好望角，绕过英吉利海峡，在挪威卑尔根（Bergen）港上岸，然后经由汉堡于1653年11月来到荷兰阿姆斯特丹（Amsterdam）。1654年卫匡国往返于阿姆斯特丹与安特卫普之间，与出版商讨论如何出版自己的著作，其间他曾到莱顿大学利用过收藏在那里由赫尔尼俄斯（J. Heurnius，1587—1652）牧师编辑的中文词典[1]。西方汉学界比较看重卫匡国与在莱顿大学执教的著名阿拉伯和东方学者胡利俄斯（J. Golius，1596—1667）关于中国历法的讨论，其实我个人揣度卫匡国去莱顿大学的另一目的是利用那里收藏的近百部中文书籍为其编撰中国新地图集而用。卫匡国从中国回欧洲的时候，随身携带了他在中国收集的一些中文地图和地理地志方面的书籍和游历笔记，有感于当时欧洲人编制的地图对中国沿海与内陆的描绘过于粗略和失真，他希望重新编绘一部中国新地图集由阿姆斯特丹的制图商出版。1654年10月卫匡国取道奥地利来到罗马。第二年，即1655年，他的中国新地图集（*Novus Atlas Sininses*）终于在阿姆斯特丹由制图商约翰·布劳（Jean Blaeu）刊刻出版，地图上除了翻译《广舆图》原有文字记述之外，还增标了中国各地的耶稣会修道院和矿产，这是传统中国地图上不曾有的内容。同一年，安特卫普的普兰特恩出版商也为卫匡国出版了他在中国的游记《鞑靼战纪》。

《广舆图》是中国现存最早的一部综合性地图集，采用中国传统的计里画

---

[1] 以上资料参见：[意大利]白佐良（Giuliano Bertuccioli）《卫匡国生平及其著作》，载《卫匡国全集》第三卷·中国新地图集摘录本之三的中译本，杭州刊印2003年。[荷兰]包乐史（L. Blussé）著，庄国土、程绍刚译《中荷交往史：1601—1989》，阿姆斯特丹路口店出版社（Otto Cramwinckel Uitgever, Amsterdam）1989年，第74—82页。

方法编绘，木刻墨印，嘉靖三十四年（1555）刻本共 48 幅地图，117 页册装，板框纵 33 厘米、横 34 厘米。地图各具图题，计：舆地总图 1 幅，两直隶十三布政司图 16 幅（陕西图分为两幅）；九边图 11 幅，洮河、松潘、建昌、麻阳、虔镇诸边镇图 5 幅；黄河图 3 幅，漕运图 3 幅，海运图 2 幅；朔漠图 2 幅、朝鲜、安南、西域、东南海夷、西南海夷图各 1 幅，图后附明朝嘉靖三十二年（1553）以前的全国行政建置区划文字说明。《广舆图》的作者罗洪先除以朱思本图为蓝图外，还曾参考过李泽民《声教广被图》、许论《九边图》等十四种地图，保存了元明以来一些失传地图的内容。《广舆图》究竟初刻于何时，现已无从查考，目前所能见到最早的刻本，约刻于明嘉靖三十四年（1555）前后。由于此本较原序多出了"东南海夷图"和"西南海夷图"，并把原"朔漠图"扩大成两页，可知此本亦并非初刻本。嘉靖四十年（1561）胡松的刻本中增加了日本、琉球两图；万历七年（1579）钱岱刻本的图廓纵 27.5 厘米、横 38 厘米，较嘉靖本图廓的尺寸有所缩小，并在总图中增加了长城，黄河源画成葫芦形，隆庆州（卫）亦因避讳而改称延庆州。

荷兰海牙绘画艺术博物馆保存的柏应理神父赠送给阿姆斯特丹市市长尼古拉·韦特森的《广舆图》之《舆地总图》未绘长城，亦没有增加日本、琉球二图，开本与嘉靖三十四年（1555）刻本基本一致。唯"海运图二"图版内的"象山"脱县治符号，"步州洋"海运路线也与北京国家图书馆、辽宁博物馆、日本神户市立图书馆藏本稍异，据而推测该图或许是"嘉靖戊午南京十三道监察御史重刊"本。可惜该图集的第 1 页和第 111—117 页缺失，无从考定①。经与约翰·布劳 1655 年版卫匡国《中国新图志》核对，卫匡国《中国新图志》之《中国总图》描绘了长城，增加了日本、琉球，"隆庆"已经改为"延庆"，因此说明卫匡国编制地图所依据的中文蓝本不是罗洪先《广舆图》嘉靖刊本，而是万历七年（1579）钱岱的刻本。这与柏应理同韦特森（N. Witsen）所谈内容吻合，当然韦特森的嘉靖刊本《广舆图》从尺寸和精致程度来讲也绝对胜过钱岱的万历刻本。1661 年 6 月 6 日卫匡国病逝于杭州，去世前曾与柏应理会面，那么被卫匡国添写注记的钱岱刻本《广舆图》落入柏应理手中也应当是可信的。

---

① 参见任金城《〈广舆图〉的学术价值及不同的版本》，载《文献》，北京书目文献出版社 1991 年第 1 期。法国已故学者米歇尔·德东布（Michel Destombes）生前认为"第 111—117 页与三幅中亚地图现存巴黎国立图书馆的残件中"。见氏著《入华耶稣会士与中国的地图学》，载（法）安田朴、谢和耐等著，耿昇译《明清间入华耶稣会士和中西文化交流》，巴蜀书社 1993 年，第 229—232 页。

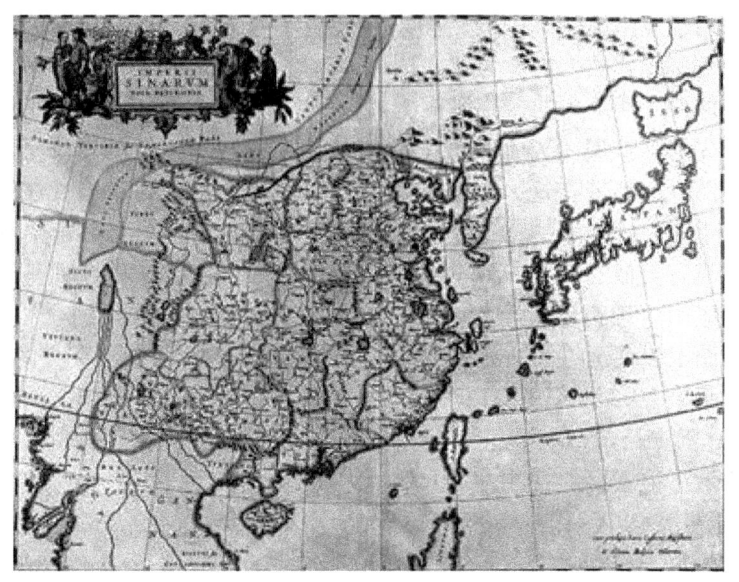

图6 Jean Blaeu, *Novus Atlas Sininses*, Amsterdam, 1655

图7 荷兰海牙绘画艺术博物馆藏《广舆图》之舆地总图

正是由于卫匡国的《中国新图志》开启了西方人关于中国舆地的新认知与新印象，所以才被人们誉为"中国地理学之父"。究其实，卫匡国的地图集很大程度取材于罗洪先的《广舆图》，这一点他自己也曾在序言中承认过。另外，罗洪先的《广舆图》在长江上游曾夸大地标画了一个马湖，元、明时期刊刻的舆图一般都带有这一明显的地标，实际可能是元朝对于长江源、黄河源进行探索时地理要素的参照系，与一般明、清时代地图上必定要画出黄河源、星宿海有类似的表达方式①。"马湖"这一中国地图上的地理要素参照系，被卫匡国"敏锐地"意识为长江的源头，直接表现在他的《鞑靼战纪》书中的插图上，甚至给了西方制图师以丰富的想象力和误读，夸大的"马湖"也纷纷被摹绘在17世纪中叶以后欧洲编制的中国地图内。直到实测绘制的康熙《皇舆全览图》被送到法国制版，1735年杜赫德神父（J. B. Du Halde）在巴黎出版了他编纂的《中华帝国和蒙古地理、历史、编年史、政治与自然状况的概述》（又译作：中华帝国全志 Description Géographique, Historique, Chronologique, politique et Physique de l'empire de la Chine et de la Tartaric chinoise, Paris, 1735)，1737年唐维尔（d'Anville）根据康熙地图而编制成《中国、蒙古与西藏新地图集》，这一夸大性的画法才被纠正。

可是，利玛窦来中国以后编制的《坤舆万国全图》，并没有将长江上游的"马湖"标志为一个大湖泊，显然利氏没有仅仅倚赖罗洪先《广舆图》的资料，而是另有所取。

另一件明代绘制的全国舆图传递到西方，引起欧洲人的兴趣而摹绘出若干幅中西合璧的中国地图，并启发了西方对中国历史与地理的重新认知，则是与曾经收藏在波兰克拉科夫市图书馆（Biblioteka Czartoryskich in Cracov, Poland），题为《儧誌皇明一統形勢 分野人物出處全覽》的地图相关。

《儧誌皇明一統形勢 分野人物出處全覽》于万历三十三年（1605）在福州刻制，六块印板拼接，全幅纵127厘米、横102厘米。此图覆盖面：东际朝鲜、菲律宾群岛，西至撒马尔罕、铁门关；北起松花江、蒙古草原土剌河，南抵印支半岛、缅甸与印度。以图、文相兼的形象画法，表现大明皇朝的疆域和两京十三布政使的行政区划；用不同符号表示府、州、县城的地理位

---

① 参见覃影《古地图史上的"马湖现象"考》，载北京外国语大学海外汉学中心主编《卫匡国国际学术会议论文集》（未刊稿）。

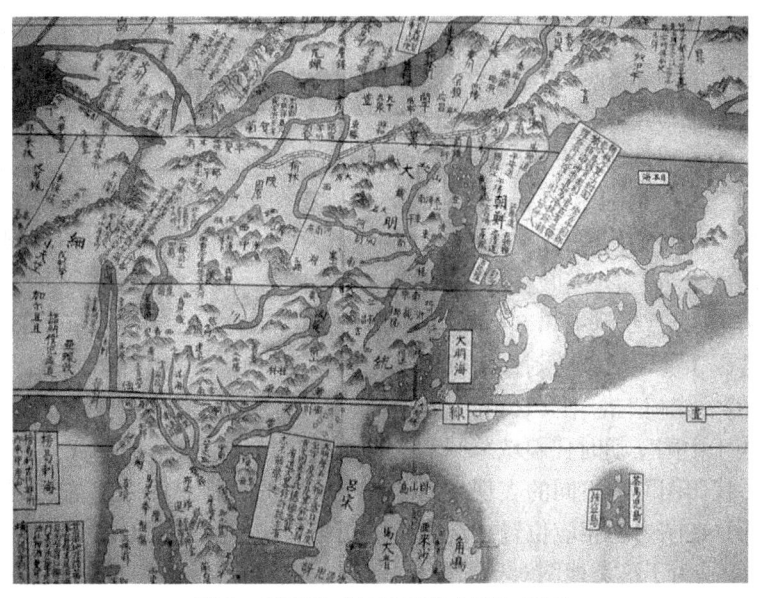

图8 利玛窦《坤舆万国全图》局部

Fig. 6. Martinus Martini's "little map" of China, published in 1655 in the English translation of his *Bellum Tartaricum*.

图9 卫匡国《鞑靼战纪》插图马湖成为长江的源头

置，凡未明确行政等级的地名均不加任何符号，以立面形象表现山脉和长城。明帝国周边的国家和地区，仅用文字标记在相应的位置，而不考虑实际的距离。图的上缘，用文字记述"九边"设置沿革、23 处地区的攻守利害；图之两侧与下缘，以两京十三布政使所辖的府为纲目记述了建置沿革、所辖县及户口数目、应交纳的米、麦、丝、绢、棉、布、马草和食盐的数额。此图绘制了长城，亦将四川马湖绘成长江上游一个大湖，黄河源画成双葫芦型。

该图的主题、形式和绘制手法与嘉靖三十四年（1555）喻时《古今形胜之圖》（藏西班牙塞维利亚市 Sevilla 印度总档案馆）、万历二十一年（1593）常州府无锡县儒学训导梁輈镌刻、南京吏部四司正巳堂刊印《乾坤萬國全圖　古今人物事蹟》、崇祯十七年（1644）金陵曹君义刊行《天下九邊分野　人跡路程全圖》均属于中国王朝时代疆域总图的一种系列，与地图集形式的《广舆图》分属中国古代舆图两种不同的表现系列。此类地图的特征是将文字描述刻在地图周围，而且在图内的相应位置注记重要的历史人物事迹，所以应归类为"读史地图"。正是由于这类地图对于研习中国历史，了解古今人物事迹发生在何地，有相当大的助益，因此长久不衰。进入清朝以后仍然陆续编制刊刻，如康熙二年（1663）姑苏王君甫《大明九邊萬國　人跡路程全圖》、康熙十八年（1679）北京吕君翰《天下分野輿圖　古今人物事蹟》、乾隆《今古輿地圖》等。此类地图也刚好适合外国人学习中国历史之辅助，故大量散之域外，日本、韩国所藏各种版本的《混一疆理歷代國都之圖》亦属此类。

这幅明刻本全国总图是由何人带到欧洲去的，目前还不甚清楚。但是，颇为有趣的是，这张中国地图又是落到了那位阿姆斯特丹市市长尼古拉·韦特森（Nicolas Witsen）先生手中。曾经在中国生活过 40 年的波兰学者卡丹斯基（Edward Kajdanski）于 1985 年 1 月 5 日写给国际地图学史杂志（*IMAGO MUNDI*）的一封信里介绍了相关情况[①]。这幅明代中文地图流传到欧洲后曾经被三位西方人：卜弥格（Michael Boym）、曾德昭（Alvaro de Semedo）和珀

---

① 这段历史的回顾译自波兰学者卡丹斯基（Edward Kajdanski）于 1985 年 1 月 5 日写给国际地图学史杂志《*IMAGO MUNDI*》的信件。1994 年 1 月，笔者再访伦敦英国国家图书馆，承蒙地图馆前任馆长海伦·沃利斯（Helen Wallis）女士与吴芳思（Frances Wood）博士面赐复印件，得以共同切磋。有关研究见《来自波兰查托斯基图书馆的中国明朝地图》（The Ming Dynasty map of China（1605）from the Czartoryski Library in Poland），载 *Actes du VII Colloque international de Sinologie Chantilly*，1992，台北利氏学社印 1995 年，183—190 页。

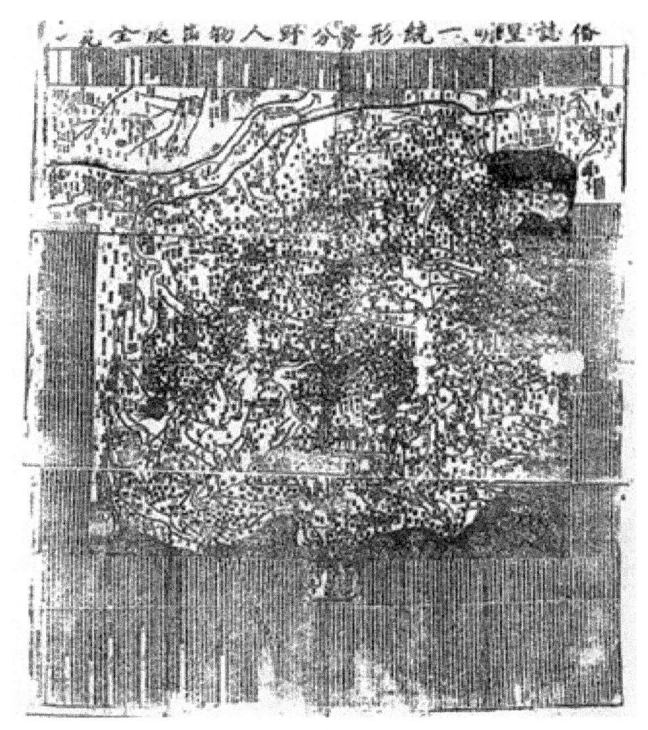

图 10 《偹志皇明一统形势 分野人物出处全览》

切斯（Samuel Purchas）摹绘成他们自己的中国地图，所以关键在梳理这些人物的关系和书稿的下落。

1647年耶稣会士卜弥格从安南北圻经海南岛来华，1651年受南明皇后之遣往还罗马教廷，从澳门登葡萄牙人船赴印度果阿，由陆路经波斯、亚美尼亚至小亚细亚再转船至威尼斯和罗马教廷。1656年自里斯本乘船再返中国，1659年病逝于广西北圻边境[1]。卜弥格的书和手稿留在罗马梵蒂冈教廷图书馆，包括18幅大对开手写本地图及说明：*Magni Catay/Quod olim serica, et modo Sinarum est Monarchia./Quindecim Regnorum/Octodecim geographicae Tabulae.* "中华帝国十五国之十八张地图"，案：应当是明朝的两京与十三布政使司（省）[2]。卜弥

---

[1] [法]费赖士著、冯承钧译《在华耶稣会士列传及书目》，中华书局1995年，第274—281页。
[2] [法]伯希和编、[日]高田时雄校订补编、郭可译《梵蒂冈图书馆所藏汉籍目录》，中华书局2006年，第82页。

格的中国地图大约在 1655 年刊印。另一部分卜弥格的书和手稿被荷兰东印度公司攫取了，后来通过海军上将冯·列尔（Giesel Van Lier）和公司的主任医师克列尔（Andreas Cleyer）辗转流传到柏林威廉大帝图书馆（Frederi Willem's Koniglichen Bibliothek），并为其馆长缪勒（Andress Mueller）和门策尔（Mentzel）掌握。缪勒（Mueller）著作的大部分内容都取材于卜弥格的手稿，事实上，缪勒有关马可波罗中国地名的评述是基于卜弥格的辨识，当他写《华裔学志》（Monumenti Sinici）时，也用了未刊印的卜弥格的资料。而且缪勒在 1680 年出版《中华帝国地理词汇》（Imperii Sinarum Nomenclator Geographicus）书时也基于尚未人知的卜弥格的"中国地图集"的副本。19 世纪初，法国东方学家柯伯儒（Julius Heinrich Klaproth 1783—1835）在柏林工作期间找到了卜弥格的书和手稿的一部分，是当缪勒从斯班道（Spandau）监狱里释放出来时赠给什切青（Szczecin，今属波兰）学校那部书的剩余部分。在这部分中，有中国地图集，可能就是梵蒂冈图书馆的复制本。是缪勒通过阿姆斯特丹的市长韦特森（Nicolas Witsen）从荷兰东印度公司（Dutch East Indies）总首脑梅兹克（Johan Maetsuker）手中得到了它们。尽管缪勒死前确信已经烧毁了他的全部手稿，但还是有一些保存在波兰的图书馆里。例如，他未发表的 1671 年"关于契丹之研究"（Disquisitio de Chataya）的附录。那时，缪勒还以为中国和契丹（Chataya）是两个不同的国度，他把契丹（Chataya）标在他的地图上靠近贝加尔湖（Baikal）附近。二年后，他得到了卜弥格的资料，才改变了看法。明代刻印的《俿誌皇明一統形勢 分野人物出處全覽》輿图竟然经过如此曲折才流落到波兰。另外两幅根据《俿誌皇明一統形勢 分野人物出處全覽》摹绘的地图。一幅是萨莫尔·珀切斯（Samuel Purchas）的中国地图，1625 年珀切斯在"珀切斯及其朝圣"（Purchas His Pilgrims）一书中面世。另一幅是葡萄牙耶稣会士曾德昭（Alvare de Semedo）的"中国通史"的插图，1644 年由约翰·萨里斯（John Saris）船长从万丹（Bantham，今印度尼西亚爪哇岛西部港口）带到英国，并转给了理查·哈克吕（Richard Hakluyt），1645 年出版了英译本。这三幅地图的形式很接近，而且都采用《皇明一統方輿備覽》的图题，显然摹自同样的中文原始材料[1]。

---

[1] Boleslaw Szczésniak：The Mappa Imperii Sinarum of Michael Boym（卜弥格的《皇明一统舆图》），IMAGO MUNDI，No. 9，1965；The Seventeenth Century Maps of China，an inquiry into the Compilations of European Cartographers（中国的 17 世纪地图：关于欧洲制图师编辑的调查），IMAGO MUNDI，No. 13，1959。

图 11　卜弥格（Boym）的中国地图

图 12　珀切斯（Samuel Purchas）的中国地图

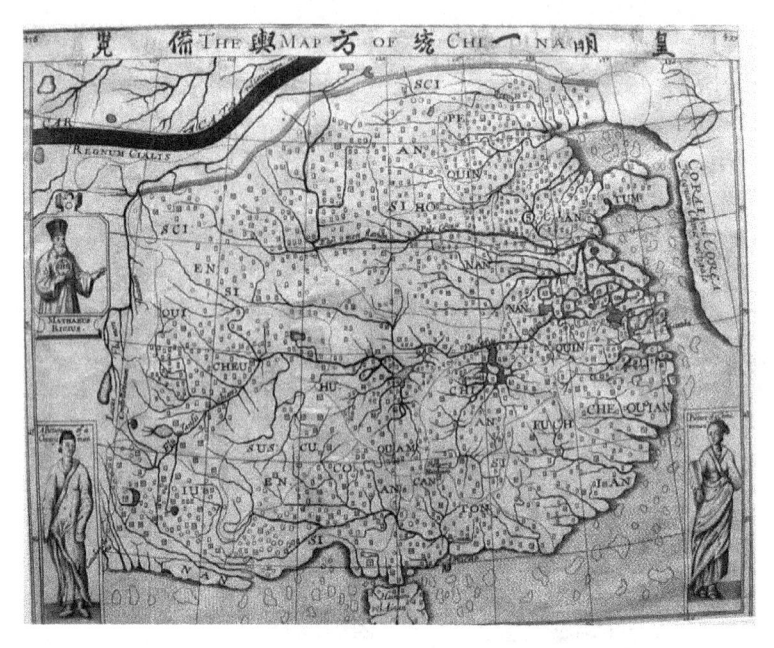

图13　曾德昭（Alvare de Semedo）的中国地图

　　1992年我在大英图书馆地图部和东方与印度事务部工作时，没有发现上述三种西文中国地图的中文原型本，没有想到1983年以后这幅中文原图竟然在克拉科夫图书馆内被发现，它的尺寸与珀切斯书中提到的一模一样。1949年以前曾经在北京辅仁大学执教的德国学者沃尔特·福克斯（Walter Fuchs）于1955年在第9期《国际地图史杂志》（*IMAGO MUNDI*）上发表了《关于卜弥格神父中国地图集的一条注文》，他在文中暗示卜弥格的中国地图集与卫匡国的《中国新图志》几乎是同期制作的。有趣的问题是他们两人的地图有很多相似的地方，他们两人之间或他们与中国地图原型之间是否存在着某些联系。卜弥格先于卫匡国一步到达罗马教廷，卫匡国来到罗马以后或许看过保存在梵蒂冈教廷图书馆（Vatican Library）或罗马教廷档案馆（Archirum Romanum SI）内的卜弥格手稿。我们暂时无法判定卜弥格与卫匡国所使用地图资料的联系，但是至少有一点，珀切斯的《皇明一統方輿備覽》地图绘制的时间要稍早。而曾德昭于1613年来华，1637年自澳门回罗马的途中在果阿完成其《中国通史》的写作，1642年回到罗马，1644年返回中国，次年其书在欧洲出版,也在卜弥格与卫匡国之前。也就是说《傔誌皇明一统形势 分野人物出處全覽》地图流往欧洲应当不是通过这些人之手,但是他们都利用过这幅地图,并将地图上描写的中国明朝的信息传递给西方。

第三件中、西舆图传递之事值得一提的是白晋等人携带新版欧洲印制世界地图对清代测绘地图的促进。利玛窦《坤舆万国全图》中对地球科学的认知曾给明朝知识精英以较大的影响,然而并没有直接传承给赓续明朝江山的大清王朝。中国天子与臣民对天下寰宇和地球的认识还是需要外力的推动,清初这些知识是从两个方面获得的。一方面,由来华外国传教士通过翻译欧洲人编制的世界地图,或他们自己重新改编的中文地图来传递对地球形体和各大洲的科学性认知;另一方面,清王朝从接收的明代编制的表现天下寰宇的舆图中,逐步完善了清人对地球与世界的认识,例如将《大明混一图》上的汉字全部贴上满文注签。可是这两方面的影响都十分有限和缓慢,另一个契机促发了科学制图技术在中国的实践。

康熙三十二年(1693),康熙帝命法国传教士白晋(Joahim Bouvet)返法国招募更多有天文、数学、制图知识技能之传教士来华,同时携带40余册书籍赠送法国国王路易十四,法王以画册付晋,嘱其转送中国皇帝。康熙三十八年(1699)3月,白晋等人自法国重返中国,带回1694年至1698年间法国巴黎天文台以经纬投影法陆续绘制的铜版双半球世界图、亚西亚洲图、欧罗巴图、亚非利加图、阿美利加图等五幅地图。这些地图不仅显示了地球五大洲之轮廓和方位,将欧洲人关于欧亚分界、海峡等地理观点,自俄罗斯莫斯科城至清京师路程等信息传递给中国,而且将西方经纬投影制图法的地图样式传递给中国人。该图现保存在北京中国第一历史档案馆,图内西文均译成汉字贴压,显然为便于中国皇帝与翰林院学士识读。过去,学界对于康熙皇帝何以萌生展开大地测量绘制全国地图的思想,多根据杜赫德(J. B. Du Halde)的《中华帝国和蒙古地理、历史、编年史、政治与自然状况的概述》(又译作:中华帝国全志)书中提到传教士们在北京测绘的长城图准确无误,胜过传统中国舆图,令康熙帝非常满意为始因。其实,这不会是最初的缘由。据《清实录》卷之二百八十三康熙五十八年(1719)正月乙卯条载:"谕内阁学士蒋廷锡:《皇舆全览图》朕费三十余年心力、始得告成。"由此上溯三十余年即康熙二十六年(1687)前后,正是雅克萨之役结束,清廷与俄罗斯在尼布楚议定双方疆界之时,康熙帝苦于东北地区舆图粗疏简略,不堪利用。

应当是在那个时期促使康熙决定绘制新的详细地图，于是遂有派遣白晋返回欧洲招募更多有天文、数学、制图技能的传教士来华之事。而白晋等人带回来的这几幅最新版投影法绘制的铜版地图可能更影响了清朝君臣对地球与世界地理的认识，促成了全国地图的测绘或坚定了康熙帝命白晋等传教士与中国官员一起测绘全国地图的决心。

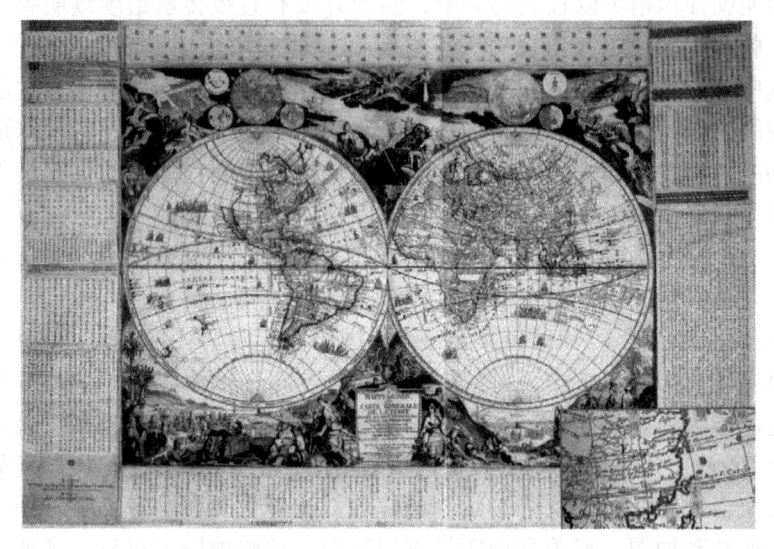

图14　1694年法国巴黎天文台绘制坤舆全图，西文均译成汉字贴压
（引自中国第一历史档案馆、广州市档案局、广州市越秀区人民政府编著《广州历史地图精粹》，中国大百科全书出版社2003年）

康熙时期（1702—1722），为便于皇室朝臣阅读舆图，了解天下（世界）。清廷内务府造办处舆图房的画师又在西方传教士绘制的《东半球西半球坤舆图》基础上，简化内容摹绘出满汉文合璧的世界地图《坤舆图》，描绘东、西两半球地理大势，澳洲和南、北极已经表现，并增加了海上航道、西洋装饰画和中国传统的黄道24节气。长城内地名用中文注记，长城以外和域外各国用满文标记。此图表明清康熙时代对地球与世界的视野已经趋向科学的认知，是地图学上中西文化交流的体现。

如果将15世纪以来，西方各国印制的世界地图或有关东亚、中国的地图拿来，按时间先后顺序做一个排比。不难发现，西方地图对亚洲东部地理大势

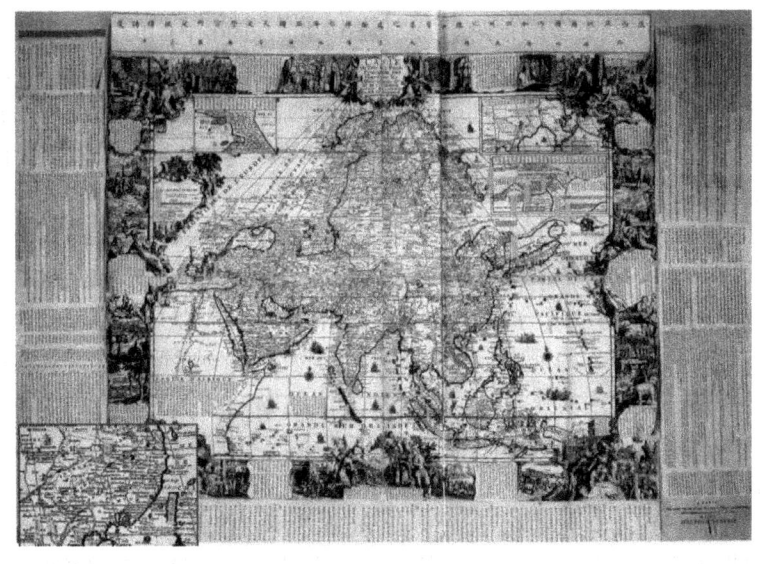

图15　1694年法国巴黎天文台绘制亚细亚图，西文均译成汉字贴压
(引自中国第一历史档案馆、广州市档案局、广州市越秀区人民政府编著《广州历史地图精粹》，中国大百科全书出版社2003年)

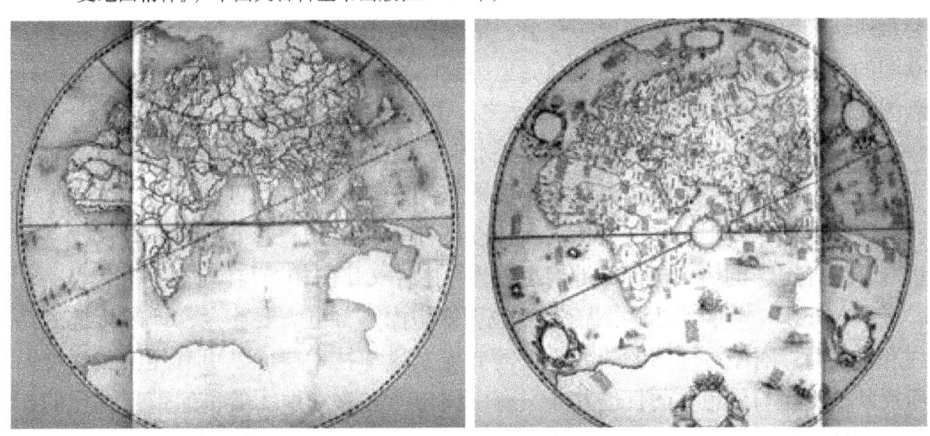

图16　满汉合璧坤舆图
(引自中国第一历史档案馆、澳门一国两制研究中心选编《澳门历史地图精选》，华文出版社2000年)

与地貌的描绘是由粗略逐渐趋于精确，由失实逐渐趋于真实，直至与实际相符。西方对东方地理的正确认识，有一部分来自涉足东方或中国国土的西方人的观察与实测；而更多的信息，特别是 19 世纪中叶中国的大门被西方的炮舰敲开以前，则主要借助于传入西方的中国传统舆图提供的资料。利玛窦曾为中国人带来了欧洲人绘制的世界地图，把西方地理大发现所获得的知识，用地图的形式传入东方。而西方真正认识东方，欧洲人真正了解中国的地理大势，也是通过中国传统舆图的西传而获得真知。

从 16 至 18 世纪中文舆图向海外流散之二三事，可以反映这样几个问题值得探讨：其一，大多数传世的明代坊间编制的舆图多在福建刻印，从福建通过海上航路流出海外。其二，这些中国舆图把中国人的地理知识传递到西方，打开了西方人对神秘东方的视野，使许多猜想和想象力变成比较接近真实的地理认知，舆图的相互传递对人类社会的发展所起的影响绝不亚于地理大发现。其三，西方新版投影法绘制的铜版地图东传，打破了中国人天圆地方的固有天下观念，传递了有关地球与世界各国的知识，促成了全国地图的测绘，外国来华传教士为中外科技与文化的相互丰富与补充起了不容忽视的中介作用。

以地图为载体的中外文化交往相遇，可以使人类对地球、地理和地图的认识逐步趋向科学化，不过通过上述事例的回顾，却验证了这样一个事实：历史上科学的发明、新兴技术的推广，如果没有威权势力的参与和推动，也是难以让广大公众所认知，更难于运用于现实社会。宗教势力曾经窒息了投影测绘制图科学在欧洲的普及，而康熙皇帝下令编制《皇舆全图》的决定却能够使投影测绘及经纬制图技术在中国获得真正的实践；反之，也正是中国的皇帝将科学方法绘制的《皇舆全图》禁锢在内廷，使投影测绘制图技术在中国的广泛推广又拖延了一百多年，然而由于康熙皇帝敢于将国家的舆图送到法国巴黎去刊刻铜版，却又导致投影测绘制图技术终于能在二百年后得以在欧洲全面实践。这个制图科学领域"墙里开花墙外香"的历史更深刻地启示着当今中外文化的相遇与调适。

我们不但应当关心古地图传递的地理知识内容，也需要注意古地图传递的路线和推动力；对于古地图的研究不仅需要探索科学技术层面，更有理由关注地图所反映的文化与思想，而且也并非只有中国与西方欧洲地图的传递带来文化的相遇与调适，即使中国与其东方近邻韩国、日本，也有着频繁的地图交往的历史。

（2014 年 6 月 30 日、2015 年 7 月 10 日修订）

（李孝聪：北京大学中国古代史研究中心教授，国际地图史杂志 *IMAGO MUNDI* 编委）

中欧关系中的人性

[奥地利] 诚曦（Judith Suchanek） 著 杨玉英 译

  中华文化世界论坛的主题是中欧关系的过去与未来。尽管20世纪中国和欧洲有着不和谐的相互关系，但在过去的40年里，它们彼此间却建立了很好的合作关系，而且这种关系还有着日趋加强的态势。这就使得中国向西方的改革开放政策成为可能。而且，中国人确信，向西方开放是发展中国的唯一有用之道。中国已经做了很多努力来改进全民的经济状况。中国也将继续对欧洲国家，实际上是对世界上所有的其他国家产生很大的吸引力。因为从经济的角度来看，中国所代表的是一个巨大的市场，这个市场有望为巨大的销售额提供希望。

  对于中国的发展来说，我们必须提及的另一个重要的方面就是教育，这个对其他的亚洲国家也同样是相当重要的。最基本最常见的文化交流史是这样的——中国的学生和老师到欧洲旅行，或者到欧洲了解欧洲文化。由于我们今天正在讨论的是中欧关系这个问题，我现在就只将我讨论的范围限制在欧洲。或与此相反，欧洲学生到中国来增进他们对中国文化的了解。在政治、经济、科学、艺术以及公共领域和私人生活的许多领域，都有着合作、项目开发、交流以及商业交易。这些相遇和交流，中国人与欧洲人之间建立了很多的伙伴关系与婚姻关系。在中欧关系这个更广的框架中，每个个体目标都具有个人特征。

  在政治、经济、科学甚至艺术领域，中欧之间都有着共同的兴趣。由于"关系"这个术语可从不同的方面去理解，我们可以自问：当我们说"关系"（"relation" or "relationship"）时，我们究竟指的是什么？我们关注个体的人参与任何合作的对象吗？或者我们只是降低到只关注她/他在商业，这个所谓的"人力资源"（human resources）（这种表述是多么的可怕）方面可互换而没有进一步的要求？把人降低到作为一种资本，通过人可以从中榨取利益这样一个概念？

当中欧之间的文化发生碰撞与交流时，我们该采取怎样根本的态度？我们对与我们遭遇交流的对象（vis-a-vis）所采取的这种态度对我们来说很重要吗？我们甚至意识到了在彼此间交流时我们所采取的态度了吗？

依我之见，在意识层面上不同的文化之间存在至关重要的差异。这种差异体现在思维与理解的方式上，也体现在感知与感知过程的方式上。这是一种许多人共有的假想。但是，或许"思维"本身及其可能性是无处不在的这个观点对彼此来说都是一样的，并不存在什么"欧洲式"的思维方式或者"亚洲式"的思维方式，而仅仅只有一种"思维"方式，即便文化的和社会的不同情形会决定其有不同的方式存在。或许从长远来看，有可以使我们一致的思维方式，而这，正是我们大家相聚在此的目的之所在。这个话题，我当以后论及。

不同的思维方式、认知方式和认知过程产生了其总量中对于人和世界而言一部分是有意识的而一部分是无意识的概念与观念。那么，如果真的是这样，当彼此相遇时，我们是否能意识到这种对世界和对人来说特别的观念就真的很重要呢？或者只保持我们外在的那一面，确信不让与我们在交流中的对象失去面子就足够了。

每当我试图找出一种对"世界观"（Menschenbild）或"人类观"（Weltbild）之恰当的英文表达时，我发现根本就没有英文的术语可用。这告诉了我们，英语世界的国家对于思维方式是什么东西，对这些观念并没有恰当的概念来表述。

如今，提供了许多课程以促进跨文化之间的了解，帮助人们避免在异质文化语境中做出失态或失礼之事。这样的失态或失礼有可能会伤害外国朋友的感情。对许多人来说，尊重他们置身其中的那个社会的外在规则是相当重要的。我们有必要向主人表明他们对其国家的风俗习惯是熟悉的，他们不会忽略通常的礼仪规范。如果我们履行了外在形式的所有要求和期望，在彼此碰撞与交流时我们所抱持的内在的态度仍然会起作用吗？当我们遇到另一个人，对其抱持一种坦率、真实的态度，并对他/她产生真正的兴趣时，或者仅仅只是对其采取一种战略的、想要从中获利的态度，仅仅只是将对方当作一种达到自己目标的工具时，会产生什么样的不同呢？我相信，或者至少是希望，我们能同意这样一种事实，那就是，它的确会产生不同的效果，这种不同是人性的本质差别。但问题是，什么是"人性"？对于这个问题，常常只能在人（人类）的特别的观念这个语境中去回答。这显然意味着，任何回答都会因人类观或世界观的不同而不同。那么，我们敢对这个问题保持一种漠不关心的态度吗？我们能表现出对各自不同的人类观或世界观的理解吗？还是不能？怎样才可以认为对这些问题的思考是无关紧要的或者是根本就不必要的呢？如今，在什么样的公共论坛上我们可以谈论这些问题呢？这些问题留给了专门对付那些根本问题的哲学家们。我们对自己的头脑是如此的不自信以至于我们发现自己不能用它去反映这样的问题，或者我们对这样的讨论的忽略是因为我们对其不感兴趣或者不懂的缘故。显而易见，我们并不认为去解决这些根本的问题是不必要的。如果我们发现去实施商业项目，去完成贸易协定，去盈利是可能的话，甚至都可以不用去管这些问题。然而，我们实实在在所发现的那些可能的东西，是毋庸置疑的。

思考不同的人类观和世界观，对这些问题的理解会有什么不同呢？如果我们真的希望找到一种可以在这个世界上与他者和平共处的办法，除了这些理解所能给予的帮助外，这又该如何发生呢？我们因而可以相信一些共同的价值观而不是通过认识和理解我们自己的价值观和通过与我们交流的对象进行价值观的交换，进而认识到我们自己的价值观。

对于"理解"这个概念，我想提请各位注意，我正在谈论的是对其更深层次的解读，而非仅仅通过理解力。如果我说将"用心去理解"类比圣-埃克苏佩里（Saint-Exupéry），这听起来似乎太情绪化了。然而，这恰恰是我想要说的。这并非感情用事的一种做法，而是一个全盘的计划——一种接近（早期）中国思想的方法，其中"心"（heart）字被理解为"心灵""理智"。

依我之经验，常常有人批评西方人自私，很少为集体利益着想。的确，在一定程度上，如果西方人愿意更多关心集体是会有价值的。我说"一定程度上"，是因为，比如，欧盟既有的规则必定包括了这种要求。而且，依我之见，也是因为这种对于和平世界与和谐世界共同体之利益的观念和要求已经深深地根植在许多西方人的头脑中。

然而，当我们谈论"集体利益"的时候，这意味着什么呢？一个集体，是由什么，或者是由谁，组成的呢？一个由个体的人组成的集体，该怎样同等公平地对待谁的利益呢？如果集体利益并不意指每一个个体的利益，那它又意味着什么呢？如果一个人的头脑中没有装着个体的人，那么"集体"这个概念将是一个抽象的存在，没有任何意义。

但是，需要什么来确保个体的康乐幸福呢？应该提及的最低要求是：生存的权利、基本的物质保障、知识的自由以及对人格的尊重。对人格的尊重是只能在人类这个特别的概念语境中才能被理解的另一个概念。但是，这向我们提供了去思考人类观和世界观中如此多的共存的又一个理由。

在中国，尤其是在其知识史上，有一个对待人之善这个问题的传统趋向。道家和儒家都认为人是生而向善的（即，人之初，性本善）。但是，继而出现了如何激励人们继续向更大的善这个问题。为了追求这些目标，你得继续在善本身中去分析善，以及人们愿意向善行善的原因。对我从来不曾了解的所谓"邪恶"之原因的分析起到了一种同样的习惯性的作用。但是于我，问题依然存在：在不了解导致其行为之原因的前提下，该如何劝阻一个人行恶呢？

不幸的是，我不能说在奥地利，西格蒙德·弗洛伊德的家乡，我们已经有能力解决如何对待所谓的"邪恶"以及那些行恶的人这个问题，尽管我们对无意识的重要性有所了解。然而，我深信，只有通过我们在深度心理学的层面上对各类人有所了解，我们才能认识到，在这样的情况下该如何以一种能够使这些人放弃自己的有害的行为之方式来对待他们。

所有这些与中欧关系有什么关联呢？在我看来是大有关系的，因为我们不得不找出对付那些困难的、不确定的事件的解决办法，不仅在我们自己的国家这个语境中，而且在跨文化交流的背景下。正如许多熟悉中国的人都知道，注意给人面子（saving face，*gei mianzi*，给面子）的原则是至关重要的，这是在与中国人打交道的时候最重要的原则之一。我并不是说欧洲人就不需要给面子的时候。然而，我们是否也能应对那些困难的、令人不舒服的问题对我们来说将是非常重要的。这取决于我们彼此间关系质量的好坏，取决于我们是否能够这么做。如果我们希望交流时彼此能够坦率，能够真诚，那么双方都必须毫不畏惧地面对我们自己的问题，面对自己那些较阴暗的本性。

无论是在较小的人际间的背景下，还是在更大的地缘政治这个语境中，无视我们是否关心个体的或是社会的利益，如果我们真的是对彼此的关系、利益以及人格严肃在意的话，那我们必须努力去了解在人性的、整体的意义之上的彼此的价值观。如果我们的目标是促进彼此之间长久而和平的关系，那我们必须对这些方面给予认真的关注。

（诚曦 Judith Suchanek：奥地利萨尔斯堡大学的教授；译者杨玉英：四川乐山师范学院教授）

·法国汉学研究专辑（中法建交50周年特别策划之四）·

中国诗歌艺术和诗律学

[法] 德理文（Le Marquis d'Hervey de Saint Denys） 著　邱海婴　译

上　篇

　　当人们在历史研究中，力图探明某个民族在某一特定历史时期的风俗习惯、社会生活细节以及文明发展程度这些民俗画面的特征时，一般很难在充斥着大大小小战争纪实的正史里找到什么。反之，从神话传奇、故事、诗歌、民谣的研究中倒收益良多。因为这些艺术形式保存了时代的特征。人们因此常常发现在正史中不见踪迹、然而却贯穿于两个相距甚远的历史时代的特殊习俗。①

　　我引用的上述这段文字，是爱德华·毕瓯先生②于1838年发表的有关中国的一部圣书——《诗经》（Chi-king）——的论文开场白。这段话最真实最恰如其分地表达了我的感受。正是这种感受促使我翻译了这些诗歌，并于今天将它发表出来。我还要补充一点：如果说这类研究在某个领域具有重要意义的话，那肯定是在中国文学的广阔领域里。让我们以欧洲为例比较一下吧。或者，如果读者愿意的话，为缩小比较范围起见，权且以欧洲的一个部分为例来比较，它的诗歌源远流长，辉煌灿烂，给历史提供了最丰富的素材。

　　这个部分就是希腊。古希腊的地理位置可以说处在当时各国人民交往都很方便的地方。因此，亚洲、非洲及欧洲各民族都派遣征服者和殖民者去占

---

　　① 《北方杂志》第二期。
　　② 爱德华·毕瓯（Édouard Constant Biot, 1803—1850，亦称"小毕欧"），法国汉学家，大汉学家儒莲的弟子。——译者

领希腊。传说，先是萨伊斯人①移民希腊，把橄榄树带到了阿提喀②，扩大了阿提喀的12座乡镇。这些乡镇后来连成一片就形成了雅典。底比斯城③由腓尼基人建立。在他们之后，从高加索山脉出发的希腊人以征服者的姿态挺进，来到这里。原始民族消亡了，他们与新来者融为一体。此后，格泽尔塞斯一世率大军侵犯希腊④，在萨拉米湾⑤被击败。接着马其顿人又来侵略。他们在凯罗内⑥获胜。古希腊就此崩溃。诗人品达⑦的家宅孤零零挺立在底比斯的废墟当中，表明腓力⑧之死并没有还它以独立。亚历山大王朝⑨崩溃瓦解之际发生的拉米亚⑩战争⑪只不过把希腊推向了新的灾难。希腊不得不交出狄摩西尼⑫，同意马其顿军队驻防雅典城。176年之后，科林斯城沦陷。这一次是被穆谬斯⑬所破。希腊就此沦为罗马帝国的一个省，改名亚该亚⑭。

　　如此繁复的风云变幻不会不使古希腊的传统习俗，乃至诗歌混杂了大量

---

① 萨伊斯人（Saïs），即公元前7至前6世纪的古埃及人。——译者
② 阿提喀（Attique），亦译阿提卡。——译者
③ 底比斯（Thèbes），古希腊维奥蒂亚（Boeotia）地区的主要城邦。——译者
④ 格泽尔塞斯一世（Xerxès），古波斯帝国国王，公元前483年率军侵犯希腊。——译者
⑤ 萨拉米湾（Salamine），地处雅典城外。——译者
⑥ 凯罗内（Chéronée），希腊古城，靠近底比斯城。公元前338年，马其顿的菲力浦二世在此战败雅典和阿提喀的联军。——译者
⑦ 品达（Pindare，或译品达罗斯，可能前518—可能前438年），古希腊抒情诗人。——译者
⑧ 腓力（Philippe，此处指腓力二世，前382—前336年），马其顿国王（前359—前336年），亚历山大大帝和腓力三世（Arrhidaeus）的父亲。——译者
⑨ 亚历山大大帝（前356—前323年），古希腊北部马其顿国王，世称亚历山大大帝。30岁时，已创立古代历史上最大的帝国。他一生未尝败绩，被认为是历史上最成功的统帅之一。——译者
⑩ 拉米亚（Lamia），古希腊城市，靠近拉米亚海湾。——译者
⑪ 拉米亚战争（la guerre lamiaque），又称希腊战争（前323—前322年），是希腊雅典与希腊本土盟友埃托利亚人、福基斯人、洛克利斯人等，在亚历山大二世死后，联合反抗马其顿帝国统治及马其顿欧洲统帅安提帕特的一场战争，这是雅典人最后一场担当重要角色的战争，雅典人战败后同时失去了独立自主权。——译者
⑫ 狄摩西尼（Démosthène，前384—前322年，一译德摩斯梯尼，狄摩斯提尼）。古希腊政治家，雄辩家。——译者
⑬ 穆谬斯（Mummius），古罗马将领，公元前146年任古罗马执政官，最终征服了希腊。曾洗劫科林斯城。——译者
⑭ 亚该亚（Achaïe），现代希腊语作阿哈伊亚，希腊的州及历史上的地区名。在伯罗奔尼撒半岛北岸，科林斯湾以南。海岸地区大致相当于今阿哈伊亚州。——译者

不同的成分。所有那些一个接一个在希腊落脚的民族必定在希腊文明中留下他们的某些风俗和特性。至于人民内心深处对自由的渴望，本应成为大家共同的呐喊，但马其顿和罗马对希腊的征服阻止了自由之声的表达。

中国与欧洲的情况截然不同。我们面对的是一个统一的汉民族。可以说，这个民族从未变化过，也从未被征服过。在其四千年的历史发展中，匈奴人、鞑靼人、蒙古人或满人确实有时中断过汉族统治的脉络。他们有的统治过中国北方诸省，有的统治过整个王朝（现在的王室就是外族人），然而山西人（Chen-si）从未变成鞑靼人，一如汉人从未变成蒙古人或满洲人一样。相反，倒是征服者都被汉民族同化了。

让野蛮民族敬服自己，凭借精神优势雪凌辱和战败之耻，这正是发达文明的特点。只有当古罗马与礼貌文明、文化发达的希腊半岛直接接触的时候，只有当希腊文明的精髓可以说侵入意大利的时候，古罗马士兵才醒悟到自己的粗野。人们难道没见过科林斯城陷落之时，梅特路斯①手下的百人队长们在帕拉休斯②和阿佩莱斯③的绘画上掷骰子吗？但是不论古希腊对其征服者产生的影响有多大，这种影响都远远不能与中国对其外来蛮族统治者的影响相比。外来异族被完全吞并、彻底改造，几乎立刻被汉化。这些粗鲁的北方骑兵骑着不知疲倦的小马，拖着家小，卷起滚滚烟尘猛扑过来，来到富饶的黄河（Hoang-ho）流域或淮河（Hoaï-ho）流域，有时甚至蹿入长江（Yang-tseu-kiang）流域。他们往往把一些州郡整个儿洗劫一空，把城市焚毁殆尽，最后在他们征服的地区安顿下来。他们的首领占领了洛阳（Lo-yang）和长安（Tchang-ngan）的宫殿，惊奇地凝视着历代帝王聚敛在宫中的亚洲艺术瑰宝、这些数百年文明的结晶。野蛮似乎重新开始，黑夜好像笼罩了亚洲，犹如罗马帝国崩溃之时，黑夜又笼罩着欧洲那样。可是不消多久，黑暗就消散了。短短几年侵略者就被改造了。他们革除了自己粗野的风俗习惯，采用被征服者的习俗。他们取的是汉人的姓名，穿的是绫罗绸缎，谈论的是四书五经，交往的是诗人学者。人们几乎认不出他们原来的面目。游牧者变成了文化人。

我在前面提到过希腊的地理位置。可以说，希腊地处人类交往的大道上。

---

① 梅特路斯（Marcus Caecilius Metellus），公元前148年古罗马行省总督。——译者
② 帕拉修斯（Parrhasius，公元前5世纪前后），一译巴赫西斯，帕贺塞斯，巴哈修斯，古希腊绘画大师，擅用小幅画取代巨幅壁画。——译者
③ 阿佩莱斯（Apelles），公元前四世纪最著名的希腊画家。——译者

而中国则处在地球的另一端，置于众多民族消长盛衰人流变动之外。中国展现了生存和独立的特殊状况。这并不是说中国与外界没有任何交往。如果接受这种现成的论点，就大错特错了。稍微细心研究一下历史资料就可否定这个观点。中国曾有过对外扩张和征服的历史。中国的军队曾一直推进到里海边。一位中国将领曾严肃考虑过是否与古罗马军团较量一番。从另一方面讲，那些先后扑向欧洲的所有中亚民族首先是从侵扰中国边境开始的。这里仅举一例。阿提拉①的先驱者就在中国边界打过不止一仗，而后这股上帝的祸水进入沙隆平原②与高卢③联军发生冲突。只是由于中国不处在那些后来成为西方统治者的民族西进的道路上，而军事冲突仅仅发生在其边境线上，所以中国几乎总是成功地把侵略者拒之门外。匈奴人、鞑靼人、女真人（Niu-tché）也只能在中国最北边的州郡安顿下来。若要征服其他民族，只有等到成吉思汗④后裔令人生畏的强大力量的出现。

因此我们看到的，是一个自成一统的民族，一个不受任何外部世界影响并能深刻改变外来影响而独自发展的社会。这个社会不是没有发生过革命，而是没有发生过根本性的天翻地覆的大乱。而这类大乱从古至今却极其频繁地改变了地球上其他地区的政治形势。仔细研究这个社会，从中国文学里寻找社会风貌最突出的特征，不是很有意义吗？

但是将目光集中于哪一点呢？要探讨的领域非常广阔。从《诗经》那个时代算起，三千多年流逝过去了。这部上古时代的诗歌集由孙璋⑤神甫译成拉丁文，爱德华·毕瓯加以评注。中国在这三千多年里不断产生了许多诗人。他们皆用同一种语言写诗作词。这个语言固然一代又一代有所变化，却没有变到清朝的现代文人读不懂其最远古先人著述的地步。如若在中国的诗歌文献里单单寻找风俗民情的画面或历史遗训，那么年代之漫长真叫人无从选择将哪段历史时期作为研究的中心。假若你又想使自己的研究具有文学价值，

---

① 阿提拉（Attila，约395—453），匈人王。——译者
② 沙隆平原（Châlons），地处法国境内东北地区。——译者
③ 高卢（la Gaule），古代法国被人称为高卢。——译者
④ 成吉思汗（Gengis Khan，1162—1227），孛儿只斤·铁木真，蒙古帝国可汗，尊号"成吉思汗"，世界上杰出的政治家、军事家。——译者
⑤ 孙璋（Alxander de La Charme，1695—1767），法国天主教耶稣会传教士，字玉峰，1728年抵中国，在华39年。——译者

中国诗歌艺术和诗律学

那就不容许犹豫不决了。因为孔夫子故里的诗人们像恺撒帝国的诗人一样，都有自己伟大的时代。上千年来所有中国作家都异口同声赞誉这个时代，这就是唐朝，就是杜甫、王维和李太白的时代。这几位诗人享有的盛名也许超过贺拉斯[①]和维吉尔[②]，因为他们的诗是汉语这一活语言的瑰宝，至今广为传诵，声名远播到他们故国的山村乡野。

在着手研究这些备受追捧的天才的诗作怎样各有千秋之前，尤其是在谈到本文纯粹研究诗律学的那个部分之前，我想简明扼要地分析一下中国诗最古老的杰作《诗经》是很有裨益的，探讨一下《诗经》本身是什么，哪些主题特别启发了中国诗人的灵感。一句话，从这部珍贵的诗集到唐代，诗歌艺术经历了哪些发展阶段？然后我们就该把话题停留在唐代。

在这个统一民族的文学和风俗习惯中，一切都相互联系，前后相继，一切都让人感到传统在起作用。仔细研究一下，就可以注意到这个民族的文学无论在观念、形式还是意象上都极其相似，世代相传。这个特点如此突出，以至于在《诗经》的古老诗章与某些现代诗文之间存在的不同点无疑要少于《玫瑰传奇》[③]与安德烈·谢尼叶[④]的哀诗之间的不同点。这大概是我们的研究结果中最突出的一点。

我在本文的开头引用了爱德华·毕瓯先生的一段评论，这也是毕瓯先生本人有关《诗经》的首篇论文的开场白。现在我将借用这位已故学者的第二篇有关《诗经》的很有意义的论文中对此书的评价。他写道：

> 这部作品是东亚传给我们的最出色的风俗画之一，同时也是真实性最少争议的一部。《诗经》并非像人们可能以为的那样是一首仅仅有关某一历史题材的诗，而是一部诗集。它并非很有条理地汇集了公元前7世纪之前在中国的乡村城镇传唱的颂歌，就像我们欧洲最早期诗人的诗歌在古希腊传唱那样。这些古诗文体简朴，主题总是不断变化，实际展现的是中国最早期的民歌。这句话足以说明阅读《诗经》的特别意义在于，

---

① 贺拉斯（Horace，公元前 65—8），与维吉尔同为最杰出的拉丁诗人。——译者
② 维吉尔（Virgile，公元前 70—19），拉丁诗人。——译者
③ 《玫瑰传奇》（Roman de la Rose），法国中世纪市民文学中一部规模较大并具有独特风格的长篇故事诗。——译者
④ 安德烈·谢尼叶（André Chénier，公元 1762—1794 年），法国诗人。——译者

应当把这种阅读当作对古代中国风俗习惯的研究。《诗经》简单质朴，东方大多数史诗中所见到的那种华丽修饰和夸大其词在《诗经》中是找不到的。①

《诗经》分四个部分。第一部分叫《国风》（Koue-fong），或曰诸侯国的风俗民情。《国风》由两类民间诗歌组成。一类是帝王巡视自己的领地时下令收集的民间歌谣，另一类是各诸侯国最流行的民歌民谣，由诸侯在规定时期到朝廷进贡时带去。天子根据这些诗歌的性质特点，判断其治下的广阔疆土上各地的民情，借此给予他的命臣训责或褒扬。因为他们对自己统领下的子民负有伦理上的责任。

由一位专门掌管音乐的大臣负责审查并细心保存这些诗歌。这种做法似乎可以追溯到商朝（Chang）。公元前 12 世纪周朝（Tcheou）的行政机构将这个做法转为惯例。但随着周天子势力的日渐衰弱，威望陵替，这个做法也就渐渐被弃用了。公元前 770 年各诸侯国差不多都已独立。周天子也中止了巡礼。与此同时，收集民歌民谣的工作也随之停止了。

《诗经》的第二部分和第三部分包含一些节奏更为庄重的诗歌。主要是颂歌。颂歌总是随时记述当时发生的重大事件，对周王朝的创始人、他们的几位后裔以及王室功名显赫的大臣和将领歌功颂德。有些是诸侯王献给周天子的颂歌，以及他们在最庄严的场合所做的颂歌。在这些诗歌里偶尔会发现对朝廷乃至天子行为的严厉指责。

最后，《诗经》的第四部分收集的是赞美歌，主要是在举行某些祭祀礼仪或帝王葬礼时隆重诵唱的。这部分的第三章里有些诗歌片断源于商朝（Chang）。商朝的开国君主比塞左斯特里斯②还早。

当时这类诗歌官方共收集了近四千首。其中部分诗歌得以存留下来，应归功于孔夫子的努力。孔夫子唯恐后人把这些诗统统遗忘了，亲自遴选并誊写了三百零五首，留传至今。③

爱德华·毕瓯先生和我一样，深信每一历史年代汇集的诗歌是最忠实地

---

① 爱德华·毕瓯，《依据〈诗经〉探讨古代中国的风俗民情》，载《亚洲学报》，1843 年 11 月。
② 塞左斯特里斯（Sésostris），古埃及（公元前 19 世纪）一法老名。——译者
③ 《诗经》最初包括 311 首诗，但其中 6 首毁于焚书坑儒。

反映一个民族风俗人情的镜子。他从《诗经》中探究古代中国的秘密，用意纯限于考古，并不在文学。用他自己的话来说，他"俨然像公元前6世纪一位旅行家探索孔夫子的故乡那样"，探索了这本古老的诗集。这部诗集展示了上古时代的中国，也可以说一个不复存在的社会。通过《诗经》，我们了解到当时的房屋是泥土建的，式样就像法国南方的干打垒房。房屋大梁的材料是竹子、松或柏。在黄河下游广阔的平原上，已经采用灌溉来种植农作物。牛羊是有权势家族的主要财富。从那个时代起，人们就使用犁、铲、长柄镰刀和短柄镰刀了。《诗经》使我们了解到当时家庭生活的一切细枝末节，从一日三餐到最常用食物的准备，可谓详细备至。这是一个从坟墓里跑出来的被遗忘的世界。这情景和尼尼微①的考古发现颇为相似。所不同的是，底格里斯河②谷坚忍不拔的勘探者挖掘出来的只不过是一堆废墟，而学者从《诗经》研究中呼之欲出的则是一个生气勃勃的民族。

假如有人对这部诗集的远古性存疑的话，一番细心的考察很快就可以使他的疑团烟消云散。《诗经》里的一切，不论是文体、韵律，还是选择的主题都是原始的。从《诗经》里看到的是一个处在文明初期的放牧民族。还有比《诗经》第一部分（第七章）的颂歌8更质朴、更好地反映人类历史的初期情况的吗？

> 女曰鸡鸣。士曰昧旦。子兴视夜。明星有烂。
> 将翱将翔，弋凫与雁。弋言加之，与子宜之。
> 宜言饮酒，与子偕老。琴瑟在御，莫不静好③。

这位要靠射箭养家糊口的猎人，人们也许以为他是个生活艰辛的穷苦山里人。不，他是个富人，因为诗歌末尾这样吟道。

> 知子之来之，杂佩以赠之。

---

① 尼尼微（Ninive），西亚古城，位于底格里斯河上游东岸，今伊拉克摩苏尔附近，是古亚述帝国的都城和文化中心。——译者

② 底格里斯河（le Tigre），西亚著名河流之一。发源于土耳其境内安纳托利亚高原东南部。经土耳其、叙利亚边境，入伊拉克境内，下游在库尔纳同幼发拉底河汇合。——译者

③ 《诗经·郑风·女曰鸡鸣》。——译者

> 知子之顺之，杂佩以问之。
> 知子之好之，杂佩以报之。

（第九章）颂歌4是最有特色的一首。也许其他任何民族的诗文里都找不到类似的作品。说话的是一位士卒。

> 陟彼岵兮，瞻望父兮。
> 父曰："嗟！予子行役，夙夜无已。上慎旃哉！犹来无止！"
> 陟彼屺兮，瞻望母兮。
> 母曰："嗟！予季行役，夙夜无寐。上慎旃哉！犹来无弃！"
> 陟彼冈兮，瞻望兄兮。
> 兄曰："嗟！予弟行役，夙夜必偕。上慎旃哉！犹来无死！"①

《伊利亚特》② 是西方最古老的诗，唯有这部史诗可用来与《诗经》作比较，评价位于有人烟的陆地两端，在极为不同的条件下平行发展着的两种文明。一边是战争频仍，是无休止的围城攻坚，是相互挑衅的斗士，是同样激励诗人和他的主人公的军功荣誉感。在这个世界里，人们感到自己置身于疆场之上。而另一边则是一位年轻士兵对家人的依依不舍，他登山远眺父亲的土屋，遥望母亲和兄长。这样的母亲，若是在斯巴达③，肯定会被逐出门墙之外，而兄长则叮嘱离家人不要顾念光宗耀祖而首先要尽早返回故里。在这里，人们感到自己置身于另一个世界，置身于一种说不出的安逸和田园生活的氛围之中。理由很简单，我在前面已经指出。在荷马时代，希腊先后被征服过三四次。希腊人大概也变得同入侵者一样好战了。而中国人则是地球上最美好的那部分土地的无可争议的主宰，他们像原始时期的垦荒者一样，始终爱好和平。

---

① 《诗经·魏风·陟岵》。——译者

② 《伊利亚特》（Iliade），又译《伊利昂纪》（取自书名"伊利昂城下的故事"之意），古希腊诗人荷马的叙事史诗，与《奥德赛》同为西方的经典之一。据推断，这部史诗大约完成于公元前750或725年。——译者

③ 斯巴达（Sparte），古希腊城邦之一。斯巴达以其严酷纪律、军国主义而闻名。斯巴达拥有众多国有奴隶，称为黑劳士，因此"斯巴达式"也成为"艰苦进行"的代名词。——译者

若将《书经》(Chou-king)的《尧典》(Yao)和《舜典》(Chun)里的几首诗歌，以及自上古起就口头流传的几首诗歌与《诗经》放在一起，可以汇集约400首诗。这些诗构成中国人最初的诗歌文献。

热爱和平，热爱劳动，热爱家庭，服从君王，敬重长者，在最细微的生活场景里都很严肃，隐忍而不失坚韧，更善于抵抗而不是攻击的强大意志，这些似乎概括了这段时期中国人最主要的性格特征。《诗经》用简洁纯朴的语言表现了这段时期中国人的思想感情，这与现代诗刻意雕琢的风格形成异常鲜明的对照。

中华民族的精神无论在哪个历史阶段看来都没有多大改变。但风俗民情在不同时代却经历了深刻的变化，这些变化在诗歌里都有揭示，而且应当承认这些变化只能更有力地证明中国人非常尊崇传统。

细心比较一下比孔夫子稍晚一点诗人的作品与这位名人保存下来的前辈诗人的诗作，已经可以看出，人们在观察和感觉事物的方法上已有很大不同。我尤其要引述的，是给我留下强烈印象的两个重要方面。一个是宗教情感，另一个是妇女地位。

《诗经》中经常出现的神的观念，往往是以非常高贵的文笔表现出来的。这里总是指单一神，即上帝（Chang-ti）。上帝居住在天上，接纳在地上有修行的人到他身旁。他掌握人世的命运，主管人间的奖罚。所有的人都求助于他。没有半神也没有次等影响力的神灵，很简单，人们只祈求一个上帝，因此18世纪的传教士恰如其分地将古代中国人的宗教信仰与原始希伯来人的宗教信仰相提并论。在商代（Chang，统治期自公元前18世纪至前12世纪）历朝帝王赞颂开国君王的诗里可以读到如下片断：

　　帝命不违，至于汤齐。汤降不迟，圣敬日跻。昭假迟迟，上帝是祗。帝命式于九围①。

《诗经》的一首颂歌在谈到周朝的开国英雄时这样说：

　　文王在上，於昭于天。……

---

① 《诗经·商颂·长发》。——译者

文王陟降，在帝左右①。

一首古老的诗歌还表达了这样美妙的思想：

（人……），故劳苦倦极，未尝不呼天也，
疾痛惨怛，未尝不呼父母也②。

随着上古时代渐行渐远，特别是自老子和孔子时代开始，真正的宗教情感在诗人的作品中已愈来愈少见。在著名哲学家孔子门徒的著作里，宗教感情已被纯粹伦理的说教所代替。而在信奉老子神秘学说的诗人作品里，宗教感情则被静思冥想中的模糊憧憬所代替。

这两位杰出的贤人，特别是企望改变世风的孔夫子，阐述其学说难道是为了取代业已淡漠的宗教信仰？抑或是他们用自己的理论教条取代原始的自然神论时，自己就破坏了自然神论的纯洁性呢？这个问题委实太严重太复杂，我不敢贸然下结论。然而可以注意到从这时起中国产生了多种不同的信仰。同时也出现了日后逐渐显露的怀疑论的萌芽。

其时道家（Tao）信徒已经隐居山中。这些山岳后来住满各式各样的神灵，都是山中隐士在禁食和孤独的作用下想象出来的。而百姓后来又把这些隐士本人变成许多多神话传奇中的主人公。中文语汇里将增添一个字，其形貌本身就很说明问题。这个字由一个人字和一个山字组成，用以表示仙人。不久山里又来了仙女、术士和他们的普通随从，以及善于千变万化的各种妖魔鬼怪。汉代诗歌里充满着这些神奇的幽灵。著名的汉武帝对这些神怪非常崇信。及至晋朝（Tsin）许多人已不大相信这些神怪。到了唐朝，这些神怪在诗人作品里所起的作用仅仅与希腊神话故事在维吉尔及其同代人诗里的作用相仿。

但是在一个以传统为主要崇拜对象的国家里，人们丝毫未放弃自王朝建立起就制定的神圣礼仪。因此我们看到两千多年来一直存在的奇怪情形。信奉道教或佛教的皇帝，既有官方的宗教，也有个人的信仰。他们在传统的庄

---

① 《诗经·大雅·文王》。——译者
② 《史记·屈原列传》。——译者

严仪式中祭祀上帝,俨然像个大祭司长。可是他们的内衣里却戴着某个法师或道长奉赠的护身符①。

现在我将结束这段插曲,把话题回到第二个重要现象上来。我感到通过对《诗经》与稍后时代的诗进行比较是可以总结出来的。

上古诗歌里的女性是丈夫的伴侣。丈夫采纳她的意见,从不以主人的身份同她讲话。妇女自由选择与其共同生活的男子。婚姻没有剥夺她合理的自由。《国风》收集的作于公元前12世纪至公元前8世纪的诗歌中,还毫无多妻制的迹象。虽然传说里讲尧选择舜做继位人时,将自己的两个女儿许配给了他,虽然《周礼》中提到除有封号的皇后②之外,周天子还拥有众多的王妃,但人们可以相信这只是宫廷独有的现象,与民间风俗是不同的。

我前面援引的"女曰鸡鸣"那首诗里女主人对丈夫说:

子兴视夜。……宜言饮酒,与子偕老。
琴瑟在御,莫不静好。

这首诗后面,同一部诗集的颂歌19里,一位丈夫吟唱道:

出其东门,有女如云。虽则如云,匪我思存。
缟衣綦巾,聊乐我员。出其闉阇,有女如荼。
虽则如荼,匪我思且。缟衣茹藘,聊可与娱③。

我们再看一下这段天真的对话,它描述了夫妇之间心心相印的和谐关系:

---

① 去年冬季在杜伊勒利宫陈列的令人忧伤的战利品是文明欧洲对中国皇帝的圆明园进行劫掠和破坏的见证。其中好些物品,特别是一种装满佛教象征物的镀金圣体柜,让人对道光皇帝的个人信仰不可能产生任何疑问。波蒂埃在《美术杂志》(Gazette des Beaux-Arts)上刊登了一篇有关同一来源的护身符的有趣文章,证实了同样的事实。最后,我本人曾被告知在皇宫不同卧室里收集到众多小书,里面几乎都记录了有关佛教的训言或祷告。——作者

② 《周礼》或《周朝之礼仪》首次由已故爱德华·毕瓯从中文译成法文,第一卷,154页及续页。——作者

③ 《诗经·郑风·出其东门》。——译者

溱与洧，方涣涣兮。士与女，方秉蕳①兮。
女曰"观乎！"士曰"既且。"
"且往观乎！洧之外，洵𧥾且乐。"
维士与女，伊其相谑，赠之以勺药。
溱与洧，浏其清矣。士与女，殷其盈矣。
女曰"观乎！士曰"既且。""且往观乎……！②"

孔夫子整理的《诗经》之后的诗歌却呈现了完全不同的画面。爱情仅仅通过妇人之口表达出来。当妇人谈到爱情的时候，往往是深居闺中，用缺乏尊严的言辞哀叹作为老爷和主人的丈夫久久在外不归，或者慨叹丈夫的傲慢和冷漠，或者埋怨日子凄愁漫长。

听听诗人范云③的诗句。他表达了一位心绪不宁的少妇的思想：

春草醉春烟，深闺人独眠。积恨颜将老，相思心欲然。

诗人王僧孺④的诗描绘了一位丈夫远游在外的少妇的情绪：

……月出夜灯吹，深心起百际，遥泪非一垂，徒劳妾辛苦。终言君不知。

在其他诗里妻子还被比作一把丝绸扇子。只要气温还热，薄情的主人还会欣赏她的妩媚可爱。但她呼喊道："唉！我惧怕如此短暂的季节会很快结束。扇子被搁在一边的日子很快就会到来！"

从这里可以看出亚洲多妻制的可悲影响，中国人丝毫未能幸免。女孩儿

---

① 这种花卉的名字经常出现在中国诗歌里，一如百合花和玫瑰花经常出现在欧洲诗人的作品里一样。大多数字典将之译成树兰属（épidendrum）。唯一可以肯定的是，它属于兰科植物（Orchidées）大家族。
② 《诗经·郑风·溱洧》。——译者
③ 范云（451—503），南朝齐、梁间诗人，字彦龙，祖籍南乡舞阳（今河南沁阳）人。——译者
④ 王僧孺（465—522），南朝梁官吏、学者。——译者

尚无自我意识就离开了娘家,她们自幼就和父母乐意给她们选定的男子订了婚。女人的自主个性磨灭了,她早有归属,不再有以身相许的权利。这些诗句与《诗经》(第一部分第三章)的颂歌 17 相差何其远尔!颂歌散发着一股优雅的芳香,使这种比照更加强烈。我还想在此引用:

  静女其姝,俟我于城隅。爱而不见,搔首踟蹰。
  静女其娈,贻我彤管。彤管有炜,说怿女美。
  自牧归荑,洵美且异。匪女之为美,美人之贻①。

  前后这些诗歌的鲜明对比很有意义,充分说明妇女在中国社会中的地位已大为改变。若想评价中国妇女被迫做出的难以置信的牺牲到了何种程度,只要浏览一下著名女作家班惠班②公元 95 年撰写的那部奇特作品就足够了。传教士们在其有关中国人的回忆录中已将这部作品译成外文。

  周朝(Tcheou)之后是仅仅持续了半个世纪的秦朝(Thsin)。但在这短暂的时期里却发生了在一个民族的历史上具有划时代意义的重大事件。公元前 313 年,即康奈③会战 3 年之后,一名男子刚刚结束周朝开国君主文王没落后裔的统治,登上皇位。他想把四分五裂、封建制兴盛的中国重新统一起来。他成功了。这就是远东的路易十一④。但由于令人生畏的文人墨客因循守旧,不时反对他激烈的革新主张,他就设想了一个名闻天下的令人痛心的计策,要断然毁灭对往昔的一切回忆。他下令焚毁书籍。

  这道诏令得到极其严格的执行,毁掉了许许多多有文学价值和历史价值的珍藏,造成无可挽救的损失。然而我们也不要过分夸大其严重后果,不要以为,譬如像某些欧洲作家想象的那样,秦始皇已经达到目的,毁灭了在他之前撰写的一切。中国后来迅速从他的暴政下解放出来。焚书措施前后只相续了 7 年。极而言之,就算散布于整个帝国的所有藏书都无一例外地烧掉了,是否就可以认为,这短短的 7 年足以从千百万人的记忆里抹去他们可能熟记

---

  ① 《诗经·邶风·静女》。——译者
  ② 这里指班昭(字惠班)所作《女诫》七篇,陈述妇女应当遵守的封建道德规范。——译者
  ③ 康奈(Cannes),一译坎尼,意大利南部古城,公元前 216 年迦太基将领和政治家阿里巴尔在此战胜古罗马执政官罗尔·爱弥尔和瓦隆率领的罗马军队。——译者
  ④ 路易十一(Louis XI,1423—1483),法兰西国王。——译者

于心的最负盛名的作家和作品呢？事实是，公元前 2 世纪初，在伟大自由的汉朝，文学复兴之时，大多数重要作品几乎完全恢复了原貌。

而且人们可以想象，著名的诗文歌谣如此清晰地铭刻在人们心里，尤其能顺利地渡过难关，不会遭受严重的破坏。任何一位中国作家对此都毫不怀疑。我还要补充一下：只有汉语研究的门外汉才会对此表示异议。

《诗经》里不同时期的诗之间，这些诗与焚书坑儒之后的诗之间存在着种种文体上的差别。这些差别表现得那么循序渐进，立刻就给每个汉学家以深刻的印象。他们认为这些细微的变化最真实地证明了这些诗相互间的渊源关系和相对的古老性。

秦朝末年，民间传诵着《离骚》（Li-sao）。这首诗在中国素享盛名，我不能不提一下。《离骚》的作者为屈原。他既是楚王的大臣，又是楚王的亲戚。屈原是朝廷重臣，他着手进行一项充满危险的政治改革。不久被逐出国都。为了消除国难，他曾向楚王提过不少明智的建议，但楚王不纳。屈原枉费辛苦。他深怀痛楚和愤懑，写下了这首诗。诗的题目大意是：书写心志，宣泄忧愁。后来他自投 Kiu-pan 江①，即现在湖广②（Hou-kouang）境内的一条河，尽管当时许多渔夫竭力打捞营救，他还是溺死水中。屈原死后，举国哀伤。这件事发生在公元前 2 世纪。在屈原殉难的地方哀悼这位大诗人的习俗代代相传，经久不衰。及至1716年，给我提供这些详情的中文书③发表之时，这种习俗依然存在。每年农历五月初五，人们乘坐彩旗飘扬的龙舟泛游江上，纪念不幸身亡的屈原，向他的爱国主义精神表示敬意。

我曾说过汉诗深受老子思想的影响，充满美妙神奇的幻想。好像在公元初传入中国的佛教进一步促使文人学士憧憬理想的世界。于是形成了一个新的文学流派。这个流派主要致力于描写最奇特的自然景观，最荒芜最优美的风景胜地，月光使人产生的种种幻觉以及月夜里树林、岩石、岩洞、山岭、浮云、白雾形成的奇幻景象。这些都用一种新颖、讲究、而时常晦涩的语言描绘出来，与从前质朴的文风大相径庭。这个学派得一名曰："志""怪"（Kouaï），意指爱好古怪离奇的事物。它在观念上和文体上与我们现代的浪漫

---

① 作者原文用 Kiu-pan 江，查无出处，历代皆为汨罗江。——译者
② 湖广（Hou-kouang），作为地名，主要指湖北、湖南两地。该名称的历史可上溯到元朝。——译者
③ 《月令纪要》（Yueï ling tsi yao），每月习俗集要。

派真有惊人的相似之处。它唤起中国人夜间漫步和冥想的情趣,并使这一情趣成为风气。就是在今天,这也是该学派的显著特点之一。而了解一下它的初期情况是很有意义的。

汉朝的鼎盛时期是汉武帝统治的时代。汉武帝是中国封建王朝最伟大的帝王之一。他把斯基泰人①和盖塔人②赶向西方。他的使臣,甚至军队,一直推进到粟特③和巴克特利亚④的心脏地带。在他统治下的 54 年中(公元前 140—前 86),他的宫廷里有很多才华横溢的诗人和作家。他们至今还被看作是这个国家的名流,其中有苏武(Sou-vou)和李陵(Li-ling)。他们的个性和著述⑤也同样闻名于世。中国的很多民间传说都与汉武帝有关。这些故事和传奇大多涉及他的人格、他的陪臣以及他的许多沙场征战,往往隐藏着珍贵的历史资料,是诗词典故取之不尽的源泉。

汉武帝的一位嫡系继承人孝和帝(Hiao-ho-ti)从公元 89 年至 106 年统治汉王朝。在他治下出现了一种新的诗体,可以给考古学家提供有待开掘的更为丰富的矿藏。这是一种长诗,一半叙史一半描绘。有一个典故可以说明这种诗的重要意义。孝和帝曾想离开洛阳迁都别处。一位杰出的作家班固则竭力维护这座名城。他作了一首赋,详尽列举都城的历史和古迹。孝和帝读后放弃了原先的打算。此赋顿时名声大噪。随后就出现了一系列形式相同,甚至灵感亦同的名赋。如张衡⑥颂扬西安和洛阳的《二京赋》等。

汉朝末代几个帝王远远不如孝和帝那么尊重下臣的劝谏。汉诗里有无数进谏诗,是一些忠君的仆臣在流放地写的。他们哀叹自己的失宠,更悲叹皇上的昏庸。毕瓯先生曾指出一件重要的事实:中国皇宫里的下臣为君效忠决

---

① 斯泰基人(Scythes),哈萨克草原上印欧语系东伊朗语族之游牧民族,其随居地从今日俄罗斯平原一直到河套地区和鄂尔多斯沙漠,是史载最早之游牧民族。也译为斯基台人、西古提人、西徐亚人或赛西亚人、塞西亚人;古代波斯人称之为塞克人。中国《史记》、《汉书》称之为塞种。——译者
② 盖塔人(Gètes,一译葛特人),古代一民族,属色雷斯族源,居住在多瑙河下游两岸及其附近平原地区。盖塔人最早出现于西元前 6 世纪,当时隶属于西徐亚(Scythia)王国。——译者
③ 粟特[索格底安那(Sogdiane)],中亚古国名,位于现在的乌兹别克。——译者
④ 巴克特利亚(La Bactriane),中亚古国名,中国史书上称大夏。位于中亚阿姆河与锡尔河上游之间到兴加什山麓地区(今阿富汗北部)。——译者
⑤ 参见《中国人杂忆》(Mémoires concernant les Chinois),第三卷,316 页及续页。
⑥ 张衡(78—139,Tchang-ping),字平子,中国东汉时期伟大的天文学家、数学家、发明家、地理学家、文学家。文学作品以"二京赋"等为代表。——译者

无奴颜婢膝之态①。人们也不能不注意到在这些宣泄哀怨的诗中，在这些被放逐者诉说自己怀才不遇、力图重新得宠的陈情表里流露着一种清高自尊的格调，无一字降低男子汉的风骨，无一句表现卑下的献媚。

汉王朝最后重蹈它所推翻的秦王朝的覆辙，其原因在于它实行极端专制制度，对古老体制的卫士——文人阶层施以血腥的暴力，从而引起举国上下的仇恨和愤怒。800名臣子因被怀疑反对王朝统治而在一日之内被处死。到处都笼罩着恐怖和怀疑，然而民众思想的骚动与日俱增。大家感到需要团结一致进行抵抗，齐心协力采取行动。于是形成一些秘密团体。这些团体的成员来自社会各阶层。大家都发誓对自己的团体无限忠诚。这些早期的团体最后又相互建立了秘密的联系。从此一些威震天下的秘密社团组织起来了。由此引起长期的内战并导致众人痛恨的政权垮台。

无论从哪方面考察，有一件事是十分奇怪的。这就是，每当一个王朝被革命推向注定失败的下坡路时，公元2世纪在中国形成的这类秘密团体就一定会出现。但是这些秘密结社的原则本身对中国社会来讲并不新颖。可以注意到自上古时代起中国社会就存在着通过一定仪式结拜兄弟的习俗。与《诗经》同时代的一首古老诗歌展示了这种牢不可破的盟约的一种公式化表达形式，好似一种数学公式，用两个成组的汉字代表誓约者的名字。

> 皇天后土，乃父乃母，告之日月，A与B永结同好②。
> ……
> 卿虽乘车我戴笠，后日相逢下车揖。
> 我虽步行卿乘马，后日相逢卿当下③。

完美无缺的友情，相互间的支持，靠一种联姻结合起来的朋友间的患难与共，这些就是中华民族自上古时代起就萌发的紧密团结的幼芽。尽管这类誓盟的形式会有所改变，但千百年的岁月并未破坏其主要精神。上世纪末，

---

① 《周礼译介告读者书》（Avertissement servant d'introduction à la publication du Tcheou-li），巴黎，1851年。

② 这种盟誓之辞，在古文献中不胜枚举，与下面"卿虽乘车我戴笠"这首诗并无关系。但作者将这两段混合为一首诗加以介绍，显然有误。——译者

③ 这首诗出自晋代周处《风土记》，即历史上的"车笠之交"。——译者

中国出了一部举世闻名的小说。书中虽有几幅淫秽的插图,但这部小说作为风俗画的价值是无法摧毁的①。小说前言提到十二个玩耍的童年伙伴一块儿签订这种牢不可破的誓约。直到今天,民间还有拜把兄弟的风俗。那情形和昔日罗马人根据罗马的法律,今天的法国人根据法国法律可以收养孩子相仿。

  表明友情在中国民俗中占有十分重要地位的诗歌不胜枚举,在任何一个文学时期都可以找到。这些诗或歌咏童年伙伴,同窗好友,或表现知恩图报的眷念之情,或颂扬由音乐的沟通彼此油然而生的神秘好感②。游山玩水的人,面对一处美景遗憾不能与好友共赏。流放异域的人好像只惦念朋友而忘记了家庭。最后我们还看到中国历史上一个可怕阶段——三国时代(220—265)。三国时代的诗人对相当粗野的几个首领之间的深情厚谊大加颂扬,就像我们中世纪的行吟诗人对勇敢骑士的爱情专一和贵妇人的忠贞不渝加以歌颂一样。

  那个时代几个幸运的将领瓜分了王土,相互之间争夺不已。他们把本派的大小首领,把所有战功卓著、骁勇善战的将军,聚拢在自己周围。这是冒险家统治的时代。有时这些英雄人物也显露出伟大非凡的本色。有些人深受欢迎,因为他们的英名本身就叫人慑服。有些人指挥着真正的军队,这些军队与千年之后纵横欧洲结队抢劫的兵士和土匪十分相像。他们时而腰缠万贯,时而身无分文,只剩一匹快骑和一把从不离身的锋利大刀。有时他们为自己的利益征战厮杀,时而凶残,时而慷慨,全凭一时脾性。他们恣意妄为,无所不用其极。他们今朝有酒今朝醉。这些冒险家中,最厉害的角色有时是在战乱连绵、科学不发达的年代投笔从戎的文士。他们衣着考究,言语高雅,故意装出与其粗鲁的战友不同的样子。休战时,他们诗兴勃发,善于向美女献殷勤,为那些没被他们吓跑的美女即兴作诗。这类珍奇的诗歌有不少流传下来。我曾试译一首。在我看来,这首诗带有这段过渡时期的历史特征。其格调介于古诗的质朴与我们即将谈到的唐诗风格之间。

    美女妖且闲,采桑歧路间。柔条纷冉冉,落叶何翩翩。

---

 ① 《金瓶梅》(Kin-ping-meï),这部小说最初出现于康熙(1665年)时期。里面充满中国男欢女爱风情的珍贵细节。我翻译了好几个章节,而且乐意继续这项工作,以便出版。
 ② 参见前面《北方杂志》第二期,263 页。

攘袖见素手，皓腕约金环。头上金爵钗，腰佩翠琅玕；
　　明珠交玉体，珊瑚间木难；罗衣何飘摇，轻裾随风还；
　　顾盼遗光彩，长啸气若兰；行徒用息驾，休者以忘餐①。

　　从三国起，这类颂扬美女的诗作与日俱增，直到唐朝才变得极为罕见。而且我们要注意到，三国是这种美女赞美诗与其他种类诗歌相比数量较多的唯一文学时期。当然不必从中找寻比古希腊、古罗马的诗更具有精神恋的情感。而且这一时期与我在前面论及妇女地位时引用的那些汉诗格调相仿的诗歌为数可观。它们证明中国的风俗民情在这一方面并没有任何进展。但是与先前各个时期——《诗经》时代除外——的诗歌相比，这些诗的思想感情一般都表现得更为细腻，更为温柔②……

　　可是随着时间的推移，到了唐朝之前的六朝时代，我们注意到无论是诗的韵律和文体都很考究，有时甚至到了矫揉造作的程度。下面这首北宋时代（Soung du Nord）③为歌颂大堤姑娘而作的诗即是佐证。大堤④是个地名，我曾竭力考证，却徒劳无获。

　　宝髻耀明珰，香罗鸣玉佩。
　　大堤诸女儿，一一皆春态。
　　入花花不见，穿柳柳阴碎。
　　东风拂面来，由来亦相爱。

　　我刚才指出的这段文学时期是色情诗大发展的时代。这时突然出现的一种情调迥异的诗同样引人注目，本诗集收了不止一首。我指的是表达这样一种主张的诗：欧洲人称之为伊壁鸠鲁主义。它常常可从那些慨叹生活的痛苦或生命的短促、继之又颂扬琼醪及醉酒益处的诗作中体现出来。请看下面这首抒怀诗：

---

① 曹植《美女篇》。——译者
② 此处作者援引了两首诗，多方查找，查不到出处及原诗，故略去。——译者
③ 此处系作者有误，这首诗是北魏时期的作品。——译者
④ 大堤，这里是曲名。原指襄阳沿江大堤。宋齐梁时，常以大堤为题作曲，故称《大堤曲》。作者所引的这首诗是《续玉台新咏》中所载王容作的《大堤女》。——译者

中国诗歌艺术和诗律学

> 对酒当歌，人生几何？
> 譬如朝露，去日苦多。
> 慨当以慷，忧思难忘，
> 何以解忧，唯有杜康。（公元3世纪，魏国诗歌）①

上古时期差人收集民歌、了解民情的中国帝王，对这一流派的诗会做何感想呢？类似的诗他们可从未见过，除非孔夫子有意从《诗经》里删去了所有带这种情调的诗。鼓吹借酒浇愁，劝人及时行乐莫顾未来，这种看似无忧的人生哲学实质充满了忧虑，仿佛害怕清醒似的想方设法自我麻痹，这一切最早应追溯到汉朝末年。后来李太白成为这一流派最出色的代表。

在中国历史上充满不断变革的6世纪到来之前以及世纪之中，文学好像受了动荡不安的社会生活的影响，处在犹豫、摸索、模仿的阶段。韵律方面各派杂陈，没有章法。一切诗体都尝试了，一切主题都涉及了，但是方法还没有找到，原则还没有确定，诗人们仿佛以丰富的典故以及对我们来说既奇特又费解的形象来弥补大胆创新的匮乏。从这个时期起，中国诗歌中产生了无数形象化的、成为短语的用语。若不加注释，大多数都难以真正理解。我在后文中陈述中国诗律学独特的表达手段时，将适时指出几例。

在短暂的梁朝（Liang）——梁武帝是王朝的著名诗人，人们竭力恢复古风，模仿《诗经》，但再也没有了那种质朴的文风。每个诗人都游移不定，徘徊在诗兴勃发的新手法和他所欣赏的古诗模式之间。

这时具有佛教色彩的玄言诗开始大量出现，然而道士（tao-sse）的诗作并未因此减少。这些道士不信奉印度的佛教，也不信奉老子的哲学，只是显示受了这两种教派的影响，流露出隐隐的清静主义，如诗人鲍照（Pao-tchao）的一首诗所吟②。……这时一些新颖的表达法应运而生，用以表现此前中国人所陌生的感情。

以上便是举世闻名的大唐帝国建立之际中国诗歌艺术的状况。照中国作家的看法，唐诗达到了中国诗歌登峰造极的水平。一位中国作家说，诗歌之

---

① 曹操《短歌行》。——译者
② 作者所引诗查不到出处，只能略过。——译者

树，植根于《诗经》时代，在李陵、苏武那里萌芽，汉魏时期枝繁叶茂，及至唐朝才开花结果。

唐朝（Thang）开国于公元618年，亡于909年。在这289年中，先后有二十位皇帝登基①。几乎个个都是当之无愧的统治者。这时中国处于鼎盛和对外扩张时期。如果手拿史书，看一眼地图，找寻一下唐朝确切的国界，人们无疑会感到有点困难。唐朝的军队曾一直驻扎到大汗国布哈拉②，越过撒马尔罕③和首都布哈拉④地区。有关对这些边远地区进行管理的详细资料都保存下来了。唐王朝曾多次与藩王订立盟约，这些藩王为抵挡阿拉伯人的侵略也多次向汉天子求援。我认为，这数以千计无可争议且无人争议的历史资料使人确信，就像阿贝尔·雷慕沙指出的那样，从8世纪下半叶到9世纪下半叶，唐朝的统治范围一直延伸到黑海。毫无疑问，唐王朝当时是世界上最大的帝国。

那时整个亚洲发生了大规模的宗教运动。大家知道基督教曾在中国风行一时；很久以来中国不独信奉孔子和老子的学说，西安府（Si-ngan-fou）的叙利亚-汉文碑文⑤一直是景教历史发展的珍奇纪念碑。起源于印度的佛教向迫害自己的婆罗门教实行了报复，它几乎风靡喜马拉雅山北麓的所有部落以及中国相当大一部分地区。玄奘（Hiouen-tsang）曾西行去佛教的发源地恒河半岛取经。玄奘的奇妙旅行与马可·波罗的旅行堪称最令人惊奇的漫游。今天佛教徒比其他任何教徒都要多。此外，在波斯也受到迫害的摩尼教⑥被中国皇帝对信仰的宽容态度所吸引，也逃遁到亚洲的这一端。而此时一个好战的民

---

① 实为二十四位皇帝。——译者

② 布哈拉汗国（Boukharie），中亚古汗国名，1500年至1920年间位于中亚河中地区的伊斯兰教封建国家，国名因16世纪中叶迁都至布哈拉而得名，位于今日乌兹别克共和国与土库曼共和国之间。——译者

③ 撒马尔罕（Samarcande），古汗国布哈拉的前期首都，靠近阿富汗东北面。——译者

④ 布哈拉（Boukhara），古汗国布哈拉的首都，位于撒马尔罕西南。——译者

⑤ 参见波蒂埃先生（Pauthier）所著《论西安府的叙利亚-汉文碑文》，巴黎，1860年，并参见同一作者发表于1858年的碑文本身。——作者　即明朝天启五年（1625）发现于西安城西崇仁寺附近的《大秦景教流行中国碑》，简称《景教碑》。——译者

⑥ 摩尼教（Manichaeism），又称作牟尼教、明教，是一个源自古代波斯宗教祆教的宗教，为西元3世纪中叶波斯人摩尼（Manès）所创立。这是一种将佛教、基督宗教与伊朗阿胡拉·马自达教义混合而成的哲学体系。——译者

族手持武器传播古兰经，逼迫二亿五千万人成为信徒。
　　在宗教信仰广为传播的这段时期，中国不可能不受这种普遍的思想运动的影响。许多诗章表明佛教在这片国土上早已势力雄厚，并且汉化了。

　　……
　　此时客精庐，幸蒙真僧顾。深入清净理，妙断往来趣。
　　意得两契和，言尽共忘喻。观花寂不动，闻鸟悬可悟。

　　这是宋之问（Song-tchi-ouen）的一首诗。常建（Tchang-kien）也把我们引到一座寺庙内。他用鲜明而清新的笔触描绘了这座寺庙：

　　清晨入古寺，初日照高林。行径通幽处，禅房花木深。
　　山光悦鸟性，潭影空人心。万籁此俱寂，但余钟磬音①。

　　还有一些更为珍贵的诗文让人无可置疑地相信当时外来的沙门教②与中国本土老子门徒信奉的各种理论在趋于"融合"——应该说趋于"混合"。道教的仙人只是在某些方面才与佛教的圣人有所不同。这是个特别引人注目的事实，需要更广博的研究才能对之做出恰如其分的说明。这里我只能顺便提一下。所有这一切是从不同的唐诗集的诗篇里总结出来的。可是必须承认，虽然部分唐诗反映了当时亚洲宗教运动的影响，可大多数诗歌却丝毫看不出来。从总体上看，中国人对佛教的信仰并不比对伊斯兰教或基督教强多少。从那时起，怀疑主义在中国就很盛行，就像今天普遍流行的那样。中国著名诗人的所有诗篇都明显表现出普遍缺乏宗教信仰。这往往由痛苦和失望表现出来。

　　杜甫惊呼：
　　……

---

　　① 《题破山寺后禅院》。——译者
　　② 沙门教（Samana 或 Shramana），沙门又作娑门、桑门，起源于列国时代，意为勤息、息心、净志，其哲学思想为印度哲学的重要内容。——译者

> 苍茫不晓……，
> 少壮几时奈老何①？

诗人还把未来比作无边无际的大海。在稍后的一首诗②中，他面对一座古老宫殿的废墟感叹：

> ……
> 忧来藉草坐，浩歌泪盈把。冉冉征途间，谁是长年者。

但诗人常常也很快乐，像是为了驱赶萦绕心头的生死有命、前途未卜的思绪。李太白说古时松子和安期成仙，我倒真愿意相信他们升仙了，可是究竟在哪儿呢？

> 李白还写道：处世若大梦，胡为劳其生。所以终日醉，
> 颓然卧前楹③。

可是若要很好地理解诗人心灵中宗教信仰的缺乏所造成的巨大空虚，理解那种可以概括中国文人信仰的模糊伦理道德观，还尤其要读一读本书后面的一首《悲歌行》。特别是末了几行诗句流露的很有代表性的痛苦情绪：

> ……
> ……金玉满堂应不守，
> 富贵百年能几何？死生一度人皆有，
> 孤猿坐啼坟上月。且须一尽杯中酒。

在最不信神者的诗里，诗句形式尽管千变万化，却都表达了灵魂不灭的感情，表达了灵魂不受肉体束缚而独立存在的思想。这仿佛是对他们自己不

---

① 《美陂行》。——译者
② 《玉华宫》。——译者
③ 《春日醉起言志》。——译者

信教的本能反抗。有的诗描写一个熟睡男子的灵魂趁躯体休息之便独自外出漫游，以思维的速度飞越空间，穿墙而入闺房或监牢，探望某位小姐或安慰某个囚犯。有的诗提到亡友的灵魂，一个正在哀叹的战死沙场的兵士的灵魂；还有的诗描绘一位被妒火吞噬的妻子的灵魂拼命从躯壳里挣脱出来，然后飞快地追寻旅行中的丈夫，在他毫无察觉的情况下监视他的行踪。

因超越本文研究的范围，我不能在此赘述。可是对于那些立意从中国诗歌中探索处处可寻的道家神话、民间传说和迷信意识，探索中国人对另一种生活的憧憬，对信仰和期望的需求的人来说，在这一领域游览一番肯定非常有趣。

我在前面谈过唐代的中国版图有多辽阔，她的边界线一直推进到哪里。如果说这不是指其严格意义上的疆界，起码也是她的政治势力和影响所能达到的范围。显而易见，唐朝疆土的扩张是长期战争的结果，意味着那时百姓的风俗习惯已经发生变化。别指望公元7世纪和8世纪的诗歌总是呈现出古老《诗经》所描绘的那一幅幅和平安宁的画面。因为我在李太白的诗歌里发现了几首格调完全不同的诗，如《侠客行》，诗中的英雄兼有勇士（Bravo）和中世纪意大利雇佣兵（Condottiere）的特征。这首诗颂扬佩剑的武士而贬抑文人，在中国诗中实属罕见。一首题为《行行且游猎》的诗篇当与此诗同类。这首诗这样讴歌本领高强的武士：

边城儿，生年不读一字书，但知游猎夸轻趫。
……，骑来蹑影何矜骄。
……
儒生不及游侠人，白首下帷复何益。

这些出色的例子值得加以阐明。但最好再援引杨炯（Yang-khiong）豪迈有力、截然有别的诗《从军行》与之比照，这些诗句真正体现了中国人的特性：

宁为百夫长，胜作一书生。

我们也应该读一读杜甫的《石壕吏》和《兵车行》。前一首诗描写一个由于征兵而人口稀少的村庄以及"夜半抓壮丁"的征兵吏。后一首描写一支

军队路过的情形:

  车辚辚,马萧萧。

  爷娘妻子走相送,向远去的兵士们高声呼喊:

  ……,武皇开边意未已。
  君不闻汉家山东二百州,千村万落生荆杞。
  ……
  况复秦兵耐苦战,被驱不异犬与鸡。
  ……
  信知生男恶,……
  ……
  君不见青海头,古来白骨无人收。

  这里包含了整整一首内容丰富的诗。
  即便这些段落的表现力不那么鲜明,不那么细致,只要看一看唐代诗人向我们描绘的中国人的内心生活,便可以了解到唐朝及唐朝之前那些艰苦卓绝的战争是根本无法激起中国人的激情的。那么他们的愉悦是什么?欢乐是什么呢?让我们听听杜甫的诗①。

  林风纤月落,衣露静琴张。
  ……
  诗罢闻吴咏,扁舟意不忘。

  抚琴(kin)的宾客身佩"长剑",说明正值动乱年代,也标志着唐玄宗(Hiouan-tsoung)统治的结束。但如果说这些宾客一反平日爱好和平的习惯,那么他们的诗歌则没受丝毫影响,树木、青草、"暗水流花径","春星带草堂",这些就是启迪他们灵感的东西。

---

① 《夜宴左氏庄》。——译者

孟浩然（Mong-Kao-jèn）作的一首小诗更为鲜明地反映了这样的情趣。诗题是《过故人庄》。

　　故人具鸡黍，邀我至田家。……
　　开轩面场圃，把酒话桑麻。待到重阳日，还来就菊花。

朋友相约来年秋天一同赏菊，要想象一幅比这更为宁静的画图不是很困难吗？

崔敏童（Tsoui-min-tong）的诗①比孟浩然的这一首活跃一些。诗中呈现的不再是刚才所见的那幅赏花的无声场面，而是畅饮玉液琼浆的盛宴，并且鲜花总是这种酒宴不可或缺的陪衬。

　　……百岁曾无百岁人。能向花前几回醉，十千沽酒莫辞贫。

文人墨客不总是会聚在朋友家中，有时也到野外或山里，一如瑞士人。有时出游的只是孤身一人，使中国人特有的难以形容的忧郁之情更加深沉。

　　夕阳度西岭，群壑倏已暝。松月生夜凉，风泉满清听。
　　樵人归欲尽，烟鸟栖初定。
　　之子期宿来，孤琴候萝径②。

这首诗很像欧洲人在倾诉爱情。不过我们理解的那种爱情在中国是不存在的。中国的三纲五常窒息爱情，唯独友谊才立得住脚。

了解了公元7世纪中国人的乐趣爱好，我们就容易想象他们最担忧的会是什么，最悲伤的又会是什么。而我将尽力向读者揭示中国大家庭的所有成员身上都具有的一种特别明显的倾向。这在别的任何民族中都没有这么根深蒂固。这就是对家乡的眷念和离乡的痛苦。

中国人不爱旅行，每逢上路时总是肝肠寸断③。

　　……

---

① 《宴城东庄》。——译者
② 孟浩然《宿业师山房期丁大不至》。——译者
③ 唐朝诗人陈子昂的《春夜别友人》。——译者

离堂思琴瑟，别路绕山川。
明月隐高树，……悠悠洛阳去，此会在何年？

要是在旅途中，他一定沉湎于思乡之情。对他来说，故乡就是他出生的那座村庄。读者将在后面读到李太白的一首美妙动人的绝句，在我们看来，此诗的不足之处在于需要详细解释。诗中讲的是一位在明月夜醒来的游子。他起初以为天亮了，出发的时候到了，于是"举头望明月，低头思故乡"。我想，解释得少点而又让人悟出更多的意思实在很难。

对于一个如此不爱出行、如此始终如一眷念家庭的民族来讲，可以想象流放该会引起多么巨大的痛苦。因此许多唐代诗歌充满了急剧变革或宫廷阴谋受害者怀乡之情的哀叹。

翳翳桑榆日，照我征衣裳。我行山川异，忽在天一方。
但逢新人民，未卜见故乡。大江东流去，游子日月长。

这首诗出自杜甫之手。杜甫像奥维德①一样死前也是遭贬黜的。他直到生命的最后一息都在不断吐诉心中的忧伤。最出色地表达了中国人的这种感情的诗是常建（Tchang-kien）在昭君（Tchao-kiun）墓前的即兴之作。

关于王昭君这位大美人的故事，我在译诗注释里有详细的叙述②，请读者自己查看。为了有助于读者理解，我在此仅作一点解释。王昭君是高皇帝（Kao-hoang-ti③）时幽居后宫的无数宫女中的一个。她在汉王朝与鞑靼人订立和约之后，成为威震天下的鞑靼大汗④唯一合法的妻子。昭君死在黄河彼岸。她活着的时候深得夫君宠爱。不论她生前还是死后，她夫君都拒绝了汉朝以百匹骆驼重载的黄金将她换回的要求。若在别国，昭君的身世引起的会是羡慕而不是怜悯。因为她失去的是幽居深宫的悲苦和奴颜婢膝，换回的则是王

---

① 奥维德（Ovide，公元前43—公元17或18），拉丁诗人。——译者

② 162页注释6。

③ 此处疑作者有误。王昭君的故事发生在汉元帝时代（公元前49—前33年）。史称Liu Bang为高皇帝（公元前206—前195），汉元帝亦称汉高宗。——译者

④ 鞑靼人即早先的蒙古人。蒙古人认为他们的祖先是匈奴人。所以作者用蒙古人的大汗代替了匈奴单于。——译者

后的宝座和夫君的厚爱。可是所有中国人都为她的命运悲叹。李白、常建及其他许多诗人说道：昭君死在远离长安的地方，没再见到家乡！这何异于流放！常建①痛苦地呼喊：

　　汉宫岂不死，异域伤独没。万里驮黄金，蛾眉为枯骨。

随后他参观了这位著名美女的墓冢，表达了他和同伴们的激动心情。

　　回车夜出塞，立马皆不发。
　　共恨丹青人，坟上哭明月。

　　唐朝完美的诗歌语言至今仍被中国人看作无法超越的典范。除了为增加科举考试的难度而想象出来的一些复杂韵律以外，诗歌语言至今并无明显变化，一直叫作"今体诗"（kin-ti），近代技法，与代表先前手法的"古诗"（kou-chi）相对。杜甫、李白和王维在诗坛上至高无上的名望和地位，后来出现的新流派无一能够比肩。然而并不是他们以后的一千年中缺乏诗人，仅元代（Youen）就涌现了175位有资格列入皇家图书馆②的诗人。明朝（Ming）对文人爱护有加。现统治王朝的好几位皇帝，尤其是著名的乾隆皇帝（Kien-loung）都以他们的诗文为荣。总之，从上古时代到今日，不间断地产生过许多伟大和平庸的诗歌。
　　以上对中国诗歌艺术的历史发展所做的概述，不论多么简短，多么不全面，或许已足以使读者对中国诗歌的特点和巨大魅力有个大致的了解。现在我将设法阐明中国诗歌的韵律规则，同时指出从《诗经》的歌谣直至目前流行的形式，中国诗歌逐步发生的变化。鉴于若不对中文的机制和独特性有个粗略的了解，要理解下文几乎是不可能的，我将首先尽力给迄今不曾有机会获得这些知识的读者解释几个概念的确切含义。（待续）

（译者邱海婴：法国索邦大学语言学博士）

---

① 常建的《昭君墓》。——译者
② 巴赞（M. Bazin）《元代》（Le siècle des Youen），巴黎，1850年。

论殷历[*]

[法] 沙畹 著 李国强 译

倘若我不揣浅陋，欲重构公元前2世纪末太史公所述之于公元前12世纪灭亡的殷代的古历法，首先是需要相当大的勇气的。然而，正是通过对这一历法的稽考，我们才得以重新认识司马迁《史记》之第四书《历书》。事实上，中国的一些考据研究已经注意到了这一历法的时代问题。比如著名数学家梅文鼎就曾说过，太史公所述之历法，"非当时所用之法。乃殷历也。非汉历也。"然则梅氏所论，仅止于一两处极简要的辨察而已，惜乎未能详研。本文之主旨，意在通过对古代文献的分析与讨论，对梅氏之观点作进一步的确证。

一

我们的首要任务是阐明这一历法是如何构成的。

该篇名为《历术甲子篇》。中国人把十干中的第一干称为"甲"，把十二支中的第一支称为"子"。把这两个体系进行搭配，就构成了六十进位制系统，其中十干中的每干重复六次，十二支中的每支重复五次。

这一系统在今日可同时指称年份、月份及日期，但在司马迁生活的时代，它仅是用来计日的。因此，《历术甲子篇》这一篇名所显示的，只是属于计日周期方面的问题。需要说明的是，自此以后，六十天的计日周期将在干支计时法中占有重要的地位。

---

[*] 本文法文原题为《 Le Calendrier des Yn 》，原载法国亚洲学会会刊 Journal asiatique（《亚洲学刊》），1890 年第三卷（十一月、十二月合刊），第 463—510 页。引自《梅氏丛书辑要》卷五十九，第十六页正。梅文鼎，号勿庵，生卒年代为 1633—1721，非 Mayers 氏在 Chinese Reader's Manual（《中国读本》，第 152 页）一书中认定的 1643—1722 年。见 Wylie, Notes on Chinese Literature（《中国文学志》），第 90 页。【译注】沙畹所引古籍，均为线状版，故其标注的页码均有正面或反面。

论殷历

不过，就另一个方面来看，除了计日以外，该历法也考虑了另外两个因素，即朔望月与年份的计算问题。也就是说，该历对日、月、年这三个组成部分进行特定的整合，即到了某个时段的最后日期，这三个单位的总数必须是一个整数。兹将此六十组组合列表如下：

甲	子	甲	申	甲	辰
乙	丑	乙	酉	乙	巳
丙	寅	丙	戌	丙	午
丁	卯	丁	亥	丁	未
戊	辰	戊	子	戊	申
己	巳	己	丑	己	酉
庚	午	庚	寅	庚	戌
辛	未	辛	卯	辛	亥
壬	申	壬	辰	壬	子
癸	酉	癸	巳	癸	丑
甲	戌	甲	午	甲	寅
乙	亥	乙	未	乙	卯
丙	子	丙	申	丙	辰
丁	丑	丁	酉	丁	巳
戊	寅	戊	戌	戊	午
己	卯	己	亥	己	未
庚	辰	庚	子	庚	申
辛	巳	辛	丑	辛	酉
壬	午	壬	寅	壬	戌
癸	未	癸	卯	癸	亥

这里所做的第一步，是通过设置闰月把朔望月和回归年（太阳年）协调

起来。早在汉代以前,每个朔望月的天数就被测算为 $29\frac{499}{940}$ 天,每年的天数为 $365\frac{1}{4}$ 天。而十二个朔望月的总天数却只有 $354\frac{348}{940}$ 天。如此,在不到三年的时间里,太阴年与太阳年的时差就会超过一个朔望月,于是就得加上一个闰月。不过,如果把年份和朔望月放在更长的时间单位中累计,则在 19 个太阳年的时间里就需要加上 7 个闰月。这样一来,在第 19 年的年末,朔望月的总天数和年份的总天数则正好是两个完全相同的整数,而且也正好落在同一个日期上。其计算方式为:

19 个太阳年的总天数:

$(365+\frac{1}{4})\times 19 = 6939+\frac{3}{4}$ 天;

19 个太阴年的总天数:

$[(29+\frac{499}{940})\times 12\times 19] + (29+\frac{499}{940})\times 7 = 6733+\frac{32}{940}+206+\frac{673}{940} = 6939+\frac{3}{4}$ 天。

这个在第 19 年年末能够把月亮与太阳的总时数协调起来的 19 年周期,在古代被称为"章"。它与公元前 5 世纪默冬[①]引入古希腊历法中的"十九年制"毫无二致。该历与中国古历法一样,也是阴阳合历。

需要说明的是,朔望月和太阳年在每 19 年年尾重新开始的日期,即中国历法体系中的合朔和冬至叠合的日期,并不总是在相同的时间点出现。事实上,由于一个太阳年的时间为 $365\frac{1}{4}$ 天,因此,如果第一"章"的第一年开始的那一天,合朔和冬至交汇的时间点出现在零点(夜半),那么第二"章"的第一年就应该在下面的时间点之后开始出现:

$19\times(365+\frac{1}{4}) = n+\frac{3}{4}$ 天。

---

① 【译注】默冬(Méton d'Athènes),公元前 5 世纪下半叶古希腊数学家、天文学家和工程师。他在历法方面的贡献是在阿提卡的阴阳历中引入了 19 年周期来计算日期。默冬也是第一位进行精确的天文观测的希腊天文学家,特别是测量了公元前 432 年 6 月 27 日的夏至。

易言之，合朔和冬至交汇的时间点应该出现在夜半前 6 小时（黄昏）。而第三"章"第一年的始点在下面的时点后：

$$38\times\left(365+\frac{1}{4}\right)=n+\frac{2}{4}\ 天。$$

易言之，合朔和冬至交汇的时间点应该出现在中午 12 点（昼天）。最后，第四"章"第一年的始点在下面的时点后：

$$57\times 365\frac{1}{4}=n+\frac{1}{4}\ 天。$$

易言之，合朔和冬至交汇的时间点应该出现在早上 6 点（平旦）。

对这一理论的具体应用就构成了通常所说的"四正"法。其实，在实际操作过程中，"四正"总是被减至三个，因为合朔和冬至在中午的交汇是观察不到的。后来人们曾一度认为古人只是观察到了晚上 6 点的相合时点，但事实上古人早已知道了这三个观察时点。

《历术甲子篇》中已经提到了"四正法"，但过于简略，而且文中由于疏忽出现了一处错误，更使得这一问题模糊难解。依《历术甲子篇》所述，第一"章"开始的方位在"正北"，第十九年开始的方位在"正西"，第三十八年开始的方位在"正南"，第五十七年开始的方位在"正东"。这里司马迁想要说明的是，北方是第一"章"开始时合朔和冬至交汇的方位，西方、南方和东方则分别是另外三"章"开始时合朔和冬至交汇的方位。实际上，与西方对应的第二"章"的开始应该是第二十年的第一天，不是第十九年的第一天。同理，下面两"章"的开始应该是第三十九年而非第三十八年和第五十八年而非第五十七年。①

现在来看看我们这样修改后的体系到底意味着什么。我们知道，要在方位和时段之间建立起对应关系，就需要找到一个中介。这个中介就是十二支这个循环体系。一方面，十二支是用来表示时间的，特别是用来标志一天十二时辰的；其中"子"为午夜，"卯"为早晨 6 点，"午"为中午，"酉"为晚上 6 点。另一方面，十二支也被用来指称十二个平分的空间方位，即午指

---

① 【译注】沙畹指出的这一错误很可能是不准确的。因为"正西"二字出现在第 19 年文字的最后和第 20 年文字的最前面。按古籍的抄写或排版模式，"正西"既可归入上段，也可归入下段。"正南"和"正北"的情况一样，分别出现在第 38 年和第 39 年、第 57 年和第 58 年的文字之间。译者认为，这是沙畹在格式理解上出现的失误。就司马迁的历算水平而言，应该不至于出现这样的疏忽。

南，酉指西，卯指东，子指北。如此，第一"章"开始的方位在北，北方生出"子"时或午夜；第二"章"开始的方位在西，西方生出"酉"时或晚上6点；第三"章"开始的方位在南，南方生出"午"时或中午；第四"章"开始的方位在东，东方生出"卯"时或早晨6点。因此，把四个方位分别配给第1年、第20年、第39年和第58年的做法，其实不过是用"四正法"这一特殊形式进行表述而已。

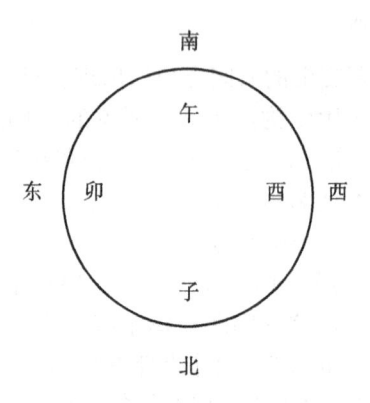

```
         南
         午

东  卯         酉  西

         子
         北
```

要完成这一历法，还需要再找出一个必要的累积的年份数字，这个数字可以使月份总数、年份总数和日期总数都得出整数。这就需要同时在天数和太阴年之间、在天数和回归年之间进行协调。

由12个朔望月组成的一个太阴年是 $354\frac{348}{940}$，即5个60天再加上剩余的 $54\frac{348}{940}$ 天。这剩余的54整天在《史记》中被称为"大余"，另外的 $\frac{348}{940}$ 天被称为"小余"。这些剩余天数全部被加在下一个由12个朔望月组成的一年中。如此，第2年所包括的总天数为：

$$354+\frac{348}{940}+54+\frac{348}{940}=408+\frac{696}{940}$$

这个数字又可拆解为6个60天和 $48\frac{696}{940}$ 天，而这个余数又必须再加到第三个由十二个朔望月组成的一年中。另外，由于在第二年还必须加上一个闰月，第三个由十二个朔望月组成的一年所包括的天数就更多了，即除了我们刚说的剩余天数外，还要再加上一个补阙的朔望月。其总天数可列如下式：

$$354+\frac{348}{940}+48+\frac{696}{940}+29+\frac{499}{940}=432+\frac{603}{940}$$

而这个数字又可拆解为 7 个 60 天的周期和 12 又 $\frac{603}{940}$ 天。

按此法继续计算，我们就会发现，到了第 76 年，剩余天数中的分数就会累加出一个整数，即这一年的剩余天数恰好是 39 天。这个可以协调天数和朔望月月数的 76 年的周期叫"蔀"。绝妙的是，一"蔀"正好是一"章"的四倍数。

现在我们再来看一下该历的最后一步，也就是在天数和回归年之间进行协调。一个回归年有 $365\frac{1}{4}$ 天。按照《史记》中提出的一天分成 32 等份的分法，一个回归年的总天数的数值在该书中被表述为 $365+\frac{8}{32}$ 天。

由于每年重复出现的总天数后面的分数总是 $\frac{1}{4}$，因而每到四年结束，总天数必定是一个整数。后来，中国人意识到这个分数并不如此简单。但是，我们在司马迁《历术甲子篇》中发现这个方法却是一个非常古老的历算方法，这就是众所周知的"四分法"。它与儒略历的历算方法完全相同，后者每到第四年，就将该年变成"双六"式的 366 天。

我们还不能在第四个年头停下来，因为在这个时点上，虽然天数和年数都是整数，但朔望月的数字并非整数。因此，我们还得继续把 60 天的周期和回归年累加下去，一直累加到天数、朔望月数和年数三者都得到整数。其方法为：第一年为 $365\frac{8}{32}$ 天，即 6 个 60 天的周期再加上 $5\frac{8}{32}$ 天，其中 5 是"大余"，$\frac{8}{32}$ 是"小余"；这一剩余天数要加到下一年去，故该年的天数为 $370\frac{16}{32}$ 天，亦即 6 个 60 天的周期再加上 $10\frac{16}{32}$ 天。这一剩余天数又要加到下面的一年中去，故该年的总天数为 $375\frac{24}{32}$ 天，即 6 个 60 天的周期再加上 $15\frac{24}{32}$ 天；

第四年的剩余天数正好是 21 天，因为分数的数值 $\frac{32}{32}=1$。将这一算式继续下去，直到剩余天数超过 60，而后我们只计算 60 以外的剩余天数。

显而易见的是，到了第七十六年，剩余天数正好是一个整数，因为每隔四年，这一数字是整数，而 76 恰好是 4 的倍数。另外，这一剩余天数毫无疑问也与朔望月的剩余天数完全一致。由于这两个剩余数都需要加到一定数量的 60 天的周期中，才能得出一个唯一的、相同时段的天数总和。这两个余数都是 39 天。如此，在一"蔀"结束时，天数、朔望月数和年数三者都是整数，由此也就得出了这三者协和的确数。"蔀"的算式如下：

76 年

（12×76）+（4×7）= 940 朔望月

（462×60）+39 = 27,759 天

"蔀"的设置也正好与古希腊天文学家卡里普斯①在公元前 330 年所完善的默冬历法完全一致。

二

由上论可知，该历法的开始是日、月、年三个以六十为单位的周期同时展开的起点。

从理论上说，不管日、月、年三者中的哪一个，都能成为三个六十周期的同一开端。然而，如果按这一随意性组合去完成一部历法，就只有在具备理想测时学模式的情况下才是可行的。也许将来会有某一位智者能够把所有的部件组合成一个完整的体系。然而这并非古人要刻意构筑的时间计算体系。古人同时观察到了日期、月相和季节变化的特征，后来又力图把这些几乎同时获得的大量知识纳入一定的顺序之中。这就需要在现实中找出一个能够把甲子日、冬至日和合朔日交汇在一起的时段。据《历术甲子篇》所载的情况来看，这个"三位一体"的时段出现在"焉逢摄提格"这一年，该年的第一个月为"毕聚"，而冬至日正好是"甲子"日。这里提到的"焉逢摄提格"和"毕聚"，其实涉及两个问题：其一，这一年名与月名究竟指的是什么意

---

① 【译注】：卡里普斯（Callippe de Cyzique），约公元前 4 世纪后半期的古希腊天文学家，提出了一年为 365 + 1/4 天的学说。

思？其二，这一年名与月名究竟指的是哪一个历史时期？

我们首先来考察一下月名。除了"毕聚"以外，《史记》并未提及其他月份的名称。然而在《尔雅》这部辞书中，却给出了由"毕聚"开头的十二个月的名称。兹引述如次："月在甲曰毕，在乙曰橘，在丙曰修，在丁曰圉，在戊曰厉，在己曰则，在庚曰窒，在辛曰塞，在壬曰终，在癸曰极。月阳。"在同一段文字中又有下面一段文字："正月为陬，二月为如，三月为寎①，四月为余，五月为皋，六月为且，七月为相，八月为壮，九月为玄，十月为阳，十一月为辜，十二月为涂。"②

这样我们就有了两个系列的月名，一套由十个字组成，一套由十二个字组成。在《尔雅》中，前者等同于甲、乙、丙、丁等组成的十干体系。同理，我们也可以把后者等同于子、丑、寅、卯等组成的十二支体系。由于十二支用于纪月时"寅"是第一个月，"寅"也就等同于异名十二支中的"陬"。通过《尔雅》中的这段文字，我们可以再拟出一个异名六十干支体系，并揭示出它和现行名称之间的特定关系。

在十干和十二支两个序列中，要找出十干之所以成为十干的原因实非易事。不过，就十二支体系来看，它是建立在一种精确的观察之上的：一些星辰经过子午线的位置每个月都会提前大约两个小时。到一年结束时，这一时间就会提前24个小时，也就是说它会出现在十二个月前同一天的同一时刻。这样，人们就用以下两种方式来确定每一个月份：一是通过某一星辰经过子午线的不同时间来界定，二是通过某一星辰在同一时间经过子午线的相继位置来界定。下表即为确定月份的排列规则：

序号	《尔雅》记法		现行记法	
1	毕	陬	甲	寅
2	橘	如	乙	卯

---

① 【译注】：据北京市中国书店1982年版郝懿行《尔雅义疏》第二卷《释天》文，该句原文为"三月为寎"，非"寎"字。沙畹原注该字读音为"ping"。

② 引自1827年（道光六年）版《十三经》之《尔雅》卷六，第七页反。上引十二月名中之第一月名"陬"与司马迁所用之"聚"字通。然而我们却很难察解其读音为"tsiu"或"tseou"。

续表

序号	《尔雅》记法		现行记法	
3	修	寝	丙	辰
4	圉	余	丁	巳
5	厉	皋	戊	午
6	则	且	己	未
7	窒	相	庚	申
8	塞	壮	辛	酉
9	终	玄	壬	戌
10	极	阳	癸	亥
11	毕	辜	甲	子
12	橘	涂	乙	丑

中国古人早就注意到了上述星象运行的年度变化。然而，由于还不具备子午线的概念，所以他们所重视的只是某一星辰在一年中同一时间在地平圈上所处的不同位置，即随着年度的推移，该星辰自然还会回到同样的位置上来。

由于该历法的起点是子夜时分开始的冬至日，也由于十二支中的第一支"子"对应着地平圈区划中的北方，因此，为了确定第一个月即"子"月，观察者就会在冬至日到来的子夜时分，选择位于地平圈正北方的一个星辰作为参照点。在接下来一个月中，该星出现的时刻就会提前两个小时，其在地平圈上方所占高程的底部，会在同一时间内向地平圈圆周的东部移动 $\frac{1}{12}$，正好落在"丑"点。十二个月以后，即该星相继在子夜时分出现在地平圈十二个区域的上方之后，又会再度回到"子"区的上方。由于该星在一年起始时的子夜时分位于地平圈正北方，因此，一年中的任何时段都可以通过测算北方和该星在子夜时分在地平圈上方所处位点之间的三角值来确定。

中国人所找到的这个能满足上面列举的各种条件的星，就是"衡"星（大熊星座中的 ε 星）[①]。但是，如果古人不是在子夜而是在晚上 6 点观察的

---

① 【译注】又称"玉衡"，是北斗七星中的第五星，也是北斗七星中最亮的星。

话，那就会在该位点上看到"杓"星（大熊星座中的 η 星），它此刻正位于"衡"星 6 小时以后所处的地平圈上方的同一位置。同理，如果是在早晨 6 点观察的话，古人看到的是"魁"星（大熊星座中的 α 星）①。因此，当"衡"星在子夜时分出现在地平圈北方即"子"的上部时，就是起始月；当该星在子夜时分出现在地平圈东方即"卯"的上部时，那么这就是第四个月的开端。其余依此类推。

这里把冬至日作为时间起点是为了方便历年的计算。但冬至并非自然界的年份开端。自然界的年份是从春天开始的。由于春天是在冬至日后三个月才开始的，而此时大熊星座中"衡"星在子夜时的位置正好在地平圈"寅"点的上方，因此就应该把"寅"作为月份计算的第一个月。这样一来，朔望月的第一个月就成了"甲寅"月，而非"甲子"月。

在早于《史记》的文献中，至少有两处文字使用了《尔雅》给出的月名。我们现在来检验一下我们在上文中月份古名和今名建立起的对应关系是否正确。

第一处文字出自生活在公元前 314 年前后的诗人屈原所著的《离骚》一诗中。该诗首句是："摄提贞于孟陬兮，惟庚寅吾以降。"

这句诗印证了上文确立的"陬""寅"的对等关系。"陬"在这里是一个惯用语中的组成部分，完全等同于"庚寅"一词。我们将在下面关于年份周期的研究中再次讨论这个诗句。

第二处文字出自《国语》，它印证了《尔雅》月名在月份推算方面的实用情况。该书被认为是孔子的同代人左丘明所著。尽管对左丘明这一人物的疑问至今仍未廓清，但《国语》要早于《史记》却是毋庸置疑的事实，因为司马迁曾经引用过此书②。该书之《越语下》述及越王勾践九年（公元前 479 年）的一段文字中，有"至于玄月……"的说法，在稍后的文字中，国王说道："今岁晚矣。"这一用例与《尔雅》中把九月定为"玄"月全相吻合。

现在，我们再来研究该历法的第三个单位"年"。据司马迁所论，第一年是由"焉逢"和"摄提格"两个专名来指称的。此后的各年份均以相似的方法命名。在这个双重命名的序列中，第一个专名系列构成了十干时段，第二

---

① 参见《史记·天官书》："用昏建者杓……夜半建者衡……平旦建者魁。"
② 《史记》第一卷司马迁谓："予观《春秋》《国语》。"

个名称系列构成了十二支时段。这样就又组成了一个新的六十进位制周期。下表为《史记》中干支名称及组合情况。

焉逢	摄提格
端蒙	单阏
游兆	执徐
彊梧	大荒落
徒维	敦牂
祝犁	协洽①
商横	涒滩
昭阳	作噩
横艾	淹茂
尚章	大渊献
焉逢	困敦
端蒙	赤奋若

《尔雅》中也提到了相同的六十年周期，其中十二支名称与《史记》完全相同，但十干名称却存在着一定的差异。从下表我们可以看出二者的差别。在表中我们还标明了《尔雅》名称和现行名称的对应关系。

甲	寅	阏逢	摄提格
乙	卯	旃蒙	阏单
丙	辰	柔兆	执徐
丁	巳	强圉	大荒落
戊	午	著雍	敦牂
己	未	屠维	协洽

---

① 【译注】：表中"协洽"之"协"、"作噩"之"噩"与"淹茂"之"淹"三字，中华书局版《史记》第四册1314、1315页分别作"叶"、"鄂"和"阉"。下同。

论殷历

续表

甲	寅	阏逢	摄提格
庚	申	上章	涒滩
辛	酉	重强	作噩
壬	戌	玄黓	阉茂
癸	亥	昭阳	大渊献
甲	子	阏逢	困敦
乙	丑	旃蒙	赤奋若

如果把《尔雅》的系统作为标准文本的话，那么，"焉逢摄提格"的这一年就是甲寅年。这一点得到司马迁本人的确认。在《历书》的最后部分，他还说了下面的这句话："支，丑名赤奋若，寅名摄提格。干，丙名游兆。"

至于《尔雅》与司马迁之间存在的差异，我们并无任何证据来论定孰是孰非。事实上，《淮南子·天文训》中也记有这一专名系统，但提到的仅是十二支名。问题在于，只有十干名称存在着差异。另外，汉学家们至今也未在古文献中发现用"焉逢摄提格"来标注日期的实例。①

然而，我们至少可以部分地了解到该历法之被制定的基本原则。其实，在《史记·天官书》中司马迁曾写下如下的一段文字："以摄提格岁：岁阴左行在寅，岁星右转居丑……；单阏岁：岁阴在卯，星居子……；执徐岁：岁阴在辰，星居亥……；大落荒岁：岁阴在巳，星居戌……；敦牂岁：岁阴在午，星居酉……；叶洽岁：岁阴在未，星居申……；涒滩岁：岁阴在申，星居未……；作鄂岁：岁阴在酉，星居午……；阉茂岁：岁阴在戌，星居巳……；大渊献岁：岁阴在亥，星居辰……；困敦岁：岁阴在子，星居卯……；赤奋若岁：岁阴在丑，星居寅……"

岁星即朱庇特星（Jupiter，即木星）。朱庇特星以 12 年为周期绕太阳公转。中国古人早已明确该星的周期正好是 12 年并把它定为计算年份之星。这就是将其命名为"岁星"的由来。然而，正如中国古代天文学家一向推测的那样，古

---

① 时至今日，中国文人在著文时仍喜用《尔雅》的"焉逢摄提格"之名以示雅趣。如 1890 年 7 月 24 日的《时报》头版，作者即用"焉逢摄提格"之名来指称 1890 年，即"庚寅"年。其用法与《尔雅》的术语全相吻合，而非司马迁所用之术语。

人把此星的朝向设为面向南方，十二支的位置在地平圈上自左至右排列。但朱庇特星的实际运转方向则正好相反，是自右至左。也就是说，由于他们不能把真正的朱庇特星作为年历推算的标尺，所以必须借助于人为设定的方法进行推算：按中国古人的想象，在天体圆周直径的另一面，总是有一个和朱庇特星对称的点。这个点被命名为"太阴"，是与朱庇特星即"阳星"相对的主星①。其运行轨道是依朱庇特星而设定的，但其运行方向却正好相反，按十二支排列的方向运行。正是在这个点的位置上，该星被用来指示年份②。

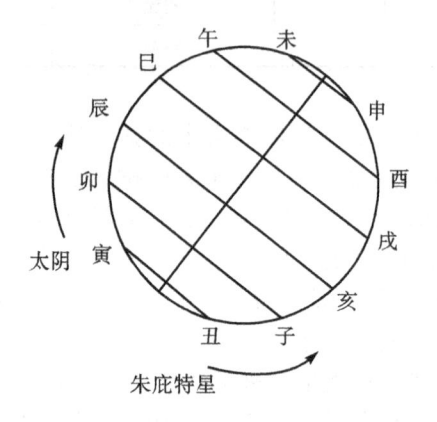

---

① 见《淮南子·天文训》："太阴在寅，岁名曰摄提格，其雄为岁星。"
② 在一篇专论中国古代天文学的论文中，湛约翰（John Chalmers, 1825—1899）先生以一种全然不同的方法来解释中国古人使用的历法。他认为中国人是通过朱庇特星的运行来纪年的。在他看来，在每一年中，朱庇特星在黎明前出现于东方的那个月的支名，也正是该年的支名。这一解释事实上是基于《史记·天官书》有关论述而形成的。司马迁谈到，在第一年（摄提格年）中，朱庇特星于第一个月出现于某某星座的东方，而到了第二年，该星又于第二个月出现于某某星座的东方，等等。如果第一个月是寅，第二个月是卯，……，那么第一年就是甲寅，第二年就是乙卯……其他年份依此类推。这好像是月份的名称变成了年份的名称，似乎是朱庇特星在第一年、第二年里的第一个月、第二个月的位置决定了这些年份的名称。这里有必要指出的是，月份的计算既可以由冬至日开始，也可以由春天的起始时间开始。因此，第一个月既可以由"子"月来表示，也可以由"寅"月来表示。不过，我们在《淮南子》中找到了与司马迁所记相同的文字，但第一个月在《淮南子》中被称作"第十一月"，第二个月被称作"第十二个月"，等等。其实，这里所涉及的问题是，当司马迁谈到第一个月时，他所理解的"子"月是由冬至日开始的第一个月；但当他谈到第十一个月时，则是由春天起始的首月推算而来的。因此，要找到司马迁和《淮南子》二者之间的契合点，就必须承认"甲寅"年所涉及的这个月是"子"月，"乙卯"年中所涉及的这个月是"丑"月，以此类推。如此看来，并不是月份的名称决定了年份的名称。要解决该问题，尚需另辟途经。

论殷历

中国人以此种非直接的方法在朱庇特星的轨道和十二支之间进行调和的事实，至少表明，十二支的发明是独立于对该星的观察活动的，并且在时间上也更为古老。事实上，如果说是朱庇特星的运行决定十二支循环的话，那只要把十二支由右向左排列就可以了，根本不需要由左向右排列。

如果说十二支本身就能说明问题的话，那同样不需要再加上一个十干系统，因为这里的十干并不是由任何天体现象决定的。这无疑是造成《尔雅》和《史记》两个年名体系顺序不同的原因之一。由于创制该体系的最初缘由已无从稽考，所以在年名顺序出现错乱的情况下，我们也无法对之进行重构。

这里需要阐明的最后一点，是弄清这一专名体系的汉字是否有明确的含义。湛约翰先生在关于中国古代天文学的文章①中认为，这些专名是外来词的音译。但是，我们没有看到作者支撑这一说法的任何证据。这一说法的唯一作用，是让我们忽略这些专名的原始含义。事实上，能支撑这一说法的唯一证据，是《尔雅》和《史记》中出现的部分专名的不同写法。如果真是外来词的话，那我们下面就没有必要再去讨论这些在汉语中不具有任何意义的音译词了。不过，如果我们注意到两书中的十二支名称并无任何异体写法的话，那么上面提到的唯一"证据"也就没有什么价值了。事实上，这些异体写法只出现在十干名中。我们在上文中已经指出，由于十干的排列顺序出现了混乱，所以十干专名有可能在产生之后很快就失去了原有含义。如果说现代人已经不能理解这些专名的确切含义的话，那并不意味着它们从来都不曾有过确切的含义。因此，与其去找一个没有任何历史依据的新解释，倒不如把这些专名看成是失去原始意义的古代用语。

由于十二支名称的写法和顺序都是正确的，所以我们还是希望能够证明十干专名并非毫无意义的"空"词。我们先来看看第一个专名"摄提格"。这里遇到的麻烦是，按照司马迁的说法，"摄提"可以指两个星，一指朱庇特星②，二是由牧夫座（Bouvier）η、τ、υ三星和ξ、π、ζ三星共同组成的一个星座。那么，"摄提格"指的是这两个义项中的哪一个呢？这里的"格"字为我们提供解决问题的锁钥。《史记》中，司马迁在谈到"摄提"星座时写

---

① 参见理雅各（Legge）先生英译《尚书》（Chou King）序言。
② 《史记·天官书》："岁星一曰摄提。"

道："摄提者，直斗杓所指，以建时节，故曰摄提格。""格"字的本义是"规则""界限"。"摄提"座是用来确定时节的标尺。因此，这里涉及的是星座名而非星名。现在的问题是，为什么要把该周期中的第一年叫作"摄提格"呢？司马迁告诉我们，在这一年的起始月，朱庇特星正好在早晨出现在属于大熊星座的牵牛星座的东方[①]。如前所论，"摄提"座正好是大熊星座最后一颗星的直线方向指示的星座。这样，我们就可以标出朱庇特星此刻所处的位置：由于它恰好位于"摄提"座的直线上，所以这个时期就被叫作摄提格。由于朱庇特星每12年绕太阳公转一周，因此每隔12年它就会出现在同一位置上，也就是说，每隔12年就会有一个"摄提格"年。

这一解释使我们能够彻底解开上文所引《离骚》诗句中留下的谜团。屈原说，在他出生时，"摄提"正好指着"陬"的开始日，这一天恰好又是"庚寅"。在稍后的诗句中，他又说父亲给自己取的字是"正则"。诗中的这个天文学谜团其实同时给出了屈原出生的年份与月份。首先，他的字"正则"表明他出生的月份名是"则"。对照上文《尔雅》月名表，可知"则"月即"己"月。要知道该月的具体月份，只要找出该支在十二支中的次序就行了。而"摄提"的位置，屈原也告诉我们是"陬"，即地平圈上今名为"寅"的位置。不过，"摄提"座和大熊星座中的"衡"星总是保持着这样的一个距离：在地平圈的十二个点上，"摄提"总是指着正好位于"衡"星点前边的那个点[②]。另外，如前所论，大熊星座中的"衡"星在子夜时分出现在地平圈上方的那个位点，正好是给出该月名称的那个位点。因此，当屈原出生时，因为"摄提"座在"寅"，所以"衡"星必然在"卯"，该月就是"乙卯"月。另外，《离骚》中又说该年是"庚寅"年。因为这是一个有"寅"的年份，所以这一年是朱庇特星与"摄提"座呈直线型出现的"摄提格"年。由

---

① 《史记·天官书》："岁星……，正月，与斗、牵牛晨出东方。"这一说法在《淮南子》(第三卷，第十八页正)中也得到了印证。不过，《淮南子》中所说的起始月是第十一个月。令人惊奇的是，"牵牛星"这个星名今天指的是天鹰座（Aigle）的 ε、μ、υ 三星，但在《史记》和《淮南子》中，指的却是大熊座的几个星辰。这显然是由《汉书》的诠解造成的。其《律历志上》谓："建星在牵牛间……建星即斗星也。"

② 徐发在其《天元历理全书》的星图中对这一点做了形象的描绘（见该书第二部《考古》第二卷第14页。）在诠释该图的文字中有如下文字："冬至夜半，斗、衡星直子中，杓星分子亥之界，摄提正于亥中。"

此看来，屈原的出生日期①事实上再现了"摄提"座指向"寅"点的独有特征，它既可以指年份，也可以指月份。"摄提"指向"寅"点可以指年份，因为朱庇特星在大熊座中处于开始的位置上；"摄提"指向"寅"点可以指月份，因为该月是"卯"月，在作为标尺的"衡"星所指的位点上，"摄提"在地平圈上出现的时间晚了$\frac{1}{12}$。这里的"摄提"可以同时指年份和月份两个十二支中的第一支，这一巧合在古人看来是一个吉兆。这就是屈原委婉表达的本意。

《尔雅》和《史记》中所载"摄提格"之后的其他十一个专名，也均由《史记》的注疏者们作了阐释。统而言之，这些专名也都是吉兆用语，古人借此表达在阴阳谐和原则的作用下对万物兴旺繁盛的意愿和希望。

现在我们来分析最后一点。在我们看来，司马迁记录的历法似乎是由三个编年单位即日、朔望月和年的三个六十进位制系统组成的。其中日期的计算最为重要，而起始日由该系统中的头两个字即"甲""子"来表示。后来古人又尝试把六十制和月份结合起来进行推算。由于大熊星座在一年中总是相继地指示出地平圈上的十二个点，人们就用这些点的名称来命名每一个月份。又由于一年中的月份是以春天的到来为自然的开端，因此就需要把大熊星座在春天第一个月（孟春）所处的"寅"点作为月份的起点，这就是为什么要用"寅"、而不是用"子"来命名第一个月的原因。另外，由于一年中朔望月的月数在超过了12的时候，就必须通过增加闰月的方法来协调月份和十二支顺序，以确保二者之间不会紊乱，并使每年春天的开始都落在以"寅"为名的第一个月上。最后，当人们通过观察朱庇特星的运行制定年份的计算体系时，又拟想出一个与该星对称的点，并由此得到地平圈上按正常次序出现的十二支序列。由此，古人相继掌握并发明了日、朔望月和年三个循环

---

① 我们在此可以算出屈原出生的准确日期。1890年正好是"庚寅"年，该年第二个月是"乙卯"。显然，所有的"庚寅"年都会有一个"乙卯"月，这也证实了我们把屈原出生月份推算为庚寅年二月的准确性。我们又知道，屈原生活在楚怀王（前327—前294年）在位期间，在怀王被秦国扣押之后不久即自沉汨罗江而死。我们推算出，1890年以前的第37个六十周期中的"甲寅"年应该是公元前331年。但是，由于东汉以前是以冬至日为起点计年，而今天是以春天第一个月为起点计年，所以必须把这个年份再前推一年，故屈原的出生年份应该是公元前332年。屈原死于公元前294年或293年，因而他的年龄应该是38或39岁。

序列。

其次，在这三个序列中，十干似乎不是由任何自然现象所决定的。这无疑说明该系统不会因外部因素而变化的原因：不管是在太阳、月亮或是朱庇特星的系统中，十干的起始点始终都是"甲"。与此相反，在受天体现象支配的十二支系统中，其日期周期的起点是"子"，朔望月的起始点是"寅"。此外，我们还有一个新证据可以证明十干系统并非建立在现实的基础之上：《史记》和《尔雅》中记载的十二支专名完全相同，但二者记载的十干专名却存在着相当的差异。自公元前2世纪起，人们对造成这一问题的原因就已经无从解释了。

也许我们需要到数字哲学中去寻找形成十干序列的内在机制。就像古希腊毕达哥拉斯学派那样，数学哲学也曾在中国人那里发出过耀眼的光芒。尽管笔者在这里无法征引确切资料来证明这一假说，但还是想指出一些与六十进位制契合的数字。比如说，"阳"代表一元，由1、3、5、7、9这一组奇数构成；"阴"代表二元，由2、4、6、8、10这一组偶数构成。5是"阳"的中间数，6是"阴"的中间数。因此，也就是说，5和6分别是十干和十二支的生成函数。不过，我们也可以运用五行理论来解释十干的构成。

最后，该历法中的三个干支系统在重要性上其实是很不均衡的，其中最重要的是用于日期计算的六十干支。也就是说，干支计算中真正有价值的单位是日。这一点与古籍中记载的六十计日法完全一致。但是，干支与月份和年份的关系却不是这样。在这一点上，《尚书·商书》为我们提供了最古老的例证："惟元祀，十有二月，乙丑，伊尹祠于先王。"[①] 这里提到的年份是从国王登基的那一年开始计算的，月份指的是该月在一年中的实际数字次序，只有日期是用六十干支来计算的。另外，我们还可以在左丘明的《左传》中找到这一久已废弃的计时方法。襄公三十年（公元前531年[②]），当一位年长者被问及自己年龄时，他回答说："臣小人也，不知纪年，臣生之岁正月甲子，朔四百有四十五甲子矣。其季于今三之一也。"问者听了，不知所云，而询于国中智者。其实，该题的求解并非难事，因为每一甲子日均为六十日周期的开始日。故该老者的年龄应为：

---

① 据《通鉴纲目》之编年，商王太甲在位年代为公元前1753—前1720年。
② 【译注】：据杨伯峻《春秋左传注》第1169页，该年为公元前543年，中华书局1990年。

论殷历

$(444 \times 60) + 20 = 26660$ 日

也就是说他 73 周岁了。在文中，一般人对老人答语完全不知所云。这说明，从公元前 6 世纪中叶开始，以六十日为周期计时的方法已被废弃。但是，在《历术甲子篇》中，六十周期却是基本的计时单位。这一事实说明，《历术甲子篇》的产生时代，应上溯至更早的上古。

至于以六十制计月，《史记》中却几乎未曾提及。我们在《历术甲子篇》看到的，只是第一个月的月名。只有《尔雅》给出了全套月名。

最后，关于纪年的"焉逢摄提格"，司马迁在《历术甲子篇》中曾将各年的干支名一一列出，但在《史记》的其他篇章中，却从未用这一套专名确定过任何一个日期。其他古文献中的情况也是如此。诚如上文所论，在十二支的专名中，除了第一个有实指外，其他名称都是吉兆用语。同样，当司马迁在论述天象时，朱庇特星的运行也都被赋予星占方面的含义。由此，我们自然可以得出下面的结论：这一干支体系并不是一种编年方法，而是一种具有预兆功能的占卜系统。

三

现在剩下的问题是要确定《历术甲子篇》是哪一个时代创制的。司马迁之后的汉代作者对该历创制时代的所有推测，都让我们倾向于认为，该历是汉武帝于公元前 104 年授命制定的《太初历》。兹将汉人所持理由综述如次：

首先，身为汉室的太史令，司马迁曾部分参与了武帝时的改历工作。班固云："至武帝元封七年，汉兴百二岁矣。大中大夫公孙卿、壶遂、太史令司马迁等言，历纪坏废，宜改正朔。"[①] 武帝准奏，诏令改号，将开封七年改作太初元年，并召集一些官员编制新历，司马迁恭列其中。这些人完成了一些相当重要的工作，但最后功亏一篑。武帝遂组织了第二个班子，其重要成员有邓平、落下闳等。"太初历"即由该组人员最后制订完成。此后，帝"乃诏迁用邓平所造八十一分律历"[②]。由此观之，司马迁对该历应该是了然于心的，因为他不仅参与了第一个未完成的历法的制定工作，后来还在任职上使用了

---

① 见《汉书·律历志下》，第十页正。
② 见《汉书·律历志上》，第十一页反。

完成的第二个历法。这样看来，司马迁后来在《史记》中收录的《历术甲子篇》，很可能就是这个"太初历"，而不是别的历法。

另有一点值得注意的是，从汉代太初元年开始的几个年号还规律地出现在《历术甲子篇》的年历中，这似乎更能让人相信，《历术甲子篇》就是"太初历"。比如，该历中的"焉逢摄提格"年写有太初元年（公元前104年），"徒维敦牂"年写有天汉元年（公元前100年），"横艾淹茂"年写有太始元年（公元前96年），等等①。这样看来，该历的起始年似乎确实是公元前104年。

最后，班固在下面的文字中进一步确认了这一点："至于元封七年，复得阏逢摄提格之岁，……太岁在子已。"② 要理解最后一句话的意思，我们就必须知道，与后世通行的纪年顺序相比，当班固使用"甲子"历标注年份时，他用的干支总是提前一个位置。如公元前104年是"丁丑"年，但在班固那里就成了"丙子"年。这就是为什么他在上文中把元封七年说成一个"子"年。这样看来，作为该历法起始年的"焉逢摄提格"年，应该就是武帝太初元年。

班固的说法似乎持之有据。不过，如果对该历的细部进行观察，我们就会发现，他的上述三点证据其实不足为凭。

上引前两个证据其实是自相矛盾的。如果说《历术甲子篇》确实提到了"太初"年以后的几个汉代年号，那么，其中有的年号却是在司马迁死后多年才出现的。如最后一个"太始"，是成帝在位期间（公元前32年至前28年）的年号。而司马迁去世的时间，一说是武帝在位（前140—前86年）末期，一说是昭帝在位（前86—前73年）早期。因此，《历术甲子篇》中的"太始"年不可能是司马迁写进去的。在这一背景下，我们就得重新审视司马迁与《历术甲子篇》的关系了：如果该历不是司马迁写进《史记》的话，那么他是否参与制订"太初历"也就无关紧要了；如果这些汉代年号是后人加进去的话，那么我们就不能把该历看作是司马迁特意收录的公元前104年制订的"太初历"。

至于第三个证据，我们注意到，班固在《汉书》的其他章节中出现了关

---

① 【译注】：参见中华书局1959年版《史记·历书》第1263、1266、1268页。
② 见《汉书·律历志上》，第十页反。

论殷历

于"摄提格"年的自相矛盾的说法,因此他的上述说法是不足为信的。在上引班固的文字中,他说"摄提格"年是"子"年。但是在同书的《天文志》中,他又有了新的说法:"太岁在寅曰摄提格……在卯曰单阏……在辰曰执徐……"① 这里他给出的十二支专名与《尔雅》及《史记·天官书》中的名称完全一致。但是,照班固的这一理论,"焉逢摄提格"年不是"丙子"年,而是"甲寅"年,但"甲寅"年无论如何都不可能是武帝太初元年。还有,在《律历志》中②,班固又说武帝太初元年是"困敦"年。但是,如果我们承认"摄提格"年是"寅"年,那么,"困敦"年就是"子"年。这样的话,司马迁在《历术甲子篇》就应该把武帝太初元年标成"困敦"年、而不是"摄提格"年。在前汉的历史纪年中,武帝太初元年就是"丙子"年。最后,班固在《律历志》中还说到,高祖皇帝元年(公元前206年)是"敦牂"年③,但该年在通行的纪年历中是"乙未",但在班固的系统中必然是"甲午"。因此,"敦牂"就是"午",那么"摄提格"就不可能是"寅"。需要强调的是,在所有古文献中,只有班固提出了"太初元年"(公元前104年)是"焉逢摄提格"的说法,但这一说法又与他自己在《汉书》其他地方的论述自相矛盾。

班固极有可能在这里出现了失误。他被《历术甲子篇》出现的汉代年号给蒙骗了。事实上,尽管这些年号被添加在司马迁之后的时代,但添加年号的工作肯定在公元1世纪前就完成了,因为班固辞世的时间是公元92年。而且,根据班固的说法,生活在元帝(前48—前32年在位)和成帝(前32—前6年)时代的褚少孙等人曾对《史记》进行过修改和增补。毫无疑问,我们正应该把添加年号的"功劳"归于此人。不过,由于他只是增添了汉代的年号,所以《历术甲子篇》整体上并非伪书,因为褚少孙其实对《历术甲子篇》的历法体系一无所知。因此,从多种迹象来看,真实的情况是,司马迁记述了《历术甲子篇》的原貌,但褚少孙画蛇添足,在其中添加了错误的汉代年号。

其实,褚少孙制造错误的原因并不难破解。司马迁曾说,"焉逢摄提格"

---

① 《汉书·天文志》,第二十六卷,第九页正。
② 《汉书·律历志下》,第二十二页反。
③ 《汉书·律历志下》,第二十二页正。

年是太初元年，这里的"太初"指的是远古，"元年"即是从那时开始计算的第一年。褚少孙很可能没有理解"太初"一词的本义，而误认为是汉代年号，并由此认定"焉逢摄提格"年是汉武帝时期的"太初元年"。出于这一误解，他又为太初年之后的几个年份添加了对应的汉代年号。

至此，那些力证《历术甲子篇》是"太初历"的种种理由，也就不攻自破了。我们还发现，这两部历法在历算方法上也迥然不同。可以这么说，"太初历"算法的最大特点是在时间分割和音律之间建立了对应关系。班固在述及落下闳历法时说："其法以律起历，曰：'律容一龠，积八十一寸，则一日之分也。'"① 这段文字的意思是，确定音阶起点的律管的容积是八十一寸。通过对数字的协调，汉代人相信在宇宙中找到了"81"这个适用于所有测算单位的数字，其中"一天"就可以被平分为81等份。这就是班固在《汉书》中收录的、由刘向和刘歆完善并补充的把一天分为81等份的汉代历法。另外，班固还把历法和音律结合起来进行研究，且一并归入《律历志》。与此相反，司马迁在《史记》中却将二者分成《律书》和《历书》两篇。事实上，司马迁以类似表格的形式录入的《历术甲子篇》，根本不是由乐律的数字规则所界定的。在论及一天的四等分时，他是用 $\frac{8}{32}$ 这个分数来表达的。这就充分证明，他把一天分割成32等份，而不是81等份。

因此，在汉武帝时期的"太初历"中，第一年按班固的记法是"丙子"年，而且一天被划分为81等份。但在《历术甲子篇》中，第一年是"甲寅"年，一天被分为32等份。这就说明，这是两个造历方法完全不同的历法。

现在要解决的问题是，如果《历术甲子篇》不是汉代的历法，那它又是什么时代的历法呢？

从下面引用的一段《史记》的文字中，我们可以看出，该历早在颛顼时代就已经存在了。据《通鉴纲目》中给出的年代，颛顼在位的时间应该是从公元前2514年到前2434年。《史记》云：帝颛顼殁后，"闰余乖次，孟陬殄灭，摄提无纪，历数失序"②。由此我们可以推测，帝颛顼已经对摄提星座进行了观察，也确定了孟陬的日期，并且还知道增闰的方法。因此，《历术甲子

---

① 《汉书·律历志上》，第十一页正。
② 《史记·历书》第二页反。

论殷历

篇》创制时代可以上溯到帝颛顼时代。

这一推测在唐代高僧一行的历法专著《大衍历议》中也得到了印证。王应麟在注释《尚书·洪范》时指出:"《大衍历议》云,《洪范》传曰:'历记始于颛顼上元太始阏蒙摄提格之岁,毕陬之月朔日己巳立春。'"① 如此,颛顼历的首年、首月与《历术甲子篇》起始年、月完全吻合。现在我们要证明的是,二者起始的第一天也完全一样。《历术甲子篇》的第一年有如下文字:"太初元年,岁名焉逢摄提格,月名毕聚,日得甲子,夜半朔旦冬至。"②如果我们接受一个朔望月的天数是 $29\frac{499}{940}$ 天,那么,在以春天为年开端的第一个月的第一天和以冬至为年开端的第十一个月的第一天之间的时间间隔,就应该是下面的算式得出的天数:

$$(29+\frac{499}{940}) \times 10 = 295+\frac{290}{940} = (4\times 60)+55+\frac{290}{940}$$

如果该年的第一天是己巳日,那么,按六十干支的顺序,算式中 56 天后的那一天就应该是甲子日。而冬至日应该是该年开始后的第 (4×60) +56 天,这一天正好是甲子日。并且,只有在该年的第一天是己巳日时,冬至日才正好是第十一个月的第一天。因此,上引《洪范》注文证明,《历术甲子篇》的起始日正是帝颛顼在位时期的起始日。

我们还从其他资料中得到了相同的结论。《历术甲子篇》的第一年是甲寅年,而在《竹书纪年》一书中,则提到帝尧在位的第一年是丙子年。另外,该书还提到,尧之前是帝喾,在位 63 年,帝喾之前是帝颛顼,在位 78 年。根据这些资料,再参照六十甲子表,我们盖可论定,颛顼在位的第一年是乙卯年。不过,由于西汉的历年推算比现行历法推算出的年份晚了一年,所以这一年对司马迁来说就是甲寅年。因此,这个把甲寅年作为起始年的历法,应该就是颛顼在位时开始使用的那个历法。

然而这并不意味着《历术甲子篇》和《竹书纪年》的编年就真的产生于颛顼时代。颛顼这个人物身上有着太多的神话色彩,我们对真实的历史可以说一无所知。我们能肯定的,是司马迁和《竹书纪年》的作者都把推算出的

---

① 参见王应麟《困学纪闻》卷九,第二十页正(参见 Wylie, p. 129)。中文"阏蒙"一词与《尔雅》之"阏逢"、《史记》之"焉逢"相同。

② 《史记·历书》第五页正。

129

颛顼登基年份作为历法时间的起始年份。在此，我们有必要进一步确定该历法是在上古的哪一个朝代以及具体的哪个年代被创制出来的？

上文已经明确了该历法不是汉武帝在公元前104年启用的"太初历"。它同样也不是秦、汉开国皇帝使用的历法。因为在这个时期，冬至日的时间被安排在亥月，即一年中的第十个月。但《历术甲子篇》中的冬至日却被确定在十一月（子月）的第一天。另外，在秦以前的时代中，没有任何材料能够证明当时曾使用过多个不同的历法。总的来说，我们可以认为，在最古老的上古时代，历法的起始月是"寅"月；到了殷代和周代，历法的起始月变成了"子"月。不过，这一差别只是表面现象，因为对中国人来说，历法的起点是自然节奏的起始阶段，即万物甦生的春天的第一个月。英雄时代和夏代的帝王已经明确了这一规则。到了殷代，这一较粗略的历法得到了改进。殷人通过对天象的准确观察，确定了春天到来的准确日期。他们选定的一年的起始日，并不是自然年份的起始日，而是历法计算的起始日，即前于第一个月（寅月）约两个月的冬至日，这就是第十一个月"子"月。然而，对朔望月和年份之间的协调，却只有在对闰月进行精确计算的情况下才能完成。我们看到，在最古老的几个朝代中，人们曾多次迷失了用以确定历法的主导概念。这些错误造成的后果，是各年冬至日的日期变得混乱起来，有时落在第十二个月，有时又落在第十个月；与此同时，春天的月份则落在冬天。不过，一旦这一差距太过明显，人们就会通过一次增加两、三个闰月的办法重新恢复应有的秩序。借助于国家的干预，这一历算法在本质上始终保持不变。这正是我们在《历术甲子篇》中发现的方法，在这里，春天开始的第一个月是由比实际时节更早的冬至日决定的。从制订该历的法则上看，没有任何因素能把其产生时代上推到比殷代更早的时代中去，因为在夏代，人们还没有使用冬至日推历的方法。因此，从历法发展的主要脉络来看，司马迁记载的《历术甲子篇》，应该是殷代历法[①]。最后要阐明的一个难题是，司马迁为何要在《史记》中保存这个上古的残历而不是汉代的新历呢？

尽管汉武帝时对历法进行了改革，但殷代的古法并没有立刻消踪匿迹。

---

① 中国学者的考证同样表明，是在殷代的历法中才开始以甲寅年作为起始。如徐发在《天元历理全书》（第一部分第一章，第十五页正）中，就曾引用以下《后汉书》中的话，谓："《后汉书》曰：'甲寅历，与孔子时效甲寅历'，即殷历也。"

论殷历

即使到了班固的时代,它仍然广为人知。在《律历志》中,班固曾多次提及该历的一些日期,不过他使用的日期总是比太初历晚了一天。

班固在《律历志》中还给出了一则极为珍贵的提示:昭帝时(公元前86—前73年在位),在司马迁之后出任太史令的张寿王,曾因反对"太初历"并试图推行自己的历法而闻名于世。班固云:"寿王历乃太史官殷历也。"[①]由此可知,尽管此时已有了新历,但太史官在工作时所使用的仍然是古殷历。班固的这一说法,与我们业已指出的《历术甲子篇》具有的某种神秘特征不谋而合,而司马迁也曾数度运用朱庇特星的星象进行占兆活动。其实,迄至汉代,古殷历一直是星占家们奉行不悖的历象范本,这也就是司马迁将其载入史乘的根本原因。

最后,作为结论,我们认为,司马迁在《史记》中以年历形式记载《历术甲子篇》,实际上就是殷代的古历。不过,该历中的大部分专名早已失去了远古时代的真正含义,到了后世,只有特定人士才会在占卜活动中使用这些专名,从而也使该历流传下来。就历算科学而言,该历早已是落后的体系,因而也必然被汉武帝时制定的新历迅速取代。然而,似乎正是在它的晦涩和难解之处,也蕴藉着可以超越历算的深层意蕴,由此使人们小心翼翼地将这一无法破解的体系保存下来。在人类历史上,这种在科学上早已陈腐过时、但以占星面目重新出现的现象并不鲜见。这也正是爱德华·泰勒所提出的"文明遗存"这一精彩理论的实际例证之一。

(李国强:巴黎第十大学副教授,法国东亚文明中心研究员)

[①]《汉书·律历志上》,第十二页正。

沙畹《史记》翻译过程中对早期中国历法与乐律的研究[*]

贺梦莹

摘 要：沙畹在《史记》翻译之初，就从西方现代科学的角度对《史记》中《历书》和《律书》所涉及的中国古代的历法和乐律体系进行了深入的研究。在《论殷历》中，他研究了《历术甲子篇》的起源与历占功能，认为该历是起源于殷代、以"子"月为历法起始日的体系。在《古代希腊与中国音乐关系论》中，他通过对先秦与汉代典籍中音律文献的深入考察，以及与毕达哥拉斯理论的对比研究，首次提出了中国古代乐律起源于希腊的假说。沙畹由此确立了《史记》翻译及其汉学研究的科学基础，同时也为西方现代汉学的兴起拉开了序幕。

关键词：沙畹《史记》翻译 中国古代 历法 乐律 科学汉学

沙畹（Édouard Chavannes，1865—1918）是19世纪末、20世纪初法国汉学的巨擘。正是得益于沙畹的贡献，法国汉学才得以超越此前耶稣会士、外交官员及早期汉学家等侧重于经典、文学及国家现状的基础性、概览性的译介和研究，并将自18世纪发展起来的、以理性精神为宗旨的科学方法引入汉学领域，在严格的学科意义上将传统汉学拓展至历史学、考古学、宗教学、西域学、科学史学等领域，从而构建了上述各学科的雏形和基石，法国现代汉学也由此起步。可以说，沙畹是法国现代汉学或者说科学汉学的奠基者。

沙畹的汉学研究始于《史记》的翻译[①]。1885年至1888年，沙畹在巴黎

---

[*] 本研究得到了中国国家留学基金委的资助。本文的写作得到李国强先生的悉心指导，特此致谢。

[①]《史记》法译本名为 Édouard Chavannes, (trad. et annot.), *Les mémoires historiques de Se-ma Ts'ien*, 5 tomes, Paris, Ernest Leroux, 1895—1905. Réimpr. tomes 1 à 6, Paris, Adrien Maisonneuve, 1967—1969.

沙畹《史记》翻译过程中对早期中国历法与乐律的研究

高等师范学院（École normale supérieure de Paris）哲学系学习期间，校长佩罗（Georges Perrot）建议他研究中国，在历史老师莫诺（Gabriel Monod）的介绍下认识了国立东方语言学院（École nationale des Langues orientales vivantes）汉学教授考狄（Henri Cordier）。高师毕业后，经佩罗向教育部长推荐，24岁的沙畹被任命为法国驻华使团自由成员派往中国，目的是为他提供实地研习汉语与中国学问的机会。沙畹于1889年一月出发，三月抵京。他原本想从自己擅长的哲学领域入手翻译《仪礼》，但考狄建议他研究当时还不被西方学者所重视的中国正史，即二十四史。沙畹遂选定二十四史的第一部《史记》作为起点，抵京四个月后（七月）即开始尝试翻译《史记·封禅书》，次年在北京出版该书法译单行本①。

沙畹共在中国研习了四年，于1893年回到法国。1895年至1905年陆续出版《史记》法译本一至五卷（1895年第一卷、1897年第二卷、1898年第三卷上册、1899年第三卷下册、1901年第四卷、1905年第五卷）。1905年之后，沙畹仅译出《世家》部分三卷（第四十八、第四十九、第五十卷）初稿②。沙畹所译《史记》，止于第五十卷《楚元王世家》，未译部分共八十卷，包括《世家》十卷（第五十一至第六十卷），《列传》六十九卷（第六十一卷至第一百二十九卷），以及最后《太史公自序》一卷。

自1889年三月抵京至1905年后翻译出《世家》三卷初稿，沙畹翻译《史记》的时间超过16年。其间他虽然也从事了其他研究，但从法译本前四卷几乎每年一卷的出版节奏看，至少在1901年第四卷出版前的12年间，沙畹的大部分时间都是浸润在《史记》的翻译之中的。1901年后，翻译节奏放慢，4年后才出版第五卷。由此后译出的三篇初稿看，1905年后，沙畹把主要精力转入其他领域的研究，已无暇顾及《史记》译事，只能是偶一为之了。

《史记》之译，殊非易事，其中的大量史实与知识非经专题研究，则无从下笔。沙畹集16年之力，也只是译出《史记》的五分之二。当24岁的沙畹初到北京之时，他的汉语只有此前在东方语言学院学习两年的底子，翻译《史记》的难度可想而知。据此看来，沙畹在北京的四年，除了作为尝试翻译

---

① Édouard Chavannes（trad.），*Le Traité sur les sacrifices Fong et Chan de Se ma Ts'ien*, Péking, Typographie du Pei-T'ang, 1890, pp. XXXI-95.

② 沙畹去世51年后的1969年，这三篇译文才由后人整理为第六卷出版。

了《封禅书》之外，大部分时间很可能用来阅读、研究《史记》的中文文本。其实，沙畹16年的《史记》翻译史，也是16年的《史记》研究史。

中国历来有"历""律"并举的传统。本期《汉学研究》刊载的两篇译文《论殷历》和《古代希腊与中国音乐关系论》，即是沙畹在研习和翻译《史记》的过程中，对"历""律"问题进行的深层研究。尽管这两篇论文已经发表了一个多世纪，但其中探讨的问题至今仍是法国汉学界持续关注的课题。鉴于国内相关学者对这两篇文章所知甚少，这里有必要对其写作背景及后续研究做一概要介绍。

一、《论殷历》

早在十六七世纪，早期来华的传教士如利玛窦（1552—1610）、邓玉函（1576—1630）和汤若望（1591—1666）等，已开始向西方介绍中国古代的天文历法体系。① 进入18世纪，法国神父宋君荣（Antoine Gaubil，1689—1759）对中国天文学进行了系统的研究，先后出版《中国天文学史》《〈书经〉中的天文学》《中国蚀的计算》等著作。在他去世后出版的《中国年代纪》② 一书中，对中国各代的历史、年代、星象历法进行了详细的整理，并介绍了十干、十二支、六十甲子、二十八星宿、大月、小月、闰年等历法体系。值得一提的是，宋君荣在书中还最早建立了干支历年与儒略历年80年的周期对应体系，并制出公元前80年至公元80年之间两种历法的对照表③。这一规则为以后的汉学家在历法计算方面提供了相当的便利。继宋君荣之后，格鲁贤修道院长（L'Abbé Grosier，1743—1823）在其《论中国》④ 一书中也专门介绍了

---

① 参见韩琦《中国传统天文学在欧洲》，载陈美东（主编）《中国科学技术史》（天文学卷），科学出版社2003年，第723—731页。

② Antoine Gaubil, *Traité de la chronologie chinoise, divisé en trois parties*; et publié pour servir de suite aux *Mémoires concernant les Chinois*, par M. Silvestre de Sacy, Treuttel et Würtz, Paris, 1814.

③ 儒略历的平年有365日，每4年天数可以被4整除，加上其中一个闰年（366日）增加的一天，4年总天数是1461日，该数和一甲子的60日的最小公倍数是29220日，即80年。这就是说，每80年一个循环的起始日的干支都是相同的。见 Antoine Gaubil 上引书，*Traité de la chronologie chinoise* [...], 1814, pp. 191—197.

④ 参见 L'Abbé Grosier, *Description générale de la Chine ou Tableau de l'état actuel de cet empire*, Paris, Moutard, 1785.

沙畹《史记》翻译过程中对早期中国历法与乐律的研究

《书经》中记载的最早的历法体系,涉及岁首的确定、太阴年和闰年的构造以及五行、二十八宿等概念。① 不过,直到 19 世纪,耶稣会士基本上只是介绍中国古代历法的知识,尚未进行深入的科学审视,如格鲁贤就没有对《尧典》中的历法体系进行实质性的研究。即使在 1896 年益热依(Paul d'Enjoy)发表的《中国历法》② 中,也同样是对中国和安南的历法的基本要素,如干支、五行、十二生肖、节气、十九年七闰、十二时辰制及世纪、年、季节、月、星期、日、时等进行概要的介绍。

沙畹对中国历法的接触则直接始于对《史记·历书》中所载《历术甲子篇》的专题研究,他在到达北京后的第二年就发表了自己的第一篇汉学论文《论殷历》。这也是西方汉学界第一次运用西方现代的历学知识对中国的一部古历进行的全面考察和研究。

《历术甲子篇》是一部 76 年的完整历法。每年的历法内容包括四个要素,一是用"十二"或"闰十三"标明的平年十二个朔望月(共 354 天)或闰年十三个朔望月(共 384 天);二是用两个序列的"大余"和"小余"标出该年前的十一月合朔与冬至日出现的四个余数③;三是该年干支纪年的古名,如该历元年为"焉逢摄提格","焉逢"即十干中的"甲","摄提格"即十二支中的"寅",即甲寅年;四是列出该年与汉代太初元年至成帝建始四年(公元前 29 年)对应的部分年号,如天汉元年、太始元年、征和元年等。历史上,该历多被误认为是汉太初改历后起自太初元年(公元前 104 年)的编年表。清代学者对此已多有是正④。

---

① 同上引书,见第二部分(seconde partie, livre IV,《 Littérature, sciences et arts des Chinois 》, chapitre IV,《Astronomie chinoise 》)。

② Paul d'Enjoy,《 Le Calendrier chinois 》, *Bulletins de la Société d'anthropologie de Paris*, IVᵉ Série, tome 7,1896,pp. 562—577.

③ "大余"指余数中整日的数目,"小余"指余数中不足一日的部分,即分数部分。第一个"大余"与"小余"属于太阴历系统,与年前十一月合朔有关,前者用于计算前一年子月朔日的干支,后者用于计算合朔日的时分;第二个"大余"与"小余"属于太阳历系统,与年前十一月冬至有关,前者用于计算前子月冬至日干支,后者用于计算冬至日之时分。两者结合构成中国典型的阴阳合历历法体系。

④ 清人张文虎(1808—1885)在《史记·札记》中说:"《历术甲子篇》,《志》疑云:此乃当时历家之书,后人谬附增入'太初'等年号、年数,其所说仍古四分之法,非邓平、落下闳更定之'太初历'也。"

在《论殷历》一文中，沙畹接受清初学者梅文鼎的说法，认为该历为殷代古历，并从多个角度介绍了该历的特征并考察了其殷代的起源。该文第一部分主要介绍《历术甲子篇》的历法体系，其中考察了古代的六十干支纪日法及太阴年与太阳年协和的阴阳合历体系，而后用数学方式重构了"章"（即十九年七闰法）与"蔀"（76年的日期总天数、朔望月总天数和回归年的天数归为一个相同整数）的调整规则。第二部分首先研究该历中的月名问题。由于该历中只提到了第一年的月名为"毕聚"，沙畹参照《尔雅》中记载的十干月名（毕、橘、修、圉、厉、则、窒、塞、终、极）和十二支月名（陬、如、寑、余、皋、且、相、壮、玄、阳、辜、涂）两个体系，指出二者的组合同样可以构成以六十为单位的周期。沙畹又指出，该历中确定每一个月份的标准有两个，一是某个特定星辰每月经过子午线的时间，二是该星辰在每月同一时间出现在子午线上的连续位置，而确定第一个月月名的方法，则是把位于正北方域区上方的星辰作为冬至日在子夜开始时的标准参照点。而能够满足上述各种条件的特定星辰，就是"衡"星（大熊星座中的 ε 星）。由于大熊星座在一年中总是相继地指向地平圈上的十二个点，于是就以这些点的名称来命名每一个月份，并把对应春天开端的"寅"点作为起始的第一个月。接着，沙畹又研究了纪年的十干名称（焉逢、端蒙等）和十二支名称（摄提格、单阏等），指出《史记》和《尔雅》中出现的十干年名存在着差异。通过对"摄提格"一词含义的考查，沙畹指出，这些奇怪的专名并非毫无意义的音译外来词，而是一套具有预兆功能的占卜术语。第三部分主要研究该历的制作时代。沙畹首先指出，班固在《汉书》中认定该历为汉代太初历是错误的，因为二者在具体的年代方面并没有对应关系。而且，《历术甲子篇》为四分历，太初历为八十一分历，二者在制作方法上决然不同，只是由于司马迁之后的褚少孙等人在增补《史记》时把"太初"一词误解为"太初历"并增添了错误的对应年号，所以才产生了这一误读。沙畹认为，《历术甲子篇》应该就是传说中的颛顼历，不过，由于颛顼是传说人物，因而把颛顼登基的年份确定为该历的起始年份其实是根据该历法推测得出的。通过考证，沙畹排除了秦代、周代、夏代使用该历的可能，认为只有殷人以"子"月（十一月）为历法起始日的历法才符合该历的特征，因此该历应该是殷代使用的历法。沙畹最后指出，到了汉代，尽管该历已经失去了作为历法的实用价值，但在占卜活动中仍是奉行不悖的圭臬，由此被司马迁记录下来。这正是爱德华·泰勒"文明残留"学说的精彩例证之一。

1898 年,沙畹又将该文稍作修改,以《论〈史记〉中的历法》之名收入《史记》法译本第三卷附录。① 此外,沙畹还运用十九年七闰、七十六年一蔀和八十年一周期等历法规则,编制了从公元前 238 年至公元前 87 年两蔀共 152 年的中西历对照编年表②。沙畹之所以选择这一时段进行推算,是因为汉初至公元前 104 年所用历法为颛顼历,即《历术甲子篇》这一历法。沙畹首先把公元前 204 年(该年为古文献中记载的最早的历法年)作为基点,然后向上把公元前 238 年作为起点年,向下把公元前 87 年作为终点年(汉武帝于该年去世,此后改历)。在此基础上,沙畹根据《史记》和《汉书》等文献中提供的日期信息与历法规律,编制出这 152 年的干支纪年年代与儒略历的对应年代表。

沙畹之后,中外学者在下面几个重要问题上都有更深入的研究。

首先,关于《历术甲子篇》为殷历的说法,张汝舟、张闻玉根据更为详尽的历算得出的结论是,该历为战国初期创制的中国最早的历法,历法的元年为周考王十四年(公元前 427 年),创制者以该年为基点,上推至殷代 1567 年,并冠以"殷"名。③

其次,关于《史记》与《尔雅》中存在的十干名称的异名和异序问题,早于沙畹的湛约翰认为,这些名称都是对外来词的音译,很可能源自印度语④。沙畹则认为,外来说并无实证支持,二书中的异名有可能是失去了原初意义的古代用语,如十二支中的"摄提格",就是古人"表达在阴阳谐和原则的作用下对万物兴旺繁盛的意愿和希望"。十干的异名很可能也是占卜用的吉兆语汇。沙畹之后,索绪尔(Léopold de Saussure,1866—1925)在多篇论文中指出,中国上古时期产生的十干系统与早期政权有着密切的关系,其名称本来都具有特定的意指,随着政权的交替,该词汇系统未能完整地延续下去,

---

① Édouard Chavannes 《 Le calendrier des *Mémoires historiques* 》, *Les mémoires historiques de Se-ma Ts'ien*, vol. 3,《 Appendice III 》, 1898, pp. 630—645.

② 沙畹在 1896 年《通报》第一期和第五期发表了该表和校正。见 Édouard Chavannes,《 La Chronologie chinoise de l'an 238 à l'an 87 avant J.-C.》(《中国编年表:公元前 238 年—前 87 年》)及《 Note rectificative 》(《中国编年表校正》),*T'oung Pao*, VII, No.1, mars 1896, p. 1—38; VII, No. 5, déc. 1896, pp. 509—525.

③ 张闻玉《古代天文历法讲座》,广西师范大学出版社 2008 年,第 142—145 页及 180 页。

④ 见理雅各(James Legge)英译《尚书》(*Chou King*)序言。

从而变得古怪难懂。索绪尔还运用字源学和天文记录的方法对十干名称进行了释读，在一定程度上揭示了这些名称与季节、节气、物候等自然现象之间的联系。他还指出，《尔雅》和《史记》中十干顺序的差别其实与阴阳五行体系有着密切的关系。另外，对"摄提"一词的含义，索绪尔分析了湛约翰、施古德（Gustaaf Schlegel, 1840—1903）以及沙畹的观点，认为"摄提"系统不应只被作为历法系统看待，而要与古中国对待天文的神秘性相结合。① 近期国内学者也对十干古名有深入的研究，认为异名问题很可能是对上古某民族语汇的音译所致。张汝舟、张闻玉等认为，《律书》中所载天象当为战国初期楚人甘德的体系，因此，《历术甲子篇》应该也是楚文化的遗留。②

在中西历年代对照方面，虽然从宋君荣开始就已经注意到了中西历的转换问题，并编制了夏代至秦代重要帝王年号的对照表，但显然过于粗糙。沙畹编制的公元前238年至公元前87年的对照表却细化到逐年、逐月、逐日（每月首日的干支）的对照。这是具体年表领域的开山之作。该表问世后，很快就引起了西方汉学界的重视与讨论，仅《通报》就围绕"汉代编年表"发表了多篇论文。③ 其中夏鸣雷（Henri Havret, 1848—1901）于1897至1898年发表的三篇文章尤为重要，文中不仅校正了沙畹在闰年问题上的错误并给出了准确的出闰时间，而且还编制了《干支循环表》《干支纪年与儒略年对照表》《儒略年首日干支对照表》及《任意天干支表》，从而建立了较完整的干支年与儒略年的转换表。④

---

① 关于以上各点，参见 Léopold de Saussure《Le Cycle de Jupiter》（《岁星十二次》），《Les origines de l'astronomie chinoise》（《中国天文学起源》），载 T'oung Pao, Second Series, Vol. IX, No. 3, 1908, p. 455—475; vol. X, 1910, p. 257—374; vol. XI, 1910, p. 226.

② 张闻玉《古代天文历法讲座》，广西师范大学出版社 2008 年，第 36 页。

③ 杨惠玉《〈通报〉在西方中国科学史研究中的角色》，上海交通大学博士论文，2008 年，第 26 页。

④ 夏鸣雷是法国耶稣会士、汉学家，长期在中国南方生活，创办著名丛刊 Variétés sinologiques（《汉学杂编》，共出版 70 辑）。夏鸣雷的三篇论文分别是：《La Chronologie des Han》（《汉代编年表》），《Conversion des Dates cycliques（années et jours）en Dates juliennes》（《干支循环与儒略历日、年之间的转换》）和《De l'An 238 à l'An 87 av. J.-C.》（《公元前 238 年至公元前 87 年》），分载 T'oung pao, 1897, vol. VIII, no. 4, pp. 378—411; 1898, vol. IX, pp. 328—330 及 1898, vol. IX, pp. 142—150. 有关夏鸣雷年代表的中文资料，见杨惠玉《法国耶稣会士夏鸣雷与中西历转换表》，载《复旦学报（社会科学版）》第 5 期，第 115—122 页，2012 年。

沙畹《史记》翻译过程中对早期中国历法与乐律的研究

近几十年来,沙畹的《论殷历》仍是西方学者研究中国历法的基础参考。李约瑟(Joseph Needham)、马克(Marc Kalinowski)以及华澜(Alain Arrault)等在相关研究中[①]都曾引述沙畹的早期研究。值得一提的是,法国汉学家 Jean-Claude Martzloff 于 2009 年出版了《中国历法:结构与计算》[②] 一书,书中对中国古代不同时期的官方历法的结构特征进行了深入的研究和详细的计算,书末还列举了中外重要的中国历法研究著作。可以说,该书代表着法国汉学界在中国古代历法方面的最新研究成果,具有重要的参考价值。

遗憾的是,国内学者对沙畹的《论殷历》及其贡献几乎一无所知。在谈到《历术甲子篇》非汉代《太初历》,而是更古老的历法这一结论时,国内学者多引用日本汉学家泷川资言(1865—1946)的研究[③]。其实,泷川资言的成果发表于 1932 至 1934 年出版的《史记会注考证》,比沙畹的《论殷历》晚出了 40 多年。

二、音律研究

在 1898 年出版的《史记》法译本第三卷中,沙畹在附录中收录了《古代

---

① 李约瑟的论述见 Joseph Needham, *Science and civilisation in China*, vol 3, *Mathematics and the sciences of the heavens and the earth* (《中国科学技术史》第三卷《数学、天学和地学》), Cambridge, 1959, pp. 171—461. 马克文见 Marc Kalinowski, 《 Astrologie calendaire et calcul de position dans la Chine ancienne 》(《中国古代历法占星和位置计算》), *Extrême-Orient, Extrême-Occident* 18, 1996, pp. 71—113; 又见马克著、李国强译《先秦岁历文化在早期宇宙生成论的功用》,载《文史》2006 年第 2 辑,第 5—22 页。华澜文见 Alain Arrault, 《 Les premiers calendriers chinois du IIe avant notre ère au Xe siècle 》(《公元前二世纪至十世纪中国最早的日历》), 载 Jacques Le Goff, Jean Lefort, Perrine Mane, *Les calendriers. Leurs enjeux dans l'espace et dans le temps*, Colloque de Cerisy, Paris, Somogy-éditions d'Art, 2002, pp. 169—191. 又见 Alain Arrault, 《 Les calendriers chinois: l'image du temps, le temps dans les images 》(《中国日历:时间的图像,图像中的时间》), 载 Alain Arrault, Michela Bussotti, François Lachaud, Christophe Marquet, Philippe Papin, éd., *Imagerie en Asie orientale*, *Arts Asiatiques*, vol. 66, 2011, pp. 11—32.

② Jean-Claude Martzloff, *Le calendrier chinois: structure et calculs (104 av. J.-C.-1644): indétermination céleste et réforme permanente: la construction chinoise officielle du temps quotidien discret à partir d'un temps mathématique caché, linéaire et continu*, Paris, H. Champion, 2009.

③ 见张闻玉《古代天文历法讲座》,广西师范大学出版社 2008 年,第 149 页。

希腊与中国音乐关系论》一文。这是沙畹关于古中国与古希腊音律在影响关系方面的一项重要成果。

从历史上看,18世纪的钱德明神父(Jean Joseph-Marie Amiot,1718—1793)是向欧洲系统、客观地介绍中国乐律的第一人[1]。他早年将清人李光地(1642—1718)的《古乐经传》译成法文,并将手稿寄回巴黎,在当时的文化界与音乐界引起了一定的反响。卢梭(Jean-Jacques Rousseau)、狄德罗(Denis Diderot)、鲁西埃(Pierre-Joseph Roussier)、拉博尔德(Benjamin de La Borde)以及柯奈里郁斯·德·波(Corneille de Paw)等,都曾参照钱德明的译稿,论述中国的音乐体系。[2] 后来,由于《古乐经传》译稿在巴黎遗失,钱德明又撰写了《中国古今音乐考》[3] 一书并出版,对中国音乐进行了高度评价,强调中国音乐体系的独创性及其在世界音乐发展史上的重要地位。

在乐律起源问题上,钱德明认为,古希腊的毕达哥拉斯乐律理论源自中国。他指出,中国乐律的历史极为悠久,早在毕达哥拉斯之前,就已产生了十二律的律制。因此,希腊人和古埃及人的乐律体系都曾受到过中国乐制的影响:"不仅仅是希腊人,而且还有埃及民族本身也都是从中华民族的科学和技术中吸取精华,这些科学和技术后来都传入西夷民族中了。"[4] 对此,格鲁

---

[1] 见钱仁康《中法音乐文化交流的历史和现状》,载《人民音乐》1992年第1期,第42页。

[2] 分见 Jean-Jacques Rousseau, *Dictionnaire de Musique*(《音乐辞典》), Paris, Veuve Duchesne, 1768; Denis Diderot, *Encyclopédie ou Dictionnaire raisonné des sciences, des arts et des métiers*(《百科全书》), Paris, 1751—1772; L'Abbé Roussier, *Mémoire sur la musique des anciens*(《论古人的音乐》), Paris, Lacombe, 1770; Benjamin de La Borde, *Essai sur la Musique Ancienne et Moderne*(《论古代与现代音乐》), Paris, l'imprimerie de Ph. D. Pierres, 1780; Corneille de Paw, *Recherches philosophiques sur les Égyptiens et les Chinois*(《埃及与中国哲学研究》), Amsterdam et Leyde, Barth. Vlam. et J. Murray, 1773. 关于这一问题的总体论述,见吉姆·列维(Jim Levy)(著),阎铭、冯文慈(译)《若瑟·阿米奥(即钱德明)和启蒙运动时期对毕达哥拉斯定律法起源的讨论》,载《中国音乐学》1989年第2期,第124—125页。

[3] Jean Joseph-Marie Amiot, *De la musique des Chinois, tant anciens que modernes*, 载 *Mémoires concernant l'histoire, les sciences, les arts, les moeurs, les usages, etc. des Chinois par les missionnaires de Pékin*(《北京传教士关于中国历史、科学、艺术、风俗、习惯等的杂录》),第六卷,第1—254页,1780年。

[4] 钱德明《中国古今音乐考》,第16页。译文载陈艳霞(著),耿昇(译)《华乐西传法兰西》,商务印书馆1998年,第104页。

沙畹《史记》翻译过程中对早期中国历法与乐律的研究

贤修道院长深表赞同,他在 1785 年出版的《论中国》一书中指出:"中国每种律的真正大小、它们之间的相生法,总而言之就是中国真正的音律,如同毕达哥拉斯所采纳的音律一样,事实上均应归功于古代中国人。"①

另有一些学者对古代中国、埃及和希腊的乐律起源也提出了自己的见解。拉莫(Jean-Philippe Rameau,1683—1764)在其《音响原则新观念》中认为,"中国人如同毕达哥拉斯一样,他们的音乐体系均发祥于三分损益法。"② 他还认为,这是一切振动体的第二泛音共振的自然结果,二者之间并不存在互相影响的问题:"毕达哥拉斯体系与中国体系相互之间并无联系(中国体系中甚至连第一种四音列,即自然四音列也没有出现),这就表明它们的创始者从没有交往过,而只是三倍音音列(La progression triple)传到了某些人手中,而四音列传到了另一些人手中,这一切又是在不同时期,通过诺亚的不同后人完成的。"③ 阿尔诺修道院长(l'abbé François Arnaud,1721—1784)在 1761 年发表的一篇文章中,讨论了中国与埃及乐律的相似问题④。他说:"如果浏览一番李光地的著作,那么就会以为是在阅读毕达哥拉斯的学说,也就是埃及人有关音乐的论点。他们具有同样的起源、同样的用法、同样的演技、同

---

① 见 Grosier, *Description générale de la Chine ou Tableau de l'état actuel de cet empire*, Paris, Moutard, 1785, p. 777. 译文见陈艳霞(著),耿昇(译)《华乐西传法兰西》,商务印书馆 1998 年,第 233 页。时至今日,中国乐律独立起源说和西方乐律源于中国说仍然得到研究者的支持。吉姆·列维在上引文(《若瑟·阿米奥和启蒙运动时期对毕达哥拉斯定律法起源的讨论》,第 137 页)中认为:"不管中国音乐来源如何,它与欧洲音乐无关,是独自发展起来的。"陈艳霞在上引书(《华乐西传法兰西》,第 127 页)中写道:"《中国古今音乐篇》迄今为止仍是唯一一部反对中国音乐起源于埃及之妄说的著作。"

② 拉莫是法国著名的巴洛克作曲家、管风琴家和音乐理论家。引文见陈艳霞上引书(《华乐西传法兰西》,第 60 页)。拉莫认为,中国人最开始是凭借极端灵敏的听力定音,之后才开始把竹管作为定音器,并以竹管的长短及直径的大小鉴定音的高低清浊及音调。见查玲玲、高海林《清代李光地的"古乐经传"之西传法国及遭遇》,载《东方论坛:青岛大学学报》2005 年第 2 期,第 19—23 页。

③ 见吉姆·列维上引文(《若瑟·阿米奥和启蒙运动时期对毕达哥拉斯定律法起源的讨论》,第 129—130 页。

④ 见阿尔诺 L'abbé François Arnaud, Jean Baptiste Antoine Suard (éd.), 《Traduction manuscrite d'un livre sur l'ancienne Musique Chinoise, composé par Ly-koang-ty, Docteur et Membre du premier Tribunal des Lettrés de l'Empire, Ministre, etc.》(《中华帝国的大臣和文渊阁大学士李光地所著有关中国古代音乐著作的译本手稿》), *Œuvres complètes de l'Abbé Arnaud*, Tome second, Paris, Léopole Collin, 1808, p. 51—88. 文章首次发表于 *Journal étranger*, 第 5—49 页,1761 年 7 月。

样的流传范围、同样的神奇和赢得了同样的赞美。……毕达哥拉斯正是以埃及人为楷模才从数字中得到了形成音调的艺术，中国人也是从数字中找到了他们的音乐方法和规则。"他还通过一些具体的例证说明，中国音乐与毕达哥拉斯理论下出现的音乐以及埃及音乐间具有相似性，甚至是一致性。[①] 鲁西埃神父在1770年出版的《论古人的音乐》（*Mémoire sur la musique des anciens*）一书中指出，毕达哥拉斯是先在埃及接受数学教育，而后将其传入希腊："毕达哥拉斯所信仰的现实为数字的精确表现，是起源于埃及的。"在乐律方面，他认为："'希腊大完全体系'和中国五声音阶体系都是由埃及体系引申出来的。埃及体系似乎是以十二个项的前七个项组成了希腊体系，而以其第八个到第十二个项组成中国体系。"他指出，中国三倍音音列从第八个项开始的做法意味着中国体系是省略了某种已经存在的体系的第一个项到第七个项，是一种仿效的东西。然而，他同时承认，"埃及人可能并不是首先把音乐体系建立在十二个项三倍音音列上的人，因为就像把一天分为十二个时辰，把黄道带分为十二宫一样，这也可能起源于迦勒底人（Chaldeans），是他们首先使用了十二进位制算数进行天文演算的。"[②] 在吉姆·列维（Jim Levy）看来，鲁西埃神父这一观点具有相当的前瞻性，与20世纪对该问题的看法非常接近。

　　由上论可知，在沙畹之前的两个多世纪中，法国音乐学者已充分认识到中国古代乐律与毕达哥拉斯乐律在理论上的相似性，他们在起源问题上的讨论，则集中于毕达哥拉斯乐律的来源问题。不过，无论是源自中国说，还是源自埃及或迦勒底说，这些讨论还处于早期阶段。就中国乐律而论，由于钱德明并不熟悉中国早期文献，所以对此问题的探讨远说不上深入。

　　沙畹对乐律问题的关注与《史记·律书》的翻译密切相关。要翻译《律书》这样的音律文献，没有足够的乐律知识是无从下笔的。这很可能是沙畹接触到钱德明等人对中国、埃及与希腊古代音律体系进行比较研究的根本原因。在《古代希腊与中国音乐关系论》一文中，沙畹通过对《左传》《国语》《吕氏春秋》《淮南子·天文训》等古典文献的深入考察，以及与毕达哥拉斯理论的对比研究，首次提出了中国古代乐律源于毕达哥拉斯乐律理论的假说。

---

　　① 原文见Arnaud上引书《中华帝国》第51—52页，1808年；译文见陈艳霞上引书（《华乐西传法兰西》第65—67页）。

　　② 有关鲁西埃神父的观点，见吉姆·列维在上引文（《若瑟·阿米奥和启蒙运动时期对毕达哥拉斯定律法起源的讨论》，第132—133页）。

沙畹《史记》翻译过程中对早期中国历法与乐律的研究

他认为，在公元前6世纪的中国文献中，十二律的"律"指的是钟律，而不是管律。十二律的律名最初都是钟名。十二口钟相互独立，可以各自演奏曲调不同的音乐。然而到了公元前3世纪，中国的音律体系突然从钟律理论变为了管律理论。十二律管每个律管有固定的音，它们共同组成一个不可分割的整体。他还强调指出，中国古文献中有关十二律的长度数据一直都不准确，而且还有简单化或错误的记录。随后，沙畹又研究了中国古代有关"黄帝使伶伦自大夏之西昆仑之阴取竹于嶰谷"的传说。在沙畹看来，"大夏"是西方的一个国家，伶伦到"大夏之西"也就意味着到"极远的西方"去，所以造律的初始地不在中国，而是在中国的西方。最后，沙畹通过对亚历山大大帝东征的时代与地域的考证阐明，中国古代的乐律理论在公元前3世纪的突变，其实是毕达哥拉斯乐律理论随亚历山大的东征东传的成果。[①]

如果说沙畹以前法国对中国古代音律的讨论主要集中在音乐界的话，沙畹的论文则将这一问题引入了汉学领域，并由此引发了持续的反响。此后的汉学家对沙畹涉及的主要资料与观点都有深入的研究。葛兰言（Marcel Granet）在其专著《中国之思维》的第三章《数字》（les nombres）中，单辟"数字和音乐比例"（Nombres et rapports musicaux）一节[②]，对沙畹的观点进行了系统的分析和评价。首先，在律管长度的精确性方面，沙畹认为"律"原指钟律、不指管律，而确定一套十二个钟的精确尺寸几乎是不可能完成的，而且中国古代的乐律家并不完全遵守音乐理论中精确的律数，所以中国在公元前3世纪突然出现的运用于钟律的数字理论很可能是外来的，是经由亚历山大东征传来的毕达哥拉斯的理论。葛兰言则认为，中国最早发明的乐器应该是弦乐器和管乐器，其乐律理论很可能是基于表达竹管节数的长度数字，而不是表达铜钟大小的数字。同样，弦的长度也可以用数字方式量化。关于数字的不准确性，他解释到，如果说中国人用数学法则建立起的乐律体系没有被严格应用的话，那是因为中国的乐律是通过"竹节"这样的实际数字来体现的，其目的不是创造一个精确的乐律理论，而是用简单的数字来阐明理

---

① 沙畹之前的学者如钱德明、阿理嗣、李提摩太等，在谈到中国音乐的起源时都不加鉴别地提及这个记载，认为中国的音乐起源于公元前2600年。见陶亚兵（著）《明清间的中西音乐交流》，东方出版社2001年，第75—101页。

② 见 Marcel Granet, *La pensée chinoise*（《中国之思维》），Paris, Le Renaissance du Livre, 1934, pp. 209—243. 以下有关葛兰言的引文均见此节。

论以方便实践。其次,在中国乐律的起源方面,沙畹从"大夏"这个地理名词上看到了希腊文明的影响。葛兰言则认为,传说中的"大夏"是产生六阴律和六阳律的地方,而阴律和阳律的划分($\frac{3}{2}$,$\frac{3}{4}$)则反映了中国人对天、地关系的认识,与中国传统中的宇宙神话或独有的科学概念结合得非常完美。他还特别举出笙这一管乐器作为例证。他认为,有关十二律的神话让人想到性爱舞蹈,而笙这种由十二支竹管组合成的乐器则是为"凤凰起舞"伴奏的。今天远东许多地区仍在使用的笙分公笙和母笙两种,演奏时也多与性爱舞蹈有关。在中国神话中,笙是由女娲发明的。因此,笙的发明有着深厚的中国文化底蕴。由此看来,十二律管的发明神话不可能是后来的作者突然想象出来的。因此,"大夏"不能作为中国乐律外来说的证据。

在沙畹涉及的其他一些问题上,法国新一代的汉学家也有突出的贡献。比如,关于十二律之后的第十三律,沙畹在《古代希腊与中国音乐关系论》中指出,中国古代学者只讨论十二律,从未涉及第十三律。他认为,如果有第十三律的话,它的长度应该是首律长度的一半。马克在近期完成的一篇论文中指出,沙畹的这一说法有误,汉代京房(公元前1世纪)的六十律体系表明了对这一音差问题的认识。马克还特别指出,先秦时代在生律模式上已经体现了处理这一音差问题的规则:"如果仲吕(60)继续生律,就应该重新回到生律起点的黄钟(80或40.5),但是不管是用上生法($60 \times \frac{4}{3} = 80$),还是用下生方法也好,($60 \times \frac{2}{3} = 40$),都会产生数差。"① 在分数凑整问题上,沙畹认为,《淮南子》中删去律管长度整数后的所有分数的事实表明,这一理论本身就是完全错误的。② 陈艳霞认为,细小的长度差异是不会影响律管的发音的,鲁西埃力求用毕达哥拉斯的理论来解释和评论中国人的音乐理论,是

---

① 见马克(著),李国强(译)《从放马滩秦简十二律占看战国晚期到西汉初的律学制度》(即将发表)。
② 钱德明也介绍了这些凑整的数字。鲁西埃指责说"这种数字是不合理的,这样演奏出来的3(mi)音并非是64的五度音。如果根据已确立的相生顺序,那么6(la)(64)的五度音应为3(mi)(42,2/3)。我们已清楚地看到,没有任何原因会使之中断"。见陈艳霞上引书(《华乐西传法兰西》第136—137页)。

沙畹《史记》翻译过程中对早期中国历法与乐律的研究

没有能准确理解中国人省略小数点后面余数的做法。其实，中国人是使用黍粒的长度作为单位来计算律管长度的。半黍粒代表着将近一毫米的距离。这种因取其整数而增加的距离很小，无疑不会产生明显的作用。此外，对于竹筒的音响来说，并非只有长度才有意义，还有直径和吹口的问题。① 在这一问题上，马克通过对放马滩日书乙种秦简中完整大数的研究，指出公元前3世纪已存在大数体系，而司马迁《史记·律书》中记载的大数体系则具有独到的特征。他指出，当时的历法化律学及其在数术占卜方面的应用，已经吸收了三分损益法具有的相当严格、极为精确的数学生律计算。放马滩日书乙种的两个律数单似乎表明，这两个体系显示的是两个具有不同特征的数学原则。从律学发展的历史上看，《史记·律书》中的律学理论标志着其与前述古典历法化律学理论的割裂。唐宋律家如司马贞（8世纪）和蔡元定（1135—1198），以及沙畹、李约瑟等都试图订正司马迁的所谓"错误"，这其实是不正确的。在马克看来，《律书》中的大数不是和十二律而是和十二时辰连在一起的，这里的音律主要是用来律历占卜，而不是为了制定严格意义上的乐律法则②。

就笔者所见，中国学者在有关中国古代乐律研究中，特别是有关中国乐律西传、西方音乐的东渐以及中国乐律与其他古文明乐律体系的对比研究中，尚未有人提及沙畹的这篇论文。③

三、结语

1889年，当24岁的沙畹来到北京，立志翻译《史记》时，矗立在他面

---

① 见陈艳霞上引书（《华乐西传法兰西》，第136—137页）。
② 见马克上引文（《从放马滩秦简十二律占看战国晚期到西汉初的律学制度》）。
③ 就笔者看到的文献来看，如钱仁康在《中法音乐文化交流的历史和现状》（载《人民音乐》1992年第1期，第41—45页），陶亚兵在《明清间的中西音乐交流》（东方出版社2001年），宫宏宇在《钱德明、朱载堉与中国礼仪乐舞之西渐》（载《中央音乐学院学报》2010年第2期，第91—97页）及《"他者审视"：明末至民国来华西人眼中的中国音乐》（载《音乐研究》2014年第4期，第64—77页），刘娅娅在《古代中国与希腊乐律计算起源比较研究》（载《西北大学学报（自然科学版）》2011年6月，第41卷第3期，第561—564页），以及周永晓、李天义在《古希腊音乐与中国周代音乐的比较》（载《艺术教育》2010年第3期，第70页）等著述中，均未提及沙畹的论文。

145

前的是一座巍峨的高山。16年后，在他40岁时，他出版了《史记》法文版的前五卷。尽管他一生只翻译了《史记》一百三十卷中的前五十卷，但他却建立起自己汉学生涯的名山事业，也为法国汉学树立了一座丰碑。

由沙畹1890年出版的《封禅书》译文与发表的《论殷历》来看，沙畹对《史记》的研究和翻译最早是从《书》着手的。而《书》的内容，如司马迁在《史记·太史公自序》所言，是关涉"礼乐损益，律历改易，兵权山川鬼神，天人之际，承敝通变"的典章制度。这就清楚地表明，沙畹研究《史记》的切入点，其实是构造中国早期社会的理论与制度基础。而其中的《历书》与《律书》，更是纯技术性的科学与礼制、政体、宗教等制度结构的有机融汇，也是天人合一这一哲学原则的典型表征。应该说，沙畹之所以选定这两个领域进行研究，在很大程度上是要借此揭示出中国早期社会深层结构的某些特质。

在这两篇论文中，沙畹更多地侧重于技术方面的考察。在这一领域，清代学者已完成了大量的考据工作，重构了历、律发展的历史脉络与烦琐的计算细节，同时，早期学有专长的西方汉学家也开始从现代科学的角度进行了初步的考析。以此为基础，沙畹运用数学方法系统地介绍了中国古代在历、律方面的专业知识。沙畹的独特贡献在于，他能以西方现代科学和中西对比的研究方法对中国这两门古老的传统科学进行审视，进而提出触及中国历、律本质特征的问题并进行深入的专题研究。尽管囿于时代的限制，他的一些论证过程和结论肯定存在着这样那样的不足，但他在文中提出的一些问题，如《历术甲子篇》的起源与历占功能问题，以及中西乐律在起源时代的关系问题等，在一个多世纪以后的今天，仍是中外学者不懈探讨的课题，他的相关论述仍是必备的重要参考。

年轻的沙畹在这里表现出犀利的分析能力和深厚的学术素养。这自然得益于他在巴黎高等师范学院求学时所接受的严格的科学研究训练。作为该校久负盛名的哲学专业的高才生，沙畹必然在古希腊哲学及自然科学方面有着深厚的积淀，而他与一位同学合写的以康德自然哲学为题、集研究和翻译于一体的毕业论文[1]，则为他奠定了从事科学研究和翻译的专业功底。基于此，

---

[1] ANDLER Charles et CHAVANNES Édouard (trad.), *Premiers principes métaphysiques de la science de la nature par Emmanuel Kant*（《康德自然科学的形而上学原理》）; traduits pour la première fois en français, et accompagnés d'une introduction sur la philosophie de la nature dans Kant [trad. de *Metaphysische Anfangsgründe der Naturwissenschaft* de Emmanuel Kant, 1786], Paris, Alcan, 1891.

沙畹《史记》翻译过程中对早期中国历法与乐律的研究

当他进入《史记》的研究与翻译时,很快就专注于其中的历法问题,并能触类旁通,同时又将之置于人类古文明的整体背景下进行对比考察。可以说,沙畹在研究、翻译《史记》的起步阶段,已将《史记》这部两千多年前的古史经典置于了现代科学研究的范畴之中。法国的现代汉学或者说科学汉学由此启程。

今年是沙畹诞辰 150 周年,谨以此文及两篇译文纪念这位法国现代汉学的奠基者。

(贺梦莹:法国高等实验研究院 [École pratique des Hautes Études] 历史与文献学系博士生)

戴密微：东方语言学院与汉学研究[*]

克里斯蒂娜·阮桂雅（Christine Nguyen Tri）著 岳 瑞 译

摘 要：戴密微一生致力于汉学研究与汉语教学，对语言有着浓厚兴趣的他毕业于东方语言学院，先后在河内、北京、厦门和东京从事研究工作，随后进入东方语言学院任职。戴密微学识渊博，治学严谨，兴趣广泛，在中国哲学，尤其是佛教、道教、敦煌学、语言学、中国古典文学等方面都有杰出成就，并因此在汉学界享有盛誉。其著作丰富多彩、多种多样，在世界汉学界产生了广泛影响。有着远东游学经历的戴密微将学术与实践紧密结合，从未放弃过对教学的热爱，他的学生中也涌现出很多著名的汉学家。

关键词：戴密微 汉学研究 汉语教学 东方语言学院 中国

当今，戴密微（1894—1979）在汉学家中享有很高声誉，他的作品无论在法国还是在国外都一直受到广泛关注[①]。我们的一些同事都很骄傲能够成为

---

[*] 本文选译自白吉尔（Marie-Claire Bergère）、安必诺（Angel Pino）主编《东方语言学院一个世纪的汉语教学——1840—1945》第173—208页，巴黎世界语言-亚洲人，巴黎，1995 版（Un siècle d'enseignement du chinois àl'école des langues orientales 1840—1845, PP. 173—208, L'Asiathique-Langues du monde, Paris, 1995.），应钱林森教授之邀迻译，并由他审定发表，为《汉学研究》书系之专用文稿，不经许可不得重印。

[①] 为了叙述戴密微的职业生涯，我使用了让-皮埃尔·德耶尼的文章《戴密微 1894—1979》，《巴黎高等实践学院手册》，第四部分，第 2 册，第 23—29 页，1981—1982 年和 1983—1984 年；谢和耐《戴密微生平及作品概述》，巴黎法兰西文学院，1987 年。《1986 年会议记录》，第 596—607 页；谢和耐《戴密微（1894—1979）》，《通报》第 65 卷，1979 年 1—3 期，第 1—9 页；吴德明《戴密微（1894—1979）》，《共相》，全球百科全书出版社 1980 年，第 543—544 页；吴德明《戴密微与法国远东学院》，载《法国远东学院公报》（纪念戴密微）第六十九卷，第 1—29 页，巴黎法国远东学院，1981 年；侯思孟《戴密微（1894—1979）》，载《美国东方学会会刊》1979 年 99.3，第 553—555 页；玛德莱娜·保罗-大卫《纪念戴密微（1894—1979）》，载《亚洲艺术》（吉美国立亚洲艺术博物馆和赛努奇博物馆年鉴）第 36 卷，第 67—68 页，巴黎 1981 年；苏远鸣《戴密微（1894—1979）》，载《亚洲通报》第 268 卷，第 1—10 页，巴黎法国亚洲学会，1980 年；为了记述法国东方语言学院的教学工作，我参考了保存在东方语言学院个人档案中的戴密微的资料（戴密微的东方语言学院个人档案）；以及国家档案馆的东方语言学院藏书，编号 62AJ。我要感谢让娜-玛丽·阿列夫人、奥迪勒·卡尔腾马克夫人以及德耶尼、谢和耐、吴德明、侯思孟、李嘉乐、汪德迈先生向我提供的补充信息。

他的弟子，当提到他的时候，他们带有尊敬之情，并充满如对父亲般的爱。他是"整整一代汉学家的老师和朋友"（侯思孟）①。"他是我们所有人的老师，最博学、最优秀、最忠实的老师，他一生孜孜不倦，从工作中获得了最为丰富的经验。他是我们可敬的老师。"（谢和耐）② "他无比忠诚与殷切……。他在办公室的接待总是热情而友好。"（吴德明）③

人们或许还能记起他的法兰西学院教授和巴黎高等研究实践学院研究主任的头衔，但在年轻人（和中年人）中，有几个人还知道戴密微在东方语言学院待过很长一段时间，开始时作为学生（1917—1919），后来则作为老师（1931—1945 的十四年间），离开我们学校后，他是否还继续汉语教学？这篇纪念文章使我能够描述 20 世纪上半叶汉语学习的环境，为我提供了展现这位汉学大师的机会，我还可以借此机会介绍另外一些汉学家，因为他们在同一时期，以各自的方式在汉学研究中留下足迹。

一、典范教育

1894 年 9 月 13 日，戴密微出生在洛桑，他的父亲是医学院的教授，他在伯尔尼上完中学，取得中学毕业文凭。随后，他继续"欧洲"学习，先是在英国，后是在德国（1912—1913），在巴黎大学取得文学学士（1914 年）。回瑞士休整一年后，他重新来到法国、英国和苏格兰定居，在巴黎大学、伦敦大学和爱丁堡大学投身文献学研究（1915—1917）。在伦敦大学国王学院，他开始跟随一个前任传教士学习汉语（1915 年）。这位传教士建议他到法兰西学院听埃玛纽埃尔-爱德华·沙畹（1865—1918）④ 的课。然而，戴密微似乎

---

① 参见侯思孟为戴密微的《拉萨僧诤记》所作绪言，巴黎高等汉学研究所 1987 年（1952 年第一版），第 7 页。
② 参见谢和耐《戴密微》，第 1 页。
③ 参见吴德明《戴密微》，第 544 页。
④ 关于埃玛纽埃尔-爱德华·沙畹，参见亨利·科蒂埃《埃玛纽埃尔-爱德华·沙畹》，载《通报》1917 年第 18 卷，第 114—147 页；亨利·科蒂埃《埃玛纽埃尔-爱德华·沙畹》，载《亚洲通报》1918 年第 11 卷，第 197—248 页；戴密微《法国汉学研究历史概述》，载《汉学研究文选（1921—1970）》，布里尔出版社 1973 年，第 472—475 页。

首先对音乐史（他对"组曲"这种音乐形式进行了研究①）和俄国文学感兴趣，还有一段时间研究起了外交学。出于对中俄关系史的好奇，他着手学习汉语，这使他投身于远东、特别是中国研究。1917年，他到东方语言学院注册，不仅仅是学习汉语，他还学习日语、马来语、泰语、安南语（越南语）和俄语②。这种如饥似渴的求知欲让我们有些惊讶；向我们展示出戴密微对于语言的兴趣和他非凡的语言能力。多样化的启蒙教育后来在他到印度支那、中国和日本继续学习的过程中得到延伸，这个延伸的过程既幸福又必不可少。在远东的长期定居使他精通汉语、越南语和日语；他能够阅读俄语、德语、英语和意大利语，并且能用这些语言表达，他还知道梵语、巴利语和藏语。即便在生命最后，他也一直表现出对语言的热情；70多岁的时候，他毫不犹豫地开始学习西班牙语③。

在东方语言学院，戴密微听了韦锡爱（1858—1930）④和亨利·科蒂埃（1849—1925）⑤的课。科蒂埃从1888年起成为"远东各国地理、历史和制度"的主讲⑥，他从1881年开始就在我们学院授课。1925年3月16日突然去世的前两天他在东方语言学院上了最后一节课。作为一个曾经定居在中国的商人之子，他自己也于1869—1876年住在上海，从事进出口贸易工作。他不懂汉语，但这并没有妨碍他获得汉学家们赋予他的一些头衔，因为他做了很多总结工作，即便如今已经有点儿过时，特别是他建立了描写中国的外文书目索引，这些书一直受到关注⑦。戴密微的记忆中，亨利·科蒂埃是一位出色的老师，而且还是一套活卡片，对西方出版了哪些关于中国的书籍了如指

---

① 参见谢和耐、吴德明和保罗-大卫的文章。
② 参见戴密微，东方语言学院个人档案。
③ 据戴密微女儿让娜-玛丽·阿列夫人证明。
④ 关于韦锡爱，参见戴密微《历史概述》，第462页；伯希和《韦锡爱》，载《通报》1930年第27卷，4—5期，第407—420页；他在东方语言学院的资料（韦锡爱的东方语言学院个人档案）。
⑤ 关于亨利·科蒂埃，参见戴密微《历史概述》，第475—476页；若泽·弗雷什《汉学》，法国大学出版社1975年，第75—76页，"我知道什么"；伯希和《亨利·科蒂埃，1849—1925》，载《通报》1925—1926年第24卷，第1—15页；以及科蒂埃的东方语言学院个人档案。
⑥ 这门课曾经有好几个名称，其中一个是"远东各国地理、历史和法律"。
⑦ 参见亨利·科蒂埃《中国书目索引》，巴黎东方与美国书局1904—1922年，卷4以及增刊和索引。

掌①。对于汉语教授韦锡爱,他说:"他能讲一口流利的古汉语……。他的讲授清晰明了,具有极强的责任感……"②

由于韦锡爱的学生数量非常少,因此他能更好地向他们传授知识。关于学习汉语的大学生,戴密微是这样写的:

> 在东方语言学院,上世纪末时只有二十几个人,后来在一战期间,当我学习汉语的时候,人数就更少了:我们掰着手指就能数过来全部的学生。③

另一份资料指出,20世纪初的十年间,在东方语言学院,用一只手就能数过来学习汉语的大学生。韦锡爱在 1910 年 11 月 26 日写给教育部部长的一封信中,指责行政主管保罗·博耶(1908—1937 年在职)鼓动可能会去听他的课的学生到法兰西学院上埃玛纽埃尔-爱德华·沙畹的课。毫无疑问,这件事没有根据,只是揣测而已。在韦锡爱看来,这个奇怪的政策导致东方语言学院汉语专业的大学生数量缩减到两人(事实上 1909—1910 年有五个人注册了汉语专业)④。然而,这两位老师相反并非水火不容。因此戴密微才能有幸完成韦锡爱的课与爱德华·沙畹的汉语阅读课和汉学课,这位老师和学生每周日上午在位于 Fontenay-aux-Roses 的韦锡爱的住处上课。他接受的教育不止于此,还师从法兰西学院教授西尔万·莱维(1863—1936)⑤ 学习梵语,西尔万将他带入佛学研究领域。他去听语言学家安托万·梅耶(1866—1936)和路易·菲诺(1864—1935)的课,后者在法兰西学院教授印度支那历史与哲学,此外他还去上巴黎大学教授、佛学专家、犍陀罗佛学艺术专家弗修尔

---

① 参见戴密微《历史概述》,第 476 页。
② 参见戴密微《汉语在国立现代东方语言学校》,让·德尼《东方语言学院 150 周年:国立现代东方语言学校的历史、组织和教学》,第 160 页(1944 年 12 月 1 日在东方语言学院举行的报告会),巴黎国家印刷局 1948 年。
③ 参见戴密微《历史概述》,第 467—468 页。
④ 关于这次争论,参见韦锡爱,东方语言学院个人档案。
⑤ 关于西尔万·莱维,参见路易·勒努《西尔万·莱维与他的科学作品》,载《亚洲通报》1936 年第 228 卷,第 1—59 页。

(1865—1952）的课①。

听过不同教授的课，并获得东方语言学院汉语文凭（1919②）后，戴密微结束了他在欧洲的教育，亚洲生活开始了。1919年12月3日，大概是在老师路易·菲诺和弗修尔的支持下，他成为法国远东学院的临时奖学金获得者。路易·菲诺之前被任命为印度支那考古团的团长，这个组织1898年由印度支那总督保罗·杜美成立，后来在1900年更名为法国远东学院。学院先是坐落在西贡，1902年搬到河内，弗修尔任临时院长，后来成为名誉院长。1914—1918年路易·菲诺重新做了学院院长（临时），1920—1926成为名誉院长。法国远东学院在法兰西文学院的科学监管下，旨在探索印度支那半岛的考古和哲学，研究这里的历史、建筑、方言，以及毗邻地区的文明，即印度和中国③。"20世纪上半叶，几乎整整一代法国汉学家就是在这里，在中国的大门口，并且是在与它的联系中形成的……这种联系的一个可喜成果就是与中国知识精英之间建立了个人关系，而这些人之前一直不为西方汉学家知晓"，戴密微后来这样写道④。在亚洲，他又遇到了老师西尔万·莱维，西尔万帮助他在日本找到一片天地。

二、戴密微在远东（1920—1930）

（一）印度支那时期（1920—1924）与第一次中国之行（1921年年末）

获得法国远东学院的奖学金后，戴密微于1920年2月来到印度支那。在河内，他受到同是学院成员的亨利·马斯伯乐（1883—1945）的欢迎。亨利1908年到达这里，1917—1919年间被召回法国，在被用来代替工厂中入伍的法国人的中国劳工身边做翻译。在印度支那，亨利·马斯伯乐将戴密微介绍给了他的朋友，并成为他实地调查安南民俗的向导。亨利·马斯伯乐最终离

---

① 关于路易·菲诺，参见维克多·戈鹭波《路易·菲诺（1864—1935）》，载《法国远东学院公报》1935年第35卷，第515—550页；关于弗修尔，参见戴密微《弗修尔1865—1952》，载《通报》1953年第42卷，1~2期，第406—411页。
② 那年有两个毕业生。
③ 关于法国远东学院的最初几年，参见《法国远东学院最初建立到1920年》，载《法国远东学院公报》1921年第21卷，第1—41页。
④ 参见戴密微《历史概述》，第470页。

开（1920），成为法兰西学院中国语言与文学的教师，戴密微在印度支那的生活不断恶化，因为他与代替亨利·马斯伯乐在法国远东学院教授汉语课程的莱昂纳德·欧鲁索（1888—1929）之间关系有些紧张，此人时任学院秘书，后来成为院长（从1926年直至去世）①。但这并没有阻碍戴密微出色地进行佛学研究并发表了第一批作品，即发表在法国远东学院院刊上的一些书评和文章。在东方语言学院他的一份档案中，有一份1920年5月10日发表的评语，没有署名，但大概是出自行政主管保罗·博耶之手，评语指出，他已经以其博学之才吸引了大家的注意力，我们学院也一直关注着这位从前学生的情况。这份评语进一步证实了他亲切、真挚的个性，这也得到了他所有学生的承认。评语是这样写的：

> 所有满意戴密微成为其学生的人都一致认为在他身上有着进行个人研究和学术工作极其少有的天赋。他对于每一门主要的远东语言都有着强烈的好奇心，不只对严格意义上的语言学问题，而且对历史和哲学研究也怀有浓厚的兴趣，还有着坚实广博的知识……在戴密微面前，一片广阔的研究天地已经展开，包括日本、印度支那和暹罗的语言、历史、宗教和中国艺术。认识他的人中，没有一个会怀疑他在这些研究领域中都留下了深深的足迹。最近，汉学界在失去了爱德华·沙畹的同时，也有一个惨重的损失：我认为表达这样一个观点是不过分的，戴密微能够成为第二个爱德华·沙畹。
>
> 他的聪明才智和渊博学识已经让他成了一个大师，同时，戴密微还有着快乐的个性天赋。健壮的体魄、顽强的登山运动员、优秀的骑兵、快乐的伙伴。②

1921年6月底，沿着老师爱德华·沙畹的足迹③，他启程来到北京游学；他利用居住在中国首都的几个月时间来增进口语。他在这里遇到了同样毕业

---

① 关于莱昂纳德·欧鲁索，参见维克多·戈鹭波《莱昂纳德·欧仁·欧鲁索（1888—1929）》，载《法国远东学院公报》1930年第29卷，第535—541页。汉语课的教师并不是必须授课。
② 参见戴密微的东方语言学院个人档案《河内东方语言学院奖学金获得者戴密微先生的评语》。这个评语是写给谁的没有明确指出。
③ 爱德华·沙畹于1907年完成了了在中国北方的考古工作，并游历了山东省和山西省。

于东方语言学院的罗贝尔·德·罗图尔（1891—1980），他在1920年取得汉语毕业证后，立即就来中国定居了①。通过个人关系，德·罗图尔在北京租到一个住处（"一间非常迷人的中国式小房子，比旁边的一棵树还要高，树上栖息着很多蝉"②），到中国各地旅行的几个月时间里，他就把房子借给了戴密微。德·罗图尔将一位翰林院③大学士介绍给他，此人帮助罗图尔翻译文学作品。这位文人学识渊博，令戴密微赞叹不已。他在一封书信中是这样描述的：

> 他深知中国文学，并且经常谈论，我们聆听他讲中国文学，只见他张着大嘴，像活生生的泉水一样，滔滔不绝地谈起从公元前六世纪直到现在的各种各样的文学作品。最了不起的是他能够不停地高谈阔论，即便我们什么都没听懂。④

在同一封信的另一段中，戴密微提到他有机会作为听众参与的关于文学的谈话，钦佩之情溢于言表：

> 我非常高兴见到这些充满中国生命力的水鸥，这给我的思想注入很多东西，教我理解汉语，并且让我在他们面前变得谦逊，因为我感觉在欧洲自己完全只是他们其中一人的皮毛。他们之间的关系是如此平静愉悦，他们善于与大自然保持和谐，但是我相信，如今只有在北京，我们才能听到如此具有文学修养的巧妙的谈话。他们谈论考古学、佛学、中国和日本研究等，虽然我听起来费劲，但是他们知道这些主题让我这个欧洲人非常感兴趣。⑤

---

① 关于罗贝尔·德·罗图尔，参见谢和耐《罗贝尔·德·罗图尔，1891—1980》，载《通报》1981年第67卷，1~5期，第1—3页；吴德明《罗贝尔·德·罗图尔》，载《亚洲通报》1981年第269卷，第411—413页。

② 参见吴德明《戴密微和法国远东学院》，第5页（家信）。

③ 翰林院是一个享有盛誉的机构；它集中了在殿试、也就是在最高级别的官方考试中获得最好成绩的文人。

④ 《戴密微和法国远东学院》，第5页（家信）。

⑤ 《戴密微和法国远东学院》，第6页。

戴密微还利用他在首都的逗留时间为法国远东学院购买或者复印了一些著作。1921年9月，他先是来到山西，参观了云冈石窟，后来又去了山东，"观看祭孔仪式"（9月28日）。与在他之前的爱德华·沙畹一样，9月30日那天，他登上中国的一座圣山泰山；作为一名优秀登山者，冒着丢脸的可能，他拒绝坐椅子被抬上去。这些旅行绝不仅仅只是消遣，每一次旅行都让他写出了文章发表。他怀着无限的遗憾于1921年12月14日离开了首都。"离开北京时我不住叹气。眼下没有办法来这里生活！！！"① 他这样写道。这次回程历时大约一个月，经过南京、苏州、杭州、宁波、绍兴、厦门等地。这次远行让他建立了一些联系，后来被证明是非常有用的。1922年1月他又重回到河内。

1924年7月结束的在印度支那的生活显得并不是如此惬意。戴密微对这里没有表现出像在中国居住期间的热情："很明显，这个国家非常适宜居住，尤其是对于像我这样的人，不需要外出，仅从一把扇子走到另一把就够了，"② 他写道，"如果我在中国或日本找到能够让我继续进行研究的地方，我不会为印度支那感到特别遗憾。"③ 至于那里的居民则引发了他这样的思考："安南人对我要了最肮脏的花招，但自从我以坚定、冷酷的态度对待他们开始，我与他们之间的关系就非常好了。必须采取正确的方法。我花了两年时间……"④ 1923年整整一年，他大多数时间都关在法国远东学院的图书馆里，无论白天还是夜晚，过着一种与世隔绝的生活，全身心地投入到了他的研究中。只有在受邀参加一些民间仪式时才偶尔出来一下。他接待了西尔万·莱维和德·罗图尔的到访。由于担心浪费时间，他没有回应西尔万·莱维的邀请，后者想要邀他做旅伴，一起到云南旅行。正如他的家信所证明的那样，他正担心自己的将来。除去一些健康问题（部分是由于他的厨师能力较差："我的侍从给我做的饭食太简单了，我已经失去了胃口"），他还遇到了财政困难，最终只能求助于他慷慨的父亲。建立文献资料和付给好几个文人的薪水是他最主要的花销，正如他在一封信中向他的父亲解释的那样，他请求父亲在财政上帮助他："我与马斯伯乐、德·罗图尔雇用了七个文人将中国的朝

---

① 《戴密微和法国远东学院》，第7页。
② 《戴密微和法国远东学院》，第10页。
③ 《戴密微和法国远东学院》，第18页（1924年5月的家信）。
④ 《戴密微和法国远东学院》，第9页。

代史制成卡片。三人由德·罗图尔管理，两个由马斯伯乐管理，还有两个由我管理。"①

他的父亲寄给他10000法郎，这笔钱预计足以让他在1924年2月初与法国远东学院合同到期后继续在印度支那逗留三个月。事实上，他在合同结束六个月后才离开河内。如果说戴密微曾经打算寻找一个机会能够在北京待更长的时间，1920年初爆发的反对军阀、攻占首都的战争却打消了他的这个念头。一封写于1923年初夏的信表明他对于当时的中国有一种最为悲观的看法，相比当时的中国，他更喜欢古代的中国，这也是他怀着仰慕之情做研究的对象：

> 西尔万·莱维在中国周游了一圈，他感觉非常悲观，特别是在北京大学，他看不到一点希望的曙光。这是十分糟糕的信号，因为一般来说，他对于亚洲人都拥有一种夸张的宽容……对我来说，我开始有了这样的印象：它（中国）曾经是最强大的国家，直到西方中世纪伊始，后来就逐渐衰落了。共和国是对它的致命一击。
>
> 你大概已经得知中国人开始焚烧北京的消息。对于这些人，我们总是在现时的愤怒和离开他们时感受到的遗憾之间徘徊。/至于我，鉴于当时的形势，我几乎打消了在那里安顿下来的念头。/衰落！崩溃！②

上一次在中国逗留期间的书信中，他就已经表达出对当时形势和对这个国家未来的几分失望之情：

> 我结识了中国的几位年轻学者，他们非常有意思……。从政治上来说，这个国家正处于无政府状态。从思想上来说，他们正努力唤醒十几个世纪以来的麻木，但是他们能做到吗？③

然而，戴密微后来又在中国居住了两年时间。1924年2月，他收到一封

---

① 《戴密微和法国远东学院》，第15页（写给父亲的信，1923年12月13日）。
② 《戴密微和法国远东学院》，第10—11页。
③ 《戴密微和法国远东学院》，第7页。

中国友人的来信,此人姓孙(Sun Weishen),他们相识于欧洲,大概在戴密微两年前游历中国的过程中,二人在厦门又相逢了。孙时任厦门大学副校长,提议让他到厦门大学任职。这个前景并没有唤起他的热情。"显然,如果这是个在中国北方或在日本的机会,我会再三考虑的",他写道。但是他最终还是接受了。在不利因素(薪水微薄;他对厦门的糟糕印象:"我所见过的世界上最肮脏的地方")和有利因素("我能够待在中国,有旧书、文人相伴,假期里我还能进行实地考古"①)之间,这些有利条件最终促使他来到中国。1924年7月31日,他在海防登上一艘驶往厦门的日本轮船。

(二)厦门大学教授(1924—1926)

厦门大学是在三年前由一个出生在这里的海外华人建立的,此人名叫陈嘉庚(1874—1961),是"新加坡的橡胶大王"。他的成功并没有让他忘记自己的祖国,陈嘉庚决定资助家乡(集美村)的一个学城,集美村就在厦门附近。大批现代化大楼被建立起来,开办师范学校、中学、小学和幼儿园。大学于1922年建立,当时设在豪华的大楼内。校长是同样祖籍厦门的医生孙文庆,此人在新加坡长大,接受的是英式教育,是孙中山(1866—1925)和第一代革命家的老朋友。厦门的教授来自各个领域:有些教授"国学"(古汉学),还有人教授语言学、生物、英语,等等。1921年成立之初开设了师范系、文学系和贸易系,招收了136名学生②。1924年,大学拥有250名学生、50名教授。在厦门居住期间,戴密微结识了古斯塔夫·艾克(1896—1971),1935年与他一同出版了《泉州(刺桐港)双塔中国晚近佛教雕塑研究》这部著作。在他的学生中有林藜光(1902—1945),此人几年后与戴密微相会在东方语言学院,成为辅导教师。

戴密微将这个"海山之间中国之一隅"描述成"独立与反抗的巢穴",同时充满了狭隘的地方思想。然而,这"中国之一隅",厦门大学,却也沐浴在海外吹来的和风中。在他看来,厦门大学的教师分为几个派别:亲英派(来自厦门、福州或新加坡)、亲美派(来自菲律宾)、旅欧派、旅美派和中国外省派。戴密微比较讨厌学生的极端主义,他将此表述为懒惰的习性。他写道:

---

① 《戴密微和法国远东学院》,第16页。
② 这个数字来自《厦门大学》,载《中国高等学校简介》,教育科学出版社1982年,第357页。

教师之间的小战争对学生们产生很大影响，这些学生总是理所当然地乐于抓住任何借口开始"罢工"。暴乱达到顶峰，特别是在长海南京路事件之后。这个事件发生在1925年5月30日，租借警察向当时正在声援工人罢工的学生开了火。①

因此，学生们关心的不仅仅是地方性的小规模战争。但是戴密微似乎更加欣赏林藜光的态度，他为了避免参与大学的暴乱，借口生病，关在卧室中潜心研究。在厦门度过的两年中，戴密微教授了多门课程：法语、梵语入门、印度哲学和佛学史、中国与西方国家文化关系史、比较语言学和亚洲史。除了法语课，其他课程好像都是用英语授课的，事实上，戴密微应学生的要求提前用这种语言准备了课程概要。他的活动不只限于教学。1925—1926年间，他自己也听了汉语课。在一封写给母亲的信中，他承认"这比授课要有意思多了"，还说"得了中国诗歌病，白天黑夜的其他什么都不读了"②。这段时间，他获得了有关汉语口语的丰富知识，并且开始学习围棋。他的中国同事由于被禁止赌博，就用这种游戏代替了打麻将牌，以此来满足"一种合法的、升华的、高涨的民族热情"，他写道。戴密微没有分享这种热情，并承认有时会很后悔自己在这个游戏上浪费了这么多时间。然而，他却从中得到一个颇有教育意义的印象："中国文化的一个特征可以用下面的话来概括：简单的原则、极端复杂的实施。"这种特征也表现在汉语上。1944年12月，东方语言学院请他召开一场汉语教学会议，这时，他回忆起了两节课之间这一回合接一回合的消遣③。

在此期间，他还获得了观察中国的机会，但是他似乎带着怀旧之情，怀念文人只需关心诗歌和文学的那个时代，上面提到的书信片段就暗示了这一点。在另一封信中，他告诉父母自己在亚洲逗留期间的收获，同时也提到返回欧洲。

（这次逗留）于我而言真是必不可少。你们想象不到，我们那些大都

---

① 关于戴密微在厦门的逗留，参见他为林藜光《法学概要导言》一书所做的引言，引文第4页和第6页，巴黎美洲与东方书局，梅森内夫出版社，1949年。

② 《戴密微和法国远东学院》，第23页。

③ 参见戴密微《国立现代东方语言学校》，第129—130页。

市中的某些'东方学者'闭门撰写的'论文'如果从这里来看,似乎都是失败的,甚至非常滑稽可笑。在巴黎,我几乎只看到马斯伯乐可以逃脱这项指责……

亚洲固然有趣,但我仍希望有一天,瑞士的某个资助者,或者某个政府,能够提供资金,让我在瑞士的某个地方教授汉学。①

1925年期间,戴密微在日本度过一段假期,他打算寻找一个职位;夏尔·阿格诺埃(1896—1976)②将他安顿下来,此人时任东京外国语学校的法语教师,后来戴密微在法日文化馆、后来又在东方语言学院遇到他。如果说戴密微的提议真的实现了的话,它却并不是来自于瑞士的某个资助者或是政府。北京大学和法国外交部与他取得联系。此外,同年9月,亨利·科蒂埃去世后,东方语言学院的远东各国地理、历史与制度的讲坛空了出来。面对另外四位已经试探过的候选人,戴密微成为这次继任的"理想候选人"③,而后被书信告知("我被写信告知说有人希望某天能在巴黎的东方语言学院见到我"④)。但是他大概还没有做好返回欧洲的准备,最终葛兰言(1884—1940)被任命。至于戴密微则接受了外交部的建议,主要因为他更希望投身研究。他写信给他的母亲:

……我收到来自巴黎外交部的一封信,信中向我提供了为期三年的'法日文化馆'的研究员一职。这个组织将在西尔万·莱维的领导下于今年年底成立……我想这对于进行研究和写作来说毕竟是一个不错的资源,教学已经让我感到厌烦了。⑤

(三)法日文化馆的研究员和代理馆长(1926—1930)

戴密微启程前往东京,再一次见到夏尔·阿格诺埃,此人1925年在他之

---

① 《戴密微和法国远东学院》,第20页。
② 关于夏尔·阿格诺埃,参见弗朗西纳·艾哈耶《夏尔·阿格诺埃》,载《亚洲通报》1977年第265卷,第213—219页。
③ 参见行政主管对候选人的评语,AN, 62 AJ 13。
④ 《戴密微和法国远东学院》,第22—23页。
⑤ 《戴密微和法国远东学院》,第23页。

前担任第一任法日文化馆研究员。但是西尔万·莱维继任弗修尔[1]担任馆长消除了他的最后一丝犹豫,因为他最初表现出对"东京法语界"的几分迟疑,正如他给母亲的一封信中所说的:

> 如果没有他(西尔万·莱维),我就不会考虑接受了,因为你看我,作为一个瑞士人,在东京成为这个令人难以忍受的法国人圈子里的正式成员……因为我必须说,我热爱法国,但并不盲目,无论它是什么样子,我都不打算承认它相比欧洲其他国家具有任何一种优越性,也不会承认它相比世界其他国家具有任何一种优越性,我根本不想成为法国人。[2]

戴密微将要违背自己的感情,在这之中,他的内心并非没有冲突[3]。来东京之前,戴密微就想到,万一在东京事情进展得不顺利,他就与厦门大学商量签订一份新的合同。但是他的担心被证明是多余的。整整一年时间里,他的工作都围绕着日本与欧洲[4]。1927—1930年,他再次担任法日文化馆的研究员,在此期间,他两次成为临时馆长,并与出版社合作,特别是他两次被任命为根据中国和日本的资料而编纂的佛学百科辞典《法宝义林》的总编辑。这项工作得到了西尔万·莱维和法日佛学研究大师高楠顺次郎(1866—1945)的支持。关于《法宝义林》,西尔万·莱维写道:"这部杰作所获得的荣耀(我向您保证这是一种荣耀)的百分之九十属于戴密微这位出色的工作者。"[5]全书的前两卷是他还在日本期间出版的,他撰写了其中的大部分文章,第三卷于1937年在巴黎编辑出版,大部分文章也是由他撰写的。这项工作在以后的多年时间里由于各种原因被中断,其中有西尔万去世和戴密微返回法国的原因。戴密微20世纪60年代末才重新着手这部词典的编写。

东方语言学院并没有放弃将这位"出色的工作者"列为教师人选。从1929年起,戴密微就成为汉语教授的候选人。哈佛大学也向他提供了一个职位。是他离开亚洲的时候了。1930年8月,在结束了长达十年的远东生活后,

---

[1] 弗修尔在法日文化馆成立的最初八个月间担任馆长。
[2] 《戴密微和法国远东学院》,第23页。
[3] 参见下文《戴密微加入法国国籍并进入东方语言学院》。
[4] 参见戴密微,东方语言学院个人档案。
[5] 参见保罗·奥尔特拉马尔《法宝义林》,载《日内瓦日报》1929年7月23日,第1页。

他回到欧洲。在与行政主管保罗·博耶的通信中，戴密微曾在东方语言学院授课之初要求允许他重新回到日本一年或一年多的时间，进行撰写《法宝义林》的工作①。事实上，他没能有机会长期居住在远东，特别是他再也没有回到中国。原因在于1930—1940年间欧洲和东亚局势混乱。后来，一方面是他在法兰西学院的教学岗位，另一方面是由于北京建立了新政权，这使得他不能像以往那样兴致勃勃地旅行了，所以他自愿放弃了那些也曾出现的机会②。

三、1930—1945年的东方语言学院与汉语学习

（一）戴密微加入法国国籍并进入东方语言学院

阿诺德·韦锡爱自1899年起担任东方语言学院的汉语教授，他有权利在1928年退休，但这并不妨碍他继续授课，1930年3月28日，他由于突发疾病而"在讲坛上去世"。重要的汉语课中断了四个星期，后来的几个月由当时的法兰西学院教授伯希和（1878—1945）担任授课工作③。1929年起，行政主管保罗·博耶联系戴密微，提供给他这个职位④。1930年3月初，戴密微写信给哈佛大学，谢绝了他们的邀请。做出这个决定一方面是因为他希望能留在家人身边，另一方面则由于他在法国遇到了一些从前在远东学习生活期间陪伴他的老师、同事和朋友。1930年11月14日，东方语言学院的汉语讲坛宣布空缺。12月初，东方语言学院教师大会和进修委员会选举戴密微为第一候选人，这个决定根据学院1914年章程确定的程序，也得到了法兰西文学院的认可。戴密微的候选人资格早已得到一致承认，因为他在远东学术研究领域获得了稳固的声誉，他的博学有目共睹，而且著作颇丰。然而，还剩下最后一个困难要克服：作为瑞士国民，他是不能在一所法国教育机构内任教的。

1930年1月18日在行政主管寄给戴密微的一封信中，我们得知他们早在

---

① 参见戴密微，东方语言学院个人档案（1930年3月3日写自东京的信）。
② 据阿列夫人证明。
③ 参见伯希和，东方语言学院个人档案。
④ 参见戴密微，东方语言学院个人档案（保罗·博耶1930年1月18日的来信中提到他们从1929年夏开始书信往来）。

六七个月前就已经着手解决他加入法国国籍的问题①。戴密微就这个问题向他的父母推心置腹地谈过以后，经过深思熟虑，他决定迈出这一步。行政主管祝贺他做出这个决定，他声称自己考虑到了这个问题的严重性："首先，一句话，改变您的国籍。这是个棘手的问题……说它棘手，是因为这是个良心问题。改变国籍，是不是和改变宗教信仰一样呢?"保罗·博耶着手此事，动用了预审入籍事宜的司法部门的关系，加速办理可能会冗长烦琐的手续。最终，1931年10月5日颁布的法令宣布戴密微加入法国国籍，法令发布在10月11日的《宪报》上，从那时起，东方语言学院的任命才正式生效。

（二）中国语言文化教学

学业要持续三年，三年后，得到"评价良好"的学生可以获得语言文凭②。戴密微教授这三年的课。在通知课程的布告上，他的教学是这样介绍的③：

周一16：00、周四15：00：汉语语言与写作基础、通用口语学习、实用练习与简易文章阅读（一年级）

周一18：00：古今口语文章阅读（二年级）

周四17：00：书面语现代文讲解、报刊、行政、外交与贸易材料、书信文体（二年级与三年级）

周一9：30：中国文学各种体裁古文选学（三年级）

在经常作为校外专家受邀参加东方语言学院考试评审的亨利·马斯伯乐看来，"在戴密微的领导下，汉语教学取得了很大进步；他善于传授给学生广泛的书面语和口语知识"，他肯定地说④。在李嘉乐的记忆中，戴密微是个既严厉又宽容的老师，与玛德莱娜·保罗-大卫的证词一致：

他是一个严厉的老师，一丝不苟，从来都会毫不犹豫地运用好几种

---

① 保罗·博耶提到从1929年夏他们开始书信往来。

② 关于学院的组织机构和学习条件，参见让·德尼《国立现代东方语言学校》，载让·德尼《东方语言学院150周年》，第1—24页。

③ 1936—1937年通告，AN，62 AJ 71。

④ 参见戴密微，东方语言学院个人档案（亨利·马斯伯乐的来信）。

不同的方式来不断讲解，以便让学生领会一种表达方式或者鉴赏它的韵律。①

让·皮埃尔·德耶尼这样写道：

  大概是由于初学者经常到访，他估计到了汉语教学的困难，并逐渐学会如何满足年轻大学生和有教养的公众的需要，因为他们对中国非常陌生，他也意识到汉语学者有责任向他们普及这种特殊的语言，既然他是这些学者中的一员：这种语言能够取悦并吸引大众，却并不能否认它在写作上的科学准确性。②

这些课程在1933—1945年间由林藜光辅导完成，作为中国佛学专家，他与戴密微结识在厦门大学，也许是戴密微推荐他到东方语言学院的。事实上，按照学院章程，辅导教师要在主讲教授的推荐下聘用。汉语专业的学生，连同日语、安南语和柬埔寨语的学生一起，都要必修另外一位汉学大师葛兰言③主讲的文化课程。

葛兰言毕业于巴黎高等师范学校，先后取得历史专业教师资格证（1907年）、法学学士（1908年）和文学博士（1920年），师从埃米尔·涂尔干、马塞尔·莫斯和爱德华·沙畹，1909年，他注册成为汉语课的旁听生，并请求在年龄上得到许可，成为东方语言学院的正式生。但是他似乎没能毕业④。一段时间后，在爱德华·沙畹的支持下，他获得了一个到中国进行科学考察的任务，继续研究中国家庭的组成；他在中国逗留了十七个月（从1911年10

---

① 参见玛德莱娜·保罗-大卫《戴密微》，第68页。
② 参见德耶尼《戴密微》，第23页。
③ 关于葛兰言，参见葛兰言，东方语言学院个人档案；戴密微《历史概述》，第483页；若泽·弗雷什《汉学》，第79—80页；伊夫·古蒂诺《葛兰言社会学导言》，巴黎南泰尔人学与比较社会学实验室1982年（未发表的博士论文）；伊夫·古蒂诺《葛兰言》，皮埃尔·邦特和米歇尔·伊扎尔《人种学与人类学辞典》，法国大学出版社1992年，第308—309页。伊夫·古蒂诺的著作（《象征与文明，葛兰言和迪尔凯姆人类学》）到1995—1996年才出版。我感谢马修先生和古蒂诺先生为我提供的信息。
④ 参见葛兰言，东方语言学院个人档案。请求年龄许可一事保存在档案中，但是葛兰言的头衔中没有提到任何有关汉语文凭的信息。

月到1913年3月①)。在进入我们学院之前,葛兰言于1913年12月被任命为高等研究实践学院的远东宗教研究主任,这个职位他一直保留到去世。1914年12月到1919年7月,他应征入伍,两次负伤,获得十字勋章。战后,他重新在高等研究实践学院担任此职,并从1920年到1925年在索邦大学兼任一门关于中国的课程。1926年开始,就在他进入我们学院的那一年,他还被任命为法国汉学研究所的行政主管。当东方语言学院任命他的时候,这些职位的兼任并非没有在同事之中引起一些骚动。

葛兰言生前和许多由于接受了多种教育而无法归类的研究人员一样,似乎被社会学家看作是一个汉学家,而在汉学家眼中,他又成了一个社会学家②。"从他接受的教育来看他是位历史学家,而又意外地成为一位汉学家,尽管如此,20世纪20年代,葛兰言先生从社会学家这个词的本义来界定的话,无论是从精神上还是从智慧上,都堪称是一位社会学家",雷米·马修写道③。在他从前的一个学生石泰安眼里,他首先是位社会学家。"社会学是他的方法、目的,是他主要的兴趣所在",他肯定地说④。在东方语言学院,虽然他的教学涉及所有远东国家,但是中国占据了主要地位。如果说对一年级学生他开的是远东各国地理课程的话,那么针对二年级和三年级学生,他所开课程一方面是中国历史和制度,另一方面是当代中国的经济政治地位⑤。

---

① 关于葛兰言到中国考察,参见伊夫·古蒂诺《原始书目索引,葛兰言》,载《前言》1988年第7期,第119—122页;伊夫·古蒂诺《1912年中国的一次实验性验证:博学土地上的葛兰言》,载 Gradhiva 1993年第14期,第95—99页;以及《葛兰言到中国考察资料》,载《前言》第7期,第101—102页。

② 参见莫里斯·弗里德曼《汉学家、社会学家葛兰言》,载《评论》(中国卷)1975年第337期,第624—648页;莫里斯·弗里德曼《社会学家葛兰言(1884—1940)》,葛兰言《中国的封建制度》一书序言,第9—34页,巴黎IMAGO出版社1981年(再版);谢和耐,葛兰言《中国社会学研究》一书序言,第5—13页,法国大学出版社1990年(再版);关于汉学家对葛兰言作品的评价,参见中国和汉学面前的葛兰言,《伊夫·古蒂诺对谢和耐的访谈》,载《前言》1988年第7期,第123—127页。

③ 参见雷米·马修《古代中国之舞蹈与传说》的注解修订本序言,法国大学出版社1994年,第6页。

④ 参见石泰安《回忆葛兰言》,载《中国研究》第4卷1985年第2期,第29—40页和引文第29页;参见石泰安,葛兰言《中国社会学研究》一书引言,第15—20页。

⑤ AN, 62 AJ 71, 1927—1928年课程布告。教学范畴在接下来的那些年间都是一样的,直到1960—1970年文化课的专业化。

据一个同事证实，由于惧怕与人交往，葛兰言成为人们坏脾气发泄的对象。保罗·博耶就指责他拒绝服从学院师傅（教授）在家中接待弟子（学生）的规定①。但是在他从前的学生奥迪勒·卡尔腾马克和李嘉乐的记忆中，他们的老师令人赞叹不已。李嘉乐谈到他的论中国封建制度和亲属关系结构的课十分出色。奥迪勒·卡尔腾马克既是他东方语言学院的学生，后来又成了他在高等实践研究学院的学生，她说，在这最后一所学院中，葛兰言与超越了基础阶段的数量较少的学生保持着更加和谐的关系。虽然与行政主管和同事之间的关系不总是很和谐，但是在教学上，葛兰言则毫无疑问地满足了学生的期待。他的有些著作依旧值得推荐阅读，即便结论从那时起就受到非议②。《中国文明》和《中国人的思想》经常再版③。很多法国人依旧通过这两本著作来了解中国。雷米·马修刚刚为新一版的《古代中国之舞蹈与传说》的注解修订本作序。

1926年1月继亨利·科蒂埃之后，葛兰言担任这一职位直到1940年去世。远东各国文化的教学工作由勒内·格鲁塞（1885—1952）接任，此人自1933年以来担任东方艺品博物馆馆员，1941—1952年在东方语言学院授课④。他与科蒂埃一样，对远东语言一无所知，却出版了很多面向大众的概述性著作。关于勒内·格鲁塞的作品和教学，戴密微这样写道：

    资料就在那里，供高中和大学使用。它们都适应教学需要，这就是那些年复一年发现格鲁塞在东方语言学院取得骄人成绩的人所能证明的。⑤

另外，从1931年到1937年，乔治·马古利（1902—？）开设了一门中国

---

① 参见葛兰言，东方语言学院个人档案（行政主管的信）。
② 参见汪德迈《王道，古代中国制度思想研究》，第一册，第239—260页（第六章，"葛兰言论古代中国婚姻"），法国远东学院1977年。
③ 《中国文明》分别在（1929）、1948、1968、1988、1994年再版，《中国人的思想》（1934）、1950、1968、1988、1990年再版。
④ 参见格鲁塞，东方语言学院个人档案。
⑤ 参见戴密微《勒内·格鲁塞，1885—1952》，载《通报》第42卷，1953年1~2期，第414页。

文学自开课，他从 1926 年到 1929 年就已经承担这门课的教学了。自开课是临时教学，要每年更新，并且不付报酬①。它们往往形成为开设一门新课做准备的"调查"；因此学院的一些课程之前就开设了自开课：汉语课就是这种情况，1840—1841 年开设了自开课，1843 年正式开课。乔治·马古利 1902 年出生于圣彼得堡，1919 年作为难民与父母一起来到法国。他毕业于东方语言学院（1922 年），精通汉语口语，声名在外；他当然也会俄语，还有英语、德语、西班牙语和一点日语，能够阅读拉丁语、闪语和苏美尔语。在东方语言学院，乔治·马古利担任一些古典语言课程的教学工作；布告上把他的教学介绍成了一门汉语语法史课②。1930 年，他受教育部③委派，代表东方语言学院出使中国，这也解释了他那年的教学为什么会中断。从 1930 年 3 月到 8 月，乔治·马古利参观了很多教学机构，组织了三十多场学术会议。这次巡行后，他撰写了一份长长的报告，保存在东方语言学院他的档案中，在这份报告里，他发表了对法国的汉语学习的评论。

（三）更好地了解中国，发展汉语学习

乔治·马古利写道：

> 中法关系中的一大弊病在于中国对于大学生来说，或多或少一直是一个研究整体，很少变成一个活生生的事实；研究往往过于理论化，缺乏具体知识……从现在开始可以采用一些方法。研究外国和直接初步了解它们的文化的最好办法是到这个国家做一次旅行，逗留些时日，即便时间很短。这在所有欧洲国家中都很常见，而且也没有理由不对中国这样做。

> 因此，在这次中国大学巡回中，我产生了一个想法，如果可能的话，在法中之间，以交换生的形式，组织法国大学生到中国旅行……当然我

---

① 关于自开课的问题，参见亨利·柏森《国立现代东方语言学校的自开课》，让·德尼《东方语言学院 150 周年》，第 431—434 页。
② AN, 62 AJ 71 (1932—1933 年课程布告)。
③ 公共教育部，后于 1932 年更名为国家教育部；1940 年又改回原来的名字；1941 年部长雅克·切瓦利亚重新使用 30 年代的名称。参见皮埃尔·玖利托《维希青少年史》，巴黎 Perrin 出版社 1991 年，第 82 页。

们可以限制学生数量,将派遣学生限制为那些学习汉语的学生……①

在报告中,乔治·马古利推荐了沈阳大学,西伯利亚大铁路的贯通使到达这里相对容易些:"我所有参观的大学中最现代化、最富有,从各方面来说,设施最完善的一所",他写道。考虑到设备质量和教学,他建议派遣渴望以后在中国工作的技术学校的学生到这里来。在乔治·马古利看来,沈阳大学还具有另外一个不可忽视的优势:"坐落在满洲国,这里从来都没有内战,局势一直都十分稳定,大学生也完全置身于政治之外,在别的地方却并不总是这样的。"东方语言学院的教师似乎害怕中国学生的政治动员胜过一切,这种政治动员可能是真实发生的,也可能只是假定的。这种态度并不为他们所特有:19世纪末20世纪初,在法国,各种各样的著名人士,无论是欧内斯特·勒南,还是埃米尔·涂尔干,他们都认为,知识分子无须直接介入政治局势问题。但是乔治·马古利的愿望好像并没有实现;无论怎样,日本军队1931年9月18日发动袭击,而后又占领了满洲国,颠覆了他对这个帝国中平静小岛的乐观看法。

乔治·马古利是个有争议的人物,就像一位起草总结、评论著名人士优缺点的行政官员在1931年1月30日的一份秘密评论中写的那样。他的优点在于对中国的深入了解;缺点是他的性格使人们失去了对他的好感,学院的一位X夫人就曾写过一篇名副其实的"揭露性"讽刺短文……在谈到乔治·马古利在中国举行的学术会议时,她写道:"他真的非常可恨。"那位行政官员这样评论他:蛮横无礼、爱慕虚荣、思想混乱。但是,即便他将乔治·马古利介绍为一位总而言之非常讨厌的人物,他的评价还是为他进行了辩护,最后是这样总结的:

> 我们大学教师往往很难保持谨慎适度的态度。在马古利的问题上,我估计同事们就没有做到。我只想做出正确的判断。我保证,据说上述那些不会说汉语的汉学家(您听好,我把伯希和排除在外,因为他说汉语)因马古利会讲汉语而对他表示不满。

---

① 参见马古利,东方语言学院个人档案。

事实上，他的汉学界同事尤其指责他进行了一些古文的翻译，可他并不真正懂得古汉语。至于他的学生们，他们并不以相同的批评为依据，而是对他另眼相看。艾田蒲是这样说的：

……我对马古利怀有最为强烈的感情。那是1936年在东方语言学院。我偶然听了一节他的课。镶着象牙圆头的拐杖——也可能是银的——人们还想象着顶在他奇特的脑袋上，但其实是放在了桌子上的圆顶礼帽、奇特嗓音中抑扬顿挫的语调、带有纽扣的高帮皮鞋、魔术师般的举止（或许是他表演出来的），马古利总是会引人大笑，至少会微笑。一旦写到黑板上一首中国诗歌，他就会讲解它的结构。如此美妙，我甚至会激动地哭出来。

后来，艾田蒲在赞扬他的著作《中国语言与写作》时，向从前的老师致以了敬意，在这部著作中，乔治·马古利通过写作特点讲解了整个中国（政治与行政结构、社会、思想、道德……），并介绍了汉语，认为汉语可以取代拉丁语，成为新的国际语言①。

我之所以强调"马古利事件"，是因为它反映了自19世纪中叶以来，随着东方语言学院开设汉语教学，巴黎汉学界肆虐起了小战争。据分析，开设于1814—1815年的法兰西学院的教学此时转向了学术研究；然而，东方语言学院却为贸易和外交做准备，目标更为实用。这种表面上协调的工作分配实际上使双方的关系变得尖锐，将自称为"学者"的人和以成为"实践家"为荣的人对立起来，将对古代中国感兴趣的人和做着与当代中国相关工作的人对立起来。这种对立有时还对戴密微所揭露的"闭门研究的东方学者"和"在现场的人"进行了区分。显然，行政主管将戴密微排除在外，因为戴密微既有着关于古代中国的博大精深的学识，又在长期的远东生活过程中精通汉语，并且对这块土地有着深刻的了解。

20世纪30年代，保罗·博耶的天平的确倾向"实践家"的一方，这种态度适应东方语言学院的整体发展政策。即便他自己是俄国研究专家（与韦锡爱的指责留给我们的猜想相反），但他却一定怀着浓厚的兴趣接受了汉语教

---

① 参见《乔治·马古利，中国语言与写作》，载艾田蒲《世界文学论文集》，巴黎伽利玛出版社1992年，第151—158页。引言，第151—152页。

学。他密切关注着中国的局势，以及在中国有哪些职业可以提供给东方语言学院的毕业生，特别是在商贸领域，他不会忘记强调发展汉语学习的必要性。1932年4月，对外贸易办公室主任通知他上海国际租界的教育委员会打算在全市学校中为外国孩子开设汉语课。保罗·博耶对这封信有个评论，日期是在1932年4月20日①，在评论中，他写了如下意见：

> 仅仅由买办做生意的时代有很快消失的趋势。大胆的销售商不得不单独会见他的中国顾客，当治外法权的保障消失后，很难想象中国法院会接受一门外语作为合同语言……在这个国家中不计其数的方言中，当然要毫不犹豫地选择北京话或"普通话"。北京话渐渐成为中国的普通话，就像法兰西岛的方言作为我们国家的普通话一样，因为单单就是这门语言是北京公立学校的授课语言……从商贸学校毕业、要去中国工作的学生将最好来我们东方语言学院学习。

戴密微在东方语言学院授课期间，学生数量明显比他自己在我们学院上学时期有所增加。我在法国国家档案馆保存的报告的基础上，建立了一个参加考试的学生人数表②。

（四）戴密微的学生

从1931年到1944年，59个大学生获得了汉语毕业证。三个年级最多的时候有27个学生（1933—1934），最少有8个学生（1939—1940和1940—1941，原因显而易见）。但是注册上课的学生数量会更多。东方语言学院招收中学会考合格的学生，年龄至少在16岁。也有不是会考合格的旁听学生。因此从1932年到1933年③，一年级注册学生有28人，二年级有8人，三年级有12人，另外还有22名旁听生，一共60人，26人参加了当年的考试。这两组数字都无法让我们确切了解实际听戴密微课的学生数量。如今我们都十分了解这个现象。注册的大学生数量总是比参加考试的学生多很多。至于他们的勤奋程度就更难估计了，至少对于一共有好几百人的一年级学生是这样。

---

① AN, 62 AJ 73。
② 参见附录1，第208页。
③ 注册登记簿，AN, 62 AJ 29。

在戴密微的学生中，有些后来在远东研究方面出名，比如石泰安（1934年毕业）、施舟人（1935年毕业）、尼古拉·旺迪埃（1936年毕业）、奥迪勒·康德谟（1938年毕业）、应赛夫（1939年毕业）、李嘉乐（1941年毕业）、于儒伯（1945年毕业），还有汪德迈，他在东方语言学院的最后一年听了戴密微的课。我们还可以为这份名单加入雅克·拉康和安田朴。听戴密微课的学生中也有几个修道士和修女。汉语课上还有一些外国人，有正式生，也有旁听生。我注意到其中有好几个德国、中国和俄国的学生，还有一个南斯拉夫学生、一个日本学生、一个丹麦学生、一个挪威学生、一个爱沙尼亚学生和一个美国学生①。

在我们历史上特别困难的时期，戴密微在我们学院任教。现在我们必须转过身，回到1940年的夏天，提到维希政府最初几个月的风暴，戴密微和他的至少三个同事都直接卷入了这场风暴。

四、东方语言学院"维希的关注"（1940年夏）

如果不是意识形态的有意选择，那也许是出于必要，东方语言学院一直向"他人"开放。就汉语课而言，一个法国人教授的重要课程要有一个母语为汉语的人担任辅导工作。这个人可以是中国国籍，辅导教师是没有员工身份的。如果可以，其他语言也有外国辅导教师。这个规定由1869年的章程正式宣布生效，1914年又被写进章程。1940年夏天，随着新政府的建立，这样一种状况只能是吸引"维希的关注"；这种情况不可避免地发生了，但是也转而违背了法国国民。

战败导致人口流动，慌乱的市民逃离法国北部的城市，到南方避难。政府先是撤退到图尔，后又撤到波尔多，雷通德停战协议签署后（1940年6月25日），选择维希作为临时政府所在地，后来证实这里成了"最终居所"。新政权建立的最初几个月都用来逐渐恢复由于人员离散和档案分散而完全被打乱的行政服务。法国被分割成两个区域。被占领期间，占领区的日常行政工作由维希政府负责，德国人保有决定权②。1940年6月中旬到1944年8月，

---

① 注册登记簿，AN, 62 AJ 29。
② 参见米歇尔·R. 马鲁斯、罗伯特·O. 帕克斯顿《维希政府与犹太人》，巴黎Biblio-essais出版社1993年，第25页；罗伯特·O. 帕克斯顿《维希时期的法国，1940—1944》，门槛出版社1974年，第30页，"历史观点"。

六位部长相继接任教育部；虽然人员和想法明显不同，他们却都在一点上达成一致：必须把在很大程度上可能成为灾难诱因的全部因素清除出大学。教育部的第二任和第三任部长（艾米勒·米罗和乔治·里佩尔，1940 年 7 月至 12 月在职）立即依照维希政府制定的驱逐法令，开始猛烈驱逐巫婆，这件事发生在政权刚刚建立的时候①。

因此 1940 年 8 月初，行政主管让·德尼（1937—1948 在东方语言学院任职）收到一份通知，签署日期是 8 月 3 日，通知的内容是 1940 年 7 月 17 日颁布的法规，也就是在维希新政权建立的仅仅十几天后，以致眼下还没有文本。这项法规限制父亲是法国人、母亲是外国人的公民进入国家行政部门担任职位。几天后，也就是 7 月 22 日，司法部部长哈费尔·阿里贝尔成立了一个委员会，专门负责修改自 1927 年 8 月 10 日的法律颁布后进行的入籍事宜，因为这部法律被认为过于宽容②，并剥夺所有不受欢迎的人的法国国籍。这项史无前例的举措违背了法国法律的一个主要原则，即法律不溯既往的原则③。在 1940 年 8 月 3 日对通知的回复中，行政主管指出，除了理所当然是外国人的辅导教师外，当然这些人也不是正式员工，学院就只有一位教师的父亲是外国人，那就是戴密微。同时，让·德尼急忙说明原委，担保他对法国的感情，强调他对于学院的正常运转必不可少，请求能够破一次例，允许当时首屈一指的汉学家能够继续任教。为了得到支持，行政主管让法兰西文学院也加入进来，因为他们参与东方语言学院的教师任命工作。在这方面，亨利·马斯伯乐也写信给维希政府，替戴密微说话。戴密微已经到自由区避难，直到 1941 年 1 月才成功将自己的消息告知行政主管，他写了两封信，一封是写于格勒诺布尔（1 月 23 日），另一封写于维希（1 月 31 日），当时他正在这座城市想办法解决自己的问题④。

---

① 关于维希时期各个教育部长以及他们的政策，参见玖利托《维希青少年史》，第 97—123 页。
② 然而这项法令由于 1938 年 11 月 12 日颁布的法律而得到强化，因为这部法律已经规定收回不受欢迎的那些加入了法国国籍的人的国籍。参见马鲁斯、帕克斯顿《维希政府与犹太人》，第 89 页。
③ 关于维希政府的各种种族法律，参见伊夫·勒甘《法国镶嵌画，法国的外国人与移民史》，巴黎拉鲁斯出版社 1988 年，第 422—428 页；帕克斯顿《维希时期的法国》，第 168—169 页；以及玖利托的著作，在前面所引用的书中。
④ 参见戴密微，东方语言学院个人档案（两封手写书信，第一封有两页，第二封五页，写得密密麻麻）。

战争震惊了戴密微的妻子和两个孩子,当时他们正在瑞士度假。整个占领期间,他们都生活在瑞士。至于戴密微,1940年6月听到溃败的消息后,他跟随巴黎的人潮涌向法国南部的公路。他打算到鲁瓦扬,但是由于没有找到去那里的交通工具,于是他前往科雷塞的一个村庄尚博莱(Chamberet),他住在仆人的家里,直到7月底。他试着看管羊群,以便使自己有点用处,中间就靠读书来调剂一下。在尚博莱,他通过收音机得知7月17日的法律条文,这让他非常震惊。他立刻写了一封辞职信。让·德尼几周后得知此事,于是请求政府千万不要考虑这份辞呈,因为它是越级递交,也就是说没有通过他。9月20日,戴密微收到高等教育司司长的一份通知,邀请他到巴黎继续任职。如果戴密微立刻服从不产生疑问的话,他从10月份开始就能到东方语言学院授课了,还能避免麻烦。但由于顾虑重重,在回复给司长的信中,他重提国籍问题,结果使官僚机器发生动摇,因此也推迟了他返回巴黎的时间。正式被认为已经取得法国国籍、从而丧失原有国籍后,和所有不幸的正式员工处境一样,他就只剩下需要采取措施恢复职位了。让·德尼丝毫不怀疑这些措施的结果。1940年12月3日,他甚至向戴密微提供了一个晋升的机会,确信他即将返回东方语言学院。然而,这次返回还是等了几个月之久。戴密微无法细致地解释他在这几个月中的状况,但在1941年1月31日的书信中,他表现出了担忧。我是不是有可能没有很好地说明他的辞职信、他的无缘巴黎,并且将这种无缘归因为他渴望远离首都,需要自由区的庇护了呢?

戴密微得益于东方语言学院他所有同事的支持,首先便是行政主管。为了消除维希政府官员的怀疑,戴密微和他的保护者必须首先强调他祖籍法国,为此要追溯到南特敕令的废除,因为废除南特敕令使得他母亲的祖先移居国外。此外,行政主管还强调他的父亲是瑞士法语区的人(瑞士沃州):他不是有一个法语姓氏吗?这在他入籍的时候曾是一个首要优势。主管部门完全淹没在正式职员、其他自1927年入籍的公民(阿里贝尔委员会审查了50万份档案,15000多人被剥夺法国国籍[①])和很多法国犹太人的请求中,这些犹太人是因为1940年10月3日颁布的法律对他们实行职业禁止而受到打击,这项

[①] 勒甘《法国镶嵌画》中给出的数据,第425页,引用了帕克斯顿《维希时期的法国》中的数据,第169页,该书指出,15000个被剥夺法国国籍的人具体说来是15134个难民,其中包括6307个犹太人(7000多个意大利人,勒甘,第425页)。

法令给犹太职员两个月的时间退出所有职业活动①。在好多次行政拖延、几次来到维希和一些通行证问题后，直到3月初，戴密微才返回巴黎，1941年3月16日，他重新在东方语言学院教师出勤登记簿上签名②。他离开东方语言学院十个月，在此期间，他逗留在格勒诺布尔和尼斯；他艰难地耐心利用格勒诺布尔图书馆的资料继续研究工作。在这个非常时期，由于他不在，教学工作由中国公民林藜光担任，戴密微经常与他通信，告诉他事情的进展情况。他恢复法国国籍在1942年5月12日才由法令颁布而正式生效，法令免除了关于入籍职员的新法律条文对他的处分。

"维希的关注"并不仅仅针对出身于国外而遭受怀疑的法国人，它的目光还落在了共济会会员和法国犹太人，或有犹太血统的法国人身上。众所周知，葛兰言同情社会主义，是个绝对的无神论者，由于他加入了共济会，也许受到了被东方语言学院撤职的威胁。这个传闻在他去世之际和后来的一段时间散播开来。事实上，葛兰言在一份《反共济会信息周报》的专栏中被揭露出来，我们发现了下面这段话：

> 我们继续发表回应了共济会"反法西斯行动和警觉"的"学者"名单。看到一些著名人士的名字不要惊讶，他们这时要努力恢复声誉。③

这份名单中出现了葛兰言的名字，身份是东方语言学院教授。他在《反共济会信息周报》的编写者眼中也算是努力要恢复名誉的人吗？他恐怕不得而知，因为发表日期是1942年2月4日，那时葛兰言已经去世一年多了。这件事可以归咎为传闻。有关葛兰言是共济会成员的说法，没有证据可以支持这个事实：他的名字没有出现在共济会研究院的档案中④，也没有出现在由于

---

① 1940年10月3日的法律文本，参见马鲁斯、帕克斯顿《维希政府与犹太人》，第610—613页。
② 参见教师出勤登记簿，AN, 62 AJ 136—137。
③ 参见《反共济会信息周报》第5期，1942年，第七册和第八册。在让·德吉利《黎明时分其他地方的葛兰言一家：姓氏传播研究》中提到，特鲁瓦Paton印刷局1977年，第61—62页。
④ 这所学院提供的信息。

是共济会会员而被撤职的 27 名大学教员的名单中①。他在东方语言学院的档案里也毫无任何有关撤职的记录。据他的遗孀玛丽·葛兰言回忆，他去世的当天，也就是 1940 年 11 月 25 日，葛兰言作为巴黎高等研究实践学院第五部门的临时主任受到教育部部长（乔治·里佩尔）的召见，来草拟 1940—1941 年度预算②。似乎很难假定葛兰言被东方语言学院撤职后，还能保留在同属于一个部的另外一所学院中担任职位。他自己受他的老师马塞尔·莫斯的命运影响非常大。在一封 1940 年 9 月 26 日写给部长的信中，就在 10 月 3 日颁布犹太职员法律的前几天，马塞尔·莫斯辞去了他在巴黎高等研究实践学院第五部门主任的职务③。葛兰言被要求代替他担任这一职务的时候，他为他的老师进行了辩护。还是据玛丽·葛兰言回忆，这就是他们激烈讨论的主题，虽然她没有明确指出缘由，这次讨论使得他和部长发生冲突，再加上从火车站一直步行回到他在索镇的家这一路的劳累，难道这就是引起他心脏病发作，以致当天去世的原因吗？关于葛兰言，戴密微写道："他是死于对法国被德军占领的愤怒。"④

东方语言学院的犹太教师档案毫无模棱两可之处。举行纪念仪式⑤的那些天，在有些人已经遗忘了的时候，我觉得关注这些情况也还是很有用的。我们学院没能逃脱公共法律。我在戴密微的档案中（法国犹太人已经被看作和来自外国的法国人一样了）发现了一份日期为 1940 年 10 月 8 日的函件，这份函件是写给检察院的，作为一份通知的回复，在这封函件中，行政主管强调说："学院里有三个有犹太血统的教员。"在同一封函件中，让·德尼提到一个布告计划。我不知道是单单关于这些教员的专门布告，还是公布课程的年度布告，但是上面没有他们的名字，后一种情况可能性更大。虽然我找了很久，但是没有找到这份布告，无论是在东方语言学院的档案中，还是在国家档案馆的藏书中都没有找到。在有可能成为新法律制裁对象的三位教员中，行政主管排除了两个：一个是因为"祖辈中有两位不是犹太人，他不是最近

---

① 感谢历史学家、一部有关维希大学的著作的作者克洛德·森格（见注释99）为我提供的这条信息。
② 参见弗里德曼《社会学家葛兰言（1884—1940）》，第 32 页（页面下方注释）。
③ 参见弗修尔《马塞尔·莫斯》，Fayard 出版社 1994 年，第 728—730 页。
④ 参见戴密微《历史概述》，第 483 页。
⑤ 我所指的是纪念 1944 年 6 月 6 日和 1944 年 8 月 25 日解放巴黎的五十周年仪式。

举措的目标";另一个是因为"虽取得教师资格证,但他的主要职位在鲁昂高中,而他的名字没有出现在学院的布告计划中。目前他已经入狱了"①。于是就只剩下一个教员没有解决办法,被学院撤职。事实上,这三位教员在维希政府时期内一直都被禁止在东方语言学院授课②。

第一位是夏尔·阿格诺埃,1932年曾在东方语言学院担任日语教授。根据1940年10月3日的法律条文,正如行政主管强调的那样,他本不应该受到打击犹太职员的新法律条文的制裁。然而他却由于婚姻使情况恶化③:"为了职业生涯,他不幸地与一个青梅竹马的犹太表姐(与一个法国人离婚,有个儿子,是雅利安人,由阿格诺埃抚养)结婚",让·德尼在给政府的信中这样写道。在写给行政主管、以便能让他为自己进行辩护的一封函件中,夏尔·阿格诺埃提到他的祖上是法国人,1870年居住在巴黎时,他的父亲行为正派,而他的母亲家里有着乡村天主教传统④。

行政主管以夏尔·阿格诺埃的名义于1940年11月13日提出不受法律制裁的请求。他辩护道:"国家不是也投入了巨大努力(出使远东九年,耗资不菲),才将他培养成为法国唯一可以称得上日本学家的人?"⑤ 伯希和与亨利·马斯伯乐也成为夏尔·阿格诺埃的辩护律师。他作为1914—1918年第一次世界大战的士兵,获得了十字勋章,这恐怕起到了积极作用,正如颁布于10月3日的法律规定的那样,因为他被恢复了职位,这种情况极为特殊。然而巴黎的德国政权没有做这些考虑,并禁止他来首都教书,这个举措大概也让他避免了一个更为悲惨的命运。分散占领时期,他在克莱蒙费朗大学度过。直到1944年年末他才重新恢复了在东方语言学院的职位。他在我们学院任职到1953年,那年,他促成了索邦大学日语语言文化课程的建立。

---

① 参见戴密微,东方语言学院个人档案(一篇十几行字的简短注释,附有一封有关戴密微情况的书信)。

② 这三位教师在克洛德·森格的《维希,大学和犹太人》一书中提到,巴黎美文出版社,1992年。

③ 1940年10月3日法律的第一条是这样定义犹太人的:"为了实施现行法律,祖辈中有三人是犹太人或祖辈中有两人是犹太人,同时配偶也是犹太人的任何人都被视为犹太人。"马鲁斯、帕克斯顿,《维希政府与犹太人》,第610页。

④ 参见阿格诺埃,东方语言学院个人档案("机密、有用",他在笺头明确写道)。

⑤ 参见阿格诺埃,东方语言学院个人档案(让·德尼写于1941年4月24日的信)。

第二个是克洛德·卡恩（1909—1991），他是近东研究专家，法国亚洲协会的成员（1935年）和主席（从1974年到1987年），档案显示，他于1937—1940和1946—1953年间在东方语言学院授课。除了行政主管在简短的函件中指出他已经在战争结束时入狱之外，我在他的档案中没有发现任何其他可以明确他在1940—1946年间的命运的东西①。但是此外，我们知道他被当成战争犯囚禁在德国五年②，当时相反的说法是，这对他起到了"保护"作用。第三个是马塞尔·科恩（1884—1974），他拥有语法教师资格证，是文学博士，毕业于巴黎高等研究学校和东方语言学院③。他于1905年加入统一社会党，1920年又加入第三国际的行列。1926年，他成为高等教育工会的创建者之一④。1911年起，他开始在东方语言学院教授阿姆哈拉语，从1926年开始成为教授。1932年，警方的报告称他是维罗夫莱（塞纳-瓦兹省）共产党支部的真正组织者，他就居住在这个市镇。但是他的犹太人身份使得这位辩证唯物主义信徒从1940年12月20日起就被迫退休⑤。不久后，他转入地下，参加抵抗运动。解放时期，他是法国国内武装部队上尉，是亨利·侯勒-唐居伊参谋部的成员，被任命为荣誉勋位军团的骑士，授予十字军功章。直到1944年10月16日，他才恢复了职位⑥；他得到允许，享有1953年退休的权利，并成为东方语言学院的名誉教授。

1940年秋返回东方语言学院一事也由于缺少学生而没能实现，可能是由于战争的原因，也可能是因为驱逐法令。在一封日期为1941年1月19日的信中，马塞尔·科恩担心他一个学生（科林先生）的命运，这个学生11月注册为二年级阿姆哈拉语专业的学生，但是几节课后就没有再出现："我害怕因为他是外国犹太人而遭遇到一些麻烦，即便他是志愿军，停战后才被遣散"，他

---

① 关于克洛德·卡恩，参见蒂埃里·比昂基《中世纪东方阿拉伯历史学家克洛德·卡恩》，载《亚洲通报》1993年第1~2期第281卷，第1—17页。

② 参见法兰西文学院《1991年会议记录》，第762—763（克洛德·科恩的悼念文章）。

③ 参见科恩，东方语言学院个人档案。

④ 关于马塞尔·科恩对政治的参与，参见让·麦特荣（编辑）《法国工人运动目录辞典》，巴黎工人出版社1984年，第23卷，第四部分，第53—54页。

⑤ 鉴于1941年7月27日颁布的一项法令和1941年6月2日颁布的法律。法律文本收录在马鲁斯、帕克斯顿的《维希政府与犹太人》中，第615—622页。

⑥ 从1940年12月20日算起。

戴密微:东方语言学院与汉学研究

写道①。这个学生也许遭遇了 3 万个 1939 年至 1940 年应征入伍的外国犹太人志愿军的悲惨命运。失败之际,这些原来的士兵被关入或是被送到了劳营;大部分人在 1942 年 8 月被押送至奥斯维辛时才走出来②。

让·德尼为所有"他的教员"的诉讼进行了辩护,这些人中除了克洛德·卡恩外,与其他不幸的法国人相比,都得到了一种相对的保护。然而,提出的主要理由(戴密微祖籍法国、夏尔·阿格诺埃有雅利安人天主教血统、其他人对法国的感情)表明我们学院对维希政府的法律默许地接受。书信往来中,维希政府的法律和对"出身好"的法国人与其他人的区别从来没有受到过质疑③。直到 1945 年 11 月,行政主管才在就夏尔·阿格诺埃写道:"(他)不久前成为维希政府种族法律的受害者。"④

在国家档案馆,我发现标有 1940—1944 年这段时期的资料一直受到某些保护。它们无法被完整查阅;要进行查阅,必须按照手续提出合理要求,明确想要看到哪部分资料,可能好几个月后才能等到答复⑤。如果涉及戴密微被剥夺国籍和他的三位同事受到冲击问题的许多信件都没有保存在东方语言学院他们的私人档案中的话,我大概就无从得知了。这一章揭示的内容虽不太光彩,但是却能让我们了解维希政府的政策对我们学院的影响。

从 1931 年到 1945 年,戴密微所从事的活动并不局限于教学。我认为列出他在东方语言学院期间发表的作品清单还是有用的,这也是为了更加明确地指出他的研究领域,此外,除了学者和实践家,我们学院还有另外一个传统,即教学和研究之间的紧密结合。

---

① 参见科恩,东方语言学院个人档案(1941 年 1 月 19 日致行政主管的信)。
② 参见马鲁斯、帕克斯顿《维希政府与犹太人》,第 106—107 页。
③ 让-皮埃尔·勒维尔也持同样的观点,《风暴中的让·巴蒂斯特·萨伊中学 1934—1944》,Calmann-Lévy 出版社 1994 年,第 103 页。关于对犹太职员的辞退和偶尔引起的支持声音,他写道:"……我们对这些严守法规的请愿感到非常惊讶,它们从不质疑法律原则和镇压措施。"
④ 参见阿格诺埃,东方语言学院个人档案(1945 年 11 月 14 日行政主管致教育部部长的信)。
⑤ 1994 年 4 月我提出要查阅关于学院 1940—1944 年雇用的"失业的脑力劳动者"的资料(AN,62 AJ 58),之后我一直等待答复。行政主管让·德尼在上面提到的文章中(注释 57)影射出这些"脑力劳动者"主要负责给图书馆的书籍进行分类整理。

五、戴密微1931年至1945年间发表的作品[①]

由于戴密微的作品太多了，所以只能快速提及一下，因为这篇文章停笔是在1945年，当时就已经有一个书目索引了[②]。这个书目索引包含了大约180个书和文章的题目，100多篇报告和将近200篇简短的书目概述，虽然简短，但却研究深入[③]。戴密微的早期作品是从他居住在河内那段时期发表的（1920年），最后的作品发表日期是在1978年。"他阅读了所有有助于他工作的用各种语言写成的作品：汉语、日语、梵语、藏语、俄语……"谢和耐写道。他在作品是"一个杰出的文献学家"的著作，他研究的主题同时涉及宗教、文学和哲学。"他了解中国文学的方方面面，尤其欣赏所有诗歌，没有人可以像他这样"，谢和耐写道。他的弟子把他描述为中国传统佛学研究大师，他的才能得到中国研究人员的认可。他在东方语言学院期间，认识到了敦煌手稿的重要性。从1934年到1939年，每周三他都会与时任巴黎国家图书馆专员、后来成为北京国家图书馆馆员的王重民（1903—1975）[④]会面，他们一起检查从伯希和的藏书中获得的手稿。这项合作使他撰写出第一部著作并出版（1940年[⑤]），这部作品被看作是戴密微的一部代表作，即《拉萨僧诤记》（后改名为《吐蕃僧诤记》——译者注），于1952年出版。这部作品1984年被译成中文。在译本的一篇序言中，如果说编辑通过使读者认识到他们可能认同、也可能批判的一些"谬误的观点"，从而提防着可能出现的意识形态上的不良后果的话，在这篇序言中，他承认这部著作对于研究西藏和中国文化

[①] 参见附录2，第209页。

[②] 参见吉塞勒·德荣、戴密微《书目索引1920—1970》补遗与勘误表，载《汉学研究文选（1921—1970）》，布里尔出版社1973年，第9—41页；吉塞勒·德荣、戴密微《书目索引1920—1970》补遗与勘误表，载《佛学研究文选（1929—1970）》，布里尔出版社1973年，第9—41页；吴德明《戴密微书目提要》（续），载《通报》1979年1~3期第65卷，第9—12页。

[③] 参见吴德明《戴密微》，第544页。

[④] 关于王重民，参见毛华轩等《中国当代社会科学家》，第一册，书目文献出版社1982年，第7—36页。

[⑤] 参见德耶尼《戴密微》，第23页。

历史起着非常重要的作用①。中国的佛学著作都离不开戴密微的贡献②。

我还要指出 1945 年后出版的另外两部作品，一篇是有关东方语言学院汉语教学的文章，这篇文章是召开于 1944 年 12 月的一次报告会的文字记录，被收入 150 周年文集（1948 年），另外一部是关于十四年教学成果的著作（1953 年）。戴密微离开后，继任者使用他的课程讲义，这让他决定出版一本书，以便方便他们的工作。这部作品是仅仅针对一年级大学生，并且是以口语教学为基础的一部资料集。这部作品包含一系列关键方法、当时使用的各种不同标注体系的表格，以及一些口语文章。这本教科书又再版了两次（1963 年和 1974 年），被好几届学生使用。

六、戴密微在东方语言学院教学末期

戴密微在东方语言学院期间，也承担了高等汉学研究所有关中国佛学报告会的工作（1934 年），并在巴黎大学的文学院兼任一门日本佛学课（1937—1938 年）。戴密微在 1945 年 3 月被任命为巴黎高等研究实践学院第四部门的研究主任后，开创了佛学文献学的教学。后来他继任在集中营关押期间去世的亨利·马斯伯乐，当选为法兰西研究院教授（主讲中国语言文学）。在 1946 年 4 月 2 日的第一堂课上，戴密微向他的前任致以了崇高的敬意③。他自己当时已经成为法国的汉学研究大师，获得了很多荣誉。但他并没有因此而失去对东方语言学院的兴趣，1949 年 12 月他正式成为学院的名誉教授。应他的推荐，他的两位后继者受聘于学院，成为教师：外交官兼哲学家莱昂·冉克雷维（毕业于东方语言学院汉语和日语专业，1946—1948 年担任汉语课的教学工作）和在东方语言学院创建了藏语教学的石泰安（戴密微的学生，1934 年毕业于汉语专业，1948—1952 年担任汉语课的教学工作）④。

戴密微在佛学研究这个专门领域内获得极高声誉之际，他毫不犹豫地接受了一个教授初学者基础汉语的职位，一干就是十四年。被任命为法兰西学

---

① 参见戴密微《吐蕃僧诤记》编者序，甘肃人民出版社 1984 年。
② 参见任继愈、季羡林、蔡尚思《中国佛学论文集》，陕西人民出版社 1984 年，第 294 页。
③ 参见戴密微《亨利·马斯伯乐与汉学研究的未来》，载《通报》第 38 卷第 1 期，第 16—42 页（1946 年 4 月 2 日法兰西学院汉语语言与文学课的第一堂课），1947—1948 年。
④ 参见莱昂·冉克雷维，东方语言学院个人档案和石泰安，东方语言学院个人档案。

院教授后，和之前的亨利·马斯伯乐一样，由于1914年的章程规定校外的著名人士可以在学院兼任，因此他定期参加考试评审工作，东方语言学院的学生每年都会在口语考试中与他面对面。戴密微在我们学院长时间的任职和他对汉语教学一直表现出的兴趣很好地说明了在学术和实践之间并无根本对立。

附录1

参加汉语考试的学生数量

1931—1941

年级	一年级	二年级	三年级	总数	毕业生
1931—1932	6	5	6	17	4
1932—1933	9	6	11	26	8
1933—1934	11	6	10	27	9
1934—1935	5	6	5	16	5
1935—1936	8	9	8	25	7
1936—1937	5	7	8	20	7
1937—1938	6	3	8	17	3
1938—1939	8	2	8	18	6
1939—1940	3	4	1	8	1
1940—1941	2	2	4	8	4
1941—1942	13	2		15	
1942—1943	11	8	2	21	2
1943—1944	12	9	3	24	3
总数	99	69	74		59

——来源：汉语考试记录，AN，62 AJ 35

附录2

戴密微发表的作品（1931—1945）*

《法宝义林》，附录分册，*Taishô Issaikyô* 的目录，东京，1931年，第2卷以及第202页。

《波罗末陀眼中的各个佛教宗派的起源》，载《中国佛学合集》，比利时高等汉学研究院 1931—1932 年，第 1 卷，第 15—64 页，《佛学研究文选》，第 80—130 页。

《唯识体系发展史》，载西尔万·莱维的《唯识体系研究资料》，巴黎高等研究学校图书馆，历史与哲学科学，分册 260，第 15—42 页，1932 年。

《汉学》，载《法国科学》，巴黎拉鲁斯出版社 1933 年，第 2 卷，第 105—114 页。《Buddhadhyânasamâdhisâgara-sûtra 苏格蒂亚纳残卷注释》，载《亚洲通报》1933 年第 223 卷，第 195—213 页，第 239—241 页（与埃米尔·本维尼斯特合作）。

《评论报告》（罗常培《厦门方言的语音学与音位学》等），载《亚洲通报》第 222 卷，附录分册，1933 年，第 81—87 页，第 92—98 页。

埃玛纽埃尔-爱德华·沙畹遗作的修订与出版，《五百寓言故事》，翻译为法语的中文三藏经典节选，第 4 卷，巴黎，高等汉学研究所图书馆，第一章，第九章以及第 345 页，1934 年。

《中国与日本的佛学著作分析》，载《佛学书目索引》1934—1937 年第 4—7 期。

《泉州（刺桐港）双塔——中国晚近佛教雕塑研究》，（哈佛-燕京专著系列第二卷），第 8 卷以及第 95 页，72 幅插图和 5 张平面图（与古斯塔夫·艾克合作），哈佛大学出版社 1935 年。

《评论报告》（艾蒂安·拉莫特《祭仪释义》等），载《亚洲通报》1936 年第 228 卷，第 641—656 页。

《一本中国期刊：南开社会经济季刊》，载《历史、经济与社会年鉴》1936 年第 8 期，第 281—283 页。

《西藏的佛学争论，与法国亚洲协会的交流》，载《亚洲通报》1937 年第 229 卷，第 503 页。

《西尔万·莱维作品中的远东》，载《法日文化馆报》1937 年第 8 期，第 50—64 页。

《法宝义林》，第三分册，第 189—298 页，巴黎 1937 年；增补部分，第 4 页。

《佛学文本中的疾病与医学》，载《法宝义林》第三分册节选，第 225—265 页，巴黎 1937 年。

《中国出版业期刊》，载《外交部报告》，1938—1940 年第 42～48 期，第

277 页。

《〈楞伽经〉关于肉的食用一章，根据求那跋陀罗的中文版本翻译》，载埃米尔·本维尼斯特《苏格蒂亚纳文本》，1940 年，第 186—192 页。

《一个中国哲学故事（郭沫若）》，载《存在》巴黎 1945 年第 36 期，第 8—17 页。《汉学研究文选》，第 34—43 页。

《亨利·马斯伯乐（1883—1945），悼念文章和书目索引》，载《亚洲通报》，1943—1945 年第 234 卷，第 245—280 页。

《（东方语言学院的）汉语（讲坛）（1843 年）》，载让·德尼（编辑）《东方语言学院 150 周年：国立现代东方语言学校的历史、组织和教学》，巴黎国家印刷局，1948 年。

《汉语基础教学材料，写作、抄写与口语》第 2 卷以及第 6、73、16 页，巴黎美洲与东方书局，梅森内夫出版社 1953 年。

* 为了建立这个书目索引，我使用了已经标明的那些传记（注释 116），以及两本小册子《戴密微的职衔和作品》，第 5 页，巴黎，1945 年和 1948 年。

（阮桂雅：国立巴黎东方语言学院副教授；译者岳瑞：天津外国语大学附属外国语学校）

禁烟运动
挽救国民党统治的万灵药?

[法] 包利威(Xavier Paulès) 著 陈 阳 译

如何理解国民党统治时期的禁毒工作?禁烟运动的意义绝不仅限于健康层面,而是隐藏着强烈的政治动因,六年禁烟计划(1935—1940)即为这场运动的具体体现。在本文中,作者将力求准确地剖析这场运动的始末。

在中国,吸食鸦片的历史最早始于18世纪初。直到20世纪50年代新中国成立后,在共产党的领导下进行了大规模的禁烟禁毒运动,才得以彻底铲除鸦片的生产和消费。不过,在此之前的四十多年,鸦片曾经一度几乎从中国消失[①]。满清王朝在其统治末年曾发起过一场禁烟运动(1906—1911年),取得了显著成效,尽管西方观察者起初对这场运动的功效表示强烈质疑,但最终也不得不承认这是一场颇具成效的运动[②]。然而,在清王朝覆灭(1912年)之后,失去中央政权的中国陷入了军阀割据混战的局面,禁烟运动前功尽弃。各路军阀为获取军饷维持自身统治,无不在其势力范围内尽可能地从

[①] 从罂粟(学名 papaver somniferum)果实中切割提取的汁液经简单加工,所得到的物质即为鸦片。本文中"鸦片的消费"是指用烟枪吸食提纯的熟鸦片,端着烟枪抽大烟是西方人非常熟悉的画面。众所周知,吸食鸦片是躺着进行的。18世纪前,鸦片除吸食之外还有其他的食用方法(尤其是吞服),但这些方法主要用于医药。罂粟早在唐代(618—907年)就已传入中国。

[②] 海外文献档案中心(CAOM), GGI 43019, Rozier 报告(印度支那海关税务局监察员):《远东鸦片问题研究》,1907年10月12日致函印度支那总督;《国际反鸦片委员会报告》,字林西报,1909年;教务杂志,1911年7月,p. 389;外交部新支中国支部,589号文件,Brenier 报道(农商监察顾问),1910年12月18日致函印度支那总督。

鸦片交易中榨取收入。孙中山领导的国民党一直大力主张禁绝鸦片①，但也不得不从其大本营广东省的鸦片贸易中获得经费，从而组织发动著名的北伐战争（1926—1928年）。1927年，"宁汉合流"后建立起的南京政府是脆弱而不完整的，它从北洋政府手里接过了这样一个国度：鸦片几乎可以随处自由买卖，政府对鸦片贸易流通的控制相当薄弱。不过，南京政府创立之初，首先面对的是反鸦片团体的频繁活动，这些团体不仅活跃而且颇具影响力；与此同时，国际社会对中国罂粟的大规模种植感到不安，从而也对中国政府施加了压力②。1928年11月，国民政府就禁烟问题召开全国会议，承诺将在短时间内取缔鸦片③。但事实上，在随后几年中，国民政府的作为仅止于发布一些缺乏说服力的冠冕文章④。直到1934—1935年，禁烟政策才出现了实质性的转折。南京政府不再满足于表面文章，发起了著名的六年禁烟计划（1935—1940年）。该计划的目标是彻底根除鸦片。完全掌控在政府手中的独裁政权决定了禁烟运动的基本命运。

六年禁烟计划给南京政权和蒋介石带来了多方面的政治利益。首先，这一计划提高了国民政府在国内和国际舞台的政治声誉。其次，从反对势力和地方豪强手中夺得对鸦片资源的掌控，使得蒋介石及其政府集中控制了鸦片的交易流通。中央政府在这种鸦片贸易合理化的进程中牟取了相当可观的收益。除此之外，本文在此试图说明的观点是，除了史学研究历来津津乐道（甚至高估）的好处以外，禁烟计划对于国民党政权还有另外一点好处：六年计划前期在禁毒禁烟方面的宣传，实质上成为政府维护统治的工具。事实上，国民党及其政府之所以对禁毒宣传工作格外重视，不仅是为了帮助广大烟民成功戒除毒瘾，更是为了从这一举措中最大限度地谋取政治利益。禁烟运动最终在卫生健康方面收效甚微，在社会方面的成果也十分有限。这是一场以

---

① 大量文字记载清晰地表明了早期国民党政府（尤其是孙中山政府）对消灭鸦片的执着努力：王宏斌《孙中山论中国近代毒品问题》，载《民国档案》1993年第2期，第127—130页。
② 朱庆葆、蒋秋明、张世杰《鸦片与近代中国》，江苏教育出版社1995年，第374—375页；王宏斌《禁毒史鉴》，岳麓书社1997年，第143页。
③ 上海勒密氏评论报，1928年9月10号，第370页。
④ 《禁毒史鉴》，第395—407页；乔纳森·马歇尔（Jonathan Marshall）《民族主义中国下的鸦片与犯罪1927—1945》，载《亚洲问题研究学者通告》第八期，1976年7—8月刊，第19—48、20—21页。

禁烟运动挽救国民党统治的万灵药?

政治利益为首要追求的运动。它极力将禁烟禁毒斗争神圣化,将鸦片的毒害视为导致国家社会现状的主要原因之一。由此一来,鸦片成为近代中国签订不平等条约、受西方列强奴役和压迫的直接原因。在当时的历史背景下,毒品的蔓延还被认为是日本侵略者对中国施行的毒化侵略政策。中国仿佛是一个人,身量巨大,却因毒药的腐蚀而变得脆弱不堪。根据这一观点所得出的结论就是,反鸦片斗争是救亡图存的义举,是国家的当务之急。自然,全体民众都有必须服从并配合政府的禁烟计划,即必须服从其主要领导人蒋介石。但令国民党政权始料未及的是,禁烟运动恰恰也证实了其统治期间最饱受争议(也时常为后人诟病)的方针:个人独裁统治,以及1937年7月以前对日本帝国主义采取的观望态度和退让政策。尽管当时的中国正面临着日本大规模侵略的威胁,禁毒运动仍处于主导性的重要地位,显然,在国民党政府看来,鸦片、海洛因和吗啡所造成的祸患与日本帝国主义的军事威胁具有同等的重要性。

1936—1937年间的广东省为研究六年禁烟计划中官方的禁绝鸦片活动提供了良好的平台①。20世纪20年代成为国民党政权的发源地之一后,广东省事实上自1931年起即与南京国民党中央政府分庭抗礼,直至1936年7月陈济棠倒台才重新掌控在南京政府手中,此时六年禁烟计划已开展了一年半之久。广东省由此成为国民党组织禁烟活动的新阵地。自1936年夏末始,为实现禁烟计划制定的各项目标,新设管理机构层出不穷(效仿其他省份已有的机构),如广东省禁烟委员会、广州市禁烟委员会②、广东禁烟督察分处等。这些管理机构所保留的大量文献资料全面地反映出政府在重新掌握广东之后对当地禁烟宣传的关注③。这份关注与其他地区相比有一年的差距,因此可以想象,当地的禁烟宣传形式应该已较为成熟。

---

① 1937年夏,中日战争爆发。相关资料的突然中断很有可能表明了对禁烟的宣传让位给了保家卫国的要务。对于全面抗战背景下禁烟运动的退居次位,我们并不应该感到意外。这一点在广东也更为凸显:1937年8月以来,同样位居抗日前线的广东省遭到了日本军队的炸弹袭击:梁国武《吴铁城同志广东时期"禁烟"黑幕》,载中国人民政治协商会议,广东省委员会文史资料研究委员会编《广东文史资料》16卷,第128—136页,1964年;《禁毒史鉴》,第441页。
② 参见条目委员会具体规定。
③ 易劳逸(Lloyd Eastman)有根据地指出立足广东的重要性,考虑到在1930年初,也只有珠江三角洲一带的财富能与南京政府权力栖居地-长江三角洲地区所抗衡。易劳逸《流产的革命:1927—1937年国民党统治下的中国》,哈佛大学出版社1974年,第250页

一、计划的成就与不足

根据历史学者王宏斌和爱德华·斯拉克（Edward Slack）的研究，六年禁烟计划最早追溯至 1934 年 4 月。这一年，蒋介石采取了一项在建立鸦片控制体系过程中具有重要意义的措施，撤销腐败严重、邀买人心的清理湖北特税处，代之以十省禁烟督察处。处长李基鸿是蒋介石的亲信，对鸦片交易十分熟悉[①]。督察处下设若干部门，由相互对立的政府派系领导。设立该机构的目标是控制鸦片运输并对其征税，大力取缔鸦片走私[②]。

六年禁烟计划正式启动于 1935 年 4 月，以禁烟委员会总会的建立为标志。这一新机构的职责包括协调鸦片政策整体实施、辑录数据、编纂规章、进行反鸦片宣传等。蒋介石是该机构的总负责人。值得注意的是，该机构设立在军事委员会（蒋氏政权的中枢[③]）总部所在地。各省市县也创立了各级禁烟委员会，负责禁烟委员会总会工作在地方的具体实施[④]。与此同时，禁烟督察处则负责控制鸦片供应和打击走私[⑤]。1935 年 5 月设立了禁烟总监一职，在军事委员会权力支持下制定关于反鸦片行动的一切政策，例如鸦片管理机构重要职位的任命。官方宣布禁烟总监一职自 6 月 5 日起由蒋介石担任。到 1935 年 6 月，禁烟计划的行政架构已开始运转。

不过，这一"计划"并非自实施之日起就拥有完备实用的统一规划。其实施过程中经历了不断发展和逐步调整[⑥]。该计划所宣称的目标是在六年的期限内实现鸦片的根除，在两年内实现更加危险的合成毒品（如吗啡和海洛因）

[①] 《禁毒史鉴》，第 414—415 页；爱德华·斯莱克（Edward Slack）《鸦片，国家和社会：中国毒品经济与国民党，1924—1973》，夏威夷大学出版社 2001 年，第 136—137 页。

[②] 阿兰·鲍姆勒（Alain Baumler）《鸦片管制 VS 鸦片抑制》，载卜正民（Timothy Brook）、若林志忠（Tadashi Wakabayashi）编《鸦片体制-中国，英国与日本，1839—1952》，加利福尼亚大学出版社 2000 年，第 270—291 页、第 276—279 页。

[③] 《鸦片，国家和社会：中国毒品经济与国民党，1924—1973》，第 110 页。

[④] 这些任务在 1935 年 6 月 15 日法令里被加以详述，全文收录于马模贞编《中国禁毒史资料》，天津人民出版社 1998 年，第 1095 页。

[⑤] 《鸦片与近代中国》，第 393、375、379 页。

[⑥] 关于"六年计划"的介绍阐释可在朱庆葆《鸦片与近代中国》，第 375—409 页。

禁烟运动挽救国民党统治的万灵药？

的根除①。在鸦片问题上，主要通过建立起国家操纵的体系控制全国范围内鸦片的供应、加工和流通。这一垄断体制激起了禁烟强硬派的猛烈批判②。但是，国家垄断体制通过逐步减少鸦片生产和消费，是在全国范围内推行禁烟活动的唯一措施，从这一角度来说，其地位得到了承认、肯定甚至称赞。

在这六年中，一方面通过逐步缩减合法罂粟种植区的面积来减少罂粟产量，另一方面，对每位烟民强制登记并督促其逐渐减少鸦片消费。根据对烟民的普查，按年龄将烟民分成五个等级。计划在1936年到1940年期间，从最年轻的等级开始，每年使一个等级完全断绝鸦片消费。从理论上说，普查登记的烟民需求决定鸦片产量，因此鸦片生产也会随烟民数量的减少而缩减③。此外，还辅以戒断帮助措施，主要是大范围设立戒毒所，由当局管理④。最后，官方文件还突出了大力宣传的重要性。由此可见，这些毋庸置疑而专断禁烟措施（戒毒所、禁烟宣传）与对毒品流通的广泛控制构成了一个悖论，一个有利可图的组织与其抑制鸦片消费的宗旨之间的悖论。

全面总结六年计划并非易事。目标与实际往往有所出入。有些地区从一开始就只有象征性的全面禁绝鸦片工作，计划并未得到统一贯彻实施。由于严重缺乏地方性专题研究，很难评估各省不同的实施状况。更何况到1940年抗日战争已全面爆发之时，国土大片沦陷，清算更加困难。相比之下，英美历史学家更倾向于将1937年作为全面总结六年计划的时间点，这样更加合理。无论是从减少鸦片的角度，还是从蒋介石及其南京政府借此在权力斗争中获益的角度⑤，历史学家们并未过分夸大六年计划的成就。该计划在某些省份的确减少了罂粟的产量。蒋介石借机控制了鸦片流通，从主要输出省份

---

① 在毒品问题上，"两年计划"一词不应被理解为这是唯一被采用的方法。合成毒品的消费在任何时候都是违法的。烟民应该立即停止吸食鸦片。在最初，吸食、贩卖和运输毒品可以被判处死刑。这里的"两年"特指那段吸食鸦片者会被判处死刑的时期。

② 《禁毒史鉴》，第407—409页；爱德华·斯莱克"国家反鸦片联盟"，收录于提摩西布鲁克，若林志忠编纂《鸦片体制——中国，英国与日本，1839—1952》，第248—269页、第262—265页。

③ 但在某些具有特殊象征意义的地区，比如，孙中山诞生地广东，或者首都南京，一开始就被列为完全禁毒区域。

④ 上海在1936年5月已有四所，北京两所，天津与南京各两所。全国戒毒所在1936年总计已有1036所。《禁烟纪念特刊》第37页，1939年6月3日。

⑤ 参见爱德华·斯莱克和阿兰鲍姆勒的结论，尽管这些历史学家还是意识到了"计划"所允许的avancees的局限性。如前引用《鸦片，国家和社会：中国毒品经济与国民党，1924—1973》，第149—154页、第289—290页。

（云贵川）到沿海的鸦片消费大户。尤其需要注意的是，蒋及时掌握了从云贵直接流向湖南和长三角的鸦片生产运输线路，绕开了经过广西的东部运输线。反对蒋介石政府的桂系军阀（李宗仁、白崇禧）自此失去运输中转站的重要地位而被大大削弱[1]。然而，蒋介石对毒品流通的实际控制仍是有限的。外国租界和日占区显然不受其管辖；对一些边远省份的鸦片生产消费也缺乏有力的控制[2]；即使在蒋介石的权力中心长三角，蒋也不得不依赖于例如上海青帮（秘密帮会组织）或潮州帮之流的豪强盟友，并利用他们相互牵制[3]。上海青帮头子杜月笙就利用身为禁烟委员会成员之便，为自己大谋私利[4]。

从严格的统计学角度来看，由于缺乏可靠数据，很难准确计算六年禁烟计划实际为中央政府增加了多少收入。同时还要考虑到，官僚主义的体制、禁烟监察组织以及戒毒所的建设无疑都是不小的开支。1936—1937年间广东的情况表明，官僚机构的合理化改革与以蒋介石为中心的利益分配都是白纸黑字的明确内容。种种事实表明，1936年7月前后，鸦片运输和贩卖活动始终掌握在同一批商贩手中[5]。在新的禁烟官僚机构中，国民党内部不同派系和重要人物以及地方权贵之间斗争激烈[6]。值得一提的是，广东秘密社团似乎并未受到波及，这些社团的影响力远及上海和长三角地区[7]。1937年3月，蒋

---

[1] 国家档案2（南京），海关文件679/324 16；招荫庭、范子溪《梧州鸦片烟土行业史》，载李秉新、许俊元、石玉新编《中国近代烟毒写真》第一卷，河北人民出版社1997年，第608页；外交部（南特），北京，A系列，157号文件，1932年9月10日，法国驻南宁总领事报告。

[2] 参考比如宁夏和广西省的地方案例，李秉新，许俊元，石玉新编《中国近代烟毒写真》第二卷，第600—604页，"六年计划"在地方的推广实施问题被现有的研究几乎完全忽略了。

[3] 《鸦片与近代中国》，253—258页；郑应时《潮籍鸦片商在上海的活动及其与蒋介石政权的关系》，收录于《广东文史资料》，第21卷，第16—17页，1965年。

[4] 布莱恩·马丁（Brian Martin）《上海青帮：政治与有组织犯罪 1919—1937》，加州大学出版社1996年，第179—180页。

[5] 包利威《广东鸦片 1912—1937：论侵占并与社会实践》，里昂二大2005年历史博士论文，第227—232页。同样参见吴晓高《中国近代烟毒写真》，李秉新，许俊元，石玉新（编）卷二第295—296页。

[6] 外交部（南特），北京，A系列，156号档案（乙），1938年4月15日法国驻汕头总领事报告；《禁毒月刊》1937年1月第108期，第8—10页。

[7] 在我为撰写博士论文所考察的特定时期（1912—1937年）的大量历史文献中，完全没有提到特务机构在广东鸦片交易中的作用。而在2006年7月我与一位30年代居住在广州附近的见证人（对方要求匿名）的访谈中，他证实了特务机构藏污纳垢的事实，却从未听说过他们与鸦片交易有牵连。（《广东鸦片 1912—1937：论侵占并与社会实践》，第330—332页），Virigil Ho，在他那文献翔实的关于广东卖淫行业的论文里也为特务机关在此类交易里的角色缺失而感到惊讶。（Virigil Ho《理解广东，共和国时期流行文化的反思》，牛津大学出版社2005年，第264页。

介石派李基鸿赴广东任禁烟特派员,彻底整治当地禁烟行政管理机构,此举昭示了蒋介石政府重新控制广东鸦片贸易的决心。广东地区从事鸦片贸易者也试图摆脱这种控制,政府通过鸦片贸易获得的收入与其预期大相径庭①。

显然,不能仅仅从六年禁烟计划所预期的禁绝鸦片这一角度来看待这个计划。掌握鸦片贸易带来的收入才是核心问题。禁烟计划还改变了各方力量对比,断绝了地方豪强的部分财路,加强了蒋介石独裁控制的基础,从而对时局产生了深远影响。

近期研究表明,禁烟计划(与20世纪其他禁毒运动一样)也是建立和巩固国家权力控制的重要手段②。与此同时,发动人民群众,让百姓看到(更准确地说是展示出)政治权力是如何为一项高贵事业而奋斗,也是其目的之一。但是清朝的失败仍历历在目:1906—1911年,清朝政权成功地在全国上下掀起了反对鸦片的热潮,并取得了可观的成就。然而这一成功并未让清朝重新获得人民的信任。国民党不愿重蹈覆辙。禁绝毒品的合理性毋庸置疑已被广泛接受,因此,在1935—1937年禁烟计划施行期间,采取大规模宣传活动为计划的实施提供了理想的支持,让这些所谓的"次要信息"在普通人群中得以宣传和普及。向当局表示忠心只是这些信息中的一条内容。计划的另一项内容,针对毒品消费采取的活动(戒毒和宣传)也并非仅仅停留在表面文章,它也将为蒋介石和南京政权带来意义深远的政治利益。

二、反鸦片游说的历史

六年禁烟计划中的反鸦片宣传游说很大程度上来自于近几十年来关于鸦片的论战③。关于鸦片的论争历史悠久,从鸦片传入中国之际便持续不休。在

---

① 《香港工商日报》1937年3月30日,1937年4月11日,1937年6月5日;《禁毒月刊》1937年5月第112期,第23页及1937年6月113期,第14—17页。

② 参见周永明《二十世纪中国禁毒的十字军东征:民族主义,历史与国家建设》,罗曼和立特菲德出版社1999年,第2—5页。

③ 这个问题在其他论著中已被很好的详述,尤其在林满红的"晚晴时期对土生罂粟的认知",哈佛亚洲学报64(1),2004年6月,第117—144页。

18世纪的史料中就已发现禁止使用鸦片的记录①。但在19世纪30年代中期，清朝官员对待鸦片态度不同，其时反鸦片论调经历了迅速的成熟期。1832年广东湖南瑶民起义，广东军士因抽大烟而疲弱不堪。此外，中国南部沿海印度鸦片的走私日益猖獗，导致大量白银外流。1836至1838年间，朝廷内部"弛禁"和"严禁"两派都向道光帝力陈，弛禁派主张将鸦片贸易纳入合法范围，严禁派则主张厉行彻底禁绝鸦片②。两派都认为鸦片是导致国家贫弱、白银外流的罪魁祸首。抽鸦片导致的社会结果固然是论战的重要内容——抽大烟者家庭破裂的话题常被作为典型事例——但关于鸦片的论争更注重经济角度的影响。弛禁派大臣许乃济和邓廷桢建议，鸦片入关纳税，内地仍可种罂粟、制土烟，只逐渐减少吸食人数，除文武员弁、士子兵丁之外，其民间吸食者一概勿论③。与之相对的严禁派以黄爵滋和林则徐为代表，他们所提出的论据和主张在之后的半个世纪中几乎未有大的变化④。事实上，从19世纪30年代末起，关于对待鸦片态度的两大对立方的主要论点都已基本确立。弛禁派认为，鸦片大量进口是不可容忍的祸患，因其会导致大量白银外流。严禁派则认为，国内鸦片生产应当予以取缔，因罂粟种植占用耕地，影响粮食作物生产。

反鸦片游说在19世纪末期经历了一次重大转折。1894—1895年甲午海战中清帝国惨败之后，中国的仁人志士开始思考两国在短短几十年中发生如此巨变的原因。鸦片在日本一直受到全面禁止，因此人们不禁将清朝的失败归咎于此⑤。鸦片成为众矢之的，随着早期新闻业的发展，对鸦片的猛烈抨击获得了大批受众。自此，在世纪之交的改良主义者眼中，鸦片不啻为落后而无能的中国的化身，新兴的爱国主义者们致力于"唤醒"沉睡的祖国。这些人

---

① 冯客（Frank Dikotter）、拉斯·拉曼（Lars Laamann）、周迅（ZhouXun）（音）《毒品文化：中国毒品史》，芝加哥大学出版社，第32—39页。郑扬文《中国的鸦片社会史》，剑桥大学出版社2005年，第58—60页、第87—100页。

② 大卫·贝罗（David Bello）《鸦片与帝国桎梏》，哈佛大学出版社2005年，第130—138页；詹姆斯·波切克（James Polachek）《内部鸦片战争》，哈佛大学出版社1992年，第3—106页。

③ 我们可以参阅两位高官于1836年致皇帝的回忆录。（《中国禁毒史资料》，第50—51及52—54页）

④ 林则徐，黄爵滋于1838年6月给道光皇帝的上书垂名历史。上书内容被马模贞收录其著作中，如前引用第62—63页以及第67—69页。

⑤ 海外文献档案中心，GGI 43019，《远东鸦片问题研究》，第5页。

十分敏感地意识到,大烟枪已成为西方人眼里中国的象征①。他们笔下时常进出"侮""耻"之类的字眼②。反鸦片游说发生的变化受到了西方传教士的影响,尤其是在英美传教士的影响下,吸食鸦片被视为一项应受道德谴责的活动③。这种变化还反映出清末民初一项更广泛的思想变革:伦理问题④。关于吸食鸦片的经济影响尽管未完全销声匿迹,但在19世纪最后十年至20世纪的最初十年中,鸦片对健康和社会风俗的危害已成为讨论的中心,并且被认为是导致中国衰落的重要因素⑤。诚然,反对鸦片者的目标并未改变,仍然是为了恢复国家实力。但是在经历了半个世纪围绕鸦片在中国经济中所扮演的角色的论争之后,人们开始从社会伦理和政治的角度重新审视鸦片问题。因此,鸦片需求(吸食)相比鸦片供应(生产和进口)引发了更多的关注和担忧。将吸食鸦片者视同叛逆进行猛烈抨击而无视鸦片这一商品本身,这便不足为怪了。在禁烟运动战略决策中将宣传工作作为重点,似乎也是符合时代变化的必要之举。不过,这是一项重要的创新举措,要在全社会范围内落实这一必要之举,仍需循序渐进。

三、宣传工作的必要性、范围与成果

1906至1911年期间的反鸦片运动在宣传方面发生了一些改变,已开始进行一些面向大众的活动(游行、公共演讲等)⑥。不过此时主要的宣传策略并

---

① 因此,在1903年在圣路易斯安娜为庆祝法国购买路易斯安那州100周年而举办的博览会上,中国留学生强烈抗议将鸦片烟和烟片灯列为中国的展品展示:马士,《中华帝国对外关系史》,Kelly&Walsh出版社,1918年,第三卷,436页。
② 在孙中山-这位新生共和国的主席所颁发的禁毒令里主要使用"侮"一词,与1912年3月2日与3月6日颁布的法令中一样。(《中国禁毒史资料》,第566—567页)。又见《申报》1906年2月12日,1906年3月16日,《天津大公报》1913年1月19日。
③ 卡斯琳·劳德维克(Kathleen Lodwick)《抗击鸦片的"十字军":基督会传教徒在中国1874—1917》,肯塔基大学出版社1996年,第27—34页。
④ 约翰·菲茨杰拉德(John Fitzgerald)《削弱中国,政治,文化与民族革命中的阶级》,斯坦福大学出版社,第70—71页。
⑤ 林满红,如前引用,第118—119页。
⑥ 广东的情况请参见《广东鸦片1912—1937:论侵占并与社会实践》,第85—89页,另一省份福建的情况,请参见乔伊斯坦西(Joyce Madancy)的研究:乔伊斯麦坦西《林则徐:棘手的遗产》,哈佛大学出版社2003年版,第125—127页。

不在于直接发动百姓，而在于优先督促士大夫阶层戒除吸食鸦片之陋习。例如，规定普通百姓最多在十年之内戒除吸烟行为，而官员、师者（年不满六旬）和读书人必须在六个月之内戒断①。这一举措意在利用文人士大夫作为全民表率，促成大众禁烟。直到20世纪20年代，人们方才普遍意识到吸食鸦片的严重危害。也是直至此时，面向广大群众的宣传活动才得以上升为首要任务。1924年成立的中华国民拒毒会在其中发挥了重要的推动作用。在当时同类机构中，尽管中国基督教徒是该机构的主导力量，但这却是第一个中国人自主组建、无西方传教士参与的。这也是第一个真正将禁毒宣传推广至全国范围的协会②。中华国民拒毒会成立后数月内，先后在全国各地设立分会。该机构提出明确的宗旨，不仅要说服民众，更要发动民众参与反鸦片斗争，并为此组织了多次请愿和游行活动。拒毒会为发动尽可能广泛的民众所采取的创新工作是值得注意的。在拒毒会的倡议下举办了全国学生拒毒论文比赛，同时组织公开演说、表演舞台剧，以扩大进度宣传的影响范围。期刊、传单、广播、电影、海报、歌曲等多种形式，都成为拒毒会普及禁毒意识的手段③。

六年禁烟计划施行期间，国民党政权再次认识到面向大众发起禁毒宣传、动员普通百姓的必要性。但国民党希望将这类活动完全掌握在自己手中，不愿将哪怕一小部分的主动权交给任何民间组织。自1931年起，国民党政权开始设法削弱中华国民拒毒会的影响，使其最终不得不于1937年6月28日终止会务。究其原因，不仅是因为拒毒会始终对国民党六年禁烟计划持反对态度④，也是因为国民党想要借此垄断禁毒禁烟宣传。

在六年禁烟计划实施前，反鸦片游说得到的回应和支持日益广泛。至于在全中国人口中的影响深入几何，却显然难以评定。不过可以确定的是，在

---

① 《鸦片与近代中国》，第339页；苏智良《中国毒品史》，上海人民出版社1997年，第205—206页。

② 关于国家反鸦片联盟，参见爱德华·斯莱克"国家反鸦片联盟与国民党政府"，《鸦片体制——中国、英国与日本，1839—1952》，第249—270页；《二十世纪中国禁毒的十字军东征：民族主义，历史与国家建设》，第44—53页。

③ 《中国评论周报》1929年6月6日；《民国日报》1931年4月15日；《鸦片，一个世界性问题》1928年6月，1929年10月。

④ "全国反鸦片联盟"，作为全面立即禁烟的支持者，坚决地反对六年计划中，因后者实际上在暗示1940年以前鸦片都属合法。

禁烟运动挽救国民党统治的万灵药？

20 世纪 30 年代初，鸦片在全社会的形象是十分负面的，吸毒也被认为是需要引起特别重视的问题①。在此引述的这则逸事可见其一斑：当时广东一家日报登载，1936 年 1 月 25 日，两名西方人潜入一家烟馆，企图偷拍吸食鸦片者的照片。据报道，被发现后，这些烟民大为光火，认为此事辱及中华国体，不仅将两名西方人赶出烟馆，还从其手中抢回了底片②。由此可见，这些躲在烟馆抽大烟的人或许认为吸食鸦片的行为有损中华国威——正如报纸所言——抑或是从个人角度，对被拍下正在过烟瘾而恼羞成怒。不论是哪种解释，这则故事都证明吸食鸦片者本身也清楚，抽大烟是一种令人羞耻的行为。除了这则社会新闻，还有许多其他事例共同表明，针对鸦片的猛烈抨击不再局限于一小群积极分子中，而是在全社会范围得到了普遍回应。

自六年禁烟计划实施开始，禁烟活动又迈出了重要一步。从该计划开始，禁烟宣传掌控在国家机器手中，而不再隶属于任何一个简单的协会机构。广东禁烟委员会印发的传单海报发行量多达十万份（当时广东全省人口约五百万）③。在广州，游行活动一次可聚集上万人之众④。新闻报刊也登载了大量官方反鸦片宣传，大约也是受到了官方的督促。需要特别指出的是，六年禁烟计划还顾及了一条重要渠道，而这一渠道在过去往往被忽略或未得到充分重视：学校。随着越来越多少年儿童进入小学学习⑤，学校的作用越来越不可忽视。20 世纪 30 年代中期的小学教材里，国民党所宣传的关于鸦片的内容占据了重要的地位⑥。

总之，经历了近一个世纪的反鸦片游说之后，到 20 世纪 30 年代，社会

---

① 此问题详见包利威《被禁的颂歌：共和中国吸鸦片者们的价值体系研究》，Genese，62，2006 年 3 月，第 69—92 页。

② 《越华报》1936 年 1 月 28 日。

③ 《广东禁烟季刊》第一期，1937，"工作概况"部分，第 12—13 页。

④ 《广州市禁烟委员会工作纪要》，委员会活动总结，1937，第 30 页；《禁毒月刊》1937 年 6 月第 113 期，第 35 页。

⑤ 1930 年是民国初等教育领域重大的一年，广州市小学校的数量从 75 上升到 85 所，学生数量由 24770 人上升到 36460 人（《中日韩印度支那 1932 年年鉴词典》，香港日报出版社 1932 年，第 852 页），已覆盖接近三分之一的学龄儿童。根据 1932 年的人口普查，广东 6—12 岁儿童人口已升至 119881 人（《广州市二十一年人口调查报告》，广东广州市调查人口委员会，1933 年，页码不详）。

⑥ 另外，除了一般教学，6 月 3 日的纪念活动在学校里也是进行鸦片问题教育的日子。那天，孩子们会与班级一起参加游行活动。（《论语》第 74 期，1935 年 9 月，95—99 页）。

已普遍达成共识,将反鸦片斗争视为决定中国存亡的关键。国民党政权将利用这一共识为己牟利。从反鸦片宣传的角度看,六年禁烟计划不仅是一次量变,也是一场质变:从此,禁毒禁烟宣传为政府所垄断,在国家官僚机构的支持下得到大范围的推广。最后,当反对鸦片成为社会共识时,反鸦片游说活动对国民政府而言也已成为有力的控制工具,没有人希望看上去对已成为政府行为的禁毒活动表示反对。

四、透过历史看鸦片

学校教材对待鸦片问题的态度充分体现了六年禁烟计划的一大特点:将鸦片的历史渊源置于举足轻重的地位。在课本中,鸦片问题并不像人们预期的那样,将提高少年儿童禁毒意识(例如"切勿吸烟"或"吸烟有害健康")作为直接目标,而是以第一次鸦片战争历史为主要内容[1]。林则徐的事迹和第一次鸦片战争已成为小学生耳熟能详的话题。同时,禁毒委员会的长篇大论几乎都以这段历史作为开头,有时还会略略提及唐朝和明朝,称罂粟最早由阿拉伯人引入中国[2]。这番历史回顾,其实只是为歌颂林则徐英雄事迹打下伏笔,之后不可避免地还会提及第一次鸦片战争的失败以及后来签订的一系列不平等条约[3]。一般文论到此即止,似乎认为从那时起到20世纪30年代,中国陷入丧权辱国、军阀混战的境地,在禁毒方面再无可圈可点之处。

1937年3月在广州设立的禁毒所中进行的戒毒教育同样对鸦片在历史上造成的危害大加论述,这些阔论通常由三点构成:首先,鸦片的起源;其次,鸦片战争失败后的遭遇;最后,以南京条约的内容结尾[4]。在这些文论中,南京条约被视作鸦片历史的"最终结果",然而事实上,鸦片反而是在南京条约

---

[1] 参加一下教科书案例:《高校历史课本》,中华书局1937年,第三册第30—31页;《新编初小常识课本》,中华书局1937年,第八册第6—7页。

[2] 6月3日纪念宣传活动纲要,载《广州禁烟活动委员会工作纪要》,第148页;香翰屏《禁烟运动回顾》,载《广东禁烟季刊》,论文部分,第3页。

[3] 南京条约签订于1842年8月,强迫中国开放五个通商口岸,赔付大笔赔款并割香港岛。之后,中国与帝国主义列强陆续签订了一系列不平等条约。

[4] 广州市禁烟委员会《广州市戒烟医院年报》,第19—20页。需要注意的是,这些课程的准确名称是"精神训练"。

禁烟运动挽救国民党统治的万灵药？

签订之后才开始大量涌入中国社会。

禁毒委员会的宣传文章中，极少提及后林则徐时期，留下大段的历史空白。从林则徐之后直接跳至 20 世纪二三十年代，中间只提到了军阀混战带来的损害[①]。这些文章似乎都健忘地忽略清政府在 1906—1911 年间取得的禁毒成果，以及革命政府于 1912—1913 年间在广州地区坚定推行的禁毒政策。

无论从历史地位还是从宣传力度来看，林则徐的英勇事迹都具有极其重要的地位。甚至可以说，林则徐传奇为 20 世纪 30 年代的禁毒宣传奠定了基础。在这里我们使用"传奇"一词，可谓恰如其分。林则徐的事迹既不是寓言故事，也不是神话，而是有迹可循的史实，并且为一场旷日持久的运动扮演了先驱和奠基人的角色。我们已经看出，第一次鸦片战争与 20 世纪 30 年代之间是大段的历史空白，在林则徐英勇抗争却无奈失败之后，再未出现任何一位能够与鸦片和帝国主义相抗衡的英雄人物。林则徐的地位和作用是如此重要，以至于时代需要一位"新林则徐"来充当救世主。

林则徐，19 世纪 30 年代具有重要影响的官员，严禁鸦片派代表人物之一[②]。当时道光皇帝倾向于严禁派主张，特命林则徐为钦差大臣赴粤查办鸦片吸食和印度鸦片进口活动。广州是当时非法鸦片进口的主要港口。林则徐在广州大力推行全新的禁烟政策。主要措施包括，在普通民众中打击吸烟行为，要求士大夫以身作则，而不像其前任官员只从鸦片供应方面下手，整治走私贩卖活动[③]。但是，在 1839 年虎门销烟中，林则徐销毁了大量英国鸦片，由此导致了第一次鸦片战争爆发（1839—1842 年）。第一次鸦片战争是清朝帝国和大英帝国之间的正面对决，英国的军事力量很快取得了压倒性的优势。

实际上，国民党政权的宣传者对林则徐的事迹也有所取舍。他们对林则

[①] 曾养甫的前言，载《广州禁烟活动委员会禁烟工作纪要》，第 1 页；郑秋华《禁烟政策失败的三个原因》讲话，日期不明，引自国民党广东省党部《禁烟专刊》1936 年第 56 页；香翰屏《禁烟运动回顾》，载《广东禁烟季刊》，论文部分，第 3—5 页。

[②] 关于林则徐有众多出色的研究。除了已经提到的詹姆斯波切克，还可提及一下几位：迈克尔·格林伯格（Michael Greenberg）《不列颠贸易与中国的开放 1800—1842》，剑桥大学出版社 1951 年；亚瑟·魏莱（Arthur Waley《中国人眼中的鸦片战争》，斯坦福大学出版社 1958 年；张保新《林钦差与鸦片战争》，哈佛大学出版社 1964 年；莫里斯·克里斯（Maurice Collis）《外国泥，1830 年代鸦片纷争与中英战争》，W. W. Norton, 1968 年；彼得·菲（Peter Fay）《鸦片战争：1840—1842. 19 世纪早期野蛮人在天朝及迫使国门开启的战争》，Chapel Hill 出版社，北卡罗来纳大学出版社 1997 年。

[③] 《内部鸦片战争》，126—143 页。

徐为取缔鸦片消费采取的具体措施完全不感兴趣。关于林则徐事迹的宣传对细节几乎一笔带过，只为突出其销毁鸦片的壮举以及在反鸦片反英斗争中的象征性地位①。林则徐本人亲自（这一细节总是被反复强调②）参与销毁外国鸦片时所展现的态度，总是被宣传文章大加渲染。林则徐的行为渐渐不再只是一件发生在历史某一段时间内的史实，而是定格为一副历史画面，浓缩为一个跳脱历史之外的瞬间：林则徐销毁鸦片。林则徐成了偶像，成为反鸦片斗争的化身。他拥有各种高尚品质：大无畏的精神、面对敌人的魄力、毅力和决心③。而除林则徐之外，他的一位部下，也是主张严禁鸦片的支持者却几乎从未被提及④。林则徐给后世留下的印象，似乎是他独自面对懦弱腐败的官场，孤军奋战，永不言败⑤。

　　林则徐被塑造成为一幅历史画面，其众多文章的命运也同样不落窠臼。林则徐有一段被后人反复引用的名言，尽管长短有别，但提起林则徐几乎总是要提及这段话："鸦片流毒于天下，则为害甚巨，法当从严。若犹泄沨视之，是使数十年后，中原几无可以御敌之兵，且无可以宠饷之银。"⑥

　　对于1936年的中国民众而言，林则徐这段话指出了症结所在，却未提出任何对策。宣传文章中关于林则徐对待鸦片的态度进行了很大程度的简化，

---

①　6月3日纪念日散发的宣传页，载《广州禁烟活动委员会禁烟工作纪要》，第146页；广播讲话，易建全（音）日期不明，载《广州禁烟活动委员会禁烟工作纪要》，第21页；委员会宣传纲要，载《广州禁烟活动委员会禁烟工作纪要》，第137页。

②　易建全（音）广播讲话，日期不详，载《广州禁烟活动委员会禁烟工作纪要》，第21页；委员会宣传纲要，载《广州禁烟活动委员会禁烟工作纪要》，第137页；6月3日纪念日散发的宣传页，载《广州禁烟活动委员会禁烟工作纪要》，第146页。

③　以下文章为例：李基鸿《六三纪念的意义》，载《广州禁烟活动委员会禁烟工作纪要》，第9页；黄世光（音）广播讲话，载《广州禁烟活动委员会禁烟工作纪要》，第14页；委员会宣传纲要，载《广州禁烟活动委员会禁烟工作纪要》，第137页；6月3日纪念日散发宣传页，载《广州禁烟活动委员会禁烟工作纪要》，146—147页。

④　黄爵滋这样的重要人物也认同这一点，在1838年他给皇帝的上书中，也提请首先打击鸦片需求，因为是鸦片消费制约着整条鸦片贸易链。（马模贞，如前引用，第62—63页）

⑤　6月3日纪念日散发宣传页，载《广州禁烟活动委员会禁烟工作纪要》，第146—147页；黄世光（音）广播讲话，载《广州禁烟活动委员会禁烟工作纪要》，第14页。

⑥　黄世光（音）广播讲话，载《广州禁烟活动委员会禁烟工作纪要》，第14页；易建全（音）广播讲话，日期不明，载《广州禁烟活动委员会禁烟工作纪要》，第21页；委员会宣传纲要，载《广州禁烟活动委员会禁烟工作纪要》，第137页；《禁毒专刊》，第30页。

禁烟运动挽救国民党统治的万灵药?

宣称林则徐始终坚决主张完全禁绝鸦片。但事实是,1833年,为弥补白银大量外流的亏空,林则徐也曾主张允准在内地种植罂粟,以期与外来鸦片相抗衡。之所以如此不知疲倦地重复林则徐上述这段名言、颂扬其销毁英国鸦片的壮举,目的都是为了将林则徐塑造成为毋庸置疑的坚定斗士,面对鸦片祸乱,毫不退缩,决不妥协。另外,林则徐销毁的鸦片是舶来品,由外国商贩进口兜售①。同时,宣传者称林则徐销烟采用的是焚毁法②,不禁令人联想到浴火重生的净化。但这一点并不符合史实,林则徐采用的是另一种销烟法:将鸦片倒入装满水、铺有石板的大池中,倒入石灰,待鸦片溶解之后引流入海③。不过,林则徐销烟的重要意义在于,通过这种方式,象征性地还原了中国在鸦片进口之前的纯净状态。从这一意义上说,虎门销烟得以成为一段传奇。在这一事件之后,鸦片卷土重来与英国的帝国主义侵略合二为一:鸦片,不再仅仅是英国对华开战的借口,而是成为整场战争的核心。这段历史充满了诡辩色彩:鸦片危害中华,使得林则徐英勇禁烟,禁烟活动导致了战争,战争带来了不平等条约。而国民党政权宣传者从中推导出的结论却是,不平等条约及其所导致的中国贫弱,都是鸦片流入的结果。在这段引文中可以清晰地看出这一点:可叹当时精英盲目而腐败,不能支持林则徐的政策,导致无尽的不幸。抵御外敌的空想最终化为一系列败仗和丧权辱国的不平等条约。这难道不是鸦片导致的祸患吗?国家积贫积弱,难道不是吸食鸦片的后果吗?④

另一篇写于1937年6月3日的文章也大力宣称,如果林则徐的政策获得足够支持,中国本可免于签署不平等条约和丧权辱国的命运,包括甲午海战中的惨败,日本仍将处于"不足挂齿"的地位⑤。尽管偶有文章指出,满清

---

① 林满红,如前引用,第120—121页。
② 易建全(音)广播讲话,日期不明,载《广州禁烟活动委员会禁烟工作纪要》,第20—21页;六三纪念日宣传纲要,载《广州禁烟活动委员会禁烟工作纪要》,第148页。
③ 乔纳森·史潘思(Jonathan Spence),《探寻现代中国》,Hutchinson 出版社1990年,第12页;《禁毒史鉴》,第123—124页;Liu Fujing《旧广东烟毒场》,香港中华书局有限公司1992年,第39—40页。
④ 黄世光(音)1937年6月10日广播讲话,《广州禁烟活动委员会禁烟工作纪要》,第14页。
⑤ 黄世光(音),文章题为《发扬六三纪念的必要性及蒋委员长的反鸦片政策》,载《广州禁烟活动委员会禁烟工作纪要》,第8页。

王朝的懦弱无为也是导致中国战败受辱的原因之一，但鸦片仍是当之无愧的罪魁祸首，尽管从更理智的角度来说，科技和军事的落后才是首要原因。近一个世纪之后的20世纪30年代中期，民国相比共和时期更加脆弱，这也归咎于鸦片的流入及其导致的不平等条约。这种想法也不足为奇，自清朝起即已有人提出，日本的强盛乃是得益于无鸦片之忧，这一观点在20世纪20年代再次得到宣传①。1936—1937年间的宣传文章中，并未明确提出与日本的对比，而鸦片与国家衰落之间的因果联系是宣传工作的核心②。这种论调的重要性不言自明，除了赋予鸦片问题重大意义之外，它也暗示了这样的观点：在未来工作中，坚决铲除鸦片能够使中国摆脱帝国主义的桎梏，重现旧日的辉煌。对林则徐传奇的宣传将鸦片在国家发展进程中的地位和作用夸大到了戏剧化的程度。此外，以林则徐事迹为范例，对20世纪30年代中国政局还有另外两项独特作用。

五、林则徐传奇的作用

首先需要再次强调的是，在六年禁烟计划实施期间，大量鸦片生产和销售控制在政府手中。诚然，政府本身致力于禁绝鸦片，但根据循序渐进的原则，实现这一目标需要较长的时间。也就是说，政府虽然始终坚定地颂扬且拥护林则徐的精神，坚决主张实现预定的目标，但也不得不间接地做出一些妥协，避免立即全面禁止鸦片，而是对鸦片贸易采取垄断政策③。也就是说，过去的让步是为了未来的成功。于是，1937年6月3日虎门销烟纪念日④，广州率先提出了"继承林则徐精神、消灭鸦片"的口号，随后高呼"支持蒋委员长的禁烟政策"。我们无法由此得出结论认为，对林则徐的宣传和肯定是蒋介石禁烟政策的唯一保证。1936年的广州人民在过去二十余年间已经经历了

---

① 1928年9月全国反鸦片大会上戴传贤发表的讲话，参见《中国禁毒史资料》，第883页；戴季陶《戴季陶言行录》，广益书局1929年，第238—239页。

② 有趣的是，时至今日，一些中国历史学家总是表露出一种相似的观点：参见王宏斌《孙中山论中国近代毒品问题》，第127页。

③ 李基鸿《六三纪念的意义》一文的开头就对比了林则徐禁烟举措与当今政府的禁烟措施（《广州禁烟活动委员会禁烟工作纪要》第9页）。

④ 6月3日纪念日散发宣传页，《广州禁烟活动委员会禁烟工作纪要》，第147页。

禁烟运动挽救国民党统治的万灵药？

无数煞有介事的禁烟宣传和计划却未见实际行动,以至于禁烟委员会也未费心强调新政府禁烟的可靠性①。在上文第一条口号之后,人们原以为会提及孙中山及其禁毒宣言,但是直接从林则徐跳至蒋介石,便给人留下了蒋介石堪为"新时代林则徐"的印象。

林则徐传奇还有第二点作用。将林则徐塑造成孤胆英雄,使得舆论逐渐认为禁烟大业将再次落在众望所归的一人身上。此时蒋介石便恰逢其时地成为宣传活动所吹捧的"新时代林则徐"。他的个人独裁不仅可以接受,而且是重现林则徐传奇的必需条件,以免重蹈林则徐受腐败无能官场掣肘而失败的覆辙。不仅如此,对林则徐品质的褒扬也是对其继任者蒋介石的称颂,例如拥有治世之才、多智有为,本可力挽狂澜使中国免于衰败等。这些赋予蒋介石的品质和权威也间接坐实了其林则徐继任者的称号。耐人寻味的是,蒋介石在南京国民政府(1928—1937年)时期并未受到这样的个人崇拜。此时此刻,蒋介石权势日盛,但他仍谨慎维持着孙中山重视追随者的姿态②。孙中山1925年逝世后,享有广泛的支持和尊敬。蒋介石其时在国民党内根基尚不稳固③,因此寻求树立个人崇拜来确立自身地位。禁烟运动中对林则徐的态度也是同样道理,当然,孙中山被视为具备所有高贵品德的楷模来崇拜,对林则徐的尊崇与之不可同日而语。蒋介石掌权过程中对其个人崇拜的缺失,就这样巧妙地被他为自己选择的政治先驱填补了。这样一来,我们便可以更好地理解,为何反鸦片宣传在1912—1913年间默默无大作为。广东革命政府警察厅厅长陈景华为人刚正不阿,一时人称"林则徐第二"④,在广州当地名声赫赫,20世纪二三十年代的文章中经常提及他的名字⑤。然而,国民党政府1936—1937年间在广东地区发布的大量反鸦片作品中,陈景华的名字只出现

---

① 《越华报》1936年9月28日一篇文章呼应在广东人民内部进行的一项调查,显示人民认为政府确实有肃清鸦片的决心。

② 杰利密·泰勒(Jeremy Taylor)《蒋介石个人崇拜的制造》,载《中国季刊》2006年3月第185期,第96—100页。

③ 两起最著名的反蒋叛乱分别发生在1931年5月,一个短暂的集结了国民党内部蒋介石反对者的临时政府在广东成立,以及1936年著名的西安事变。

④ 周兴梁《民初广东军政府的禁烟禁毒斗争》,载杨天石主编《民国掌故》,中国青年出版社1993年,第30页;马模贞《毒品在中国》,台北一桥出版社1996年,第97—98页。

⑤ 例如:《华星三日报》1927年7月23日;李宗华(音)《模范之广州市》,商务印书馆1929年,第102页;《香港工商日报》1935年6月12日。

199

过一次便再未提及①。显然，不能让这样一位人物破坏早已设计好的林则徐与蒋介石之间的紧密联系。不断强调蒋介石是林则徐的后继人，既确立了其个人独裁合理性，也是为其独揽禁烟运动大权量体裁衣。

六、毒品对中国的危害

反鸦片宣传通过回顾历史，将毒品视作国家贫弱的根源，明确指出中国的衰落是鸦片流入的结果，而曾经力图净化中国的林则徐则是传奇的奠基人。这种贫弱的实质，或者说毒品与国家患难之间的这种因果联系，通过两种范式得以表现。其一，鸦片对个人毒害无穷，累积成为国家的贫弱；其二，国家作为一个整体，深受毒品的危害。②

禁烟宣传文章经常强调下面这一点：吸烟者损害的并不只是自身健康。除了影响个体健康以外，如果大量人口沉溺于鸦片，社会也将被大大削弱。各类文章都时常用民族、社会、国家等概念强调鸦片所导致的大范围威胁。个人吸毒对社会国家造成的危害主要表现在三方面：健康、经济和道德。下文是一份1936年的禁毒传单，文中说明了鸦片在这三方面所造成的后果：

> 抽大烟吸毒之害人人皆知，百害之中以此三为甚：一者有损健康。吸毒吸烟一旦成瘾，毒物侵体，再难戒除。不仅令人精神萎顿、身形枯槁，更使人早衰早亡。简而言之，便是自己向死路上走去。其二，家财无存。人当自食其力，才能安居乐业。吸毒吸烟者身心都孱弱无比，不仅无力工作谋生，还要花钱买毒。最终必然破产。其三，丧失人格。吸毒吸烟者，一旦没钱，只好赌钱、变卖家产，债台高筑。走投无路时便不顾一切，坑蒙拐骗无一不做。一人吸毒，健康、财富和人格便全都没有了。一国人吸毒，则必定文化衰落，财产流失，江河日下。③

---

① 香翰屏《禁烟运动回顾》，《广东禁烟季刊》，论文部分，第3页。

② 同样的，1934年以来蒋介石公然成为"新生活运动"的领导人，他利用"新生活运动"来宣传自己的领袖形象。新生活运动旨在通过提高卫生水平，提倡节俭和道德风纪来强国健民。欲了解运动大致情况可参见阿里夫德里克（Arif Dirlik）《新生活运动的意识形态基础-反革命的研究》，载《亚洲研究杂志》1975年8月34（4），第945—980页。

③ 《广州禁烟活动委员会禁烟工作纪要》散页（日期不详），第135页。

禁烟运动挽救国民党统治的万灵药？

鸦片对健康的影响还有另一后果：吸食者生育的孩子体质孱弱，死亡率高于正常儿童。因此，几代之后可能导致全民族体质的衰退，进一步威胁国家的未来①。不仅如此，吸食鸦片者消费社会物资却完全不参与生产，吸食者人数越多，国家便越会丧失生产力，被非劳动人口坐吃山空：②

> 吸毒者体质羸弱，好吃懒做，不事生产。因此，这些吸食鸦片者乃是致使国家贫弱的主要原因。成瘾者只求有足够大烟可吸，其余一切不管，消费很多却没有产出，其经济状况显然十分拮据。从国家角度来看也是同样道理，吸食者人数渐增，从事生产者缺乏，国家经济将无以为继。③

由此可以看出，烟民的集群效应对国家经济所造成的严重后果，在19世纪所提出的两大经济影响——白银外流和耕地减少之外，又增添了新的内涵④。

鸦片对吸食者家庭的破坏是另一点经常提到的内容，但在广东地区禁烟宣传中似乎并未强调。抽大烟导致家庭破裂是清朝和20世纪20年代时期反鸦片文学作品中常见的主题⑤。例如，中华国民拒毒会发表的两部宣传戒烟剧作《芙蓉花泪》《黑烟红泪》，均以吸食鸦片导致家破人亡为主题⑥。1936—1937年，在禁毒委员会的宣传作品中，确有暗示吸食鸦片者贩卖妻子儿女之事⑦，也时有提及鸦片给家庭带来的折磨⑧。然而，这一主题在遇到鸦片对

---

① 委员会宣传纲要《广州禁烟活动委员会禁烟工作纪要》，第138页。
② 这种将生产者与消费者对立的推论对中国公众来说再自然不过，因为在儒家经典《大学》中说：生财有大道，生之者众，食之者寡。
③ 委员会宣传纲要《广州禁烟活动委员会禁烟工作纪要》，第139页。
④ 参见郭广杰（音）文章《鸦片与毒品的蹂躏》，载《广东禁烟季刊》，论文部分，第15—16页，郭也用相同的论证，借助"明德"的观念，解释了毒品带来的经济后果。
⑤ 马克梦（Keith Mac Mahon）《财神的堕落——19世纪中国的抽大烟者》，Rowman & Littlefield 出版社2002年版，第100页。
⑥ 黄嘉谟《芙蓉花泪》，中华国民拒毒会1928年，《芙蓉花泪》的文本被收录在杂志《拒毒月刊》，58，c，1932年，第38—47页。
⑦ 黄世光（音）题为《告我的吸毒同胞书》，载《广州禁烟活动委员会禁烟工作纪要》，第6页；易建全（音）广播讲话（日期不详），载《广州禁烟活动委员会禁烟工作纪要》，第21页。
⑧ 1939年9月9日，广东禁烟委员会宣传手册，载《广东禁烟季刊》附录部分，第11—13页；易建全（音）广播讲话（日期不详），载《广东禁烟季刊》附录部分，第21页。

个人和国家的危害时只能做出让步。抽大烟不仅违背以家庭为重的传统道德，更应当因缺乏爱国意识而受到谴责。所有个人都对自身和国家负有责任。国民党通过反鸦片游说，将每位中国人的行为与国家命运直接联系在一起。

七、"禁绝毒品"

除了个体累积效应外，鸦片与国家的联系还可从别的角度进行审视①。这另一种范式可称为"整体论"。禁烟宣传也注重将中国毒品问题放在国际环境中对待。1931——1933年，日本占领东北三省，建立并实际控制了伪满洲国，进一步吞并中国的野心昭然若揭。日本的侵略行径暴露了当时国际联盟的软弱无能，尽管国际联盟在《李顿调查报告》中肯定了东北是中国的一部分。当时的中国面临着巨大的危险。斯宾塞的社会达尔文主义在中国知识界影响很大，知识分子对这种危险进行了戏剧化的加工。强者生存的理论同样适用于国家和种族，这让人们意识到，中国正面临着亡国灭种的威胁②。这一观点在反鸦片宣传文章中留下了清晰的烙印。文章中频频出现具有达尔文主义色彩的字眼。例如"强者生存，弱者淘汰，乃天理也③"。国际环境已然令人不安，在社会达尔文主义者看来更是到了自强保种的攸关境地，因此，1936—1937年间的宣传重点将加工毒品视为日本侵略者精心策划削弱中国的工具④。宣传不再着重渲染西方帝国主义的侵害，转而将

---

① 《禁绝毒品，乃是救国救民的最佳办法》，载李江（音）《为何禁绝毒品》，《广州禁烟活动委员会禁烟工作纪要》，第2页。

② 19世纪末期，社会达尔文主义由严复介绍到中国。冯客（Frank Dikötter），《近代中国之种族观念》，伦敦，Hurst&Cie出版社，1992年，第101—104页；沙培德（Peter Zarrow），"中国与西方的公民权"，《1890—1920：想象人民。中国知识分子与公民权概念》，伦敦，M. E. Sharpe出版社，1997年，第15页。

③ 委员会宣传项目，《广州禁烟活动委员会禁烟工作纪要》，第138页。有趣的是，在同时期进行的反赌博宣传中，同样使用了达尔文主义的词汇（详见广东省禁毒委员会《禁毒概览》，1936年）

④ 在哈佛大学费正清东亚研究中心2003年4月举办的"二十世纪早期中国的社会控制与怪现象"研讨会上，包安廉在"分辨善恶：共和时期中国鸦片问题定义"一文中也指出，加工毒品与日本帝国主义之间的联系早已是官方宣传的老生常谈。

禁烟运动挽救国民党统治的万灵药？

矛头对准正在华北扩张的日本，以及日本早有预谋的通过加工毒品毒化中国的政策①。

帝国主义在中国早期引发抗议的焦点之一，是外国租界及其享有的特权。这一问题一直被认为是中国受奴役的表现，到 20 世纪 20 年代，人们还发现这一问题助长了鸦片的肆虐。国民党政府和中华国民拒毒会都认为，外国人不仅将鸦片强制输入中国，还竭力阻止中国人杜绝鸦片——租界和治外法权为鸦片走私进口大开方便之门②。所以，撤销外国人特权被作为铲除鸦片的必要预备措施③。这也使当局得以尽可能拖延切实采取措施的时间，在外国租界及其特权的制约下，可以预料政府当局是难以开展有效行动的。

20 世纪 30 年代中期，英国鸦片进口已停止二十年，香港不再是主要鸦片供应地，中国的罂粟种植面积超过世界其他国家的总和。中国被鸦片大量进口所荼毒的论点自然也无以立足。不过，有一些走私商人仍然在利用国籍之便倒卖鸦片，外国租界也是各类走私肆虐之地，中国受进口之害的论点也还可以勉强站住脚。事实上，国民党政府之所以不再大力宣传这一论点，真正的原因是期望寻求西方国家的支持，对抗在华北侵略扩张的日本，因而不再纠缠于西方国家殖民地、国民和租界在毒品买卖方面的问题④。1936—1937 年间，委员会宣传文章中的因果关系发生了逆转：废除租界特权不再是必要的预备措施，而是国力恢复后自然而然的结果。到那时，中国自然可以摆脱身上的锁链⑤。

对此时的中国而言，最紧迫的帝国主义威胁是日本利用加工毒品推行的

---

① 刘世新（音）《禁毒运动与民族复兴》，载《广州禁烟活动委员会禁烟工作纪要》，第 4 页；广州市各界清毒大会《广州市清毒运动特刊》，1937 年禁毒运动纪念日发表的讲话，第 37 页。
② 中华国民拒毒会 1928 年 5 月 1 日宣言（马模贞《中国禁毒史资料》，第 861 页）；罗云燕（音）《中国鸦片问题》，中华国民拒毒会，1929 年，第 98 页；广东 20 世纪 30 年代国民党宣传办公室有一则口号为"鸦片是帝国主义者亡我中华的化学武器"，《华字日报》，1930 年 6 月 3 日。
③ 1928 年 11 月全国反鸦片大会最终宣言，载《中国禁毒史资料》，第 877 页；托马斯·兰斯（Thomas Reins）《1900—1937：中国与国际鸦片政策》，载《改革、收入与不平等条约》，克莱蒙特研究大学博士论文，1981 年，第 276—279 页。
④ 《1900—1937：中国与国际鸦片政策》，第 276—279 页。
⑤ 委员会宣传项目《广州禁烟活动委员会禁烟工作纪要》，第 138 页；1937 年 6 月 3 日虎门销烟纪念日活动宣传，《广州禁烟活动委员会禁烟工作纪要》，第 150 页。

侵略扩张。认为加工毒品比鸦片更有害于个人健康的想法催生了另一种观念①：以吗啡和海洛因为代表的日本帝国主义，比以鸦片为代表的老牌西方帝国主义更加可怕。六年禁烟计划对不同的毒品进行了明确的区分，自1937年1月1日起在广州禁绝加工毒品，而对鸦片则计划到1939年底完全禁止，这种区别对待正是上述对毒品的认识所产生的结果②。

最新历史研究表明，日本政府在占领区组织进行鸦片贸易，在此之前则纵容日本、朝鲜或中国台湾不法商贩从事鸦片走私③。然而对日本档案研究后发现，日方资料中并无策划以毒品腐蚀中国人民的记载。日本操纵鸦片贸易的真正目的只是为了从中攫取利益④。但在1936—1937年间，国民党政府的宣传却以毋庸置疑的态度，将反对毒品的斗争置于抵抗日本侵略的框架内。根据宣传，日本侵略之所以可怕，并非因为敌人本身的强大，而是因为日本试图通过推行毒品来削弱中国的力量：

> 我们不能只看到敌人的坚船利炮，而忽略了敌人的毒化政策。毒化中国恰恰是其用心最险恶的举措。敌人用飞机大炮压迫我们，只会激励我们抵抗的斗争，但毒化政策却在不知不觉中腐蚀我们。吸食毒品必将被敌人所奴役。这才是中华民族面临的最大危险。⑤

孙中山早已认识到这一危险，在1912年3月2日发布的《大总统令禁烟

---

① 这种分级方法有时会加以否定，以免让人轻视鸦片之害：李江（音）特别指出，不能认为鸦片比吗啡等加工毒品危害更小。（李江，《为何禁绝毒品》，《广州禁烟活动委员会禁烟工作纪要》第3页。）然而，在宣传加工毒品危害时，往往还是会出现这类言论，正如虎门销烟纪念日散发的传单中所宣传的那样。（《广州禁烟活动委员会禁烟工作纪要》第145页）。

② 苏智良指出，蒋介石自1934年起对毒品之害的重视不仅是毒品问题本身猖獗以及日本帝国主义侵略的结果，也是由于国民政府未能从毒品贸易中牟利所致。（苏智良《中国毒品史》，第362页）

③ 参见小林纪西（Motohiro Kobayashi）《日本居民在天津的毒品贸易》，与卜正民（Timothy Brook）《1938—1940：中国中部的鸦片与合作》，载《鸦片体制——中国、英国与日本，1939—1952》，第153—160页，第323—340页。

④ 合作政府内务部长梅思平1946年在南京汪伪政权时期曾提出这一观点：鸦片对日本政府而言只是在中国进行贸易获利的商品，而非对中国民众的毒化政策工具。（日本国家档案，第9560号）

⑤ 李江《为何禁绝毒品》，《广州禁烟活动委员会禁烟工作纪要》第3页。

禁烟运动挽救国民党统治的万灵药？

文》中即已指出："（鸦片之害）甚于敌国外患①。"总之，1936—1937 年间的宣传着力强调中国面对的最大危险是毒品而不是外国侵略。广州市禁烟委员会工作纪要开头引述的蒋介石讲话反映了同样的思想，与孙中山著名的禁烟令相并列，十分显眼。摘引其主要部分如下：

> 民众间有一错误认识流传，即认为外敌侵略乃党国面临的主要危险，鸦片问题是次要的。但是应当看到，侵略来自外敌，而鸦片却从内部导致国家衰弱，无异于自杀。因此，从全局来看，鸦片为害（远远）甚于外患。②

这一段被不同文章多次引用，例如 1937 年 6 月 23 日的一篇广播讲话，大段引用了蒋介石对该问题的认识③。中国弱小，原因不在于帝国主义侵略，而在于国内如瘟疫般看不见摸不着的敌人，正如俗话说，"杀人不见血④"。现在，这一敌人就是鸦片和新型毒品。⑤

禁烟委员会在宣传文章中大谈中国之"复兴"，用词颇有深意：既不谈现代化也不谈转型，而是重获新生与回归。复兴一词在欧洲也同样有回到"鸦片出现前"的古代之意。羸弱的中国需要复兴，要重现鸦片从外国流入前（所谓的）健康发展的状态⑥。认为鸦片毒品为祸远甚于外国侵略，这一观念隐含的前提是，承认正常状态下的中国无须畏惧任何敌人："无论敌人采取多么险恶的毒化政策，我们都能一举歼灭之。即便敌人可怖，我们也无所畏惧。

---

① 《中国禁毒史资料》，第 566—567 页。
② 《广州禁烟活动委员会禁烟工作纪要》，页码不详。
③ 1937 年 6 月 23 日黄世光广播讲话《广州禁烟活动委员会禁烟工作纪要》，第 19 页
④ 刘世新（音）《禁毒运动与民族复兴》，载《广州禁烟活动委员会禁烟工作纪要》，第 4 页；黄世光（音）《告我的吸毒同胞书》，载《广州禁烟活动委员会禁烟工作纪要》，第 5—6 页；禁毒大会宣传册，载《广州禁烟活动委员会禁烟工作纪要》，第 145 页；广州市各界清毒大会《广州市清毒运动特刊》，虎门销烟纪念日讲话，载《广州禁烟活动委员会禁烟工作纪要》，第 37 页；《广东禁烟季刊》，论文部分第 13 页。
⑤ 广州市各界清毒大会《广州市清毒运动特刊》，第 5 页。
⑥ 值得注意的是，战后的法国新闻界和某些领域也出现了关于毒品的议论。将毒品视为"瘟疫"，给被战争削弱的国家进一步的腐蚀：艾玛纽艾尔·勒塔约-巴雅克（Emanuelle Retaillaud-Bajac）《两次世界大战期间（1916—1939）的毒品与吸毒者》，奥尔良大学博士论文 2000 年，第 110 页。

唯一值得忧虑的是我们自己不能自强、丧失斗志。①"

　　这种论调意味着"正常"（或者说健康）状态下的中国是世界强国。1936年11月2日广州市民众教育馆面向千余听众举办的座谈中也对此大加宣扬。委员会秘书易建全指出："周秦以降，至清朝鸦片流入之前，中国一直是世界最繁荣富强者。自鸦片流入便开始衰败，直至今日局面，鸦片难辞其咎。往日煊赫恍如一梦，但是，现在国民政府的禁烟计划将带领国家走上复兴之路。②"首先从国内恢复强盛也是新生活运动的基本主张之一，而六年禁烟计划也构成了新生活运动初期的组成部分③；两项运动都将中国的贫弱归咎于卫生习惯不佳和道德欠缺，在强者生存的世界里，都意图通过社会风俗改革实现国家复兴。

　　至此，如何理解禁毒委员会宣传的历史部分完全抹除了1906—1911年反鸦片政策的成果？仅仅是因为国民政府对前清的不满？抑或是不愿对帝制时代的政策加以褒扬？更重要的原因或许是，这段历史让人们看到一个积极根除鸦片的中国，然而清政府在禁烟方面取得的成果并未能使国家强盛，也未能撼动外国侵略者的地位。诚然，这次禁烟运动仅持续了五年，尚不足以引起深刻的社会变化；但国民党政府的宣传者担心，提起1906—1911年这段历史，可能会使局面更加复杂，使民众意识到，鸦片和其他毒品对国力的影响并不像当局宣称的那样至关重要。

　　国家的衰落是多方面复杂原因共同作用的结果。国民党政府夸大了毒品的危害，将其作为解释一切问题的理由。许多文章都宣传，毒品在导致国家不幸的诸多问题中占有极其特殊的地位，这也不足为奇④。事实上，反鸦片斗争更像是国民政府用以分散社会注意力的手段。面对日本侵略，国民政府在1937年7月之前一直采取不抵抗政策，引起了广泛的不满情绪，国民党将内忧作为工作重点，实为搪塞对其无能的谴责。舆论普遍认为此时应集全国之

---

① 1937年6月10日黄世光（音）广播讲话，《广州禁烟活动委员会禁烟工作纪要》，第15页。
② 《粤华报》1936年11月4日。与易建全（音）广播讲话同类的文章还有很多，《广州禁烟活动委员会禁烟工作纪要》，第22页。
③ 《二十世纪中国禁毒的十字军东征：民族主义，历史与国家建设》，第86—87页；苏智良、赵长青《禁毒全书》，中国民主法治出版社1998年，第308—309页。
④ 类似的情况还有，在广东1936年反赌运动宣传文学作品中，也出现了将赌博视为国家遭难之根源的趋势。（广东省禁毒委员会，如前引用）。

禁烟运动挽救国民党统治的万灵药？

力抵御日本侵略，为平息舆论的不满，国民党政府将禁毒工作上升到抗日的高度。将中国喻为病夫，将鸦片斥为帝国主义为害中国的工具，都是为了实现这一目的。

不仅如此，毒品问题为中国贫弱之根源提出了深刻教训。与五四运动仁人志士的理念相反，对中国社会和思想的审视不再受到重视。中国复兴的前提是必须承认先前的中国是强盛的，只需禁绝毒品便可恢复强国地位。不需要变革，不需要现代化，而是要复兴，回到理想中清正的过去。在禁烟计划宣传中，毒品在经济、社会、卫生和政治方面的种种不良后果，几乎涵盖了国家所面临的全部问题，面对这种局面，国家复兴显然只需要完成一项任务：禁绝毒品。

钱钟书 1946 年出版的小说《围城》中，有一段关于鸦片的论述可以作为本文的收尾[①]。书中主角方鸿渐于 20 世纪 30 年代末从欧洲游学归乡，应县立中学吕校长邀请，做演讲"西洋文化在中国历史上之影响及其检讨"。方鸿渐一时疏忽弄丢了讲稿，只好临场发挥：

> 海通几百年来，只有两件西洋东西在整个中国社会里长存不灭。一件是鸦片，一件是梅毒。……鸦片本来又叫洋烟。这个"洋"当然指"三保太监下西洋"的"西洋"而说，因为据《大明会典》，鸦片是暹罗和爪哇的进贡品。……这两件东西当然流毒无穷，可是也不能一概抹煞。鸦片引发了许多文学作品，古代诗人向酒里找灵感，近代欧美诗人都从鸦片里得灵感。梅毒在遗传上产生白痴、疯狂和残疾，但据说也能刺激天才。

方鸿渐发表这一通言论之后，吕校长板脸哑声致谢词道：

> 今天承方博士讲给我们听许多新奇的议论，我们感觉浓厚的兴趣。方博士是我世侄，我自小看他长大，知道他爱说笑话，今天天气很热，所以他有意讲些幽默的话。我希望将来有机会听到他的正经严肃的弘论。[②]

---

① 钱钟书，学者，文学家，20 世纪中期最著名的知识分子之一。
② 钱钟书《围城》，晨光出版公司 1947 年；许来伯、娄望（音）合译，巴黎，Christian Bourgois 出版社，1987 年，第 48—50 页。

方鸿渐的演讲让我们看到了与当时国民党政府宣传论调截然不同的观点。当然，他并没有公开颠覆权威为鸦片正名辩护。方鸿渐的言论乍看之下虽然荒诞不经，但钱钟书巧妙地借书中人物之口，对当时反鸦片宣传的种种理论前提提出了质疑。

第一点，关于将禁毒斗争作为政治问题的前提。方鸿渐并未提到禁绝鸦片是当时正在施行的一项政策，而是从文化的角度解读鸦片问题，并承认鸦片"长存不灭"。第二点，在谈及鸦片历史时，方鸿渐竟然完全没有提到不可回避的林则徐及1839年禁烟运动。相反，他介绍了鸦片最早在中国的出现[①]，明确解释道洋烟的"洋"并非西洋欧洲，而是位于中国西面的东南亚国家。方鸿渐并未重复帝国主义将鸦片强制输入中国的老生常谈，而是谈起了远在此之前的历史，那时鸦片是东南亚附庸国进献明朝的贡品（如此不可谓不讽刺）。最后，方鸿渐承认鸦片"流毒无穷"，但并未从伦理道德上予以谴责，也未再重复关于鸦片危害的套话。他转而指出，鸦片可能激发艺术灵感。吕校长称方鸿渐的议论"新奇"，实则暗示此乃异端之说，将鸦片与艺术创作联系起来，无异于将个人自由与反鸦片政策置于分庭抗礼的境地。

方鸿渐离经叛道的演讲彻底揭露了反鸦片斗争所粉饰的真相。在20世纪30年代末的中国人眼里，鸦片本身已经消失在一个多世纪的种种谴责游说之中。然而方鸿渐让人们意识到，鸦片作为毒品的危害性是相对的，它也可以像香烟酒精一样在中国人的日常生活中拥有一席之地。一旦想到鸦片的危害和酒精类似，那么将鸦片作为遭受帝国主义侵略丧权辱国主要原因的林则徐传奇顿时显得夸张而空洞。中国的爱国主义者，从世纪之交的维新变法派一直到20世纪30年代的国民党，都将原本在社会、经济乃至卫生方面都影响有限的鸦片，上升为生死攸关的政治问题，作为中国社会全部难题的症结所在。

国民党政府继承了历史论调，也将鸦片视为导致国家整体问题的核心因素。禁烟禁毒也因此成为全民都应当参与的重要任务，对政府和蒋介石效忠。巧妙化身林则徐第二的蒋介石借助为自己选择的"先驱"赢得政治筹码。最后，将毒品归结为日本侵略者有预谋的毒化政策，为1937年以前国民政府的不抵抗政策提供了借口。国民党政府试图让人们相信，禁烟运动不仅与抗日

[①] 郑和下西洋，15世纪初。

禁烟运动挽救国民党统治的万灵药？

运动同等重要，而且是实现抗日胜利的重要保证。国民党的剿共活动也是同样道理：禁烟运动和剿共活动都需要让民众相信，攘外必先安内。鸦片，通过六年禁烟运动的大力宣传，成了国民党政府谋取政治利益的万灵药①。

（包利威（Xavier Paulès）：博士；译者陈阳：北京语言大学高等翻译学院）

① 作者在此感谢安克强、肖春义（音）、维克多·提布和日本学术振兴会对本文写作的支持和帮助。

209

18世纪法国作家笔下的"中国故事""中国小说"

钱林森

摘　要：盛行于18世纪的"中国故事""中国小说",是18世纪初叶的"中国潮""中国风"应运而生的产物。在著名东方学家兼编译家加朗、拉克洛瓦先后推出的《一千零一夜》和《一千零一日》"东方故事""中国小说"的引领下,紧随其后的是格莱特的《中国故事集——达官冯皇的奇遇》(1723年);接着乘风兴起的,是30—40年代所谓"中国小说"变异体,如小克雷比庸之《漏勺》(1734)、《沙发》(1742)和狄德罗之《泄密的珠宝》;至70年代,更有文界"冒险家"昂热·古达尔的《中国间谍》(1764)这类身着"中国衣装"讽喻法国时弊的讽刺小说等。本文试以18世纪20年代格莱特及其后继者们笔下这类"中国故事""中国小说",进行考查和解读,力图揭示出这些作品在中法文化、文学关系生成、发展的历史进程中的价值意义。

关键词：18世纪"中国故事""中国小说"　格莱特的《达官冯皇的奇遇》　小克雷比庸的《漏勺》和《沙发》　古达尔的《中国间谍》

　　风行于法国18世纪初叶的"中国文化热","中国潮""中国风",既是16世纪以降法国人自觉地认识中国、研究中国的进一步高涨,又是他们这种持续不懈地研究中国的直接结果,极大地推动着法国和欧洲汉学的发展。这种"中国潮""中国风",不仅激发了一些喜好异域情调的法国作家、艺术家对中国的想象与灵感,使之热衷于"中国戏""中国喜剧"的创作,同时也吸引了当时不少热心的编辑家、小说家竞相采集东方和中国题材,编写出了一篇又一篇的"中国故事""中国小说"。从中法文学交流发展史的传播影响看,盛行于18世纪的"中国小说"和"中国戏",都是东方热、中国风应运而生的世纪产物,它们的出现正不约而同地迎合了时人的审美诉求和期待视野：那一时代法国广

18世纪法国作家笔下的"中国故事""中国小说"

大受众渴望二者开发出的各种异国（中国）形象得以具体化，无论是真实的还是想象的，但必须是栩栩如生的。因此，人们有理由期待对戏剧产生的影响同样发生在小说里。18世纪法国文坛渐次涌现出的"中国故事""中国小说"，可谓不负众望：世纪初打头阵的是两位著名东方学家兼编译家安托万·加朗（Antoine Galland，1646—1715）、弗朗索瓦·贝迪·德·拉克洛瓦（François Pétis de la Crois，1653—1713），他们先后推出的《一千零一夜》（1704年）和《一千零一日》（*Les Mille et un jour, contes persans*, traduits en français, 1710—1712）"姊妹篇"，首先在法国文坛掀起了一股中国（东方）故事的强劲"旋风"；紧随其后的"仿制"，是格莱特（Thomas-Simon Gueulette，1683—1766）的《中国故事集——达官冯皇的奇遇》（1723年）；接着乘风兴起的，是30—40年代所谓"中国小说"变异体，诸如小克雷比庸（Crébillon fils,）之《漏勺》（*L'Ecumiroie*, 1734）、《沙发》（*Le Sopha*, 1742）和狄德罗之《泄密的珠宝》；至70年代，更有文界"冒险家"昂热·古达尔（Ange Goudar，1708—1791）的《中国间谍》（*L'Espion Chinois*, 1764）这类身着"中国衣装"讽喻法国时弊的讽刺小说等。所有这些不同形式和体裁的"中国故事""中国小说"，虽然难以跻身18世纪法国主流文学之列，它们的作者除少数几位著名学者和作家外，多数皆为昙花一现的作家、编撰者，然而他们所拓开的小说创作中国题材和东方风，却影响了一代又一代后世法国作家，而他们竞相效仿的这些小说文本，不论其思想艺术如何，事实上也已成了18世纪中法文化文学交流发展不可或缺的历史文献，值得加以考析、研究。本文试以18世纪20年代格莱特及其后继者们笔下这类"中国故事""中国小说"为对象，进行考查和解读，力图揭示出这些作品在中法文化、文学关系生成、发展的历史进程中的价值意义。

一、格莱特的《达官冯皇的奇遇——中国故事》

一如有法国学者马尔提诺（Pierre Martino）在其专著中所曾指出的，18世纪初10余年内，由《一千零一夜》《一千零一日》在法国受众中所激发的东方（中国）故事阅读狂澜十分强劲，以致所有读者被这些大大小小的故事所包围，始终生活在这种东方文学所创造的"想象之中"①。此种阅读效验和

---

① Cf. Pierre Martino, *L'Orient dans la littérature fançaise au XVIIe et au XVIIIe siècle*. Pais, Librairie Hachette et Ge. 1906. PP. 252—255.

反响，实为加朗、拉克洛瓦这两位法译移植者所始料未及。尽管他们当初并没有将之视作一种想象的盛宴而力呈于世，仅是当作一种了解东方文明的捷径而已①，但当时法国受众们却情不自禁地甘愿沉浸这阅读狂澜之中，其热情分毫未减，仿佛他们的两位杰出编译家所编制的《一千零一夜》和《一千零一日》虽如此迷人，却没有能使他们过瘾，因而渴望紧随其后的，是第一千零二个夜晚和第一千零二个日谭，"他们想要下文，想要赝品，想要续篇。"②——读者何以如此痴迷呢？据当时一位作者说，"法语小故事"，"通常都有一定的情节、提纲和主角按照既定规则发展；但这样的习惯让我们在阅读时很容易就能猜到故事的结局，而这些东方故事呢，一般只有一个主角，其作用在于引出出人意料的情节发展，让最微小的插曲带来最巨大的转折。这正是它们的魅力所在。"③ 很显然，这些东方故事的主要魅力就在于其故事的新颖性和奇幻特质，且处处穿插着艰难历险与新奇动人的爱情，一旦挑起了读者的味口就会使之走得更远④。18世纪初叶20年间，法国读书界和文界盛行的正是这类相似的奇幻故事，无一例外都是加朗和拉克洛瓦翻译版本无休止的翻新，以至于当时不少小说家，毫不犹疑地从中提取丰富的素材，甚至在很多时候，"他们只是改换一下作品里面的名字而已。"⑤于是，原作和仿作、开篇与续篇、正品与赝品，交相呼应，竞相效仿，几乎同步刊行，充分

---

① 加朗《一千零一夜》卷1告读者（Avertissement du tome I. des Contes des Mille et une nuits），cité in Pierre Martino, L'Orient dans la littérature fançaise au XVIIe et au XVIIIe siècle. Pais, Librairie Hachette et Ge. 1906. PP. 253.

② Ibid., PP. 255.

③《东方故事集》卷1题献, 1743.（Dèdicace du tome I des Contes Orientaux, Paris,）Cité in Pierre Martino, L'Orient dans la littérature fançaise au XVIIe et au XVIIIe siècle. Pais, Librairie Hachette et Ge. 1906. PP. 255.

④ 正如马尔提诺所描述的："那么多风流故事，那么多历史爱情小说，经由情节一步步地铺垫在我们面前展开，相同的人物表达的是同样的情感，以至于我们都已经厌倦；读者以及作者的想象力，都在单调无味的标题前慢慢消失殆尽。然而，这些无穷无尽的故事就这样突然出现了——五个女人的故事；三个穆斯林苏菲派首领，国王儿子的故事；黑色小岛国王的故事或矮驼背人的故事；哈立德孩子岛的卡拉玛尔扎曼王子的爱情故事；芭图尔，中国公主的故事；还有努尔单与波斯美人的故事等，我们从未见过这样的故事标题，也从未听说过这样的姓氏，于是我们一眼就爱上了这些故事。此外，它们的题材是取之不尽用之不竭的，我们无从知晓一个故事是否已临近终结还是刚刚开始，一个又一个情节高潮迭起，读者的好奇心一旦被激起，便注定会被引向更远的地方。"Ibld., PP. 255.

⑤ Ibid., PP. 258.

18 世纪法国作家笔下的"中国故事""中国小说"

满足了当时公众读者的阅读需求。格莱特及其著名的东方故事和小说,正是在这样的时风和背景下应运而生的,相比于前驱加朗和拉克洛瓦,作者本人当然算不上什么阿拉伯语言专家,但也写出了一系列独具个人特色的仿作;他在 20 年代用同样的精力创作了很多鞑靼故事、中国故事和蒙古故事,成为这一时期名重一时的东方传奇小说代表性作家。

托马—西蒙·格莱特(Thomas-Simon Gueulette,1683—1766),出生于巴黎一家富商的家庭,是他父亲的第 12 个孩子,两岁丧母,由其父的姐妹培养,自幼受到良好的教育,喜欢文学,12 岁就迷恋意大利喜剧和 18 世纪一种时兴的滑稽短剧(parade),后来他当律师,成为巴黎大法官,曾任皇家事务律师,深得宫廷的信任,文学创作只是他的业余爱好,一种终生不渝的喜好。他 30 岁时首次套用阿拉伯故事《一千零一夜》,自由虚构,放浪想象,写成一部三卷集《一千零一刻钟——鞑靼故事》(Les Milles et un Quarts d'Heure, Contes Tartares, 3 vol. 1712),这部东方传奇于 1712 年在巴黎首版后的翌年,即多次再版,取得了空前的成功①。作者借助首试的成功,便一发而不可收,陆续推出两卷集《达官冯皇的奇遇——中国故事》(Les Aventures merveilleuses du Mandarin Fum-Hoam, Contes chinois, 1723)、三卷集《古扎拉特苏丹王妃或苏醒男人的梦——蒙古故事》和两卷集《一千零一小时——秘鲁故事》等号称"四大传奇"。这些作品问世后都曾一版再版②,是当时巴黎畅销的时尚读物,深受贵族和市民读者的青睐,在巴黎名噪一时。格莱特是个多产的作家,多面手,不仅写故事、传奇,还创作了多种喜剧和滑稽短剧,且自写自演。他还是意大利戏剧文学热心而勤勉的出色翻译家,发表了不少意大利戏剧译作③,同时他又是拉伯雷、蒙田的崇拜者,是《巨人传》、蒙田随笔的

---

① 三卷集的《一千零一刻钟——鞑靼故事》,1712 年首版后曾先后于 1715、1717、1723、1730、1731、1752、1753、1786 年第 8 次再版,几乎流传了整个 18 世纪的四分之三个世纪,足见其当时反响之大。

② 两卷集的《达官冯皇的奇遇——中国故事》(Les Aventures merveilleuses du Mandarin Fum-Hoam, Contes chinois) 1723 年问世后两次再版;三卷集的《古扎拉特苏丹王妃或苏醒男人的梦——蒙古故事》(Les Sultanes de Guzarate ou les songes des hommes éveillés, Contes Mongols, 3 vol 1732),1732 年初版后四次再版,两卷集的《一千零一小时——秘鲁故事》(Les Mille et une Heure, Contes Péruviens, 2 vol. 1759),1759 年出版后也于 1782 年再版。

③ Cf. J.-E. Guellette, Un Magistrat du XVIII siècle ami des Lettres, du Théâtre et des Plaisirs, Thomas-Simon Guellette, Paris, Librairie E. Droz, 1938.

著名编辑出版家，为传播这两位人文主义文学大师的旷世之做出了卓越的贡献。

《达官冯皇的奇遇》是格莱特挟鞑靼故事《一千零一刻钟》首次仿作成功之势，所创作的中国传奇，它于1723年在巴黎首版后就获得好评，随之于1725年、1728年两次再版，并成为史学家考查18世纪中法文化文学关系的知名文本而为后世学界所重视①。格莱特这部《中国故事》不论从内容还是从形式与表现技法，都是《一千零一夜》和《一千零一日》绝妙的仿作，是加朗和拉克洛瓦编译本的一次翻新。对此，作者毫不讳言："加朗先生与贝迪·德·拉克洛瓦先生，或者至少是允许他们改编、创作阿拉伯、波斯和土耳其故事的作者们，似乎已经耗尽了这一题材，或者是在他们之后，此类题材已经无从搜集；然而，这些东方故事的资源是如此丰厚，收录其中的神话奇谈数量是如此众多，故事主人公经历的冒险是如此令人震撼……以至于我们一些小说作者都注重从中提取素材"②，《达官冯皇的奇遇——中国故事》便是作者从前驱者著作中提取素材，在想象中巧妙编织的产物。他在这部作品所描写的"中国故事"，只不过是嵌入"中国框架"下的虚构传奇。相传甘南国（Gannan）国王（即书中所称的中国国王）通格卢克（Tongluck），嫔妃成群，却无中意的王后人选，遂遣船出海，从格鲁吉亚相邻的切而克斯国（Cirassie）运载了大量美女供其遴选。但国王对西域选来的群芳亦不动心，单单相中航船收容过来的格鲁吉亚国（Georgie）落难公主居尔尚拉兹

---

① 美国耶鲁大学著名中国史学家史景迁（Jonathan Spence）教授，于20世纪80年代末应邀来北大讲学，论及"18世纪西方关于中国的想象"的命题时，就特别强调格莱特《中国故事集》的先驱意义，详见史景迁（J. Spence）《文化类同与文化利用》第二讲，第28—24页，北大出版社，1990年版。笔者关注格莱特这个文本考查始自史景迁先生的启迪。据笔者检索所知，20世纪西方不少学者对格莱特的创作表现了浓厚的兴趣，他的"东方传奇"也常常成为当今欧洲年青学子攻读博士学位的选题，在巴黎国家图书馆就藏有这方面的著述。如1938年出版的《托马—西蒙·格莱特——18世纪的法官，文学、戏剧和娱乐消遣者之友》（J.-E. Guellette, *Un Magistrat du XVIII siècle ami des Lettres , du Théâtre et des Plaisirs*, Thomas-Simon Guellette, Paris, Librairie E. Droz, 1938.）、1977年完成的博士论文《托马-西蒙·格莱特的传奇作品》（Razgallah, Raoudha Zaouchi, *L'Oeuvre romanesque de Thomas-Guellette*, Thèse, 1977—1976）等。

② 《古吉拉特王妃故事集》（*Les Sultanes de Guzarate*），巴黎，1742年，卷1《告读者》（Avis au lectteur）. Cité in Pierre Martino, *L'Orient dans la littérature fançaise au XVIIe et au XVIIIe siècle*. Pais, Librairie Hachette et Ge. 1906. PP. 258.

（Gulchenraz）。公主信奉伊斯兰教，忠于被推翻的父王和王室，她要求中国皇帝先为其惩处叛逆，雪亡国之恨，再要他尊奉伊斯兰教，力除中国偶像崇拜，方肯相许终身，结为良缘。通格卢克国王借助大臣冯皇的奇术，神奇般地飞往格鲁吉亚，铲除了篡位的暴君，恢复老王的王位，并发誓尊崇伊斯兰教风习，极力满足公主的要求。这样，通格卢克与居尔尚拉兹终成眷属，格鲁吉亚公主便成了中国皇后。婚后，中国新皇后邀能施奇术的冯皇每晚来宫廷夕谈，现身说法地向其讲述生命轮回、灵魂转世的种种奇遇，差不多每晚一个故事，连续四十六个晚上，组成了上下两卷集《中国故事》。中国皇后居尔尚拉兹听完宠臣冯皇的最后一个故事后，意外地发现这个冯皇竟是自己幼年遭海盗劫持的哥哥、格鲁吉亚王子，全书便以大团圆的喜剧收场。

格莱特作为18世纪20年代富有想象天赋和编织故事的高手，他所编撰的这部"中国故事"——中国传奇极具吸引力，即使当代读者，翻阅一下这部相距两个多世纪的作品，听一听当年达官冯皇在一个又一个夜晚的神侃，伴随其讲述的一次又一次奇遇，也会身历其境，仿佛和书中主人公一起神游了整个世界：从地中海东岸到太平洋西岸的亚洲广大地区，印度、波斯、中国、阿拉伯；从南亚到中亚、波斯湾；从非洲的埃及到欧洲的希腊，甚至远及西半球的加拿大……真是目击五洲风土，眼受四方景观，我们于是居身其间，见到了各式各样的人物：从王公贵族，到平民百姓；从将帅大臣，到郎中优伶；从清真寺长老，到庙堂和尚，所有这一切风情和人物，都在格莱特那支出神入化的笔下，被描绘得栩栩如生，与《一千零一夜》《一千零一日》故事的描写相得益彰。书中所述的"中国故事"也在他那腾飞的想象下，衍变为一部十足的天外奇书、"东方夕谈"，与前驱拉克洛瓦笔下那则中国公主的故事一样，充满了神奇的魔力，令读者不能不惊叹其编写故事的才具。

在这部传奇味十足的"东方夕谈"中，谈到最多的是印度、波斯和中亚的故事，直接涉及中国的，主要集中在第十二至第十七这六个晚上讲述的故事，只占全书内容的十分之一左右，而这些"中国故事"又差不多都出自作者的想象，与真实的中国相距甚远。事实上，作者对中国并不了解，为他提供的素材和知识准备，主要是《一千零一夜》《一千零一日》两部其前驱之作中的东方故事以及当时流行的东方出版物，如艾尔贝洛（Herbelot）的《东方丛书》（*la Bibliothèque orientale*）或者《感化人的书简集》（*les Lettes* édifiantes）①。他在本书中所写到的"中国"——甘南国，只是想象中的老挝、越南等印度支那地区，而非中国本土，在具体描写中，不仅内容离奇，还时不时地将中国皇帝和甘南国王与伊斯兰教国家君主通常的称谓"苏丹"混为一谈。可见，借中国以传奇，是作者追求的创作旨意，将"天方夜谭""东方传奇"套上"中国服装"，目的在于刺激18世纪西方读者的东方情调，激发他们的阅读兴趣，从一个侧面表露出处在中西（中法）关系初始阶段的法国作家描写中国、想象中国的特征，也真实地反映了18世纪西方读者对中国这遥远、神秘的天国的一种新奇和期待的文化心理。格莱特的《中国故事集》符合了18世纪法国读者这种普泛的阅读心理和时尚，因而受到了广泛的欢迎。

西方作家在与中国未进行实质性的接触、获得实际性了解之前，总是将其视为"天外的版舆"，不惜设想出种种怪戏。借中国题材，编织新的传奇，似乎成了他们想象中国、描写中国的套路。而西方作家对中国的任何想象所构筑的"他者"形象，总是"自我"的某种投影，是反观自身文化的一面镜子。格莱特创造的这部中国传奇也不例外。作者在这部虚构的中国故事里，调动自己所拥有的西方知识和东方奇闻，放任想象，杜撰了一则中国皇帝和异国公主"跨国之恋"的趣闻。通过对这个超越宗教、超越民族的"奇缘佳遇"的想象性描写，并辅之以对达官冯皇种种奇遇的大肆渲染，极力颂扬中国皇帝的仁政、美德。书中写这位尊奉佛教教义的中国君主对政敌和异教徒的宽容、仁慈，写他对情感和美德的崇尚，写中国新皇后的知恩相报、对人性尊严的追求，以及她对爱与责任、与信义的尊奉，无一不是法兰西文学人文主义理想的一种体现，折射着法国文化传统精神和作者的欲望与风格：以明白晓畅的语言，快乐无忧的调子，曲折离奇的情节，讲述一个又一个为世人鲜知的东方和中国奇闻，不求传世，只图自乐、娱人。据此，作者在其中竭尽可能地保留他所描写、所想象国度的习俗，力图在作品中表现出"缺点总是受到惩罚，美德总是得到回报，最严肃的人有时也会参与粗俗之士的娱乐，完美的睿智也能与正当、愉快的乐趣结合在一起。"② 这便是格莱特的"中

---

① 格莱特知道在这些东方读物中定有所获，如果这些原始资源也趋向枯竭时，他就直接找些意大利或法国故事改头换面成鞑靼故事、中国故事。作者在《古吉拉特王妃故事集》卷Ⅰ的《告读者》中已就此做了说明，同上注。

② 格莱特《达官冯皇的奇遇——中国故事》原序，巴黎，纪尧姆·索格冉出版社（Guillaume Saugrain），1723年。中译请见笔者主编《走近中国》文化译丛，【法】托马-西蒙·格莱特著、刘云虹译《达官冯皇的奇遇——中国故事》原序（代），上海书店出版社，2006年，2010年再版，第2页。

18 世纪法国作家笔下的"中国故事""中国小说"

国故事"的寓意和追求。它是法国 18 世纪 20 年代继拉克洛瓦之《中国公主》的故事后,又一采撷东方题材、撰写"中国故事"的先驱之作,是这一时期《一千零一夜》《一千零一日》的绝妙的仿作;它作为盛行于 18 世纪初叶法国文坛"东方故事""中国风"的历史文本、作为这一时期法国"东方热""中国热"历史潮涌中的一朵浪花,典型地表现了法国作家走进中国前,描写中国、想象中国的幻化、传奇特征,值得留下一笔。

二、小克雷比庸的"伪中国小说"《漏勺》和《沙发》

18 世纪开元至 20 年代,由加朗、拉克洛瓦先驱之作《一千零一夜》、《一千零一日》引领和紧随其后的格莱特之仿作合力掀起的东方故事中国风,自 30 年代(1730)① 以降,便遭到巴黎文界某些嗅觉敏锐,且具前卫思想的作者之对抗与质疑:"不是众所皆云,故事才是表达人类思想的杰作吗?然而,还有什么能比这更幼稚,更荒唐!一部作品是什么(倘若故事也能配得上这个称谓的话),我说的是,一部得到如此厚爱、却违背真实、思想混乱的作品,一部建立在荒谬的、无意义的奇迹之上的作品,一部通篇尽是超自然生物和无所不能的奇幻梦境的作品,一部打乱自然秩序和环境只为创造荒谬可笑的主题的作品,甚至可能只靠凭空想象,却无法让他们所创造的荒唐自圆其说的作品,是什么呢?"② 首先站出来取笑质疑东方故事的,是其中的代表作者小克雷比庸,他们试图通过讽刺戏谑的模仿,来改变东方故事世纪风的发展方向,创作出一种新形式的小说,即伪东方小说(roman pseudo-orientale)和假造的中国小说。其代表作品便是《漏勺》(1734)和《沙发》(1742)。这种伪东方(中国)小说,在 18 世纪法国受众读来,"新颖而独具特点",为本时期中法文化文学关系史留下了需要考析、思考、不乏特色的一章。

---

① 是年,前卫作者颠覆东方故事的作品首次登台亮相,如汉密尔顿(Hamillon)的《公羊》(Le Bélier)、《带刺的花儿》(Fleur d'Epine)、《四个法卡尔丹》(Les Quatre Facardins),小克雷比庸(Crébillon fils)的《西尔芙》(Le Sylphe)等,接着同类题材的作家作品,便相继发表,一发而不可收。

② 小克雷比庸《沙发》卷 I 第 10 页,1741 年。

217

小克雷比庸（Claude-Prosper Jolyot de Crébillon, dit Crébillon fils, 1707—1777），1707年出生于巴黎，法国小说家，歌曲和滑稽剧作者，其名前冠之为"小"，是为了与他父亲，著名的悲剧作家，法兰西院士，老克雷比庸（Prosper Jolyot de Crébillon père）区别开来。父子两人截然不同，父亲擅写恐怖凄切的悲剧作品①，儿子则是短篇故事和情色小说的高手。小克雷比庸少年时代同伏尔泰一样，在巴黎路易大帝耶稣会学校学习，受教于著名的图尔米纳神父，完成学业后，因其令人惊叹的天赋，以致神父曾试图将他留在教会学校，但小克雷比庸被戏剧吸引，进入了法兰西喜剧院。他钟情于意大利戏剧，与著名的意大利作家和演员结交，并成为由贵族青年组成的文学社团"先生的学堂"中的一员，创作一些轻快的讽刺诗。1729年始，他为滑稽歌剧诸如《丑角，总是丑角》《苏丹在谈情》《时尚的爱情》等配写歌词。同年，小克雷比庸参与了著名的戏剧酒窖协会的创建，在那里结识画家布歇（François Boucher），音乐家拉莫（Jean-philippe Ramean），及其他一些名人。1730年他发表了首部短篇小说《西尔芙》，获得了公众的好评。1734年，他推出其代表作情色小说《谭扎依与讷阿达尔讷》（Tanzaï et Néadarné），即《漏勺》，获得了巨大成功，可遭到了教会和贵族权贵的抨击而被关进巴黎郊外文森监狱，后得曼恩公爵夫人（la duchesse Mainel）的帮助才摆脱了困境，并由此而打开了通向巴黎沙龙的大门。此后作者经常出入上流贵妇的沙龙，小说创作和情场追逐齐头并进。1736年，他发表了《迷失的心灵和精神》，稍后不久在巴黎一家贵妇沙龙邂逅英格兰雅克二世的侍从之女玛丽，致使"这位富有、高贵而美丽的英国女子，跨过芒什海峡，倾其所有"②，向心

---

①　对悲剧作家老克雷比庸其人其作特点，人们曾这样描述：悲剧作家老克雷比庸，"性格古怪，被伏尔泰称为粗俗的克雷比庸，尽管他曾是个极为正直的人。早期的克雷比庸在戏剧舞台获得了荣誉，他的语言不算很纯粹但不失戏剧效果，擅长制造恐怖的舞台气氛。他曾说过一句我们无法证实的话：'高乃依要走了天空，拉辛拿去了大地，只给我留下了地狱，我沉湎于此。'" Cité in préface de Crébillon fils Le Sopha, Paris Librairie Alphonse Lemerre, 1921.

②　玛丽的全名为玛丽·昂埃伊特·德·斯塔福德（Marie Henriette de Stafford），她是英格兰雅克二世的侍从，约翰·德·斯塔福德（Jean de Stafford）的女儿，"是一位出身高贵，温柔而虔诚宗教的女子"，但据歌勒（Charles Collé）日记1750年1月日记记载："贪婪且奇丑无比。"她后来成为小克雷比庸的妻子。

仪的小说家伸出了握有财富的手。1742年，他发表了又一部名作《沙发》，因被指认为藐视伦理道德而使作者于当年再次被逐出巴黎。1744年，小克雷比庸与玛丽有了私情，并与她一起育有一子，可不幸儿子和妻子不久先后早逝，致使他晚年生活颇为拮据，不得不依靠奥尔良公爵、蓬巴杜夫人等上层社会权贵接济。1746年，他再次犯错，在《卓克尼苏的爱情》中明显地影射了国王。1759年，他受惠于蓬巴杜夫人的保护，被任命为皇家文学审查官，担任他父亲曾担任过的职务，这对一个几度遭指控的色情小说作者来说，真是命运的嘲弄，难怪后世说："这是十八世纪一个有趣的现象，现实常常表现得比一本虚构的小说更为荒诞。情色小说家小克雷比庸的生活，本身就像一本趣味横生的小说，充满了波折和意外，颇具戏剧性。"①1768年，小克雷比庸发表的书信体小说《公爵夫人的信》在法国没有获得成功。1771年他出版讥讽时政的书信体小说《雅典的信》之后，感到已经失去了与他的世纪的连续性，于是停止了写作。1772年，整套七卷的作品集在他生前出版，这标志着对其作家身份的确认。1774年，他做了两年的戏剧监察。1777年4月12日，这位名噪一时的小说家卒于他的诞生地巴黎。

《漏勺》（*L'Ecumiroie*，1734）——小克雷比庸1734年发表的这部作品，是作者奉献给他那个时代酷爱东方故事的法国读者，特别是上流社会消遣读者的首个代表作，全名《谭扎依与讷阿达尔讷，或漏勺：日本故事》（*Tanzaï et Néadarné ou L'Écumoire, histoire japonaise*），这是一部十足的伪东方小说，是假造的中国小说的范本。该作首版时正式加了一个"日本故事"的副标题，并在开篇序言中煞有介事地声称，这则"日本故事"实源自中国的一部珍稀作品：它被"公认为古代不朽的珍品之一；中国人极其看重它，认为出自卓绝的孔子之手。事实上，由于书中充满着智慧的箴言、德行的仁慈、创造的美、结局的奇特以及流传之广泛，他们不可能不认为孔子为该书的作者，至少希望是孔子所著。然而，该书的作者却是吉罗浩埃（Kiloho-éé），这是一位杰出的人物，早于孔子十余个世纪，他作为首位法官，曾身兼数种最为重要的职务，并因著有多种历史、政治和伦理著作而闻名中国。一位叫cham-hi-hon chu-

---

① Voir préface de Crébillon fils *Le Sopha*, Paris Librairie Alphonse Lemerre, 1921.

ka-hui-chi①的中国学者在400年前就以令人赞叹的准确性撰写了他们国家的文学史,以无可辩驳的论据证明了吉罗浩埃就是该书的唯一作者。"胡诌什么,这位杰出作者吉罗浩埃,只不过"构想了一个王子的特别故事,他没能当即说明这是从一本很久远的古日语的手稿翻译过来的,一个日本作家亲自从"Chéchianiens"人语言(原文如此,即中国福建、浙江交界的居民语言——引者)转译出来的,从那时起"Chéchianiens"人已不复存在。"②接着,小克雷比庸又以逗趣的口气诳言胡编,是一个智商出众的荷兰商人将这部作品引介到欧洲的:"差不多在100年前,有一位才智横溢的荷兰人来到广东③,由于商务的需要,不得不在那里长住下来,以便有足够的时间学习一点中文。为了进一步提高中文水平,他试着找一篇翻译做,碰巧看到了这本书。他十分喜欢此书,于是动笔迻译,经过三年的努力,终于把它翻译成了荷兰语,但据他自己说,译得很不圆满。"④自此,这个出自孔子之笔的"日本故事",抑或说,出自日本作者之手的"中国杰作",就这样引进了欧洲,再通过荷兰语-拉丁语-威尼斯语的几度迻译,最后传到了法国,成就了巴黎小说家小克雷比庸这部"佳作"的问世。作者还称,他的这部代表作,经过不同语种的译手翻来倒去几番转译,其"原著的民族特色已所剩无几了"。⑤妙哉斯言!确实如此,再也没有比这一假托出自孔子之笔的"日本故事"更缺乏中国味了,这是一部十足的伪东方故事、伪造的中国小说。明眼人在此不难发现,作品一开场着力编造的这番"托词",不外是东方故事前驱作者如拉克洛瓦之"障眼法"的故技重演,不过,其伪作的真实用心和背景尚需我们进一步考析。

---

① 原作注:cham-hi-hon chu-ka-hui-chi(此为人名不规则的汉语拼音,意义不明——引者),*Hist. Litt. de la Chine*. Pékin, 1306, PP.155. 《中国文学史》卷1,北京,1306年,第155页。Cité in Crébillon fils, *L'Ecimoire histoire japonaise*, préface, PP.6. avec les curieuses figures de l'édition, à Pékin (1733), à Bruxelles, chez Henry Kistemaeckers, Paris, 1733—1884.

② Ibld., PP.5—6. Préface, chapitre I. *De l'Origine de ce Livre*.

③ 一说南京,见【法】艾田蒲《中国之欧洲》第2卷,伽俐玛出版社1989年,第92页。

④ Ibld., PP.8. Préface, chapitre II. *Comment ce Trrrésor a passé en France*.

⑤ Ibld., PP.11. Préface, chapitre III. Inconveniens Auxquels il a fallu remédier: Eloge du dernier Trancteur.

18世纪法国作家笔下的"中国故事""中国小说"

我们认定小克雷比庸的《漏勺》是东方故事的十足赝品,是伪造的中国小说,不仅是指它谎称来自日本—中国,或译自日文—中文那一眼就能识破的"障眼法",更在于该作中主要人物、地理(国别)设置、命名的伪造与蒙骗性,诸如小说中一对男女主角:王子伊阿乌夫－塞莱斯－谭扎依(Hiaouf-Zélès-Tanzaï)、公主讷阿达尔讷(Néadarné),以及宫廷中的大祭司索格勒尼利奥(Saugrenulio)、魔鬼、仙女等。在《漏勺》故事开篇中,我们读到了小克雷比庸这样向读者介绍故事主要人物和故事发生地点(国度):"在一个被称为'Chéchianée'的伟大国家,而今已为地理学家所忘却无存,往昔主政的国君名叫塞法艾斯'Céphaès',国王的名字在该国语言中即'人民之幸福'的意思,而这种语言至今仍像'布匿语'(La langue Punique,即迦太基人讲的腓尼基语——引者)一样不为人知。这名字或许是偶然而得,或许是那些阿谀奉承的人给取得。作为国王唯一的儿子,这位王子没有把自己看作是这无上权力的继承人,当地的人民对他有着超乎寻常的敬重。还是在王子少年时期,他们(不知道什么原因)就对他寄托了最美好的愿望。在那个时代,仙女们管理着宇宙的事物……"① 作者在这里以戏谑逗乐的技法,放肆地编造出了一个亚洲国家、一个并不存在的扑朔迷离的奇幻故事,其国名(地名)、王名(人名)的伪造性和戏谑化,显而易见。作品明示的是日本故事,然而,我们却从这个被称为"Chéchianée"或"Chechian"的国度(地区)的命名中,读出了中国。据考,人们从"Chechian"②这个地名中却不难认出是中国的富庶省份浙江,金尼阁神父将它译作"Chequian",而郭弼恩神父在其所著《中国皇帝颁发宽容基督徒之敕令始末》中写作"Che-kian"。小说中主要人物之一谭扎依(Tanzaï)王子,其大名的命名及其寓意与象征,一如有学者所确切地指出的,有点像日语,通过类比可能是指今日某些欧洲人爱不释手的盆景树木,但从那篇反对《克莱芒通谕》的露骨的讽刺奇文中发现,也只能是"一种

---

① Voir Crébillon fils, *L'Ecimoire histoire japonaise*, PP. 17—18. avec les curieuses figures de l'édition, à Pékin (1733), à Bruxelles, chez Henry Kistemaeckers, Paris, 1733—1884.

② 据比较文化史家艾田蒲考证,这一专有名词"chéchian",实源自"che-kiang",金尼阁音译为"Chequian"(即处于福建北部的浙江省)郭弼恩则译为"Che-kian"参见郭弼恩所著《中国皇帝颁发宽容基督徒之敕令始末》,书中说该省的总督迫害基督徒,莫非不信教者使用这一名字,用心在于此! Cité in R. 'Etiemble, *L'Europe Chinoise*, II. PP. 92. note.

221

汉化的日本艺术"而已①。

中国装饰是18世纪引诱"淫乐"的装饰之一，纷至沓来的中国（东方）装饰艺术，是催生情色小说的东方元素之一②，情色小说的代表作《漏勺》的出现，适逢其时。比较文化与文学史家艾田蒲对此曾有真知灼见的跨文化哲学审视，认为《漏勺》这类小说是"为欧洲'爱术'所利用的中国"之范例③。这部伪造的中国小说，讲述的是谭扎依王子和讷阿达尔讷公主两位情人的故事，揭示了这对情侣"若要获得最终的幸福"，就得冲破基督教习俗的禁锢，容许在正式结婚前先要有性体验。这在基督教统治森严的18世纪，其主张和思想相当前卫，《漏勺》的出台，就是为了传播作者这一"新颖"的前卫思想。于是，我们在这部作品中读到，谭扎依王子去见宫廷大祭司之前，他让美丽的公主入浴，趁机"疯了似的抚摸她，正因为人们不允许他走得更远，所以心中的爱从来没有过这般疯狂"，由于抚爱，公主"未能洗好澡，但坚信自己得到了狂热的爱"。他们在婚礼之夜——入夜之时，乞灵于"高明的猕猴"，"自然之父"，"世界富有生机的眼睛"和太阳，这实在与基督教不符——充满狂热之爱的王子自以为像当时人们所说的那样，"一切都已如愿以偿"，发现"尽管充满同样的欲望，却不再觉得拥有同样的力量"。作者接着在小说里解析了美丽而纯洁的讷阿达尔讷面对恶魔隆基伊（Jonquille）诱惑时的感情：当后者对她表示所谓的敬意时，她总是毫不动心，可要是这位恶魔

---

① Jeannine 'Etiemble, *Encyclopaedia Universalis*, Corpus, t. V, éd. 1984, PP. 70 A. Cité in R. 'Etiemble, *L'Europe chinoise*, II. PP. 381.

② 在18世纪30—40年代法国文坛，从中国装饰艺术提取灵感的作品风行一时，随手可举很多例证，仅以其中著名情色作家德·拉莫里利埃尔（De la Morillière）所著《安戈拉，印度故事》（*Angola, histoire indienne*, 1746）为例，在这部名曰"印度故事"的作品里，女主角采用的理想的性爱装饰背景什么呢？是中国装饰！闺房里装饰着当时人们在塞尔尼奇（Cernuschi）博物馆看到的那种"中国橱"，还摆着"用于壁炉装饰的中国玩具小人"，"那些小人大腹便便，形态新颖别致，滑稽可笑"，在这样的装饰背景下，美丽的佐贝依德（Zobéide）怎能抵挡得住爱的诱惑？在这些仿中国器物之中，摆着"一张壁龛似的床，挂着玫瑰色和银色相间的锦缎床饰，看上去就像是专用于淫乐的祭台"。那里的一切似乎都是"为了激发爱之诱惑，或为了掩饰道德沦丧而创造的"。当安戈拉在马基斯（Makis）恶魔的暗算下与亲爱的戈尔孔德（Golconde）公主吕塞依德（Luzéide）分离时，他向智慧仙女求救。"请走中国之路，不要回头，"善良的仙女回答道，"您轿子的轴会在您应该停息下来的地方断掉。"等等，不一而足。Cf. R. 'Etiemble, *L'Europe Chinoise*, II. PP. 89—90.

③ Ibld., PP. 85—95.

斗胆逗她几句，做出某些举动，"无意之中让她较为强烈地感到些许欢乐，难以再顾及其他的时刻"①，她便委身于他。每当小说出现这种情景的时候，小克雷比庸总是无一例外地放肆想象，利用中国寓言赋予他的自由，暗示爱的艺术与基督教习俗毫不相碍②，一是为回避教会居心叵测的窥探的目光，二是为宣示自己的前卫思想。

很显然，《漏勺》作者借用中国名目（中国寓言）的哲学用心，旨在提出一种新的肉体生活的理论、一种与基督教思想和道德观完全相悖的生活理念，具有挑战神权、挑战基督教会清规戒律的思想意义。正如艾田蒲强调指出的，不管谁读这部情色小说，都可以通过作品所构想的人物索格勒尼利奥的形象，辨认出当时臭名昭著的、善于勾引女人的杜布瓦（Dubois）"红衣主教"的画像："此人很有必要结识一下，他的心事并不系于对其上帝的信仰，而只考虑个人私利，他是靠耍弄阴谋诡计和灵活的手腕才爬到目前所处的这个位置。他很少受人尊敬，却令人惧怕，他常常使用宗教赋予他的绝对权力，甚至与国王的旨意分庭抗礼。他是一个拙劣的神学家，但对女人却富有诱惑力；国家的责任承担不力，却很善于在女人身边履行各种艳事，据说，他是从一位公主的房间爬到谢希安（Chéchian，即'浙江'的对音——引者）王国大祭司之位的。"③ 这就是《漏勺》中的那位大祭司。此君侍奉的是什么上帝？是"一个大猕猴"（Le grand Singe）。故事发生在中国，而且处于比孔子早10个世纪的那个年代，这是作者小克雷比庸告诉我们的。但读者不难读出故事编造者影射的是什么：谭扎依亲王想让大祭司舔的"漏斗"，就是法国国王为了取悦主教，亦即为了讨好教皇而让大祭司接受的《克莱芒通谕》。如果说大祭司是从"红衣主教"杜布瓦身上提取的某些特征塑造而成的话，那么他还从德·诺瓦伊（Noailles）"枢机主教"身上吸收了某些特点，后者是冉森反对派的首领之一，也是拒绝接受《克莱芒通谕》的人士之一。大祭司不愿去舔漏勺，破口咒骂："不，先生们，我绝不会答应的，如果他还想跟我提这事的话［亲王］，那我现在就让他遭受大猕猴的诅咒，让他结不成婚。""听到这致命的威胁，亲王脸色发白，讷阿达尔讷泣不成声……"正因为如此，不久后"索格勒尼利奥

---

① Voir Crébillon fils, *L'Ecimoire histoire japonaise*, Livre quatriéme, PP. 206—251. avec les curieuses figures de l'édition, à Pékin（1733）, à Bruxelles, chez Henry Kistemaeckers, Paris, 1733—1884.

② Cf. R. 'Etiemble, *L'Europe Chinoise*, II. PP. 92—93.

③ Ibld., PP. 94.

满脸怒气,带着他们来到大猕猴面前。面对大猴子,谭扎依和公主必须结牢那些将把他俩永远连在一起的迷人的结扣"。对小克雷比庸而言,再也没有比说结婚不过是"猴子把戏"更失敬的了。而这一切都可赖到中国账上:异教的爱术在这里又成了对圣事的讽刺。可见,中国的装饰背景不像人们想象的那样清白无辜:就如同从瓷器发展到漆器,人们巧妙地从性爱自由发展到精神自由。我们知道,当教廷还没有忘记基督对通奸的女人持宽容态度的时候,它还能对罪人表示几分宽容,可谁都明白教廷是绝不会允许人们形而上学地为罪人开脱或加以歌颂的,更不会允许人们把教廷借以控制人类隐秘生活的婚配当作猴子把戏。小说《漏勺》却反其道而行之,巧妙地展示出一出讽喻性的喜剧场面,这就是作者的勇气和作品潜在的真实意义,它在故事收尾时这样重申:婚姻是件十分严肃的事,人们不能盲目地草率成婚。要使夫妻生活美满,必须要具有某种肉体生活的观念①。《漏勺》所开创的东方情色(爱术)故事,也在"圆满中"收场:声色犬马而又野心勃勃的宫廷大祭司索格勒尼利奥,在国王、皇族及所有祭司都光临的隆重的宫廷婚庆上,毫不犹疑地当场再舔漏勺,当即被任命为谢希安王国的大主教;而谭扎依王子和讷阿达尔讷公主这对受人尊重、爱戴的有情人,终成眷属。"谢希安国王塞法艾斯(Céphaès)把王位传给了他多情的儿子,后者努力使自己成为最称职的继承人。至于美丽的讷阿达尔讷公主,即便是再次遇见了隆基伊恶魔,她也漠然视之了。他们是如此的幸福,甚至连贡贡布尔(Concombre)②也成了他们的朋友。"③

就这样,小克雷比庸借助中国元素、中国寓言,创作出《漏勺》这部看似滑稽荒诞却极为严肃的小说,在调侃、情色的外装下,对基督教的戒律与假设进行质疑,郑重地提出了男女结合要通过体验,即肉体和谐可以得到满足以后,方可结合,从而赋予此部假造的中国小说以新的思想意义和某种"哲学精神":如果说,"哲学东方"助成了18世纪"哲人们"对天与上帝、理与气的思考,由此而对基督教上帝那"独一无二的真正的上帝"的称号提出了质疑,那么,浪漫东方、中国风给基督教伦理带来的麻烦之一,就是给西方吹来了俗家的"爱术"之风,机敏的情色小说高手小克雷比庸,便见机

---

① Ibid., PP. 95.

② 小说中类似仙女或恶魔的角色,不断给这对有情人制造麻烦和磨难的人物。

③ Voir Crébillon fils, *L'Ecimoire histoire japonaise*, Livre quatriéme, PP. 249—250. avec les curieuses figures de l'édition, à Pékin (1733), à Bruxelles, chez Henry Kistemaeckers, Paris, 1733—1884.。

18世纪法国作家笔下的"中国故事""中国小说"

采撷这些来自东方和中国的元素,率先提供这部先锋之作,通过其构想的人物和故事,提出一种在他看来比基督教的爱术更有道德的爱术——一种建立在生物学基础上的性道德,这便是《漏勺》所具有的意义和价值。

《沙发》(Le Sopha,1742)——系作者继《漏勺》后又一部代表作,发表时题名:《沙发,道德故事》(Le Sapha, conte moral)。在这部伪东方小说中,虽然穆斯林成分多于中国成分,但它是18世纪初叶东方故事中国风的产物与标志性作品,鲜明地反映了那一时代社会文化时尚和代表性作家的创作特色,故而纳入本文考析之列。1742年,当《沙发》以"道德故事"的盛装在巴黎问世时,便引起上流社会一阵骚动,曾被当权者指责"藐视道德",视之为"伤风败俗"的作品,而将作者流放。据考,小克雷比庸为此给警察总监写了一封极为诙谐的信,在信中特别指出,"听说妇人们在书中没有找到过分淫秽的东西",这对他来说,"是个不小的安慰";作者还补充道,他"这部书最大的过错之一",就在于他"试图浸淫全书的那种道德观"①——一种与封建社会权贵伪道德针锋相对的新颖、前卫的道德观,因而受到当权者的排斥,一如批评家一针见血指出的:"在任何一种特定的文明中,不管这种文明有多僵化,有多腐朽,谁要是带入令人振奋的、崭新的道德标准,那他准会被戴上不道德的帽子。"② 我们由此不难看出作者当年创作《沙发》的真实目的,正在于以东方的爱情故事彰显作者自己的道德观,对上层社会、宗教伪道德进行质疑和讽喻,这与《漏勺》毫无二致。它是东方艳情小说、"道德故事"反写的样本,其新颖的思想意义,显而易见。18世纪东方故事中国风,如火如荼,各种名目、真真假假的东方(中国)小说应运而生。与《漏勺》一样,《沙发》也在这样的文化背景和创作潮流中脱颖而出,成为反东方故事、孕育自由思想的"新式"小说(故事)的代表作之一,此类作品得以在30—40年代纷纷登台亮相,并在当时巴黎文化沙龙和读书界广为流传,既与世纪初东方故事中国风密不可分,又与摄政时期日趋高涨的淫乐之风和消费文化的勃兴不无关联,可以说,这类新式小说,是"十八世纪的宗教宽恕、矫揉造作的风气、想象力的放纵及某些最严肃的思想萌芽"③ 之斑驳纷呈的产

---

① Cf. R. 'Etiemble, *L'Europe Chinoise*, II. PP. 93—94.
② IbId., PP. 94.
③ Cf. Pierre Martino, *L'Orient dans la littérature fançaise au XVIIe et au XVIIIe siècle*. Pais, Librairie Hachette et Ge. 1906. PP. 264.

物,需要我们加以辨析,以剔除糟粕,取其精华。

我们知道,东方故事中国风在 18 世纪初 20 余年间,盛极一时、大获成功的两大因素,是故事的新奇多变与情色魅力①。这也是 30—40 年代此类新式小说获得成功的主要因素。小克雷比庸及其追随者们,虽然众口一词、旁敲侧击地批判、嘲弄东方故事,但对东方故事的情色特征,却心有灵犀,不惜放肆效仿,为己所用,爱不释手;他们炮制的"新式小说"②,虽口口声声称皆译自日文、中文或暹罗文、印度故事等,但实际上是刻意制造的赝品,十足的伪东方小说。它们的主题取向、人物设置和情节布局等诸多方面,均大体雷同,无一不是对东方故事的盗用与改写。比如,这些改头换面的新制作品的主题与题材源头,依旧来自东方故事——似乎"永远是万寿无疆的苏丹王需要用故事来麻醉自己暴躁的情绪"……不过,东方作者们故事中所呈现的那种灵活、自然的幻想与奇幻性,在新式小说作者笔下,变成了缺乏条理、荒诞愚蠢的虚构,时常令人发笑;承上启下的过渡成了作者们刻意遗忘的创作技巧,或者至少,当他们终于愿意使用时,也会让人觉得突兀异常:"王子……从房间走出来,发现在来时走过的台阶下,停驻着一只装饰奢华的

---

① 关于东方故事的爱情(情色)魅力及其在 18 世纪法国受众中所引起的冲击与影响,批评家马尔提诺曾有这样生动描述和评析:"东方故事里充满了爱,不是高调张扬的爱,不是悲剧人物那细腻的、理智的爱,而是如火一般热烈的爱,被芬芳的香料所包围,时常充斥着鲜血与花香。……有了这些爱情故事,男男女女对欧洲骄傲的武功歌失去了兴趣,不再理睬;女人们敢于直面欲望,为她们夜晚的神秘情人大开宫门;封闭的宫墙内,壁毯让声响变得厚重,女人们为这些年轻男人,她们的地下情人,奉上狂欢的盛宴。所有这些东方人在宿命论的指引下,即使身陷最离奇的境遇也能处之泰然,即使面对故事中的放荡生活也能像履行现实生活中养成的日常习惯一样自然。18 世纪,自由思想的早期,想象力中从此有了宫廷、妻妾、女奴、太监的视野,并且从此再也没有厌倦。"Ibid., PP. 257.

② 除《漏勺》《沙发》外,类似这类的"新式小说"还有:小克雷比庸撰写的《阿达尔扎伊德》(*Atalzïde*, 1736)《啊,什么故事!》(*Ah! Quel-conte!* 1751)、德·喀俞萨克(De Cahusac)著《格里格里,真实故事,译自日语》(*Grigri, histoire véritable, traduite du japonais*, 1739)、舍维利耶(Chevrier)撰写的《碧碧,译自汉语,法国籍译者》(*Bibi, traduit du chinois par un Français*, vers1745)、《玛伽-寇,日本故事》(*Maga-Kou, histoire japonaise*, 1752)、德·瓦斯侬(De Voisenon)撰著的《祖米与泽玛伊德》(*Zulmis et Zemaïde* 1745)、《苏丹王米萨卜与格丽丝米讷公主》(*le Sultan Misapouf et la Princesse Grisemine*, 1746)、德·拉莫里利埃尔(De la Morillière)著《安戈拉,印度故事》(*Angola, histoire indienne*, 1746)、狄德罗著《不齿的首饰》(*les Bijoux indiscrets*, 1784)、帕里索(Palissot)撰《泽兰嘉,中国故事》(*Zelinga, histoire chinoise*, 1749)、索兰(Saurin)著《米尔扎与法梅,印度故事》(*Mirza et Fatmé*, 1754)等。

18世纪法国作家笔下的"中国故事""中国小说"

单峰驼,他想也不想这是谁家的骆驼便骑了上去,陷入沉思,顺着这动物走的道路出发了。"[1] 再如,作品中的人物设置,总少不了作恶的魔怪,或施善的仙女,其角色任务就是为男女主人公的爱情牵线搭桥或从中作梗,有时甚至身陷其中。他们个个法力无边,但不再是那扰乱自然秩序的巨大法力,而是巧妙、谨慎、恶作剧式的"小法术",可以让其关注的人陷入尴尬境地,带给读者出其不意的惊讶。最令读者眼花缭乱的是,他们凭借自身一套小法术、特别是变幻自如的灵魂转化,随意变换自己的身形,走向他们的受保护人或敌手身边;如果高兴,他们可以变成狗、兔子或者狐狸,甚至变为不引人察觉、不被人注意的花瓶、浴盆或者沙发,而不至于引发任何悲剧。如此这般,演绎出一个又一个既令人拍案叫绝,又令人啼笑皆非的、荒诞不经的故事,这便是小克雷比庸引领他的模仿者们所创作的此类"新式小说"的大体特点。他们笔下的虚构情节是那么苍白无力,小说永远离不开沙发或者与之有关联的画面;就像当时某些滑稽作品里的"床"[2],沙发便是这些书中最重要的角色,即使在最没有可能会出现的作品中,它也会像不能被省略的道具一样现身,因为只有这样作者才能任意进行文学批评[3]。

小克雷比庸的《沙发》无疑是这类新式小说中的一部代表作,一部荒诞新奇、极富情色魅力的典型之作,就其借用东方元素讽喻自家时弊的批判风格而言,堪称"世纪讽喻"之作。小说《沙发》中的主人公,就是沙发——苏丹王宫廷大臣阿芒泽(Amanzei)的化身(替身),据说,阿芒泽前世是个只知吃喝玩乐,过着声色犬马糜烂生活的浪荡公子,死后灵魂受到了印度教宗的惩罚,被贬成了放置在女人居室里的一件摆设——沙发,其唯一的自由是可以选择在不同的女子居室中停留,以寻找转世的躯体(附体)。于是一位印度教徒便把这个能自由游走,有灵魂的沙发在女人闺阁里所见所闻编成了一部故事,用类似于《一千零一夜》《一千零一日》的方式讲述给苏丹王听,以平息抚慰苏丹王暴躁不安的情绪,这便成就了此部新式小说《沙发》演绎的由头。但我们注意到,小克雷比庸在此借用东方故事的奇幻的法术,并不仅仅只要尝试展现东方情色,而主要拿来为己所用,直击他所处的生活现实、

---

[1] 小克雷比庸《阿达尔扎伊德》,1745年,第44页。
[2] Cf. R. 'Etiemble, *L'Europe Chinoise*, II. PP. 89—90.
[3] 参见帕里索《泽兰嘉,中国故事》,1751年。

所面临的社会时弊；不同于其同代同道的很多作家，为了能写成一部与众不同、引人入胜的小说，而一味沉湎、痴迷于"东方绚丽而和谐的色彩，令人陶醉的香料，印度大麻搭建起的梦境，还有那些骄奢淫逸的女仆"，忘乎所以，不知自家身份和自家弱点，他认为：相较于东方——亚洲式的享乐、情色之风，巴黎上流社交圈内荒诞、放荡的生活气息，才更"声名远扬"，而读者们似乎迫切地渴望能从新式的东方小说中，"发现本世纪的讽喻"①。小克雷比庸不负读者期待，奉上此部新创小说《沙发》，通过阿芒泽的替身沙发，游弋在不同身份、年龄、不同性格特征的女人的闺房和密室中，来窥探她们最隐秘的生活世界和情感世界，试图寻找品德端正的贞节女子，以便洗净罪恶，找到转世、附体的对象，结果大失所望。它（他）见证到的是一幕幕最富情色、荒唐放纵的生活场景：芳德（Fante）是沙发见到的首个上流社会贵妇，在她那间日常用来做祷课的独立的密室里，沙发看到了女主人对丈夫的冷淡和厌恶，对情人们的风骚和放荡，惊诧于这位贵妇贤淑外表伪装下轻佻与糜烂的生活场面；接着，沙发来到装饰高雅，充满诗情的贵族沙龙里，目睹到的是沙龙女主人费妮美（Phenime）与其心仪的情人祖尔玛（Zulma），合力打造的一出出花样翻新的激情把戏；再接着，沙发相逢的是刚刚涉足社交圈的年青舞女阿米娜（Amine），年轻美貌而一心幻想着上流阶层骄奢淫逸的她，为一位道貌岸然的总督所相中，如愿以偿地过上了奢侈的生活，后因私会情人，纵欲无度而被总督发现，逐出家门……沙发一直未能找到心目中贞洁的附体，于是，继续在女性世界不停地游走、寻觅。鉴于前几次均被女主人假正经的外表所迷惑的教训，此次沙发有意避开浮华之所，来到一处颇为寂寞的居室，相遇的是年近四十、行为谨慎的独居女主人阿尔玛依德（Almaide）。这位独居女流很少出现在社交圈里，与之往来的皆与其年龄相仿、趣味相投的朋友，莫克勒（Mocles）就是她气味相投的单身男友，俩人都是当地令人尊重的，有着极高道德修养的人物。在这对异性朋友一次推心置腹的交谈中，沙发窥听到女主人发自内心的感慨："贞洁是不容易把持的，我有过很艰难的抵抗。让我觉得吃惊的是，欲望有时是独立于人的意志的。虽说随着年岁的增大，现在不经常有这种冲动了，但我还是会受到它的困扰。"②

---

① 《安哥拉》，1746 年，第 12 页。

② Cf. Crébillon fis, Le *Sopha*, Chapitre VIII. PP. 83—84. Paris, Librairie Alphonse Lemerre, 1921.

18世纪法国作家笔下的"中国故事""中国小说"

表情严肃的莫克勒在一旁也承认有同样的尴尬。为了找到永久的内心平静，阿尔玛依德在她那位异性知己的开解鼓舞下，道出了曾有过的内心最隐秘的欲望挣扎。最后，这对严肃理智，有着极高道德修养的朋友都禁不住心底的诱惑而双双淹没在各自的欲望里。此后，莫克勒因羞愧于自己不道德的鼓惑而销声匿迹，阿尔玛依德则在每晚的哭泣和自责中度日："贞节是很难把持的"！① 随着阿尔玛依德这一声唱叹，沙发便远离那宅看起来静穆寂寞的住所，进入了庄园主一方漂亮的小别墅里，无意间发现了一位身份高贵的女子来此私会情人的场景，目击了这位出身高贵、容貌与修养俱佳的贵族女子，是如何被外表光鲜、行迹浪荡的年轻庄园主马祖利姆（Mazulhim）所诱惑，失去贞洁而被始乱终弃的场景，《沙发》的故事，由此而步入高潮；最后，沙发来到当地一位爵爷的大宫殿，置身于一间充满香气、清新雅致的房间里，面对一位明艳如花的14岁少女泽妮（Zeinis），少女处子的纯洁深深吸引着沙发的魂魄。目睹睡梦中美丽的花季少女，沙发不禁为自己即将到来的转世而欣喜若狂，在这欣喜与焦虑的双重煎熬下，沙发战战兢兢地进行着转世，恳求教宗洗涤它前世堕落和荒唐，好让自己今生来世灵魂永葆贞洁。此时，少女终于从睡梦中苏醒，当她睁开眼的一瞬间，沙发惊恐地看到了一丝自己前世的影子。正在这时，少女房门的敲门声突然响起，沙发愕然发觉与她年纪相仿的小情人，一场还显稚气的爱情游戏，就在沙发的眼皮底下上演，让他痛苦长叹："贞节的女子是如此的罕见。"②——这就是小克雷比庸新式小说《沙发》非同寻常的主人公香艳传奇的转世之旅。

毫无疑问，《沙发》是一部荒诞离奇、艳情气十足之作。作者在这里所借助的奇幻的法术，所体现的荒唐、神奇的格调及所表达的想象力的放纵，与同门同类作品没有什么两样，其功效不过是为了让上不了台面的东西更加讲究、精致而已。这种想象力的放纵之作，若从18世纪时尚的角度考量其时代意义，或许如批评家所指出的，"当我们谈及十八世纪时，应该说这些故事才是当时最放肆的存在。"③ 对此，与《沙发》同时代同道作者的表白，更是直言不讳："我寄给您的故事是如此随意放肆，充斥着如此多与不诚实的思想相

---

① Ibld., PP. 83.
② Cf. Crébillon fis, Le *Sopha*, Chapitre I. PP. 17. Paris, Librairie Alphonse Lemerre, 1921.
③ Cf. Pierre Martino, *L'Orient dans la littérature fançaise au XVIIe et au XVIIIe siècle*. Pais, Librairie Hachette et Ge. 1906. PP. 267.

关的东西，我想此类故事很难再言新意。至少我看是这样。我在此尽量删减掉所有污染耳根清净的词语，将一切都掩盖起来，但这层纱罗实在太轻薄，最脆弱的眼睛都能将这幅画面的细节尽收眼底。"① 这一点在《沙发》主人公传奇艳香之旅中，可以说，表现得淋漓尽致。客观地看，这些新式作家和作品，虽能聪明地将淫秽的故事隐藏在优雅、正派的文字下，却并非都能获得成功，独有小克雷比庸巧妙地"在不体面中保持了体面"，或者像人们所说的，他"描绘欲望，给它们着上鲜活的色彩，以安抚愈加敏感的心灵"②。这无疑是作者的高明之处，凡是读过《沙发》的人都不会否认。《沙发》的高妙，在于其"世纪性的讽喻"，如同当时读者对它的期待那样。小克莱比庸生动地描绘了他那个时代放荡的风尚——厚颜无耻，既不相信道德，也不相信爱情：

"漂亮而正经的女人，或正经而漂亮的女人，是罕见的。她为保持这种美德备受煎熬，没有人敢触犯她。她的忧郁在人们的漠视中无法平复……"（《西尔芙》）

屡试不爽的扎迪斯（Zādis）面对新的艳情诱惑："……严肃、冷漠、不自然，有着在今天看来是可笑的，或许是比受尊重更使人厌倦的，神圣而一丝不苟对待爱情的所有表情。"（《沙发》，第十二章，第159页）

宫廷大臣阿芒泽（Amanzei）见证女性世界后惊叹："品行端正的贞洁女子实在罕见！"（《沙发》，第一章，第17页）

小克雷比庸描绘着这个放荡的、充满虚伪和诡计，因得不到满足而背信弃义的世界：

"我们想要满足我们的虚荣心，不停地谈论自己，从一个女人到另一个女人；为了不错过其中任何一个，追逐在情人们身边，甚至是那些最为人鄙视的；我们中一些人爱慕虚荣，只图与之相应的享乐；不停地寻找她们，永远也不会爱她们。"（《沙发》，第十六章，第214页）

久经欢场的女子朱莉卡（ZULICA）这样提及受骗上当的痛："这皆

---

① 德·瓦兹农（De Voisenon）《苏丹王米扎布夫》（*Le Sultan Misapouf*, 1746. Discours préliminaire, P. XIV), Cité in Pierre Martino, *L'Orient dans la littérature fançaise au XVIIe et au XVIIIe siècle*. Pais, Librairie Hachette et Ge. 1906. PP. 267.

② 舍维利耶（Chevrier）的《碧碧》（*Bibi*）中对小克雷比庸的评价，第50页。Ibid., PP. 268.

18世纪法国作家笔下的"中国故事""中国小说"

因我的虚荣和软弱,使我钟情于这个外表光鲜,内心空洞,与我不相配的浪荡子。"(《沙发》,第十四章,第175页)

18世纪摄政时期骄奢淫逸、享乐腐败的"世纪风",就这样在《沙发》作者笔下被不厌其烦地一一展陈、描述与把玩,在伪东方小说掩护下,小克雷比庸不负当时法国受众的期盼,直白地大侃时下风流、可耻的故事,抨击时弊;他不失时机地套用东方奇幻的法术和神仙故事的风格,巧妙的讽喻上流社会的腐败,又不失体面地机杼独抒,擅长于用优雅的文字讨得巴黎沙龙贵妇的喜好,因而令"上层社会"又恨又爱。他的《沙发》,"语言机智诙谐,构思巧妙。漂亮的舞台布局表明这沙发是有灵魂的,一个古老哲学的灵魂,没有任何不与那个时代漂亮模式相符:放荡不羁中有着狡诈和戏弄,声色犬马里有着细致的讲究。"(《沙发序》)[①],因而为当时消遣读者所喜爱。确实,一如《漏勺》,在他这部《沙发》里,无处不充斥着马里沃[②]式的细腻而矫揉造作的笔风,当时的社会道德、富翁、新贵、情场追逐,及各种人生色相,无不被涉猎于其中,这并非仅仅为了讽刺,而出于作者本性的喜好,是一种把玩与书写,一种热情、愉悦的抒写。无可讳言,新小说作者小克雷比庸这种书写,他所开拓的此类创作新风,曾因其题材的情色性、"非道德性"(immoralité)、文风晦涩,而颇受疵议和诋毁。但我们应当看到,正是他这类新制作品的出现与存在,对法国文学的发展,乃至欧亚文学关系的冲击,产生了无可否认的影响,这也是不争的事实。不消说,他的新式小说对18世纪的启蒙思想家如狄德罗产生了直接的影响[③],即使下世纪的浪漫主义作家也受到程度不同的启迪,如缪塞(Alfred de Musset,1810—1857)著名的剧作《逢场作戏》(Un Caprice)和《碰巧在炉边》(Hasard du coin du feu)就从中获取了灵感。亨利-韦恩(Henri Heine)曾说过:"在写作之前,我重新阅读拉伯雷和小克莱比庸。"还有隔海的菲尔丁(fielding)崇拜他。作为艳情小说开拓者的小克雷比庸,他的这些作品不同于18世纪一般的通俗小说,是纯粹意义上的情色(érotisme),即"爱术"小说,是18世纪东方故事中国风、摄

---

① Cf. Crébillon fis, Le Sapha, Préface, PP. 12. Paris, Librairie Alphonse Lemerre, 1921.

② 马里沃(Pierre chalet de Chamblain de Marivaux,1688—1763),18世纪法国著名的喜剧作家,以过分细致而矫揉造作的爱情心理描写见长。

③ 例如这位启蒙思想家的同类题材的情色小说《泄密的珠宝》,我们将有专论,加以评析。

政时期骄奢淫逸"世纪风"的双重产物,是这一时期法国作家"世纪性的讽喻"之作,它们的出现与风行,对本时期以降法国文学发展史、欧亚(法中)文学交流史具有无可取代的意义,留下不可抹杀的一页,我们在此故而记上一笔。

三、古达尔的"另类中国小说"《中国间谍》

小克雷比庸所开创的新式的伪东方艳情小说,在 18 世纪 30—40 年代兴盛一时。若从东方(中国)故事法国化,及由此助成的法国东方小说形式的发展看,它们的兴盛与存在,无疑具有承上启下的意义,即上承色情小说,下启讽喻、隐射作品的尝试,具有从情色小说到纯讽刺作品的过渡意义①。如上所言,以小克雷比庸《漏勺》《沙发》为代表性的东方艳情小说,其鲜明特点是,讽喻性的隐射方式和奇幻性的情色魅力。这类作品无不披上伪装的面具:东方的名姓,亚洲(中国)的着装,影射、讽喻现实社会文化弊端,顺势转化为法式东方隐射(讽刺)小说,其中最优秀的典范,当推启蒙作家先驱孟德斯鸠的《波斯人信札》,在此暂且不论。但要指出的是,《波斯人信札》的成功,无不深刻地启示着文界热心东方的作者们:借助东方主题,含沙射影地批评时政、讽喻时弊,诸如,揭秘路易十五情妇们的是是非非,讽喻宫里宫外的骄奢淫逸之风,经过大胆巧妙的暗示、影射,无须那么鲁莽、放肆,只要让他们的主角穿上足够异域风情的盛装,即可躲过当局者的耳目,免受锒铛入狱之苦;亦可令敏锐的读者一点即破②,让他们分享作者寓"愉悦"于"戏谑"之乐,充分享受到阅读的快乐。小克雷比庸在这一领地大获

---

① Cf. Pierre Martino, *L'Orient dans la littérature fançaise au XVIIe et au XVIIIe siècle*. Pais, Librairie Hachette et Ge. 1906. PP. 271—279.

② 如《波斯历史的秘密回忆录》(*Les Mémoires secrets pour servir à l'histoire de Perse*, 1745),1745 年,多次再版,万圣节作品、《科菲兰(法国)国王泽奥奇尼佐尔(路易十五)的爱情》(*Les Amours de Zeokinizul* [Louis XV], *roi des Cofirans* [Fance], traduits dee l'arabre par Krinelbol [Crébillon], 1746),由克里内波尔[小克雷比庸]译自阿拉伯语,1746 年,多次再版、《宽容的亚洲人,泽奥奇尼佐尔,科菲兰国王惯用条约,命名为"亲爱的",译自游者贝克里诺尔的游记,译者不详》(*L'Asiatique tolérant*, *traité à l'usage de Zeokinizul*, *roi des Cofirans*, *surnomme le Chéri*, *ouvrage traduit du voyageur Bekrinoll*, *par M. de ***,* 1748.) 1748 年。Cité in Pierre Martino, *L'Orient dans la littérature fançaise au XVIIe et au XVIIIe siècle*. Pais, Librairie Hachette et Ge. 1906. PP. 277.

18 世纪法国作家笔下的"中国故事""中国小说"

成功,他毕竟没有将那些过于淫秽之作中的思维定式引入自己的作品中,只是用有趣的颠倒字母顺序得来的新词替换姓名①,用"波斯""中国"或"日本"替换"法国",用东方人、亚洲人替换法国人,以此构建自成一格的隐射与讽刺,成就其想象力的放纵与消遣。这一特色让我们联想到又一个启蒙先师伏尔泰的东方小说,他的著名的《查帝格》及其他类似的中短篇东方小说,不也可读出由小克雷比庸极力推行的传统吗?②只是其中不甚自然地、以对比的方式,糅合了对现代生活的影射。但这些影射依然十分有所保留,讽刺的味道也依然十分客气,因而只能期待读者的洞察力③,在此无须多论。我们接下来要提及的,是启蒙时代的冒险家昂然·古达尔,论其文学地位名不见经传,但他的《中国间谍》,可称得上是真正由想象力的消遣过渡到纯讽刺作品的特别例证,无论从 18 世纪法国东方小说形态演变看,还是从本时期中法文学关系发展看,都不能不论。

昂然·古达尔(Ange Goudar,1708—1791),出生于法国南部城市蒙彼利埃一个富商家庭,少年时代曾在耶稣会学习,但很快就脱离了教育和家庭为他安排的道路,开始步入流浪冒险的旅程,周游欧洲,四处出击,成为启蒙时代的冒险家——另类文学作者。他最初涉足文学领域,其中有一篇鲜为人知的小说④,表明了他当时不满现状的思想。一篇从未发表的手稿⑤,也透露出他看穿了蓬巴杜侯爵夫人的时代弊端,并对此做出尖锐的评价。1755 年发表首部作品

---

① Ibid.,PP. 277.

② 如伏尔泰的《查帝格》,1737 年;《泽兰嘉,中国故事》,1749 年;伏尔泰的《芭比伦公主》,1768 年;《中国人,交趾支那的故事,亦可发生在别国》,1768 年;伏尔泰的《白公牛》,1774 年(也可见《白与黑》);《那鲁,中国人的儿子》,1776 年(1768 年作品的续篇);《佛卡或化身,中国故事》,1777 年;等等。Ibid.,PP. 278.

③ Ibid.,PP. 278—279.

④ 昂然·古达尔(Ange Goudar)《法兰西冒险家》(*L'Aventurier Français*,par Ange G. Amsterdam,1747.),阿姆斯特丹,1747 年。Voir l'excellent essai bio-bibliographique pubilié par F. L. F. L. Mars《Ange Goudaar, cet inconnu》in《Casanova Cleanings》revue internationale d'études cavanoviennes,1966. Cité in présentation de Jean-François Lhérété, dans Ange Goudar, *L'espion chinois*, PP. 29. Cll. 《de mémoire》,L'Horizon chimérique,1990.

⑤ 昂然·古达尔(M. Ange Goudar)《热那亚革命通史,包括在这个共和国发生的所有事……》(Histoire générale de la Révolution de Gêhes contenan tout ce qui sest passé dans cette République……)*OP. cit.*,P. 29.

《蒙达汉的政治遗书》①就获成功，他在这部时事檄文中，采用当时盛行的遗书格式书写，融入侠盗蒙达汉史诗宣扬的仁慈和利益取向，借此暗中极力嘲讽女人，同时也嘲讽国家机器。那时的古达尔潜心研究经济，广泛阅读了包括孟德斯鸠在内的17—18世纪的政治经济大家著作，特别是"孟德斯鸠给了他很多启发，一直是他的良师。"② 1756年，他发表颇具影响力的著作《被人误解的法兰西利益》③，对法国君主政体作了深刻的批判，提出了多项重农主义的核心理论。同年，他发表一部有关1755年里斯本大地震的著作④，兼有对灾难的报道和对经济问题思考。1762年，古达尔来到伦敦，开始创作《中国间谍》。1764年，他以匿名发表的六卷三部《中国间谍》在科隆首版发行，即在法国（欧洲）读书界产生轰动反响。因其文风犀利、嘲讽辛辣，读者误以为出自伏尔泰的手笔，致使这位大师不得不出面加以澄清否定。此后十余年，他定居意大利，奔走于威尼斯、热那亚、那不勒斯，不断冒险、出击。1779年，他发表《法国间谍》，极力抨击社会，抨击英国政府尤其是法国政府，是那个时代的批判檄文。1791年，古达尔在巴黎逝世，长眠于被他一直抨击、颠覆的"那个不公正的政治制度最终实现变革的年代"。⑤

《中国间谍》(*L'Espion Chinois*, 1764)是古达尔留存于后世的精彩之作，它一问世虽曾遇18世纪主流作家伏尔泰极力贬低⑥和当朝的怒斥、遭禁，却

---

① 《走私犯的最高统帅蒙达汉于狱中亲笔所书的政治遗嘱》(*Testament politique de louis Mandrin, Généralissme des troupes de contrebandiers, écrit par lui-même de sa prion*, Genève, 1755.) 日内瓦，1755年。

② Voir présentation de Jean-François Lhérété, dans Ange Goudar, *L'espion chinois*, PP. 21. Cll. 《de mémoire》, L'Horizon chimérique, 1990.

③ 《法兰西的利益，被市民误解的农业、人口、财政、贸易、海事、工业领域》(*Les Intérêts de la Fance mal entendus dans les branches de l'agriculture, de la population, des finances, du commerces, de la marines et de l'industrie par un citoyen*, Amsterdam, 1756), 阿姆斯特丹，1756年。

④ 《1755年11月1日里斯本不期而遇的地震的历史渊源》(*Relation historique du tremblement de terre survenu à Lisbenonne le Ier novembre 1755*, La Haye, 1736), 海牙，1756年。

⑤ Voir présentation de Jean-François Lhérété, dans Ange Goudar, *L'espion chinois*, PP. 28. Cll. 《de mémoire》, L'Horizon chimérique, 1990.

⑥ 伏尔泰澄清说："古达尔骑士让几乎全欧洲的人都向一个中国间谍致敬。这个中国间谍住在科隆，分六小卷现身。他在第一卷第17页中戏称法兰西国王为"乞食团首领"，要是全世界遭遇了洪水，巴黎将是洪流中的孤岛，在那里可以找到男男女女各色动物……为了让这部讽刺批评作品能卖掉，王国、部长、将军、大财主都被写入书中。这些人要么对这本书一无所知，要么就算知道，也根本无所谓。比起那些待在马路上的愤世嫉俗的作家，等候在门厅内的奉承者总是舒服得多。不过，对这些没有王公贵族庇护的可怜文人来说，看到自己被一个中国文人嘲笑是件令人极度愤慨的事情，尤其这位中国文人和他们一样不受庇护。"《通信录》，伏尔泰，XXVI, P. 123 (Garnier出版社)

18 世纪法国作家笔下的"中国故事""中国小说"

深受广大读者欢迎,在全欧洲广泛传播,大获成功(1764 至 1773 年间连续 9 次再版,其中两版为英文版,一版为德文版),无疑是这位冒险家、另类作家最具影响力的作品。《中国间谍》1764 年初版题名:《中国间谍或北京朝廷为考察欧洲秘密而秘密派遣的使者》(*L'Espion chinois ou l'envoyé secret de la Cour de Pékin pour examiner l'état secret de l'Europe*),六卷书信体小说。顾名思义,作品的主人公是由作者构想的中国密使,受中国皇帝派遣,前往欧洲考察,收集信息,他将所到之处所见所闻,写信给国内的朋友,分享他的异国见闻和信息。全书就由这位中国使者发往国内几位朋友的 542 封书简组成,分三部六卷十二开本出版。有近世学者认为,古达尔这部放纵想象的书信体中国小说,同其先师孟德斯鸠《波斯人信札》一样,"每封信都值得一读",给予很高评价,是颇具眼光的。我们知道,自 17 世纪末至 18 世纪初东方故事中国风的时代①,借用东方、中国之名,采用"信札"的形式编写新的故事、传奇,是屡见不鲜的。在古达尔构思创作《中国间谍》之前,类似题材的著名信札体作品,就有流亡法国的意大利作家马拉纳(Marana)之《土耳其间谍》(*L'Espion Turc*,1684)、孟德斯鸠《波斯人信札》(1721)、阿尔让斯《中国人信札》(1739)、哥尔斯密(Goldsmit)《中国人信札》(1760—1761 年陆续问世,1762 年收录为两卷在伦敦出版,1764 年翻译成法文在巴黎出版)等,古达尔之作无疑受到上述作品的启迪,特别是前驱孟氏传世之作《波斯人信札》的启迪。法、欧作者何以如此竞相效仿,喜用书信体方式进行创作?据认为书信体相当于一种"随笔",可以自由地表达作者的思想,大凡持怀疑论思想和自由思想的作家都喜欢这种书简体,因为它是"一种允许出格、放纵、影射和冒犯的文学体裁"②,思想前卫的冒险家古达尔也不例外。从 18 世纪东方小说发展谱系看,这类题材的东方(中国)故事,无不都是伪东方(中国)故事,作品中的主角中国人、波斯人、土耳其人,皆为作者的化身,借以传达作者本人的思想观念和对本土社会政治文化的质疑、臧否、讽喻、批判作者所处社会时代的弊端,可以说,这类东方(中国)小说"是对西方的诉讼"③。古达尔的《中国间谍》就是这样的作品,虽然它算不上这

---

① 东方小说一直风行到 1770 年前后,直至大革命爆发才平息下来。
② Cf. R. 'Etiemble, *L'Europe Chinoise*, II. PP. 109—110.
③ IbId., PP. 110.

一谱系中最优秀的,却是最具个性特色的作品。

《中国间谍》由作者伪造了一个名叫"尚皮皮"(Champ-pipi)的中国使者,让他造访法国(欧洲)。这个密使尚皮皮,一踏上法国的土地就奔走四方,到处察访:从京城到外省,从巴黎到伦敦,从里斯本到威尼斯、那不勒斯、科隆……从一个城市到另一个城市,从一个国家到另一个国家,上交达官贵人,下结市井小民,入得高堂阔殿,去得酒馆街巷;尚皮皮大使无所不能,既谈国事,也解风月;他嗅觉敏锐、思想前卫,能侃能文,指点江山、针砭时弊;他无论身处何地,都能将其所见所闻、所感所思,信手而书,尖酸刻薄,生动有趣。人们读他这部访欧书简集,既似读一个"外交使节"对欧洲(特别是法国)的"严肃的观察报告",也犹如读一部富有戏剧场面的生动记游:法国和欧洲的风物习俗,各等男女的风流韵事,各色人物的众生相,征战杀伐、刺激历险的场景……——尽收眼底,如身临其境,无疑给广大受众带来了乐趣,却瞒不了任何一个读者:这个中国大使尚皮皮就是作者古达尔本人的替身,中国使者在书简里所展示的一切,正是冒险家古达尔的真实写照,其冒险家的一生,"就是他笔下最精彩的故事情节"[①]。

《中国间谍》的作者古达尔,深深了解法国(欧洲)荒淫无度的贵族世界,熟谙贵族们放浪形骸、追求享乐的生存模式和统治权术,深知是这些权贵创造的思维方式和精英生活方式,主宰着欧洲大部分国家尤其是法国;他曾经混迹于这个丑闻充斥的社会,服务于贵族权力阶层;曾不惜一切努力,企图跻身于其间,而始终处于边缘、被排斥的地位,因而玩世不恭、反戈一击,放浪想象、揭橥时弊,借用中国人之名,创作了《中国间谍》——一幅再现18世纪60年代法国奢侈与腐败,衰朽与繁华相交织、并存的社会图像,一部生动有力的讽刺社会时政的作品。在这部直击时代弊端、文风辛辣的讽刺檄文里,我们看到,从行政管理的腐败,到宗教信仰的虚伪,从教权皇权的相互勾结,到警察、司法的官官相护,从贵族精英的衰朽浮华到江河日下的社会文化风景,无一不被纳入其中,加以揭示、嘲讽、抨击,字里行间,无不流露着作者愤世嫉俗的情感和内心的愤恨,从而形成其独有的风格与个性特点,正如有学者所言,在很大程度上,"《中国间谍》是仆人的报复,替

[①] Voir présentation de Jean-François Lhéreté, dans Ange Goudar, *L'espion chinois*, PP. 27. Cll. 《de mémoire》, L'Horizon chimérique, 1990.

18世纪法国作家笔下的"中国故事""中国小说"

统治阶层做脏活儿的人的报复"。①

在18世纪东方故事发展谱系中，古达尔的《中国间谍》确是一部抨击社会时弊、风格独具的讽刺杰作。作者借助中国使者尚皮皮的口诛笔伐，嬉笑怒骂、直击现实，锋芒所向，直指18世纪中叶法国（欧洲）社会时政、国家机构、宗教习俗等诸多方面。如谈到警察局，这位中国使者写道："只有在脸面受到侮辱的时候，人们才会去警察局。稍有廉耻心的公民是不会去当警察的。抓小偷的警察与小偷沆瀣一气，小偷和骗子们同为一伙，为了防止女人的堕落而部署的官员反而与女人勾结。"提到法国的司法，书中写道："直到犯人在牢狱中奄奄一息才开始审讯。重刑只对死人有效。只有死在狱中，犯人才能重获自由。"论及军队和战争，"将军问工程师，需要牺牲多少人才能拿下一座城池。工程师掐指一算，报告将军，战亡人数需要达到15000—20000人。于是，围攻开始。20000名士兵战死沙场，城池被攻下。"结论是什么呢？"据说这些大将们具有一种特权，让他们得以免于炮弹攻击。三十次围攻，二十次战役之后，他们死在自己的床上"②。提及王公贵族的王位、头衔和教权关系时，他写道："一位信奉基督的王子从殿下变成陛下，总归是桩好买卖；因为欧洲人的尊敬和信赖总是跟着头衔来的。"……"人们说，主教如果还没当上教皇，就会被人打，被人扔进监狱，有时还有被人治死；可一旦偷得圣人的光环，就没人敢动了。"③ 谈到国家行政管理，则指出："一个民族根本不会堕落，除非遭受源自内部的腐化侵袭。而这种内部腐化往往就存在于政治管理体制，因为国民本身不会退化……民族的进步或消亡取决于统治者。"等等不一而足，笔锋刻薄犀利，讽刺嘲弄中不时露出睿智的光芒，这样的例证，在这部虚构的传奇式的小说里，随处可见，例如在一封发自都柏林的信中，尚皮皮（即古达尔）这样调侃道："都柏林的王廷小得要用显微镜去看，是件小巧的工艺品。我原想把它买下来寄回北京，给咱们天朝的衙门做个装饰。这太小意思了；宏大之复制品，凡尔赛才是真格的。这儿什么

---

① IbId., PP. 24.

② Cité in Avant-propos de Roger Gouze, dans Ange Goudar, *L'espion chinois*, PP. 14—15. Cll. 《de mémoire》, L'Horizon chimérique, 1990.

③ Ange Goudar, *L'espion chinois*, vol. II, *Lettre première*, P. 2. l'Horizon chimérique, Collection 'de mémoire', 1990.

237

都小，就国王最大；我讲的不是个头，他身量也一般，但精气神儿高贵"①。对巴黎的书肆，他讥刺道："在法兰西，天才可以出售。我们看到一些商人，他们有商店，堆满各类书装载的思想，一本一本地卖……布料商和思想商之间的区别在于，布料商了解自己的货品，而思想商却压根不明白自己在卖的东西是什么"。对巴黎女郎的轻浮情色之风，这位中国大使如此描述："在欧洲，女人身穿透明的衣服；妩媚体态在男人眼中毫无掩饰，目之所及秀色可餐。在北京的一丝不挂，此处却不以为然。巴黎的女人没有半点遮掩，从额头至胸部以下，从手掌至肘部以下，从双足至小腿；只需减去寸许便胴体尽露了。不费分毫之力就可满足感官欲望；在这里，将拥有一名女子之前，已将其享用大半了。一个年轻女子，嫁为人妇，把身体的贞洁留给丈夫，但必须是绝对唯一；因为她早在全城男人的目光下出卖了肉体。欧洲的婚嫁几乎都透着一种透骨的冰凉，因为这冰凉对人心的满足几乎毫无所用。至于在中国，庄重的衣着阻挡了眼神的享乐，可是有的受用了。婚后，对这女子，拥有其心，拥有其体，拥有其所有尚未被他人目光触及的一切"②。自然，尚皮皮（实是古达尔）可不只是拿这样的"低俗艳情"打趣，他对人生、对信仰的高论也颇具深意："人的理智所想象的，再没有比在敬仰上帝的方式上意图说服他人听信自家之言更为荒谬的了。除了这件事本身的蛮横之处，他的这个意图本就行不通。鼓吹宗教的独一性，无异于强迫所有人共尊一神。毋庸置疑，信仰附于有形之躯，而环境各不相同。只需放眼天下，便知不同的民族，其信仰也不同。宗教需与一国的世俗制度相融合。基督教理之于日本并未胜过日本之于法国。因此，传教士乃是扰乱一国安宁的祸害，世间万法皆可惩之。土耳其人，让基督徒在帝国落了脚，却禁止他们谈论宗教。"③……《中国间谍》的构想者古达尔，就这样不遗余力地借用笔下的中国人欧洲之旅中所见所闻、所议所思，不断地发表议论和政治见解，毫无遮掩地讽刺朝政、抨击时弊，文风大胆辛辣，语言锋利俏皮，且幽默讽喻中不乏哲理、

---

① Ange Goudar, *L'espion chinois*, vol. II, *Lettre première*, P. 1, l'Horizon chimérique, Collection ' de mémoire', 1990.

② Ange Goudar, *L'espion chinois*, vol. II, *Lettre III*, P. 8—9. l'Horizon chimérique, Collection ' de mémoire', 1990.

③ Ange Goudar, *L'espion chinois*, vol. II, *Lettre IV*, P. 10. l'Horizon chimérique, Collection ' de mémoire', 1990.

睿智的闪光，无疑是作品中最精彩、最有价值的部分，它在很多方面都令人想到孟德斯鸠的《波斯人信札》和伏尔泰东方题材的哲理小说。

然而，《中国间谍》的作者古达尔毕竟是18世纪的"另类"作家，他的这部假想的中国传奇，无论从18世纪东方小说法国化的流变看，还是从本时期中法文学关系发展进程看，都是风格别具的"另类"作品。正如古达尔本人前贤后世所言，他的这部作品，纯然出自被排斥于上流社会的、"在马路上愤世嫉俗的作家"（伏尔泰语——引者）之手笔，它的作者远远不同于"受上流社会宠爱、生活安逸的御用文人"，也不同于那时代通常的"文人"和"科学家"，而是一个四处流浪、不断出击的冒险家，这就铸就了《中国间谍》的底色、格调，而与孟氏《波斯人信札》、伏氏东方小说区别开来。如果说，孟德斯鸠、伏尔泰之作，是城堡、书斋之作，多半得益于家庭书房的丰富藏书，而少有个人的真情实感，纯系文学著作创作的典型模式，那么，《中国间谍》则是冒险家、流浪者"有感而发，信笔而成"的"游走"之作，纯属"另一类文学"[①]：贯穿于作品始终的，是"游走的，流浪的，颠簸的，刺耳的，冒险性的"的色泽，构成了与孟、伏之作截然不同的格调。倘就东方小说"世纪讽喻"的体式看，《中国间谍》也与前驱之作大不相同，如果说孟、伏之作的讽喻色彩，总体上尚属隐射式、温婉型，即使有辛辣的一面，也相当有所保留，而古达尔这部作品，正如我们上面多次指出的，则是直面地出击，毫无遮拦的讽刺、辛辣、直露。它之价值和意义，在东方故事中国风的发展流程中提供了新的实验，为本时期小说家利用中国批判自身的恶习和流弊，提供了别样的例证，一种不同于哲人孟德斯鸠、伏尔泰、狄德罗的"另样"的例证，故而也留下一笔。

（钱林森：南京大学教授，《跨文化对话》执行主编）

[①] Cité in Avant-propos de Roger Gouze, dans Ange Goudar, *L'espion chinois*, PP. 14. Cll. 《de mémoire》, L'Horizon chimérique, 1990.

华裔法语作家的文学创作及其特点

[法] 黄晓敏

摘 要：华裔法语文学在法国受到研究领域和媒体的关注，表明这一创作群体的日益重要，同时也与文学的整体环境有关系。本文分两部分，首先介绍华裔法语写作的历史和发展，每个时期的特点和主要代表作家，然后以近期重要作家为主要分析对象，从三个方面阐述华裔法语文学在新文化环境下的创作特点：本土意识与异国情调的转变，内容与题材的丰富拓展，作品的文学性及语言艺术。

关键词：华裔法语文学 华人法语作家 外语写作 双语环境 双重文化 "边缘文学" 文化摆渡者

华裔作家的法语写作以一种文学现象受到关注，进入研究领域和媒体视野，是近年来在法国兴起的新课题。这种趋势不但表明了这一特殊群体创作的日益重要，影响逐渐扩大，同时也与文学的整体环境和形势不无关系。

法国文学界对外来作家的关注虽然并非始于昨日，但是在一个相当长的时期内，少数族裔的创作不仅一直属于"边缘文学"，而且带着明显的区域烙印。在传统的研究中，外裔的法语写作基本只是来自本土以外的法语区：非洲法语国家，旧法属殖民地，赤道和热带"黑人文学"地区，加拿大魁北克省等。20世纪初，当巴黎的比较文学专家丹尼尔-亨利·帕若教授提出"华裔法语文学"这个命题时，他认为这个说法"可能会使对法国文化发展不甚关注或者将法语文学只看作法语区现象的人们感到吃惊"[①]。但是他接着指出：是时候改变这一提法的区域性色彩了，原因之一，就是用法语书写已经不像从前那样只是某些语言区的团体现象，它已经成了个人的行为，即一些跨越

[①] 丹尼尔-亨利·帕若《从黄晓敏的〈玉山〉看华裔法语文学》，载《自由的地平线：比较尝试，外裔法语创作，想象》，巴黎 L'Harmattan 出版社 2008 年，第 490 页。

文化、选择别国语言的写作者的独立行为。

从这个意义上说，华裔法语文学之所以兴起并受到重视，至少有来自两方面的原因。一方面，使用法语写作的华裔作者在人数、创作数量和作品影响方面都不断增加；另一方面，西方的评判立场和观点也在不断改变。在文化和阅读的疆界不断被打破的今天，西方文学逐渐放弃以欧美为中心，在把视野扩展到东欧、拉美等地区之后，也越来越注意其他更远的族裔，而这些人的法语创作也正在成为法国文学不可缺少的组成部分。

一、华裔法语写作的历史与发展

旅居法国的华人用法语进行写作，始于19世纪末到20世纪初期。但是如果从严格的文学角度来说，开创者和先驱无疑当属盛成。盛成在第一次世界大战结束后来到法国，半工半读学习自然史，同时接触了法国文学界，与一些文学人士例如诗人保尔·瓦莱里结下友谊。1928年，他用法语发表了自传体小说《我的母亲》（Ma mère）①，瓦莱里亲自为此书撰写前言并给予高度赞美："我在盛成先生的作品中，在最温柔的色彩和最优美的外形下，看到了伟大而惊人的创新萌芽。它让我想到了晨曦，想到了破晓，在那瞬息万变的天光中它预示了新一天的到来。"②

如果将这部小说作为华人法语文学的起点，那么在从它开始直到今天的历史中，我们可以概括出三次创作的浪潮。第一次创作浪潮出现的时间，正好跟20世纪初的首批赴法留学生浪潮重合，这实际上是中国历史上的第一次文化亲法。持续了20世纪上半叶的留学浪潮中，包括了后来的共产党领袖周恩来、邓小平、陈毅，教育家李石曾、蔡元培，诗人戴望舒、罗大冈，小说家巴金、李劼人、苏雪林，画家林风眠、常书鸿、潘玉良等人。他们中间的一些人虽然也曾从事过一些法语写作，但数量和影响都非常有限。例如戴望舒，除了翻译法国诗人的作品外，自己也用法语写过诗歌，但大部分没有保存下来，目前流传下来的有六首：《游子遥》（Le voyageur），《深闭的园子》（Le jardin clos），《夜行者》（Noctambule），《过时》（Démodé），《三顶礼》

---

① 巴黎-纽沙泰尔 V. Attinger 出版社，1928年。本文提到的文学作品的出版时间及出版社以初版为准，除首次提到外不再注明出版地点。

② 保罗·瓦雷里为《我的母亲》所作序言。译文引自张寅德的"法语中国作家"，《中外文化与文论》第16辑第4页，四川大学中文系汉语言文学研究所主办。

（Trois Bénédictions）和《妾薄命》（Regret）①。在这些法文诗中，可以明显看到戴望舒崇拜的法国诗人保尔·福尔（Paul Fort）的影响。罗大冈在里昂中法大学期间曾是戴望舒的室友，后来到巴黎攻读博士，研究唐诗，他的法语论文和一些文章曾在瑞士发表，同时也发表过自己用中文写成后翻译成法语的诗。在后来的几十年中，回到国内的盛成和罗大冈都坚持用法语写诗，尽管在"文革"中写的诗只能以手抄形式流行，直到20世纪末才得以发表，两位长寿诗人终于得以见到作品问世，如盛成的《诗歌1966—1979》②，在他以九十八岁高龄去世的前一年才在法国出版。

第一次创作浪潮，虽然有同期留法学生的零星散作，但真正意义上的文学作品并不多，不论数量还是影响都有限，而且此后经历了一个相当长的空白期，直到20世纪70年代，中国题材的创作才再次在法国引起关注。

第二次创作浪潮开始于80年代，它的前奏是由香港移民法国的周勤丽的小说。出生在上海的周勤丽，13岁时就遵从"父母之命，媒妁之言"的旧传统出嫁，经历了半个世纪的歧视和压制妇女自由的生活之后，于1962年赴法，来到巴黎进修钢琴。她讲述个人经历的第一本法文书，以《花轿泪》（Le palanquin des larmes）③为题，是通过对记者口述和法国人士乔治·瓦尔特（George Walter）整理的自传小说。在西方人眼中，一个曾经连自主权都没有的东方女性，辗转来到巴黎成为钢琴家，这样的经历本身就具有传奇性，加上大量的中国因素，传统社会的女性生活和家庭模式，使这部小说成为一本畅销书。作为一部成功的小说，《花轿泪》的意义不仅在于再次唤起了法国人对中国题材的兴趣，而且在于将这种关注引进了大众视野和主流阅读，即便是暂时的和带有局限性的。第二部小说《黄河协奏曲》（Concerto du fleuve Jaune）④写她来法国进修钢琴的经历，依然带有强烈的自传色彩。再后来发表的《在佛掌中》（Dans la main de Bouddha）和《天无绝人之路》（Il n'y a pas d'impasse sous le ciel）⑤，分别是再次与法语作家合作和单独署名的作品。

继周勤丽之后，另一些法语作者以不同的面貌汇入了这次浪潮。随着中国大陆

---

① 收录于《戴望舒诗歌经典全集》，时代文艺出版社2003年，第105—109页。
② 蒙彼利埃中国电影节，Climat出版社1995年。
③ 巴黎Robert Laffont出版社1976年。
④ Robert Laffont出版社1979年。
⑤ 这两部小说的出版社分别为La renaissance 2001年和Fischbacher 2004年。

的经济改革和对外开放，文化交流不断增加，出国留学和定居的人也大大增加，一批从事法语的学者型作家开始了文学创作。曾留学巴黎的北京大学教授沈大力与法国女作家苏珊娜·贝纳德合作，在1985年发表了《延安的孩子》(Les Enfants de Yan'an)①。这部同样属于自传体的小说，反映了与周勤丽的小说完全不同的中国背景。沈大力1938年出生于延安，父母都参加过抗战，住过延安的窑洞，用他自己的话说，他是"一个革命的孩子"②。近20年后，沈大力又用法语发表了《梦湖情侣》(Les amoureux du lac. Sous le soleil de Mao)③，讲述的还是自己经历过的年代，即从"文化革命"到20世纪末，但是在创作时间和题材上都已经更接近第三个浪潮了。

与沈大力同时代开始法语写作的是亚丁，两人的共同之处是都研究和翻译过法国文学，沈大力是雨果和巴尔扎克的翻译者，而亚丁则翻译过波德莱尔、萨特和加缪的作品。随着亚丁的出现，可以说开始了华裔法语年轻作家的崛起。他的第一部法语小说《高粱红了》(Le Sorgho rouge)④，通过孩子的眼光看中国文革时期的现实，表现出他那一代人所经历过的困惑、情感和抗争。在后来的几年中，他又连续发表了《战国七雄的后代》(Les héritiers des sept royaumes)⑤、《水火相嬉》(Le jeu de l'eau et du feu)⑥ 等多部作品，由于获奖而同时进入了法国公众和文学领域的视线。

继亚丁之后直到20世纪末涌现出的一批华裔作家，有许多是属于跟他同一代的年轻人。在当今华裔法语文学的几位代表性作家受到真正关注之前，还有不少出身法语专业的青年学者尝试写作，在法语诗歌和散文方面取得了引人注目的成绩。关于这个时期，巴黎第三大学比较文学教授张寅德在他的《法语中国作家》一文中曾作过较详尽的介绍⑦。他提到百川和他的散文集《分崩离析》(Eclat du fragment)⑧，法国诗人米肖的研究者董强和他的诗集

---

① 巴黎 Stock 出版社 1985 年。
② 与法国记者 Christelle Magnout 谈话，2009 年 9 月 6 日，TV5monde，http://information.tv5monde.com/info/entretien-avec-shen-dali-ecrivain-et-enfant-de-la-revolution-5147
③ 巴黎 Maisonneuve & Larose 出版社 2004 年。
④ Stock 出版社。
⑤ Stock 出版社 1988 年。
⑥ Flammarion/Stock 出版社 1990 年。
⑦ 张寅德 "法语中国作家"，参见注释①。
⑧ 巴黎 L'Amourier 出版社 2002 年。

《另一只手》(L'autre main)①,还有袁筱一的《黄昏雨》(La pluie au crépuscule)②:1992年她以此摘取"法语青年作家大奖赛"的桂冠时,还是尚未毕业的大学生。七年后这个奖项再次被中国人夺得,授予巴黎第三大学比较文学系博士研究生李金佳的《平沙落雁》(La descente des oies sauvages sur le sable)③。此后李金佳继续发表作品,除了用法文撰写的诗,也有中文诗和翻译诗作。这个时期,后来成为多产重要作家的应晨也已经在加拿大发表法语小说。

这时的华裔法语创作,无论从读者群、影响力还是出版发行渠道来看,仍具有明显的"边缘性",但是作品已经带有新时期的特征。在今天最有代表性的一些价值,从这时起就开始展现,比如描写的个性化和内心化,跨界文化意识,新环境下的反思以及双语能力等。这些征象在新的浪潮到来时表现得更为明显和充分。

第三个浪潮出现在两个世纪交替之际,至今方兴未艾。从这时起显露头角并活跃在21世纪的作家,不但人数多,而且显示出了不同的类型。他们中间有经历过"文革"的知青一代,有学术界的教授研究者,有艺术家,还有居住在法国甚至欧洲以外的移民。在涉及文学、哲学、语言学、法律等社会科学方面,一批活跃在高等院校和研究领域的华裔学者发表了大量法文著作和论文,这类写作虽然在早期华人法语写作中也会受到重视,但在本文以文学为主的介绍中,不属于分析的对象。

这个时期有许多作家创作颇丰,并获得了各种奖项,一些作品走出了专业范围和少数读者群,逐渐进入主流市场和媒体关注。他们之中特别值得一提的代表人物有程抱一、戴思杰、山飒和应晨。

如果不将范围局限于文学作品,而是扩展到文学研究、哲学、艺术、绘画等方面的话,程抱一无疑是法国华裔人中著书最多、创作最丰富、涉及领域最广泛的作家。仅就文学而言,他的作品有诗歌、小说和散文,而且都卓有成就。他的经历和上述另外几位有较大的不同。程抱一1929年出生于中国的书香家庭,在南京金陵大学就读时就已接触到西方文学。1948年,他随父

---

① 巴黎 Bleu de Chine 出版社 1996 年。
② 见《黄昏雨及其他短篇小说》,巴黎 Le Monde 出版社 1992 年。
③ 见《平沙落雁及其他短篇小说》,巴黎 Mercure de France 出版社 1999 年,第 221—232 页。

亲赴法，开始在巴黎学习和生活。20世纪60年代，他进入法国高等教育机构，在教学和研究的同时从事诗歌翻译。他的个人写作是从70年代开始的，最初主要发表关于诗歌和绘画的文论，如《中国诗歌文字》（L'écriture poétique chinoise）、《虚与实：论中国绘画语言》（Vide et plein: le langage pictural chinois）等，至今被文化界奉为经典，继而用中文和法文创作诗歌，出色成就使他相继获得法兰西荣誉勋章和法语创作大奖，《石与树》（De l'arbre et du rocher）① 被选入《20世纪法国诗歌选》。1998年，已经是诗人、翻译家和书法家的程抱一，发表了第一部法语小说《天一言》（Le Dit de Tian-yi）②，以小说形式见证异国生活，通过书中主人公的经历，反映出他自己一生所从属的两种文化的对话。此书获得法国费米那文学奖。2002年，第二部法语小说《此情可待》（L'éternité n'est pas de trop）③ 问世，同年，程抱一被选为法兰西学术院的终身院士，成为首名进入这个荣誉机构的亚裔学者，法国学术界称他为"在中国与西方文化之间永不疲倦的摆渡人"④。

戴思杰1954年生于四川成都，70年代初期作为"知青"被下放到四川雅安接受"再教育"。"文革结束"后，进南开大学学习艺术史，1982年到法国深造，从社会学科转入法兰西艺术学院学习电影制作。毕业后成为活跃的电影人，先后执导了多部影片，内容大多与文化大革命有关。戴思杰在法国的真正荣誉来自他的法语小说《巴尔扎克和中国小裁缝》（Balzac et la petite tailleuse chinoise）⑤。这部小说以他的知青经历为背景，用轻松诙谐的笔调展示了那个年代的中国现实和年轻人的困惑，发表后多次获奖，并很快被译成其他语言。不久后他自编自导了根据小说改编的同名电影，取得了他迄今为止在电影界的最佳成绩。两年后，他的第二部法语小说《狄公情节》（Le complexe de Di）获费米娜文学奖。戴思杰是个擅长讲故事的小说家，叙述中很少主观评论，带着幽默的客观白描，反映出特定生活环境中的中国人心态，

---

① 法国圣克莱蒙德里维尔 Fata Morgana 出版社，1989年。
② 巴黎 Albin Michel 出版社 1998年。
③ Albin Michel 出版社 2002年。
④ 除了评论文集和文中已提到的作品以外，程抱一还发表了诗歌集《生命的季节》（Saisons à vie），Encre marine 出版社 1993年；《双歌集》（Double chant），Encre marine 出版社 1998年；《何人来言吾夜》（Qui dira notre nuit），Arfuyen 出版社 2001年。
⑤ 巴黎 Gallimard 出版社 2000年。

后来的《无月之夜》（Par une nuit où la lune ne s'est pas levée）和《孔夫子的空中杂技》（L'acrobatie aérienne de Confucius）①也都显现了这种叙述风格。

山飒的创作道路是十分独特的。她生于北京，8岁起就开始在《诗刊》《人民文学》发表作品，曾获全国儿童诗歌大赛首奖，出版诗集和散文集《阁妮的诗》《红蜻蜓》和《再来一次春天》等。中学时期来法国留学，后入法兰西神学院攻读哲学，在瑞士任艺术家助手期间开始法文写作。她的第一部法文小说《天安门》（Porte de la paix céleste）一发表就引起注意，获得法国龚古尔小说处女作奖等奖项。第二部《柳的四生》（Les quatre vies du saule）获卡兹奖，而获2001年中学生龚古尔奖的《围棋少女》（La joueuse de go）②则是将她引向全法国视线的代表作，很快由袖珍丛书再版，如今已被译成三十多种文字。从这时起山飒已经成为一位多产作家，前三部小说中表现出来的抒情力量，在史诗风格进一步中得到展现，例如以武则天为主题的《女皇》（L'impératrice）、《亚洲王》（Alexandre et Alestria）和最新小说《裸琴》（La cithare nue）。《尔虞我诈》（Les conspirateurs）③却风格迥异，以政界为背景上演了一出间谍剧，与侦探悬念比起来，刻画更深的其实还是扑朔迷离的人物和复杂心理。除了小说，山飒在诗歌、散文甚至绘画方面的成就也同样引人瞩目，她的诗集《凛风快剑》（Le vent vif et le glaive rapide）④和书画册《镜中丹青》（Le miroir du calligraphe）等充分显示了小说之外的才能，她的画作多次参加在欧美、亚洲等世界各地举行的国际画展。

作为法语作家的应晨，以其生活和创作地域来说就是对"华裔法语文学"这一提法的补充诠释。她主要居住在加拿大，但与法国文学界有着密切的联系，作品在加拿大和法国出版，也在两国都有影响力，她获得过法国文化部颁发的骑士荣誉勋章，同时担任加拿大最高文学奖的评委。她出生在上海，毕业于复旦大学法语专业，1989年赴蒙特利尔深造，先后定居于魁北克和温哥华。1992年，她的第一部引起法语界关注的小说《水的记忆》（La mémoire de l'eau）⑤在加拿大发表，后来在法国再版，小说用冷静而不乏幽默和温情

---

① 以上三部小说的出版社分别为Gallimard 2003年和2007年，Flammarion 2009年。
② 三部小说皆由巴黎Grasset出版社出版，时间分别为1997年，1999年和2001年。
③ 以上四部小说出版社均为Albin Michel，出版时间分别是2003年，2006年，2010年和2005年。
④ 法国波尔多William Blake & Co. 出版社2000年。
⑤ 加拿大蒙特利尔Léméac出版社1992年，法国阿尔Actes Sud出版社Babel丛书，1996年。

的笔触讲述了祖母的一生，从清末穿越到20世纪现代，动荡变化的社会，在水的味道中显示出中国特色。第二部《中国书信》（Les lettres chinoises）呈现了漂泊的议题，透过移民与书写的经验，探讨身份认同以及自我与他者的界限。但是从《再见，妈妈》（L'ingratitude）① 开始，中国色彩逐渐淡化，这部出色的小说在魁北克-巴黎文学大奖赛中夺冠，也是她全部作品中迄今唯一被作者本人翻译成中文的，这本书中显示的心灵表达和细致剖析，在后来的小说中继续深化，形成应晨特有的文字风格。2006年发表的文论集《四千级台阶．中国梦》（Quatre Mille Marches. Un Rêve Chinois）② 阐述了她的创作梦想，并对文学及其功能进行了深刻的思考。

魏薇也是一位生活在法国以外的作家。她1957年出生在广西，经历过"文革"和下乡，来到欧洲后曾在巴黎生活，然后定居在曼彻斯特。她的小说《中国花》（Fleurs de Chine）③，题目就带有明显的中国色彩，12个以花为名的女人肖像，各自不同的命运与传统和未来憧憬交织，汇成一幅中国社会的图画。《幸福的颜色》（La couleur du bonheur）④ 的主题，初看和许多传统题材有相似之处：20年代的中国，年仅16岁的少女被迫嫁给一个陌生男人。虽然故事不同，但都通过家庭和婚姻表现中国妇女的命运，同时也反映了社会和政治的现实。《长江祭》（Le Yangtsé sacrifié）⑤ 写于长江三峡修建大坝的前后，是一次文字形式的沿江巡礼。《一位壮族姑娘》（Une fille Zhuang）⑥ 通过讲述她自己学习法语的经历，表现了"文革"后的社会和年轻人的感情生活。

获得诺贝尔文学奖的第一位华语作家高行健也从事过法语创作。他早年就学于北京外国语学院法语系时，就酷爱戏剧并翻译过法国荒诞派剧作。定居法国后，他用用法语直接写作的主要是剧本，其中《生死界》（Au bord de la vie）、《夜游神》（Le somnambule）、《周末四重奏》（Quatre quatuors pour le

---

① 这两部书也都是先由蒙特利尔Léméac出版社出版（1993，1995），后在法国由Actes Sud出版社出版（1998，1996）。

② 巴黎Seuil出版社2004年。

③ 法国拉图戴格Aube出版社2001年。

④ Aube出版社2002年。

⑤ 巴黎Denoël出版社1997年。

⑥ Aube出版社2006年。

week-end)①和《山海经传》（Chroniques du classique des mers et des monts)②曾在法国的巴黎、阿维农和美国、澳大利亚、意大利、波兰等地上演。

在法国从事教育的人中，进行文学创作的还有杨丹、黄晓敏和金丝燕。这三位女作者的共同特点是，她们都是在开放以后到法国留学且如今在大学就职，也都分别发表过关于小说、诗歌等文学论著。杨丹1998年写的自传小说《沙漠尽头》（Au bout du sable）③ 生动地讲述了她在内蒙古插队的经历，2003年再版，散文《不可理喻的法国人》（Ces incroyables Français）用独特的眼光分析法国人。黄晓敏的《翠山》（La montagne de Jade）④ 也是回忆"文革"期间经历的自传体小说，以少年的眼光叙述了跟随父母去五七干校的农村见闻。她的第二部法语小说《莲花》（Fleurs de lotus）⑤，是1997年在《收获》期刊发表的中文小说的自我翻译（中文原题《三色太阳》），以法国南方为背景，讲述了一些中国人的生活和感受。金丝燕在研究诗歌、女性文学和从事佛教翻译的同时，创作了中法文双语长诗《祖先，孩子》（Des ancêtres, l'enfant）⑥，另外她在与白乐桑（Joël Belassen）合作的《中国印迹，中国和法国，视野交叉》（Empreintes chinoises, de Chine et de France, regards croisés）⑦ 一书中，也有出色的散文。她们的文学写作，以另一种创作经历显示出新时期华裔法语文学的一个侧面，即与学术相关的文化意识和更丰富的交流领域。

二、新文化环境下华裔法语创作的特点

如同一切外来族裔在旅居国的创作一样，华裔法语作家作为群体在各个时期也有一些共同特点，其发展变化与历史因素和文化环境有关。一方面，新时期的作家所处年代不同，他们的教育背景、写作条件、生活经历和个人

---

① 这三个剧本在同一年发表，比利时 Lansman 出版社 2002 年。
② 巴黎 Seuil 出版社 2012 年。
③ 巴黎 Desclée de Brouwer 出版社 1998 年。
④ Aube 出版社，2003 年，Large vision 出版社 2004 年。
⑤ 法国尼斯 Baie des Anges 出版社 2009 年。
⑥ 巴黎 Les Poètes français 出版社 2012 年。
⑦ 巴黎 Nicolas Philipe 出版社 2004 年。

遭遇也因之不同，既造就了每个人的风格，也反映出某些整体特征。另一方面，随着时代的前进，他们现居的国度对外来文学的接受也有了改变：无论读者的阅读欣赏能力还是评论界的立场和眼光，都为外裔写作融入所在国文学提供了新的空间。同时，主流媒体和学术界也对华裔法语文学有了越来越多的关注和研究，而这些也会反过来影响创作。

关于新环境下创作特点的阐述，将以近期的最有代表性的作品为主要分析对象。

（一）本土意识与异国情调的转变

华裔法语作者与来自世界其他语区的法语作家一样，都是首先从原居住地区的文化中汲取创作源泉，而且初期的主题往往跟个人经历有关。乡土情结不仅是华裔法语作家共有的特点，也是所有外来族裔作家的共性之一。法国少数族裔文学专家阿兰·都铎在谈到这一现象时说："它首先倾心于出生的土地，其激情随着本土的远离而更加高涨。"[1] 但是，中国作家群与传统的研究对象——例如非洲和加拿大法语作家相比，不论是文化身份的议题还是表现民俗的着眼点和方式，都有很大的区别。

长期以来，华人文学吸引西方读者的原因之一，是东方因素和异国情调。法国人对远东中国感到神秘和兴趣由来已久，随着 19 世纪末和 20 世纪初法国"东方派"作家的热情达到了一个高潮。始于那个时代的中国题材文学和翻译作品，大多离不开关于中国传统社会的描写，封建大家庭、婚娶习俗、妻妾成群等等细节，是司空见惯的画面，其中不乏对典型习俗的过度渲染。这种情形不仅出现在法国，在欧美许多国家的早期英语华人文学中有更多的例子。某些作品中，有意或无意地迎合西方读者对中国传统的好奇，构成了或多或少的"自我东方化"倾向。

不可否认，随着文化交流的发展和环境的转变，西方人的兴趣渐渐超出了猎奇的范围，但在许多人眼中，东方情调仍然构成中国题材的魅力。从改革开放以后中国电影在国际上获得关注的情形中，我们也能看到类似的倾向和它所起到的作用。在近期的创作中，这些内容仍是一个重要的部分：它们或者作为一部作品的主线，或者穿插在其他主题中。但是从整体来说，由于

---

[1] 阿兰·都铎（Alain Daudot）《安第尔和圭亚那》，载《文化指南，法语文化和文学》（Guide culturel, civilisations et littératures d'expression française），巴黎 Hachette 出版社 1977 年，第 184 页。

写作题材的多样化，内容和范围更丰富，东方情调已经既不是唯一重点也不是目的。作为描写契机，它的展现也更注重个性化、细腻的内心探索，将西方人从公式化观念引向对中国较深入的了解。例如程抱一的小说《天一言》，三部曲式的叙述写探索艺术的画家从中国到法国，再从法国到中国的"出发，游历，回归"的历程，第一部分有相当篇幅呈现传统的四世同堂大家庭：婚礼、丧礼和清明祭祀，捧着烟枪和茶壶、麻将不离手的男人，裹小脚的女人，勾心斗角和偷鸡摸狗的家庭关系……似曾熟悉的画面，在满足西方对典型社会现象好奇心的同时，突出了作者自身的文化归属和文化意识。

婚姻习俗是中国题材中的一个常见内容，在女作家作品中表现得更多一些。比较一下几篇以清末和民国的社会和家庭为背景的小说，可能会比较有意思。周勤丽的《花轿泪》从题目上就醒目地标出了那个时代的特色，女主人公的故事伴随着旧上海的谐趣，弄堂小贩别有味道的叫卖，清晨刷马桶的声响。社会风情的后面是一个女子争取个性自由的艰辛，从儿时学钢琴、教授音乐，到嫁入豪门、遭受身心虐待，在经历了绝望痛苦之后来到巴黎，靠自己的勤奋的努力，终于成功地站上了音乐舞台。这部自传小说，首先来源于作家本人令人感叹的经历，旧时代的习俗和妇女的遭遇，由于对西方人是陌生的而更增加了阅读的兴趣。

出生于1957年的魏薇没有花轿婚姻的直接体验，她的《中国颜色》采用轮换叙述，用第一人称讲外祖母在20世纪民国时期经历，第三人称讲她和女儿的家庭在新中国成立后的生活，这部分的内容是作者本人比较熟悉的。小说以1920年一场旧式婚礼开头，通过一系列细节立刻上演"中国颜色"：新娘子用桂花油梳头，"开脸"，哭着上花轿的风俗，蝙蝠和鹿与"福""禄"的谐音，它们的象征意义……从第一页开始，充满异国风情的场面，色彩斑斓地向西方读者展开诱惑的魅力。甚至中国的象形文字也被用来调动西方人的兴趣：民国和人民中国两个时期的轮换叙述，分别以"美丽"和"生活"为章节标题，但并不用法文，而只用汉字书写，无疑加强了突出中国色彩、渲染中国神秘的效果。小说见证式的叙述风格，表现为通俗的描写和大量不厌其详的对白。

应晨的小说《水的记忆》有某些相似的内容，但描写角度和手段十分不同。故事开始的时间是1911年前后，她跟魏薇一样都并没有经历过这个时期，透过祖母的生活和几代中国女人的足迹，讲述她们与中国历史一起成长的过程。小说围绕着祖母的缠脚和放脚展开，这个常见的传统情节，在一开始可能使人感到似曾相识，但是叙述的清醒和冷静，充满幽默、讽刺又不失温情的笔触，渐渐让读者感受到超出表现传统社会的更深刻内涵。应晨用法语写作的初衷，如她自己所说，是要走出中国国界，走进个人的世界。她的第二本法语作品《中国人的信》，以另一种方式证实了这一点。这部小说以远隔重洋的恋人书信来往的形式，表达中国人在异国环境中的感受以及中西文化冲突带给他们的思考。

新时期的华裔法语作家有一个共同特点，一方面从文化上真正融入所在国，另一反面始终以传达本土文化为己任。这种意识在学者和教育家程抱一的笔下十分明显，他的许多作品都以传统色彩的描写为引子，借以表现道教学说的真谛，中国传统智慧或者传统艺术观念。山飒的《柳的四生》整段介绍中国传统节日，从春节、元宵节、清明、端午直到重阳节的描写，几乎是对法国人的一次文化知识启蒙。但是，传统中国的具体现象已经不是目的也不是单纯用以吸引西方读者的情节，而经常是深入中国文化的起点，在更高的文化意识层次上，通过个性化的内心探索，从典型到非典型。不管背景是传统社会还是现代，以中国为出发点的内容，是为了关注人类的共性和普遍本质。从这个意义上说，"新东方情调"以新视野的本土观念和交流意识，代替了传统的异国风情。

（二）内容与题材的丰富及拓展

这个特点是与前面的第一点紧密相关并且互为因果的。在超越了以东方情调取胜的相对狭窄的空间之后，华裔法语创作的领域更加广阔，内容更加丰富。在主题上也大大超出了注重个人经历的范围，无论在表现人生还是对人类社会、民族、历史等思考都更加深刻。用法语写下的中国，是身处异族文化以后对故国展开的回忆，既与西方思维模式下的中国不一样，也跟他们在融入所在国之前的观察不尽相同。回顾和思考的过程，是从本土脱离出来又重新进入本土文化的一个自身探索。

以前面刚提到的应晨为例，她谈到用外语写作时说，她希望自己的小说不再需要考虑地域、社会和国家；创作的思想和本质应是多样性的，表达真理的手法也可以是多样性的。她追求的是用文学的语言、写意的文字，表现那些属于纯粹内心世界的"纯粹"的东西，因为在她看来，相对于中国题材，文学性才是一部真正作品成功的基础。特殊社会的心灵经历，常常表现在人与人之间的特定关系中,因此她致力于探讨各种控制与摆脱控制之间的复杂关系。《再见,妈妈》写一个年轻女子用自杀来摆脱母亲的控制。争取自由逃脱束缚的愿望,遇到母亲严厉教条,缺乏温情和人性的管教让她甚至逃避爱情。用死者离世后的眼光来观察和叙述她死后的情形,表现爱和恨的交织,富有个性色彩的描写简洁,明快,忧伤而不愤怒的讽刺,也透出不寒而栗的残酷。她后来的几部小说如《悬崖之间》（Le champ dans la mer）和《骷髅与影子的争吵》（Querelle d'un squelette avec son double）① 等,都深化了超出国界、关注人类共同本性的内涵。2005 年发表的《食者》（Le Mangeur）② 中,将这种关系的诠释体现在父女之间,父亲的罕见病,给女儿的生活和爱情带来影响。在想象的、抽象的痛苦世界里,死亡的阴影交织着沉默和梦想。从一个时代到另一个时代,寻求幸福的努力似乎总是徒劳无益的。

"文革"和知青题材,在这个时期前对法国读者来说也并非完全陌生。当华人法语文学还未引人瞩目时,就已有不少作品从中文或英文被翻译成法文。但华裔法语作家由于旅居环境以及不同的文化和语言背景,从视角和文字上都显示出不同的创作效果。

如果说个人遭遇仍然是一个重要创作起点的话,它并不是简单目的,从自身经历走向个性文学,在越来越多的作品中显示出来。在以知青为背景的小说中,出色的代表作有戴思杰的《巴尔扎克和中国小裁缝》。它与此前的翻译作品不同,也与"文革"结束初期的"伤痕""寻根"文学不同,完全没有所谓的控诉和揭露,没有痛苦的呻吟。贫穷困苦的乡村生活,物质的匮乏,艰难的体力劳动,阅读被限制以及缺少思想的自由,一系列在西方人看来不可思议的生存条件,被戴思杰轻松幽默地道来,令人忍俊不禁的诙谐,读来耳目一新,却无法忘记那个时代的沉重。

戴思杰像许多出色的电影人一样,在观察人生各种现象时有独到的着眼点。能够从平凡事中揭示出乎意料的发现,这种才能在《狄公情节》和《孔夫子的空中杂技》等小说中继续展示魅力,但我以为 2011 年发表的短篇集《三个中国人的生活》（Trois vies chinoises）③ 是这种风格的更出色体现。这三

---

① 这两部小说由蒙特利尔 Boréal 出版社和巴黎 Seuil 出版社在 2002 年和 2003 年同年出版。
② 蒙特利尔 Boréal 出版社 2005 年,巴黎 Seuil 出版社出版 2006 年。
③ Flammarion 出版社 2011 年。

个故事发生在当代中国,在具有讽刺意味的"贵族岛"上,电子废料处理厂的工人们因水银、铅和铬中毒,无医无药,甚至买卖人体器官,荒凉潦倒的景象像是没有希望的世界末日。在第一个故事中,13岁的患病孩子面目酷似老人,被花钱买去后,被骗接受死刑前的训练,到最后也不明白自己被当作一个贪污犯的替死鬼处决。第二个故事以一个少女的口吻讲述母亲中毒患病,精神失常后失踪,她怀疑父亲杀死了母亲,向警方告发,错误地造成父亲的死亡。更残酷的第三个故事,以母亲亲手锻造捆绑大儿子的锁链开头,中毒工人的悲惨演绎到极点:为了缓解儿子的病情,没钱财能力的母亲唯一能做的竟是将自身作为儿子的性欲伙伴,最后自己变疯,被自己锻造的锁链捆住。

无论题材的发掘还是表现手段,戴思杰都似乎是最不刻意面向法国的一个作家,这里的写作更接近新现实主义小说,比如令人联想到刘庆邦的《神木》[1]。三个可怕的悲剧,残破的灰暗人生,却完全是平静描写,没有任何直接控诉,画面既现实又有超现实的色彩。法国《观点报》曾这样评论戴思杰:"他有一种非常中国化的用冷漠甚至幽默来揭示卑鄙行为的艺术……在那些被摧毁的可怜主人公身上,却有着诗意和高贵,他们以自己的方式抗争着。"[2]

中西文化的跨界思维,在山飒的作品中以另一种风格表现出来。她的小说和诗歌都有一种史诗般的震撼力量,既来源于题材,也得益于文字。个性化写作从山飒的早期创作就开始了,第一部法语小说《天安门》虽然也以她经历过的时代为背景,但自传式小说并不是她的模式。她的文学感染力,接下来在《柳的四生》和《围棋少女》中通过两种截然不同的题材进一步证明。《柳的四生》借助垂柳的轮回象征,讲了发生在明、清和现代四个阶段故事。化身成女子追求人间真爱的柳树精,皇室后裔之女在清朝的孤寂,当代时尚女的执着的以身相许,出现在梦境还是现实?如果说东方的生死轮回说给故事增加了一份神秘,故事的抒情力量更来自超越国界的感情。《围棋少女》不仅给法国青少年提供了一部不寻常的性启蒙故事,而且让更多法国人见证了山飒式爱情描写的魅力。通过一个爱情的悲剧讲述战争的悲剧,这个角度本身就十分新颖,而在写爱情轻易就赤裸裸地写到性的法国,更新奇的

---

[1] 根据这本小说改编的电影《盲井》(Blind chaft),获2003年柏林电影节银熊奖和国际声誉。
[2] 玛丽-弗兰索娃·勒克莱尔《非常中国化的艺术》,载法国《观点报》(Le point) 2011年2月28日。

是没有直接描写的深藏的欲望。人类普遍的感情吸引和冲动，在隐忍不发的相互纠缠和抗衡中，呈现出性诱惑和想象空间。山飒小说的爱情感染力，在于它是超民族的，超历史的，也是超阶级的。

穿插在时代变迁中的爱情，在《女皇》和《裸琴》等历史题材中享有更开阔的场景。《女皇》这部长达四百多页的巨著，倾注了作者的心血，是经过大量资料整理的成果。为了这部小说，山飒曾研读唐史和佛教多年，多次去西安和敦煌实地考察。武则天虽然是中国读者熟悉的人物，但中国历史上唯一女皇的故事以第一人称讲述，对法国读者无疑是新奇的。这种叙述手法更利于表现不可一世的女皇的内心，她作为女人的本性中矛盾、脆弱的一面。山飒在写作时深入人物的灵魂，有时感到自己就是武则天。正因如此，宏大的史诗篇章充满了触动心弦的感人细节。

重视题材的挑战，是山飒文学道路上的探索、创新和提高的过程。在华人法语作家中，她是尝试不同题材最多的一个。在分别写了中国的当代、现代和古代以后，她甚至将背景延伸到中国以外，例如《亚洲王》就是以古希腊为背景，写马其顿国王亚历山大在征伐整个亚细亚途中的奇遇。小说的另一个非常有意义的尝试，是通过一个虚构的与草原上女酋长的爱情故事，表达东西方之间的文化冲撞。山飒自己曾说："在这部小说中，让我深感兴趣的是自封为"亚洲王"的亚历山大一世所代表的西方文化价值观，比如说殖民主义、暴力和侵略是如何与东方游牧民族的智慧、哲学、宇宙观和人生观产生碰撞的。"[①] 这段话显示了山飒和其他新时期优秀华人法语作家的一个共同点：作为东西文化的摆渡人，有深厚的国学基础，又了解所在国的文化，能以客观全面的眼光看待、评价和用文学阐释那些既有区别特性又属于全人类的价值。

（三）作品的文学性及语言艺术

随着作家人数的增多，华裔法语写作的整体质量也在提升，作为法国文学的一个组成部分，不但内容和形式有了丰富和发展，在语言艺术上也有新突破。在移民文学以外国题材和异乡情调取胜的初期，相对来说，曾一度对外裔作家的语言水平和文学造诣要求不高，早期的华人作品也出现过请专家

---

① 引自钱林森、杨莉馨《创作的热情激扬我心！如一只夜莺》，载《中华读书报》2008年11月19日，http://www.gmw.cn/01ds/2008-11/19/content_ 861270.htm.

代笔和润色的做法。一些作家几度摇摆于自己动笔和与人合作之间,也表现出对于语言困惑。近期的创作,特别是 20 世纪末以来,法语作家普遍在语言造诣上水平提高,不仅如此,利用两种语言和深谙中西双重文化的优势,使母语和本土文字非但不成为法语写作的障碍,相反为之服务,也成为特殊的文学工具。

　　对于母语并非法的人来说,无论是在国内还是在法国开始学习法语,从事文学写作几乎都有一个从初期到成熟的过程。语言对融入所在国的重要性,对移民作家产生的困惑和障碍,在不少作品中都有体现,使我们看到即使程抱一这样的作家也未能幸免。研究其他族裔法语文学的专家指出,外裔作家例如非洲法语区作家的写作,除了带有原区域的语言特点以外,还容易发生一个现象:由于力求接近法语的精确标准,过于正确的语法形式可能造成语气上的反差。丹尼尔-亨利·帕若在谈到华裔法语作家时也曾提到这一点,但他认为就华人作家而言,"这种准确、精炼但并不过分的语言",可以"非常有效地为小说整体结构服务"。在评论黄晓敏的小说《翠山》的文章里,他指出双语环境对创作的反作用:"法语在这里造成了一种有利的优势。不但法语中不存在的词句可以用斜体字表示,而且汉语的通用说法多次被转借到法语……语言不外是一种工具,它的价值完全是靠优秀驾驭者的灵巧和诚实来实现的。"①

　　利用双语环境和双重文化,有助于更贴切、更原始地再现一个地域和它承载的文化,也增加了创造性的想象。因此,华裔法语的文学天地,除了法语表达的内容以外,还有汉语作为"潜语言"所产生的效果。跨文化写作的独特魅力,在每个作家的笔下都能看到,但因每个人的风格不同而形成了各自独特的语言魅力。

　　曾从事教授生涯的程抱一是特别善于使用语言武器的作家,作品有一种明确的文化使命感。对词汇的敏锐和对文字的钟情,无论在他的小说、散文还是诗歌中,都有许多例证。作为驾驭两种语言得心应手的作家,他有时不用现成的翻译,而是将一些词句拆开,故意"生搬硬译",解析汉语词组中的每个字的寓意,而且把发音、字形和结构也拿来做文章。在一篇以"对话"为题的文章中,他甚至对一些法语字母的形状大胆加以象形的解释:大写的

---

① 丹尼尔-亨利·帕若,见注释 1,第 497 页。

A 看起来像一个人，E 使人想到梯子，M 像房子，O 像眼睛，S 像蛇，T 像房顶，V 像山谷，等等；有意思的是这些法文词也正好是以那个字母开头的。

他热衷的"文字游戏"也出现在小说中。以《天一言》为例，法文同音词 voix（声音）跟 voie（道路）多次一起出现，并不是偶然。熟悉两种文化的人都知道，老子的"道可道，非常道"正是用这个词翻译的，而书中人物在成功地用绘画表达感情时说："从这一刻起，我听到了自己的声音，找到了自己的道路。"小说中还直接使用了许多中文词，用斜体字母标出，比如"琵琶""二胡""馒头""烧饼""豆腐""高粱""吃斋""特务"和"炕"等等，内容显得更真实，语言也更原汁原味。加注释的时候，有时也不满足于简单的解释，而是"膨胀"成一堂小小的文化课。比如"担担面"的解释足以让法国人垂涎欲滴："那是一种极细的面条，当着食客的面煮熟，有十几种美味的佐食配汁可供选择。"程抱一甚至让中文和法语直接对话。他扔掉约定俗成的翻译，重新进入汉语再返回来，这种"特色"翻译，不是力求接近所在国语言，而是把法语读者带到远方。于是，sein（乳房）成了"chambre à lait"（奶的房子），crème（奶油）成了"huile de lait"（奶的油），champignon de bois（木耳）是"oreilles de bois"（树的耳朵），patate（红薯）是"courge de terre"（地里的瓜）。

即使不是像程抱一这样雕琢字句的作家，法语写作中也会有许多中国"潜语言"的流露。比如魏薇的小说叙述久远和现代的社会，娓娓道来的日常生活中，不断插入中国式的想象和比喻。女人们聊起城里的闲话"像数珠子"一样，少女明媚的笑容"好像乌云遮不住太阳"，在外闯荡后回到家里的儿子，是"浪子回头金不换"……这些转换成法语的来自母语的形容，也给小说增添了特别的色彩。

戴思杰小说的艺术风格表现出他在电影美学之外的探索。从《巴尔扎克和中国小裁缝》起就极具吸引力的从容超然的风格，轻松诙谐的笔调，融合了西方的现代叙事和东方传统。每部作品内部的对话，自己各种不同作品之间的对话，以及与其他作家作品的对话和相互引证，也明显借鉴了西方的写作手法，而且经常穿插来自文学和艺术知识的联想。比如，艾略特、瓦莱里、圣-琼佩斯和里尔克等诗人和其他西方名人，多次在小说中作为参照。讲到中国工人铅中毒时，提到西班牙画家戈雅曾因铅中毒分不清颜色，音乐家贝多芬也因中毒而听不见声音。形容兴奋的心情，用"阿莉丝在奇遇世界"来比喻，形容穿山甲的鳞甲脱落，借用有关法国女英雄冉丹为祖国作战的画面："好像听到冉丹的盔甲碎裂一样"。但更多的比喻取材于电影知识，比如1989年科幻电影和《2043世界末日》都在描写场景时被借用。在短篇小说《水库的"博加特"》里，主人公的外号是由于他抽烟的姿势跟电影《卡萨布兰卡》的主角一样，他等候爱人归来的背影，又酷似希区柯克的名片《惊魂记》（Psychose）里的演员安东尼·帕金斯……中国背景的故事，用了大量西方人熟知的参照画面，突破年代与地域的精神上的交流，以几乎令人察觉不到的方式渗入，是真正融合了两种文化的自然表达。

除了小说的内容，在写作技巧和情节安排方面，电影艺术对戴思杰影响就更加明显了。在故事结构的发展中似乎能看到电影镜头的痕迹，不动声色的画面，白描式的人物和风景，随着镜头推移，表面的平静暗示着令人期待的结局。这种运用在短篇小说集《三个中国人的一生》中运用尤为出色，接近自然主义的描写，将悬念保持到结尾，而真相大白时却没有故弄玄虚的感觉。比起长篇小说，短故事更适合他将电影手法运用到完美。

在近期有影响的作家中，应晨也是从多方面尝试现代手法较多的一位。她对技巧和语言的追求，从一开始就表现为有意识的努力。当她的前两部法语小说获得成功时，她却不满足于以写实为主的风格。她认为，真正的文学语言应该是写意的、隐晦的、有抽象提升的，因为文学性才是一部作品长存的基础。因此，她的创作风格不断变化，她不止一次称赞过的法国小说家普鲁斯特的意识流，作为她内心描写的武器；法国二次大战后的新小说流派和拉美的魔幻现实主义，也在她的小说结构和语言中留下了痕迹。尽管她的故事置身于中国，但过去、现在和将来相互交织，现实和梦境、幻觉和潜意识交替出现，自由往返，颠覆了传统的小说写法和阅读习惯。如果说在她的第一部法语小说中，传统叙述尚占主导的话，从《再见，妈妈》就已经出现了荒诞因素：女儿自杀身死以后，用死者的眼光观察活着的人，评价他们的行为和思想。1998年出版的《静止》（Immobile）①，应晨自己认为是她比较满意的一部真正的文学性作品，我也十分同意这个评价。小说打破传统的时空界限，穿越了遥远时代的女主人公，前生是京剧女伶、亲王的王妃和男仆的情人，今世是孤儿和考古学者的妻子，但内心仍是一样的反叛人物。逃向海

---

① 蒙特利尔 Boréal 出版社，法国 Actes Sud 出版社 1998 年。中文题目又译《磐石一般》。

边的渴望是两个时代人物的殊途同归，作者想要表达的是历史的不断反复和人性的一成不变，内心独白在这里运用得格外得心应手。时间和地点捉摸不定，除了"西海岸"没有一个明确地名，故事可以发生在中国，也可以发生在法国、加拿大或者世界上任何地方。小说结尾时，女主人公终于来到海边，这是一条不归路，一辆卡车将要来清理不知哪个世纪遗留下的垃圾："我坐在旅馆门前，没拿行李，在匆忙的行人们掀起的灰尘中等待那辆卡车，我希望它把我带走。一切都将结束。一切将重新开始。"①

跟大多数法语作家一样，应晨在描写中也运用过不少中国成语和俗语。这些引入穿插自如，毫无迎合西方猎奇心态的用意，在描写时轻轻一笔带出，却于平淡中传达着令人深思的中国智慧，例如"同床异梦"，"纸里包不住火"，"头发长见识短"等等……母语潜语言对法语的渗透和丰富，两者结合的自然和贴切，不能不说是应晨的语言功力所在。

山飒也是一位非常重视文学语言的作家。除了早年就用中文发表作品的经历，她在绘画和音乐方面的造诣无疑也给她的文笔带来了特点丰富的艺术色调。充满她的诗歌和绘画作品中的诗情画意，在小说和散文中同样可以感受到，而这也并不限于史诗般的古典题材。如果在山飒的写作中，母语和法语的融合是以完全有别于应晨的风格实现的话，她们两人在有意识地追求创造性美感这一点上却是相通的。但诗情画意并不是山飒小说的唯一境界。《尔虞我诈》的叙述语言是冷静的，带着不知向何处去的悬念，既显示出政界的冷酷无情，又有些无可奈何的温情。对这本书，山飒自己的一段话说明了艺术对她的影响："我以黑、白、灰三种色调为主，以幽默、讽刺的笔法讲身边故事、说身边问题，风格与以往发生了明显的改变，显得非常现代。"②

山飒的小说世界可以很传统，也可以十分现代。时间和地点的跳跃常常给故事带来虚幻色彩，例如《柳的四生》和《裸琴》的结尾穿越时空，打破历史与当前，真实与梦境的界限。通过叙述角度刻画人物刻画，《围棋少女》是一个相当成功的例子。全书92章，如同下棋时双方各走一步，中国女棋手和日本军官轮流叙述，用第一人称揭示自己的经历和内心，彼此隔绝的两条线，渐渐接近，在小说进行一半时重合到一起。下棋他们属于另一个世界，

---

① 《静止》，见前注，第148页。
② 引自钱林森、杨莉馨，见注释42。

仿佛远离现实，但探寻灵魂和心理的历程，又与身边的战争紧密相连。《裸琴》也运用了轮流叙述，但这次是第三人称的时代交替，而且历史的再现选择了一个艺术的角度。两段似乎不相关的历史，一个讲南朝宋武帝和张太后的一生，另一个讲百多年后陈国工匠寻找棺木造七弦琴，两个故事的相逢，是通过一把琴的灵性。山飒曾经说过，当她开始进行法语写作的时候，就决心"要在每句法语中融入中文"。她不但做到了这一点，还常常将她喜爱的艺术也融入文字。不管是现代题材还是古代题材，语言文笔或简练隽永，或古趣盎然，但都饱含诗意，把握得当，汉语溶进法语，音乐溶进画面。比如创造性地用 terrasse d'encre 表示砚台，而不是法语中常见的 pierre（石头）或 réservoir（容器），即突出了"台"的意境，又别有风味。大漠风情，南朝故事，透过砚台琴台，让爱的历史一个世纪后重现。和程抱一等许多作家一样，汉文字也是画家和书法家山飒的文学手段，《柳的四生》卷首以毛笔书写的"柳"字开篇，疏朗的笔触如柳树的俊秀，而最后一笔恰似细长飘逸的柳叶，给读者带来清新的诗意想象。

进入 21 世纪以来，华裔作家的法语写作不断丰富，内容题材和风格技巧也异常多样，本文仅以其中的一部分举例分析，无法详尽全面。在新的文化环境下，文学的创作和接收都在发生变化。虽然华裔法语文学就其整体来说仍然属于法国的"边缘"文学，但是国际文学界正在逐渐脱离以西方为主体的立场。从文学角度而不是单纯看作某种特性群体的现象来评价华裔文学，既是世界化环境下的一种趋势，也是对那些追求无国界文学性的真正作家的肯定。

（黄晓敏：文学博士，法国尼斯大学中文系主任）

·俄国汉学研究·

19世纪俄罗斯汉学特点研究

张西平

摘 要：俄罗斯汉学在19世纪发展到一个高潮，在整个西方汉学研究中具有十分重要的地位。为何从俄罗斯汉学在19世纪取得这样的成就呢？从19世纪西方汉学总的发展特点和变迁的历史来看，俄罗斯汉学在19世纪的发展有以下四点条原因，本文从四个方面研究俄罗斯汉学在19世纪发展的特点。以往关于俄罗斯汉学的研究多侧重历史，对其特点的分析不足，本文希望有所探索。

关键词：俄罗斯汉学 19世纪 典籍翻译 国家利益

德国著名汉学家傅吾康（Wolfgang Franke）在谈到欧洲19世纪汉学历史时曾说过："1837年俄国喀山大学设立了汉语教席，1855年这一教席移到彼得堡。第一位教席是由瓦西里耶夫（Vasillii vasil ev, 1818—1900）担当，他不仅精通汉语，也熟悉满文、蒙文、藏文和梵文。因此，俄国成为除法国之外第二个欧洲汉学研究最重要的中心。当法国和俄国处在汉学研究领先地位时，其他欧洲国家远远落在后面。"[1]

为何从俄罗斯汉学在19世纪取得这样的成就呢？从19世纪西方汉学总的发展特点和变迁的历史来看，俄罗斯汉学在19世纪的发展有以下四点条原因。本文对俄罗斯汉学在19时期的成就和原因展开研究，求教与各位方家。

---

[1] 傅吾康《十九世纪的欧洲汉学》，载任继愈主编《国际汉学》，大象出版社2002年，第七期第70页。

一、俄罗斯汉学在中国西北边疆史地的文献翻译和研究上取得了巨大的成绩①

如果同耶稣会对中国的全方位研究相比，俄罗斯的东正教使团对中国历史与文献的翻译和研究范围和对中国地域的广度不如来华的耶稣会士，因为，耶稣会士在中国主要地区有自己的郊区和教堂，而东正教为了俄罗斯的国家长远利益，沙皇不允许他们传教，这样他们只能居住在北京。但这种不利却使俄罗斯的早期汉学家们在典籍的翻译上取得了令人惊讶的成就，同时形成了对中国北方历史的长期关注，对北方历史文献的翻译和研究、注重中国北方少数民族文献的翻译和研究，成为19世纪的俄罗斯汉学的重要特点。

18世纪时，来华的法国耶稣会士就十分重视满文以及北方民族文献的学习和研究，因为，满语是清朝的上层社会语言，清朝起源于北方。来华传教士注意这些特点是很自然的。例如，张诚（Jean-Fran ois Gerbillon，1654—1707年）和白晋（JoachimBouvet，1656—1730年）将《哲学教程》翻译成满文，给康熙上课，巴多明（Dominique Parrenin，1663—1741）编写著名的《法满辞典》，宋君荣（Antoine Gaubil，1689—1759）写出《元史与成吉思汗本记》《两辽史略》《青海、西番、西藏与哈密和里海之间诸国录》《长城及蒙古若干地区》《成吉思汗之祖先及成吉思汗之死》等，在这个领域取得了令人瞩目的成绩。

但19世纪基督新教来华传教士入华后，在上半个世纪基督新教的传教士们几乎没有关于中国北方历史文献和少数民族历史文献的翻译和研究，19世纪下半叶后开始有些著作，但仍微乎其微。② 18世纪后期耶稣会解散后，法国遣使会（Cogrégation de La Mission）接替耶稣会管理中国教务，但主要传教地区仍在京、津、冀、沪地区，期间也有传教士在满语、蒙古语以及边疆史研究上做了工作，但为数很少。例如，1784年来到中国，作为遣使会中国负责人的罗广祥（Nicolas-JosephRaux，1754—1801）也编写了一步满语语法书、

---

① Walravens, Hartmut, "Zur Publikationstätigkeit der Russischen Geistlichen Mission in Peking", *Monumenta Serica*,. 34（1979—1980），pp525—557.

② 参阅（英）伟烈亚力著，倪文君译《1867年以前来华基督教传教士列传及著作目录》。

鞑靼——满族语词典,秦司铎和古伯察从 1844 年起完成了穿越蒙古-西藏-中原的考察,写下了《鞑靼西藏旅行记》① 但毕竟是凤毛麟角,西欧汉学家对中国西北地区的研究是在 20 世纪后随着中亚考古的发现后才逐渐热起来的。

俄罗斯在 19 世纪在这方面所取得了很大的成就,在整个西方汉学界是十分突出的。瓦西里先后"翻译了《宁古塔纪略》《盛京通志》《辽史》《金史》《辽志》《金志》等重要文献,著有《元明两朝关于满族人的资料》《10 至 13 世纪中亚东部的历史和古迹》等著作。鲁达科夫利用《吉林通志》,出版有《吉林省中国文化史资料(IW-1902)》等著作。在蒙古学领域,俄国人所取得的成就至今仍为国际学术界所看重。在蒙古典籍翻译方面,巴拉第(Archimandrite Palladius,1817—1878)翻译了《元朝秘史》《长春真人西游记》和《皇元圣武亲征录》,柏百福翻译了《蒙古游记》、戈尔斯东斯基翻译了《卫拉特法典》,波兹涅耶夫翻译了《宝贝念珠》等。在蒙古研究方面,波兹德涅耶夫的《蒙古及蒙古人》生动而翔实地描绘了 19 世纪末蒙古地区的历史与文化,璞科第根据汉文史料撰成的《明代东蒙史(1368—1634)》是俄国关于明代漠南蒙古历史②研究的重要成就,贝勒其用英文发表的《基于东亚史料的中世纪研究》已经成为蒙元时期中西交通史领或的名著。在藏学领域,瓦西里耶夫根据藏传佛教格鲁派学者松巴堪布的《如意宝树史(印藏汉蒙佛教史如意宝树)》写成《西藏佛灸史》,翻译出版了敏珠尔活佛的《世界广论》。齐比科夫的《佛教香客在圣地西藏》,巴拉津的《拉卜楞寺金殿弥勒菩萨像》以及《拉卜楞寺游记》也是该时期要的俄国藏学著作。"特别是在中国北方语言研究上,俄罗斯汉学家有着很高的成就,他们的满语、蒙古语、藏语的研究是当时欧洲研究的最高水平,如斯卡奇科夫所说:"在 18 世纪中叶,在东正教使团的摇篮中诞生了俄国在世界学术界独占鳌头的满学。罗索欣、列昂季耶夫、巴克舍耶夫、安东。弗拉德金的名字作为第一批满语翻译和第一批《满俄词典》的编纂者将永远留在学术史上。"③

---

① 古伯察著,耿昇译《鞑靼西藏旅行记》,中国藏学出版社 2011 年,参阅 [法] 荣振华、方立中、热拉尔·穆赛、布里吉特·阿帕鸟著 耿昇译《16—20 世纪入华天主教传教士列传》,广西师大出版社,2010 年。

② 阎国栋《俄罗斯汉学史》第 561 页,该书第五章《俄国对中国边疆地区的研究》。

③ [俄] 斯卡奇科夫著,[俄] 米亚斯尼科夫编,柳若梅译《俄罗斯汉学史》,中国社会科学文献出版社 2011 年,第 271 页。

俄罗斯汉学的这一成就也一直被西欧汉学界所认可，很多俄罗斯汉学家所做的关于中国北方历史文献的翻译，特别是关于北方少数民族历史文献的翻译出版后也很快被翻译成法文等西欧文字。

二、俄罗斯在19世纪时在中国典籍翻译和汉学研究上取得西方领先地位的原因

俄罗斯汉学真正走出了一条自己的道路，在西方汉学史上写出自己的辉煌，形成自己独有的特点则应开始于驻北京的东正教使团时期。按照阎国栋的说法，俄罗斯汉学与欧美汉学和日韩代表的东亚汉学形成了"汉学鼎足为三，共同构成了世界汉学的基本格局"。

通过以上所介绍的东正教使团汉学的成就我们就可以看出，这些长年生活在中国的使团成员无论是从事汉学研究的人数上还是其研究的成果都已经大大超越了在华耶稣会士的研究成果。可以这样说，如果同西欧汉学相比，在19世纪俄罗斯汉学领先于西欧汉学。为何在此期间俄罗斯汉学的成就超过西欧汉学呢？今天我们考察这段历史，我想有两个原因。

其一，在雍正禁教后，在雍乾百年禁教的期间使来华的欧洲耶稣会士在人数上大大减少，相比之下在北京最多的欧洲人是俄罗斯东正教使团的人员，而且长年坚持，每十年一轮。在同中国的制度关系建立上俄罗斯走在了西欧各国的前面。东正教使团的汉学家从莫斯科来到北京，并展开他们的汉学研究是有制度保证的。这种体制上的稳定性，使其在华汉学家人数明显超过来华的其他天主教修会，而人数的多数又为其学术成果的积累奠基了基础。

其二，在北京的东正教使团主要担任外交使命和汉学研究的任务，他们没有传教的任务。这是他们和在华的耶稣会士和其他天主教会士的重大区别。那些在宫中的耶稣会士尽管才华横溢，但其主要的精力仍要放在为皇帝的服务上，这是和他们在中国的总体传教策略联系在一起的，因为他们在中国各地的传教活动是要依托在北京宫中的那些传教士的，没有宫中的这些为皇帝服务的传教士的庇护，耶稣会在中国的传教活动可能在雍正禁教后就土崩瓦解。反之，我们看到在北京的这些东正教使团的神职人员并未把精力放在传教上，他们几乎是将全部精力投入了对中国的研究，为俄罗斯在东方的扩张

提供学术的支持。很长时间里，学术界大都认为在华耶稣会的汉学家代表着西方传教士汉学的最高成就，现在看来要改变这种看法了。

陈开科有段话说得比较好："真正的俄罗斯汉学研究诞生还是在 18 世纪上半叶。由于俄罗斯人了解中国的渠道主要有两条，所以导致其汉学从诞生之初就具有双重特色：在带有欧洲特色的前提下，兼具俄罗斯特色。直到 19 世纪，俄罗斯汉学才在比丘林、巴拉第和瓦西里耶夫等人的努力下，彻底摆脱了欧洲特色，实现了俄罗斯汉学的民族化。"[1] 在我看来俄罗斯汉学的民族化特色的形成，俄罗斯汉学超越西欧汉学成为西方汉学的领跑者，最根本的原因在于他的地缘政治特点，正是由于中国和俄罗斯两国有绵绵千里的土地接壤，才有了双发不断的战争、贸易，正是这种真实的感受使俄罗斯远比相距万里之遥的西欧更加迫切地需要了解中国。

三、俄罗斯 19 世纪的汉学研究与国家利益联系更为紧密[2]

19 世纪初来华的英美基督新教传教士来华时主要是由各教会差遣派出，如马礼逊是英国伦敦传教会（London Missionary Society）所派、裨治文是美部会（American Board of Commissioners for Foreign Missions）所派、罗孝全（Issachar Jacox Roberts，1802 年—1871 年）是美国浸礼会（American Baptist Churches USA，ABCUSA）所派，这些来华的基督新教传教士和自己的国家有着这样或那样的关系，例如，马礼逊和英国东印度公司的关系。但由于当时英美国家还没有像俄国那样在北京或中国某地有一个清政府所承认的正式驻外机构，因此，这时中国和英美等国的关系主要是贸易关系以及通过传教士通道的文化联系关系。这样，在 19 世纪的来华英美等西方国家的传教士和他们自己的国家之间有着这样或那样的联系，或紧或松的关系，他们也为自己的国家服务，或者为西方的利益服务，如郭实蜡（Karl Friedrich August Gützlaff，1803—1851 年），直接领取了英国给予费用，传教士也直接参与了南京条约谈判等，来华的基督新教传教士在 19 世纪后期同样与西方帝国主义

---

[1] 陈开科《巴拉第的汉学研究》，学苑出版社 2009 年，第 166 页。
[2] Widmer, Eric, *The Russian Ecclesiastical Mission in Peking during the Eighteenth Century*, Cambridge, Mass.: Huvwd Univ. Press, 1976.

但从总体上看来华的基督新教传教士汉学家均未像俄罗斯馆的东正教汉学家那样与国家有着直接的上下级之间的关系。正因为这样，英美来华的传教士和西方来华各国政府以及东印度公司之间不存在简单上下级关系，不是执行国家命令的关系。由此，才会产生在鸦片贸易上马礼逊、理雅各的传教士与英国和东印度公司的分歧与冲突，从而呈现出历史的多维性和复杂性。[2]

俄罗斯在18和19世纪的扩张，特别是向远东地区的扩张，使其政府极需要汉学家给他们提供更为真实的资料。对中国北方的研究，对西北和东北地区的研究，对元朝和蒙古地区的研究始终是这些俄罗斯汉学家们经久不衰的题目，在这些知识和研究的背后显然有着国家利益的推动。如果说，法国来华的传教士在其汉学研究的背后有着一种基督教文明扩展的冲动，"中华归主"是这些长年飘零在外，客死他乡的传教士们心中的梦想。那么，来华的东正教使团的传教士们，在追求东方知识的同时也有着一种国家的使命，一种为其帝国扩张效力的梦想。所以，"将俄国汉学放在中俄两国关系的背景下研究。俄国汉学本身就是为了适应中俄关系的发展需要而诞生的，而后又随着两国关系的发展而壮大。两国关系中的每一次重大演变都对俄国汉学产生了深远的影响"。[3]

俄罗斯馆是直接隶属俄国政府的外交机构，它必然要为俄国的国家利益服务。"从俄中关系的角度来说，使团驻扎中国首都北京意义重大。由于使团理顺了俄国与中国的联系，俄国政府得以在19世纪源源不断地得到关于中国的政治和经济生活的各种信息。在一定程度上以团长为代表的使团是沙俄政府政策的贯彻者。"[4] 如果这样来看，就可以理解为何俄罗斯在中国北方历史文献翻译和研究上，在北方少数民族历史文献的翻译研究取得如此大的成绩，为何19世纪英美来华基督新教在这个领域的成果无法与俄罗斯相比。我们必

---

[1] 参阅顾长生《传教士与近代中国》，上海人民出版社1995年，王立新《没货传教士与晚清中国现代化》，天津人民出版社1997年。

[2] 参阅吴义雄《在宗教与世俗之见：基督新教传教士在华南沿海的早期活动研究》，广东教育出版社2000年。

[3] 阎国栋《俄国汉学史》，中华书局2006年，第17页。

[4] [俄] 斯卡奇科夫著，[俄] 米亚斯尼科夫编，柳若梅译《俄罗斯汉学史》，中国社会科学文献出版社2011年，第270页。

须从更大的视野来考察19世纪的西方汉学。19世纪时西方强盛,东方衰落的世纪,西方列强在19世纪逐步侵入中国、瓜分中国。美英在中国的势力和利益主要在中国南方、江浙一带,而日本和俄罗斯的主要利益和势力在中国北方一带。由于国家利益之不同,他们在中国的势力范围不同,从而直接影响了汉学家们的学术兴趣的重点,进而形成了他们不同的汉学特点。

很显然,长期以来俄罗斯作为一个帝国一直在东方扩张,对中国北方的蚕食和分裂是他们长期的国家政策,来华东正教使团更是直接为沙俄帝国服务的宗教学术团体,他们的学术研究的国家背景是十分明显的。"比丘林在《准噶尔和东突厥斯坦志》一书中首次在世界上将'布哈拉突厥斯坦'改称作'西突厥斯坦',而把'中国斯坦'叫作'东突厥斯坦',并且声称这样做是因为'东突厥斯坦'不可能永远在中国的统治之下,就赤裸裸地说明了这一点。"[①]汉学家永远不可能摆脱国家政治对其的影响,这就是一个典型的说明。

而俄罗斯的向东扩张也是和它在欧洲与中亚扩展的失败有着紧密的联系。1853年7月初,俄国出兵占领了在奥斯曼帝国的属地——多瑙河两公国——摩尔多瓦和瓦拉几亚并拒绝了苏丹提出的撤军要求。10月,土耳其政府向俄国宣战。1854年3月底,英法正式向俄国宣战克里米亚战争Crimean War(又名克里木战争,东方战争、第九次俄土战争)。这是英、法、奥斯曼帝国(1299—1922)和撒丁王国结盟同沙俄的一次大规模战争。1856年3月30日,双方签订《巴黎和约》。战争的结果,俄国从欧洲大陆的霸主地位上跌落下来,战争加深了俄国国内危机,迫使沙皇政府不得不进行农奴制改革。克里木战争的失败,不仅仅造成了沙俄在国内对农奴制度的改革,也迫使其将外交方向的重点转向东方,开始加快向中国扩张的步伐。而此时,英国、法国正在和中国进行第二次鸦片战争。1859年6月,英、法、美以进京换约被拒为由,率舰队炮击大沽。1860年8月,英法联军18000人,进占天津。9月,清军在北京通州八里桥迎战英法联军失利。清咸丰帝携皇后、懿贵妃等离京逃往承德。10月18日,英法联军占领北京,抢劫焚毁圆明园。清政府派钦差大臣佳良、花沙钠与俄、美、英、法各国代表分别签订《天津条约》。同年,沙俄以自己调节中国和英法之间的战争有功,以武力迫使黑龙江将军奕山签订《瑷珲条

---

① 阎国栋《俄罗斯汉学史》,第289页。

约》，割去中国西北东北 150 万平方公里，成为第二次鸦片战争中最大的赢家。

俄罗斯这次所获得的利益是俄罗斯汉学家们长期研究中国北方，研究中国少数民族语言和地区的活动与学术成果分不开的。陈开科认为："俄罗斯馆，同样由于其自身的历史渊源，使其先天就具有不争的政治功能。这种政治功能，历史的看，主要表现为提供外交情报、参与外交实践和提供外交咨询。提供外交情报是其基本政治职能，每届俄罗多斯馆尤其是大司祭，按规定必须定期向俄罗斯政府写例行报告，报告的主要内容就是俄罗斯所需要的各种有关中国政治的情报，包括中国的边疆政策、政治人事变动、中国政府对俄及其他西方列强的动议等；参与外交实践虽不经常，但遇到特殊时机，俄罗斯馆成员会以翻译等中立身份为掩盖，应国家需要而亲自走向外交舞台，直接参与外交实践，为俄罗斯的侵略利益服务。"①而上面所提到的俄罗斯汉学家关于中国北方语言文字研究、少数民族研究、历史文献的翻译等，"对沙俄来说，具有直接为侵略中国服务的作用，它们提供了整套有关中国的政治史及其周边民族和地区的政治史情报。俄罗斯人一旦掌握了这些译著的精髓，那么，就可以懂得中国人的心理和政治运作规律，以便在和中国政府打交道时，取得心理和操作优势"。②

如此紧密地与国家政府合作，完全将自己的学术充当为国家势力扩张的学术支撑，这是俄罗斯 19 世纪汉学的重要特点，是其区别于西欧 19 世纪汉学研究的一个重要方面。这并不是说英美传教士汉学研究没有为英美等国在中国的扩张服务，这种政治的关联在英美国家的汉学家和传教士那里同样存在，那是一种松散的关系，而不像俄罗斯馆的汉学家这样与国家的扩张完全一体，学术研究是其国家扩张的工具。

这个问题是研究 19 世纪汉学，乃至今天西方汉学的一个十分重要的问题，即汉学家的学术成就和他的政治观念的关系，以及他们的学术研究与国家之间的关系问题。我们必须承认，任何历史学家、哲学家、诗人和作家都离不开时代对其的影响和制约，必须看到 19 世纪西方国家在其扩张中对其文化和学术的影响。"我们必须看清对帝国的留恋之情，以及它在被征服者心中

---

① 陈开科《巴拉第与晚清中俄关系》，上海书店 2008 年，第 348 页。
② 陈开科《巴拉第与晚清中俄关系》，上海书店 2008 年，第 360 页。

引起为愤怒与憎恶。我们必须认真地、完整地看待那孕育了帝国的情绪、理论基础，尤其是想象力的文化。我们必须努力弄清帝国思想意识的独霸性。至19世纪末已经完全嵌入了文化领域。而我们仍然在赞美着这种文化领域中的一些不太恶劣的特征。"① 在我们的研究中不能不加分析地去赞扬俄罗斯的汉学家，对他们的汉学成就和与其政治功能方面的关系一定要有一个清醒的认识。如萨义德所说："把这些不同的领域相联系，指出文化与帝国的扩张之的关联，讨论艺术的独特性又在同时指出它的从属性是很困难的，但是我认为，我们必须做出尝试，把艺术放到全球现世背景中考察。领土和占有是地理与权力的问题。人类历史的一切都是根植于现实之中的。"②

但这并不是去否认他们的汉学研究成就，像一些用"汉学主义"这样简单的概念来否认对汉学家展开研究，毫不费力地套用萨义德的"东方主义"概念，将汉学家贴上一些标签。我们在汉学家学术的独特性和国家政治的关系之间做出多维度的分析，展现出历史的复杂性，在汉学家的汉学成就、学术研究的独立性、学术贡献与他们与国家之间的从属性有一个更为周全的分析，学术离不开政治，学术会为政治服务，但学术内容的推进，人类知识的增长本身和它的社会功能之间仍是紧密相连而又区别的一个问题。历史的进程充满罪恶、杀戮和血腥，但历史正是在这样进程中不断取得进步，整个人类的文明在历史中不断提高。与此相同，从来的学术都是和政治相连，脱离政治的纯学术只是空谈，如果说政治充满了肮脏和欺诈，那么纯粹的学术也是从来没有的。但又不能否认学术的进步和知识人对人类知识认识的推进。自由主义是可耻的，浪漫主义是幼稚的。历史的悖论，学术的悖论永远存在，这正是历史的深刻和学术的复杂所在。关于这一点，我们会在其他地方更为深入地展开，这是指出这一点是为说明俄罗斯19世纪汉学研究的国家性特点。

四、横跨欧亚的地理空间使19世纪俄罗斯汉学呈现出双重性

任何民族在自己对"他者"文化的接受时，都会因其民族自身的历

---

① 爱德华·W·萨义德《文化与帝国主义》，三联出版社2003年，第14页。
② 爱德华·W·萨义德《文化与帝国主义》，三联出版社2003年，第6页。

史与文化特点，而形成自己独特的对"他者"文化的解释，从而形成一种文化间的新的融合，探索这种融合与特点是在跨文化视角下展开中国文化在域外传播研究的一个重要内容。19世纪的俄罗斯汉学区别于西欧汉学的一个特点就是：横跨欧亚的地理空间对其汉学研究所产生的双重性。

由于历史与地缘的关系，俄罗斯的东方学有着悠久的历史。从历史来说，俄罗斯有着200年受蒙古族统治的时期，这段历史给俄罗斯人深深打上了东方的印记。15—16世纪俄罗斯摆脱了蒙古人的统治，开始向东方逐步扩张。与西欧相比，俄罗斯有着与东方联系的独特优势。莱布尼茨当年曾多次与俄罗斯人通信，希望通过俄罗斯，打通欧洲到中国的陆路通道。这样的历史文化背景和地缘政治特点，使得俄罗斯的东方学，主要是中亚和东亚的研究要比欧洲更为发展。"在经济、政治、文化上与东方有着千丝万缕的联系的俄罗斯，在彼得一世大举实行改革的时期，配合国家利益的需要，推出了一系列与东方学发展有着密切关系的重大举措，如组织东方语言教学，有目的地收集关于东方的原始资料、文献和地图，创建相应的陈列宫，撰写和翻译一些关于东方内容的书籍；在东方各地波斯、布哈拉、高加索、西伯利亚、堪察加、中国的考察，对俄国东方学发展的推动作用是不言而喻的。"①

"欧亚"这个词在19世纪才正式出现在俄罗斯文化中，"欧亚主义"是20世纪20年代初才正式亮相的一种思想。"它在思想上传承了斯拉夫主义，有意识地对抗西方，认为彼得大帝领导俄罗斯人民进行的西化改革之路已经走进了死胡同。俄罗斯该何去何从，欧亚主义主要奠基人之一的特鲁别茨科伊给出了一个回答，""为了把我们的思维和世界观从压迫它的西方束缚中解放出来，我们应该在自己内部，在俄罗斯民族精神宝库中挖掘创建新世界观的元素。"② 俄罗斯人种属于欧洲人种，斯拉夫语言属于印欧语言的一个分支，东正教是罗马天主教的一个分离出来的教派，毫无疑问它属于欧洲文化的一

---

① ［俄］斯卡奇科夫著，［俄］米亚斯尼科夫编，柳若梅译《俄罗斯汉学史》，中国社会科学文献出版社2011年，第27页。

② 因特网 http://www.e-journa.l ru.，转引自张海鹰《欧亚主义：俄罗斯思想的历史遗产》，载《吉林教育学院学报》2009年第9期。

个部分。但俄罗斯曾被蒙古统治长达200年之久,在蒙古人的统治解体后,东方思想和文化已经给俄罗斯留下了浓重的色彩,从而使俄罗斯和"西欧产生了严重的文化疏离。"特别是在地理大发现时期,俄罗斯的迅速东扩,成为世界一个横跨欧亚大陆的具有超大国土面积,直接与中国等亚洲国家领土相连的欧洲国家,成为一个连接欧洲文化与亚洲文化的国家。地理空间的扩展,使其在文化心理上也同时产生变化。阿尔弗雷德·韦伯在《文化社会学视域中的文化史》中写道:"俄罗斯人与西方人完全不同,俄罗斯人的精神思想特质是完全现实性的,他们天赋基础上经历历史的方式从最深刻的本质上来说——都是不同于西方人的。"① 俄罗斯的文化特征应该如何描述,"俄罗斯文化自有属性问题、俄罗斯文化归属性问题的思考反映在俄罗斯的思想史上,表现为各种思想流派。西方派和斯拉夫派关于俄罗斯文化属性的争论,最后导致欧亚主义思想的诞生。欧亚主义思想强调俄罗斯既不属于西方,也不属于东方,其文化既带有欧洲文化的特点,同时也带有亚洲文化的特点,俄罗斯文化是欧亚文化。"②

18—19世纪时欧亚思想并未正式登场,但此时俄罗斯迅速的扩张政策,它已经成为一个横跨欧亚的大国,地理的空间使其始终同时注意东方和西方。在彼得大帝向西方学习,建立科学院,从德国延聘科学家来俄罗斯工作的同时,他也同时关注着东方。"在彼得一世大举实行改革的时期,配合国家利益的需要,推出了一系列与东方学发展有着密切关系的重大举措,如组织东方语言教学,有目的地收集关于东方的原始资料、文献和地图,创建相应的陈列馆,撰写和翻译一些关于东方内容的书籍;在东方各地、波斯、布哈拉、高加索、西伯利亚、堪察加、中国的考察,对俄国东方学发展的推动作用是不言而喻的。"③

在这样一种文化氛围和思想环境中发展起来的19世纪俄罗斯汉学呈现出它不同于西欧汉学的特点:双重性。

19世纪时西方人统治世界的世纪,是西方中心主义盛行、发展的世

---

① 阿尔弗雷德·韦伯《文化社会学视域中的文化史》,上海世纪出版集团,第204页。
② 李英玉《俄罗斯文化的欧亚属性分析》,《求是学刊》2010年5月。
③ 斯卡奇科夫著,米亚斯尼科夫编,柳若梅译《俄罗斯汉学史》,社科文献出版社2011年,第27页。

纪。从黑格尔（GeorgWilhelmFriedrichHegel，1770—1831）在其《历史哲学》中将中国文化贬低为一种停滞文化，亚当斯密（Adam Smith，1723—1790年），将中国的经济定性为一种封闭的经济后，欧美汉学家绝大多数对中国文化的态度与18世纪的文化态度发生了重大的变化，19世纪的欧美汉学家在没有18世纪伏尔泰、莱布尼茨那种对中国文化崇敬态度。他们那种从基督教文明居高临下看待中国文化的态度弥漫在他们的研究文字之中，即便对中国古代文化的欣赏，也只是将其作为已经死去的古代文化、一种博物馆的文化来看待的。如爱德华·萨义德在（Edward Waefie Said，1935—2003年）《东方学》中所阐述的，西方对东方的认识与研究是"东方学家——诗人或学者——使东方说话、对东方进行描述、为西方展现东方的神秘。"① 现实的中国专制、停滞、野蛮、落后，文化上的欧洲文化优越论成为这些汉学家的出发点。即便，也有不少传教士处于正义，同情中国，批评欧美国家在中国的所犯下的罪恶行为，例如，不少传教士对英国鸦片贸易的激烈批评，但在文化立场上并未多少改变。其实不仅仅是传教士，包括许多正直的欧洲作家、思想家，例如，马克思（Karl Heinrich Marx，1818—1883年）对八国联军的激烈批评，但在马克思的东方观上仍是一个"欧洲中心主义者"。

19世纪的俄罗斯汉学家们的双重性表现在：一方面，他们和欧洲汉学家一样，站在一种欧洲中心主义的立场来审视中国文化，甚至站在一种帝国主义文化的立场，来论述中国文化；另一方面，他们却又区别于西欧的汉学家，对中国文化充满尊重，甚至直接批评西欧汉学家在学术上傲慢与偏见，表现出一种西方汉学研究少有的东方精神。

我们先看第一方面。我们以瓦西里耶夫的《中国文学史纲要》为例来加以说明。瓦西里耶夫的《中国文学史纲要》是世界范围内第一部中国文学史的专著，具有很高的学术价值。已故的当代著名俄罗斯汉学家李福清（Б. Л. Рифтин，1932—2012）在《中国古典文学研究在苏联》一书中说："据我们

---

① 爱德华·W. 萨义德著，王宇根译《东方学》，生活·读书·新知三联书店1999年，第27页。

所知,《中国文学史纲要》是世界上第一部中国文学通史,这一点是它的不容争辩的价值……"① 他在这部著作对中国古代文学也给予较好的评价,他说:"有人说,中国是一个了无生气的国家,那里没有智慧的潮涌、没有进步、没有发明。但是,如果拜读了《历代名臣奏议》《名臣奏议》《皇朝经世文编》三部著作他们还会说从前得以确立的中国思想处于停滞状态,内韦不曾有过冲突交流,没有找到新方向,没有获得新发展吗?"② 这显然是在批评一些西方学者对中国文学的看法。但总体来说,这部著作是对中国文学充满怀疑和批评的态度的。③ 关于中国古代文字的起源,他持怀疑态度,他说:"中国人关于汉字起源的传说并不可信,有关这一问题的中国文献存在失真之嫌。"④,他主张中国的文字起源于埃及,因为,"除了埃及,世界上任何地方都不存在公元前一千年前的文字遗迹了"。⑤ 这显然是西方汉学家长期来所持的观点。

更为典型的是瓦西里耶夫在《中国文学史纲要》所持的文化观基本上是黑格尔的文化观,他认为"中国文学拥有两千多年的悠久历史,是世界上古老的文学种类之一。然而,中国文学不属于世界上已经消亡了的古代文学范畴,虽然在创造精神、规范的科学阐述方法方面逊色于希腊和罗马文学,但是在规模和内容的多样性方面无论是希腊文学、罗马文学,还是伊斯兰教文学和中世纪西欧各民族文学都无法与之匹敌。……不过,由于科学性和批判

---

① [俄]李福清著,田大畏译《中国古典文学研究在苏联》,书目文献出版社1987年,第2页。
② 转引自赵春梅《瓦西里耶夫与中国》,学苑出版社2007年,第159页。
③ 很遗憾至今中国学术界中研究俄罗斯的汉学家的学者们仍未将这本重要的著作翻译成中文,这是一个遗憾。我们只能从他们的转述性介绍中来评价这本书,这样一种评价显然是会有问题的。我们希望中国学术界从事俄罗斯汉学研究的学者更为注重基础文献的翻译和基础文献的建设,没有这些基础性工作,学术界无法对俄罗斯汉学界展开更为深入的研究。面对域外汉学的广阔领域,没有人能精通一切语言和文字,只有依靠译本来阅读和思考。因此,基础性的名著翻译仍是很重要的。以上对瓦西里耶夫的判断来自阎国栋的《俄罗斯汉学史》,在他的书中有德国汉学家者顾鲁柏对瓦西里耶夫这本书的评价,他说道:"在其著《中国精神文化:文学、宗教、祭祀》中评论道:'王西里用俄文撰写的著作(科尔什《世坟学史》,圣彼得堡,1880年,第426—588页)以令人惊讶的独立思考见长。这位出色的汉学家博学多才,是同行中的佼佼者,特别是在中国古典文献的阐释方面,他的观点极其激进,由于其极端的怀疑和批判风格,有时又不免陷入批评无力的境地。他的这个缺点在翟理斯于该领域的早期拓荒性著作发表之后,依然明显存在并使其著作的价值大打折扣。"(阎国栋《俄罗斯汉学史》第326页)瓦西里耶夫的在这本书中有哪些极端的怀疑和批判呢?书中没有提供给我们。
④ 转引自赵春梅《瓦西里耶夫与中国》,学苑出版社2007年,第152页。
⑤ 转引自赵春梅《瓦西里耶夫与中国》,学苑出版社2007年,第153页。

性方面的欠缺,中国文学也不应列入新文学之中,因为中国文学的主要特点是发展人类在公元前就已经掌握的文学方法。"①

学者认为,瓦西里耶夫这里所讲的"古代式文学"和"新文学"两个概念,是直接受到了著名文艺理论家别林斯思想和观点的影响。在别林斯看来并不是任何一个民族都具有文学,只有在"人民的民族性发展中表现出人类的发展,因而,支配万物的命运要托付他们在全世界历史的伟大戏剧中扮演人类代表的崇高角色"的民族,才拥有文学。由此,他的结论是"在所有古代民族中,只有希腊和罗马人曾经有过自己的文学,这种文学直到现在还没有丧失其崇高意义,而是作为弥足珍贵的遗产,流传给新的民族,促成他们社会的、学术的和文学、生活的发展。"这就是并不是所有民族都有文学,只有希腊、罗马这样的民族才有文学。这样,即便是印度文学和埃及文学虽然也具有全世界历史性意义,但其高度远远逊色于希腊文学。它们所表现出来的世界性意义也是"显得含混不清、紊乱不齐、畸形怪状",而希腊文学则是"显得鲜艳明媚、酣畅淋漓、优雅谐婉"。

别林斯的这个观点只是黑格尔关于世界发展历史观的改写版。显然,黑格尔和别林斯都是以欧洲文化为中心来判别其他文化的,这种居高临下的傲慢、这种对希腊文化以外文化的无知和轻蔑正是19世纪西方思想的特征。

尽管,瓦西里耶夫对中国文学的悠久历史、规模和内容的多样性给予了充分的肯定,但他"在本质上,他的表述与别林斯的观点在某种程度上存在相通之处,即他们都把中国文学排除在了古代文学范畴之外,虽然依据不同,但结论一致。别林斯基是以人民的民族性能否体现人类的发展为依据,瓦西里耶夫的理由是中国文学在'创造精神、规范的科学阐述方法方面的欠缺'。与此同时,在瓦西里耶夫看来,因'在科学性和批判性方面的欠缺'中国文学也不属于新文学。也就是说,在他眼里,中国文学是异质的,其独特性就体现在她既不属于西方世界,也不属于伊斯兰教世界;既不属于古代文学范畴,也不属于新文学范畴。实质上,瓦西里耶夫的观点生动说明作为东方文化代表的中国,在欧洲人眼中'非我异己'的传统形象尴尬处境在文学领域中的体现"。② 从这里,我们可以看到瓦西里耶夫,包括别林斯在世界历史的

---

① 转引自赵春梅《瓦西里耶夫与中国》,学苑出版社2007年,第166页。
② 转引自赵春梅《瓦西里耶夫与中国》,学苑出版社2007年,第167页。

基本看法上，他们与西欧哲学家们的基本观点并无区别，正想俄罗斯文化在其本质上又体现了欧洲文化的本质特点一样，俄罗斯的汉学也与西欧汉学有着内在的精神联系。

黑格尔哲学的核心是"绝对精神"，人类历史就是"绝对精神"的自我表现和发展史。自由意识是"绝对精神"的内核，人类对自由意识的追求和发展经历了漫长的过程，从世界历史来看，黑格尔认为"世界历史的运动是从东方到西方，因为，历史的绝对终点在欧洲，正如亚洲是开端。世界历史有一个绝对的东方"。① 从精神史来看，自由是衡量的标准。自由就是"个体的精神认识到它自己的存在，是有普遍性的，这种普遍性就是自己与自己相关联。自我的自在性、人格性和无限性构成精神的存在。"② 而黑格尔认为中国人尚未有独立的人格，谈不上自由，这样根本谈不上有哲学。哲学是自由意志的表达，没有人格自由的中国，拿来这种自由意志的表达呢？

别林斯、瓦西里耶夫的观点显然有着内在思路的联系，黑格尔认为只有西方民族才有哲学，中国没有哲学，别林斯、瓦西里耶夫认为，只有希腊、罗马有文学，其他民族，包括中国是没有文学的。别尔嘉耶夫曾认为俄罗斯哲学的"真正觉醒"是受德国哲学影响开始的，而这个节点就是黑格尔，黑格尔对俄罗斯哲学产生了重大的影响。"近代俄罗斯社会的黑暗和专制，使思想者和哲学家对'自由'的渴望和追求，变得超乎寻常地强烈和迫切。尽管惯于以浪漫主义方式思考生存问题的俄罗斯思想家，并不推崇黑格尔以理性方式表述的自由观，但是，当黑格尔将'自由'视为精神的本质及世界历史发展的基础、动力、目的，具有改变世界的无限可能性时，黑格尔对'自由'的高扬，激起了崇尚自由的俄罗斯思想者和哲学家的高度共鸣。"③

由此我们看到俄罗斯汉学与西欧汉学在思想上的共同性一面。

我们再来看俄罗斯汉学双重性的另一方面。俄罗斯不仅有这广袤的亚洲领土，同时与亚洲文化有着这样或者那样的联系。由于历史文化和地缘政治的原因，他在文化上并未完全融入欧洲文化之中，俄罗斯文化仍保持着一种

---

① Hegel: *Introduction: Reason in HistorJr*, Translated by H. B. NISBET, Cambridge University Press 1975., p197.

② 黑格尔，著 贺麟、王太庆译《哲学史讲演录》，商务印书馆1997年，第1卷第98页。

③ 郑忆石《黑格尔哲学之光折射近代俄罗斯哲学》，载《中国社会科学报》2013年8月12日哲学版。

独立的性格。这种独立的性格使俄罗斯的汉学家并不盲从于西欧的汉学家，在其著作中也时时流露出对欧洲汉学的不满，甚至也有了对欧洲中心主义的批判的声音。

比丘林在深入研究中国历史、地理、民族学和医学文献中，掌握了大量的关于中国历史上北方民族，如满族、蒙古族、突厥斯坦等诸多民族的历史文化知识，以及这些北方民族与中原民族之间的错综复杂的关系。在这个研究的过程中，他首先详细翻阅了保存在北京葡萄牙天主教会图书馆的来华耶稣会士汉学家们的著作，例如葡萄牙来华耶稣会士曾德昭、法国来华耶稣会士冯秉正等人的著作。同时，北京耶稣会士的图书馆也藏有他们在欧洲出版的一些重要汉学著作，如杜赫德的《中华帝国全志》等。不仅仅是天主教传教士汉学家的著作，包括来华的基督新教传教士的汉学著作他也有所涉猎。在认真阅读和研究了这些前期来华传教士汉学家的著作后，比丘林发现他们的研究并非像自己想象的那样深刻和全面。比丘林在读了马若瑟、万济国、马士曼、马礼逊等人的关于汉语研究的著作后，说"他们的研究成果所展示的只是汉语中肤浅的东西"。他提醒那些对中国感兴趣的读者，要注意"这些学者试图用自己的思维方式来解释他们未知的东西，或者用猜测来填补认识上的空白，当然得出的结论是不可靠的"。不管是在中国，还是后来回到俄罗斯，比丘林对西欧早期来华的传教士汉学著作都保持着一种批判性阅读的态度。一方面他认为这些著作提供了一幅中国人生活的画面，这对于认识中国文化具有重要意义，同时也建议谨慎参考他们的著作。他还特别强调指出，那些西欧旅行家在描述中国人的道德、风俗、精神生活和日常生活习惯时的偏颇不是偶然的，他们蓄意而为之是为了讨好基督教会、迎合其利益的需要。针对西欧的汉学家们在著作中夸大基督教在中国的影响，比丘林写道："那些痴迷于基督教的传教士们在描写中国人的多神教信仰时笔调阴暗，这极大地刺激着聪明的欧洲。那些描写中国的一流作家，谁也不甘示弱，极尽自己善辩之能事，添枝加叶，似乎如此便使得基督教民族的优越性更加鲜明地凸显在普通民族之中。"①

比丘林对西欧汉学家那种热衷于对中国文化风俗习惯和文化奇异现象的

---

① 李秋梅译《比丘林传》抽样本第66—67页。在此感谢李秋梅教授所提供给我的她的译稿的抽样稿。

描写不感兴趣，对那种以一种猎奇的心态来看中国的文化立场提出批评。他依据自己对中国历史的研究，对于欧洲的汉学研究和欧洲人对中国的错误看法进行了批评。首先，他从学术上指出一些西欧汉学家的著作中在史料上的错误；其次，他指出，这些罗马天主教传教士由于过多地从事于传教事务，而很少有时间来全面观察中国，因此他们对中国的描写过于零碎。同时，他们的传教心态很重，在著作中不时表现出把基督教信仰的原则凌驾于异中国文化之上，有时甚至是故意从坏的方面来描写中国。最后，这些来到中国的欧洲旅行家周游了中国很多地方，但他们在回到欧洲后是用欧洲的思维和文化习惯来介绍他们的所见所闻的，结果，在这样的介绍中有相当多的错误，有些甚至是完全歪曲性的描写和报道。① 从这里我们看到比丘林对待西欧汉学始终保持一种清醒的态度，并非人云亦云，从而显示出了俄罗斯汉学独立的学术性格。

俄罗斯汉学的这种独立性格对明显的变现在格奥尔吉耶斯基汉学研究的代表作《研究中国的重要性》一书中。这部1890年出版，它是格奥尔吉耶斯基汉学研究的"巅峰之作"，是"俄罗斯第一部中西文化比较的巨作"，该书明确地举起了批判欧洲中心主义的旗帜，针对欧洲当时已经开始形成的欧洲中心主义展开了批判。他认为必须重新审视在欧洲汉学家和思想文化界已经流行的对中国文化蔑视的文化态度。全书论述围绕欧洲盛行的把中国文化说成"落后""停滞""腐朽""保守""虚伪"的"中国形态"概念展开批判与分析，他直接点名批判了德国哲学家黑格尔和康德对待中国文化的态度和观点，他指出："试问，哪位学者不知道'中国形态'一词?! 哪个人的头脑中不由这个词联想到因循守旧、停滞萧条、静止不前？从上学起我们就被灌输了一种看法，即中国是一块历史化石。这种思想伴随着我们开始生活，并在阅读书籍和与周围人交谈过程中得到加强。任何人都视'中国是停滞王国'这一公式为无可辩驳的公理。""但是，试问中国缘何被认为是停滞的王国，又该如何理解'停滞'二字，恐怕我们无法得到清晰、准确和令人信服的答案。"②

格奥尔吉耶夫斯基在《研究中国的重要性》一书中对欧洲中心主义的中国史观展开了批评，阎国栋详细介绍了这本书的具体章节，并给予高度的评

---

① 参阅李伟丽《尼·雅·比丘林及其汉学研究》，学苑出版社2007年，第34—35页。
② 阎国栋《俄罗斯汉学史》，第389页。

价。"全书包括前言、结语、附录和 12 个章节。从章节标题能够大体窥见该作的结构和主旨：第一章：欧洲中国观及其历史；第二章：具有陈旧与停滞成分的中国形态；第三章：中国形态并非完全是停滞；第四章：欧洲缺乏对文明与进步实质的明确认识；第五章：作为理性进步结果的中国形态；第六章：作为道德进步结果的中国形态；第七章：作为国内政治进步结果的中国形态；第八章：作为法律进步结果的中国形态；第九章：作为经济进步结果的中国形态；第十章：研究中国进步史对抽象意义上的社会科学的重要性；第十一章：中国在继续进步。中国逐渐获得世界政治地位；第十二章：研究中国进步史对评价西方进步成果及预测其命运的重要性；结语：近几十年来英国人和美国人比俄罗斯人更加热心于中国研究。由此不难发现，作者试图推翻西方世界已经确立的中国形象话语系统，用中西文明对比的方法，对被所谓的文明世界否定的中国文明形态逐一加以分析，发掘其精髓，展望其未来，极力重塑西方的中国形象，让中国重新赢得应有的地位。"[①]

这部著作在整个 19 世纪俄罗斯汉学史上都是绝唱之作，"在 19 世纪末西方中国形象陷入最黑暗的时期，一个年轻的俄国汉学家能在遥远的涅瓦河畔为中国而呐喊，并在俄国侵华的高潮时期呼唤中俄友谊，为全世界人民祈福，现在看来，颇有些振聋发聩的警世意味"。[②] 的这种学术立场和文化态度反映了俄罗斯汉学独立个性与特点，尽管像他这样明确持有批判欧洲中心主义文化立场的人在俄罗斯汉学界并不多，但他的出现，他的这本著作的出版代表了俄罗斯汉学极为宝贵的一个方面。从整个 19 世纪西方汉学史的角度来看，格奥尔吉耶夫斯基在那个时代属于极为另类的汉学家，如果将其放在当代思想来考察，他的认识和观点也有着极大的其实意义。

俄罗斯汉学的双重性有着深厚的民族文化基础，俄罗斯帝国国徽上的双头鹰图案：两只眼一只朝左一只朝右虎视眈眈，这生动表现出了俄罗斯的文化性格。早在 19 世纪初叶，这一时期最为著名的思想家恰达耶夫在他 1836 年发表的《哲学书简》中就写道："我们不属于人类的任何一个大家庭；我们不属于西方，也不属于东方，我们既无西方的传统，也无东方的传统。"[③]

---

① 阎国栋《俄罗斯汉学史》，第 359 页。
② 阎国栋《俄罗斯汉学史》，第 360 页，在此感谢阎国栋教授所赠送的《俄罗斯汉学史》一书。
③ 转引自伍宇星《欧亚主义历史哲学研究》，学苑出版社 2011 年，第 49 页。

俄罗斯著名哲学家别尔嘉耶夫在《俄罗斯理念——19世纪末20世纪初俄罗斯思想的主要问题》一书中对俄罗斯民族性格做出了精准的评述："俄罗斯灵魂之所以如此矛盾复杂，也许是缘于东方和西方两股世界历史潮流在俄罗斯发生碰撞并相互作用。俄罗斯民族不是纯粹的欧洲民族，也不是纯粹的亚洲民族。俄罗斯是一个完整的世界，一个巨大的东西方。它联结着两个世界，而在俄罗斯灵魂中东方和西方两种本原一直在角力。"① 在整个19世纪，俄罗斯的思想文化一直扇动着他的东西方两翼，对自己的民族性格、文化特点、国家立场展开深入的讨论，从哲学家到文学家，从政治家到艺术家，在这样的思想背景和文化氛围中，俄罗斯汉学形成了自己的民族性格。阎国栋总结为："帝俄汉学家直接根据中国原文文献与现实来扩大了解中国的范围，概括和总结历史事实，扬弃西欧中国学的影响而形成自己独立的见解，从而使俄国中国学具有自己独特的面貌，在世界中国学重要行列中占有一席不可替代的地位。"② 这里主要是从学术角度来总结，如果从思想史和文化史的角度来看，双重性是俄罗斯汉学的重要特征。这样的思想文化特征必将在今后的历史进程中仍然发挥重要作用，俄罗斯汉学的思想特点将改写欧洲汉学史，并会在未来发挥重要的历史性作用，我们期待着。③

从这些分析我们可以看到，俄罗斯汉学界在19世纪取得了巨大的成就，此时他们在对中国古代文化典籍的翻译上，特别是在北方少数民族文献的翻译上有着独特的成就；同时由于地缘政治和文化的原因，俄罗斯的汉学形成了像学者而说的他们自己的"民族性""国家风格"。④ 这种"民族性"和

---

① 转引自伍宇星《欧亚主义历史哲学研究》，学苑出版社2011年，第51页。

② 阎国栋《俄罗斯汉学史》，第672页。

③ 欧亚主义是20世纪苏联解体后学术界所提出的额解读俄罗斯思想的一个重要命题。正如伍宇星所说："可以认为，欧亚主义历史文化哲学思想体系是在新的历史条件下对俄国历史哲学传统的理论综合和发展。它更注重俄罗斯历史文化的东方性，从而归纳出它的欧亚性，也更激烈地批评欧洲中心论。由于俄国历史哲学的世界意义，继承这一传统的欧亚主义相应地也可以纳入到世界历史哲学传统的轨道上来讨论，彰显其在世界历史哲学发展道路上的位置。欧亚主义的'发展地'学说与吕凯尔特的历史文化有机体、达尼列夫斯基的文化—历史类型、索洛维约夫的文明、斯宾格勒的大文化以及后来的汤因比的文明理论有着异曲同工的意趣，是这一链条上不可或缺的一环。"伍宇星《欧亚主义历史哲学研究》，学苑出版社2011年，第105页。在此感谢伍宇星教授赠送我他的大作《欧亚主义历史哲学研究》，使我这一节的写作有了新的视野。

④ 参阅阎国栋《俄罗斯汉学史》，第672页。

"国家风格",在我看来就是在对中国现实研究上更紧密地与俄罗斯国家利益相联系,在对待中国文化态度上开始形成有别于西欧汉学的文化立场。

俄罗斯汉学历史是一个伤心的历史,阎国栋的这句话说出了俄罗斯汉学成就、翻译成就和它们的出版之间的巨大反差。几百部中国古代典籍的翻译文稿、研究文稿至今仍静静地躺在彼得堡东方档案馆等处。从这个意义上讲,对俄罗斯汉学在中国古代典籍翻译上的研究仍有着巨大的空间,我们期待着中国学术界从事俄罗斯汉学史研究的学者能和俄罗斯当代汉学家一起合作,完成对这些手稿的整理、出版和研究,让这些学术成就进入国际学术的公共领域。

从 18 世纪开始西欧的汉学家和学者就对俄罗斯汉学很高的关注,例如,莱布尼茨。在 19 世纪欧洲大陆最早看到俄罗斯汉学成就的就是英国著名汉学家理雅各。[①]

(张西平:北京外国语大学国际中国文化研究院院长、国际儒联副会长、国际中国文化研究会会长)

① 参阅理雅各的《就职讲演》(*Inaugural Lecture: on the constituting of a Chinese Chair in the University of Oxford.*)

俄罗斯汉学今昔谈

阎国栋

摘 要：俄罗斯汉学的发展经历了帝俄、苏联和当代俄罗斯三个时期。帝俄时期的汉学家善于发现欧洲汉学的薄弱环节，利用其精通汉满蒙藏语言的优势和东正教驻北京传教团这一有利条件，向欧洲学术界提供了前所未知的中国知识，形成了自己的传统和特色。苏联汉学70余年取得了辉煌成就，但其发展带有明显的社会主义计划经济的特征，规模宏大，学科齐全，专业水平高，社会影响大。当代俄罗斯尽管汉语学习呈现出一片欣欣向荣的景象，但汉学研究却遭遇了严重的人才流失、老化和断代的危机，研究成果产出放缓，质量出现滑坡，局面堪忧。

关键词：俄罗斯 汉学 历史 现实 特征

中俄两国领土相接，边界漫长，历史上官方及民间的交流密切而频繁。俄罗斯汉学自18世纪始，至今已有近300年历史，学者辈出，著作充栋，与东亚汉字文化圈汉学以及欧美汉学鼎足而三，共同构成了蔚为壮观的世界汉学版图。俄罗斯汉学的发展经历了帝俄、苏联和当代俄罗斯三个时期。在前两个时期，俄罗斯汉学不仅特色鲜明，成就显著，为本国的中国研究及东方学的发展做出了重要贡献，而且也得到了国际汉学界的普遍认可。而自苏联解体以来，尽管当代俄罗斯的汉语学习呈现出一片欣欣向荣的景象，但汉学研究却日渐式微，局面堪忧。

一、帝俄时期：补白超越

在17世纪中期俄国中央政府派遣使团来华之前，俄国主要是通过中国的西北和东北两个方向逐步认识中国的。在这一过程中，喀尔喀蒙古的阿勒坦汗以及东北边疆少数民族发挥了重要的信息传递作用。此后络绎来京的俄国使团开始撰写旅华实录，进一步促进了俄罗斯中国知识的积累。1715年俄国首届东正教传教团随图里琛使团来到北京，为镶黄旗俄罗斯佐领主持宗教仪式。1727年签订的《中俄恰克图条约》规定俄国传教团负有培养汉满语翻译的任务，同时俄国政府又赋予其全面研究中国的职能。1741年罗索欣在出色掌握了满汉语之后回国进入俄国皇家科学院工作，第一个俄国汉学家诞生，俄国汉学自此发端并绵延至今。

俄罗斯汉学家从诞生时起便形成了自己的使命和追求。首先是学习汉满蒙藏语言，观察中国社会，搜集中国情报，为俄国对华外交服务。同时，俄国汉学家善于发现欧洲汉学的薄弱环节，利用他们的语言优势和东正教驻北京传教团这一有利条件，向欧洲学术界提供了前所未知的中国知识，形成了自己的传统和特色，提高了俄国汉学在西方的声望。

俄国最早的汉学家罗索欣与列昂季耶夫受命翻译《八旗通志》《大清律》和《大清会典》，体现了俄国政府急于了解中国满人入主中原的原因以及叶卡捷琳娜二世借鉴中国法律和管理制度以完善和巩固君主专制的愿望，同时在学术上成就了18世纪俄国汉学的标志性成果。以比丘林为代表的19世纪上半期的俄国汉学迅速崛起，在一些研究领域超越了同时期的欧洲同行，主要得益于两大因素。首先，中国自康雍朝起实施禁教政策，欧洲传教士东来受阻，汉语学习条件受到限制。法国汉学家雷慕沙以及长期在法国工作的德国汉学家柯恒儒尽管凭借个人超常的语言天赋和勤奋学习了汉语并能从事汉籍翻译和中国文化的研究工作，但对汉语文献的理解和运用能力终无法与在北京居留学习了十余年的比丘林相比。因此，比丘林不仅成为当时俄国最大的汉学家，也成为欧洲的汉语权威。其次，欧洲传教士长期注重儒家典籍的翻译与阐释，更重视对中原王朝历史的研究，而对长城以北的少数民族地区关注不足（17世纪末张诚和刘应等人关于大鞑靼地区历史的著作年代久远且以记录见闻为主），这就使得比丘林的中国边疆史地研究（如《西藏志》《蒙古纪事》《成吉思汗家系前四汗史》《西藏青海史（公元前2282—公元1227）》《厄鲁特人或卡尔梅克人历史概述（15世纪迄今）》《古代中亚各民族历史资料集》等）具有了弥补欧洲汉学学术空白的意义。加之比丘林的研究以汉文典籍为基础，他的著述更成为欧洲满蒙藏突厥历史地理研究的珍贵资料。

比丘林的汉学研究巩固了俄国汉学重视中国边疆研究的传统，并深刻影响了后来的汉学家。19世纪下半期王西里在比丘林以中国西北和中亚民族为研究对象的著述基础之上，重点研究了满洲地区的历史和地理，先后翻译了《宁古塔纪略》《盛京通志》等文献，著有《元明两朝关于满族人的资料》《10 至 13 世纪中亚东部的历史和古迹》等著作。巴拉第专注于蒙元早期历史的研究，翻译了《元朝秘史》《长春真人西游记》和《皇元圣武亲征录》。此外波兹德涅耶夫的《蒙古及蒙古人》生动而翔实地描绘了 19 世纪末蒙古地区的历史与文化，璞科第根据汉文史料撰成的《明代东蒙史（1368—1634）》是俄国关于明代蒙古历史研究的重要成就，贝勒用英文发表的《基于东亚史料的中世纪研究》也是蒙元时期中西交通史领域的名著，而王西里的《西藏佛教史》则是这一时期俄国重要的藏学著作。

当然，俄国汉学家的补白和超越不仅限于中国边疆史地研究，在中国文学、语言等领域也有出色表现。1851 年王西里首次在喀山大学开设了中国文学史课程。这是世界上第一次将中国文学史列入大学教学计划。王西里的《中国文学史纲要》问世于 1880 年，是世界上第一部中国文学史专论，比英国人翟理斯的英文本《中国文学史》早了 21 年，比国人林传甲为京师大学堂撰写并出版的国文讲义《中国文学史》也早了 24 年。王西里院士《中国文学史纲要》的出版，标志着国际汉学界的中国文学研究进入全面描述其历史进程的新时期。巴拉第的《汉俄合璧韵编》在学术性和专业性方面都超越了翟理斯和顾赛芬的词典，为俄国乃至欧洲的汉学人才培养和汉学研究做出了重要贡献，而杂哈劳的《满俄大词典》则以其丰富的词汇和精准的释义至今仍受到学术界的推崇。

俄国东正教驻北京传教团之所以被称为俄国汉学的摇篮，是因为在 1917 年之前这里培养了一大批著名的汉学家，同时为俄国本土的汉学教育源源不断地输送着高水平的师资。帝俄时期俄国在本土先后建立了三个汉学人才培养基地。1837 年喀山大学汉语教研室的建立标志着俄罗斯成为继法国之后欧洲第二个拥有汉语高等教育基地的国家。1855 年喀山大学汉语教研室合并到新成立的圣彼得堡大学东方语言系。在以后近半个世纪的时间里，圣彼得堡大学汉语专业在王西里的领导下，成为俄国本土最重要的中国研究中心和汉语人才培养基地。《中俄密约》的签订后，俄国政府又在海参崴建立了直接为俄国侵华培养翻译人才的东方学院。

二、苏联时期：盛极一时

1917 年俄国知识分子经历了前所未有的"十月革命"的洗礼。革命在摧毁旧制度的同时，也重新塑造了俄国的人文社会科学。汉学家必须按照马克思列宁主义改造思想，调整原有的研究对象、理论和方法，建设全新的苏联汉学。而实现从俄国旧汉学到苏联新汉学转变的使命历史地落到了一位天才的年轻学者身上，他就是被郭沫若呼作"阿翰林"的阿理克院士。他在汉学的许多领域均有不凡的建树，特别是在中国古典文学和中国民间文化研究领域的成就尤为突出。此外，他培养的一大批弟子后来成为苏联汉学的中坚力量。阿理克学派的研究对象主要以中国传统文化为主，在研究方法上有效借鉴其他学科的理论和方法，特别是沙畹等法国汉学家开创的微观研究方法，强调汉语修养，重视文本翻译和研究。直到今天，圣彼得堡的汉学家们依然保持着这些优良的传统，与以当代问题研究为主的俄罗斯科学院远东研究所形成鲜明对照。

苏联汉学经历了70余年曲折的发展历程。20—30年代，中国传统文化研究退居次要位置，中国革命成为最具有现实意义的研究内容，理论和方法深受意识形态的影响。大清洗运动期间大批优秀汉学家以各种反苏维埃的罪名被镇压，苏联汉学研究队伍遭受重创，阿理克院士也受到《真理报》的严厉批评。紧接着，德国入侵苏联，卫国战争爆发，一批汉学家走上前线，苏联汉学研究中心列宁格勒（今圣彼得堡）遭到德国军队的长期围困，留在城中的一部分汉学家在饥寒交迫中离开人世，汉学研究几乎陷入停顿。新中国成立之后，中苏签订友好同盟互助条约，两国关系进入蜜月期，汉语人才需求激增，培养规模迅速扩大，多种中国问题研究刊物问世，苏联汉学出现繁荣局面。苏联在约10年的时间内建立起了一支总数近千人的汉学研究队伍。60年代以后中苏两党、两国关系的恶化并没有影响苏联汉学的发展速度，苏共反倒是为了研究"苏联的敌人"和批判"毛主义"成立了新的研究机构，投入大量资金，壮大研究队伍，对中国进行更加全面而系统的研究。这种状况一直持续到1991年苏联解体。

就苏联时期的中国文学研究而言，阿理克的《论诗人的长诗——司空图的诗品》和《聊斋志异》译本为苏联的中国文学翻译和研究确立了原则和标准。他的"翻译——研究——综合分析"三步汉学研究方法论已成为圣彼得堡汉学派的主要学术特色。中国古典文学和现代文学的大量名著以及部分当代文学作品被翻译成俄文出版，并得到了程度不同的研究。如《红楼梦》《聊斋志异》《金瓶梅》、明代四大奇书和《鲁迅选集》的俄译本就是在这一时期问世的。中国历史研究在苏联汉学中一直占据着核心位置，研究规模最大，研究人员最多，研究成果也最为丰富。十月革命以后，苏联汉学家按照马克思辩证唯物主义和历史唯物主义的理论方法，努力建构符合马克思主义社会发展阶段理论的中国历史学研究。如同在其他学科领域一样，苏联汉学家在中国历史研究上也有明确的分工，从先秦史到清史，再到近现代史都有人进行长期而专门的断代史研究。同时，另有一部分学者专门从事中国政治史、文化史、经济史以及中俄关系史的研究。苏联的中国哲学研究直到20世纪30年代才取得标志性研究成果。彼得罗夫于1936年出版了《王弼与中国哲学史》，探索了这位三国时期的玄学家从"好老氏，通辩能言"发展到唯心主义和朴素辩证法的思想历程。从儒家到道家、法家、墨家，中国传统哲学经典被一部部翻译出版，并有研究论著发表。苏联时期的汉语研究可以以1950年的语言学大讨论以及斯大林发表《马克思主义和语言学问题》为界划分为两个阶段。前一个阶段主要研究汉语历史和汉语语音学，这与当时苏联政府拟为苏联少数民族以及华侨创建基里尔字母拼音文字有关。后一个阶段，苏联汉学家将研究重点转向汉语词汇学和语法学。他们在语法、语音、修辞、汉俄双语辞书编纂等方面取得的丰硕成果不仅推动了本国汉学的发展，也对中国的汉语语言学研究产生了重要影响。先由阿理克主持后由鄂山荫主编完成的《华俄大辞典》获得了最高的苏联国家奖金。

  总之，苏联汉学成就辉煌，其发展带有明显的社会主义计划经济的特征。"大"是苏联汉学的第一个特点。苏联时期在科学院系统和高等院校建立了众多中国研究中心和人才培养基地，如苏联科学院远东研究所、东方学研究所、圣彼得堡大学东方系和莫斯科大学亚非学院等，机构设置完备，研究人员众多，研究实力雄厚。第二个特点是"全"，即在汉学分科之后的所有中国研究领域内，都有苏联汉学家在进行探索。我们几乎找不到苏联汉学家没有涉足的中国研究领域。第三个特点是"专"，即所有的汉学家都经过良好的汉学教育和学术训练，大多穷毕生精力在某一领域或对某一问题进行长期而深入的研究。除了一些对华论战的文章和书籍外，大多数著作都显示了扎实的知识功底和成熟的研究方法。甚至有几个汉学世家，几代人都选择中国研究作为终身职业。第四个特点社会影响较大。苏联时期汉学家们的研究成果一般都有出版的机会，而且发行量较大。尤其是中国的文学作品译本，印数一般都在万册以上。再加上图书价格非常便宜，苏联读者更容易阅读到本国汉学家的作品。当然，由于苏联汉学具有鲜明的意识形态主导倾向，在国际汉学界自成一体，与西方汉学互动和交流不足，致使其学术影响受到了局限。

三、当代俄罗斯：走向式微

苏联的突然解体以及由此引发的社会动荡和经济凋敝严重打击了包括汉学在内的所有人文社会科学。汉学研究机构从此失去了来自国家的充足的资金支持和出版保障，研究队伍出现严重的流失和老化，断代现象严重。苏联解体后出版的《中国精神文化大典》及其他为数不多的有影响的汉学著作的作者群体主要以苏联时期培养的中老年汉学家为主。因此，这些著作更像是苏联时期的汉学遗产的总结。按照俄罗斯高等经济学院国际政治专业主任卢金的话说，受到学界赞誉的《中国精神文化大典》不过是"立在俄罗斯汉学墓前的一块华丽的墓碑"，宣告了俄罗斯汉学辉煌过去的终结。

近年来跟踪俄罗斯汉学发展和当代中国研究的《生意人报》下属《权利》周刊的记者加布耶夫曾经在2012年和2014年先后发表了《中国盲》和《国家抛弃了汉学》两篇文章。他通过采访主要汉学研究和教育机构的负责人，搜集了丰富的事实和数据，详细分析了俄罗斯当代中国研究的现状和亟待解决的问题。2012—2014年有数十位年过花甲的俄罗斯汉学家先后接受了中国台湾大学政治学研究所中国大陆暨两岸关系教学研究中心石之瑜教授主持的"中国学的知识社群研究计划"口述史采访，他们以亲身经历对俄罗斯汉学的现状表示了不同程度地关切和担忧。

加布耶夫认为，国家投入的严重不足是俄罗斯汉学面临危机的主要原因。2011由俄罗斯科学院远东研究所所长季塔连科院士、研究员卢基阳诺夫和东方学研究所中国研究室主任科布泽夫主编的《中国精神文化大典》获得俄罗斯联邦国家奖。时任俄罗斯总统的梅德韦杰夫在颁奖仪式上才得知这部著作由中国国家开发银行资助出版并大感意外。其实，不仅仅这部书，近年来俄罗斯出版的许多学术性的汉学著作都是在得到了包括中国驻俄大使馆在内的中国机构和企业的资助后才得以问世的。经费短缺同时也影响了汉学研究机构图书资料和数据库的购置，就连规模最大的俄罗斯科学院远东研究所也已经多年无力集中购置中国图书了。俄罗斯汉学家的学术交流活动也受到了严重的制约，甚至参加俄国内的学术会议，他们也需自己承担所有的食宿交通费用。许多俄罗斯汉学家来中国参加学术交流的机会甚至比参加俄国内学术会议还要多，其中最重要的原因就是中方邀请单位一般都会全额负担他们的国际旅费和在华费用。

在俄罗斯科学院远东研究所，一位研究员的月工资是16000卢布左右，即便按俄罗斯因乌克兰问题遭受西方制裁前的汇率计算，也不足500美元，在莫斯科这样一个世界有名的高物价城市，显然不能支撑一个家庭的基本生活开支。大学里的情况要稍好些，莫斯科大学亚非学院教授的月工资是45000卢布。微薄的收入已使俄罗斯汉学失去了对青年人的吸引力。他们学习汉语的直接目的就是为了进入商业领域而获得更为丰厚的收入。卢金不无激愤地指出："现在从事汉学研究的要么就是领着退休金又无处可去的老人，要么就是未能从商或找不到其他工作的年轻弱智，要么就是死心塌地干这件事情的疯子。"而为了维持生计，俄罗斯汉学家同时在几个单位兼职已经成了司空见惯的现象，根本没有充足的时间和精力用于学术研究。

这种局面所导致的结果就是，俄罗斯的汉学研究队伍出现了严重的流失、萎缩和老化，断代现象日益严重。就远东研究所而言，苏联解体前一共有约500名专家在这里工作，而现在只剩下147人了，而且绝大部分已经年过60岁，其中只有少数人能连续产出科研成果。科布泽夫忧心忡忡地说："在最好的苏联时期，科学院东方学研究所中国研究室曾经有55个人。从20世纪90年代到21世纪头十年减少到了17人。在和平时期人员减少三分之一，令人吃惊！"直到最近两年，该研究室才补充了一些年轻人，总人数达到25人。季塔连科说："我们现在的情况，就是在这支由在汉学领域忘我敬业工作的人组成的队伍中，每一个人都要'为自己也为一个青年'而工作，因为那个青年不想承受这个沉重的负担，他去经商了，去干其他事情了，去做与专业无关的事情了。他之所以在那里工作，是因为可以得到更高的工资。尤其给年轻学者的那点微薄而难以糊口的做学问的工资绝不可能将青年学术人才吸引来。"其实，10年前他就意识到了这个问题的严重性，曾上书俄罗斯科学院院长，并在报告的结尾处标上求救信号"SOS！"，要求立刻采取措施，补充研究人员。然而，他的呼吁并没有得到上级部门的积极支持。对此他无奈地说："一方面我国的汉学有高水平的学术精英，其中包括最年长的'元帅'齐赫文，有许多'将军'和'老军官'，另一方面我们却只有极少量的'士兵'和'下级军官'。"

当然，收入问题只是造成汉学家梯队断代的一个因素。当今俄罗斯的学术人才管理体制也是造成青年汉学家队伍不稳定的另一重要原因。比如允许无限期延长退休年龄或退而不休的政策使高龄汉学家长期占据编制和岗位，在某种程度上减少了年轻学者的入职和发展机会，滞缓了人才的新老交替过程。还有，俄罗斯的职称晋升比较缓慢，一位青年学者从助教或初级研究人员升到教授或高级研究员至少需要在大学毕业后经过20—30年的时间。因此，近年来我们鲜能看到俄罗斯青年汉学家有重要论著问世，而在中国召开的国际汉学会议以及其他中俄文化交流活动的现场，我们最常看到的基本上就是那几位老汉学家的面孔。

此外，俄罗斯政府缺乏一种完善的制度或有效的机制充分发挥汉学家和汉学研究机构的咨询作用，致使后者难以申请到科研项目，也无法获得相应的经费支持。根据加布耶夫的调查，俄罗斯人文科学基金针对中国问题研究的招标课题数量很少，只有极少数汉学家有机会获得资助。而且，资助额度也很有限，只能勉强支付出版费用。针对中俄两国政府对人文科学研究项目资助力度的显著差距，已经连续16年参与俄罗斯人文科学基金工作的米亚斯尼科夫院士感叹道：“我们给一个人的经费是10万、20万、30万卢布……而中国的国家项目经费是5万美元！"

当今中俄关系处在历史上的最好时期，政治互信不断提高，经济联系日益密切，双边贸易额迅速增长，俄罗斯青年对学习汉语表现出了前所未有的热情。俄罗斯有超过160所大学教授汉语，而且建立了18所孔子学院，4个孔子课堂。俄罗斯学生比以往任何时候都可以更加容易地获得中国政府的奖学金来华学习。与之伴随的理应是汉学成果产出的增加和研究水平的提高。而在当今的俄罗斯，实际情况却正好相反，具有悠久传统和深厚积淀的俄罗斯汉学研究却日显颓势，亟待振兴。

（阎国栋：南开大学外国语学院教授）

试从《诗品》的翻译及研究看阿理克的文学研究思想

马 琳

摘 要：阿理克院士是俄罗斯汉学研究的一位集大成者。他从翻译和研究中国古代经典文论入手，深入理解中国古代文学家的精神世界和创作手法。他怀着对中华文化的尊重和景仰，对司空图的《二十四诗品》文本进行了精准的翻译和深刻的阐释。《论诗人的长诗——司空图的诗品》鲜明地体现了他的中国文学翻译艺术和文学研究思想，已经成为代表俄罗斯汉学最高成就和独特传统的典范之作。

关键词：阿理克　司空图　《诗品》　翻译　研究

阿理克（1881—1951）出生于彼得堡的一个普通职员家庭，其家境贫寒，父亲早年过世，由母亲一人靠洗衣维持全家的生活。1898年，自幼聪颖好学的阿理克考入著名的彼得堡大学东方语言系汉蒙满语专业，经过4年系统的学习，阿理克已具备了从事汉学研究的基本素养，毕业后的阿理克留在了彼得堡大学东方语言系。阿理克汉语基础扎实，汉学知识渊博，在研究上有自己独到的一套理论和方法，他在中国语言学、文学、考古学、宗教、文化等方面都有所研究和著述，是苏联汉学研究的一位集大成者。

1916年，对于阿理克和苏联汉学界来说都是难忘的一年。阿理克完成了长达700多页的著作《论诗人的长诗——司空图的诗品》，阿氏也凭借此作顺利通过硕士论文答辩并开始奠定其苏联汉学领军人物之位。该书融翻译、注释和评论为一体，结构严谨、内容丰富、译文准确、注释详细，有很高的学术价值，也是苏联汉学界第一部系统、深入研究中国文学的典范之作，为其

---

* 本文系天津市教育科学"十二五"规划课题阶段性成果，项目号：HE3007

试从《诗品》的翻译及研究看阿理克的文学研究思想

日后的文学研究乃至汉学研究在理念及方法上都提供了很好的指导作用。

阿理克文学研究思想的特点首先在于,其研究以对中国古老文明进行深入的实地考察为前提。他深知中国文化的博大精深与源远流长,仅凭书本上的知识是无法了解中国民风、民俗的丰富多彩和迤逦多姿,也就无从进行科学性的研究。为此,阿理克毕业后多次到中国进行实地考察,虚心向中国先生求教,真正地融入中国文化之深邃处,为其日后的文学研究打下了扎实的基础,从而也形成了阿理克对中国文学及其发展特征的独到而深刻的见解:中国文学是古老的中华文明的重要组成部分,也是宝贵的世界文学遗产的重要分支,其同西方文学共存于世界文学体系之内,却有着自己独立的发展轨迹,其同西方文学有迥异之处,但绝不应扮演"异国情调"的角色。将中国文学和西方文学紧密融合的思想一直贯穿着阿理克文学研究的始终。

阿理克选择司空图及其《诗品》作为研究对象并不是偶然的,阿理克早在1906—1909年第一次到中国游历期间,就已开始对司空图的《诗品》感兴趣。1909年回国后,开始从事《诗品》的翻译和研究。此课题要求研究者有着渊博的知识,通晓中国传统诗学及文学批评。当时的欧洲汉学对中国文学研究甚少,对于司空图的系统研究几乎为零,基本没有任何可资借鉴的资料。可以说,阿理克脚下是一条没有开辟的荆棘之路,与此同时,对《诗品》进行研究的重大意义也并没有被当时的专家们一致认可,甚至在阿理克进行论文答辩时,依然有反对者的声音:"是否有必要对名不见经传的司空图进行如此细致的研究?"[1] 就连当时的汉语教研室主任伊凤阁(Иванов А. И.)也认为阿理克的研究方法过于复杂[2]。但是在潜心研读《诗品》中的每一个词之后,阿理克坚定地认为:"《诗品》不仅是真正的诗学领域的精华,同时也是整个中国文化的精华。对《诗品》从文本层面进行详细的研究也证实了,《诗品》作为中国诗人所能传达出的高境界灵感的诗学信仰是当之无愧的。"[3]

---

[1] Смирнов И. С. В. М. Алексеев и《Поэма о поэте》Сыкун Ту, В. М. Алексеев《Китайская поэма о поэте. Стансы Сыкун Ту (837—908)》, Изд. Наука, Москва, 2008г, с. 6.

[2] Меньшиков Л. Н.《Поэма о поэте》В. М. Алексеева и его школа филологического анализа, В. М. Алексеев《Китайская поэма о поэте. Стансы Сыкун Ту (837—908)》, Изд. Наука, Москва, 2008г, с. 638.

[3] Смирнов И. С. В. М. Алексеев и《Поэма о поэте》Сыкун Ту, В. М. Алексеев《Китайская поэма о поэте. Стансы Сыкун Ту (837—908)》, Изд. Наука, Москва, 2008г, с. 6.。

《诗品》对于中国文化有着特殊的意义："对公元4世纪时中国诗人的诗歌及其灵感所进行的研究是完全有意义的，司空图凭借自己形象的语言赋予诗歌科学的评判标准。"[1] 正是这些信念支撑着阿理克不断地完善该研究。

其次，阿理克的文学研究以完全采用真正的文本研究方法为基础。文本研究，我们可以从两个层面来理解：文本的回归和文本的细读。所谓文本的回归是解读文本时的一种态度，即尽可能地忠实原文，回到彻底、纯粹、一点杂质都没有的文本中去。而文本的细读则是一种方法，要求准确地理解所研究文本中的每一个单词，理解每一个词汇在该文本及相应的修辞语境下的含义。为此，阿理克采用了三种可行的方法：一是，他凭借自身的有关中国文化的素养，潜心研读司空图的作品，包括其他人对司空图的评论；二是，阿理克怀揣对中国传统文化的尊重，能够批判地看待中国学者的注释和评论；三是，他常常亲自查阅相关的词典和文献（如《佩文韵府》等），去探究《诗品》中每一行的思想变化。

阿理克一直坚持跨越文化和政治的疆界，走进研究对象的内心思想世界，在具体的实证研究基础上，进行严密地逻辑思维。《论诗人的长诗——司空图的诗品》共分上下两部分内容。上部为"诗品，其作者及研究条件"，下部为"翻译和注释"。上部有四编，分别为：概述篇、文献篇、作者生平篇和方法论篇。概述篇主要介绍《诗品》的创作背景、中国文学中关于《诗品》的论著、作者的创作思想、《诗品》中的品序、韵脚、语言、词汇等问题以及《诗品》在中国文学和世界文学中的地位和意义。文献篇主要梳理《诗品》的版本、注疏家、英译本及其仿本的相关情况。作者生平篇主要介绍司空图的生平、其诗歌创作和文集等方面的内容。方法论篇重点列出翻译的基本原则和规范以及翻译中的语境问题。下部有二编，分别为译注篇和《诗品》仿作、续作的摘译篇以及各种注释和索引。

阿理克的学术研究，占有资料丰富，研究者本人学识渊博，其对诗歌的研究不是孤立进行的，而是同所有相关的思想紧密相连：如儒家、道家文学，陶渊明的创作、中国文学思想中早期的作品，如诗歌等。他分析诗人的生活历程，研究当时唯一的一个英文译本，并对其进行评论性研究。"就本质而言，阿理克

---

[1] Смирнов И. С. В. М. Алексеев и《Поэма о поэте》Сыкун Ту, В. М. Алексеев《Китайская поэма о поэте. Стансы Сыкун Ту（837—908）》, Изд. Наука, Москва, 2008г, с.8.

试从《诗品》的翻译及研究看阿理克的文学研究思想

在中国文学研究领域为我们提供了第一个专著研究的样板,该书方法论的意义也正在于此"①。鄂登堡(Ольденбург С. Ф.)在谈到《诗品》的方法论时也说:"要研究复杂而丰富的中国文化,就必须深入而完整的理解汉语文本。阿理克,毫无疑问,一直都重视方法论的问题。按阿理克的理解:只有当你真正地明白这项工作是以哪些研究为基础、都采用了哪些方法时,你才能够评价某个科学结论或者研究状况。从方法论来说,阿理克的《论诗人的长诗》占有特殊的位置,不仅在俄罗斯,甚至在整个汉学研究界。……该著作引领我们走进一个研究实验室,并且不断地给我们指出一些理论框架。"②

众所周知,从事中国文学研究要以中文原文资料为基础和蓝本。因而必须将研究型的汉学家同描写型的作家相区别,同时也要注意翻译家和汉学家的区别。在阿理克看来,对原文的理解和掌握的程度直接决定了一个汉学家的水平。他说"对于汉学家来说,原文就是一种特殊的专业","应该通过亲身翻译、研究和综合,把原文转化成我们的思想。这才是汉学家的道路"。可见,作为文学研究者的阿理克是非常重视翻译在文学研究中的作用的。确实,一部好的译著是从事研究的基础,而翻译本身既是学术资料的积累过程,也是对另一种文化的解读过程,同时亦是进一步研究的保障。阿理克竭尽一个译者的才能向后人诠释了一种全新的翻译理念。我们试以《雄浑》的第一节为例,观其翻译方法:

大用外腓

阿译1:великое проявление внешне блекнет,

阿译2:Поэт мощно проявляет себя, но внешне-блекло,

真体内充。

阿译1:Истинная суть внутри заполняет.

阿译2:А истинная его всей полнотой в душе.

返虚入浑,

---

① Лисевич И. С. В. М. Алексеев как исследователь китайской литературной мысли Литература и культура Китая. сб. статей к 90-летию со дня рождения академика Василия Михайловича Алексеева. М., 1972г. с. 39—44.

② Меньшиков Л. Н. 《Поэма о поэте》В. М. Алексеева и его школа филологического анализа, В. М. Алексеев 《Китайская поэма о поэте. Стансы Сыкун Ту (837—908)》, Изд. Наука, Москва, 2008г, с.639.

阿译 1：Уходит к пустоте. Входит в хаос.

阿译 2：Поэт уходит духом в ёмную пустность и входит в состояние всеобъёмлющести.

积健为雄。

阿译 1：Копит сильнее, делает мощное.

阿译 2：Он нагромождает в себе все сильное и превращает его в мщное.

可见，阿理克在翻译时每行诗都配有两种译文，先是采取直译的方法，以诗译诗；然后采取意译的方法，进行阐释。这种双层翻译方法既使译文不失原作的艺术独特性，又从内容和形式上全面再现了原作的风采。阿理克的翻译思想作为他的文学研究思想的有机组成部分，突出表现了他对中国文化和中国文学的理解和尊重。为了不断改进翻译方法，阿理克曾经设计了一个相关的问卷调查，其中涉及如下一些问题："如果韵律的障碍不存在了，译文读起来是否轻松些？""您认为，能否从紧凑的、非俄语的结构中创立有韵律的俄语？""对翻译的艺术评价是否能吸引你？""你是否担心原文中某些东西没有被传达出来？""意译的方法是否合适？""传统的注释能否替代他，或者说，是否需要将二者结合？""是否不需要那种不必要的、强制性的俄罗斯化，以及多余的文本'诗化'？"[①] 阿理克设置这些问题，就是要在以后的研究中考虑其同行的意见，不断完善翻译中应考虑的元素，能使译文更好地为文学研究提供帮助。显而易见，阿理克提倡在翻译中进行"创造性的背叛"，即对传统文论进行现代阐释，这在其《聊斋》的译本中有更完整的体现。阿理克的译文已经不仅仅是简单的语言转换，更是一个完美的译者进行再创造的过程。正如著名东方学家艾德林（Эйдлин Л. З.）所说："实质上，阿理克第一次为俄国汉学研究提供了中国古典文学作品的真正具有艺术性和严谨科学性的译文。它们将西欧汉学界流行至今的令人摇头叹息的、语无伦次的译本（这算好的），或当初传教士的赝品译本，或轻率臆造之作（这就更坏）取而代之。"[②] 阿理克对待译文的态度表面看是一种严谨的翻译方法，实际上反映

---

① Лисевич И. С. В. М. Алексеев как исследователь китайской литературной мысли, Литература и культура Китая. сб. статей к 90-летию со дня рождения академика Василия Михайловича Алексеева. М., 1972г. с. 43

② Эйдлин Л. З. Китайская классическая проза в переводах В. М. Алексеева, Изд. Академии наук, М, 1958г. с. 14.

试从《诗品》的翻译及研究看阿理克的文学研究思想

了他对中国文化的尊重。他通过自己的翻译活动在某种程度上改变了长期以来从西欧传到俄国的被扭曲的中国形象。

再次,阿理克的文学研究重视对作家内心精神世界的剖析。"只有深入到中国作家的精神世界,才能真正研究中国的文学思想"[①]。了解中国的文学思想对于一个汉学家来说是非常重要的,可以用中国人自己的眼光审视中国的文学现象,从内部勾画一个画面,从一个旁观者无法触及的角度进行观察。但是要真正做到这一点并非易事,因为他们在研究中国文学时,"总是要捍卫自我",阿理克在《1907年中国纪行》中写道:"我们看到了什么不重要,重要的是:中国人看到了什么。只有当我们明白,并最终明白为什么中国人所享受的东西却正是我们所困惑的地方时,我们才有资格开始评论。"[②]

阿理克在《论诗人的长诗——司空图的诗品》中用整整一章的篇幅剖析司空图的内心世界,该章主要包括以下几方面内容:①道—灵感的24个阶段的基础。②道家诗人。③道家诗人与普通大众。④诗人内心的灵感。⑤真正的灵感是无法捕捉的。⑥真正的灵感需要特殊的语言。⑦灵感的方式。⑧无法表达的灵感、难以诉说的自然。⑨创造灵感的环境。⑩酒—灵感的伙伴。⑪朋友—亲密的灵魂。⑫琴和诗歌。⑬创作思想。可见,阿理克非常重视研究作者的主观道德修养,同时,也关注到了其在文学研究中的重要位置。

阿理克在进行翻译时也时刻关注着作家的精神世界。他的译文除了保持原作中意犹未尽的风味,还能捕捉到隐藏在字里行间的思想内涵:"我所做的注释,都依据了整篇作品中最基本的旋律:在诗人内心中,道是光明和完整,是词汇无法表达的,词汇只会使其褪色或者说'面目全非'。这种旋律在不同的国家表现方式不同,但其存在是毋庸置疑的。"[③]

此外,将中国文学视为独立个体纳入世界文学体系,并在文学研究中引入比较的方法,是阿理克文学研究思想的创新之处。一直以来,西方汉学习惯于站在山峰上俯视被他们抛在"谷底"的中国文学,在早期传教士及一些

---

① Лисевич И. С.   В. М. Алексеевкак исследователь китайской литературной мысли, Литература и культура Китая. сб. статей к 90-летию со дня рождения академика Василия Михайловича Алексеева. М., 1972г. с. 39—44.

② Алексеев В. М. В старом Китае. Дневники путешествия 1907г. М., 1958г. с. 53.

③ Смирнов И. С. В. М. Алексееви《Поэма о поэте》Сыкун Ту, В. М. Алексеев《Китайская поэма о поэте. Стансы Сыкун Ту (837—908)》, Изд. Наука, Москва, 2008г, с. 9.

旅行家的笔下，西方学者及民众看到的是一个被扭曲的中国形象，中国文学自然也成了一个"怪胎"，不被世界文学大家庭所接受。阿理克本着实事求是、尊重中国传统文化的原则用自己的行动向世人展示了一个全新的中国文学画面。他在《论诗人的长诗——司空图的诗品》中，专辟一章阐述《诗品》在中国文学和世界文学中的意义。该章下设6小节内容，分别为：进行独立研究的基础；中国文学中的《诗品》；司空图及俄罗斯诗人对诗人的期望；司空图的《诗品》与世界文学；将《诗品》视为专著研究；《诗品》在中国文学和知识分子阶层中的意义及评价。可见，阿理克对《诗品》的研究，已经不是仅仅将其视为中国文学的一个组成部分，而是将其视为世界文学的不可分割的一分子，阿理克也首次将司空图放在世界文学大背景上来阐明其价值，他用自己的实际行动向我们证明：他要和吉卜林有关东方和西方就像两个孪生子，永远不可能相遇的悲观的想法进行斗争。

比较作为文学研究的一种方法，是将两种或两种以上的文学对象加以对比，以说明它们在某些方面的相似、差异以及相关的原因。比较文学，作为人们认识文学现象最常用、最基本的方法，一直受到研究者的重视。阿理克在《诗品》中挖掘到了将中国诗歌和诗学同欧洲诗歌中相似的地方进行比较的可能性，他抛开西方汉学研究的"有色眼镜"，将司空图的《诗品》同古罗马诗人贺拉斯的《诗艺》、法国17世纪末诗人布瓦洛《诗的艺术》进行对比，试图从内容、思想意义、作家的内在修养等方面寻找其相同和相异之处。在阿理克看来，"比较研究没有任何限制，而且不应该有任何限制。因为，既然存在着对任何语言都毫无例外的双语对照词典，那么就可能而且应该有任何其他形式的比较存在，何况此处所说的是题材内容、思想精神相同的两种作品的比较"①。

最后，尊重中国传统学术，并以此为依托进行科学研究是阿理克文学研究思想的基本原则。阿理克在对文本进行翻译、研究时，首先将目光锁定在中国的注疏家、评论家身上，当阿理克的观点同他们的观点相悖时，他会尊重中国学术传统。今天看来，这似乎已经是汉学家从事研究的不可分割的、必不可少的组成部分。但是，当时的俄国汉学传统，以德高望重的前辈王西

---

① 阿理克著，赵佩瑜、王中玉译《贺拉斯和陆机论诗艺》，载周发祥编《中外比较文学译文集》，中国文联出版公司1988年。

试从《诗品》的翻译及研究看阿理克的文学研究思想

里为首,是排斥中国传统学术的,而阿理克却反其道而行之,认为应该尊重并重视中国传统学术,这无疑为当时的俄国汉学研究注入了一股新鲜的空气。阿理克指出:"应该系统地把中国最好的注疏传统翻译成俄语。因为这一传统不是建立于偶然的对某一经典作家的特殊研究之上,而是建立于对他们的整个体系(哪怕只是对儒家体系)的最好的把握之上。"①

阿理克尊重中国传统学术思想,但不是盲目地崇拜,而是辩证地对待。阿理克在《诗品》译本中写有长达150多页的注释,这些注释具有很强的研究性。同时,需要指出的是:阿理克的注释和很多中国的注疏家是有很大区别的。他在仔细研读了张之洞等注疏家的注释后认为:"很多中国的注疏家仅仅从词汇释义的角度对文本进行普通的阐释,……他们的注释有很多不准确和没有根据的地方,因此有必要对每一句话从文本特点方面进行研究,这样才能使原本'晦涩'的地方变得越来越清晰。"② 当然,阿理克的注释在深度和思想方面还远逊于中国的注疏家。

阿理克终生致力于中国文学和文化的研究,并力求通过译介来融通这一文化的汉学研究方法使得阿理克的文学研究站在一个相对高的起点和更广阔的空间上。他严谨的治学态度、深厚的文化底蕴和科学的学术研究思想都对后人有纲领性的指导意义。他也因此成为俄罗斯汉学研究史上一位里程碑式的人物。

(马琳:天津师范大学外语学院副教授)

---

① Алексеев В. М. Китайская литература, Изд. Наука, М, 1978. с. 426.
② Меньшиков Л. Н. 《Поэма о поэте》В. М. Алексеева и его школа филологического анализа, Алексеев В. М. Китайская поэма о поэте. Стансы Сыкун Ту (837—908), Изд. Наука, М, 2008г, с. 648.

阿列克谢耶夫俄译《聊斋》对中国民间婚俗的阐释*

李逸津

摘 要: 俄罗斯现代汉学泰斗 B·M·阿列克谢耶夫院士的俄译《聊斋志异》,对书中所涉及的中国民间风俗信仰、婚丧礼仪等,作了细致的注释和解说。这就使得他的《聊斋》译本不只是文学作品的翻译,还具有民俗学、文化学研究的性质。其注释中对中国民间婚俗的介绍,对中国古代婚礼程序、婚礼场面、婚后生活与婚姻关系称谓等的阐释,有助于中国民俗文化在域外的传播,对中国本国的民俗学研究,也具有重要的史料和参考价值。

关键词: 聊斋志异 婚俗 阿列克谢耶夫 俄译 注释

俄译《聊斋志异》及"聊斋学"研究是现代俄罗斯新汉学奠基人 B·M·阿列克谢耶夫院士(1881—1951)近半个世纪学术生涯中的一个亮点。1906 至 1909 年,阿列克谢耶夫被派往中国学习,期间他搜集了大量的民俗学材料,也了解到蒲松龄的《聊斋志异》,并产生了翻译和研究它的兴趣。这一方面是因为教他学汉语的"中国先生"当时正是拿《聊斋志异》给他作教材,另一方面也由于他从《聊斋志异》中看到了中国 17、18 世纪的世俗生活和民间风情的描写,而这恰恰可以为他当年中国之行的主要目的——搜集和研究反映中国人日常生活与信仰的民间绘画作文字的补充和说明。阿列克谢耶夫的女儿 M·B·班科夫斯卡娅女士在《聊斋的朋友与冤家》一文中曾经指出:"对中国民间创作,特别是版画的关注加深了阿列克

---

* 基金项目:教育部重点社科研究基地重大项目"中国民俗文化在东北亚的传播研究"(10JJDZONGHE011)阶段性成果。

阿列克谢耶夫俄译《聊斋》对中国民间婚俗的阐释

谢耶夫对于《聊斋志异》的兴趣,因为在这部作品中物质和精神生活的方方面面都得到了深刻的反映。"①

将中国民间版画与《聊斋志异》作为互相印证的民俗学材料,加之阿列克谢耶夫本人在中国民间的实地考察,使他不仅对《聊斋》文本做出了精湛的俄文翻译,还对其中涉及的中国民间风俗信仰、婚丧礼仪等各方面民俗实况,作了细致的注释和解说。这就使得他的《聊斋》译本不只是文学作品的翻译,还具有民俗学、文化学研究的性质。这里,我们拟介绍阿列克谢耶夫俄译《聊斋》注释中对中国民间婚俗的解说与评论。

中国数千年宗法社会,家庭为社会组合之最小细胞,故一贯重视婚姻的缔结与家庭的组合。汉代《诗大序》谈诗歌的社会作用称:"先王以是经夫妇、成孝敬、厚人伦、美教化、移风俗。"夫妇之道被排在人伦关系的第一位。《礼记·昏义》篇说:"昏礼者,礼之本也。"可见婚嫁活动在中国民俗中占有重要地位。《聊斋》故事中有许多涉及中国民间的婚俗礼仪,阿列克谢耶夫俄译注释对其作了详尽的阐释。

一、婚礼程序

旧中国青年男女一般到十五六岁就该谈婚论嫁了。《云萝公主》篇说安大业母亲梦到自己的儿子将来要娶公主,但到了"十五六迄无验",阿列克谢耶夫在这里注释说:"这个年龄在旧中国被认为实际上应该娶妻或嫁人了;订婚还要更早些,甚至有些孩子彼此还在娘胎里时就占卜了。"② 而父母为儿女选择对象的一个重要标准是生辰八字的匹配。《阿绣》篇中说刘子固之母为其"议婚",但刘"屡梗之"。阿译"议婚"为"开始猜想、揣度婚姻",注曰:"选择新娘,她的出生年、月、日、时辰的标志都要与未婚夫的标志相和谐。"③ 这些都可谓了解中国民间婚俗的知情之谈。

选好了婚姻对象,就要请媒人去说媒了。媒人和做媒在中国古代有多种

---

① M. B. 班科夫斯卡娅《聊斋的朋友与冤家》,载阎国栋、王培美、岳巍译《蒲松龄研究》2003年第1期,第130页。

② 《蒲松龄:来自失意者书斋的奇异故事(聊斋志异),Пу Сун-лин: Странные истории из Кабинета Неудачника-Ляо Чжай Чжи И》,彼得堡东方学中心,2000年,第652页。

③ 《蒲松龄:来自失意者书斋的奇异故事(聊斋志异)》,第590页。

委婉的说法，《聊斋》中都有体现，如媒人叫"蹇修""冰人"，做媒叫"作冰""作伐""冰斧""执柯斧"等。《宦娘》篇鬼魂宦娘暗中促成温如春与葛良工的姻缘，自称："代作蹇修。"阿列克谢耶夫注释"蹇修"曰："改变'跛脚'与婚姻受阻状况的媒婆。"但他又说："聊斋没有停止在追寻这个原型上，他在这里是暗用了屈原的说法，其媒婆形象系借用于来自于史前帝王伏羲相联系的古代神话。"① 这里，他指出"蹇修"来自于屈原的说法，是正确的。屈原《离骚》有句曰："解佩纕以结言兮，吾令蹇脩以为理。"王逸注："蹇脩，伏羲氏之臣也……言己既见宓妃，则解我佩带之玉，以结言语，使古贤蹇脩而为媒理也。"故后人以此指媒妁。但"蹇修"在这里只是人名，阿列克谢耶夫按其字义解释为"改变跛脚"，却有过度阐释之嫌了。

媒人还有另一个称呼叫"冰人"。《晋书·艺术传·索紞》："孝廉令狐策梦立冰上，与冰下人语。紞曰：'冰上为阳，冰下为阴，阴阳事也。士如归妻，迨冰未泮，婚姻事也。君在冰上与冰下人语，为阳语阴，媒介事也。君当为人作媒，冰泮而婚成。'"后世因称媒人为冰人，做媒也叫"作冰"。《青梅》篇说狐女青梅撺掇张生母派"冰人"去给自家小姐做媒。阿列克谢耶夫释"冰人"曰："媒人的形象说法。"② 又释《胡氏》篇中"作冰"曰"也就是做媒人。"③ 这些解释虽都不错，但没能说出其来源，略显简单了。但《娇娜》篇称做媒为"作伐"，阿列克谢耶夫在这里指出这一说法的出处曰："出自《诗经》诗句的一个形象的说法：'伐柯如何，匪斧不克；取妻如何，匪媒不得。'"④ 说明他对这些典故还是有了解的。由这两个典故而来，做媒还有一个两典合并的说法叫"冰斧"，如《鸦头》篇中诸生王文看中勾栏女子鸦头，其友赵东楼对王文戏言："君倘垂意，当作冰斧。"阿列克谢耶夫注释道："即做媒。"⑤

请好媒人之后，男方要拿出礼物，请媒人带到女方家去提亲。这在古代叫"纳采"，也叫行聘，是婚礼中的第一个仪式。其实此前男女双方已经由媒人撮合好了，只是履行个程序而已。古代礼仪要求男方向女方送大雁作为聘

---

① 《蒲松龄：来自失意者书斋的奇异故事（聊斋志异）》，第260页。
② 《蒲松龄：来自失意者书斋的奇异故事（聊斋志异）》，第496页。
③ 《蒲松龄：来自失意者书斋的奇异故事（聊斋志异）》，第344页。
④ 《蒲松龄：来自失意者书斋的奇异故事（聊斋志异）》，第387页。
⑤ 《蒲松龄：来自失意者书斋的奇异故事（聊斋志异）》，第418页。

阿列克谢耶夫俄译《聊斋》对中国民间婚俗的阐释

礼,所以纳采又称"委禽"或"奠雁"。《白秋练》篇中白氏媪亲自为女儿做媒,对慕生说:"人世姻好,有求委禽而不得者。"《胡氏》篇中说主人答应与胡氏结亲,"乃详问里居,将以奠雁"。阿列克谢耶夫注"委禽"曰:"发生在婚礼之前的一个结婚仪式。"① 将"奠雁"译作"送来雁",并注释说:"给新娘家送礼。古代婚礼前的婚俗之一。"② 与前注"冰人""作冰"等一样,只是说出了含义,没有指出词义的渊源。

古代婚礼纳采之后下一个程序是"问名"。所谓"问名"是要男方出具庚辰柬帖,写上男子姓名、出生年、月、日、时,送到女家。女方则答以写有女子姓名、出生年、月、日、时的"回柬"。《宦娘》中葛公欲嫁女,"临邑刘方伯之公子,适来问名"。阿列克谢耶夫注释"问名"说:"古代婚俗要求来自男方的媒人或媒婆带着提供女方的名字、出生年月日的信,把所有这一切交给占卜者,等他做出决定。"③《陈云栖》篇说"问名者女辄不愿",阿列克谢耶夫释"问名"曰:"也就是做媒。"④ 都讲的是中国婚俗中的这一程序。《长治女子》篇说一恶道士欲谋陈氏女,谎称自己有亲戚"欲求姻好,但未知其甲子"。由于俄国没有中国古代干支纪年这一套符号体系,故阿列克谢耶夫在此处将"甲子"译为"被安排给她的符号",然后解释道:"进入婚姻结合的必要条件就是新郎和新娘的八字,也就是双方特殊的年、月、日和出生时间的标记符号,绝不能互相冲突。但这个特殊的公式,主要还是源于占卜者。"⑤ 这一解释是比较准确的。

问名之后,如果经卜算,双方庚辰八字合宜,就要确定吉日,男方备礼品送往女家,算作婚姻已定,这叫"纳吉"。以后所有婚礼程序,都要选择吉日。《聊斋》中提到的说法,有"择吉""涓吉"等等。《婴宁》篇说"母择吉为之合卺",阿列克谢耶夫注释道:"择吉是非常复杂的占卜仪式,为此要有特别专业的人士。没有它不能着手进行任何重要的事情,尤其是婚姻这样的大事。"⑥

---

① 《蒲松龄:来自失意者书斋的奇异故事(聊斋志异)》,第221页。
② 《蒲松龄:来自失意者书斋的奇异故事(聊斋志异)》,第347页。
③ 《蒲松龄:来自失意者书斋的奇异故事(聊斋志异)》,第257页。
④ 《蒲松龄:来自失意者书斋的奇异故事(聊斋志异)》,第354页。
⑤ 《蒲松龄:来自失意者书斋的奇异故事(聊斋志异)》,第167页。
⑥ 《蒲松龄:来自失意者书斋的奇异故事(聊斋志异)》,第29页。

两家人达成婚约，被叫作结"秦晋之好"。春秋时期，秦、晋是两个相邻的大国。秦穆公为实现霸业，向晋国求婚，晋献公将其女儿伯姬嫁给了秦穆公，这就是历史上所谓"秦晋之好"的开端。在此后20年间，又有过两度秦晋联姻之举。因此"秦晋之好"最初代表了因婚姻构建的国家之间的联合，后来渐渐将男女之间的婚姻也称作结为"秦晋之好"。《小梅》篇中狐女小梅求黄太仆"主秦晋之盟"，阿列克谢耶夫在注释中指出，"秦""晋"是古代两个国名，"这两个古代分封国家总是互相结为亲戚，以便不做敌人。这里当然说的是结亲"。① 中国人结亲讲究门当户对，如果男方门第低娶了地位高的妻子，比如平民娶了公主，那就要换一个说法来表示恭敬。《云萝公主》中安大业母"梦曰：'儿当尚主'"，阿列克谢耶夫注释道："一般称娶媳妇为'选妻'，但是在历史文本中，如聊斋在这里暗示的，'选'这个概念在谈到公主的时候被认为是越轨的，而换成'尚'（俄译作'敬'——译者）这个词来表示尊敬的意思。"② 这也是深知中国礼仪的精到之谈。

到举行婚礼这天，新郎要亲自去女家迎娶新娘。《宦娘》篇说温如春在宦娘帮助下娶到良工，婚礼那天"温既亲迎"，阿列克谢耶夫注释道："古代习俗，在婚礼这天新郎穿礼服，带着随从出现在未婚妻家里，送上必需的礼物，然后退回去，在自己家门前等待妻子。"③ 这是对古代迎亲仪式比较详尽的描述。

二、婚礼场面

中国婚礼进行时的场景、布置、服饰，以及具体过程，可谓丰富多彩，也是外国读者最感兴趣、最希望了解的地方。故阿列克谢耶夫对《聊斋》中讲述到的这些内容，做了比较详细的解说。

首先是婚礼仪式的基本色调。《狐妾》篇提到刘洞九在官衙中遇狐，狐女"出一红巾戏抛面"。阿列克谢耶夫在这里注释道："红颜色一般是喜庆的颜

---

① 《蒲松龄：来自失意者书斋的奇异故事（聊斋志异）》，第633页。
② 《蒲松龄：来自失意者书斋的奇异故事（聊斋志异）》，第652页。
③ 《蒲松龄：来自失意者书斋的奇异故事（聊斋志异）》，第258页。

阿列克谢耶夫俄译《聊斋》对中国民间婚俗的阐释

色,并总和婚姻相联系。婚礼仪式时围绕新郎新娘的所有东西多半都是红色的。"①《红玉》篇说卫翁答应冯相如求婚后,"书红笺而盟焉"。阿列克谢耶夫注释说:"在婚礼仪式中红色被认为是用于一切的。"② 都说明了红色是中国婚礼中必用的表示喜庆的颜色。

举办婚礼时,新人婚房里要摆放红蜡烛,称"洞房花烛"。《莲香》篇中狐女莲香对桑生说:"君行花烛于人家。"阿列克谢耶夫在这里将"花烛"译为"婚礼带花纹的蜡烛",特意强调了其用于婚礼的性质,并解释道:"把用样式独特的模子做成的、带有金色的红蜡烛摆放在新人的房间里。在六世纪诗人那里我们读到'洞房花烛燕双飞'"。③考公元6世纪北朝诗人庾信《三和咏舞诗》有"洞房花烛明,舞馀双燕轻"句,估计是阿注所本。而他能在这里指出"花烛"是"带有金色的红蜡烛",完全符合中国婚礼花烛的实际模样,说明他亲眼见过实物。

行婚礼时,新娘要佩戴凤冠。《狐嫁女》篇中狐女出场,"翠凤明珰,容华绝世"。阿列克谢耶夫在这里注释说:"凤与凰是夫妻幸福的象征,而女人的头饰,特别是婚礼的冠冕经常要描绘飞翔的凤凰。这一开始仅只为皇后和贵族夫人使用,后来这种模式就普及到所有中国女人。'凤凰发型'不只靠自己的样式,还要用发簪和发夹等,使人感到像凤凰的头。"④ 但原文"明珰"是玉制的耳饰,而阿译只译作"头饰的颜色搭配华丽的凤凰服饰",未译出"明珰",估计是有意把重点放在介绍"凤冠"上。

中国古代北方民族还有在举行婚礼时让新人坐在青布搭成的帐篷中的风俗,这帐篷叫"青庐"。《玉台新咏·古诗为焦仲卿妻作》有"其日牛马嘶,新妇入青庐"句。唐段成式《酉阳杂俎·礼异》篇曰:"北朝婚礼,青布幔为屋,在门内外,谓之青庐,于此交拜。"《聊斋志异》大多记载北方地区故事,且蒲松龄本人也是北人,故文中多有"青庐"的记载。《莲香》篇说:"莲香扶新妇入青庐";《辛十四娘》说:"双鬟扶女坐青庐中。"阿列克谢耶夫释"青庐"曰:"古代风俗,在整个婚礼宴会期间把新人带到绿色帐篷里坐

---

① 《蒲松龄:来自失意者书斋的奇异故事(聊斋志异)》,第66页。
② 《蒲松龄:来自失意者书斋的奇异故事(聊斋志异)》,第527页。
③ 《蒲松龄:来自失意者书斋的奇异故事(聊斋志异)》,第49页。
④ 《蒲松龄:来自失意者书斋的奇异故事(聊斋志异)》,第37页。

着,并接受祝贺,不能离开它。"①

婚礼中一个重要节目是新人夫妻喝交杯酒,古代叫"合卺酒"。《莲香》篇说:"莲陪卺饮",阿列克谢耶夫将"卺饮"译作"喝合卺酒",并解释道:"新人把嘴对在一起同饮一杯酒——最隆重的婚礼仪式"。②《柳生》篇注"合卺"为"完成婚礼仪式"。③ 指出"合卺"意味着婚礼的完成。

婚礼上必需的仪式还有拜父母。《长亭》篇说长亭之母瞒着老公,偷偷送女儿与石太璞成婚,"媪促两人庭拜讫"。阿列克谢耶夫译"拜"为"обряд поклонения"(崇拜的仪式),并注释道:"婚礼仪式,新婚者拜父母。"④ 可见即便最简单仓促的婚礼,也必须要有拜父母的仪式。

三、婚后生活与婚姻关系称谓

一对新人合卺之后,就要开始过夫妻生活了。在中国古代哲学、医学和道家学说对阴阳和谐、性欲和性生活质量重要性认识的共同影响下,中国古人对夫妻生活的和谐、性生活的美满,积累了大量的理论和实践经验。正如俄罗斯科学院民族学与人类学研究所研究员И·С·孔⑤教授在1993年为《中国色情》一书撰写的前言中所说:"与把性看作是某种龌龊的、卑鄙的和极其危险的基督教文化不同,中国文化在性欲中看到了活生生的重要的积极因素,它强调,没有圆满健康的性生活,就不会有任何幸福……性欲以及一切与其相联系的东西,被中国文化理解为是非常严肃、非常正当的。"⑥ 中国古代夫妻房中使用的性器具,就是这种性文化的实际物证。虽然性器具在后世宋明理学禁欲主义性观念的影响下被视为"淫器",但在民间实际上盛行不衰,在

---

① 《蒲松龄:来自失意者书斋的奇异故事(聊斋志异)》,第49页。
② 《蒲松龄:来自失意者书斋的奇异故事(聊斋志异)》,第49页。
③ 《蒲松龄:来自失意者书斋的奇异故事(聊斋志异)》,第506页。
④ 《蒲松龄:来自失意者书斋的奇异故事(聊斋志异)》,第478页。
⑤ 伊戈尔·谢缅诺维奇·孔(1928—),生于列宁格勒(今圣彼得堡),1947年毕业于列宁格勒赫尔岑师范学院历史系。1950年在新历史与哲学两个研究生班毕业。曾在列宁格勒化学药剂研究所、列宁格勒大学、苏联科学院哲学研究所、社会学研究所、社会科学研究所等单位工作。1975年起为俄罗斯科学院民族学与人类学研究所首席研究员。
⑥ 阔勃耶夫主编《中国色情》,莫斯科正方出版社1993年,第6页。

阿列克谢耶夫俄译《聊斋》对中国民间婚俗的阐释

各类市井狎邪小说中更是风光无限,《聊斋志异》中自然也有一定记载。如《司训》篇提到"房中伪器",阿列克谢耶夫将其译作:"суррогат-секрет супружеской спалъни",并解释其为"夫妻卧房中秘密之事的代用品"。①

夫妻和谐,中国人谓之"琴瑟之好"。《宦娘》篇中宦娘对温如春说:"君琴瑟之好",阿列克谢耶夫注释曰:"夫妻和谐的通常形象令人想起相互接近的弦乐器和谐的演奏,这就是琴和瑟。琴是齐特拉琴的古老前身,瑟是案头古斯里琴的一种。"②这里,阿列克谢耶夫用欧洲人熟悉的古代乐器来解说中国独有的古乐器琴与瑟,有助于域外读者对这一概念的感性理解。

新婚夫妻成婚后过几天还要回女方娘家省亲,这叫"归宁"。归宁的时间各地风俗不同,有的地方是在结婚的第三日,叫"三朝回门",也有的地方是第四天,叫"回四"。阿列克谢耶夫有时将"归宁"译为"安抚父母"(успокоить родителей),如《辛十四娘》篇所说"时自归宁";有时又译作"探望父母"(проведать родителей),如《长亭》篇中的"翁家取女归宁"。他在注释中解释道:"按古代风俗,年轻女人和丈夫过一两天后,就回到自己家短期休息,以便问候父母是否健康,是否安宁。"③这些解释都是正确的。

男人婚后如果死了妻子又再娶,称为"续弦"或"胶续"。《小翠》篇说狐女小翠负气离去后,王公子"寝食不甘,日就羸瘁","公大忧,急为胶续以解之"。阿列克谢耶夫释"胶续"曰:"娶第二个妻子。有人从西方给一位古代国君带来一种特殊的用凤凰血制成的胶水,它甚至能够粘上断了的弓弦。后来在歌曲中唱道:'琴唱尽我悲伤的旋律,我的知音很少。我等着凤凰来接续断了的弦……'"④据西晋张华《博物志》卷二载:"汉武帝时,西海国有献胶五两者,帝以付外库。余胶半两,西使佩以自随。后武帝射于甘泉宫,帝弓弦断,从者欲更张弦,西使乃进,乞以所送余香胶续之,座上左右莫不怪。西使乃以口濡胶为水注断弦两头,相连注弦,遂相着。帝乃使力士各引其一头,终不相离。西使曰:'可以射。'终日不断,帝大怪,左右称奇,因名曰续弦胶。"阿列克谢耶夫这里提到的就是这个典故。注释中所引歌词,系出自宋代文莹《玉壶清话》卷四载陶谷《春光好》词之下阕,原词曰:"好

---

① 《蒲松龄:来自失意者书斋的奇异故事(聊斋志异)》,第112页。
② 《蒲松龄:来自失意者书斋的奇异故事(聊斋志异)》,第260页。
③ 《蒲松龄:来自失意者书斋的奇异故事(聊斋志异)》,第451页。
④ 《蒲松龄:来自失意者书斋的奇异故事(聊斋志异)》,第380页。

303

因缘，恶因缘，奈何天，只得邮亭一夜眠？别神仙。瑟琶拨尽相思调，知音少。安得鸾胶续断弦，是何年？"从中可见阿列克谢耶夫对中国婚俗用语所涉及的典故有很深入的了解。

古代中国人围绕婚姻关系创造了一套隐语、敬语、谦辞或委婉语，这些在《聊斋志异》中也都有体现，如称妻子为"荆人""山荆""细君"，称做妻子为"奉事""奉箕帚"，称做女婿为"代养其老"，称岳父和女婿为"冰玉"，称皇帝的女婿为"粉侯"等等。《长亭》篇说"与荆人言"，阿列克谢耶夫注曰："也就是与妻子。"①《凤仙》篇中狐仙少年提及自己妻子说："此即山荆也。"阿列克谢耶夫注"山荆"为："未加工的、粗糙的大棒子。"并解释说："对自己的妻子，按理必须用贬称。"②《局诈》篇中程道士说："适此操乃传自细君者。"阿列克谢耶夫释"细君"曰："也就是妻子。古代诗人东方朔（公元前2世纪）在皇帝宴请的宴会上往袖子里藏美味的肉块，说：'您知道吗？这是为我的小国君——统治者。'③"④

《长亭》篇中狐狸丈人翁叟为求石太璞救其女儿，曾许诺说："小女长亭，年十七矣，愿遣奉事君子。"阿列克谢耶夫释"奉事"曰："也就是做妻子。"⑤《狐梦》篇中狐妇对毕怡庵说："有小女及笄，可侍巾栉。"阿列克谢耶夫将"侍巾栉"译为"为您服务，给您洗濯和梳头"，并注释说："也就是'为您收拾房间'，这是从古代就有的'做妻子'概念的委婉表卑的说法，当时未来的岳父对汉朝皇帝（公元前3世纪）说：'臣有息女，愿为箕帚妾。'"⑥《钟生》篇中老叟要把自己的外甥女嫁与钟庆余，说"以奉箕帚如何？"阿列克谢耶夫将"奉箕帚"俄译为"为您收拾房间"，然后解释说"做妻子"。⑦《柳生》篇中盗首对周生说："我有息女，欲奉箕帚"，阿列克谢耶夫也注释道："做妻子。"⑧男方委婉地表示要做人

---

① 《蒲松龄：来自失意者书斋的奇异故事（聊斋志异），第477页。
② 《蒲松龄：来自失意者书斋的奇异故事（聊斋志异），第619页。
③ （东汉）班固编撰《汉书·东方朔传》："归遗细君，又何仁也！"颜师古注："细君，朔妻之名。一说，细，小也。朔辄自比于诸侯，谓其妻曰小君。"后人因此作为妻子的代称。
④ 《蒲松龄：来自失意者书斋的奇异故事（聊斋志异），第184页。
⑤ 《蒲松龄：来自失意者书斋的奇异故事（聊斋志异），第477页。
⑥ 《蒲松龄：来自失意者书斋的奇异故事（聊斋志异），第55页。注释中所引系汉高祖刘邦故事，见《史记·高祖本纪》："臣有息女，愿为季箕帚妾。"——译者。
⑦ 《蒲松龄：来自失意者书斋的奇异故事（聊斋志异），第247页。
⑧ 《蒲松龄：来自失意者书斋的奇异故事（聊斋志异），第506页。

阿列克谢耶夫俄译《聊斋》对中国民间婚俗的阐释

家女婿,则说"代养其老"。《侠女》顾生母对自己儿子说要去对门女家提亲,"儿可代养其老",阿列克谢耶夫注曰:"也就是做女婿,在宗法制中国通常的形象化说法。"①

《长亭》篇末"异史氏"评石太璞与其狐狸丈人始终不能释嫌曰:"天下之有冰玉而不相能者",阿列克谢耶夫注释道:"这一说法来自公公和岳父的传说,他们的同时代人拿他们的文学才能作比较,一个清纯,另一个润泽,也就是像冰和玉。这里是代指岳父和女婿。"②据《晋书·卫玠传》记载,卫玠为名士,从小生得冰清玉秀,丰神绰约,而其岳父乐广亦名著海内,故当时人称"妇公冰清,女婿玉润"。而如果是皇帝的女婿,委婉的代称则是"粉侯"。此典出自三国,魏何晏面如敷粉,娶魏公主,赐爵为列侯,故后世又称驸马为"粉侯"。《云萝公主》中婢女为安大业和云萝公主安排好棋盘,说:"主日耽此,不知与粉侯孰胜?"阿列克谢耶夫释"粉侯"曰:"在旧中国文本中这就意味着皇帝的女婿。"③从上述注释可见阿列克谢耶夫对这些词语的来源是很清楚的。

阿列克谢耶夫俄译《聊斋志异》注释中对中国婚俗的阐释与解说,体现了他对中国民俗文化了解的全面和深入。他的这些注释不仅在当时有助于中国民俗文化在异域的传播,有助于俄罗斯和西方读者了解中国和中国人民,而且对今天中国本国的民俗学研究工作者,也具有宝贵的史料价值,值得海外汉学研究工作者和中国民俗文化研究工作者共同梳理和研究。

(李逸津:四川大学中国俗文化研究所研究员,天津师范大学中文系教授)

---

① 《蒲松龄:来自失意者书斋的奇异故事(聊斋志异),第671页。
② 《蒲松龄:来自失意者书斋的奇异故事(聊斋志异),第481页。
③ 《蒲松龄:来自失意者书斋的奇异故事(聊斋志异),第654页。

·澳大利亚汉学研究·

澳大利亚学者早期的中国问题研究

熊文华

摘　要：早期澳大利亚传教士、军人、新闻记者、商人和游客有关中国文化、历史和国情的文字记录内容都比较简单。在华生活近20年的梅辉立在《中国评论》等刊物上发表的有关中国的所见所闻在一定程度上对中澳文化交流发挥了促进作用。澳大利亚传教士郭秀峰等人在滇北传教时开辟了中澳文化交流的新渠道。记者莫理循遗留的大量文件、日记、书信和图片是研究20世纪中国和远东历史的重要文献。端纳曾担任国民政府高级幕僚，见证并研究过20世纪30—40年代中国的一些重大政治事件。

关键词：淘金热　泛亚文论　比较文学　传教士　外交生涯　彝文字母　端纳档案

澳大利亚淘金热结束后的政治和经济形势促进了该国工业、农业和畜牧业的快速发展。新的科技发明与日俱增，产业工人队伍不断壮大，文化发展要求与国情和地区条件同步呼应。

虽然澳大利亚与中国发展两国之间的关系具有其地理和政治地位的优势，但是在1901年澳大利亚联邦政府成立之前中澳两国之间几乎没有正式的官方交流，彼此直接了解非常有限。作为近代民族国家公民对中国的认知，除了从欧美出版物获得一些信息外，澳洲人主要从东部淘金热时期赴澳的华工生活和工作中获得一些肤浅的印象。由于"白澳政策"的负面影响，普遍持扭曲中国观的澳洲社会视华人移民为"黄祸"入侵。缺乏必要的正常交往未能为更早催生澳洲汉学提供成熟土壤。

一些澳大利亚传教士、军人、新闻记者、商人和游客出于传教、通商、采访和观光的目的先后来华，把自己在华的所见所闻通过信函、报告和媒体等方式记录下来传达到国内,引起了读者和亲友的兴趣。细心的读者发现:那些信函、报告和媒体记录常常带着泛亚文论的色彩。应该说,早期这种交流形式除了当事人与派遣部门按照签约规定履行义务外,多半都属于个人的行为。由于语言障碍和管理部门缺乏专业安排,有关中国文化、历史和国情的文字记录内容一般都比较简单。就事论事的直观记述,随感式的议论,专业对象不明确和传递渠道的局限,使双方交流处于时断时续的状态。早期研究中国国情的澳大利亚学者因为文化习俗的差异和经验的缺乏,经常碰到认知中华事物的困难。

从国家意识上讲,这一阶段的很多澳大利亚白人移民认为自己就是生活在大洋洲的英国人,国家外交、经济和文化政策唯英国马首是瞻,对外交往受到先入为主的限制。因此澳大利亚汉学的萌芽时期往往与同时期英国的汉学研究挂钩。聘请到澳大利亚高等学府东方学系或者亚洲研究中心任职的专家多半具有英国阅历的学者,他们的研究模式、方法和选题常以英国早期汉学模式、方法和选题为参照依据。

历史学家安德鲁斯在《澳中关系史·前言》中回顾澳大利亚早期汉学发展史时,谈到了多种文化语境限制了对于中国国情和文化的研究。他写道:"澳大利亚的中国问题研究直到最近才有少许,比如:从阿宾斯到克拉克时期一直没有著书记述澳中关系,直到1985年,冯氏和马克拉斯才写了有关书籍。有关中国问题的研究材料已积累不少,但澳中关系仍然无人问津。"[①]

值得关注的是,在中国一个多世纪波谲云诡的近代史大潮中,也有不少澳洲学者留下了自己的身影。其中广为人之的有:梅辉立(William Frederic Mayers,1831—1878)、莫理循(George Ernest Morrison,1862—1920)、张尔昌(Gladstone Charles Fletcher Porteous,1874—1944)、端纳(William Henry Donald,1875—1946)、泽勒(Albert Selle)等人。

一、梅辉立对中国历史、文化和社会的开创性研究

梅辉立生于澳大利亚塔斯马尼亚(Tasmania),其父为该州英总督的私人秘书。1842年为使子女接受良好基础教育父母亲带全家返回英伦。梅辉立完

---

① 安德鲁斯著,高亮、钟兴国、陈希育译《澳中关系史》,厦门大学出版社1992年。

成学业后一度到美国从事新闻记者工作，1859年来华，翌年任英国驻华公使馆翻译生，1871—1878年升任汉务参赞（汉文正使）。

在华近20年的生涯中梅辉立曾积极投身各类外交活动，诸如马嘉理被杀事件和吴淞铁路开通谈判，都是他亲历并参与解决的问题。公务之遐他常撰文向中国读者介绍西方文化，在《中日释疑札记》（Notes and Queries on China and Japan）和《中国评论》（China Review）等刊物上向国内读者介绍中国港市和清政府政府情况，对中西文化交流发挥了促进作用。

1867年3月31日香港出版的英文期刊《中日释疑札记》第1卷第3期刊登了梅辉立撰写的《文献要目：聊斋志异》（Bibliographical：The Record of Marvels），向西方读者介绍了《聊斋志异》及其作者蒲松龄，并摘译了《酒友》（Boon Companion）的前半部分，然后对狐仙故事进行了深入分析和探讨，把读者带入了比较文学领域。他指出，按照欧洲的标准《聊斋志异》实属枯燥乏味一类的故事，令人感受到中国古代史家的笔法，但蒲松龄思维开阔，言之有物，值得一读。1872年该文转载于《凤凰》杂志（The Phoenix）。

梅辉立1874年编著的《中国辞汇》共分四个部分：①按英文字母顺序对974个中文词条进行释义；②按数字大小顺序对317条含数字的中文词条进行释义；③中国朝代年谱；④汉字索引。辜鸿铭认为该书在已出版的同类著作中属于最严谨最认真的一种，实际效用仅次于威妥玛的《自迩集》。[①] 1878年梅辉立因斑疹伤寒病逝于上海。他的主要著述有：

《棉花传入中国记》（Introduction of Cotton into China，1868年）。

《中国辞汇》（Chinese Reader's Manual，1874年）。

《中国政府——名目手册》（The Chinese Government：A Manual, of Chinese Titles, Categorically Arranged and Explained，1878年）。

《中外条约集》（Treaties between the Empire of China and Foreign Powers，1877年）。

《中日商埠志》（The Treaty Ports of China and Japan：A Complete Guide to the Open Ports of Those Countries，together with Peking, Yedo, Hongkong and Macao，与德尼克等合著，1867年）。

[①] 辜鸿铭《中国人的精神》，海南出版社1996年，第139页。

二、郭秀峰为云南村寨边民创制文字并翻译圣经

1877年中国内地会英国传教士麦嘉底（John M'Carthy）曾从上海启程，经过云南到达缅甸八莫，是最早进入云南的基督教传教士，但是因为当地村民防范严谨，加上违反英国政府规定，传教士毫无作为。

1880年英国政府开始修改禁止传教士由缅甸进入中国的禁令。第二年英国传教士乔治·克拉克（George Clarke）夫妇经缅甸进入大理传教。1882年中国内地会传教士又在昆明设立了教堂。此后基督教各教派相继入滇试探传教的可能和方式，其中包括：内地会、循道公会、浸礼会、浸信会、圣公会、长老会、青年会、路德会和信义会等。他们先后在云南各地设点传教，开堂礼拜，掀起了西方传教士入滇传教前后为时40年之久的三次浪潮（1911—1950年）。

1883年一些西方传教士在不平等条约以及封建官府的保护下进入云南昭通传教。由于与云南比邻的缅甸为英国军队盘踞，越南为法国占领军统治，边民对外交往难免有戒心，中国传统文化的封闭性使洋教传播困难重重。在15年时间内西方传教士发展的教徒只有30名。后来英国传教士柏格理（Samuel Pollard，1864—1915）曾进入彝族地区传教，也遭到抵制。

1902年传教士党居仁（J. R. Adames）曾经在贵州安顺偶遇被当地土目抢走猎物的苗族村民，他仗义执言，帮助村民要回鸟兽，使苗民大为感动，事后纷纷找传教士学道。党居仁让他们到昭通找柏格理。

1903年党居仁在昆明武成路中和巷建立起云南中国内地会总会计处，统筹并协调在云南的传教活动。

1905年柏格理联合内地会澳大利亚传教士郭秀峰（Arthur G. Nicholls）及其妻子到富民县等滇北大花苗地区传教，成立了小水井教会。郭秀峰具有神学博士和医师学历，很快在苗民中开展工作，受到欢迎。

1906年郭秀峰在武定县洒普山苗族地区开办教会。他联合其他传教士为村民创制苗文，开办了数以百计的学校和苗文培训班，改变了当地口耳相传文化和没有学校的落后状况，短期内培养了一批批能读会写的村民，推动了苗族文化的发展。传教士利用苗族村民能歌善舞的风俗，把圣经、赞美诗和灵歌译成苗语，用苗族曲调演唱，很快就在村民中传播开来。教会还在信徒

中组织了赛跑、跳高、跳远、诵经等一系列活动，赋予了当地苗族生活崭新内容和方式，取得了意想不到的效果。

1923年，时为内地会滇北传教区监督的郭秀峰在洒普山主持成立了基督教内地会滇北六族联合会，并根据当地教会民族的分布情况，设立了武定县洒普山苗族总堂、滔谷傈僳族总堂、老把傣族总堂、阿谷米干彝族总堂、禄劝县撒老坞黑彝族总堂、寻甸县新哨白彝族总堂等六个传教点，各总堂下设若干分堂，分堂之下又设立支堂。1928年之后，安息日会的传教士也多次深入到滇北地区的富民、武定、禄劝县一些地方开办了教会，规模由小到大，逐渐扩展到临近的嵩明、寻甸、安宁、禄丰等县。到1950年，内地会滇北六族联合会共在这一地区建立了6个总堂、51个分堂、182个支堂，信徒人数增加到2万人。

1944年郭秀峰离华回国。

三、莫里循于19—20世纪之交向世界报道有关中国新闻

莫理循出生于澳大利亚吉朗（Geelong），父亲为中学校长。莫理循从小就喜欢冒险，曾从家乡步行1000多公里到阿德莱德。后来在新几内亚探险时曾被当地土人的长矛击中，幸免于难。在英国爱丁堡大学读医学博士专业课程期间他还划独木舟沿着墨累河航行2600公里。

1894年2月，莫理循揣着妈妈给的40英镑，从中国的京师到上海，然后沿长江西行，有时坐船，有时骑驴，有时步行，经过100多天的时间到达了缅甸仰光。其间他曾深入湖北、四川、贵州和云南作了详细考察，历尽磨难和风险之后将所见所闻写成了题为《一个澳大利亚人在中国》（An Australian in China）一书，1895年分上下两册在伦敦出版。

这部中国游记记述了清末中国西部的风土人情、政治、经济和宗教习俗，几百张照片展示了各地的要塞、驿站、佛塔、村庄、集市、磨坊、清真寺和城门楼，有裹小脚的村妇、衣衫褴褛的乞丐、枷锁银铛的囚犯、神态威严的穆斯林长者。在西北之行的12篇报道中涉及了铁路交通、边防设置、武备学堂、专业教育、矿务和织呢管理、政务咨议等诸多方面，最后谈到了"进步""自由""公正"与"和平"等近现代政治概念。作者向西方世界打开了中国西部的政治、经济、军事和文化的窗口，一度引起了轰动，打算进行系列改

革的光绪皇帝对他十分关注，于是将这部著述指定为官员读物。

1897年3月莫里循被《泰晤士报》聘为该报常驻北京记者，年薪1200英镑。上任后他奉命调查俄国和日本分争中国国土资源的动向。经过几个月他了解到俄国人打算修一条从吉林到旅顺的铁路，他认为日本不会拱手相让他们在满洲的既得利益，日俄之间的战争在所难免。

1900年义和团运动中，莫里循在北京被困55天，身负重伤。1904年莫理循向西方媒体报道了俄国给中国的最后通牒以及日俄战争的爆发，指出他们的目的是争夺中国东北和对朝鲜的控制权，清政府处于进退维谷的境地，宣布中立并在自己的国土内划出交战区。

莫里循是一位不懂中文的西方记者，但是凭借自己的政治头脑和交际手段，他竟然能感动身边的许多人。1911年的辛亥革命爆发时莫里循协助民国政府制订清帝逊位的条件和待遇。1912年8月莫里循辞去《泰晤士报》记者职务，被聘任为袁世凯政府的政治顾问，住在西绒线胡同，年薪3500英镑，住房津贴每年250英镑，可报销在中国境内全部旅差。他的任期一直延续到第四任民国总统徐世昌执政时期。袁世凯时期曾将"王府井大街"命名为"莫理循大街"。

第一次世界大战爆发后民国政府一度宣布中立，莫理循曾劝说北洋政府参战，理由是：多年来日本和俄国始终觊觎中国领土，应该与英国和法国等协约国修好以牵制日俄两国，以便在战争结束后有充分理由要求德国归还被占领的胶东半岛。

1919年第一次世界大战结束，莫理循以中国政府代表团顾问身份抱病参加了巴黎和会，就中国政府收回胶东半岛的问题与谈判对手据理力争。不幸此时他的病情加重，被逼去英国求医。1920年5月30日他病逝于英国的德文郡，结束了飞黄腾达的外交生涯，终年58岁。

从1897—1917年莫理循在华收购了图书文献24000册，地图1000余张。文献部分包括英文、法文、俄文、德文、希腊文、波兰文、瑞典文、芬兰文、意大利文、西班牙文、葡萄牙文等语言的有关中国政治、历史、艺术、法律、外交、地理、地质、考古和动植物资料以及地方志。其中一些具有重要史料价值的文献，如中国海关季报、年报和十年报，英国政府发表有关中国问题的蓝皮书、美国政府的《远东外事汇报》以及部分欧洲驻华使馆的报告，此外还有欧美来华传教士编撰的辞书和手册，5000余册有关中国和东亚的杂志。

这些藏书和资料原存放于北京东交民巷，义和团起事时转至肃亲王府。莫里循在王府井西绒线胡同租赁新居后他又将藏书和资料搬到该处。1916年莫里循曾先后与美国的耶鲁大学、加利福尼亚大学和荷兰驻华公使馆洽商出售藏书和资料事宜。日本横滨正金银行总裁井上准之助获悉此事后，与三菱财团岩崎久弥商量对策。1917年小田切万寿之助与莫里循达成协议，以35000英镑购得全部图书文献，成为日本东洋文库的一部分。

莫里循遗留的大量文件、日记、书信、图片和票证，以及照片3000余张，共几十箱，是研究20世纪中国及远东历史的重要文献，现为悉尼米歇尔图书馆所收藏。

莫里循在北京生活20余年，亲身经历了近代中国一系列重大历史事件。他同情晚清维新派，对辛亥革命爆发表示支持，在向世界报道的新闻中明确表示中国人有能力建立自己的新国家。他担任"中华民国"政府政治顾问期间，向西方公开揭露了日本帝国主义企图灭亡中国的阴谋，还劝说袁世凯放弃帝制。他是中澳两国人民友谊的奠基人，也是澳大利亚早期研究中国的学者。

以莫理循名字命名的澳大利亚国立大学讲座，自1932年至今每年举办。澳洲华人对此长期大力赞助，知名人士如刘光福和麦锡祥都是热心的发起人。澳大利亚国立大学每年邀请国内外知名学者，以该讲座为平台，就与中国研究有关的理论和实践问题抒发己见。

莫里循的主要著述有：

《莫理循亚洲文库目录》（Catalogue of the Asiatic Library of Dr. G. E. Morrison, own a Part of Oriental Library, Tokyo, Japan）。

《一个澳大利亚人在中国》（An Australian in China：being the Narrative of Quiet Journey across China to British Burma. 1895年）。

《莫理循通信集》（The Correspondence of G. E. Morrison. 第一卷（1895—1912）；第二卷（1912—1920），Cambridge University Press，1975年）。

四、中国和澳大利亚早期文化交往史中的张尔昌

张尔昌出生于澳大利亚维多利亚省坎汉镇（Carngham）的一个英国移民家庭，父亲约翰·邓普西-波蒂厄斯（John Dempsey-Porteous）原籍苏格兰格

拉斯哥，母亲凯瑟琳·弗莱彻（Catherine Fletcher）是维多利亚省散顿人。

张尔昌青年时加入了中国内地会（China Inland Mission），曾在墨尔本郊区里奇蒙的里霍博斯传教士学院（Rehoboth Missionary College）受训。1904年10月他奉派来华负责滇东教务监督。1907年张尔昌与郭秀峰（Arthur G. Nicholls）以及王怀仁（George E. Metcalf）到达云南传教站，在苗族村民中开展工作。他一边学习中文，一边凭自己的医学知识和带去的仪器为苗族村民治病。

张尔昌被朋友称为格拉迪·波蒂厄斯（Gladdie Porteous）。他是1902年8月在湘西去世的詹姆斯·布鲁斯（James Bruce）之后派往中国的第一位年轻澳大利亚传教士。坊间误传是张尔昌把澳大利亚桉树带到了云南禄劝县，其实是19世纪50年代到澳大利亚淘金的华工将桉树种带回中国栽培供修建铁路的枕木使用的。

1915年张尔昌来到云南武定县洒普山，1920年转到禄劝县撒老乌开办教会，创办了彝族（纳苏颇）教会的撒老乌总堂。后来他又深入附近山寨建立了分堂。他所在的撒营盘镇（Sayingpan）在禄劝县城以北80公里处，原是彝族酋长撒老乌的城堡。

1908年张尔昌与米妮·波蒂厄斯（Minnie Porteous）结婚成家。张尔昌来华几年后妻子加入了他的传教工作。他们在三天的行程中到达了撒老乌彝族（纳苏颇）村寨，开始了长达20年的开堂礼拜生活。在开展各种教务中张尔昌很快学会了黑彝族（纳苏颇）语，在苗族信徒李发献等人协助下，利用柏格理创制的彝文字母（romanized Yi alphabet）设计了一套柏格理彝文（黑彝文）。他还与郭秀峰和萨谬尔·浦拉德（Samuel Pollard）等人合作，将《新约》四部福音分别译为彝族（纳苏颇）语等三种少数民族语言。此外他还翻译了两种版本的彝语赞美诗。他的语言才能和翻译技巧在当时的澳大利亚传教士中是出类拔萃的。

张尔昌一生共育三名子女：露丝·凯瑟琳（Ruth Catherine）、克莉丝汀·奥利弗（Christine Olive）和斯坦利·约翰（Stanley John）。儿子在二战期间澳大利亚皇家空军服役时战死沙场。

1944年11月10日，70岁的张尔昌因斑疹伤寒病发在撒老乌去世，安葬于总堂坟地。当地教徒为他立碑，碑文用中文、彝文和英文刻成。

在张尔昌逝世时，大约有2万名彝族和苗族基督教徒，后发展到4万名。

但是他在中澳两国早期文化交往史中的地位已经远远超越了宗教范畴。

五、中国近代史上重大政治事件见证人端纳

端纳出生于澳大利亚新南威尔士州里斯谷（Lithgow），父亲是乔治·麦嘉维·端纳（George McGarvie Donald，1846—1930），原为建筑承包商，1889年任利斯谷第一任市长；母亲玛丽·安（Mary Ann）。端纳曾就读于利斯谷公立学校和库耳乌尔学校。因为受过伤不能继承父亲的职业，一度当过印刷工，又先后在《巴瑟斯特护国报》（Bathurst National Advocate）、《悉尼每日电讯报》（Sydney Daily Telegraph）和《墨尔本守护者报》（Melbourne Argus）当记者。

1903年端纳任职于香港《德臣报》（又译《中国邮报》，China Mail），1904年与玛丽·华尔（Mary Wall）结婚。后来他被当时两广总督张人骏（Chang Chen-chun）聘任为顾问，结识了革命党人胡汉民和宋耀如。

端纳因为工作出色，不久就被提拔为《中国邮报》的执行社长。1905年他被聘任为《纽约先驱报》（New York Herald）华南代表，便于1908年辞去了《中国邮报》的职务。

1911年春他以《纽约先驱报》和《远东评论》记者身份抵达上海，访问了位于山东路的宋查理印刷所，发现该所除了印刷《圣经》和宗教书刊外，也印刷革命党人的小册子。同年10月10日武昌起义的消息传到了上海，革命者在爱文义路伍廷芳的官邸建立起总部。端纳热情地帮助革命党人与英国驻华使馆联系，希望西方国家不要助桀为虐。

良好的交际修养和成功的业务开展逐渐把端纳推上了武昌起义上海总部顾问的宝座。辛亥革命后端纳被孙中山聘任为政治顾问，协助起草了《共和政府宣言》，随后与革命党大军浩浩荡荡进入了南京城。

1912年端纳任《远东评论》编辑，因为与业主乔治·布朗松·瑞（George Bronson Rea）就日本在华作用问题意见分歧，虽然1908年端纳因为对1904—1905年日俄战争的报道曾荣获小日本勋章，但是到了1915年他却无法控制自己对日本帝国主义行径的厉声谴责。

1915年1月18日日本驻华大使从国内返回驻华官邸后，即与袁世凯密谈签订"二十一条"的安排，要求以后中国政府聘用日本政治、经济和军事顾

问，允许日本人在华购置具有土地所有权的区域设立医院、庙宇和学校，允许日本人为中国培训警察并管理其机构，声称如果中国不接受这些条款就将意味着战争。

端纳通过特别途径获得了拟议中的"二十一条协定"秘密，并将其发表在《泰晤士报》上，很快引起了舆论界的轰动。《泰晤士报》总编随后致电端纳，希望中国或日本政府政要中有人能对消息来源加以证实。于是端纳便以感谢时任中国政府顾问的莫理循曾为病中妻子献花之事对他登门拜访。两人互致问候之后便转入了正题。端纳带着几分神秘语气说："乔治，我是来告诉你一个密谋的……"

莫理循立即明白他的来意，碍于自己的身份不敢正面回应，便将几页文件放在桌上，借口要去书房片刻。端纳心领神会地迅速将桌上的文件收下，发现那正是"二十一条"的英文译稿。

几天后英国、美国和法国主流报刊几乎同时发表了日本向中国提出签订"二十一条"的新闻，使日本政府处境被动，在美国等西方国家的压力下日本内阁被迫在同年5月4日的议会上通过了删除拟议中的"二十一条协定"相关条款的决议，中国在北京等城市展开"倒袁"运动也因此获得成功。

1920年端纳辞去了《远东评论》的职务，因为他新任北京经济信息局（Bureau of Economic Information in Peking）局长一职实际上是他在《远东评论》职务的延伸。在北京期间他积极投入了新闻采访，经常代表伦敦《泰晤士报》记者大卫·弗莱泽（David Fraser）出访，或者以《曼彻斯特卫报》记者身份报道。1928年新组建的国民政府给北京经济信息局施加了财政压力，端纳被迫辞职前往东北接受少帅张学良顾问的聘任。这是端纳生涯中最重要也是最令人费解的决定。1931—1932年张学良部队在满洲与热河之战中败阵于日本军后复苏期间，端纳发挥了至关重要的作用。日本人心怀叵测，曾鼓动张学良吸食鸦片，是端纳请德国医生米勒为他戒除了毒瘾。此后端纳又力荐张学良出访欧洲并陪同前往，使他有机会亲身体验西方社会和政治实情。1935年张学良回国前端纳一直陪伴在他身边。

1936年12月12日张学良和杨虎城将军因对蒋介石消极抗日不满发动了"西安事变"，拘禁了蒋介石，并向全国通电救国八项主张。为了解决问题，宋美龄希望端纳出面调停，因为他曾是张作霖父子的顾问，又是蒋介石的好友。

端纳受宋美龄之托,多次往返于南京和西安之间。为了解释蒋介石对于抗日的态度,他向张学良出示了蒋介石的日记,表明蒋介石只是采取拖延战术,其实是积聚实力,等待时机。端纳还建议蒋介石和宋美龄会见周恩来,并通过周恩来说去服杨虎城等西安将领改变策略。蒋介石采纳了端纳的建议,还通过他给儿子蒋经国和蒋纬国立下新遗嘱。事件最终得到了和平解决,消除了南京方面扩大事端的可能,蒋介石对于端纳也更加器重。

端纳希望中国发展政治民主,但是他的一些主张并不为国民党所采纳。1940年某日他与宋美龄的一次私下交谈中就宋氏家族对中国经济的垄断表达了思虑良久的批评,岂料宋美龄反诘说:"你可以尽管批评中国,尽管批评中国政府,但对宋家的有些人你是不可以批评的。"端纳素来自视清高,性格刚直,能言善道,从不回避使用"该死的"(damned)之类的脏话,以敢于顶撞名流上司而闻名。听了宋美龄一番言论他预感到可能发生的不测,加之他对于当时蒋介石政府对德政策早就流露过不悦,便暗中盘算辞职离华。

当时抗日战争正进入攻坚阶段,国民政府准备从汉口迁往重庆,但因交通工具紧张,许多机关人员一直滞留在孤城汉口,其中包括端纳和他兼任所长的国民经济研究所全体人员。于是端纳乘机飞往重庆,请蒋介石为研究所撤出汉口一事颁布手令。端纳返回汉口在法租界的中央饭店等待了三天,无意中发现戴笠手下人员正将珍贵文物楚王剑等装箱运往香港。当即气愤地向重庆发了一份加急电报,扬言要辞职回澳大利亚。

一天,辗转到了香港准备回国的端纳在接待一个日本人时,对方向他谈了一通"大东亚共荣圈"之事,被特工秘密录了音,戴笠便以端纳通敌的证据将它送到了蒋介石案前。

日本人把帮助中国抗日的端纳视为"中国的恶魔"(Evil Spirit of China),曾重金悬赏对他进行暗杀。有一次日本军机追杀端纳乘坐的飞机,幸好飞行员凭娴熟技巧躲过了一劫。

1940—1941年,端纳曾在女秘书安茜·李(Ansie Lee,1914—)的陪伴下畅游南太平洋,给他晚年生活留下许多温馨的回忆。1941年12月7日日军偷袭珍珠港事件爆发,端纳获悉后立即乘一艘美国邮轮返航,就近登陆菲律宾马尼拉暂住下来,不幸被日本占领军逮捕。先把他关押在山多士大学集中营(University of Santo Tomas Camp),后又关押在罗斯巴诺斯(Los Banos)。虽然一些难友认出了他,然而没有一人向日军告密。

在那不堪回首的 4 年中端纳身边一直藏着一份有关他在华经历回忆的书稿，未被发现，可惜后来在慌乱中遗失，无缘与读者见面。1945 年在夏威夷他曾向美国记者赛勒（Earl Albert Selle，1906—1978）谈到来华往事，流露出几十年来对于中国有深入的了解，看到了这个杰出民族与他国的不同之处，但是同时也看到了许多中国人的隐私，担心写出来难免冒犯身边的友人。挚友斯伯瑞（Henry Sperry）曾遵照端纳的嘱咐，在他临终前将长期保存的一些书信、日记和手札全部焚毁。1941 年 11 月《亚洲杂志》（Asian Magazine）刊发端纳的《我的回忆》是他唯一有据可考的著述。

1945 年 2 月蒋介石电请美国远东地区司令道格拉斯·麦克阿瑟组织"洛斯巴尼斯"行动解救端纳，美国空降兵占领了集中营，直升机将端纳救出送往珍珠港美军基地医院。但是他的健康状态一直不佳，先后从大溪地转往檀香山，每日迎朝霞，送落日，呼吸新鲜空气，均未得到康复。

日本投降后，蒋介石表示欢迎端纳回到中国，宋美龄派专机赴夏威夷接他到上海。不幸他的病情日渐恶化，经常咯血，被确诊为肺癌晚期。在低落情绪中他常常吟诵诗人尼采的《太阳落了》聊以自慰。但是"生命的日子啊，我的太阳落了"这样令人感伤的诗句，只能挑动他那无奈和无助的神经。昔日纵横捭阖于中外政界的一条汉子，如今只能静静地等待命运的裁判。临终前宋美龄在他病榻前诵读《圣经》。1946 年 11 月 9 日端纳病逝，获准安葬在宋氏家族墓地。

端纳来华 40 多年，跨越了晚清、民国、抗日等重大历史阶段，是西安事变的斡旋者之一，也是许多中外敏感事件的见证人，对于 20 世纪 30—40 年代的中国政治产生过影响。他是一位很有个性的人物。早在香港期间他就决定放弃学习中文的打算，因为他发现身边的中国人可以当着他的面用自己的语言讨论任何问题，无须顾忌。1936 年他担任国民政府高级幕僚，月薪 10000 大洋，仅相当于当时普通外国公务员的工资水平，但是他很知足。他还是个工作狂，喜欢收集旧唱片和泛舟大海。他在中国任何场合都不饮酒，只吃西餐，也未回过澳大利亚。他的妻子安妮长期居住在香港。端纳去世前，妻子和女儿曾前去照料他的起居饮食。妻子埋怨说端纳其实并非与她结婚，而是和中国结婚了。

对端纳在中国的影响进行评测并非三言两语可以概括。有人说他只不过是一位被美化的公关人物，也有人说他在时局政策制订中确实发挥过重要作用。然而毫无疑问，1936年11月西安事变中张学良心怀不满的部下拘禁蒋介石时，端纳所进行的调停是他在中国事业的最精彩的章节。

《端纳档案：一个澳大利亚人在近代中国的政治冒险》作者张威说：

> 端纳的一生就是一个澳大利亚人在中国政坛冒险的一生，像许多冒险家一样，他经过了上升和陨落。这个"东方冒险者"的性格是复杂多面的，对中国和华人、对大英帝国和澳大利亚他是爱恨交织，他有光明磊落、疾恶如仇的一面，也有玩世不恭、Playboy的一面，他是仁慈的，但也有铁石心肠的一面。[①]

（熊文华：北京语言大学教授）

[①] 张威《端纳档案：一个澳大利亚人在近代中国的政治冒险·作者序》，清华大学出版社2013年。

澳大利亚学者对儒家学说、中国宗教和历史的研究

熊文华

摘　要：本文聚焦于澳大利亚学者对儒家学说、中国宗教和历史研究的探讨。该国独特的历史和东西方联姻的文化背景为汉学家的中国研究创造了良好的条件。1989年李瑞智与黎华伦合著的《儒学的复兴》提出了对"后儒家"教育发展的思考，引起了学术界和教育界的高度重视，为澳大利亚汉学赢得了发展契机。澳大利亚国立大学以及其他一些高校先后设立了研究佛教的专业，培养了一批专门人才。澳大利亚佛教研究协会开展的佛教学术研究，加强了地区和不同学派之间的信息交流和资源运用。澳洲对中国近当代史的研究始于20世纪70年代，有关辛亥革命、国共合作、抗日战争以及华人社会等方面的专题出版了有价值的专著。王赓武和颜清湟都是当代华人史学专家。

关键词：儒学复兴　后儒家　道藏　藏传佛教　中观学派　中国中心观　历史价值

一、儒家思想在澳大利亚的研究和传播

创建于先秦时期的儒家学说，在2000多年的实践和完善过程中逐步发展成集心智、伦理和治国之术为一体的综合思想体系。两汉经学实现了对儒家学说的第一次飞跃，宋明理学又对儒家学说进一步验证和提升，而近现代的新儒学（新儒家）则是在中西文明碰撞下衍生出来的新学派，被认为是传统儒学面向现代社会的一个历史性发展。作为中华文明的主干，儒家思想始终占据着国家意识形态的正统地位，东西方的汉学界都把它作为核心选题纳入自己的研究项目之中。

当代儒学研究的范围和方法有不同的思考和定位：小则聚焦于《论语》，研究在个人的修身养性、优化思维方式、行为准则和价值取向方面如何与开放社会接轨；大至对"四书"或者"五经"甚至"十三经"的版本学、训诂学和语言学的诠释与分析，研究历代名儒大家，联系与佛教和基督教文明的对话、东方文明的复兴、增进各国人民之间的理解与信任等话题进行深入细致的学术探讨。

在澳大利亚各个时期先后出现了一些对儒家学说有专门研究的学者，民间和专业的机构曾为此营造了良好的环境。李瑞智（Reginald Little）、梅约翰（John Makeham 和吕武吉（Martin Wu-chi Lu）等汉学家在学术界都很活跃，曾做出过突出贡献。

李瑞智曾在澳大利亚外交界服务 25 年。1984—1988 年他担任澳大利亚外交贸易部澳中协会执行主席，1987 年曾出席在山东曲阜召开的首届儒学研究大会。自 1994 年国际儒联总部在北京成立以来他一直担任理事并于 2009 年被推选为副会长。他也是澳大利亚邦德大学东西文化经济研究中心的创始人之一，2000 年访问过北京、重庆、大连。他通过研究发现儒学是日本经济成功的思想基础，由此他预见到中国在不远的将来进入高速发展的可能。1989 年他在与黎华伦（Warren Reed）合著的《儒学的复兴》（The Confucian Renaissance）中谈到，儒学发展史表明儒家思想在世界文明中拥有一席之地，既能帮助人们实现物质需求满足的愿望，又能使人们在心灵上得到陶冶。该书曾被译为中文和日文并多次再版，引起了学术界和教育界的高度重视，为澳大利亚汉学赢得了发展契机。

2008 年 9 月 27 日在山东曲阜召开的世界儒学大会上，李瑞智在提交的论文《儒家价值观在全球市场的影响》中说：世界新秩序在建立过程中，儒家思想通过解决愈来愈多的经济问题，不断地施加其有力的影响，从某种意义上说，正在对全球社区进行重塑。只有坚持儒学传统并成功应对各种挑战的东亚人民才能使之充分发挥效力，可以期待它对前人的超越，在人和自然的和谐相处中保持其最佳状态。

李瑞智在专论《儒家全球秩序——亚洲的和平兴起》中提出了自己从考察分析中得出的结论：在东南亚社会新秩序的建立过程中所有行政和商务精英都经过儒学思想的洗礼。他认为该地区的 20 亿人都在优化自己的教育、行政策略、应用技术、生产能力和金融资源，使之适应世界新潮流。他坚信东南亚将成为未来全球活力的中心，与过去两个世纪逐渐衰败的西欧相比，它与众不同的价值观将发挥得淋漓尽致，完美无比。

2013年9月3日至5日，由国际儒学联合会和澳大利亚国际事务研究学会共同主办的"2013年中澳文化对话"国际论坛，分别在布里斯班、悉尼和墨尔本召开，主题为"21世纪的亚洲与中国传统文化经典"。李瑞智在一次发言中指出：了解中国传统文化的思维特点，对于进一步推进澳大利亚和中国的文化交流具有重要的意义，已有更多的澳大利亚人表达了学习和了解中国文化的愿望。

李瑞智的个人专著以及与其他学者合作完成的著述还有：《儒学道学影响下的新千年》《儒家文明在21世纪全球秩序中的作用》《儒学的更新及英语全球秩序的衰退》《21世纪的挑战与王阳明思想》《多元文化情景中儒学面临的挑战》《全球市场中的儒家道德》等。

澳大利亚阿德来德大学亚洲研究中心主任梅约翰是1992年澳大利亚国立大学毕业的中国思想史博士，对儒学和中国哲学有独到研究。2003年10月16日他应邀在中国人民大学孔子研究院座谈会上作了题为"新儒家'追溯方式'的成立"的发言，就"现代新儒家"名称的界定以及目前海峡两岸学术界对现代新儒学的研究，做了详尽的介绍和评析。

2005年9月10日在武汉大学举办的第七届当代新儒学国际学术讨论会上，梅约翰发言的主题是《从旁观者的角度看中国哲学的合法性》。他认为澳大利亚当今儒学的研究与推广只是在一个有限的圈子里进行，研究者主要是华裔学者，在现实操作层面难以实施，在学术研究层面也很难产生像法兰克福学派那样的影响，表达了他对澳大利亚儒学研究现状的忧虑和期待。

梅约翰的主要著作有：《早期中国思想的名实论》和《现代新儒学评析》等。

吕武吉（Martin Wu-chi Lu）在台湾大学外文系毕业后就读于美国南伊利诺大学哲学硕士和博士专业，获得了相应学位后被澳大利亚邦德大学聘任为东西文化与经济研究中心主任，同时兼任北京国际儒学联合会理事和中国社会科学院客座教授。他的研究方向是儒学、基督教文化以及东西文化的交流。2011年9月27日在第四届世界儒学大会上他做了《儒家"天"与基督教"上帝"——存在与超越之揭露》的学术发言。他认为儒家的"无言天"表示"天"可以有言，基督教的上帝是"有言的"。基督信仰的"天国就在你的心中"以及儒家的"尽心、知性、知天"等说法表明：人文和宗教领域的真理只具有存在现象意义，而"现象"不是人与世界不可避免的障碍或隔阂，而是可以自己的方式体现出来的真理。他的主要著述有：《中国哲学的重建：梁燕城、牟宗三与现象学》《禅与佛性——批判佛学（佛教）风暴的新探讨》《孔子在〈论语〉里的精神境界、心理分析和后现代诠释》和《海外华人儒家学说提升》等。

澳大利亚墨尔本大学高等教育研究中心（Center for the Study of Higher Education）教授马金森（Simon Marginson）在他的《东亚和新加坡的高等教育：儒家模式的发展》①中，提出了对"后儒家"（post-Confucian）国家（中国、日本、韩国、越南、新加坡和马来西亚）教育发展的思考。这些国家的教育都不同程度地充满活力，创造了一种独特的高等教育模式，在政府对教育的关注和家庭对教育的投入方面比北美和欧洲显得更有成效。他认为儒家模式的教育发展具有四大特点：以强大国家主权结构、资金和实力为后盾；自费生多半来自于具有儒家价值观念的家庭；全国统考缩小了社会竞争与优劣大学之间的差异；适时增加对学术研究和一流大学的投资。这一模式可能导致公民参与社会活动的不平等以及国家对院校行政自主权和学术活动的干预，但是经济发展和税收的减少可以促使儒家模式教育的迅速发展。东方文化以其超预期的成就举世瞩目，以往"东方"是"速度"的同义词，现在"东方"更预示着希望。马金森是著名的比较教育学家，他的主要著述有：《教育市场》（Markets in Education，1997年）、《澳大利亚教育：1960年以来的政府、经济与国民》（Educating Australia: Government, economy, and citizen since 1960年）、《澳大利亚教育与公共政策》（Education and public policy in Australia, 1993年）和《澳大利亚高等教育》（Tertiary Education Policy in Australia，马金森编，2013年）等。

自2005年在西澳大学建立第一所孔子学院以来，澳大利亚已有13所孔子学院和20多所孔子课堂，并先后成功地举办了10届"汉语桥"世界大学生中文比赛和4届世界中学生中文预赛。20世纪80—90年代儒家文化在澳大利亚的传播和发展成绩突出，有关新闻不断见诸报刊。李瑞智和黎华伦曾在《儒学的复兴》一书中指出，在未来的10—20年之内，如果不懂汉语，不了

---

① 王大千编《中国儒学年鉴》，《中国儒学年鉴》社2012年，第222页。

解儒家的基本传统观念,所带来的负面影响将如今日不懂英语又不了解西方价值观和潮流一样。

昆士兰华人论坛(Queensland Chinese Forum)成立于1994年,现有13个成员协会,其主旨在于搭建一个华人团体讨论社区重要事项平台,相互交流并弘扬中华文化。2012年11月28日他们举办了"儒学与海外华人"研讨会,当地华文报纸《大洋日报》对此作了专题报道。

2014年1月25日"奋斗在澳洲华人论坛"刊登了一篇题为《振兴教育需要多些儒家思想,少些名星名媛》。作者写道:

> 在2012年的国际学生评估(Programme for International Students Assessment)中,排名前七位的上海、新加坡、香港、中国台湾、韩国、澳门、日本都是受儒家文化影响的社会。在这些社会,大多数人尊敬教师、不崇拜名人。大多数家长认为优良的教育是使自己的孩子拥有一个美好前程的主要手段。他们愿付出常人不可比拟的辛劳,以鼓励和支持孩子的教育。在东亚地区,孩子们感到学习很"酷"。尖子生被视为英雄,而不是书呆子。
>
> 东亚地区的教育成就也有利于经济增长。在过去的五十年里,世界目睹了日本的经济复苏,新加坡和韩国的高速工业化,还有中国的崛起。1979年,赫尔曼·卡恩(Herman Kahn),世界著名的未来学家,以及1980年罗德里克·麦克法夸尔(Roderick McFarquhar),世界知名的中国问题专家和哈佛大学教授,都把东亚经济的快速增长的原因归结于儒家价值观。
>
> 在同样的文化影响下,澳大利亚亚裔学生在教育上也很成功。他们以远超出其人口比例的高入学率进入我们的一流大学。在澳大利亚最负盛名的高中科学竞赛,英特尔科学人才搜索和西门子科学竞赛,在过去的五年中,超过20%的国家获奖者是东亚裔的,而他们在澳大利亚只占有大约2%的人口比例。
>
> 澳大利亚亚裔家庭的经验已经证明,儒家价值观有助于在一个家庭培养出对教育的执着、勤奋学习的精神和追求成功的毅力。它帮助亚裔澳大利亚家庭抵御通俗文化的不良影响,并证明对教育的承诺将会得到以获得主流行业高薪职业的回报。

这里需要指出的是：东亚国家已经开始学习澳大利亚教育的优势，例如强调创造力和社会技能的培养。这将使他们的教育更为强大。要振兴澳大利亚教育，并维持澳大利亚在全球经济和技术上的领先地位，我们需要借鉴东亚教育优势，尤其是其崇尚教育的文化。这就意味着：我们需要多一些儒家，少一些名星名媛（Kardashians）![1]

儒家思想在澳大利亚深入人心的影响由此可见一斑。

二、澳洲学者对道教和佛教之研究

澳大利亚独特的历史和东西方联姻的文化铸就了该国宗教自由的社会环境。欧亚和美洲移民把新教、道教、佛教、东正教、伊斯兰教和犹太教带进了澳大利亚，使宗教生活渗透到社会每一个角落，为宗教研究创造了良好的条件。时为澳大利亚总理的陆克文在对2009年3月27日至4月1日在无锡和台北举行的第二届世界佛教论坛的贺信中说："澳大利亚是各种信仰的家园，宽容、互相尊重以及民主传统将这些信仰团结在一起。"

澳大利亚从事道教研究的学者主要有华人教授柳存仁（Liu Ts'un-yan，1917—2009）、德裔汉学家贺大卫（David Leopold Holm）和巴尔巴拉·坎德尔（Barbara Kandel，又称Barbara B. Hedrischke）等人。

柳存仁，祖籍山东临清，1917年生于北京，毕业于北京大学，1946年后执教于香港皇仁书院和罗富国师范学校。1957年他以论文《佛道教影响中国小说考》（Buddhist and Taoist Influences on Chinese Novels）获得了伦敦大学哲学博士学位。1962年他赴澳大利亚国立大学中文系任教，是该系的第一位华人学者。1966年至1989年他先后担任哈佛-燕京学社、哥伦比亚大学、夏威夷大学、巴黎大学、香港中文大学中国文化研究所、马来亚大学、早稻田大学、新加坡大学、新西兰奥克兰大学的客座教授，后受聘为澳大利亚人文科

---

[1] 2014年1月5日，作者在《奥兰多卫报》上发表了《改革教育：多一些儒家思想，少一些明星名媛》（Revamp Education: More Confucians, Fewer Kardashians）一文，抨击通俗文化对教育的危害，褒扬儒家文化对教育的激励作用。据称文章发表之后全球有70多个网站转引或连接，其中包括澳大利亚教育厅长协会网站。1月25日该文作者把原文译成中文刊登在"奋斗在澳洲华人论坛"上，本文转引自其中文译文。

学院首届院士。

20世纪60—70年代，柳存仁撰写了多部有关道家和道教的英文著作，以及一系列道教研究文章，其中大部分收入后来出版的《和风堂文集》中。由于自幼接受儒家教育，对中国文史哲传统文化有深厚修养，青年时代又接受过现代科学教育，对于道教曾持批判态度，认为道教是"最卑俚、最无内容、最浅薄贫弱的"。

1971年他在荷兰《通报》上发表了题为《12世纪道士的结核病知识》的文章，介绍了12世纪中叶出现的道经《无上玄元三天玉堂大法》，认为当时的道士已经认识到结核病是一种由某种原因或者寄生虫引起的传染病，而且可通过多种途径传染他人。经过查考不同时期的中国文献他又深入了解了西方医学史上的有关记载，认为中国道士在该领域里所获得的知识早于其他国家数百年。

1974—1984年柳存仁曾四次应邀到北京、成都、上海、西安、武汉和敦煌等地访问，对中国文化和宗教有了更深入的了解，所到之处都有一些新发现并作专题学术讲演。

1962年他在德国威斯巴登出版的英文专著《佛道教影响中国小说考》，以嘉靖年间江苏兴华县道士陆西星的身世和著作为依据，论证明代小说《封神演义》的作者不是许仲琳而是陆西星。

1976年他的英文专著《和风堂论文选集》（Selected Papers From the Hall of Harmonious Wind），共四部分，由法国汉学家戴密微作序在荷兰莱顿比卢书店出版。书中的第二部分收录道教论文六篇，分别为：《十二世纪道士的结核病知识》《道教对明代新儒家精英之渗透》《三一教主林兆恩（1517—1598）》《陆西星：十六世纪的一个儒家学者、道士和佛门献身者》《陆西星之参同契测疏》和《袁黄及其"四训"》。

1991年10月上海古籍出版社出版了他的中文版《和风堂论文集》上、中、下三册。收录论文四十余篇，其中道教论著20篇，其余为《道藏》研究、天师道研究、摩尼教对道教影响、宋代道教与儒学和道教文学的关系以及有关《宗教词典》的评论等。

1995年柳存仁先后发表了《道教追求长生——〈湘绮楼说诗〉卷一梦衍义》（收入陈鼓应主编《道家文化研究》第七辑，上海古籍出版社1995年）、《道教为什么是多神教》（收入林徐典编《汉学研究之回顾与前瞻·历史哲学卷》，中华书局 1995 年版）等。

他还写过一些有关道教的专论，如《明代思想中的道教自我修养》（收入狄百瑞编《明代思想中的自我与社会》，Self and Society in Ming Thought，纽约 1970 年版）；《道藏的编纂和历史价值》（收入莱列斯等编《中国历史资料论集》，Essays in the Source for Chinese History，澳大利亚国立大学出版社堪培拉 1973 年版）；与朱迪·柏林（Judith Berling）合著的《元代的三教》（收入陈学霖和狄百瑞编《元代思想：蒙古人统治下的中国思想和宗教，Yuan Thought：Chinese Thought and Religion Under the Mongols，纽约哥伦比亚大学出版 1982 年版》）。

1996 年 8 月 11—16 日，北京大学哲学系暨中国哲学与文化研究所和香港道教学院在北京联合举办道家文化国际学术研讨会。柳存仁应邀赴会，并在会议第一天做了主题演讲，在分组会上宣读了论文《道教与道术》。

柳存仁在澳大利亚国立大学任教期间培养了一批道教研究人才。他现在已经退休，但是仍笔耕不辍。

墨尔本大学亚洲研究所的贺大卫，祖籍德国，少年时代就对中国和中华文化感兴趣。20 岁时就读于苏格兰哥拉斯哥大学，学习希腊文和拉丁文。以《19 世纪常州派儒家经文》获得硕士学位后到牛津大学攻读中文，在隆彼得教授的指导下完成了博士论文《抗战时期陕甘宁边区的文艺活动》。1995 年他被聘任为墨尔本大学中文讲师，从事梅山道教、道教科仪与经典以及僮族方块字研究。1976 年他随一个英国年青汉学者代表团从老挝经香港、广州、北京、南京、扬州到上海参观，以后又多次到中国西北和华北地区实地考察，到过陕西佳县白云山白云观。2008 年 9 月在中国台湾清华大学主讲《梅福与梅山教；僮族方块字系统研究》（Mei Fu and Meishanjiao；The Old Zhuang Script）。他的著述有：

《欧洲馆藏中国报刊文献》（A Bibliography of Chinese Newspapers and Periodicals in European Libraries，Cambridge：Cambridge University Press，1975 年）。

《革命中国的艺术和意识形态》（Art and Ideology in Revolutionary China. Oxford：Clarendon Press，1991 年）。

《喊魂：广西的布洛陀经诗与傣族天书》（Recalling Lost Souls：The Baeu Rodo Scriptures, Tai Cosmogonic Texts from Guangxi in South China. Bangkok：

White Lotus Co. 2004 年)。

《中国少数民族的道教》(Taoism among China's Minority Nationalities, In Edward L. Davis ed. Routledge Encyclopedia of Contemporary Chinese Culture. London: Routledge, pp. 136—7, 2005 年)。

麦考瑞大学教授巴尔巴拉·坎德尔也对中国道教思想作过研究。20世纪70年代初她曾在德国慕尼黑大学任教,从语言学和哲学角度对《文子》进行过研究,1974年在《威尔茨堡大学中国和日本学丛书》(Wurzburager Sino-Japonica)第一辑发表有关《文子》的论著《〈文子〉对道经的难点及理智的贡献》。1979年她用英文发表了《太平经》的起源和传播:非正式经典史》(载《德国东亚自然与人类学会报告》Mitteilungen der Ge-sellschaft ftir Natur-und Volkerkunde Ostasiens 75)。同年她参加了第三次国际道教研究会议并宣读论文《宇宙模式及其社会影响——〈太平经〉中的"自然科学"》(Cosmol-ogical Patterns and Their Social Impact-*Natural Science* in the Scripture of General Walfare *T'ai-ping ching*)。她曾来华进行学术交流,访问了中国道教学会。1984年她在瑞士《亚洲研究》第38期上发表文章介绍了"文革"后的中国道教研究。1985年参加纪念德国威尔茨堡大学教授石泰宁格65岁诞辰撰文活动,撰写了《天师对天意的确认》,后被收入纳多尔夫等编的《东亚的宗教和哲学》(Religion und Philosophie in Ostasien, 1985年)。1996年她与澳大利亚国立大学的本杰明·彭尼(Benjamin Penny)合作写了《老君说一百八十戒:文本翻译与研究》,发表在美国杂志《道教资料》1996年8月第六卷第二期上。同年她应邀参加了北京道家文化国际学术研讨会,宣读了论文《〈太平经〉中财富和贫困的概念》,对于经文中有关"贫"与"富"的划分,以及致富避贫的思想和富人的社会作用提出了自己的观点,她有关《太平经》和早期道教的论述,独具新意。

澳大利亚人类学家认为,佛教是最早进入澳洲的非本土宗教。据1857年的人口统计,维多利亚州有佛教徒27288名,其中大多数为各金矿的华工。1882年500名僧伽罗人乘德文号(Devonshire)从科伦坡抵达澳大利亚,后来又有一批采珍珠的僧伽罗人到达星期四岛(Thuisday Island),多数为佛教徒。澳大利亚也有来自西方国家的佛教徒移民,如1910年移民澳洲的英籍优娑纳德佳法师(U Sasana Dhaja)和1925年到达墨尔本的达摩派(the Little Circle of the Dharma)。

澳洲佛教有南传、汉传和藏传等流派，但是都彼此尊重包容，因此使佛教成为澳洲信仰率最高的宗教。20世纪60—70年代后大乘佛教开始进入澳洲，80年代以后是澳洲佛教发展最快的时期。据1996年统计全澳有佛教徒299800名，167个佛教团体，其中大乘佛教占36.5%，南传佛教占24%，藏传佛教占24.5%，其他宗派占15%。

澳大利亚国立大学是澳洲涉藏研究的发源地，1964—1966年英国藏学家兰姆（Alastair Lamb）曾在该校高等研究院任高级历史研究员。此外，在格里菲斯大学、纽卡斯尔大学、悉尼大学、悉尼科技大学和塔斯马尼亚大学都设立了研究西藏和藏传佛教的院系和专业，汇聚着许多专家学者，培养了许多专门人才。

狄雍（Jan Willem de Jong, 1921—2000）通晓法语、英语、德语、汉语、日语、俄语、藏语和梵文，1949年获莱顿大学哲学博士学位。他曾在哈佛大学和巴黎大学学习，师从法国女藏学家玛赛乐·拉露（Marcelle Lalou, 1890—1967），听过戴密微（Paul Henri Demieville, 1849—1979）的讲座。1954年他执教于莱顿大学，成为柯恩学院（印度学院）的第一位研究藏传佛教的教授。1965年他受聘于澳大利亚国立大学，创建亚洲研究系并任系主任。他主要从事佛教教义、文献学和印度哲学研究，在西方佛学界和藏学界影响甚广，为国际藏学研究培养了不少人才。他于1986年退休。他的主要著述有《欧美佛学研究简史》（A Brief History of Buddhist Studies in Europe and America）、《米拉日巴传》（Mila ras pa'i rnamthar: Textetibetaindela vie de Milarepa）、《中国佛语》（Buddha's Word in China），还将梵文原典《中论颂月称注》（净明句论）部分译成法文。他一生收藏的图书资料共计20000多册，其中有些是18世纪欧洲出版的有关敦煌和西藏的图书，具有很高的学术价值，其余为各种文字的亚洲和佛教研究参考书。

约翰·鲍尔斯（John Powers）是澳大利亚国立大学亚太研究学院社会和历史研究中心教授，西藏问题专家。1984年他获加拿大麦克马斯特大学（McMaster University）印度哲学硕士学位，1991年获美国弗吉尼亚大学宗教史博士学位。他曾先后任教于美国多所大学，1995年受聘于澳大利亚国立大学。他长期从事藏传佛教和印度佛教哲学研究，目前研究的课题有"中国20世纪早期的佛教"和"中华人民共和国的宗教与国家"。他在澳大利亚藏学界非常活跃，曾多次接受澳大利亚广播公司（ABC）、英国广播公司（BBC）、

澳大利亚学者对儒家学说、中国宗教和历史的研究

美联社和洛杉矶时报等新闻机构的采访,在各种公开场合就宗教问题和藏传佛教问题发表评论,并在《美国历史评论》(American Historical Review)、《全球佛教杂志》(Journal of Global Buddhism)、《宗教研究评论》(Religious Studies Review)等报刊上发表书评、论文和随笔,还在澳大利亚移民与难民审核部(Migration Review Tribunal and Refugee Review Tribunal)担任政策研究顾问,在英国劳特里奇出版社(Routledge)担任特约编辑。他的主要著述有:《佛教中的瑜伽行派:传记》(The Yogficfra School of Buddhism:A Biography,1991年)、《藏传佛教导论》(Introduction to Tibetan Buddhism,1995年)等。

杰弗瑞·萨缪尔(Geoffrey Samuel)1964—1967年在牛津大学攻读物理专业,1967年转学剑桥大学三一学院(Trinity College)学习理论物理,1975年获剑桥大学社会人类学博士学位,学位论文为《水晶念珠:西藏宗教的人类学研究视野和方法》(The Crystal Rosary:Insight and Method in an Anthropological Study of Tibetan Religion)。他通晓法语、德语、意大利语、俄语和藏语。1978—2004年他任教于澳大利亚纽卡斯尔大学,2004年他应聘在英国卡迪夫大学宗教和神学研究院任教。他是英国皇家人类学会(Royal Anthropological Institute)会员、亚洲传统医学研究国际协会(International Association for the Study of Traditional Asian Medicine)的副主席和《亚洲医学:传统与现代》(Asian Medicine:Tradition and Modernity)的编辑。他的研究领域为南亚地区宗教、藏传佛教、藏医和传统印度医学以及佛教和其他宗教在澳大利亚和英国的传播。他先后出版专著10多部、论文近百篇。其中包括:《精神、肉体和文化:人类学与生物学交汇》(Mind, Body and Culture:Anthropology and the Biological Interface)、《文明的萨满:西藏社会中的佛教》(Civilized Shamans:Buddhism in Tibetan Societies)、《密宗新解:对藏传佛教和印度宗教的新理解》(Tantric Revisionings:New Understandings of Tibetan Buddhism and Indian Religion)、《瑜伽的起源与密宗:13世纪之前的印度宗教》(The Origins of Yoga and Tantra:Indic Religions to the Thirteenth Century)。此外,他还英译图齐的《西藏的宗教》和德国蒙古学家海西西(WaltherHeissig)的《蒙古的宗教》(The Religions of Mongolia)。

杰弗瑞·萨缪尔曾承担或参与由澳大利亚政府、英国基皇家学院以及中国台湾科学委员会等部门资助的研究项目,如"东部藏人的政治和社会秩序"(Politics and Social Order among Eastern Tibetans);"西藏西部苯教藏医学校和

医院里之传统与现代"(Tradition and Modernity in a Bonpo Medical School and Hospital in Western Tibet);"西藏的长寿修行和观念:对敦珠传承中的长生修行的研究"(Longevity Practices and Concepts in Tibet: A Study of Long-Life Practices in the Dudiom Tradition),"西藏苯教普巴仪轨中的音乐曲式和仪轨含义"(Musical Form and Ritual Meaning in the Phur-Pa Ritual Cycle of the Tibetan BonPo Religion)等。

悉尼大学印度次大陆研究系主任马克·阿伦(Mark Allon)是澳大利亚佛教研究会主席,主要研究南亚和中亚佛教,特别是阿富汗巴米扬地区的犍陀罗。

悉尼大学印度次大陆研究系安德鲁·麦克加里蒂(Andrew McGarrity)主要研究领域为印度中观学派、藏传佛教哲学、印度和藏传佛教逻辑等。他的博士论文是《从逻辑发展的视角看印度早期中观学派的方方面面,及其对理解西藏及格鲁派经院哲学的意义》(Aspects of Early Madhyamaka in the light Of Logical Developments in India, and the Implications for Understanding Tibet and Gelugs pa(Gelukba) scholasticism)。

美国史密斯学院哲学教授杰伊·加菲尔德(JavL Garfield, 1955—)兼任澳大利亚墨尔本大学和塔斯马尼亚大学教授,也是塔斯马尼亚大学与中央高级藏学研究院学生交换项目的负责人,主要从事印度和藏传佛教中观哲学及宗喀巴研究,有专著和主编的图书10多部以及论文百余篇,其中包括:《认知科学导论》(Cognitive Science: An Introduction, 1987年);《精神上的信仰:精神本体论研究》(Belief in Psychology: A Study in the Ontology of Mind, 1988年);《中道之根本》(Fundamental Wisdom of the Middle Way, 1995年);《空观:佛教哲学及其跨文化解读》(Empty Words: Buddhist Philosophy and Cross-Cultural Interpretation);与格西阿旺桑丹合作翻译的宗喀巴大师著述《菩提道次第广论释》(An Ocean of Reasoning: Tsong kha pa's Great Commentary on Nagarjuna's Mulamadhyamakakarika with Geshe Ngawang Samten, 2006年)。

索南塔却(Sonam Thakchoe)曾在印度学了9年藏传佛教史,于2002年获塔斯马尼亚大学博士学位,现在该校哲学系教授佛教哲学。他的主要著述有:《二谛论争:宗喀巴与国燃巴论中道》(The Two Truths Debate: Tsongkhapa and Gorampa on the Middle Way, 2007年);《宗喀巴中观哲学的俗谛》(Status of Conventional Truth in Tsong khapa's Madhyamika Philosophy);《在

西藏中观认识论中的先验知识》(Transcendental Knowledge in Tibetan Madhyamika Epistemology) 等。

悉尼、昆士兰、墨尔本、西澳大利亚、南澳大利亚、新南威尔士在原有佛教团体和组织基础上联合成立了"澳洲佛教协会",以推进弘扬佛教为宗旨,通常每月举行两次集会,研究讨论三界、四谛、缘起、转世等佛教基本教义及佛教伦理。

澳大利亚的佛教研究中心 (Australian Center for Buddhist Studies) 创立于澳大利亚国立大学亚洲系内,重视佛学与梵文研究,编辑并出版《东方学研究专刊》(Oriental Monographs),常刊载有关佛教研究的著述。

澳大利亚佛教研究协会 (Australian Association of Buddhist Studies) 的成立旨在通过有组织的活动和研讨会,促进澳洲(包括澳大利亚联邦、新西兰、新几内亚和太平洋诸岛)的佛教学术研究,加强地区和国际学者和研究人员、不同学派和教派之间的信息交流和资源运用。

三、中国历史在澳洲汉学平台上的浓妆再现

研究中国历史的澳大利亚学者人数不多,近当代史的研究始于 20 世纪 70 年代,范围广及各个重要时期。有关辛亥革命、国共对抗、抗日战争以及华人社会等方面的研究都出版了一些有价值的专著,成果令人瞩目。

1970 年澳大利亚国立大学的远东历史系创办的《远东历史论丛》(现名为《远东史》)每期都刊发一些研究成果,受到各国史学界的关注,很快成为世界中国史学研究的主流刊物。该刊经常登载长篇学术论文,侧重于古代和近现代远东各国的历史,其中中国史研究的比例较高,例如第 1 辑 5 篇论文中就有 4 篇研究中国史的论文。1979 年出版的第 18 辑是辛亥革命研究专辑,内容包括:辛亥革命时期的军人、海外华人、留日革命者、中国使团、民族资产阶级以及革命运动对内蒙和上海等地的影响。有作者谈道:辛亥革命爆发前几个月上海原来的掌权者已向革命派妥协,革命枪声打响后新旧掌权者开始联合执政。之所以产生和平过渡,是因为新当权者与金融界和商界巨头的关系密切,这也为联盟后来的分裂埋下伏笔。

1972 年中澳两国建交之后,双方学术交流不断深入和发展,一些澳大利亚大学开设了中国历史课程并招收了中国史专业的本科生和研究生。研究部

门汇聚了各个时期培养出来的专家,欧美和中国访问学者中也先后有一些人加盟,推动了全澳中国历史研究的团队化和常态化进程。

毕生从事中国历史、文化和外交关系研究的澳大利亚汉学家费子智(Charles Patrick Fitzgerald,1902—1992)毕业于英国克利夫顿学院。他曾得到利弗休姆奖学金(Leverhulme Fellowship)的资助在云南大理从事中国社会研究工作(1936—1939),后来服务于英国外交部,还在中国担任过英国文化委员会驻南京办事处官员(1946—1950),客居中国时间长达十余年,对中国历史非常了解,新中国成立后他积极主张承认人民政权。他怀着专业和敬重的心态到中国各地考察,结合自己的选题收集资料,向读者传递正面的信息。

费子智于1950年移居澳洲并出任澳洲国立大学副教授。1954年该校设立远东历史系,他被推选为首任教授兼系主任,不久又被聘请兼任刚成立的太平洋学院院长一职。1968年他退休后担任客座教授,继续研究中国与东南亚关系的课题。

费子智将自己的学术生涯与中国的历史变迁比喻为情感历程,并将它记录在《为什么是中国》(Why China?)一书中,告诉读者自己如何被中国文化的广度、兼容性和客观性所深深吸引的往事。他不仅是一位历史学家,也是一位社会活动家和教育家,为澳洲培养了诸如王赓武和费思芬那样的一批汉学家。

费子智在中国革命史研究方面成绩卓著。1952年出版的《中国革命》(Revolution in China)是他的著述中影响面广的一部。该书共10章,包括:中国革命的起源,中国革命与西方列强,建国三时期,基督教与中国革命,革命与传统,中国革命与远东各国、新民主主义论,中国革命的前景等。他认为,研究中国革命史必须持中国中心观才能得出科学的结论。虽然西方的思想和革命运动对中国革命产生过这样或那样的影响,但是中国人民是中国历史的创造者和见证人,从外国角度来考察就有可能失去历史的真实。西方学者对中国革命研究的感受和评价不应该无视中国人民的感情,强调中国革命中的外部导因,可能会引发研究方向偏误,也没有说服力。

一位名为罗伯特·吉尔(Robert L. Gill)的摩根州立学院读者在评价费子智的《中国革命》时这样写道:

> 这位博学多才的远东问题学者,怀着情感简练生动地对于中国的社

澳大利亚学者对儒家学说、中国宗教和历史的研究

会政治体制,以及具有凝聚力的佛教影响进行了追溯。西方撬开了华夏大门的后果是,签订了不平等条约,被强加了治外法权,划分租借地,租界与势力范围,设立国际拓居地,甚至禁止华人入内,写得一清二楚,明明白白。同样地,天主教传教团的组建,新教帮派之间的频繁争吵,对中国关税的征收,邮政系统的管理,银子的消耗,其他被称为"权利"的滥用,都刻画得入木三分。难怪孙逸仙博士把中国叫作"亚殖民地"(hypocolony)。西方使出了看家本领要使中国衰败下去,中国的鲜血实际上已经被榨尽,而列强诸国竟没有以任何具有建设性的东西回报。[①]

费子智著作丰富。据统计,他一生出版了28种专著。发表在各地期刊中的论文、短文、文论章节以及小册子380多篇。他撰写的有关中国历史的重要书籍有:

《天子:李世民传》(Son of Heaven: a biography of Li Shih-Min, 1933年)。

《中国革命》(Revolution in China, London: Cresset Press, 1952年)。

《武则天》(The Empress Wu, London: Cresset Press, 1956年)。

《中国文化简史》(China: a Short Cultural History, 1961年)。

《共产中国的诞生》(The Birth of Communist China, 1964年)。

刘渭平(Liu Weiping, 1915—2003)祖籍江苏南通,生于北京,1936年毕业于厦门大学人文学院法律系。1941年通过考试在外交部工作,1945年被派赴澳大利亚,先后任驻悉尼和珀思领事。1950年获悉尼大学文学硕士学位,1955年参与创办悉尼大学东方系(后改为东亚系),晋升为副教授,并见证了此后30多年的发展史。1980年他退休后受聘为该校荣誉研究教授。

刘渭平长期从事中国文学和历史的研究与教学工作,工余时间致力于澳洲华人历史研究。他广泛搜集资料、照片、旧闻,经常在悉尼密昔尔图书馆伏案阅览史书,抄录《广益华报》(1894年孙俊臣在悉尼创办的首张华文报)、《东华新报》(1898年悉尼华人合资创办,1920年改名《东华报》)、《爱国报》(1920年墨尔本华人创办)以及当地发行的英文报纸,采访侨界中

[①] Robert L. Gill, Morgan State college, Book Reviews: Revolution in China by Charles Patrick Fitzgerald, New York: Frederick A. Praeger Inc, 1952.

的知名人士，如刘光福等人。日积月累，呕心沥血，文稿盈箱。退休之后详加整理，终于脱稿。

1989年3月星岛出版社在香港和台北同时发行刘渭平的专著《澳洲华侨史》，受到了广泛关注。该书由13个专题组成：①澳洲的发现与建国；②中国是否最先发现澳洲；③最早到过澳洲之中国人；④一位早期华侨的自述；⑤早期侨社中之名人；⑥19世纪时期之澳洲华侨；⑦澳洲之华文报纸与中文学校；⑧排华运动；⑨白澳政策之起因与发展；⑩、澳洲华侨之事业与生活；⑪梁启超的澳洲之行；⑫澳洲华侨与祖国政治；⑬太平洋战争后之澳洲华侨。书后还收入附录9则。该书所述的人物和事件均来源于当事人见闻或者报刊报道，再加上作者的专业分析和评析，极具直观性和学术性，非一般史家或者编辑所能代替，其史学价值超越了其他同类专著。

王赓武（Wang Gungwu，1930—）出生于印度尼西亚泗水，后随双亲移居马来西亚。1955年获硕士学位，1957年获英国伦敦大学博士学位。1957年起先后任马来亚大学历史系讲师、教授兼系主任、文学院院长。1968年他接替费子智任澳大利亚国立大学远东历史系主任与太平洋研究院院长。他是研究中国现代史和华人移民史的专家和教育家。他出版的有关历史研究的著述有：

《南海贸易：南中国海华人早期贸易史研究》（The Nanhai Trade：a Study of the Early History of Chinese Trade in the South China Sea，1955年）。

《南洋华人简史》（A Short History of the Nanyang Chinese，Singapore：Eastern Universities Press，1959年）。

《五代时期北方中国的权力结构》（The Structure of Power In North China During the Five Dynasties，Kuala Lumpur：University of Malaya Press，1963年）

《历史的功能》（The Use of History，1990）

《建立新国家：五个东南亚国家的建国历史》（Nation-Building：Five Southeast Asian Histories. Ed. Singapore：Institute of Southeast Asian Studies，2005年）。

颜清湟（Yen Ching Hwang，1937—）祖籍福建永春，1946年随母亲赴马来亚与父亲团聚。他从小就对中国文学和历史有浓厚的兴趣。1957年他以优异的成绩考入新加坡南洋大学历史系。1965年3月进入澳大利亚国立大学远东历史系攻读。1969年获博士学位后受聘于南澳阿德雷德大学历史系讲师，

1976年升任高级讲师，1987年提升为教授（Reader）。1989—1990年他出任香港大学历史系讲座教授兼主任。2000年8月被聘任为新加坡南洋理工大学陈六使讲座教授，现任阿德雷德大学历史系兼职教授。

颜清湟是当代华人史学家。1975年5月他对自己的博士论文进行了修改和扩展，以《星马华人与辛亥革命》的书名交由吉隆坡的牛津大学出版社出版。该专著论述了1900—1911年推翻封建统治的辛亥革命在新加坡和马来西亚华人中得到声援的情况，分析了华人社会不同利益集团对革命运动的反应，肯定了海外华人对这场革命的人力和物力方面的贡献。这部著作的出版填补了海外华人支援辛亥革命专题研究的空白，受到学术界的欢迎和好评。

颜清湟搜集了大量史料，考察了中国历代海禁政策的制定与执行，联系晚清政府的外交和华侨政策的变化，写出了《出国华工与清朝官员》一书，1985年由新加坡大学出版社出版。他在书中就清政府是否保护海外华人利益问题提出了自己观点。他认为捍卫华人合法权益是清政府的既定国策，认为在这方面无所作为在很大程度上是革命党人的片面宣传，这一观点不幸也被民国时期史学界所认同。事实上从1870年起清政府已经改变了敌视海外华人的态度，但是由于西方列强的入侵和国力衰败等原因，海外华人的许多合法权益没有得到有效的保护。

1986年颜清湟出版了另一部专著《新马华人社会史》，从华社角度回顾并分析1800—1911年新马华人的生存状况和所面对的问题。通过分析华人的社会结构、方言组织、宗亲组织、秘密会社、阶级结构、社会分化等问题，探讨他们如何组织自己，如何相互对待，以及所面临的问题。全书共9章，分别为：第一章华人社会的形成；第二章方言组织：结构与职能；第三章宗亲组织：结构与职能；第四章秘密会社与社会结构；第五章阶级结构与社会的变动；第六章社会分化与社会冲突；第七章社会问题及其控制；第八章文化与教育；第九章结论。作者认为，新加坡和马来亚华人社会是由三个阶级组成的，即："商""士"和"工"。

王赓武在《新马华人社会史·序》中写道：

> 颜清湟博士的成就是极其令人钦佩的。过去，他曾从不同的角度撰写了多部华侨史的著作而为人所称道，现在，他又主要利用有关华人社会基本的社会组织活动的记录，同时代的期刊和回忆录等史料，大胆尝

试从内部的角度来撰写了这部华人社会史。他曾面临着这样的困难，即大部分的华人社团都建立于 19 世纪，它们的会议记录和其他档案大多已散失，或在日占时期毁于战火。为此，他不得不在相当大的程度上，依靠这些社会的元老在近期刊物中登载的追忆其组织的缘起及早期活动的文章，并以一些寺庙和义冢的碑铭以及英国的文件和一些当时的报刊材料，去弥补这些回忆录之不足。在新马从事收集华人社团出版物的工作中，他备尝艰辛。他利用这些社团自己的观点去再现华人社会历史的各个方面所作的努力，是值得热情赞颂的。尽管他阐述的历史情况并不完备，甚至有些还只是逸闻，但他所做的开拓性工作，将会鼓励更多的人进一步去研究这一课题。①

颜清湟热心参与各项学术研究活动，1993—1998 他受聘为国际海外华人研究学会（ISSCO）理事；1989—1990 担任亚洲历史学家国际协会第 12 届国际大会组委会主席。此外他还应聘担任广东省海外华侨华人历史学会顾问、暨南大学东南亚研究所和华侨华人研究所顾问、新加坡华裔馆的《海外华人学报》国际顾问团顾问以及北京大学《海外华侨华人百科全书》国际顾问团顾问（1994—2003）。

颜清湟先后研究过政治史、外交史、社会史和商业史，出版英文和中文著作 14 册，学术论文 60 余篇，分别刊登于剑桥大学的《近代亚洲研究》（Modern Asian Studies），新加坡国立大学的《东南亚研究》（Journal of Southeast Asian Studies）和新加坡南洋学会的《南洋学报》等学刊。他的主要著述有：

《星马华人与辛亥革命》（The Overseas Chinese and the 1911 Revolution, Oxford University Press, 1976 年）。

《出国华工与清朝官员》（Coolies and Mandarins, Singapore University Press, 1985 年）。

《新马华人社会史》（A Social History of the Chinese in Singapore and Malaya, 1800—1911, Oxford University Press, 1986 年）。

---

① 颜清湟著，粟明鲜、陆宇生、梁瑞平、蒋刚译《新马华人社会史》，中国华侨出版公司 1991 年，第 2—3 页。

《近代海外华人史研究》(Studies in Modern Overseas Chinese History, 1995年)

《社群与政治：殖民地时代新马的华人》(Community and Politics: The Chinese in Colonial Singapore and Malaysia, 1995年)。

《东亚和东南亚的华人：商业，文化与政治》(The Ethnic Chinese in East and Southeast Asia, 2002年)。

《东南亚及其境外的华人》(The Chinese in Southeast Asia and Beyond: Socioeconomic and Political Dimensions, World Scientific Publishing Company, 2008年)。

1985年墨尔本大学出版社出版出版安德鲁斯（E. M. Andrews，1933—）编著的《澳中关系史》(Australia and China—the Ambiguous Relationship. Melboune: Melboune University Press) 一书，回顾了从1848年至1983年弗雷泽换届时期的澳中两国关系。全书共8章：第一章19世纪；第二章移民与革命（1901—1930年），第三章中国与日本（1931—1939年），第四章第二次世界大战（1939—1945年），第五章国民党与共产党（1945—1949年），第六章五十年代自由党与中国关系，第七章六十年代自由党与中国关系，第八章惠特拉姆与弗雷泽时代。该书为澳大利亚第一本系统论述中澳关系的专著，取材于许多未发表的论文、专著和记述人物与事件的读物，以及伦敦、墨尔本、堪培拉等地的英国和澳大利亚档案，论证全面充分深刻。作者认同这样的观点：中国有文字记录的历史比澳大利亚悠久，中国的人口数量大大超过澳大利亚，中国对澳大利亚的了解要多于澳大利亚对中国的了解，但是中国人目前的生活条件不如澳大利亚人优越，澳大利亚经济的现代化程度也高于中国。随着中国经济的发展和澳大利亚华人团体的活跃，两国关系一定会日益密切起来。

（熊文华：北京语言大学教授）

·美国汉学研究·

论宇文所安对唐诗史的重塑[*]

高 超

摘 要：宇文所安以《孟郊与韩愈的诗》《初唐诗》《盛唐诗》《中国"中世纪"的终结：中唐文学文化论集》和《晚唐：九世纪中叶的中国诗歌（827—860）》五部专著完成了他对唐诗史的重塑。"文变染乎世情，兴废系乎时序"，宇文所安在书写唐诗史的过程中，注重"世情"与"文变"的关系，将社会与诗人历史的实际状况与诗歌文本的阐释相结合，探究唐诗的形成与发展的演变轨迹。这种结构与方法符合唐诗研究的实际，非常有助于探究唐诗文体演变的规律以及唐代诗人风格的特点。

关键词：宇文所安 唐诗史 重塑 历史描述法

美国哈佛大学的宇文所安（Stephen Owen）教授对唐诗的译介与研究取得了很大成绩。他选译的唐诗以及对唐诗史的梳理与重塑，主要体现在《孟郊与韩愈的诗》（1975）、《初唐诗》（1977）、《盛唐诗》（1980）、《中国"中世纪"的终结：中唐文学文化论集》（1996）和《晚唐：九世纪中叶的中国诗歌（827—860）》（2006）五部论著中。

一、起航：《孟郊与韩愈的诗》

《孟郊与韩愈的诗》是宇文所安博士论文的结晶，也是宇文所安进行唐诗译介与研究的开端。《孟郊与韩愈的诗》共分 14 章。开篇第一章"复古与唐

---

[*] ［基金项目］：本文为作者主持国家社科基金后期资助项目"宇文所安的唐诗翻译及唐诗史书写研究"（14FWW006）的阶段性成果。

诗",总领全篇,宇文所安将"复古"运动作为唐诗发展的背景或线索,他认为,"复古"运动从初唐开始,在诗歌领域里主要表现为反对南朝梁陈以来宫体诗的艳情主题以及形式上过于精致、骈俪的文风,主张追求汉魏诗风的质朴与刚健。在古文创作领域,它是以恢复浅显质朴、散行单句的先秦两汉散文为目的、贯穿整个唐代的文学潮流,而韩愈的古文创作被视作这次古文运动的极致。[①] 基于这种认识,宇文所安在文中认真回顾并梳理了韩愈与孟郊、初唐诗人陈子昂、盛唐诗人李白以及中、晚唐诗人白居易、元稹、韦应物的复古诗歌的创作实践。第二、三、四、六章,分别结合两位诗人早期生活与晚期生活的历史背景,对其诗歌的形成与发展进行了历史地分析与描述,余之则探讨了孟郊山水诗中的象征与意象,以及韩愈的神话诗、险怪诗与不平则鸣诗论在其山水诗中的反映。宇文氏《孟郊与韩愈的诗》采用历史描述的方法,紧扣影响诗人创作的重要历史语境,并以此为背景或线索,探寻某一历史时期诗风形成的复杂因素和诗人个性风格的成因与特点,以确立诗人在中国文学史上的地位,这种文学史的书写模式比较合乎历史的逻辑,于返璞归真中透视出书写者的史识。《孟郊与韩愈的诗》的成功尝试为宇文所安后来对唐诗史的建构奠定了良好的根基。

刘勰在《文心雕龙·时序》中有言:"文变染乎世情,兴废系乎时序。"书写三百年的唐诗史,首先要涉及的是诗歌文体、文风的演变,诸如南朝梁、陈以来的宫廷诗歌如何向律诗演变的,盛唐的古风诗体与初唐的复古观念有怎样的承继关系等,而着眼于诗歌文本层面的"文变"与"兴废",则须密切联系"世情"与"时序",因此,科学地建构唐诗史就必须处理好"文变"、"兴废"与"世情"、"时序"的关系,换言之,能否正确把握诗歌文本分析与诗人的文学活动、重大文学现象以及诗歌产生的时代文化背景之间的关系,将是检验唐诗史书写成功与否的"试金石"。宇文所安的唐诗研究,虽没有直接冠以"唐诗史"的称谓,但推究其实际内容,却是实至名归。

二、承前启后:《初唐诗》

《孟郊与韩愈的诗》完稿之后,宇文所安怀着对唐诗研究的极大兴趣,投

---

① [美]宇文所安著,田欣欣译《韩愈和孟郊的诗歌》,天津教育出版社2004年,第1—3页。

入了《初唐诗》与《盛唐诗》的写作。宇文所安的唐诗研究兴趣点起初主要集中在盛唐，之所以要写《初唐诗》，是因为"要理清唐诗发展的脉络，就必须向前回溯，从头做起"①，他在中译本《初唐诗》"致中国读者"一文中，坦言"我撰写这本书的初衷是为盛唐诗的研究铺设背景"②。

从高祖（618 年）即位开始，至玄宗退位（756 年）截止，这段历史时期为初唐。宇文所安在初唐诗的世界里发现了"宫廷诗"这条线索，围绕着是否脱离宫廷诗的轨道去观察初唐诗人的创作，不仅发现"从宫廷诗人对新奇表现的追求中，演化出后来中国诗歌的句法自由和词类转换的能力；从他们对结构和声律的认识中，产生出律诗和绝句"③，而且发现了一些逐渐脱离宫廷诗轨道的诗人——王绩、卢照邻、王勃、骆宾王、陈子昂、张九龄等人，在他们的引领下，"宫廷诗人与外部诗人的旧界限被打破了"④：初唐自然地过渡到了盛唐。宇文所安把整个初唐作为唐诗发展、演进过程中极为重要的一环，肯定宫廷诗对唐诗发展所做出的贡献，明确了初唐与盛唐之间的辩证关系——初唐不再是作者著书前所预设的"为盛唐诗的研究铺设背景"，也"不再仅仅是盛唐的注脚，而呈现出自己特殊的美"。⑤美国密歇根州州立大学李珍华教授盛赞《初唐诗》，认为"这是一本杰作。把整个初唐诗作一系统的处理，宇氏可以说是第一个人。"⑥傅璇琮先生对《初唐诗》也大加褒扬，认为宇文所安"在中国学者之先对初唐诗做了整体的研究，并且从唐诗产生、发育的自身环境来理解初唐诗特有的成就，这不但迥然不同于此前时期西方学者的学风，而且较中国学者早几年进行了初唐诗演进规律的研求"。⑦

没有初唐诗百年的探索与积淀，就不会有盛唐诗的万千气象。宇文所安认为，不管盛唐诗发生了多少变化，其源头势必来自初唐："盛唐的律诗源于

---

① 张宏生《对传统加以再创造，同时又不让它失真——访哈佛大学东亚语言与文明系斯蒂芬·欧文教授》，载《文学遗产》1998 年第 1 期。

② ［美］宇文所安著，贾晋华译《初唐诗》，生活·读书·新知三联书店 2004 年，第 2 页。

③ 《初唐诗》，第 10 页。

④ 《初唐诗》，第 316 页。

⑤ 《初唐诗》，第 3 页。

⑥ ［美］李珍华《美国学者与唐诗研究》，《唐代文学研究年鉴》（1983 年），陕西人民出版社 1984 年，第 400 页。

⑦ 《初唐诗》，第 4 页。

初唐的宫廷诗;盛唐的古风直接出自初唐诗人陈子昂和 7 世纪的对立诗论;盛唐的七言歌行保留了许多武后期流行的七言歌行的主题、类型联系及修辞惯例;咏物主题的各种惯例,送别诗的习见忧伤,及山水旅行诗的形式结构,这一切都植根于初唐诗"①。这正如初唐诗中的宫廷诗承继南朝梁陈以来宫体诗的精致、秾丽与艳情一样。因之,初唐诗在唐诗史上才具有了"承前启后"的意义。

三、万千气象:《盛唐诗》

《盛唐诗》描述的盛唐被划定在唐肃宗即位(756 年)至唐德宗退位(805 年)这段历史时期,但宇文所安并没有严格地按照盛唐的历史年代铺叙、钩沉。

宇文所安的《盛唐诗》沿袭了《初唐诗》的写作模式,依然采用历史叙述的方法,把诗人的创作与诗人所处的时代背景紧密地联系起来,在客观地描述历史事件的同时,观察时代风潮的变化对诗歌标准所造成的影响。宇文所安认为,初唐诗的历史主要是宫廷诗这种旧的模式被改变的历史,这种重大的变化在 8 世纪二三十年代出现的时候,也就是初唐终结、盛唐开始的时候。② 比如,书中描述在公元 680 年诗歌写作被引入了进士考试,这一政策使得大量出身于京城大家族之外的寒门士人成为政府官员的候选者。玄宗朝任用诗人张说和张九龄为宰相,大力扶持出身寒门的诗人。722 年,玄宗又发布诏令禁止诸王供养大量的宾客,关闭了士人在京城获得诗歌声誉的旧途径,从而致使宫廷诗走向穷途。如此一来,这一系列的事件势必成为诗歌形式变化的根源所在,因为"所有这些新条件不仅改变了产生诗人的社会阶层,而且改变了大部分诗歌的写作背景"。③ 诗歌写作背景发生了变化,也就是说形成诗歌的社会基础发生了变化,那么,诗歌的形式、主题及观念等标准也将相应地随之改变。

宇文所安适时地拈出一个关键词"京城诗人"——它主要指向在京城长

---

① [美]宇文所安著,贾晋华译《盛唐诗》,生活·读书·新知三联书店 2004 年,第 4 页。
② 《盛唐诗》,第 3 页。
③ 《盛唐诗》,第 6 页。

安由诗歌活动的联系而形成的一个较为密切的群体，同时也包括一些与京城诗歌趣味一致的地方诗人。① 如同在《初唐诗》中描述的"宫廷诗"一样，"京城诗人"成为叙述盛唐诗歌史的一条线索、一个背景，自始至终地贯穿整部书。如此一来，"京城诗人"与"非京城诗人"成为宇文所安透视8世纪中国诗坛的一个新视角。

《盛唐诗》共分16章，宇文所安大体上将王维、王昌龄、储光羲、崔颢、刘长卿、钱起、李嘉祐、韩翃、卢纶、司空曙、李端、戴叔伦等诗人视作"京城诗人"的代表，而将孟浩然、高适、王昌龄、李白、岑参、杜甫、韦应物等诗人视为"非京城诗人"的代表，在京城诗歌这个大的背景衬托下，分而述之，使他们成为极具个人风格的诗人，这究竟是由于社会地位、历史处境还是个人气质的因素造成的？

宇文所安认为，文学史的书写应当避免简单的概括，"而应该检视较短时期，作家群体，不同区域"②，因此，"京城诗人"被作为围绕盛唐时期帝都长安这样一个区域、一个诗歌群体来考察其诗歌风格与趣味的，而"非京城诗人"则是作为其对立面而存在。8世纪后期"非京城诗人"的一个重要诗歌活动中心，在长江下游的东南地区。在这个区域，诗歌文学群体的核心人物是诗僧，诸如僧人灵一、灵澈、清江、皎然等，此外还有著名诗人顾况。

宇文所安在勾勒出"京城诗人"与"非京城诗人"的线索之后，将分析、阐释的重点放在上述被视作"京城诗人"与"非京城诗人"代表的重要诗人身上。重要作家是文学史关注的主要对象。"一部好的文学史，除了注意加强文学发展规律的探索，还应对重点作家做深入研究。"③ 宇文所安与众多的文学史书写者一样，并没有超越这个基本的原则。《盛唐诗》开列了两章内容，分别对大诗人李白、杜甫的生平及其创作进行了细致、合乎逻辑的分析，极其客观地将两位诗人描述为"占据了读者的想象中心"④。但是，宇文所安并不认为李白、杜甫是盛唐时期诗歌创作的典型代表——"如果我们撇开盛唐神话，就会发现李白和杜甫并不是这一时代的典型代表。"⑤ 宇文所安之所

---

① 《盛唐诗》，第63页。
② [美]宇文所安著，贾晋华译《盛唐诗·序言》，生活·读书·新知三联书店2004年，第2页。
③ 陈贻焮《八代诗史·序言》（修订版），中华书局2007年，第4页。
④ 《盛唐诗》，第5页。
⑤ [美]宇文所安著，贾晋华译《盛唐诗·导言》，生活·读书·新知三联书店2004年，第2页。

论宇文所安对唐诗史的重塑

以否定了李、杜作为盛唐诗歌的代表,首先意在强调盛唐诗风的多样性与丰富性,因为除了李白、杜甫还有王维、孟浩然,甚至王、孟这两位抒写隐逸主题的诗人在诗歌修养、诗情与才性方面也存在很大差异性。其次,宇文所安认为,盛唐诗坛当时的时代背景是理解天才诗人的重要因素,而不是相反用天才诗人去界定那个典型的时代,"我们的目标不是用主要天才来界定时代,而是用那一时代的实际标准来理解其最伟大的诗人"。①

宇文氏否定李、杜作为盛唐诗风的典型,这种观点与现代唐诗研究者有很大的不同,比如,施蛰存先生认为:

> 没有李白和杜甫,盛唐诗和初唐诗就没有显著的区别。李白和杜甫之所以成为伟大的诗人、盛唐风格的创造者,并不是他们遗留给我们的诗多至千首,而是由于他们的诗在思想内容及艺术表现方法上都有独特的创造,在过去许多诗人的基础上开辟了新的道路、新的境界。在天宝至大历这二十年间,他们的诗是新诗。②

显然,施先生认为李白和杜甫是盛唐诗风的创造者和重要代表。与施先生大致持相同观点的还有林庚先生,他认为,"盛唐是中国古典诗歌的全盛时期,这全盛并不是由于量多,而是由于质高",而李白、杜甫正是盛唐优秀诗篇最杰出的代表,前者反映了盛唐作为"一个富于创造性的解放的时代"的时代精神——"盛唐气象":蓬勃的朝气,青春的旋律,一种春风得意一泻千里的展望……所谓"天生我材必有用""黄河之水天上来""大道如青天""明月出天山"最能体现盛唐诗歌的风貌特征③——"在盛唐诗人当中,具有全面的代表性的,表现出最典型的盛唐气象的就是李白"④,后者"杜甫是盛唐时代的最后一位诗人,也是盛唐诗歌的集大成者","杜甫从蓬勃向上的时代精神中汲取了激情和灵感,抱着'自谓颇挺出,立登要路津。致君尧舜上,再使风俗淳'的理想,这与李白直取卿相,愿为辅弼的热情乃是一脉相承的"⑤。王运熙先生秉承林庚先生对"盛唐气象"的认知,又做出进一步的界

---

① 《盛唐诗·导言》,第2页。
② 施蛰存《唐诗百话》,上海古籍出版社1987年,第197页。
③ 林庚《盛唐气象》,载《北京大学学报》1958年第2期。
④ 舒芜《李白诗选·前言》,人民文学出版社1954年。
⑤ 林庚《唐诗综论》,人民文学出版社1987年,第134—135页。

定:"盛唐气象形成的一个重要原因,是由于盛唐时代所孕育的人们特定的心理状态和精神面貌,具体表现为情绪积极、抱负宏大、气魄豪迈、胸襟开阔等等","李、杜最充分完全地体现了盛唐气象"。①综上可以看出,宇文所安对李、杜在盛唐诗歌史中的地位做出了不同的评价,在一定程度上体现了他"对旧问题的新回答"②。

最后,除了对盛唐诗坛上所构成文学史线索的重要诗人做出重点、细致地描述之外,宇文所安还充分认识到与时代风格相同,甚或相异的"次要诗人"③的重要性,因为倘若没有他们,富有万千气象之丰富性与多元性特点的盛唐诗风就无从昭示。比如,宇文所安开列了从初唐向盛唐过渡时期的诗人名单:张说、张九龄、王翰、王湾、贺知章、张若虚、刘希夷……阐释了开元、天宝时期的次要诗人王之涣、崔国辅、薛剧、张谓、贾至等诗人风格及其与盛唐时代重要诗人及读者之间的关联;展示了东南地区一个诗僧群体"将诗歌看成是一种为了社交而存在的社交艺术"④的艺术世界。

四、变异:《中国"中世纪"的终结》

宇文所安著述《晚唐诗》之前,曾出版过一部讨论8、9世纪之交即唐贞元、元和年间文学流变、具有文学史性质的论文集——《中国"中世纪"的终结:中唐文学文化论集》(1996)。宇文所安以"中世纪"命名"中唐"这一历史阶段,意在唤起英语读者的一种联想:欧洲从中世纪进入文艺复兴时期和中国从唐到宋的转型之间的相似之处,提醒他们中国在这一历史阶段所发生的重大变化。⑤这种比拟十分形象,内含的史识也比较精准——可与清人叶燮以及现代史家钱穆之史观相印证:叶燮即视中唐为中国文化史、文学史

---

① 王运熙《说盛唐气象》,载《上海社会科学院学术季刊》1986年第3期。
② [美]宇文所安著,贾晋华译《初唐诗·致中国读者》,生活·读书·新知三联书店2004年,第1页。
③ 宇文所安用来指称那些处于重要群体之外,或仅有零散作品传世的诗人。参见《盛唐诗》,第279页。
④ 《盛唐诗》,第319页。
⑤ [美]宇文所安著,陈引驰、陈磊译《中国"中世纪"的终结:中唐文学文化论集》,生活·读书·新知三联书店2006年,第1页。

论宇文所安对唐诗史的重塑

最重要的转折点①,而钱穆则从文化史的角度认为自唐迄宋为中国文化继春秋至秦以来的第二次大变动②。这部论文集共有7篇论文:《特性与独占》《自然景观的解读》《诠释》《机智与私人生活》《九世纪初期诗歌与写作之观念》《浪漫传奇》和《莺莺传:抵牾的诠释》。《特性与独占》意在探讨诗人或作家的独特个性在诗词歌赋之类文字文本中的再现,表现为一种被作者称之为"文化资本"或"文化资产"的价值再现,算是对中国传统文人为身后不朽的"立言"之演绎。《自然景观的解读》《诠释》与《机智与私人生活》向人们展现了自然界的风景、生灵与人类社会中的道德规范、私人生活在诗歌等文学文本中的再现与文学诠释行为,以及借此所构建的一个时代的文化图景。《浪漫传奇》与《莺莺传:抵牾的诠释》两篇文章既是对中唐叙事体文学唐传奇这种新型文本形式的探讨,又是对其中所虚构的浪漫传奇与风月场中真实的社会现实之间差距的追问,凸显唐传奇这一叙事文体所表现的浪漫文化:到底娱乐了谁,是作者自身还是读者大众?《九世纪初期诗歌与写作之观念》是论文集中唯一一篇对中唐诗歌创作观念变化所作的研究,文中分析指出,中唐开始流行一种新的诗歌创作观念,即"诗歌是一种技巧艺术而不是对经验的透明显现"。③《中国"中世纪"的终结》中所讨论的某些文本和问题,被置入后来《晚唐诗》新的历史语境中,引入了新的方向。宇文所安幽默地指出,《晚唐诗》是从关于中唐文学的这部论文集的写作衍生而来,正如同晚唐从中唐发展而来。④

那么,这部仅有7篇文章的论文集,果真能替代具有如此重大文化意义的中唐诗史的写作吗?我们不妨先看一看宇文所安的解释。

---

① 叶燮有言:"殆至贞元、元和之间……后之称诗者胸无成识,不能有所发明,遂各因其时以差别,号之曰'中唐',又曰'晚唐'。不知此'中'也者,乃古今百代之'中',而非有唐之所得而称'中'者也。"参见(清)叶燮《己畦集·百家唐诗序》,《四库全书存目丛书·集部》(二四四),齐鲁书社1997年,第81—82页。

② 钱穆认为,"中国文化经过了多次的大变动,自春秋战国至秦朝为一大变动,自唐迄宋又为一大变动,尤其是安史之乱至五代的变动最大;也可以说安史之乱以前是古代中国,五代以后是近代中国。"参见钱穆《唐宋时代的文化》,载《大陆杂志》1966年第四卷第八期。

③ 《中国"中世纪"的终结:中唐文学文化论集》,第88页。

④ [美]宇文所安著,贾晋华、钱彦译《晚唐:九世纪中叶的中国诗歌(827—860)》,生活·读书·新知三联书店2011年,第18页。

我认为写一部中唐诗史是不可能或不恰当的。首先，中唐诗人和初、盛唐诗人不同，并不是一个专门写诗的群体；其次，中唐并不仅仅是一个诗的时代，其中其他一些文体的发展，至少不比诗歌的意义小。这样看来，中唐的文学太过丰富，必须同时兼顾，才能反映出那一历史时期的独特面貌……这本书是我在文学史研究中的一种尝试：不仅要摆脱历史框架的限制，而且要摆脱不同文体分野的限制；一方面在横切面上注意了各种倾向、各种文体的相互联系，一方面在纵断面上表现出不同时代文学发展的不同特色和生成关系。[①]

我们不难看出，宇文所安否定了中唐诗歌史的书写，但是其理由似乎并不充分。因为中唐的文学体裁无论多么丰富，也不可能遮蔽众多中唐诗人的诗歌创作，尤其就中唐诗歌史的特点及意义而言，不会因为诗歌与其他文体的关联而被消解。

《中国"中世纪"的终结》被宇文所安视为一种文学史书写的新尝试。尝试意味着创新，不过这创新之胆大、离奇，不免令人心怀隐忧：无论这7篇文章如何高妙，是否能涵括这"太过丰富"的中唐时代的文学史呢？不过，尝试毕竟是可贵的探索，千篇一律的文学史书写总令读者有索然寡味、不忍卒读之感。宇文所安的这种探索是值得肯定的，自有它存在的价值。但是，宇文所安否认写一部中唐诗史的可能性，此论未免过于武断。此说也遭到美国汉学家倪豪士（William H. Nienhauser）的反对，他认为，尽管中唐在地方的文人令诗歌呈现多样化，既导致了"意外收获"，也使宇文所安描画这一时期更困难，但是写一部中唐诗史与写一部《初唐诗》《盛唐诗》一样并非不可能。[②]

"中世纪"的终结不等于中唐诗史写作的终结，《中国"中世纪"的终结》也终究不可能替代中唐诗歌史的建构。纵观近年国内涌现的一些关于中唐诗人诗作的研究成果，对于中唐诗歌史新变的探讨已成为研究的重要内容之一。比如，近年出版的相关专著有孟二冬《中唐诗歌之开拓与新变》（北京

---

① 张宏生《对传统加以再创造，同时又不让它失真——访哈佛大学东亚语言与文明系斯蒂芬·欧文教授》，载《文学遗产》1998年第1期。

② William H. Nienhauser, Jr., Reviewed work (s): *The End of the Chinese "Middle Ages": Essays in Mid-Tang Literary Culture*. By Stephen Owen, Harvard Journal of Asiatic Studies, Vol. 58, No. 1 (Jun., 1998). pp289—291.

大学出版社,2006)、尚永亮等著《中唐元和诗歌传播接受史的文化学考察》(武汉大学出版社,2010)、蒋寅《百代之中:中唐的诗歌史意义》(北京大学出版社,2013)等,它们无疑具有中唐诗歌史书写的特质。

五、继往开来:《晚唐诗》①

《晚唐诗》与《初唐诗》《盛唐诗》的写法一脉相承,也是采用历史叙述的方法:把诗歌文本置于诗人所生活的时代背景中,去探讨诗歌的风格流变特点以及诗人独具个性的诗风。宇文所安在本书"导言"中明确地将"晚唐诗"界定在公元827—860年,基本上与他在《中国"中世纪"的终结:中唐文学文化论集》中划定的"中唐诗"(791—825)的时限相接。

大体上而言,宇文所安是遵照明人高棅(1350—1423)在《唐诗品汇》(1393)中的"四分法"——即按"初唐、盛唐、中唐与晚唐"来构建他的唐诗史,但是他的晚唐诗却没有严格按照传统的分期划定,而是以唐文宗开成元年(827)作为晚唐的开端,将公元860年作为晚唐的结束。宇文所安仅仅描述了大约35年的晚唐诗史,生生地撇开了公元860年至907年之间的近半个世纪的历史。按宇文所安的解释,"晚唐"大约有75年的历史,这一时期诗歌数量巨大,其多样性的风格使人无法简单地概括,而且从整体上看,唐诗的风格也绝非止于唐朝。

> 如果我们寻找文学文化和诗歌世界的巨变,那么只有到了十一世纪第二个二十五年以欧阳修为主的一群诗人出现时才能找到。如果我们不过分追究这一分期词语中的"唐"字,那么我们可以很容易地将晚唐诗歌视作长达两个世纪,颇像南朝后期的诗歌风格,跨越了一个过渡和建立稳固的新体制的时期。②

唐诗的某些特定风格延续至宋,此说与钱锺书先生辨析唐宋诗之分野异

---

① 为称谓之便,文中的"《晚唐:九世纪中叶的中国诗歌(827—860)》"一律采用简称"《晚唐诗》"(笔者按)。
② 《晚唐:九世纪中叶的中国诗歌(827—860)》,第6页。

曲同工。

> 曰唐曰宋，特举大概而言，为称谓之便。非曰唐诗必出唐人，宋诗必出宋人也。故唐之少陵、昌黎、香山、东野，实唐人之开宋调者；宋之柯山、白石、九僧、四灵，则宋人有唐音者。①

由是观之，宇文所安对晚唐诗的理解并不拘囿于刻板的时间划分：从文学史、文化史的角度观察，晚唐诗风余绪可以延续到宋代欧阳修时代，晚唐诗时期的划定可以自唐入宋，长达两个世纪，既然可以延长，那么为什么不可以缩短呢？宇文所安认为，虽然公元860年之后仍有很多诗歌值得欣赏，但这一较后时期的诗歌：

> 只是继续着我们所研究阶段的诗歌传统，这似乎是一种受了创伤、僵化了的诗歌。如果想要披露诗歌史与更宽泛意义上的"历史"的关系，我们所发现的可能不是变革中的诗歌，而是拒绝变革的诗歌，完美的对偶句，及沉迷于诗歌和感官的愉悦。②

很明显，在宇文所安看来，860年之后的晚唐诗对于晚唐诗史的建构无甚意义。因此，宇文所安在他划定的35年的晚唐，集中描述了这一时期诗歌的多样性存在：以白居易为首的元和时代的年长诗人群体（包括刘禹锡、李绅等人）；以姚合与贾岛为首寻求知音的年轻一代诗人群体，其中贾岛因为完善了一种律诗技巧，从而吸引了一个半世纪的忠实追随者；英年早逝的诗人李贺的诗作在这一时期广泛流传并产生影响；道教诗人曹唐极具色情化、浪漫化的游仙诗；能够代表晚唐诗风多元化特点的三大重要诗人：杜牧、李商隐与温庭筠……

三十五年，历史长河之一瞬，宇文所安并没有对这一短暂的诗歌史加以整体上的笼统概括，而是倾力再现它丰富、多元的文学史原貌，但是其余韵悠长，读者可能会不时地把此后直至宋人欧阳修时代的诗歌一并拿来与之比照，因此，

---

① 钱锺书《谈艺录》，中华书局1984年，第2页。
② 《晚唐：九世纪中叶的中国诗歌（827—860）》，第7页。

宇文所安如此建构晚唐诗史的意义或启示就不仅在于它提供了一个多元化的释读视角，而且也为人们提供了一个续写唐诗史的思路或另一种可能性。

宇文所安对唐诗史的主体架构，是诗歌文本的艺术分析与其形成的背景探索并重的。诗人的文学活动、重大的历史事件以及整个时代的文化背景，是诗歌文本形成的外部条件，是用来帮助阐释诗歌文本形成、文体变化与文风演变的重要因素，但整个诗歌研究考察的重心始终围绕着文本自身的分析进行的。不过，从整体上看，宇文所安唐诗史的建构是存在缺憾的。首先，虽然宇文所安通过《"中世纪"的终结》较为细致地揭示了处于时代转型、文化变迁的中唐一系列新奇的文学现象，诸如复杂的文体变异、主题变迁以及作家刻意营构的、自我诠释的私人化文学空间等，但它毕竟不能替代复杂、多元的中唐诗歌史的书写。其次，晚唐诗史仅仅描绘了公元827至860年三十余年的诗坛胜景，无论如何也不能算完整。

除了上述五部专著之外，《追忆》（1986）、《迷楼》（1989）和《他山的石头记》（2006）三部专著是宇文所安的"散文化"的学术论文汇集，它们在内容上不存在任何体系的建构，只不过是一些思想性、学术性和文学性并存的诗学"碎片"——它们具有零散化、碎片化的特征，不过，其中蕴含着某些"闪光的"思想，当为宇文所安唐诗史的建构提供一些有益的"脚注"。宇文所安还曾编译一部中国文学选本——《中国文学选集：初始至1911年》[①]（1996），其中"唐代文学"部分占据不小的篇幅，细致地介绍了唐诗形成的历史背景、概貌，译介了一部分重要诗人的诗作，可与上述宇文所安的唐诗史书写相互参照。

六、余论：历史描述法

在书写唐诗史的过程中，宇文所安以不同阶段重要诗人的生平与创作为

[①] *An Anthology of Chinese Literature: Earliest Times to 1911.* New York: W. W. Norton, 1996. 选取先秦至清代的以诗歌为主的各类作品600余首（篇），其中唐代共选诗206首，约占全书规模的三分之一。"唐代文学"部分占据全书不小的篇幅，共有"唐诗简论""盛唐诗""杜甫""插曲：玄宗与杨贵妃""唐代的边塞文学"和"中晚唐诗"六章，细致地介绍了唐诗形成的历史背景、时代特色，并以能体现时代主题、时代风格的诗歌编选诗作，重要诗人王维、李白、杜甫3家的作品入选最多，总计达91首。这部中国文学选本还被列为美国著名的诺顿（Norton）标准系列教材，被美国大学生普遍使用，促进了唐诗在美国以及更大范围的传播。

主体架构，辅以历时性与共时性并行的叙述与描绘。从中我们不难发现，研究者尤其重视影响诗人创作的重要历史语境，注重影响诗人创作的一切历史细节与文本细节，尽可能地对诗人及其诗歌创作的历史语境进行具体化、客观化的描述，从而尽可能地接近历史的原貌，得出既合乎历史逻辑又符合诗学一般规律的正确结论。

"我尽可能历史地具体化，总是注意唐代诗歌遗产的文本保存方式，而不是对这一时期作整体的笼统概括"，① 宇文所安在《晚唐诗》的"导言"中如是说。此种建构唐诗史的基本方法，属于传统的"历史描述法"。闻一多先生研究古代文学采用的就是这种方法，"我是把古书放在古人生活的范畴里去研究"②，这句话很形象地道出了"历史描述法"的本质。此外，孙昌武先生研究禅宗与中国诗歌关系的专著《禅思与诗情》，采用的也是这种方法，并且孙先生在此书后来的增订本说明中对这种方法做出了界定。

> 笔者写作所采用的基本是历史描述方法。这是基于笔者的治学观念一贯坚持的做法：就是研究、解释、评价历史现象，第一位的工作是把它的面貌弄清楚，尽可能真实地描述出来，把清晰的历史图像展现在人们面前。当然完全真实地展现历史原貌是不可能的，但总要尽一切可能，做到距离这一目标更为接近一步。③

笔者认为，孙先生对"历史描述方法"的界说，完全适用于解释宇文所安建构唐诗史的基本方法。宇文所安运用这种历史描述法的特色在于"历史地具体化"，在于将评价诗人、描绘时代风习与诗歌文本的阐释相互结合与征引。

宇文所安用"历史描述方法"建构唐诗史，是实事求是的、科学的方法，因为它符合中国古典诗歌研究的实际。叶嘉莹先生曾说过："中国的诗有时讲起来很麻烦——凡是讲任何一个诗人，总会牵涉到时代、社会等种种因素。

---

① 《晚唐：九世纪中叶的中国诗歌（827—860）》，第 11 页。
② 傅璇琮《唐诗杂论·导读》，上海古籍出版社 1998 年，第 4 页。
③ 孙昌武《禅思与诗情》（增订本），中华书局 2006 年，第 22 页。

国外的一些批评家非常反对这种讲法，但是你没有别的办法，因为这些因素的确关系到诗歌的思想内容，关系到诗歌感发的生命。"① 傅璇琮先生对宇文所安拒绝使用西方文学理论的术语与评价体系来研究中国古典诗歌表示高度的赞赏："宇文所安的这一认识的确值得赞许，这是对不同民族文化传统充分尊重的态度，只有持这种态度，才能达到真正清晰的理解。这是一个严肃的学者在独立研究中摆脱西方习以为常的观念所必然产生的结果，是一个富有洞见的认识。"②

综上所述，宇文所安运用"历史描述方法"，将社会与诗人历史的实际状况与诗歌文本的阐释相结合，探究唐诗的形成与发展的演变轨迹。这种结构与方法符合唐诗研究的实际，非常有助于探究唐诗文体演变的规律以及唐代诗人风格的特点。从整体上看，宇文所安对唐诗史的重塑，既有对中国古典传统诗学观点的借鉴及契合之处，同时又具有实验性的大胆创新特点，这种对唐诗史书写的探索，无疑对目前学界有识之士倡导的"推进古代文学研究的国际化"③ 具有极好的研究导向作用。

（高超：文学博士，山西师范大学文学院硕士生导师）

---

① 叶嘉莹《叶嘉莹说初盛唐诗》，中华书局 2008 年，第 63 页。
② 傅璇琮《盛唐诗·序》，生活·读书·新知三联书店 2004 年，第 5 页。
③ 廖可斌《古典文学研究的国际化》，载《文学遗产》2011 年第 6 期。

帕特里克·韩南的中国文学研究析论[*]

万 燚

摘 要：著名汉学家帕特里克·韩南（Patrick Hanan, 1927—）毕生致力于中国文学研究，他不但翻译了大量中国古代与近代小说，更对中国古代小说、近现代小说、李渔作品及基督教典籍中译予以了独特的探讨。在总体上表现出注重文献考证、材料分析与理论阐发密切结合、恰切运用西方文学批评方法（尤其是叙事学理论）三个最显著特征。其研究对我们颇具启发意义：一是从原典出发是进行学术研究的基本路径；二是汲取西方学术之优长，适时运用于中国学术研讨中；三是敢于摆脱束缚，破旧立新。

关键词：韩南 中国文学研究 视野 方法 特征

帕特里克·韩南（Patrick Hanan, 1927—），生于新西兰，后到英国求学，以研究《金瓶梅》获伦敦大学博士学位，后任教于伦敦大学、斯坦福大学，1968 起任哈佛大学东亚系教授兼系主任、Victor S. Thomas 讲座教授，曾任哈佛燕京学社社长。韩南长期从事中国文学的译介与研究并卓有建树，为美国汉学界从事中国文学研究巨擘，据李欧梵教授回忆，夏志清先生曾"公开宣布除他之外韩南教授乃天下第一"，他还曾与汉学泰斗杜希德（Denis C. Twitchett）合编与《剑桥中国史》齐名的"剑桥中华文史丛刊"，由此可见韩南在海外汉学界之影响与地位。

韩南的中国文学研究遍及中国古代小说、近现代小说、李渔研究及基督教

---

[*] 基金项目：本文为教育部哲学社会科学研究重大课题攻关项目"英语世界中国文学的译介与研究"（项目批准号 12JZD016）阶段性成果。见李欧梵《韩南教授的治学和为人》，该文附于徐侠译《中国近代小说的兴起》一书后，可参见徐侠译《中国近代小说的兴起》，上海教育出版社 2004 年，第 240 页。

文献中译诸多方面，其成果为推动中国文学研究进程及海外传播作出了卓越贡献，在海外汉学界具有举足轻重的地位。目前国内学界对韩南学术研究成果的引介主要集中于著述译介方面，如尹慧珉译《中国白话小说史》（The Chinese Vernacular Story，书名又译《中国话本小说史》）、曾虹、王青平译《中国短篇小说——时期、作者做法的研究》（之一）（The Chinese Short Story: studies in Dating, Authorship, and Composition）、徐侠译《中国近代小说的兴起》（Chinese Fiction of the Nineteenth and Early Twentieth Centuries）、① 杨光辉译《创造李渔》（The Invention of Li Yu）及王秋桂等译《韩南中国小说论集》。另外，韩南的部分学术论文也被翻译成中文发表于国内学术期刊上，如段怀清译《作为中国文学之〈圣经〉：麦都思、王韬与"〈圣经〉委办本"》（The Bible as Chinese Literature: Medhurst, Wang Tao, and the Delegates'Version）、姚达兑译《汉语基督教文献：写作的过程》（Chinese Christian Literature: the Writing Process）及水晶译《中国古代爱欲小说》。与译介的风生水起形成鲜明对比的是学界对韩南学术成果的探究却相对贫乏，仅有如顾钧、季进、张宏生、包振南、章晓历等为数不多的研究者从某一侧面对韩南的学术成就进行过介绍或简略分析，这显然与韩南中国文学研究斐然的成就与巨大影响极为不符。而且目前的研究成果多为细部研究，即从某一视角介绍韩南某一方面的成就，有"点"无"面"，整体观照阙无。另外，韩南的很多学术成果如小说翻译极少有人涉足，李渔研究和基督教典籍中译研究更无人对之进行专门介绍与分析。此处还需提及的是，国内学界对已有的译介与研究成果也缺乏足够的重视，因此笔者认为，从某种程度上讲，国内学界似乎集体"遗忘"了这位汉学巨擘。

基于以上研究现状，本文拟对韩南的中国文学研究成果进行全面系统地呈现，尤其对一些被忽略的成果和最近的动态进行介绍与分析，并引入海外学人对韩南的评骘作为参照，在此基础上，笔者还试图对韩南的中国文学研究特点进行初步归纳。本文在总体上采取略前人之所详、详前人之所略、补前人之所缺的基本策略。

一

韩南的中国小说研究成就早已为学界公认，他在掌握大量一手材料的基

---

① 此书中译本在书名与内容上与英文原文有出入。

础上通过其严谨的论证，对很多具有争议性或悬而未决的问题进行了探讨，得出了令人信服的结论。在此，我们进一步从中国古代小说研究、李渔研究、中国近现代小说研究及基督教文献（尤其是《圣经》）中译研究几个方面予以深入探讨。

韩南的中国古代小说研究起步早，著述数量最多，成就也最为突出，主要有《中国短篇小说——时期、作者做法的研究》《中国白话小说史》（书名又译《中国话本小说史》）及数量可观的单篇学术论文，这些论文多被王秋桂等人中译并编撰成书，名为《韩南中国小说论集》。我们认为，韩南的中国古典小说研究主要有以下几大突出贡献：

一是对中国古代短篇小说的历史分期。小说在中国古代被视为不登大雅之堂的通俗文学，文人以著之为耻，由于重视程度不够，使得大量文献难以得到有效的刊刻与保存，因此文献的缺失为学界研究带来了极大困难，尤其是在小说发展阶段分期这一重大问题上更是难以找到合理的解决途径，导致了研究的长期停滞不前、人言人殊的局面。韩南借鉴前人以"层次"来进行文学分析的方法，将文学作品分为七个层次，"即叙述者的、焦点的、谈话形式的、风格的、意义的、语音的或书写的"。[①] 其中韩南尤其重视风格层次，并以"风格标志"（Style Criteria）作为判断小说年代的标准，他所谓风格"就是通过对许多有着共同上下文的文本各语言层次项目出现频率的比较来衡量的"。[②] 在中国短篇小说中构成这些风格的因子主要包括对话、背景与景物描写、诗篇与对句及普通的叙事文。在经过严格细致分析的基础上，他将中国古代短篇小说分为三个发展阶段，大致以 1450 年和 1550 年为时间节点分为早、中、晚三个时期，当然这种分类是相对粗略的，也具有较强的推测性质。韩南不仅从结构或者来源去判断各小说产生的大致年代，还通常于细微处着手，如小说中经常使用的词语"思量""自思""乃言""正所谓"等，即以这些词语在小说中出现的频率来作为判断某一时期短篇小说的创作习惯或者称为创作风尚。韩南的这种分期标准在大量资料阙无的情况下不失可资借鉴之处，当然合理性与危险性并存，韩南对之也有着清醒的认识。在分期

---

① 韩南著，尹慧珉译《中国白话小说史》，浙江古籍出版社 1989 年，第 19 页。
② 韩南著，曾虹、王青平译《中国短篇小说——年代、作者、作法的研究》（之一），载《明清小说研究》1986 第 1 期。

的基础上韩南还对各个时期作品进行分类,如愚行小说、公案小说、传奇小说、连环小说、宗教小说等。

二是作者及编者考证。很多中国古代小说由于年代久远,保存条件恶劣,作者不署真名甚至是战乱及自然灾害等原因,真正的作者或编者至今仍不得其解,导致很多作品的归宿问题争讼不断。韩南采取内证与外证相结合的策略对很多古代短篇小说的作者或编者进行了考证,得出了很多让我们意想不到的结论,而这些结论大多是令人信服的。如韩南认为从冯梦龙使用的原本的格式和风格判断"《古今》(《古今小说》,即《喻世明言》初刻本)中有19篇的作者可能是冯梦龙;《通言》有3篇作者肯定是冯梦龙,另有13篇也可能是他的;《恒言》则只有一篇可能是他写的,大多数是另一位作者,可能即是《石点头》的作者,冯梦龙的合作者之一的席浪仙",[1] 韩南所得出的结论确实让人觉得惊讶,因为国内学界对冯梦龙编"三言"确信不疑,但对其中哪些作品是经由冯梦龙创作或者是改编的却未曾关注,或由于证据不足没有作深一步探究,尤其是《醒世恒言》中的很多小说(如《灌园叟》《卢太学》等)其作者更是无人论及,韩南通过其"风格"理论判定其中的很多作品为席浪仙所作,在惊讶之余我们不得不佩服作者的见解确有高妙之处。

三是白话小说源流考释。注重流别是中国传统文化的显著特色,因而推源溯流是研究中国学术的基础性工作,从事中国古代文学研究似乎尤甚于此。中国古代白话小说很多篇目由于文献缺失或者来源复杂,故其何所自通常难以断定,如文言小说、喜剧、说唱艺术、史书或是佛道典籍不一而足均可能是其所本。韩南深得中国文学传统治学路径之三昧,如他认为《史弘肇龙虎风云会》及《郑节使立功神臂弓》与宋代口头文学中的"发迹变泰"故事有关;《刎颈鸳鸯会》《张子房慕道记》及《快嘴李翠莲记》从形式角度看则来自说唱文学;《合同文字记》可能来自戏曲;而《夷坚志》《东京梦华录》《西湖游览志》《西湖游览志余》《太平广记》等则成为众多小说家重要的取材来源。韩南在诸多学术论文中不乏详细而精彩的论述,如《〈云门传〉从说唱到短篇小说》(*The Yün-men Chuan: from Chantefable to Short Story*)一文是一篇追溯说唱文学与短篇小说之间关系的经典案例;《〈蒋兴哥重会珍珠衫〉与

---

[1] 韩南著,尹慧珉译《中国白话小说史》,浙江古籍出版社1989年,第100页。

〈杜十娘怒沉百宝箱〉撰述考》（*The Making of the Pear-sewn Shirt and the Courtesans Jewel Box*）则为此晚明两篇优秀短篇小说均源自宋楙澄的两篇传奇《珠衫》和《负情侬传》作了深入阐述；而《百家公案考》（*Judge Bao's Hundred Cases Reconstructed*）则详赡全面地考察了古代包公故事流传变迁过程。John C. Miller 认为韩南"运用了大量的例子去证明话本小说的发展史"，[1] 显然所言非虚。另外，韩南的小说渊源考索很多都是被他人忽视或尚未涉足的，善于变废为宝是韩南学术研究的秘诀之一，故芮效卫（David Roy）认为"此书（指《中国白话小说史》——引者注）将会产生重大影响，因为书中很多首次被探索的领域必将影响未来学术的发展"，[2] 其学术意义自然不容忽视。

四是金学研究。韩南的中国文学研究起于金学，也得名于金学，因此，研究《金瓶梅》当是其看家本领，学界对其金学成就也早有定论。亦如法国汉学家雷威安（Lévy, André）所言"他（指韩南——引者注）出版于1962—1963年的关于《金瓶梅》起源与版本的文章，建立起了他作为一位严谨而具有开创性学者的良好声誉"[3] 不过令外人不解的是，韩南从事《金瓶梅》研究之后，并未如夏志清、浦安迪等汉学家那样继续专研古典小说名著，而是致力于短篇白话小说研究，个中理由恐怕只有本人知晓。韩南的金瓶梅研究主要集中于两个方面，一是版本问题，二是探源工作。版本探讨主要见于长文《〈金瓶梅〉的版本及其他》（*The Text of the Chin Ping Mei*），韩南首先将《金瓶梅》的版本分为甲版本（即通称的"词话本"）、乙版本（即明代小说本）和丙版本（即张竹坡本），并对三者之异同进行了详尽多维的比较；其次对第五十三至五十七回的增补问题从情节是否连贯和用字两方面证实确为后人增补，并认为应有甲乙据以改写的某一版本存在；另外，韩南还对"改头换面的第一回""散失诸回的内容""手钞本"及失传版本几方面内容进行了探讨。探讨《金瓶梅》的来源既有助于了解成书过程，还可以更为准确地判定作者成就，韩南认为小说《金瓶梅》主要取材于长篇小说

---

[1] John C. Miller. Patrick Hanan, "The Chinese Vernacular Story"（Book Review）[J]. Studies in Short Fiction, 1981, pp. 479—480.

[2] David Roy Hanan, "The Chinese Vernacular Story"（Book Review）[J], Journal of Asian Studies, 1981, pp. 764—765.

[3] Lévy, André. Patrick Hanan, "The Chinese Vernacular Story"（Book Review）[J], T'oung pao, 1983, p. 111.

《水浒传》、白话短篇小说（如《刎颈鸳鸯会》《志诚张主管》《新桥市韩五卖春情》等）、色情小说《如意君传》、宋史、戏曲、清曲及说唱文学，韩南据此得出结论，《金瓶梅》作者对文学传统资源吸收借鉴颇多，其引文也包括明代诸多文学领域，我们应该对著者成就作更为准确的判定，故夏志清认为"韩南的《金瓶梅的原材料》（指 Sources of the Chin P'ing Mei 一文——引者注）提供的显著成果在于，它使人们认识到作者对各种资料的大量借鉴和采用以及他的叙述的拼凑性质"① 如果说《金瓶梅》与《水浒传》之源流关系是众所周知的话，那么其与明代其他文化典籍或艺术样式之间的密切复杂关系却较少为人关注，韩南的探源工作无疑在很大程度上推进了金学此一方面的发展。

韩南的李渔研究受到国内学界关注度较低，其原因既与韩南被集体"遗忘"有关，还与很多研究者对李渔及其文学成就本身的评价不高密不可分。韩南不仅翻译了李渔的小说《十二楼》《无声戏》和《肉蒲团》而奠定了其"当代最重要的海外翻译李渔作品的专家"的地位，② 还在海内外较早展开了李渔研究，因为韩南认为李渔留下了其他作家难以匹敌的大量资料，且李渔的创作具有很强的"自我"特征，因此，"在中国所有的前现代小说家中，李渔给我们提供了将其思想与艺术放在一起加以研究的最佳机会"，③ 韩南的李渔研究主要关注以下内容：首先，对李渔创新精神的标举。众所周知，有孔子开创的"述而不作，信而好古"在中国传统思想中的重要地位，这导致了中国文化较为浓烈的崇古情节。李渔对创新却有极高的热情，无论在生活还是思想上均是如此，韩南认为在李渔的文学创作中重视创新的突出表现就是李渔对"倒置"的娴熟运用，这不仅体现于普通的文学技巧层面，还体现在深层次的思想意识领域。韩南为李渔的创新思想深深折服，"他强调文学的独创性甚于任何中国批评家，或许也甚于二十世纪以前任何欧洲批评家。他不求助于任何古代权威。……他给同时代人最突出的印象就是推崇创新"。④ 其次，韩南对李渔作品中强烈的"自我"特征进行了揭示。文学创作是作者心

---

① 夏志清著，胡益民译《中国古典小说史论》，江西人民出版社 2001 年，第 173 页。
② 羽离子《李渔作品在海外的传播及海外的有关研究》，载《四川大学学报（哲学社会科学版）》2001 年第 3 期。
③ 韩南著，杨光辉译《创作李渔》，上海教育出版社 2010 年，第 1 页。
④ Patrick Hanan. *The Chinese Vernacular Story* [M]. Harvard University Press, 1981, p. 167.

志物化的过程，强调抒情言志的中国古代文学尤其体现了作者的人生态度与价值取向。但是在韩南眼里，没有哪一位中国古代作家的"自我"特征如李渔那般表现得清晰明显，并认为这是李渔作品的显著标志。"在李渔的作品中，有着比较一致的特点。由此体现出他的创作个性。即无论在小说戏剧还是在其他文章里，他都尽量使他个人的声音凸显出来，而不愿意仅仅出于一种客观描写的位置"。①《闲情偶寄》便被韩南认为是李渔的"自我之书"，在虚构属性突出的小说中，李渔依旧可以自如地注入自己的人生经历与思想感情，"李渔几乎将传统叙述者角色翻改成为他自己的形象，因此，他个人的见解与评论就侵入甚至支配了故事"。②这样李渔的很多作品就具有了强烈的"自叙传"色彩，我们通过研究李渔的作品可以在更大程度上窥见李渔的人生追求与精神旨趣。再次，韩南对李渔的生活观念尤其是重视享受与休闲有着深刻的洞察。明清之际是中国思想界发生巨大震动的时期，其中文人志士对生活享受与休闲的追求成为显著特征，李渔未能免俗，并成为其中代表。由于李渔一贯坚持"享乐第一"的原则，韩南称其为"休闲专家"，他认为在李渔的人生与思想中，除了新奇便是享乐（包括本能快感与审美愉悦），尤其在《闲情偶寄》中有着极为鲜明的体现，李渔对花鸟虫鱼的欣赏，对美食的珍爱，对生活情趣的重视等等都是其注重休闲与享乐的表征。当然韩南也特别指出，李渔的享受并非庸俗的单纯追求身体快感，还注重强调审美愉悦，并力求达至二者的和谐统一。又次，对李渔作品喜剧特征的揭示。此处指涉李渔作品的喜剧效果，当然其喜剧创作具有中心地位。韩南认为中国文学中没有真正的悲剧，喜剧在中国文学史上占有着极为重要的位置，而"在中国文学史上，李渔最专注于喜剧，富有多方面喜剧才华，是中国最卓越的喜剧大师"。③李渔在生活中以幽默诙谐名动士林，其喜剧创作之数量与质量也冠绝一时，同时他还将这种诙谐与幽默运用于几乎所有的文类中，李渔可谓中国古代喜剧第一人，时人也以东方朔目之，他对之不置可否。韩南深刻地指出，李渔作品的喜剧特征是其作为与传统疏离的工具，同时也符合他的快乐人生哲学，他还将李渔与西方著名喜剧大师莫里哀、

---

① 张宏生《哈佛大学东亚语言与文明系韩南教授访问记》，载《文学遗产》1998年第3期。
② 韩南著，杨光辉译《创作李渔》，上海教育出版社2010年，第39页。
③ 韩南著，杨光辉译《创作李渔》，上海教育出版社2010年，第1页。

王尔德、萧伯纳和布莱希特等人进行比较。最后,韩南对李渔作品中的情色特征也十分重视。韩南在研究中国小说时,曾提出"爱欲小说"这一概念,他有《中国古代爱欲小说》① 一文,对中国古代爱欲小说传统进行了简略钩沉。李渔承续了中国古代的情色书写传统,并受晚明淫靡社会风气的影响,其作品(尤其是小说)出现了大量的性暗示甚至是露骨的性描写。韩南对李渔重视包括肉体享乐的快乐人生哲学有深刻的认识,对其作品中的情色特征也多有关注,并称李渔为"情色作者"。由于对《肉蒲团》情色描写有所顾忌及作者未定等原因,国内学界对这一情色小说的论述较少,韩南不仅力证《肉蒲团》为李渔所作,还对之进行了英译,在英语世界产生了很大影响。他还认为这部小说有不可忽视艺术特质,代表了李渔风流与道学折中的人生哲学。韩南的李渔研究还涉及其他方面,由于这并非本文重点,在此不予详论。总之,韩南的李渔研究为李渔及其作品在西方的传播做出了重大贡献,正如汉学家伊维德(W. L. Idema)在《创造李渔》一书出版后断言:"此书将会被那些对文学场景与 17 世纪中叶(17 世纪如果不是中国文学史上最伟大,至少也是最活跃的时期之一)中国文学感兴趣的人阅读与重读,而且将在阅读中获益良多并感到趣味无穷"。②

韩南的中国近现代小说研究虽然不如古代小说研究起步之早,但是所取得的成果依旧令人惊叹。他的中国近现代小说研究集中于以下几个方面。第一,传教士与中国近代小说。西方宗教对中国学术的影响及其程度学界早有关注,但是存在的问题也不少,抑或是材料与理论之间的不协调,抑或是评判尺度方面存在缺陷。韩南对西方传教士(主要是基督教传教士)与中国近现代小说兴起关系的考察,是在充分占有大量材料的基础上,得出了令人信服的结论。韩南探究的传教士小说,③ "指的是基督教传教士及其助手用中文写的叙述文本(以小说形式)。"④ 他对中国 19 世纪的传教士小说进行了追溯与梳理,尤其对米怜(William Milne)、郭实猎(Karl Gutzlaff)、詹姆斯·理

---

① 参见韩南著,水晶译《中国古代爱欲小说》,载《书城》1998 年第 11 期;以及《中国古代爱欲小说》(续),载《书城》1998 年第 12 期。
② W. L. Idema. Patrick Hanan, "The Invention of Li Yu" (Book Review) [J]. T'oung pao 76 (1990), pp. 130-131.
③ 在行文中,韩南实际上还将传教士的小说译介与竞赛活动也纳入其中。
④ 韩南著,徐侠译《中国近代小说的兴起》,上海教育出版社 2004 年,第 68 页。

雅各（James Legge）、叶纳清（Ferdinand Genahr）、宾（William C. Burns）、杨格非（Griffith John）、李提摩太等传教士与其助手的小说创作多有解析。作者利用其掌握的大量一手材料，对我们既有的学术观念形成了不小冲击。如米怜的《张远两友相论》作为第一部传教士小说便少有人知晓；而郭实猎不但著有如《赎罪之道传》《常活之道传》《是非略论》《正邪比较》《诲谟训道》《小信小福》等小说，其《悔罪之大略》还是最早用第一人称创作的中文小说；而李提摩太和傅兰雅的小说译介与竞赛活动对梁启超小说创作及小说界革命的影响也尚无人提及，尤其是傅兰雅的小说竞赛经常被研究者忽视，傅兰雅在梁启超《新小说》出版之前七年举办过一次大众文学竞赛，参赛小说内容要求直指当时中国社会"三弊"，即鸦片、时文与缠足，虽然大部分参赛作品的真实面貌现在已不得而知，但是由竞赛引出的两部小说《花柳情深传》和《熙朝快史》却对晚清小说产生了影响，而这些在梁启超将小说作为改革工具的尝试中都可见踪迹，因此，可以说"傅兰雅的小说竞赛的确在某种程度上影响了晚清小说的总体方向"。① 第二，翻译小说与近代小说之关系。众所周知，域外小说翻译是中国新小说兴起的主要推动力之一，很多译者（如林纾、周桂笙等）及译著（如《巴黎茶花女遗事》《黑奴吁天录》等）也早已为人所熟知。韩南所探讨的是关注程度较小，实际上却又对中国近现代小说进程影响重大的翻译小说。例如，他考察了第一部汉译小说《昕夕闲谈》的原著是英国作家利顿的《夜与晨》（*Night and Morning*），译者为蒋其章，译著是一部适度同化的作品，译者在形式、顺序、连贯、风格与评论方面都有着鲜明的特征，韩南还对蒋其章处理中外文化的策略有清晰深刻的论述；早期《申报》的三部翻译小说《谈瀛小录》《一睡七十年》和《乃苏国奇闻》也是韩南关注的对象，韩南对三部小说从同化翻译的程度进行了剖析，并将其与林纾的翻译进行比较阐发；韩南还将1902开始的小说译介称为白话翻译小说的第二阶段，以梁启超所译《十五小豪杰》和周桂笙的《毒蛇圈》作为典型文本分析了其在小说模式及主题转换方面具有的特征，这些翻译实践正是后来近现代小说创作与接受的前奏。第三，近代小说的叙事特征。对中国近代小说叙事特征的考察是韩南关注的中心所在，其出发点在于"为了表明现代兴起之前，诸般蠢蠢欲动的变革可能在播散和促成文学现代化方面扮演

---

① 韩南著，徐侠译《中国近代小说的兴起》，上海教育出版社2004年，第168页。

了重要角色"。① 韩南的这一考察角度宏观统摄与微观解剖兼有，宏观上，韩南借用了热奈特（Gérard Genette）叙事理论中的"声口"这一术语作为切入点，并按照年代顺序具体分析了个人化的叙事者、虚拟作者、最弱化的叙事者及亲自介入的叙事者四种叙事方法；微观上，他对吴趼人的小说实验和陈蝶仙的自传体写情小说有详细深入的解读。第四，鲁迅小说研究。由于教学需要，韩南涉足中国现代文学，他对鲁迅和老舍等现代小说名家均有兴趣，但以鲁迅小说研究成果最为显著，其《鲁迅小说的技巧》（The Technique of Lu Hsun's Fiction）一文颇为海内外学界称道。韩南的鲁迅小说研究重点考察两个方面，一是对鲁迅小说技巧来源的考索。韩南经过精细入微的材料爬梳认为，无论从文体、主题、象征还是反语的检审都表明，鲁迅的小说受到来自果戈理、安特莱夫、显克维支、夏目漱石、森欧外等人小说的影响。二是对鲁迅小说运用"反语"的探究。韩南认为"反语是鲁迅小说的第一个、也许是最显著的特点"，② 进而分"情景反语"和"描述性反语"两个方面，用大量文本深入分析了"反语"技巧在鲁迅小说中的广泛运用。

　　基督教文献中译是中西文化交流的重要组成部分，也是中国文学的来源之一。作为对中国近现代文学与文化（包括传教士与中国小说之关系）有着深入了解的汉学家，基督教文献（尤其是《圣经》）中译进入韩南的研究视野顺理成章，这也是近年韩南学术研究的新动向。本文以《作为中国文学之〈圣经〉：麦都思、王韬与〈圣经〉委办本》（The Bible as Chinese Literature: Medhurst, Wang Tao, and the Delegates'Version,）与《汉语基督教文献：写作的过程》（Chinese Christian Literature: the Writing Process,）为例对之作简要介绍。作者认为"在19世纪，中国最大的一项翻译工程大概要算是《圣经》翻译了"，③《作为中国文学之〈圣经〉：麦都思、王韬与〈圣经〉委办本》对《圣经》中译过程中发生的争论，如忠实原文还是考虑中国读者接受，中译的文言水平（程度）等进行了事无巨细的解析，作者还重点介绍了传教士麦都思的《圣经》中译理念及翻译实践，尤其是对麦都思的中国协助者王韬为基

---

① 季进、余夏云《海外汉学界的晚清书写——以韩南、王德威为个案》，载《文艺争鸣》2010年第9期。
② 韩南著，王秋桂等译《韩南中国小说论集》，北京大学出版社2008年，第365页。
③ 韩南著，段怀清译《作为中国文学之麦都思、王韬与〈圣经〉委办本》，载《浙江大学学报（人文社会科学版）》2010年第2期。

督教文献中译所做的贡献进行了评骘。传教士与中国协助者的密切协作译介是当时《圣经》中译的基本模式，而这是《汉语基督教文献：写作的过程》探讨的重点，韩南考察了19世纪初至1870年间基督教文献中译的写作过程，作者试图证明基督教文献中译是传教士及其助手合力完成的，尤其是无译者之名的助手之贡献不可磨灭，虽然他们可能至今也无法为我们知晓。韩南此领域的研究显然有利于拓展和深化我们对于中国近代文学渊源的认识，尤其是有关所谓中国文学现代性进程的认识。

二

韩南的中国文学研究不但涉及范围广，取得的成果极为丰硕，而且其学术研究特征也十分明显，在海外汉学界既颇具代表性又极具个性。

（一）精于文献考证。海外汉学家由于语言文化隔阂，对中国语言与文化很难有由技进道的深入把握，他们研究汉学也多注重理论阐发，尤其是熟练运用西方学术理论解读中国文化是其突出特征，而对文献资料的考证功夫则略有欠缺，有的汉学著作甚至遭致材料无以支撑观点的批评。韩南的中国文学研究则避免了部分汉学家在此方面学术缺陷，尤其注重文献考证，这是韩南中国文学研究的标志性特征。韩南在文献版本、文献校勘、文献目录及文献辨伪等方面都有着炉火纯青的技巧，加之他充分利用了众多海外藏书资源，他的很多考证成果理正据足，且经常有让人耳目一新之感。同为治《金瓶梅》的汉学名家，韩南与浦安迪（Andrew H. Plaks）、夏志清、黄卫总（Martin W. Huang）研究路径迥乎不同，韩南关注《金瓶梅》的版本及其来源，其所引用书目之数量何止百种，常于材料细微差别处洞幽烛微，而浦安迪则探究文人小说与政治、经济、教育、社会思想、文人群体、文坛论争及文化和文学史发展之间的密切关系，因而把"这部卷帙浩繁的小说内容理解成是一种修身理想的反面倒映"，① 二者治学之别一眼便知。而狄百瑞（Wm. Theodore de Bary）在《中国古典小说史论序》中更是直言"夏志清教授此书对这些作品（包括《金瓶梅》——引者注）的探讨重在阐释"。[21]p1 黄卫总则关注小说中的欲望书写，并认为《金瓶梅》是"第一部致力于描写主人公的私人生活

---

① 浦安迪著，沈亨寿译《明代小说四大奇书》，中国和平出版社1993年，第1页。

和他们的'私欲'的大型小说"。① 又如《论〈肉蒲团〉的原刊本》(*On The Original Edition of Rou Putuan*)一文根据广为人知的《肉蒲团》版本排印之误,推断现藏日本的一手钞本更接近于李渔原刊本,而且大致推断出了原刊本原貌。由此观之,"我们现在来检验他的成果,发现有一个非常重要的特点,就是他所选择的课题,往往是他经过仔细爬梳,从大量第一手资料中得来的,有许多文献,正是由于他的发现和使用,才开始为学术界所知道",[23] 实为的论。

(二)材料分析与理论阐发密切结合。这似乎是所有学术研究的基本要求,但是我们发现在学术实践中真正做到这一点的学者微乎其微,多是各有偏重难以兼顾,导致陷入资料堆积而欠理论提升或有论无据的泥潭。前已提及,韩南的中国文学研究尤其注重文献资料的考证爬梳,但这并不意味着他是一位纯粹的考据式学者,其理论阐释水准也不容小觑。"爱欲小说"与"传教士小说"概念的提出;"风格标志"研究法的使用;白话文学历史的源流追述;白话、文言小说之别的辨析;倒置能手、情色作者及休闲专家称谓的总结;"声口"理论的运用等,莫不是其于纷繁材料中提炼出的理论,同时又将这些理论恰切地运用于学术论证中。"风格"作为韩南研究中国古代小说最基本的概念,还是其进行小说分期、考订作者及编者的基本依据,是韩南此意治学特征的典范形态,但前文已述此处从略。"爱欲小说"是韩南首先提出并使用的术语,他不仅对爱欲小说进行了界定,即"关于性行为的描摹是最重要的一环,那么爱欲语言就成为一个主要的恒定标准",且"语言必须相对的平铺直叙,换言之,其语言不是隐喻式的,也不是引经据典式的"。② 某一概念是否成立的关键是论证是否合理,韩南接着对中国古代爱欲小说传统进行了梳理,尤其是对《如意君传》所起到的奠基与作为资料库的价值进行了详细分析,如其对《金瓶梅》《痴婆子传》《肉蒲团》的直接或者间接影响。在梳理材料的基础上,韩南还对中国古代"爱欲小说"的基本特征进行了总结,如性爱场面的描写、向社会规范挑战、为男人而写、引发情爱坚贞及与暴行相伴随等显著特征。这些材料为"爱欲小说"这一概念提供了强有力的支撑。

---

① 黄卫总著,张蕴爽译《中华帝国晚期的欲望与小说叙述》,江苏人民出版社2010年,第75页。
② 张宏生《传统与现代:方法的开放与包容——韩南教授的中国古典小说研究》,载《南京大学学报(哲学·人文·社会科学)》1998年第4期。

透过韩南的著述我们可以清晰看出，材料与论证有机融合是其治学的又一显著特征。

（三）对西方文学批评方法（尤其是叙事学理论）的熟练运用。海外汉学的优势之一端便是以他者的眼光来审视中国文化，站在新角度，运用新方法，摆脱"当局者迷"的藩篱，因而经常能得出独到的结论。韩南作为西方思想体系中培养出来的学者，对西方学术的研究路数烂熟于心，其中国文学研究通常适时地运用西方文学批评方法，尤其是对西方叙事学理论的化用随处可见。韩南根据中国白话小说的基本特性，将其叙述语态分为"评论"式（commentary）、"描写"式（description）、"表达"式（presentation）三种；调和西方叙事学各家学说提出文学分析的层次理论，并运用于分析中国小说；分析李渔作品的叙事特征，尤其是"自我"在其作品叙事中的作用；借用热奈特的"声口"理论来解析中国近现代小说。韩南用叙事学理论来考察中国近现代小说，他认为19世纪小说的叙事特征对于20世纪中国小说的发展意义重大，小说革命前的中国近代小说颇具实验性特征，主要表现在四种叙事方法的出现，一是个人化的叙事者，如《儿女英雄传》《花月痕》和《玉蟾记》；二是虚拟作者，如《风月梦》《品花宝鉴》与《青楼梦》；三是最弱化的叙事者，如《海上花列传》；四是亲自介入的作者，如《熙朝快史》《花柳情深传》《海上名妓四大金刚奇书》及《南朝金粉录》。当诸多研究者忽视这些小说对中国近现代文学发展的意义之时，韩南却从叙事学角度看到了这些小说承前启后的价值。韩南还对晚清小说家吴趼人的小说实验倾注了不少精力，认为他是"晚清小说家中在技巧方面最富实验精神。他在时间顺序、结局，尤其是叙事者的位置、性格、身份方面最富创获"，[①] 进而分析其如何在小说叙事中通过极力隐去叙事者存在、第一人称叙事、第三人称限知叙事等叙事方式来表达其主题思想。

另外，韩南还善于从他人轻视或忽视的文献中发现其价值，如国内学界多忽视陈蝶仙的小说，韩南则对其"自传"性特征评价很高，认为应该在中国自传体文学中占据一席之地，同时陈蝶仙的某些小说（如《玉田恨史》）还是对传统小说结局模式与形式的摈弃。同时，作为一位学贯中西的汉学家，进行中西对比也是其治学之特点，如他认为中国白话小说都运用了形式写实

---

① 韩南著，徐侠译《中国近代小说的兴起》，上海教育出版社2004年，第169-170页。

主义的叙述程序，进而将之与笛福、理查逊、菲尔丁等人的小说及《十日谈》进行比较阐发。

三

韩南的中国文学研究对我们还颇具启发意义：一是从原典出发是进行学术研究的基本路径，也才可能取得扎实丰硕的成果。韩南在中国文学研究方面取得的成就，在很大程度上得益于其扎实的文献功夫，也就是以原典作为研究的重心。这与我们当下国内学界的境况着实不同，诸多所谓学术研究都是在已有成果上进行阐发，叠床架屋，导致整体研究水平长期停滞不前。二是汲取西方学术之优长，适时运用于中国学术研讨中。中西两种异质文化各有优长，必须相互借鉴方可不断进步。目前中国文学研究面临诸多困境，其中与未能融通中西有莫大关系。中国传统的文学研究体系有其过人之处，但也存在一些不足，通过吸收西方文学理论和批评方法，很可能为我们解决问题提供参考，甚至起到推动作用，这是海外汉学对中国学术研究的真正意义所在。三是敢于摆脱束缚，破旧立新。熟悉韩南研究成果的人都知道，韩南经常能从被人忽视的文献材料中发现其价值，如中国古代爱欲小说传统，《云门传》和《乐府红珊》之价值，传教士小说对中国近代小说发展的意义，基督教文献的中译等等不一而足，当然韩南这些成果的获得并非盲目追新或者有论无据，而是从丰富可靠的材料出发自然而然推出结论。我们不得不为韩南的学术眼光感到惊叹，正如汉学家雷维安（André lévy）在有关《中国白话小说史》的书评所指出的那样，"通过韩南的艰苦研究，为我们提供了很多具有普遍性的新观点……事实上，该书几乎每页都包含着新的信息"。[①] 而创新能力严重不足早已成为中国学界的痼疾，韩南敢于破旧立新的学术勇气、治学方法及学术实践都颇具镜鉴价值。

以上对韩南中国文学译介与研究的梳理与总结不免有疏漏不足之处，但由此亦可窥见韩南治学之大略，中国学界应该重视而不能"遗忘"这位汉学巨擘。

（万燚：四川大学文新学院博士后，四川理工学院人文学院副教授）

[①] André Lévy. *The Chinese Vernacular Story Book Reviews* [J]. Harvard Journal of Asiatic Studies, 42.2 1982

中国的礼仪和习俗[*]

[美] H. Standish 著　官　濛 译

　　中国的礼仪和习俗同欧洲截然不同。二者对比鲜明，史上罕见。
　　欧洲诸国之间的差异介乎程度之间，没有对立之嫌。法国人爱洋葱，西班牙人好大蒜，威尔士人喜韭葱，正如一家的子孙口味相似，只是偏爱不同的辛辣味道。其他国家，诸如阿拉伯、土耳其、波斯等，彼此习俗不同，和我们也没有可比之处。而中国人却在很多共通点上和我们构成了强烈的对比。比如，欧洲人认为神父应身着特殊的装束，即黑色服装。中国人也认为神的代言人的服装要区别于众人，可他们选定的是明黄色。欧洲人穿黑色衣服悼念逝者；中国人穿白衣表示对先人的哀思。我们雇佣女性作仆人、厨师、洗衣工、裁缝，而这些工作在中国都是男人做的；然而船夫却大多是女人。其他几乎所有的事情都可以通过反之成立的原则推断出来。最具有代表性的莫过于中国的丧葬礼仪。
　　和我们一样，中国人视死亡为庄严的事实，极其重视，可是对于不可抗拒的死亡过程，他们却并不在意。死后葬礼的流程远远超出了荒谬的界限，达到了在我们看来疯狂的境地；同时，立足于我们引以为豪的优秀文明，我们又往往宽容地理解：这无非就是差异。中国人和基督教徒一样相信人死后会复生。他们对这一点非常执着，与在世时保养身体相比，他们花更多的心思精心地保存尸体；无数的钱财和精力被挥霍在死人的泥巴、骨头和尘土上，导致活着的人生活困顿。许多人宁可花光最后一文钱，饭也不吃，饥肠辘辘地睡觉，也要在他们小小的神龛上燃起香烛，纪念祖先。中国人对待濒死之人的方式和我们迥然不同。我们以为痛哭的朋友，亲属和律师、医生及牧师陪在垂死的人身边是义不容辞的责任；而中国人则冷酷无情地遗弃他们，执

---

[*] 原文载 Ballou's Monthly Magazine，1875 年 3 月 1 日出版。译文受中央高校基本科研业务费专项资金 2014WX01 资助。

意把奄奄一息的人从床上推起来,从房间拖到最近的空地上,让他们最好能孤零零的死去。朋友和邻居都小心翼翼地避开,直到死者咽下最后一口气。因此,没有人会允许病弱者进入房子,唯恐来不及再次逐出,他们会死在里面。妇女经常被赶到外面的小棚子或偏僻的破屋,独自进行艰难的生产,难怪会见到很多死婴。

我所拜访的欧洲友人那里发生了一件奇怪可笑的事情。听说一个生病的穷苦老妇人独自住在树林里,朋友雇了个人驾马车去接她到城里,以便照顾。车夫宣称他知道那个地方,和老妇人也很熟,然后就赶着铺上稻草的马车离开了。到了傍晚时分,马车回来了,却不见病人的影子。

"怎么了?老妇人在哪儿?"朋友生气地喝问。"这些可恶的苦力蠢得要命。老妇人在哪儿?"

"哎呀,老爷,"车夫举着双手抗议说,"那老太婆!病得厉害!都快死了!"

"很可能的;但就因为这我才让你去把她接来。"

"啊呀!"那中国人听到后无比绝望地叫了起来。"让她死在我的车上!那可不行。放她在路边,让她死在那儿。这样行。"

"凭什么?你这野蛮人!"我的朋友大喊一声:"鞭子给我!"他跳上马车就走了。车夫手里拿着他的辫子,焦灼不安地绞来绞去。中国人的悲伤是最为愚蠢可笑的一种。他吼叫,哭诉,扭曲身体,做出最为古怪的表情,结果让旁人感受到的是荒唐可笑而不是悲伤的同情。我们这位车夫的痛哭源于这种观点:老妇人一旦死在他的车上,马车就被永远地玷污了,毁掉了,而这是他唯一的谋生手段;然而,一旦发生此事,他将出于迷信的恐惧,把马车作为祭品献给可能骚扰他的恶鬼。幸运的是,老妇人活着被接来了,我想,事后也应该痊愈了。

和我们教会一名厨师逝世造成的恐慌狼狈相比,垂死的妇人和被夺去马车的苦力只能算是具有威胁性的小小的不幸了。老阿庞是最可靠和最用心的仆人,会做相当地道的欧洲菜肴。我对他的唯一成见就是他的迷信——不是,是习惯——杀鸡的时候他是把鸡烫死的。通常我们会馆每天都会杀几只鸡做咖喱鸡之类。拔鸡毛是很麻烦的工作,于是会把鸡勒死,扔到沸水中等鸡毛自己脱落。但是在我看来勒死鸡本是多此一举,因为沸水肯定能把鸡烫死。而中国人和爱尔兰人有一样的思维方式,认为"为什么要杀它两次呢?"那个特别的早上，阿庞走进客厅，问我对买野味的事有何吩咐。那野味是从北方开来的船上供应的。阿庞是个谨慎的采买，总是开销有度。有时买的动物很贵，有时很便宜。他总是反复在问一个问题："老爷给多少钱买野味呢？"而我总是让他自己斟酌决定。

刚有他走到厨房的功夫，我们的门就猛地被撞开了，跌跌撞撞涌进来五六个仆人，一面比画着害怕的动作一面尖叫着："老爷！老爷！阿庞死在灶房了！"我跳起身跑过院子来到厨房。那里，可怜的阿庞仰面躺在地上，一动也不动像是睡着了。我以为他是昏过去了，招呼其他仆人扶起他来救治。结果，没有一个人上前。无论我怎样咒骂还是恳求，都没法让他们靠近一步。他们坚决而又冷漠地站在一旁，七嘴八舌地议论着，还用蜘蛛一样细长的手指指指点点，试图制止我继续摆弄尸体。他们哀叹阿庞没有死在院子里而是倒在厨房里。似乎不幸的不是他的逝世，而是他死在厨房里了。尽管我一个人尽力抢救，阿庞的躯体仍没有任何反应：眼睑没有跳动，血管没有脉搏，生命体征已经消失。他被先人召唤去了阴间，身后留下了难以言传的困惑、混乱和不安。这一切，极严肃又极可笑。

和其他中国的事件一样，这件事也是集可怕和荒唐于一体，庄严或怜悯的成分很少。尸体横在那儿，没有死亡的威严，只有那可笑的方脸上带着几分钟以前他问买多少钱野味的表情。房子里所有的人都来了，绕着尸体围成一圈，用各种离奇古怪的方式表达他们的失望和震惊，以无限潜力发掘这件事的复杂性和带来的种种不幸。谁来搬尸体？一个人问。太遗憾了，他没有走到院子里去死，另一个说。谁来做晚饭？真可惜他没等到晚饭后再死。厨房的小工偷偷溜走藏了起来，生怕被叫进厨房做饭，和死去的厨子共处一室。谁去买棺材？他们哀叹阿庞没有先见之明，像很多中国人一样生前就备好棺木。谁是他的至亲？他们热烈地讨论着这个问题，身子突然地扭来扭去，叉子似的长指甲在空中不停地挥动，以致我感觉靠近他们会是很危险的事。他们说，如果阿庞被任何人冒犯了，除非是他的至亲，他注定会阴魂不散，一直骚扰那个大胆的冒犯者，可能一直折磨他到死。仆人们，一个不落地恳求我不要碰他；我则相信他们坚决不会再踏入厨房一步。

就在这时，厨子的小工，我推想他肯定是从藏身的地方瞥见我把他的新短褂扔到死者的脸上。我本想盖上他的脸，衣服又正巧在我手边。他发出一声哀嚎，把大家吓了一跳，接着又歇斯底里地恸哭起来。我再把短褂拿开也无济于事。它已经被玷污了，必须要烧掉。但是目前的当务之急是晚饭的问题——不管发生什么事，人总是要吃饭的。最终，我取消了所有人的工作，说我们一起出去吃饭。人群陡然间放松起来，因为他们都已下定决心，一旦我转身离开，就径直逃离这房子，把阿庞独自留在这里。一个人建议说我们应当立刻寻找阿庞的至亲，没有他葬礼就无法启动；其他人以各种理由告假离开。我去雇苦力把尸体抬到一个更合适的地方，结果徒劳而返。消息扩散得像山火蔓延一样快。人们要么惊惶地转身跑开，要么就说有其他事情要做。几个仆人出于对我的尊敬留在四周徘徊，心里肯定在疑惑我究竟中了什么邪非要和死人待在一起，而他们却感到有不可抗拒的力量推着他们离开。这种感觉不是源自对神秘莫测的死亡的害怕或者敬畏，中国人对死亡现象几乎无动于衷。当厌倦生活的时候，他们常常自我了断。妻子有时追随丈夫共赴黄泉；遇上饥荒或灾难，父母会杀害自己的骨肉，不让他们在世上受苦。更不同寻常的是出卖生命换取厚葬的风俗，因为体面的葬礼能保证人死后得以顺利地投胎转世。

打入死牢的有钱人会请狱卒安排买一个替身。他出一笔钱为那个可怜人操办葬礼，保存他的尸体。如果他有父母，这些钱通常付给他们，作为儿子生命的补偿。中国人无一例外地赡养父母；孝敬侍奉老人是伟大的中国美德和宗教信仰，几乎人人践行。既然人终有一死，他便从这糟糕的宿命中寻求最好的可能，狡黠地通过死亡牟利。在中国，对生命的摧残大量存在，其根源在于对生命的冷漠。对我们来说极其残酷的欧洲大屠杀在中国人看来根本算不了什么，他们不理解我们为什么要小题大做。他们看待我们愤怒的声明就和我们杀了邻家的狗之后对待怒气冲冲的邻居如出一辙。"好了，好了，冷静一下！你要是真的喜欢那条狗，那我很抱歉。但它不过是一只狗而已，别处还有很多呢。你想让我赔多少钱？""你们美国人把命看得太重了"，中国人说，"你们国内人口不多吧？"慈善会的修女们四处奔走保护婴儿的生命，拯救更多灵魂。可他们对修女们的奉献视而不见。中国人认为倘若孩子出生时遇上灾星，他注定会灾祸不断，要么身染疾病，要么境遇坎坷。这样的孩子死的越早解脱的越早。仅仅因为缺少食物，中国妇女会把婴儿放到修女医院门口，因为她们知道，孩子会被带进去得到照料，就像在任何其他国家发生的一样。肆虐的弑婴行为在我看来被相当地夸大和误解了。尽管摧残生命的事却有发生，也只是被视为和死亡沾边的事件而不是残忍的结果——他们并不将它视为灾难或者最可怕的不幸。我尤其注意到中国妇女和其他的母亲一样喜爱孩子。她们有护士般的温柔和耐心。在较低的社会阶层中经常可以看到母亲把婴儿系在背上辛苦地劳作。通常她们照顾孩子的时间比欧洲更长,达到两年或更久。但是她们对死亡持特有的观念:宁可失去一个孩子也不愿看他受苦。死亡在中国也是刑罚。哪怕是最无关紧要的罪行,甚至只是因为挡了某人的路也会被处死。

我听说过一个真实的故事。在我们的一位王子访问期间,有贼偷了他的一根链子或一块表。一个不幸的侍从被发现赃物正在他身上。没经过任何询问,他就被砍头了。在场的满洲人马上把这消息告诉王子以示他尽心尽责的关心。让他始料不及的是,王子对此人被斩首深表遗憾。"殿下,"谄媚的满洲人低头鞠躬,脑袋都碰到了地板,说:"马上就把头再安回去!"他不明白王子的遗憾是为了被夺去的生命,而不是他严苛的手段。

在叛乱和饥荒期间,大批的人死去,就像收获时节刈割的稻草一般,在欧洲人看来十分恐怖。我不得不承认当我站在广州的刑场上时紧张得战栗不已。那是一条窄巷或制陶场,每天都有几百人被屠杀,持续长达几周之久。两个工匠专为刽子手磨刀,因为许多可怜的罪犯被判不得一刀毙命,而是要忍受二十到五十刀,分尸而亡。一个阅历广泛,见过无数可怕场面的欧洲人告诉我,尽管他有钢铁般的意志也无法目睹中国人的处决过程。在他描述一些细节的时候,我不得不求他略过不讲。但是,他说,刑场没有一丝肃穆的氛围,旁观的众人都是在消遣取乐。真是可怕和荒唐的组合。

言归正传,继续说我们的困境吧。我们回到家,正好撞见本应留下来看家的仆人急急忙忙从外面跑进大门。之后,当我表明要回去休息时,他们立刻应声而散,一哄而去。转眼间,我发现只有我一个人陪着可怜的阿庞了。走在回房间的路上,我从开阔的游廊望去,月光皎洁。中国的月亮似乎认为发出明亮的月光是她义不容辞的责任,因为中国人很看重月亮,也经常祭拜。月光洒落在厨房的屋顶上。中国的厨房总是由一个广场或院子和主楼分开,旁边还有所有仆人的房间,但现在一个人也不在。银色的月光照在阿庞铁青古怪的脸上,他好像还在问:"老爷要买多少钱野味?"他急切地询问使我无法将目光从他身上移开,就这样一夜无眠。天亮了,仆人们悄悄地溜了回来。接着,阿庞的近亲出现了,棺材也买好了。我们曾经的厨师,生前充分地使用了他所有的衣物,包括六件短褂和裤子。它们一起被放进,或者我应该说是塞进了棺材里。他和他所有的财产都在里面。可钱包似乎太瘪,许多纸钱,也就是中国人造出来在阴间使用的,钱的替代品,被放了进去。用纸钱显示死者可观的财富,正如妇女用人造宝石增加真正钻石的数量一样可笑。人们把中式腌鸭、活的白毛公鸡和茶送往墓地,也雇了几个哭丧的人。不过,为了顾及我的感受,他们故意和我拉开一定距离后,才放声号哭并夸赞阿庞。

我们的最后一个困难出现了:怎样把死者从屋里挪出呢?从门口抬出尸体是极不吉利的。如果有人死在屋里,通常会在窗户外面立起架子,让棺材滑下来。不幸的是,仆人们的窗户都对着院子,从那必须穿过房子,走过大门才能出去。我们当然地拒绝了把画室窗户当作阿庞进入极乐世界通道的提议,因此招来了无尽的警告:"他是从门口抬出去的。"我们费尽周折才找到接替的厨师,也只能把厨房牺牲作为柴房。新的中国厨师只用几分钟就能在任何地方支起工具。一点余烬,几个陶罐,他就开始掌勺了。每道菜都带着些许火星。可是这些让步仍不能让厨房的小工满意。他痛苦地坚信,阿庞是从门口抬出的,毫无疑问会在某个月夜再次回来。结果,刚拿到工钱他就跑了,丢下了那个被玷污的短裤,从此音信全无。

和我们的习惯大相径庭的还包括送葬的队伍和坟墓。前者,如同中国所有的队伍一样,互不搭调的各色人等混杂在一起。衣衫褴褛身体半裸的苦力们参差不齐地蹒跚而行,运送着最奇特的物品:白色的公鸡拍着翅膀为死者开路;装满烤肉的托盘,可能是一头整猪,还有鸭子;堆满纸猴子的篮子;衣服和鞋子,有真的也有纸制的;盛着蛋糕的托盘;雨伞;扇子,等等。死者的朋友们,坐在椅子上由苦力们抬着,身上裹着白布,只露出鼻子眼睛,看起来就像好多尸体在赶赴自己的葬礼。要列举完中国葬礼上的种种物品将会太无聊了。其整体效果是可笑而非肃穆,活泼而非悲伤,杂乱无章而非井井有条。中国人雕像的形状和尺寸也和我们不同。我们的坟墓、墓地和纪念碑多为夹角,正方形和长方形;而中国人的长眠之地则建成弧线形,半圆形和马蹄形。我们认为八英尺(1英尺约为0.3米)宽四英尺长的土地足以让人死后安息,而中国人则要永久占用一至二英亩的土地为死后安身之所,包括一系列圆形的庭院,马蹄形的房间,具体视死者的地位和财富而定。

从广州城外沿着一条小路(因为没有路,只有苦力走的小径)一直走,就会看到延绵六到八公里的建筑群矗立在山边,在阳光下发出白色的光。陌生人肯定会非常疑惑,这些建筑究竟是用来做什么的?它们不可能是军事工事，因为建筑风格完全不同。也不可能是民房，中式房屋庭院很大，内室很小，而这些建筑坐落在山坡上，只有内室没有庭院。这些砖石建筑很坚固，也用了很多大理石，整体效果非常奇怪。我们欧洲人喜欢选择阴凉潮湿的地点作墓地，上面载满柳树和柏树。中国人选址有自己的讲究，必须要找阳光充足、没有阴凉遮蔽的地点，还要地势高抬，能捕捉到最早的晨曦和柔风的吹拂。他们有专业的测试人员或叫先知，负责寻找最适合作某个亡者墓室的地点。地位显赫的中国人死后常常要花几个月之久才能选定最适宜的风水宝地。我们经常碰到这些巫师一般的风水先生在山间游荡，或者入定一般站在那，一动不动等待灵感到来，或者像寻找矿石的探矿人一样拿着手杖在地上来回搜索。

死亡的主题中最惊人也是最有趣的部分是只有亡者居住的死人城。它们距离活人的城市只有几英里（1英里约为1609米）远。据我所知它们仅存在于中国。我将详细描述广州城外的一座死人城。一位精通中国事务的朋友和我一同参观了这里。出发时，我们坐在椅子上，或者说是装了椅子的长方形盒子里，由二到四个苦力扛在肩上，小跑一般快步向前走。那是一个阳光明媚的早晨，天气凉爽宜人。正如前文所述，广州城周围没有路，也不需要有路，因为那里既不走马，也不过车。仅有小径的宽度只容一个脚夫通过。中国人走路总是和印第安人一样，一列纵队前行。有时，小路就是两块灌满水的稻田的田埂，有时紧贴山体边缘，或者就在一条小溪的岸边。无数类似的小溪贯穿过广州，把它变成银色的织锦。不过，星星点点的土地都被充分地耕种了，以菜园居多。在农民的精心侍弄下，土地整洁又茂盛。我时常疑惑，谁能吃掉地里种的这么多的白菜？我相信广州人比纽约人吃的白菜要多。尽管两城人口相近，我觉得不是每个纽约居民都习惯性地必须吃白菜，而在广州，每个人都有必吃白菜的饮食习惯。另外，他们种植的白菜也和我们的不同，是长的而不是圆形的。菜园的景色令人心旷神怡。蔬菜长势喜人，耐心的农民在辛勤地拔草，浇水。挑水用的仍然是最原始的方式。挑水人用柳条编的钩子把两个桶吊在扁担两头，再扛到肩上。走路时，两脚交替迈出，他能够控制两侧泼出水的力量，保持平衡，水就不会洒出。三三两两的苦力肩上都扛着扁担，两头的篮子里装满绿姜、白菜、洋葱、萝卜（只有长的没有圆形的）、菠菜以及各种我国所没有的草药和蔬菜。他们都心怀敬意地走到沟渠中，为我们让路，或礼貌地打招呼，或友好地祝愿我们的家人能长命百岁。

中国的礼仪和习俗

穿过长达几英里充满微笑的土地，映入我们眼帘的是一座城墙环绕的城市。城墙上有防御工事，周围护城河环绕，河上悬有吊桥。我们的苦力大声报出来访的意图，说我们希望放下吊桥进入城内看看。喊声听起来怪异又空洞，还产生了阴森森的回声。几只苍鹭受惊了。它们似乎对有活人来到死人城感到十分惊讶。河水湿冷凄凉，河边的植被阴郁茂盛，一直悬垂到河面，鸟儿们就藏身其中。城门开了，木板放了下来。完成这必不可少任务的是个在我看来几近骷髅的物体。我在美国没见过瘦成骷髅的人，只是听说过有人瘦得"只剩一把骨头"。但是在中国，有志于学习解剖的人会得到极大的便利，尤其是从常年吸食鸦片的瘾君子身上。苦力们不愿进入城门，我们只好自己穿过吊桥，走了进去。骷髅一般的守卫完成他的职责后就消失了。我们进入城内。

放眼望去，它和中国其他的城市别无二致，区别仅在于死一般的寂静，冗长的停滞和萧条的气氛。一样的铺满鹅卵石的狭长街道，一样古色古香方方正正的房屋，入口处没有门，却搁着带小格子框架的精致屏风。中国的妇女可以透过它窥视外面的动静，满足好奇心。但在这里，没有人窥视，也没有人从屏风后进进出出，没有搬运苦力急促的脚步声磨光鹅卵石，也没有卖水果或卖鱼小贩的吆喝声打破乏味的单调。街道彼此交叉，像大多数的中国街道一样蜿蜒延伸。几处小小的花园里种着死灰色枯萎的花，看起来像中风瘫痪一般动也不动。几株矮灌木无精打采的竖在一边，似乎一百年也长不出一片叶子。没有昆虫或苍蝇的嗡嗡声，没有无处不在的蚊子，寂静的街道上连横穿过街的老鼠都不见了踪影。我们在街上穿行了一会儿，明显感觉到自己的脚步踏到地面时产生的震动。

同伴建议说我们应当进入一栋房子看看。于是，我们走到屏风后面，发现自己置身于中国普通的起居室或客厅里。屋内陈设常见的黑檀木座椅和茶几，配以古典的绘画。画面俗丽花哨，缺乏透视技法。让人纳闷的是，画都是莫名其妙地垂直悬挂，而不是水平摆放。一条窄窄的条幅从天花板垂到地板，各种图案像梯子一样构成不同的层次。

房间的一头放有神龛，这是中国人房子中主室必不可少的摆设。神龛供奉着某个面相凶煞的神像，或为圣人，或为小神。熏香在两侧的黄铜罐内缓缓燃烧，香烟袅袅。几杯茶和米酒放在神像前。我不知道茶是不是热的。我没有尝，因为在中国穿死人的鞋是犯忌讳的，那么喝死人的茶水应当是大忌了！房间中央有一个类似长沙发椅或睡榻的大物件，上面盖着带夹层的丝质床罩，就和中国人床上常铺的一样。这可能是所有家具中让人最不舒服的一件了。它中间是空的，房间的主人正长眠于此。他再也不能起身站立；虽然茶和米酒已斟好，他再也不能慢慢呷品；他再也不能坐到他的黑檀木椅上；再也不能为先人上香，而后人们要为他燃香供奉。另外还有其他几个房间，装饰摆设类似，不过床罩是掀起的，露出里面的紫檀棺木，说明主人仍健在。走廊上放了几个常见的绿色瓷质花瓶和瓶座，插着毫无生气的花朵。

我们轻轻地走到街上，心情沉重，不寒而栗，却没有一丝哀悼的感觉。我们看了隔壁"待租，无家具"的房子，又进入第三栋。这里到处都是金箔和朱砂，镜子在各个房间彼此映射，闪闪发光。黑檀木和象牙质地的家具工艺精湛，美妙绝伦。茶杯和米酒酒杯是蛋壳般精致细腻的薄瓷。祭坛上的艺术品镶嵌着珠宝。床上铺盖华丽的绯红色天鹅绒床罩，上面缀满金子和小珍珠，系着与金子同价的长长的金块流苏。一个满族高官就卧在床罩下面。他生前砍下所有他见到的有钱人的脑袋，聚敛了惊人的财富。他的方法并不复杂。他先挑起纠纷，将金主投入监狱，再以公诉人的名义没收他的家产。大概一年之后，狱中人被判失去一半身家。他肯定会反抗，中国人最痛恨的莫过于失去钱财了。你可以用任何方式打他，饿他，惩罚他，可一旦你停了他的工钱，他会绝望至极，咆哮得几英里之外都听得到他的号叫。继而，因为拒不付罚金，倒霉的金主又被捉回大牢。随即判决他罪已至死，没收所有的财产。这些财富必须先经这位中饱私囊的高官大肆揩油之后，才会进入太阳之子皇帝的国库。躺在这绯红色金质床罩下的大员据说精于此道，擅长通过置人死地掠取受害人的钱财——也就是让他们"出血"（bleeding them）。或许这个血腥的表述真的就源自中国？

据说他的棺材中藏有巨额财富。他身着各种珠宝，和价值不菲的服装，仅棺材就耗资一千英镑。外层棺木是黑檀木，精美地镶嵌着金、银、象牙和大颗珍珠。内层棺木是有名的铁木，产自婆罗洲或者缅甸，因其质地坚硬、永不腐朽又防白蚁，被视为比金属更为坚固。第三层是衬以天鹅绒内里的紫檀木内壳。尸体经用大量香料防腐处理后就放置在里面。屋内的家具价值远不止一千英镑。祭坛的桌布和墙幔上遍是丝质刺绣，还缀着奢侈的金流苏。那种中国人热衷于推介到世界各地的金丝织画，是镀金和朱砂制成的。房间铺的是大理石地板。这就是满人尚勇（Shang Yung）在受害者的尸骨上为自己死后建造的豪宅。

美国人对热衷敛财的守财奴有固有的看法："他死后不能把钱带走。"在中国可不是这样。至少在某种程度上可以说，人死后确实带着财富离开。和生前的境遇相比，钱在死后更加重要。无论是不是知道给老卡戎①多付些船资，争取上一条好船或者贿赂地狱的官员，中国人笃信赎罪的宗教。他们精明地推想冥界的当权者也会收受肮脏的不义之财，同当今的中国社会如出一辙。同时，出于节俭，他们带走多半财物。基督教徒把钱交给神父或亲属为自己赎罪，中国人可能认为自己付钱赎罪比把钱交给别人更可靠。斐迪南二世和伊莎贝拉女王②对自己的罪恶深信不疑，把大量财富捐给教堂。传说每天教堂都要为他们在炼狱的灵魂付出赎金，直到永远。中国人在所有的事情上都缺乏想象力又讲求实际。他们对身后事的安排是最突出的表现。

话题重新回到死人城。读者们可不能认为它是类似于新奥尔良的大型墓地。在新奥尔良，死者置身于地面上的纪念碑中，因为密西西比河不断泛滥，会把任何地下的坟墓冲刷殆尽。新奥尔良的墓地也是少见的微缩别墅和教堂的集中地，起源是很多做弥撒的家庭说，每年到了万灵节③这天，墓地中的尸体会在一起举行聚会。有的墓碑有几层楼高，彼此独立，四周围绕着美丽的花园。这是真正的公墓，是地上的坟墓。而中国的死人城与此截然不同。死者没有被埋葬，将来也不会被埋葬。他们只是临时的租客，住在某种奢华的太平间里，直至专业的占卜师确定他们最后的栖身之地或者有机会把他们运回自己的故乡，送到祖先火葬的柴堆中。中国人有一种重要的观念：全家世世代代死后要葬在一起。他们实践起来也比其他的民族更加彻底。然而奇怪的是，美国，作为最年轻的国家，实际上也沿用了这种"旧世界"的观念。虽然毫无疑问他们没有可以共葬的远祖，可也拒绝被埋在逝世的地方。生前是奇特的群居民族，死后他们也不愿独自长眠。长途运送尸体已成为美国风俗的独特之处。

据说广州附近的死人城里有几千个居民。房屋按年或月租用。从一些老旧不堪的家具和帘子可以辨别，一些居民在此已经居留多年了。在一栋房子

---

① 老卡戎：希腊神话中他是冥河上的船夫，引渡亡魂前往阴间。亡魂需要付钱给卡戎才能渡河。
② 斐迪南二世和伊莎贝拉女王：二者为夫妇，设立"西班牙异端裁判所"，以维护天主教的正统性，以残酷手段惩罚异端。
③ 万灵节：天主教节日，纪念被认为是在炼狱中进行涤罪的基督教徒亡灵，一般为11月2日。

里住着一大家人,每个房间一口棺材,父母处在主室。他们都在等着回到故乡北京,等着当时得到朝廷任命的一家之主能够被皇帝召回京城。游走在这古怪死寂的地方,我感觉不到欢乐或是悲伤,只有难捱的寂静和沉重的气氛让我产生了一些畏惧。就在我查看一个新来住户的摆设时,被吓了个魂飞魄散。我正一边和同伴低声耳语,一边掀起床罩。就在这时,一声刺耳的尖叫猛然响起,吓得我扔下床罩,一把抓住同伴的胳膊,许久才平静下来。同伴笑了,因为那响声不过是乌鸦的啼叫。但我保证圣彼得①也从未如此恐惧过。我的神经像乐器一样调到某个特定的音调时,一个突然的反差会发出刺耳的声音,断裂琴弦。我当时已深深地陷入寂静,哪怕是一只公鸡也能吓得我惊慌失措。不过那尸体确实是刚刚过逝的,因为棺材里放的没有一丝杂毛的白色公鸡也是新鲜的。它在尸体进入居所的同时被放入。如果亡人真的被埋葬,我想它肯定会被吃掉。在城里其他几处,我也见到几只公鸡,不过我认为它们应该都是阉鸡。房屋的内墙上挂着亡者的肖像。厕所桌上放有盥洗用的黄铜盆,一个盆里还画着美女图。桌上还摆着中国人用的极多的红色和白色脂粉各一瓶,旁边是玉梳子和银簪子,还有固定头发的发乳。死亡中混合生命的信息,我回想起在赫库兰尼姆和庞贝古城②的类似经历:女主人的厕所和几百年前她刚离开时一样,面包似乎还在炉中烘烤。虽然尸体一经发现就被移入博物馆,可他们生存过的证据如此鲜活,好像昨天才离开人世。

我们离开死人城,没有一丝留恋。出了城里压抑的氛围,我们的呼吸似乎都畅快了许多。守卫的骷髅人正在大门口徘徊。以警察的角度看,如果他食欲不佳必定要吸食鸦片,所以才骨瘦如柴。当然,如果考虑到他的一把瘦骨头注定要在如此荒凉的墓地当差,他只是尽力通过大烟枪送他的灵魂到达极乐仙境,他肯定会被宽恕。再一次,我们惊起了护城河边一只孤独的苍鹭。它本在静静地凝视着墨绿色的河水,一定是在严肃地思考生命中费解的问题。我们绕开竹竿,倒退着上了座椅,就像马倒退着装上马车车杆一样。苦力把我们举到肩上就出发了。

我们没有再次穿过花园和菜园,按原路返回,而是专程绕道去看看叛乱

---

① 圣彼得:耶稣门徒,一般被认为是十二使徒之首。在耶稣受审时曾因为害怕三次不敢承认和他的关系。

② 赫库兰尼姆和庞贝古城:被位于意大利南部的维苏威火山在79年的火山爆发所摧毁的两座古城。

者的墓地，决心在一天中经历所有的恐怖。这是一片不毛之地。没有边界，也没有告示标出这个可怕的所在。土地浸透了人类的血液，每一寸土壤饱含人肉的成分，大堆大堆看起来荒凉丑陋的圆丘，由人骨堆积而成。犯人们在刑场受刑后，还在流血的尸体被拉到这里埋掉。终于，尸体实在太多，连掩盖的土都不够了，可新的尸体仍源源不断地运来。秃鹰是这里的送葬者，起码它们啄食腐肉。造反作为中国最严重的罪名，惩罚的手段也最为严酷的。罪犯不仅要杀头，还不能被安葬，因此来世永不能超生。现世的砍头相对于死后变成无头鬼，后果真是小巫见大巫了。在虚构的植物湾画作中，我留意到无头人的形象。被处死后，一道宽广无边的鸿沟横跨在头颅和躯干之间。他们要在地狱灰暗的边缘等待千百年之后才能重新获得最重要的器官——头。这些可怜的起义者，反抗了至高无上的领袖和太阳的皇家后裔，不仅在现世被剥夺生命，因为人无全尸则无法重生，还将永远受罚。刽子手直接把头颅从身体上砍下，躯干被塞进木箱，由苦力们扛在肩头送到这块坟地，一个真正的亚格大马①。鲜血一直滴到坟场，整条路都变成了血路。据说，已经有十万人的血肉变成了那块荒芜可怕的土地的肥料。活人经年累月无法通行。然而虽然有暴戾的刑罚，中国仍是普天之下最动荡不安的国家。

我们回到家中，悲哀又疲惫。漫长的一天笼罩在死亡的阴影下，我们阅尽人性的阴暗。

（官濛：中国矿业大学外文学院教师）

---

① 亚格大马：出卖耶稣基督的叛徒犹大自杀后的埋葬地，被称为"血田"，后来作为安葬在耶路撒冷去世的外邦人的坟地。

·日本汉学（中国学）研究·

写本文献与广汉文之学[*]

王晓平

一

毛笔书写走出国门，意味着中国文化精神的越境。刘熙载《艺概》说："书要兼备阴阳二气。大凡沉着屈郁，阴也；奇拔豪达，阳也。""高韵深情，坚质浩气，缺一不可以为书。"[①] 汉字书写作为一种记录交流工具，同时作为一种艺术形式，成为中国文化的名篇为周边民族所接纳，它的意义还没有得到充分阐述。对于屏气凝神用毛笔书写的人，心志都在随笔画起舞，一点一笔，都不过是身心运动的轨迹。有汉字书法作为前驱，日本的假名、韩文以及越南的字喃，也都用毛笔书写，并孕育出各自特色的书法艺术。

随着印刷术的普及，写本时代逐渐被刻本（版本）时代所取代，然而，由于并非所有的著述都会被认为有必要或者可能应是雕版印制[②]，所以以写本流传的典籍在任何时代都不罕见，其中包括许多珍贵的历史文化文献。汉文化圈各国的文化的交往与融汇，常赖分别收藏于各处的写本而延续与见证。如日本岐阜县长愿寺住持富长觉梦收藏并保存的《自述诗有序》[③]，便是郁达夫旅日期间的作品的写本。今天，悬挂的画轴上题诗、文士往来的信函、与

---

[*] 本文系国家社会科学基金重大项目《日本汉文古写本整理与研究》成果之一。项目批准号为14ZDB085。

① （清）刘熙载《艺概》，上海古籍出版社1978年，第167页。

② ［日］市村瓚次郎《写本時代と版本時代とに於ける支那書籍の存亡聚散》，载《支那史研究》，东京春秋社1943年，第497—530页。

③ ［日］稻叶昭二《郁文拾遗》（一），《龙谷大学论集》，龙谷大学文学部1966年第382号，第77—103页。

异国友人的笔谈，乃至手握长笔俯身在地面蘸水写下的诗词歌赋，都可窥见古代写本文化的今传的面影。

包括日本、朝鲜半岛和越南等地区的汉文古写本研究，将为汉字研究、汉文之学研究扩容、增高、升级给予积极的推动，正像许多新兴学术领域一样，这种推力的大小我们还无法做出预测，然而，可以相信，我们努力的本身，就是汉字、汉学走向国际化的一部分，是国际化的新国学所需要的。

二

汉字研究以本土汉字为中心，是天经地义之事，所以我国学者对域外汉字研究的漠视盖有年矣。对这一点，一些外国学者更有体会。日本学者鱼住和晃在《"书"与汉字》一书中说："汉字从中国传到日本，其被正式使用，已经经过了一千五百年了。汉字从外国移入的违和感消失不在，完全同化而为日本人语言标记的符号，同时也将顺手拿来的汉字具有的逻辑性与合理性置于生成原点，予以重新审视，或许会产生一种作为新思考活动的魅力吧。"[①] 在探讨汉字传入与日本书法之后，他预言："假如把基点放在中国，综合纵观汉字在亚洲各国的传播，或许就成了更加广阔、规模宏大的学问了吧。中国人把汉字存在看成理所当然的事情，迄今不太在意对外国影响的意义什么的，而作为近年兴起的日本学的一环，逐渐也会形成一个研究领域。对今后的动向与成果，我满怀期待。"鱼住和晃的话不无道理，值得欣慰的是，建立国际视野的汉字学，已不再仅仅是梦想。

汉字研究的新领域，离不开汉字写本材料的支撑。这里不妨以日本省文为例来说明。相传《法华义疏》是圣德太子为《法华经》《维摩经》《胜鬘经》所作精心注释之一种，被认为是日本现存最古老的写本，学者多认为，它还是圣德太子本人亲笔书写的。从书法风格来看，与日本龙谷大学图书馆所藏敦煌写本《李柏文书》有很多相似之处。汉字书写最基本的特点就是多以简便为优先。也有一种看法，认为当时日本人还写不出这样流畅的散文，《法华义疏》也并非圣德太子亲笔[②]。不过，从现存的奈良写本中确实可以发

---

① ［日］鱼住和晃《書と漢字——和樣生成の道程》，讲谈社1996年，第5页。
② 《書と漢字——和樣生成の道程》，第31页。

现很多简笔字，也就是江户文字学者所说的"省文"。

　　日本汉文古写本中的"省文"，大致分成两种。一种是常规性的，即通行的简化写法，即不论任何场合，一般都可以使用的，读者也都并不陌生。另一种则是专门性的，即只在某些典籍或者特定范围使用的。如《诗经》写本中用《毛传》之"传"简写成"亻"、《郑笺》的"笺"写成"竹"，《论语》写本中将《论语》写成"侖吾"。应永本《论语抄·阳货第十七》："宰我问"章释"旧穀既没，新穀既升"说："白売既——只一年〆ヨカルヘキ謂ヲ云。去年ノ穀ハ今年ミナニナリテ、今年ノ五売ステ二熟ス。天道モ一期〆萬物悉替ル也。"中田祝夫翻字本"白売"右旁注："舊穀の省文"，又在"五売"之"売"旁注"売"字。"舊穀"被写成"白売"，"五穀"被写成"五売"的情况，在其他文献中较少看到，一般只是研究《诗经》《论语》等经书的学者心领神会的。省略的方式也比较单一，就是以字的一部分来替代全字。这后一种省文，需要专门讨论。本文着重讨论前一类。

　　江户时代读本作家曲亭马琴在《莬园小说别集》中指出："我邦用省字早矣。《古事记》中，'弦'作'玄'，'村'作'寸'。后世亦夥。思之，兵戈之间，民间多拙于文笔，唯务从简便。"① 松井罗洲的随笔《它山石》中有一则"佛家抄物书"，谈及佛教相关写本中经常使用的省文：

　　大凡写字之时，省文字笔画，减运笔之劳，佛家谓之"抄物书"。见闻所及如下：へ、乙二字并为反切之反字。ム，严字也。荎（华台之合文也）、沸，佛顶。楾，林泉。侊，西佛。釤，金刚。芕（菩萨，所谓ササぼさつ）、芖（菩提，所谓一てんぼだい）、爻（声闻，所谓メメ声闻）、言（缘觉，所谓よよ缘觉）、灰（涅槃，所谓亡火ねはん）、巟（烦恼，所谓けつけつぼんなう）。此外尚有一些，因吾道所未有。②

　　文章说，佛家把省略笔画的写法，叫作"抄物书"，即抄物的写法。抄物则是汉籍、佛典、日本书籍等注释讲义录的总称，以及僧侣。儒者讲义的笔录。在上述一则之后，又有"省文"一则，广泛涉及汉文写本中的省文，指出今天视为省文者，一部分是古字，一部分则是所谓世俗省文，即简化俗字。如果分辨不了这些字，写本就很难看懂：

---

① 日本随笔大成编辑部《日本随笔大成》新装版第二期4，吉川弘文馆1994年，第117页。
② 《日本随笔大成》新装版第二期7，第35页。

此省文在吾门儒书，因自科斗篆籀之往古，早有使用，故有雅有俗。不辨此省之时，读书多难通。《考古图》《博古图》《鼎彝文》之中，惟作佳，嗣作司，經作巠，作作乍，極作亟，亦可谓省文之例。然因上古文字少，一字兼有数音数义者，自后世看惯偏旁冠履繁密字体之眼光来看，虽可视为省文，终究古文为正体，后世之繁文亦数目益多。试举一二，悳作德，褱作懷，前作剪，网作罔、網，咸作感，复作復，巛作災、栽，臣作頤，兑作悦、說，原作源，然作燃，立作位，亘作恒，中作仲，夬作抉、趹，升作昇、阩、跰、陞，戊作茂，亨作享、烹，勿作物，或作域，欥作聿、律，癸作揆、楑，旹作時，与作异、與，厲作礪，㐭作廩，畺作疆，从作從，宓作密，寍作寧，处作處，皆今为重文，古为正文。此类，不可谓之省文也。然此中巨细，论善工利器，此处从略。今举后世俗省文二三，为初学之便。

肅作肃，蜀作罚，獨作独，覺作竟，義作义，議作议，醴作醴，龜作龟，繩作绳，觀作观，醉作醉，壘作垒，齒作齿，時作时，辭作辞，亂作乱，幾作几，舉作羋，齋作斋，齊作齐，魚作鱼，書作昚，顧作顾，懼作惧，芻作刍，屢作屡，斷作断，勢作势，邁作迈，過作过，對作对，難作难，勞作劳，數作数，兩作両，圓作口，秉作兼，襄作襄，關作開，開作闭，蓋作盖，華作华、乘作乘，醫作医，藥作茓，聖作平，聲作声，經作经，點作点，擅作抷、壇作圫或坛、陰作阣阴、陽作阦、阳、歸作皈、帰、鹽作盐、龍作竜、寵作宠、繼作继、麗作渿、晝作昼、麥作麦、舊作旧、靈作灵、桓作桓、宣作宣、釋作釈，學作学、孝、豐作豊、應作应。此外尚有很多常用之字。①

松井罗洲对日本写本中省文的整理和关注，考其所源，与新井白石《同文通考》中"省文"一节有关。新井白石《同文通考》说："本朝俗字一从简省，遂致乖谬者亦多矣。今录其中一二，注本子于下以发例，如华俗所用者，不与焉。"②所列出的137个俗字或俗字部件，包括了窥见当时大部常见简化俗字类型，但他认为那些都不是"华俗所用"者，则不尽然。如与敦煌写本相对照，新井所列出的遼、淩、虫等其实都非"华俗"罕见的。

太宰春台《倭楷正讹》附录《省文集》："省文者，细书之用也。写细字者能此可以省功，如未知此法，则不可以读细字，此亦幼学所当知也。"附录

---

① 《日本随笔大成》新装版第二期7，第35—36页。
② ［日］新井白石《同文通考》，勉诚文库1979年，第291—292页。

载录"华人所为省文",又说:"又有倭俗所谓省文者,决不可用也",列举出以下数字:

囜（圆）　㔫（國）　㐱（图）　沢（泽）
释（释）　㞮（出）　竉（宠）　滝（瀧）
払（拂）　㘐（因）　㤎（恩）　烟（烟）
姻（姻）　絧（綱）

  以上这些书中虽然提供了很多简省字，但仍然给我们留下很大的空白。首先，由于这些学人都无缘看到敦煌写本，所以多将六朝初唐俗字误作日本造字。其次，由于古写本多保存在个人手中，个体学者很难掌握全面的收藏信息，所以见到的写本数目十分有限，所以他们的归纳就不免有木无林之嫌，遗漏破多。如真如藏本《王泽不渴钞》为例，如实作寔、會作㑹、蝶作蝶、句作勾、题作题、取作䎡、曾作曽、獨作狆、口作誩、远作逺、哗作胧等，均未收入。很多古代及当时通行的简化俗字未收进来。再次，汉字的传播具有区域的国际性，他们还无法将朝鲜半岛汉字也作为"对照组"，作更加深透的文化分析。更让人慨叹的是，由于近代以来东亚社会文化你追我赶般地转头"西向"的文化趋势，江户时代的汉字著作很少得到评价，超越它们的俗字研究著述也十分罕见，这都加剧了我们奋起赶上的紧迫感。

  写本具有的唯一性，使其成为考察书写历史最直接的材料。可以说，现存每一种汉文古写本都见证了汉字传承与演化的轨迹，可以在不同程度上提供一些该时期汉字的字料，为汉字研究做加法。具体而言，至少以下五类古写本与汉字研究的关系更为密切。即：各国保存的所谓《说文》唐写本残卷、《玉篇》原本等中国原抄本或重抄本、各国依照中国字书字样或体例编写的汉文字书、各国学者撰写的汉字学著述（如《说文识小》等）、各国学者研究本国汉字的著述、分散于各国佛经音义、写经、随笔、文集等书中的汉字资料。从日本来说，从《隶篆万象名义》《倭聚类名钞》《字镜》到今天的《大汉和字典》，都值得我们认真总结与研究。

  近年以来，我国已经涌现出一批优秀的海外汉字研究著述，特别是佛经音义的研究可谓成果斐然，但从书法美学角度的考察尚不多见。写本的汉字研究离不开书法研究。我国自古以来便有"书画同源"的说法，刘熙载认为书与画异形而同品，并强调"写字者，写志也"，坚持书品与人品的一致性，断言字如其人，说："贤哲之书温醇，骏雄之书沈毅，畸士之书历落，才子之书秀颖"①。各国书写者往往在汉字中注入了独特的美学意识,由于审美意识的差异,使汉字形体多有变化。书写者将改变汉字结构作为一种美化的手段。如"因"字的四围方框结构整体上显得有些死板,于是便有人将其写成"囚",有如一只脚迈向了门外。台北故宫博物院藏《幼学指南抄·山·石鼓山》:"盛弘之《荆州记》曰:建平郡南陵县石鼓南有五龙山,山峰嵯峨,凌云齐疎,状若龙形,故囚为名。"② 有时,汉字变形书写还成为一种修辞手段。如平安时代大江匡房所撰《江谈抄》载大江以言的佳句:"以佛神通争酌尽,历僧祇劫欲朝宗",在写本中"酌"字写作盖字的俗字,字形作左"酉"右"夕",且故意将"夕"字写得很大③,意在与下句中的"朝"字构成相对关系,这里的"朝"字本来是作"朝向"的"朝"讲,为了对仗效果,特意读作"朝夕"的"朝"。这是一种将语言的对仗与汉字书写结合的游戏。在朝鲜诗话中出现的仿东坡体汉诗,字写得忽大忽小,忽正忽斜,笔画忽增忽减,以此表明不同的意义④,也同属"以文为戏"的例证⑤。

在识读写本的时候,我们也在领略着各国古人对汉字美的陶醉与寻美的匠心。这一方面的研究还有助于疑难字的解读。

三

汉文写本无疑是汉文之学研究的最重要的材料。这里所说的汉文之学,不是指汉代文章之学,也不是指汉民族文章之学。它同"汉文学"一样,是一个外来语,但也并不等同于"汉文学"。在日本使用的"汉文"一词,是与和文、欧文相对的概念,专指中国文。实质上就是汉语文章。从字义上说是中国文章的总称。从用语上讲,汉文有文言。白话之分,但这里主要是指文言,也并不是将一切白话都排除在外,如宋明学者与僧人撰写的

---

① 《艺概》,第169—170页。
② [日]木村晟编《幼学指南抄》,东丰书店1990年,第194页。
③ [日]后藤昭雄、池上洵一、山根对助校注《江谈抄 中外抄 富家语》,岩波书店1997年,第513页。
④ 衣若芬《"东坡体":明代中韩诗赋外交之戏笔与竞技》,载《域外汉籍研究集刊》,中华书局2014年第十辑,第433—459页。
⑤

《朱子语录》《传习录》《临济录》等夹杂白话的语录体，由于其对于日本语言文学产生过较大影响，传统上也纳入汉文之类。在朝鲜半岛，也是将"汉文"作为一种与本土文章、欧美文章相对的概念来使用。因而，我们也不妨借用这样的分类，指称那些在域外曾经盛行过千年以上的用汉文撰写的文章。

汉文本以中国为发源地，然而它却冲出了文化疆界，由近而远，由小而大，由古而今，在周边不断浸润当地的肥田沃土，从而培育出汉文化的别样花朵。用各该国本土的表述方式，也就是随着汉字的"国字化"，汉文也取得了享有各该国国籍的地位。不仅有大量汉文的产生，而且它们还直接推动了本民族语言文学的发展，先是独领风骚，而后则是与日文假名文、韩国谚文、越南字喃文等并驾齐驱，只是近代以后，才从顶峰跌落，淡出文坛。今天，尽管它在各国的影响力大小不一，却决不能说全然消失殆尽。

这里所说的"汉文"，比常说的"汉文学"更为宽泛。迄今各国出版的《日本汉文学史》《韩国汉文学史》等著述中所论述的汉文学，主要还是沿用西方文字观的"文学"定义，梳理的是汉文诗歌、散文、小说等文体的发展轨迹。尽管不少学者从中国文学历史生态特点出发，主张摆脱欧美俄苏影响而建立自己的文学史观，但沿用多年的文学概念，也依然左右着中国文学研究，也就左右着对周边各国汉文学的研究。汉文学是汉文创作的文学，以及研究它们的学问，但多不把儒学、佛学相关的文章纳入其中。而这一类文章，在域外则也可以算作是"汉文"。

汉文之学，就是对各种汉文文体的作品加以研究的学问。《文选》收入包括赋、诗、骚等各类文体的作品，《文体明辨》分得更细，达127类。有些文体，今天在中国本土几乎被人遗忘，文学史上也不见提及，但在域外汉文中曾出现过众多影响深远的作品，如佛教中的愿文等。日本《本朝文粹》中收入的敕书、敕答、位记、池符、官符、意见封事等官方文书，是"以文为政"之文，朝鲜《东文选》中的教书、诏敕、制诰、册、批答、表笺、状、启、奏议等官文之外，还收入了上梁文、祭文、祝文、疏、青词等与宗教相关的文体，这些文体的文章是否算作"文学"，固然可以见仁见智，但它们都可以作为"汉文之学"来加以深入研究。值得注意的是，大量汉文之学的材料，是以写本的形式传留至今的，有些已经整理出版，有些依旧终于写本。笔者在东洋文库中曾经读到越南诗赋的写本，至今所论甚少。除了中国典籍写本和各国学人用纯汉文撰写的诗文之外,汉文写本中的两类文字也颇值得注意。一是所谓变体汉文,即从该国的角度来看夹杂本土语法和本土语言汉化词汇的汉文,另一类是插入本民族诗歌等民族文体中的汉文序跋、尺牍、引述汉文等。如日本最早的和歌集《万叶集》中的汉文题跋等。

四

选择共同感兴趣的中国古代文化问题,中外学者展开合作研究,无疑是海外中国学研究的题中之意。东亚汉文写本的研究,涉及汉文化圈各国的学术资源,有效的国际合作是成功的必要条件。对于写本研究来说,中国学者在汉文化整体视野、"小学"功力与汉学研究环境等方面享有优势,而域外学者着手更早,已经积累了一定的经验与资料,有更多机会接触第一手文献,两者共同浇灌,就可能培育出新的学术之花。

日本汉文古写本给中国文学研究提供了一些来自域外材料,这些材料可以与国内写本材料互鉴互通。江户时代中后期,便有日本学者利用日藏典籍写本为中国典籍作校勘、补遗工作。前者如山井鼎、物观撰《七经孟子考文并补遗》,①,后者如河世宁纂辑《全唐诗逸》②,熟悉中日学术交流史的学者无人不知。今天借用日藏古写本中保留的中国古籍写本来校勘古籍,在我国学者中也已屡见不鲜,而日本人编撰的类书如《幼学指南抄》《群书治要》等摘编中国古代类书,虽不免断章取义、讹误满纸,仍部分保留了古写本原貌,时有中国本土已经不存的佚文。日本学者新美宽编、铃木隆一补《据本邦残存典籍之辑佚资料集成》辑录日本典籍中的中国文献佚文,其材料来源相当部分出自古写本,该书1968年由京都大学人文科学研究所作为非卖品印制,中国学者较难见到,而且该书不收20世纪60年代以后发现的新写本材料③。受当时写本研究水准的限制,其收录写本文献在释读方面多有缺憾,在研读这类资料时,须予留意。纵观我国学者对日藏写本的利用,多有碰到什么读什么、各自专注于一种写本的情况,还较少系统全面的调查与整理,写

---

① 《景印四库全书》第190册,台湾商务印书馆1986年。
② 《全唐诗》下,上海古籍出版社1986年,第2193—2210页。
③ [日]新美宽编、铃木隆一补《本邦残存典籍による輯資料集成》,京都大学人文科学研究所1968年。

本研究面临的共同问题还少有探究，这正是摆在我们面前的紧迫任务。

日藏汉文写本还有助于我国的文体研究与文学史意识的刷新。敦煌发现的愿文，收于黄征所编《敦煌愿文集》，这改变了古代日本学者将愿文视为日本特有文体的传统看法，让奈良平安朝文学研究获得了一个崭新的视点。同时，中国有关愿文写作的文献尚少见，而平安时代写本却偶有涉及。如真如藏本《王泽不渴钞》将愿文结构分为十番，分别是：孝行仪、佛法赞叹、悲叹哀伤、圣灵平生之样、病中之样、逝去之样、悲叹事、日数事、修善佛经事、时节景气事、昔因缘事、回向句事，并说明："十番体如此，以此体可见，此愿文或九番、八番，乃至六番、五番，随作者意，可以之长短不定故也。"①。这直接反映的是平安时期大为盛行的愿文的一般写法，也间接折射出中国隋唐时代佛教传播与佛教文学的样态。同时日本还保留了不少较为完整的愿文写本，六地藏寺藏本和身延文库本《江都督纳言愿文集》② 收录平安时代汉文家大江匡房所撰愿文数十篇，是敦煌愿文研究最为完备的比较研究资料之一。古代汉文化圈的文士学人，以文为政，以文为礼，以文为教，以文为戏③，出现过许多不见于欧美文学史中的现象，这些现象都可以在全文化圈的汉文研究中彰显与思考，其独特性在毛笔书写的写本中反映得极为鲜明。

日本写本的抄写者的汉文修养及语言感觉，往往给写本带来一些中国写本研究不曾遇到的问题。庆大本《李峤咏物诗注·音乐·笛》："《太平御览》云：黄帝使伶伦伐𥳑昆汉（溪）斩而作笛。""𥳑"当为"竹于"之合写。《太平御览》引《史记》："其后黄帝使伶伦伐竹于昆溪，斩而为笛。"（148页）台北故宫博物院本《幼学指南抄·水部·贪泉》：盛弘之《荆州记》曰："桂阳郡西南山水出，注大溪，号曰横溪，溪水甚深，冬夏不干，俗谓之为贪泉，饮者辄冒于财贿。""宥"为"众有"二字之合。"众"俗书作"兡"（242页，如同书《关》：《燕丹子》曰：燕丹去秦，夜道关，关门未开，丹为鸡鸣，兡鸡皆鸣，遂之逃归。"（284页） 又如 后汉孔融《荐祢衡表》曰："淑质贞亮，英才卓跞，性与道合，思若有神，忠果正直，志怀霜雪，见善若惊，疾恶如雠，鸷鸟累百，不如一鹗，飞辩骋辞，溢气坌涌，解疑释结，临

---

① ［日］日本国文学研究研究资料馆编《真福寺善本丛刊》第十二卷（第一期，全十二卷），临川书店 2000 年，第 498—509 页。
② ［日］日本六地藏寺编《江都督纳言愿文集》，汲古书院 1984 年，第 427 页。
③ 王晓平《亚洲汉文学》，天津人民出版社 2009 年，第 4 页。

敌有余。"台北故宫博物院本《幼学指南抄》中将"鹗"字与"飞"字合为一体作"鸆"而使文不可读（555页）。与此相反，也不乏一字滋为二字者。因受日语语法影响而造成的否定句语序紊乱，因受日语读音影响而出现的同音、近音字样代换，因受训读影响而误书的情况也多有所见。台北故宫博物院本《幼学指南抄》《结绶》："《汉书》曰：萧育与朱博为友，著闻当伐，长安语曰：萧朱结绶。"（第313页）"著闻当伐"，今本作"著闻当世"。"世""代"同训，"代"增笔，作"伐"。

比起敦煌写本中的误书、误释众多来说，有些日本写本有过之而无不及，因而，通过那些讹误满篇的写本，去还原写本文献的原意，就是一件首先需要做好的事情。书写者的误释是造成误书的重要原因，而现代研究者的误释则导致对文本进行郢书燕说似的注释。在日本汉文写本中，多见"有""在"不分、多加"之也"等虚字、否定词位置失当、颠倒语序之类日本人学习中文常见的错误，也多有将训读符号、注释文字混入正文、误解重文号等特有符号等情况，至于中国写本中常有的音近、形近而讹、部件混用、正文注文相乱的现象也是无一不有。即便那些已经较认真整理过的本子，也存在很大的重读空间。不少日本学者在追溯原典方面，有上穷碧落、下入黄泉的韧劲，他们不仅多从传统经典中去追查用典与词源，而且也充分关注了宋明俗文学的材料。不过，敦煌写卷以及新发现的俗书文献，可以提供给我们的启示依然还有很多，何况智者千虑，必有一失呢。尤其是深度整理时，耐人琢磨之处，往往见于注释。如《江户文人诗选》录浦上玉堂《玉堂诗选》中的《山房闲适十九首》之一：

五十年來一嘯中　　五十年来は一嘯の中
荷衣衲衲髪瓢蓬　　荷衣は衲々　髪は瓢蓬
烟霞深處人聲絶　　烟霞深き　人聲絶え
麋鹿群間搏尺桐　　麋鹿の群間尺桐を搏つ①

"衲々"，入矢义高注释为"缝缝补补的，东一块西一块的"（「つぎはぎだらけ」）。细考"衲"有补、缝缀之意，因僧人之衣常用碎布拼缀而成，

---

① ［日］入矢义高《江户文人詩選》，中央公论社1983年，第99页。

故衲亦指僧衣。不过，"衲衲"则为濡湿貌。"衲"，通"纳"。语本汉刘向《九叹·逢纷》："衣纳纳而掩露。"明唐寅《题画》诗之五："百尺松杉贴地青，布衣衲衲髪星星。"浦上玉堂的"荷衣衲衲髪瓢（飘）蓬"与唐寅的"布衣衲衲髪星星"皆以衣着、头发为人物画出肖像，两者相似并非纯属偶然。

近年日本各大学及图书馆陆续将一些珍藏的汉文写本数字化，使之成为在世界上任何角落都可以随时阅览欣赏的网上读物。今天的文化经典再也不可能成为藏在木筒里的秘宝了。今后加强对其文化密码的解读，或许世界上将会有更多的人，重新审视汉字书写的历史贡献。而只有通过切实的解读，才能对这些写本的真正价值，做出既不放大、也不微缩的科学评价。

汉字文化圈中的写本，构成一幅独特的文化景观，凝聚了不同民族的文化创造。汉字文化圈各国都有一些人致力于这种文化的传承。日本各地有专门教授书法的"书道教室"。松本清张的《书道教授》[①]就描写了一位为保护自己的粉丝而自杀的书法先生。韩国首尔的街上树立着一支毛笔的雕塑，而在中国，与大妈的广场舞相似，不少城市中都会见到蘸着水桶中的水，手握硕大的毛笔弯腰在地面书写的"广场水书"，这种以大爷为主体、大妈参加的自发文化活动，显示了书法艺术在草根中的强大生命力。我们不妨把那些地面上稍纵即逝的楷书、草书的唐诗宋词，也看成一种写本的文本。

毛笔书写存而写本文化存，写本研究与汉字同在。将专注于本土的汉字学扩展为全汉文化圈的"广汉字学"，将中国汉文研究扩展为全汉文化圈的"广汉文之学"，可以说，如今正当其时，而其中最为基础的工作，乃是在中国文献学与各国文献学的基础上通过国际合作取得扎实可见的研究实绩。

（王晓平：天津师范大学教授）

---

① ［日］松本清张《書道教授》，《松本清張傑作コレクション（中）》，文春文库2004年。

日本学者石川三佐男先生的楚辞研究

——谨以本文悼念石川三佐男先生

徐志啸

摘　要：日本秋田大学已故教授石川三佐男先生，是日本著名楚辞研究专家，其《楚辞新研究》等研究成果，蜚声日本和中国，他将考古出土文物资料与楚辞研究相结合，以独特的视角，探讨以《九歌》为中心的楚辞的产生及其内涵，具有自身的特点与研究思路，可资中国学者参考。

关键词：日本学者　石川三佐男　楚辞研究　悼念

石川三佐男（1945—2014），日本秋田县出生，东京二松学舍大学毕业，文学博士。1997年任日本秋田大学教育文化学院教授，2010年退休，任秋田大学名誉教授。主要从事中国古典文学教学、研究工作，长期致力于《诗经》《楚辞》研究，尤以楚辞研究用力甚勤，著有《楚辞新研究》一书，并在日本和中国多地发表学术论文及文章近百篇。

先引用一段我撰写的《石川先生》一文中的内容：

> 我和石川先生的初次相识，是在九十年代中期的一次国际学术研讨会上。那天早晨，刚起床，被子还来不及叠，有人敲门了，进来的是两位先生，一位是中国翻译，另一位就是石川先生，他个子不高，五十开外，头发却花白了，一边很恭敬地说着日语，一边向我递上一本论文抽印本。中国翻译对我说，这是石川先生在日本发表的有关楚辞研究的论文，文中两处引用了你的观点，他特地赠送给你，希望得到你的批评，也同时作为一个纪念。我当时既惊讶，又感动，因为在此之前，我还不曾与日本学者直接打过交道，更没有一位日本朋友，石川先生的这一举

动，无疑向我发出了友好的信号，我庆幸自己可能遇上了一位对中国学者真诚友好而又喜爱中国古代文化与文学的日本学者。

果不出我所料，石川先生是位酷爱中国古代文化与文学的日本学者。他毕业于以汉学研究著称于日本的东京二松学舍大学，修完博士课程后，任职于秋田大学，又以《楚辞新研究》一书荣获博士学位。石川先生的硕士生导师是加藤常贤教授，他曾是二松学舍大学校长，著名的汉字学专家，被称为日本的"汉字学之祖"，加藤教授治学主张实事求是，他的治学方法与中国清代的高邮学派王念孙父子很相似——对传统文献不满足于仅仅作解释，一定要追根穷源，加藤教授在日本的学术地位很高，被誉为"西有吉川幸次郎，东有加藤常贤"。石川先生的博士生导师是赤塚忠教授，他是一位专长甲骨文、金文和《诗经》《楚辞》研究的专家，石川先生因此而将自己的研究方向定在了《诗经》《楚辞》研究，他说，自己的治学受导师的影响非常大，以至于决心终生投身于中国先秦文学的研究，先是《诗经》，后是《楚辞》，而尤以后者用力更勤，成果也多。

石川先生送给我的论文，是他研究《楚辞 九歌》的专题论文，他毕生在《九歌》研究上花费精力最多，《楚辞新研究》一书十三章中，研究《九歌》的内容占了一半，包括马王堆汉墓出土的帛画及《九歌》十一篇比较考论、《大司命》《少司命》《湘君》《湘夫人》各篇主题论、《河伯》篇"美人"与《山鬼》篇"美人"关系考、从考古出土资料看《九歌》产生时期、由《思美人》篇看"美人"实体、《橘颂》篇的意蕴、《九歌》的名称及其篇数考，等等。我很佩服石川先生的钻研精神，为了考察《九歌》的起源和九神内涵，他大量地搜集了中国上古时期的出土文物资料，其中特别对帛画、铜镜等汉墓出土文物，作了精心考辨，发表了一系列属于他个人独立思考的论见——从考古出土文物视角研究楚辞，这在中国现时的楚辞学者中也不多见。我在他的研究室里看到了几乎可称"叠床架屋"般的大量资料，其中大多是中国一流的文物考古出版物及精装版的图籍，处身于他的这间面积不算大的研究室里，仿佛置身于"书山"之中，有时连转身都感到有些困难。他对我特别"开恩"，在他邀请我到秋田大学访问讲学的日子里，为了方便我查阅他拥有的日本楚辞文献资料，他专门为我配了一把他个人研究室的钥匙，让我随时可以到他的资料库中查阅任何一部书，正由于此，我在秋田的一个半月中，

日本学者石川三佐男先生的楚辞研究——谨以本文悼念石川三佐男先生

除了完成学术演讲任务外，空余时间查遍了他研究室中所有关于日本楚辞研究的资料，这为我回国后顺利完成独立申请的国家社科基金项目《日本楚辞研究论纲》打下了扎实的基础。

以下，拟对石川先生的楚辞研究，从两个方面作些阐述，主要结合他对屈原和楚辞的宏微观认识，以及相关的研究方法。

一、对屈原和楚辞的总体认识

作为一个日本学者，石川先生对中国古代文化和文学有着浓厚的兴趣，并以几乎毕生的心血和精力从事这个学术领域的学习、教学与研究工作（以先秦文化与文学为主攻方向）——从大学本科开始，到攻读硕士和博士学位，以及毕业后从事的教学与研究工作，乃至退休后依然如故的研究兴趣与热情投入，这对一个日本学者来说，绝对是难能可贵的。据笔者对国外从事汉学研究人士的了解，凡是将汉学研究作为自身长期工作或研究的对象者，他（她）一定对中国是持有友好态度的（有的甚至可称热爱），至少不会怀有完全的敌意。仅此，笔者以为，石川先生对中国，对中国古代文化和文学，尤其是对《诗经》和《楚辞》（以《楚辞》为主），实在是抱有十分的喜爱和热情，这是毋庸置疑的。笔者曾在访问日本期间，专门应石川先生邀请，与其他两位中国学者一道，前往他在东京远郊的琦玉县寓所做客，亲眼看到他的寓所旁边，另建了一栋小屋，这是他专门从事学术研究的处所和作为藏书的书屋，门口挂着"楚辞研究所"的牌子，可见，石川先生在秋田大学退休后，并不打算从此解甲归田享受安逸的退休生活，而是还要继续他十分喜爱的、视作第二生命的楚辞研究，这是他毕生追求的事业——这让我们这些中国学者感慨不已。这里特别要说的是，石川先生对中国文学有着与一般日本学者和民众不一样的认识，他认为：中国文学不仅仅是中国的文学，它乃是世界文学的一个重要组成部分，也是古老中国文明的一个组成部分；中国是一个有着悠久历史文化的古国，如果连中国文学都不好好研究，那就太说不过去了；作为一个日本学者，如果要从根本上理解日本文化，必须对中国文化作研究，而这当中，特别要对中国古代的《诗经》《楚辞》以及汉代文学、唐代文学等做深入研究，因为它们对日本的汉诗文产生了深刻影响，日本的汉诗文中充分体现了这些中国文学遗产的传统风格和艺术特征，如不对中国的这些古代文化和文学做深入研究，就无法全面理解日本文化。石川先生说，中国、韩国、日本同处于亚洲的东部，也都（曾）共同使用汉字，三国同属于东亚汉字文化圈，应该理所当然地花大力气研究中国的汉文化和汉文学。这里，还应特别一说的是，石川先生曾说，日本很多学者研究楚辞时感觉非常亲切，甚至有学者会将楚辞作为日本的本国文化来研究，这恐怕会让我们中国学者大吃一惊——虽然中日两国的文化交流和联系堪称源远流长，至少在唐代已开先源，而后延续不断，两国文化之间甚至可以说是我中有你、你中有我，尤其对日本文化而言，但将中国传统文化的典型代表之一楚辞，视为是日本的本国文化，这在中国人看来似乎有些不可思议。但在日本，这并非故作惊人之语，笔者曾收到过一位叫大宫真人学者寄赠的著作，该书中，这位日本学者经过自己的实地考察，提出了一个十分大胆而又惊人的观点，说屈原曾经到过日本，其理由是，《九章》乃写成于日本的九州。为证明此观点，这位日本学者从楚辞的语音和九州地名发音的对照与考证入手，指出《九章》中写及的一系列地名，其发音与今日九州地方许多地名的发音极为相似，且屈原流放途中所经之地，按诗篇所写的地理顺序排列，与今天日本九州各地相应地理位置的排列顺序相同，作者以此为据，得出了屈原曾到过日本九州的结论。可见，石川先生视楚辞为日本本国文化的看法，并非空穴来风，在日本学界，这种看法可能有一定的市场，这大概也是石川先生本人会以《楚辞》作为他大半生心血与精力投注对象的重要原因之一吧。

对中国的楚辞和楚辞研究，石川先生有着非常浓厚的兴趣，他专门撰写了《楚辞》学术史论考，系统梳理、叙述了中国楚辞研究的发展历史，从资料的多样性入手，沿循历史的轨迹，分别阐述了汉代、魏晋南北朝、隋唐、宋代、明代、清代、直至近代和现代，历朝历代楚辞研究的状况和特点，其中贯穿了属于他个人与学界传统看法不完全合一的观点。他认为，楚辞研究在中国已有近两千年的历史，它是中国古代保存下来的一份宝贵的文化遗产，不仅中国学者在研究，许多中国本土以外的学者也对它有着浓厚的兴趣，并在进行着研究，可见楚辞的影响力已跨越了国界。但是对于与楚辞密切相关的历史人物屈原，石川先生却有着与中国大多数楚辞研究者不同的看法，这看法某种程度上与中国楚学史上一些否定屈原其人的观点有些相似，但又不尽类同。依据《史记·屈原列传》及一些相关的历史传说资料，石川先生认为楚辞与我们今天概念上的历史人物屈原没有直接的关系，他说，过去和今天

日本学者石川三佐男先生的楚辞研究——谨以本文悼念石川三佐男先生

许多学者研究的结论，大多是他们本人的主观认识或观点，并非客观的历史事实，客观的历史事实是楚辞与屈原其人没有多大关联，屈原这个人物是中国学者想象中的理想人物和文学形象，他们特别受了汉代王逸的影响，以王逸的解释作为依据，很可能是王逸的受害者，王逸的《楚辞章句》影响了中国学界将近两千年（应该也包括日本学界的相当部分学者），至今人们还没有摆脱王逸观点的认识圈子。石川先生以为，应该从文学发生论的角度看这个问题，也就是要从文学作品的起源上作推本溯原的分析，从楚辞作品本身来看这个问题的实质。他指出，对楚辞的文学发生论，中国的学者似乎尚未引起足够重视，或至少还认识得不够。在石川先生看来，屈原这个人物中国历史上可能存在过，但他与楚辞并不发生关系，理由是司马迁的《史记》所记载的史料不可信（包括文字的前后自相矛盾和多处借引他人资料），而迄今尚无任何出土文物或文献资料可以令人信服地证明楚辞确为屈原所作。石川先生认为，楚辞的问世年代应该在汉代，因为它的作品中典型地体现了汉代才有的魂魄二元论的观念，对此，他由对《离骚》和《九歌》《远游》等作品的分析（其中特别是《九歌》），结合历年考古出土的文物资料，作了一系列的分析和判断。其中，他特别对长沙马王堆汉墓出土的"升仙图"发生浓厚兴趣，将其与《九歌》十一篇的关系逐篇予以对照、考辨。与此同时，他对西汉墓出土的"太一将行图"、河南出土的"天公行出镜"以及后汉《鲁诗镜》等铜器铭文，兴趣也十分浓厚，将它们与《九歌》各篇一一作综合的考察分析，从中探讨它们之间的内在联系。他认为，《九歌》中应该还有"魂魄篇"，它体现于整个《九歌》的体系中，而对《大司命》《少司命》《湘君》《湘夫人》等篇主题，他则逐一作了辨析，尤其对《河伯》篇的"美人"和《山鬼》篇的"美人"，专门探讨了它们之间的区别与联系。他认为，今天很多学者的楚辞研究（包括中国与日本），从方法论上看，恐怕大多属于关联性或可能性的研究，还不是实证性的现代化科学研究，而如从考古出土文物资料上作研究，则或许可以更科学地解决这个问题，更贴近事物的本相，从而更具有说服力。石川先生对楚辞和屈原的这些认识看法，大约未必能为中国学者所全部认可或接受，有些还需进一步考证或商榷，但作为一个日本学者，在研究中国古代文化和文学时，能够从他本人实际认识和研究的角度，实事求是地阐发对一系列问题的认识与看法，应该说这还是非常难得的。

二、楚辞研究的方法与角度

　　石川先生研究楚辞，由于受两位导师的影响，特别对考古出土资料产生兴趣，他感到历史上的楚辞文献资料，历来学者的研究已经相当深入了，而对出土的考古资料，特别是最新的出土文物，学术界似乎重视还不够。我们当代的许多中国楚辞学者在这方面确也存在一些不足。对于考古出土文物，一般来说，从事考古和历史研究的学者都十分看重，而楚辞学界的学者，实事求是说，相对而言，确关注不够或较少，人们比较多地依据文学文本和历史文献资料说话，较少对考古出土文物资料予以密切关注，如能将出土文物资料与历史文献资料结合起来，探讨楚辞的本源及其文本含义，或许发现的问题会更多些，收获也会更大些。这方面，石川先生显示了他的独特之处（虽然他由此得出的结论，中国学者未必能予以完全认可和接受），他特别对湖南马王堆出土的帛画、汉墓出土的铜镜、四川三星堆出土的文物，以及上海博物馆的竹简等，兴趣浓厚，且花了很大工夫。为了证明他的魂魄二元论观点，说明《离骚》诗中魂的升天，他以河南新野县发现的"天公行出镜"为中心，结合洛阳卜千秋墓出土的铜镜、北京故宫博物院所藏"龙虎纹镜"以及陕西淳化县发现的菱形铜镜等为例，予以详细阐发，而他所作的《离骚考》则从天路、香草、美人三个角度予以考察，显示了与中国学者不完全合一的思路轨迹。这很自然地牵涉到了楚辞研究的方法和角度问题，石川先生的研究，显然是不拘于文献学一个学科角度，而是结合了民俗学、民族学、宗教学、考古学等多学科、多角度，他试图努力将图像资料、出土文物与文献资料结合起来，作综合的考察研究，从而在拓宽视野的基础上，得出尽可能令他自己满意的结论。

　　对于研究的方法问题，石川先生还有自己的一些看法。他认为，对像楚辞这样的上古时代的文学遗产，不能仅仅采用文献学的研究方法，因为时代和历史的种种因素，决定了仅凭传世的文献，恐怕难以真正认识楚辞的原本面目。为此，他特别以《九歌》为例加以说明，他说，《九歌》有一个非常重要的问题，即篇中的主人公是谁？对这个问题，历来诸说纷纭，可谓"百人百说"，但一般均从《九歌》诗篇的文字内容出发来阐述和发表见解，由于作品本身是诗歌形式，诗人在诗篇中比较多地运用了想象的手法和比喻性的

日本学者石川三佐男先生的楚辞研究——谨以本文悼念石川三佐男先生

语汇，如仅仅从文本的文字出发作诠释，往往容易给人"雾里看花"的感觉。他认为，如果从民俗学、宗教学、文化学的角度看问题，作切合时代与文化背景的探讨，得出的结论或许可更切合楚辞的原貌，更符合历史的真实。与此同时，由于石川先生特别注重考古出土文物，这就自然引来了对方法问题的认识，从楚辞研究来说，日本学者和中国学者在研究方法与角度上，有一个比较明显的区别，日本学者很少或几乎没有做宏观研究的，他们的研究论文中看不到对屈原爱国主义作评价和讨论的文章，也很少有谈楚辞作品思想内涵的，石川先生以为，中国学者有些谈宏观问题的文章，似乎缺少些个人独到的研究心得和看法，给人同出一门、人云亦云之感。笔者以为，石川先生的这一看法，虽然话说得有些过激，这某种程度上反映了他对中国国情的缺乏了解，但对我们中国学者而言，这话本身或许不无提醒作用，我们做学问，确应该在扎实的学术功力上多花工夫。

石川先生在楚辞研究方面，还有一个特点，他比较注重在别人不太注意的地方发掘材料、提炼见解、开发新义，这也是他特别重视文物考古资料的原因之一。他希望自己不局限于文献学一个角度，而是要运用多学科，从交叉学科的交融点上挖掘新材料，发现新东西，提出新观点，运用图像学研究马王堆帛画即是典型一例。他说自己是先研究考古出土资料，而后对照楚辞文本作解释，而不是相反，他很为自己这一与众不同的研究方法感到欣慰，他说，至今尚未见日本和中国学者中有按他这个思路轨迹作研究的。由此，综合上述，笔者以为，石川先生重视运用考古出土资料研究楚辞，对于我们中国学者来说，确实值得借鉴，我们往往比较多地看重文本本身，以及与历史时代和作者身世经历相关的历史文献资料，忽略或不是很重视考古出土文物，其实后者常常会有令人意想不到的发现，有时这种发现甚至可能是颠覆性的——不过，据笔者近些年所知，目前这个状况已大有改观，不少楚辞学者已经在这方面做出了努力，相继问世了一系列可喜的研究成果。

（徐志啸：西北师范大学讲座教授、复旦大学教授）

【注】《楚辞新研究》，石川三佐男著，日本汲古书院出版，平成十四年版。

日本中国哲学研究之一端

——《日本中国学会报》1949—2013 哲学类论文统计与分析

田 访

摘 要： 成立于1949年的日本中国学会，以中国传统的文学、哲学和语言学为研究对象，是日本在传统中国学研究方面最具权威的全国性学会。同年创办的《日本中国学会报》杂志，以每年一期的频率筛选当年投稿的优秀论文并结集付梓，代表日本中国学研究的最佳成果。2010年，该学会又新增了"日本汉学"这一版块，将研究领域作了进一步拓展。截至2013年，该杂志共发行65期，收录论文1005篇。本文拟对其中的"哲学类"论文共462篇展开统计分析，以期对日本学界六十多年来进行的以中国哲学为中心的研究有一个整体性概观。

关键词： 日本中国学会报 中国学研究 中国哲学研究

日本中国学会作为日本最具权威的中国学研究团体之一，集合了日本全国范围内的中国文学、中国哲学、中国语学研究的专家学者，通过每年一次的分专场、综合性学术会议，开展学术交流[①]。同时，该学会创办的《日本中国学会报》学术杂志，由上述三个领域专家组成的评审委员会，严格筛选当年投稿的学术论文，最后集结成册，每年一期，代表着日本国内中国学研究方面的最高水平，在日本国内和海外都具有深厚的影响力。对于中国哲学方面的学者来说，要关注日本学界的中国哲学研究成果与动态，参看《日本中国学会报》所载相关论文虽不能代表日本研究的全部，却是一个重要门径；

---

① 参见《日本中国学会报五十年史》，1998年10月10日，日本中国学会五十年史编，日本中国学会发行。

日本中国哲学研究之一端
——《日本中国学会报》1949—2013 哲学类论文统计与分析

而对这些论文进行分类统计研究,是了解日本中国哲学研究的历史及现状、探寻其发展轨迹的一个重要手段。本文就 1949—2013 年共 65 期《日本中国学会报》所载的哲学类论文,对其数量、内容、侧重、热点及趋势等做一个统计性客观分析,以期对关注海外中国学研究的专家学者提供些许情报,从而对中国本土研究与海外学术的交流有所裨益。

本文拟分为两部分,第一部分沿袭段江丽教授的统计模板,将 65 期《日本中国学会报》所载的中国哲学类论文进行分类统计。第二部分则针对第一部分的统计材料,从论文数量、哲学范畴、关注时段、论文角度分别进行分析,力图总结日本学界六十多年来在中国哲学研究上的兴趣、方法等特征,从不同角度勾勒出一个清晰的"日本中国哲学研究"的总轮廓。

关于第一部分的制表,有如下说明:

1. 表格所包含的内容。以每一期为一表,每表上方依次标示该期的期刊号、年份、哲学类论文的篇数与总篇数,以及前者占后者的百分比。百分比四舍五入计算到小数点后一位。表中则一一列出该期所有哲学类论文的相关信息,包括作者、题目,并以三到五个关键词对该论文进行描述。为节省篇幅,"作者""题目""关键词"三个项目名称只出现在第 1 期表格的表头,以下则省略。

2. 对哲学类论文的判断。有些论文在从属于文学还是哲学的问题上,界限比较模糊。本文在归类时,以该论文的研究对象与侧重是与哲学·思想性相关、而不是以文学者或文学作品及其思想相关为主要判断依据,并适当参考《日本中国学会五十年史》之《日本中国学会报揭载论文分类目录》(以下简称《分类目录》)。例如,第 6 期池田末利《屋漏、中霤同源考——诗、礼所见前宗庙形态》一文,其要旨在于考察论证《诗经》、三礼中所见的"屋漏"和"中霤"其实是宗庙祭祀的两种原始形态,而并非探讨诗的文学性手法、特色、体裁或思想,因而将其归入哲学类。又如第 10 期山田琢《公羊、谷梁两传的文体与其传文构造》、第 27 期田上泰昭《春秋左氏传的方法与其思想——从"初"到"始"》两篇是以研究春秋三传的构成、方法、思想为主,并不讨论三传的文学性,故将其划入哲学类。又如第 38 期玉木尚之的《"乐"与文化意识——儒家乐论的形成》是以儒家文献中的音乐思想为研究对象,故亦划为哲学类。

3. 关键词的设置。为了进一步分析中国哲学类论文的具体特征,以该论文的标题及前述为主要依据，并适当参照论文本身，从研究对象、哲学范畴、时代区分以及论文类型四个方面对其进行描述。

研究对象包括思想家、著述、事物或观念等具体要素。一般只抽取某个主要要素进行概括，如《禹贡小考》取"禹贡"，《关于管子轻重篇》取"管子"。若涉及某思想家的某具体观念，则仅抽取"思想家"，如《关于老子生成论的一考察》概括为"老子"，《关于王弼的"无"》概括为"王弼"。若涉及两个或多个并列对象，则多个对象均作标示。如《真实性与现实性——基于中庸与华严经的探索》，标示为"中庸、华严经"。

本文将哲学范畴划分并描述为信仰、经学、诸子、儒学、玄学、佛教、道教、理学、心学、科学、艺术、日本汉学（含朝鲜汉学）、综合等要素。其中，为了明确区分所属，需要对以下几个哲学范畴做出特别说明。"信仰"既含原始先民崇拜，又含后来萌发于民间的各种信仰，如《桑树信仰论》《妈祖信仰的发生、传播及其影响》。"经学"专指十三经的版本、注释、流传及其思想，又可具体细分为易、春秋、诗书、礼乐、《论语》、《孟子》。相应的代表作有《关于十翼成书的研究》《关于〈谷梁传〉的成书》等。"儒学"是专指中国历代与儒家政治、社会、道德等相关的思想，如《王充的大汉思想》《明末儒佛调和论的性格》。"科学"是指对中国古代既有或外来的与科学技术相关的人物、著作及其思想，不仅包括天文历法、医学、军事，也包括术数、谶纬等，其代表作如《京房的六十律——两汉经学的展开与律历学》《九宫八风图的成书与河图·洛书的传承——汉代学术世界中的医学》。"艺术"专指中国书画艺术及其理论，如《宋代绘画理论中"形象"的问题》等。跨两个或多个范畴，或哲学范畴不明显的则标示为"综合"，如《吴许吕姜姓考》等。

时代区分包括先秦、秦汉（含三国）、魏晋（含南北朝）、隋唐（含五代十国）、宋（含金元）、明清、近代等要素。贯穿多个时代或时代特征不明显的，则标示为"未定"。每篇论文以研究对象所处的时代为判断依据，如《古典复原的若干问题——关于<老子·道德经>的文本》取"先秦"。对于日本汉学领域，则大概划分为平安及以前、镰仓及室町、江户、近代、未定几个方面[①]。

[①] 第56期川原秀成《星湖心学——朝鲜王朝的四端七情理气之辩与亚里士多德的心论》是一篇以朝鲜儒学者李退溪心学学说为中心的研究论文，且将其归于"未定"。

日本中国哲学研究之一端
——《日本中国学会报》1949—2013 哲学类论文统计与分析

论文类型包括考证（包括人物史实、文字音韵训诂、版本与流传等）、思想（包括形成、变化、传播、影响等）、比较等要素，除此之外的类型则标示为"其他"。

由于有的论文的范畴或类型特征并不明显或可以两属，所以只能根据论文的侧重做大致的区分。

一、《日本中国学会报》中国哲学类论文分类统计

第 1 期（1949 年）、5/7 71.4%

作　　者	论文题目	关键词
わたなべたかし	战国时代"客"的生活状态——《战国时期儒家的生活构造》第三章	客；儒学；先秦；考证
本田济	春秋会盟考	会盟；儒学；先秦；考证
今井宇三郎	伊川易传自序考	伊川；理学；宋；考证
荒木见悟	朱子的实践论	朱子；理学；宋；思想
山田胜美	关于《论语》释文一条逸文的发现	论语；经学；秦汉；考证

第 2 期（1950 年）、5/11 45.5%

加藤常贤	吴许吕姜姓考	姓氏；综合；先秦；考证
池田末利	释死	死；综合；先秦；考证
竹内照夫	绅士说	绅士；儒学；未定；考证
荒木见悟	真实性与现实性——基于中庸与华严经的探索	中庸、华严经；综合；未定；思想
福井康顺	关于圣德太子传记的中国学角度的考察	圣德太子传；日本汉学；平安以前；考证

第 3 期（1951 年）、5/11 45.5%

木村英一	古典复原的若干问题——关于《老子·道德经》的文本	古典复原；诸子；先秦；其他
大滨皓	名与实——以《墨经》和《庄子》为例	名实；诸子；先秦；思想

续表

山田胜美	螭虬罔两考	螭虬罔两；儒学；未定；考证
麓保孝	关于宋代范祖禹的帝王学	范祖禹；儒学；宋；思想
市川安司	朱子哲学中"物"的意义	朱子；理学；宋；思想

第4期（1952年）、5/9　55.6%

今井宇三郎	关于"无极而太极"	太极；理学；宋；思想
后藤俊瑞	朱子绝对自由的我的认识	朱子；理学；宋；思想
楠本正继	全体大用的思想	大用；理学；宋；思想
近藤光男	清代经师的科学意识——以戴震的北极璿玑四游解为中心	戴震；科学；明清；思想
汤浅幸孙	清代之妇女解放论——礼教与人性的自然	妇人解放；儒学；明清；思想

第5期（1953）、4/9　44.4%

山下静雄	关于十翼成书的研究	十翼；经学；未定；考证
金谷治	关于《庄子》内篇	庄子；诸子；先秦；思想
佐藤匡玄	王充的大汉思想	王充；儒学；秦汉；思想
大槻信良	《四书集注章句》中所见朱子的态度	朱子；理学；宋；思想

第6期（1954）、4/8　50.0%

池田末利	屋漏、中霤同源考——诗、礼所见前宗庙形态	宗庙；信仰；先秦；考证
天野镇雄	庄子的世界——以内篇中庄子特有的反论为中心	庄子；诸子；先秦；思想
关正郎	六朝神灭论的背景	神灭论；佛教；魏晋；思想
荒木见悟	关于朱子的格物论	朱子；理学；宋；思想

第7期（1955）、4/9　44.4%

| 穴泽辰雄 | 有关老子生成论的考察 | 老子；诸子；先秦；思想 |

日本中国哲学研究之一端
——《日本中国学会报》1949—2013 哲学类论文统计与分析

续表

小野泽精一	《左传》中"主"的意义与春秋社会的构造	主；经学；先秦；考证
今井宇三郎	六家七宗论的形成	六家七宗论；佛教；魏晋；思想
木南卓一	陆象山的主张与朱子的立场——围绕自由与规范	陆象山、朱子；理学；宋；比较

第 8 期（1956）、7/10 70.0%

赤塚忠	《吕氏春秋》在思想史上的意义	吕氏春秋；诸子；先秦；思想
山下静雄	有关《文言传》的新研究	文言传；经学；先秦；思想
常盘井贤十	大、小戴《礼记》成书考	大小戴礼记；经学；秦汉；考证
金谷治	关于孔孟的"命"——人性及其局限	人性；儒学；先秦；思想
藤川正数	关于魏晋时代丧服礼说的考察	丧服；经学；魏晋；思想
杉浦丰治	蓬左文库所藏《论语集解》考——围绕中原家的学统本	论语集解；日本汉学；镰仓；考证
山下龙二	王龙溪论	王龙溪；心学；明清；思想

第 9 期（1957）、6/10 60.0%

内野熊一郎	民国初、中期的经学观	经学观；经学；近代；思想
谷田孝之	关于古代服丧者的发式	服丧发式；儒学；未定；考证
山田琢	关于《公羊》、《谷梁》两传的文体与其传文构造	公羊、谷梁传；经学；秦汉；思想
新美保秀	我国古传《论语》诸写本中释文的性格与价值	论语释文；日本汉学；未定；考证
木南卓一	孟子古义研究——仁斋学之根底与宋学立场	伊藤仁斋；日本汉学；江户；思想
原田种成	传至本邦的《贞观政要》古写本研究	贞观政要；日本汉学；未定；考证

第 10 期（1958）、9/11 81.8%

佐藤一郎	《论语·子张篇》研究——《论语》原典批判之一	论语；经学；先秦；思想

续表

小野泽精一	《左传》中"室"的意义与春秋时代的财产	室；经学；先秦；考证
山田琢	关于《谷梁传》的成书	谷梁传；经学；秦汉；思想
关正郎	关于王弼的"无"	王弼；玄学；魏晋；思想
中村璋八	《五行大义》钞本·版本的流传与其资料价值	五行大义；术数；隋唐；考证
本田济	王禹偁——作为宋代思想史的一环	王禹偁；儒学；宋；思想
山根三芳	朱子的伦理思想中"权"的意义	朱子；理学；宋；思想
山下龙二	关于王阳明思想的变迁	王阳明；心学；明清；思想
佐藤震二	康有为哲学序说	康有为；儒学；近代；思想

第 11 期（1959）、9/12　75.0%

加藤常贤	允格考附颛顼	允格；信仰；先秦；考证
池田末利	庙制考——庙数限制的问题	庙制；经学；未定；考证
福井康顺	老子《道德经》序诀的形成	道德经；诸子；先秦；思想
江头广	关于"字"	字；综合；先秦；考证
内野熊一郎	战国时东西二土文字分立说摘录	文字分立；综合；先秦；考证
天野镇雄	列子书的性格——重文的探讨	列子；诸子；先秦；考证
户田丰三郎	《周易》象系两传的形成	易传；经学；先秦；思想
内山俊彦	前汉的儒学与神秘思想——特以阴阳五行说为中心	阴阳五行；术数；秦汉；思想
宇野精一	南北朝礼学之一斑	礼学；经学；魏晋；思想

第 12 期（1960）、7/11　63.6%

日原利国	春秋公羊学在汉代的展开	公羊学；经学；秦汉；思想
藤原高男	关于江南两派义疏家的考察	义疏；经学；魏晋；考证
原田种成	《贞观政要》菅家本中宋刊本的窜入	贞观政要；日本汉学；未定；考证
友枝龙太郎	朱子格物论的构造——自禅学的脱离与知性的确立	朱子；理学；宋；思想

日本中国哲学研究之一端
——《日本中国学会报》1949—2013 哲学类论文统计与分析

续表

荒木见悟	菅东溟——明末一位儒佛调和论者的思维构造	菅东溟；儒学；明清；思想
山井湧	《孟子字义疏证》的性质	孟子字义疏证；经学；明清；思想
中村璋八	日本残存纬书佚文的新资料	纬书；日本汉学；未定；考证

第 13 期（1961）、5/11 45.5%

水上静夫	桑树信仰论	桑树信仰；信仰；先秦；思想
栗原圭介	从《仪礼》看虞祭的意义	虞祭；经学；先秦；思想
安居香山	纬书中生成论的考察	纬书；术数；秦汉；思想
李献章	妈祖信仰的发生、传播及其影响	妈祖；信仰；宋；考证
阿部吉雄	关于江户时代儒学者的出身与社会地位	儒者；日本汉学；江户；考证

第 14 期（1962）、5/11 45.5%

御手洗胜	昆仑传承与永劫回归——中国古代思想的民族学角度的考察	昆仑；信仰；未定；思想
野村茂夫	禹贡小论	禹贡；经学；先秦；考证
天野镇雄	《庄子·齐物论》文本整理之私见	庄子；诸子；先秦；思想
日原利国	《白虎通义》研究绪论——特以礼制为中心	白虎通义；儒学；秦汉；思想
藤川正数	关于魏晋时代国相为国王服丧服之制度	服丧；经学；魏晋；考证

第 15 期（1963）、9/15 60.0%

山田胜美	释小鲜	小鲜；综合；先秦；考证
谷田孝之	从《仪礼·丧服》看继承次序	继承次序；儒学；先秦；思想
绪形畅夫	春秋时代"强死"诸相	强死；儒学；先秦；思想
町田三郎	关于《管子·轻重篇》	管子；诸子；先秦；思想
内山俊彦	汉代思想中的自然与人——兼论权力与思想的关联	自然、人；儒学；秦汉；思想
冈村繁	清谈的历史与意义	清谈；玄学；魏晋；思想

续表

木全德雄	颜延之的生涯与思想	颜延之；儒学；魏晋；思想
友枝龙太郎	《朱子语类》的成书	朱子语类；理学；宋；考证
户田丰三郎	关于吴斗南的古《周易》	吴斗南；经学；宋；思想

第16期（1964）、5/12　41.7%

池田末利	中国的至上神仪礼的形成——从宗教史角度的考察	至上神；信仰；先秦；思想
三上顺	文献上的宫室制度与殷墟遗址	宫室制度；经学；先秦；考证
天野镇雄	公孙龙子"通变论"文本整理之私见	公孙龙子；诸子；先秦；思想
藤川正数	关于汉代大臣的夺服制度	夺服制度；经学；秦汉；考证
吉冈义丰	六朝道教的种民思想	种民；道教；魏晋；思想

第17期（1965）、5/13　38.5%

野村茂夫	有关先秦《尚书》流传的若干考察	尚书；经学；先秦；考证
泽田多喜男	试论先秦的养生说——其思想与历史	养生；术数；先秦；思想
内野熊一郎	后汉石刻画像中出现的人的理想像	画像；儒学；后汉；思想
佐野公治	《明夷待访录》中的易姓革命思想	明夷待访录；儒学；明清；思想
坂出祥伸	关于对清末西欧逻辑学的接受	西欧逻辑学；科学；近代；思想

第18期（1966）、10/16　62.5%

岛邦男	卜辞上的殷历——殷历谱批判	殷历谱；科学；先秦；考证
水上静夫	"乐"字考	乐；综合；先秦；考证
谷田孝之	关于中国古代亲属等级的考察	亲等；儒学；先秦；思想
木村英一	关于孔子的天下游说	孔子游说；儒学；先秦；考证
新田大作	从中国古代数论看老子的"一二三"	老子；诸子；先秦；思想；
大室干雄	《荀子》中逻辑学的思考——其构造、本质与机能	荀子；诸子；先秦；思想
佐藤匡玄	《论衡》中的理想人格	论衡；儒学；东汉；思想

日本中国哲学研究之一端
——《日本中国学会报》1949—2013 哲学类论文统计与分析

续表

户川芳郎	郭象的政治思想与其《庄子注》	郭象；玄学；魏晋；思想
佐藤仁	关于李默本《朱子年谱》——与明学的展开相关联	朱子年谱；心学；明清；思想
荒木见悟	明末儒佛调和论的性格	儒佛调和；儒学；明清；思想

第19期（1967）、10/16　62.5%

加藤常贤	玉烛、爻肘史与玉衡——《尧典》"在璇机玉衡以齐七政"	玉烛、爻肘史、玉衡；经学；先秦；考证
池田末利	关于周初不信天的观念——其宗教思想史上的意义	不信天；信仰；先秦；思想
赤塚忠	后稷与列子	后稷、列子；诸子；先秦；思想
木村英一	关于《论语·学而篇》	论语；经学；先秦；思想
江头广	关于金文中家族制度的二三个问题	家族制度；儒学；先秦；考证
田中利明	关于《仪礼》的"记"的问题——以武威汉简为中心	记；经学；秦汉；思想
穴泽辰雄	庄子自然（无为）的天的观念	庄子；诸子；先秦；思想
山根三芳	张横渠的天人合一思想	张横渠；理学；宋；思想
内山俊彦	王安石思想初探	王安石；儒学；宋；思想
松川健二	试论方孝孺	方孝孺；儒学；明清；思想

第20期（1968）、9/16　56.3%

谷田孝之	《左传》中的祖孙王位继承	祖孙继承；儒学；先秦；考证
赤塚忠	《庄子》中所见《管子·心术篇》理论系统的学说	管子；诸子；先秦；思想
千叶仁	墨子早期思想试探——兼爱论与《非攻篇》	墨子；诸子；先秦；思想
新田大作	中国古代计算术发达的一个要因——兵法与计算术	算术；科学；先秦；思想
安居香山	感生帝说的展开与纬书思想	感生帝说；术数；秦汉；思想

续表

福井文雅	关于清谈的概念与其解释	清谈；玄学；魏晋；思想
阿部吉雄	江户期儒书所引李退溪《自省录》	李退溪；日本汉学；江户；思想
佐藤震二	康有为思想的形成	康有为；儒学；近代；思想
桥本高胜	章炳麟的儒行论	章炳麟；儒学；近代；思想

第 21 期（1969）、4/16 25.0%

御手洗胜	关于帝尧的传说	帝尧；儒学；先秦；考证
铃木喜一	孔子传的诸问题	孔子传；儒学；先秦；考证
根本诚	中国古典中的"对应"思想	对应；综合；未定；思想
志贺一朗	王阳明与湛甘泉	王阳明、湛甘泉；综合；明清；思想

第 22 期（1970）、5/11 45.5%

铃木喜一	孔子的知识论	孔子；儒学；先秦；思想
山根三芳	张子礼说考	张横渠；理学；宋；思想
今井宇三郎	关于乾坤的二用	乾坤；经学；先秦；思想
山井湧	"心即理""知行合一""致良知"的意义——阳明学的性质之一	王阳明；心学；明清；思想
后藤延子	李大钊过渡期的思想——关于"物心两面的改造"	李大钊；儒学；近代；思想

第 23 期（1971）、6/12 50.0%

谷田孝之	《左传》中所见继承者指定	继承者；儒学；先秦；考证
内山俊彦	刘知几的史学思想	刘知几；儒学；隋唐；思想
三浦国雄	《资治通鉴》考	资治通鉴；儒学；宋；考证
佐野公治	王心斋论	王心斋；心学；明清；思想
荒木见悟	聂双江的思想——阳明学的后退	聂双江；心学；明清；思想
后藤延子	经学与对西洋近代文明的接受——从调和到破裂	经学、西洋文明；经学；近代；思想

日本中国哲学研究之一端
——《日本中国学会报》1949—2013 哲学类论文统计与分析

第 24 期（1972）、8/15 53.3%

日原利国	《春秋公羊传》中对侠气的礼赞——围绕其所引故事	侠气；儒学；先秦；思想
久富木成大	春秋时代的法及法思想的发展	法思想；诸子；先秦；思想
河崎孝治	关于墨子尚贤论的形成时期	墨子；诸子；先秦；思想
儿玉六郎	《荀子》中"天养"的概念	荀子；诸子；先秦；思想
木村英一	孔门的年轻秀才们——关于子游·子夏·子张·曾子	孔子弟子；儒学；先秦；思想
中嶋隆藏	关于张湛的思想	张湛；道教；魏晋；思想
远藤光正	作为校勘资料的平安时代的金言集——特以经子部的校勘为例	金言集；日本汉学；平安；其他
高桥正和	三浦梅园与明清自然科学	三浦梅园；日本汉学；江户；比较

第 25 期（1973）、5/14 35.7%

谷田孝之	关于古代伯仲叔季的考察——以与结婚组合的关系为中心	结婚阶级组织；儒学；先秦；考证
砂山稔	云曜与净度三昧经——作为理解东亚佛教的一环	云曜；佛教；魏晋；考证
后藤延子	康有为与孔教——其思想史的意义	康有为；儒学；近代；思想
竹内弘行	康有为的大同三世说——以对汉代公羊学说的继承为中心	康有为；儒学；近代；思想
广畑辅雄	有关皇祖神"高皇产灵尊"形成的考察——论其与中国思想的关联	皇祖神；日本汉学；平安以前；比较

第 26 期（1974）、9/13 69.2%

岛邦男	十二支排列的意义——文字学上的考察	十二支；科学；先秦；考证
铃木隆一	井田考——作为周礼中双重组织的特征	井田；儒学；先秦；思想
儿玉六郎	荀子性朴说的提出——从性伪之分的考察说起	荀子；诸子；先秦；思想

续表

日原利国	复仇的理论与伦理	复仇；儒学；未定；思想
伊藤计	月令论——关于月令的形式	月令；科学；先秦；思想
田中麻纱巳	汉代的自然观——以董仲舒的学说为中心	董仲舒；儒学；秦汉；思想
佐野公治	明代前半期的思想动向	思想动向；理学；明清；思想
后藤延子	李大钊的早期思想——中国民主主义思想的发展	李大钊；近代思潮；近代；思想
小川晴久	方孔炤、方以智"通几"哲学的二重性——十七世纪实学研究与易学关联的实例	通几哲学；儒学；明清；思想

第27期（1975）、11/16 62.5%

谷田孝之	关于中国古代与母系近亲结婚的考察	近亲结婚；儒学；未定；考证
栗原圭介	同姓不婚之礼的规范化	同姓不婚；儒学；先秦；考证
田上泰昭	《春秋左氏传》的方法及其思想——以从"初"到"始"为例	左传；经学；先秦；思想
关口顺	春秋时代的"战"与其残像	战；儒学；先秦；思想
池田知久	《庄子·齐物论篇》的知识论——齧缺·王倪问答与瞿鹊子·长梧子问答	庄子；诸子；先秦；思想
河崎孝治	战国后半期墨家的发展	墨家；诸子；先秦；思想
大岛晃	关于张横渠的"太虚即气"论	张横渠；理学；宋；思想
吉田公平	李见罗的思想	李见罗；心学；明清；思想
近藤光男	关于戴震的经学	戴震；经学；明清；思想
小林武	清末变法派的行动及其原理——以康有为、谭嗣同为例	康有为、谭嗣同；儒学；近代；思想
藤川正数	关于"法言"注释史上《增注》（桃白鹿著）的地位	法言增注；日本汉学；江户；思想

第28期（1976）、6/15 40.0%

| 栗原圭介 | 春秋时代祭祀观念的形成 | 祭祀；信仰；先秦；思想 |

日本中国哲学研究之一端
——《日本中国学会报》1949—2013 哲学类论文统计与分析

续表

浅野裕一	惠施像的再构筑——以其与辩者及魏相的关联为中心	惠施；诸子；先秦；思想
儿玉六郎	荀况的性命观	荀况；诸子；先秦；思想
町田三郎	"刘向"研究笔记	刘向；儒学；秦汉；思想
楠山春树	老子节解考	老子；诸子；春秋；思想
竹内弘行	梁启超与史界革命——围绕《新历史》的背景	梁启超；儒学；近代；思想

第 29 期（1977）、7/17　41.2%

栗原圭介	礼乐思想形成中的相互关系与礼的机能	礼乐；儒学；先秦；思想
内山俊彦	孟子的天与人——其自然观与政治思想的关联	孟子；诸子；先秦；思想
池田秀三	《法言》的思想	法言；儒学；秦汉；思想
吉田公平	王一菴的思想——围绕其诚意说	王一菴；心学；明清；思想
佐野公治	晚明四书解中《四书评》的位置	四书解；儒学；明清；思想
太田辰夫	《天咫偶闻》与其著者	天咫偶闻；儒学；明清；思想
藤川正数	梁启雄的《荀子约注》与邦儒荀子说的关系——以资料考察为主	梁启雄；综合；近代；比较

第 30 期（1978）、7/16　43.8%

谷田孝之	有关中国古代婚姻与亲属关系的综合考察——特别是今文九族说的亲属组织的形成过程	亲族；儒学；未定；思想
栗原圭介	论中国早期思想发展史上"主知"主义的构造	主知；综合；先秦；比较
川原秀成	对《太玄》构造的把握	太玄；儒学；未定；思想
田中麻纱巳	郑玄《发墨守》等三篇的特色	郑玄；儒学；秦汉；思想
田中利明	韩愈·李翱的《论语笔解》的相关考察	论语笔解；儒学；隋唐；思想
滨口富士雄	关于方东树的汉学批判	方东树；儒学；明清；思想

409

续表

本田济	曾国藩的哲学——以其日记为中心	曾国藩；儒学；明清；思想

第31期（1979）、8/17 52.9%

木村英一	中国哲学中的中庸思想	中庸思想；儒学；未定；思想
河崎孝治	关于《吕氏春秋》节丧篇与安死篇	吕氏春秋；诸子；先秦；思想
向井哲夫	《淮南子》与墨家思想	淮南子、墨家；诸子；先秦；思想
宇佐美一博	董仲舒的政治思想——围绕君主权的强化与抑制问题	董仲舒；儒学；秦汉；思想
堀池信夫	京房的六十律——两汉经学的发展与律历学	京房；综合；秦汉；思想
杉山宽行	朱彝尊《经义考》——关于其诸本	朱彝尊；经学；明清；考证
桥本高胜	《孟子字义疏证》在体系上的概念规定与戴震的训诂学	孟子字义疏证；经学；明清；思想
小林俊雄	清家本《孟子》文本考	孟子；日本汉学；室町；考证

第32期（1980）、10/18 55.6%

中钵雅量	死与再生——中国古代祭祀的一个侧面	祭祀；信仰；先秦；思想
森田传一郎	扁鹊考	扁鹊；综合；先秦；考证
室谷邦行	庄子的道的观念	庄子；诸子；先秦；思想
三浦吉明	《荀子》中天的思想	荀子；诸子；先秦；思想
片仓望	"性伪之分"与性恶说——荀子思想的分裂与统一	荀子；诸子；先秦；思想
岩本宪司	《公羊》三世说的形成过程	三世说；经学；秦汉；思想
高桥忠彦	从《三礼注》所见郑玄的礼制思想	郑玄；经学；秦汉；思想
砂山稔	成玄英的思想——以重玄与无为为中心	成玄英；道教；隋唐；思想
市来津由彦	吕大临的思想	吕大临；儒学；宋；思想
滨久雄	庄存与的公羊思想	庄存与；经学；明清；思想

日本中国哲学研究之一端
——《日本中国学会报》1949—2013 哲学类论文统计与分析

第 33 期（1981）、11/19 57.9%

谷田孝之	关于中国古代昭穆制度形成的一考察	昭穆制度；儒学；先秦；考证
川上义三	防风氏与封嵎之山	防风氏；儒学；先秦；考证
石田秀实	中国古代的精神疾病观——中国古代的非"理性"问题	精神疾病观；科学；未定；思想
北村良知	关于前汉末期的改礼	改礼；儒学；秦汉；思想
岛　一	韩愈与《论语》	韩愈；儒学；隋唐；思想
土田健次郎	杨时的立场	杨时；理学；宋；思想
福岛仁	朱子心性论的形成过程	朱子；理学；宋；思想
近藤正则	《读余隐之尊孟辩》中所见朱子对于孟子不尊周的应对	朱子；理学；宋；思想
佐野公治	明代的记诵——中国人与经书	记诵；儒学；明清；思想
小川晴久	关于实学的概念	实学；儒学；明清；思想
阿辻哲次	北京图书馆藏段玉裁《说文解字读》初探	说文解字读；综合；明清；考证

第 34 期（1982）、8/15 53.3%

铃木喜一	春秋时代的君臣伦理	君臣伦理；儒学；先秦；思想
浅野裕一	墨家集团的质的变化——以故事类资料为中心	墨家；诸子；先秦；考证
向井哲夫	《淮南子》与阴阳五行家思想——以《览冥训》与《本经训》为中心	淮南子；诸子；秦汉；思想
花崎隆一郎	关于荀爽的卦变说	荀爽；经学；秦汉；思想
田中麻纱巳	何休的夷狄观——以"进"为中心	何休；儒学；秦汉；思想
末冈实	中唐期时性说的展开与作用——以欧阳詹"自明诚论"·皇甫湜"孟荀言性论"为中心	性说；儒学；隋唐；思想
野口善敬	明代前期禅门的一个侧面——围绕毒峰本善与空谷景隆	禅门；佛教；明清；思想
佐藤丰	《国粹学报》杂志上"国粹"主义与"国学"的形成	国粹；儒学；近代；思想

第35期（1983）、9/20 45.0%

栗原圭介	古代中国仪礼的惯行与原始心性——与闪姆族宗教的比较	仪礼；儒学；先秦；比较
室谷邦行	《老子》的循环思想与"大"的论理	老子；诸子；先秦；思想
鬼丸纪	《管子》四篇中的养生说	管子；诸子；先秦；思想
饭山正雄	周代简策的形态与其书法	简策；综合；先秦；考证
铃木喜一	战国时代的君臣伦理——以儒家为中心	君臣伦理；儒学；先秦；考证
近藤则之	关于《左传》成书的新视点——以对礼学理论的再评价为中心	左传；经学；先秦；考证
宇佐美一博	董仲舒小论——围绕匈奴与复仇	董仲舒；儒学；秦汉；思想
藤川正数	关于祀社稷——以后汉末期的礼学争论为中心	社稷祭祀；儒学；秦汉；思想
游佐昇	叶法善与叶净能——唐代道教的一个侧面	叶法善、叶净能；道教；隋唐；思想

第36期（1984）、12/18 66.7%

柴田清继	《管子》四篇中的神与道	管子；诸子；先秦；思想
汤浅帮弘	秦法与法思想——以云梦秦简为中心	法思想；诸子；先秦；思想
浅野裕一	黄老道的政治思想——与法术思想的对比	黄老道；诸子；未定；比较
内山俊彦	仲长统——后汉末期一位知识分子的思与行	仲长统；儒学；秦汉；思想
原田二郎	太平经的生命观·长生说	太平经；道教；隋唐；思想
近藤正则	王安石的孟子尊崇的特色——以元丰的孟子配享与孟子圣人论为中心	王安石；儒学；宋；思想
朴洋子	关于朱子的"知言疑义"	朱子；理学；宋；思想
末木恭彦	阴符经考异的思想	阴符经考异；理学；宋；思想
吾妻重二	关于朱熹《周易参同契考异》	朱熹；理学；宋；思想
吉田健舟	王夫之的思想——作为其基调的成分	王夫之；儒学；明清；思想
滨口富士雄	关于段玉裁的考据——以《诗经·匏有苦叶》第二章"轨"字的考据为例	思想；综合；明清；思想

日本中国哲学研究之一端
——《日本中国学会报》1949—2013 哲学类论文统计与分析

续表

广畑辅雄	《日本书纪》之神武传说与周武王故事	神武传说；日本汉学；平安及以前；考证

第 37 期（1985）、9/17 52.9%

北村良和	试论昭穆制的构造——世代次序与父子范畴	昭穆制；儒学；未定；考证
小林茂	春秋侵伐笔法考	春秋笔法；经学；先秦；考证
吉永慎二郎	孟轲的"不动心"在思想史上的意义	孟子；经学；先秦；思想
石田秀实	《管子》四篇与《荀子》正名论中"语言"的问题	管子；诸子；先秦；比较
间嶋润一	郑玄《鲁礼禘祫义》的构造与其意义	郑玄；经学；秦汉；思想
野间文史	五经正义所引定本考	五经正义；经学；隋唐；考证
武田时昌	从易学发展史上看黄宗羲对图书先天学说的批判	黄宗羲；儒学；明清；思想
三浦秀一	年轻时的颜元——关于清初士大夫的思想形成的考察	颜元；儒学；明清；思想
荒木见悟	关于崎门学者铃木贞斋——朱子学者的苦恼与转变	铃木贞斋；日本汉学；江户；思想

第 38 期（1986）、9/17 52.9%

谷中信一	《逸周書》的思想与成书——对齐学的一个侧面的考察	逸周书；儒学；先秦；思想
仓田信靖	关于《孟子》的"春秋，天子之事也"	孟子；经学；先秦；思想
林克	驺子五行说	驺衍；术数；先秦；思想
玉木尚之	"乐"与文化意识——围绕儒家乐论的形成	乐论；儒学；先秦；思想
斋木哲郎	秦儒的活动素描——围绕《尚书》"尧典"的改订与《礼记》大学篇的成书	秦儒；经学；秦汉；考证
薄井俊二	古代中国治水论的思想史上的考察——汉武的宜房的治水事业	治水论；儒学；秦汉；思想

413

续表

高桥均	敦煌本论语疏——以经文为中心	敦煌本论语疏；经学；隋唐；考证
花崎隆一郎	"李图"考	李图；理学；宋；思想
佐藤炼太郎	李贽的经世论——《藏书》的精神	李贽；儒学；明清；思想

第39期（1987）、7/16　43.8%

小泷敬道	投壶礼的起源与其在仪礼上的意义	投壶礼；儒学；先秦；思想
玉木尚之	作为贤者的乐人的终结	乐人；儒学；先秦；思想
吉田笃志	《谷梁传》的君主观——君权强化的理由与背景	君主观；经学；先秦；思想
有马卓也	《淮南子·原道训》的地位——围绕"因循"思想	淮南子；诸子；秦汉；思想
汤浅邦弘	盐铁争论中所见管子与董仲舒的思想	管子、董仲舒；儒学；秦汉；思想
武田时昌	《易纬坤灵图》象数考	易纬坤灵图；术数；秦汉；思想
岩见辉彦	三浦梅园的声主论	三浦梅园；日本汉学；江户；思想

第40期（1988）、7/17　41.2%

吉永慎二郎	孟子的仁——关于其思想的性质	孟子；经学；先秦；思想
室谷邦行	"自然"观念的形成	自然；诸子；先秦；思想
坂本具偿	《汉书》五行志的灾异说——董仲舒说与刘向说的资料分析	灾异说；术数；秦汉；思想
近藤正则	关于张九成的《孟子传》	张九成；理学；宋；思想
吉田纯	《尚书古文疏证》与其时代	尚书古文疏证；经学；明清；思想
手代木有儿	清末时的"自由"思想——其接受与改观	自由；儒学；近代；思想
游佐彻	"西学"与"新学"——中国近代西洋文化输入的理论依据	西学、新学；儒学；近代；思想

第41期（1989）、8/17　47.1%

吉永慎二郎	对《论语》里仁篇首章的解释与孟子的思想	孟子；经学；先秦；思想

日本中国哲学研究之一端
——《日本中国学会报》1949—2013 哲学类论文统计与分析

续表

高野淳一	王弼的"分"的思想——与郭象对比	王弼；玄学；魏晋；比较
高桥均	关于旧抄本《论语义疏》——以邢昺《论语正义》的窜入为中心	论语义疏；经学；魏晋；考证
名畑嘉则	关于司马光的《潜虚》	司马光；儒学；宋；思想
宫泽正顺	僧一行的《天真皇人九仙经》与曾慥的《道枢·九仙篇》	僧一行、曾慥；道教；未定；比较
水野实	明代《古本大学》兴盛的基础——其正当化的方法及后学的状况	古本大学；经学；明清；考证
石田和夫	清儒李穆堂——围绕其心学的性质	李穆堂；理学；明清；思想
福田哲之	《苍颉篇》的内容与构造——以阜阳汉简《苍颉篇》为中心	仓颉篇；综合；秦汉；考证

第 42 期（1990）、8/18　44.4%

玉木尚之	《晋语》文公故事的解读——新王即位与社会净化	文公故事；儒学；先秦；思想
汤浅邦弘	孔子、梦与天命——《论语》甚矣吾衰章的解释与儒家的梦观	论语；经学；先秦；思想
三浦吉明	关于《管子·幼官篇》——以三十节气为中心	管子；诸子；先秦；思想
加地伸行	《孝经》在汉代思想上的地位——从宗教性到礼教性	孝经；经学；秦汉；思想
前田繁树	《老子西昇经考》——试论其成书过程	老子西昇经考；道教；魏晋；考证
山田俊	隋唐时期"道性"思想的发展	道性；道教；隋唐；思想
坂内荣夫	唐代后期所见儒道一致思想——围绕罗隐的《两同书》	儒道一致；儒学；隋唐；思想
宇佐美文理	苏东坡的绘画论与《东坡易传》	苏东坡；艺术；宋；思想

第 43 期（1991）、6/17　35.3%

山边进	《墨子·尚同》三篇的统治机构及其理论	墨子；诸子；先秦；思想

续表

菅本大二	荀子对法家思想的吸收——以"礼"的构造为中心	荀子；诸子；先秦；思想
佐藤明	汉初"容"的思想——以《新书·容经篇》为中心	容；儒学；秦汉；思想
野村茂夫	关于伪《古文尚书》的若干考察——以其与《帝王世纪》的关系为中心	古文尚书；经学；魏晋；考证
滨口富士雄	清代考据学中注解理念的发展	注解理念；综合；明清；思想
末冈宏	关于章炳麟经学思想的考察——以春秋学为中心	章炳麟；经学；近代；思想

第 44 期（1992）、6/18　33.3%

斋木哲郎	董仲舒与《春秋谷梁传》——西汉谷梁学的一个断面	董仲舒、谷梁传；儒学；秦汉；思想
南泽良彦	《帝王世纪》的成书及其意义	帝王世纪；儒学；魏晋；思想
中岛隆藏	重玄派小考——《道德真经广圣义》学说的探讨	重玄派；道教；隋唐；思想
福井文雅	道教文献中所见颂的功能	颂；道教；未定；思想
花崎隆一郎	《易本义》卦变图考	易本义；经学；宋；思想
江口尚纯	郑樵的经书观——围绕其诗经学·春秋学	郑樵；经学；宋；思想

第 45 期（1993）、8/16　50.0%

福田哲之	许慎"古文"理解的特色	许慎；综合；秦汉；思想
间嶋润一	《尚书中候》的太平神话与太平国家	尚书中候；术数；秦汉；思想
下见隆雄	中国女性史研究的视角——以《晋书·列女传》为例	女性；儒学；未定；思想
三浦国雄	气质变化考	气质；理学；宋；思想
角田达朗	朱熹格物致知说的再探讨	朱熹；理学；宋；思想
早坂俊广	陈亮的道学——以《西铭说》为中心	陈亮；理学；宋；思想
荒木见悟	明代的李通玄	李通玄；佛教；明清；思想

日本中国哲学研究之一端
——《日本中国学会报》1949—2013 哲学类论文统计与分析

续表

| 中村聪 | 康有为的经济政策论 | 康有为；儒学；近代；思想 |

第 46 期（1994）、6/15　40.0%

白杉悦雄	九宫八风图的成书与河图·洛书的流传——汉代学术世界中的医学	九宫八风图、河图洛书；科学；秦汉；考证
中野达	张湛《列子注》中的玄学诸说	张湛；玄学；魏晋；思想
吾妻重二	太极图的形成——围绕儒佛道三教的再探讨	太极图；综合；宋；思想
藤井京美	王安石伯夷论考	王安石；儒学；宋；思想
水野实	王守仁《大学古本傍释》考察	王守仁；心学；明清；思想
手代木有儿	"群"与"民德"——严复的西洋体验与"群学"的形成	群、民德；儒学；近代；思想

第 47 期（1995）、5/15　33.3%

汤浅邦弘	秦帝国的吏观念——云梦秦简《语书》、《为吏之道》的思想史意义	吏观念；儒学；秦汉；思想
野间文史	关于广岛大学藏旧抄本《周易正义》	周易正义；经学；室町；考证
垣内景子	论朱熹之"敬"	朱熹；理学；宋；思想
福田殖	阳明学派的聂双江·罗念庵的位置	聂双江、罗念庵；心学；明清；思想
佐藤炼太郎	《李氏说书》考——与林兆恩《四书正义纂》的比较	李氏说书；心学；明清；比较

第 48 期（1996）、8/18　44.4%

永井弥人	从前汉末明堂建设看王莽的意图	王莽；儒学；秦汉；思想
石合香	由历法所见汉火德说的再探讨	火德说；术数；秦汉；思想
南泽良彦	张衡的巧思与"应闲"——东汉中期的技术与礼教社会	张衡；儒学；秦汉；思想
垣内智之	竺道生的理的概念与悟性	竺道生；理学；宋；思想

续表

高野淳一	关于吉藏的"佛性"思想——特以"中道"观为中心	吉藏；佛教；魏晋；思想
松木きか	关于北宋的医书校订	医书；科学；宋；考证
井川义次	十七世纪耶稣教员对《易》的解释——围绕《中国的哲学家孔子》中"谦"卦的有神论主张	释易；综合；明清；思想
钱鸥	青年时代的王国维与明治学术文化——围绕《教育世界》杂志	王国维；综合；近代；思想

第 49 期（1997）、6/18　33.3%

佐川茧子	关于中国古代乡饮酒概念的形成——以其与《仪礼》《礼记》的关系为中心	乡饮酒；儒学；未定；思想
小路口聪	从朱熹的曾点观看其对陆象山批判的立场	朱熹；理学；宋；思想
三浦秀一	试论许衡——作为金元之际程朱学的继承者	许衡；理学；宋；思想
大西克巳	关于王船山的"郡县、封建"论——其历史理论与政治思想	王船山；儒学；明清；思想
水上雅晴	臧琳《经义杂记》与其时代意义	臧琳；经学；明清；思想
町田三郎	海保渔村札记	海保渔村；日本汉学；江户；思想

第 50 期（1998）、10/17　58.8%

谷口洋	关于《国语》《论语》的"语"	语；综合；先秦；考证
近藤则之	关于董仲舒思想中"元"的意义	董仲舒；儒学；秦汉；思想
池平纪子	形神论在中国佛教中的发展——东晋·刘宋时期俗家佛教徒的形神论	形神论；佛教；魏晋；思想
龟田胜见	《上清后圣道君列纪》中的种民思想——兼论与《太平经钞》甲部的关系	种民；道教；魏晋；思想
松本きか	历代史志书目中医书的范畴与评价	医书；科学；未定；思想
浅见洋二	"诗中有画"与"著壁成绘"——中国的诗与绘画	诗、绘画；艺术；宋；思想

日本中国哲学研究之一端
——《日本中国学会报》1949—2013 哲学类论文统计与分析

续表

宇佐美文理	宋代绘画理论中"形象"的问题	形象；艺术；宋；思想
山口久和	中国近代学术的形成——以阎若璩与章学诚为例	学术；儒学；明清；思想
李惠京	天下观的崩坏导致人间观的动摇——从梁启超的"变法通议"到"德育鉴"	梁启超；儒学；近代；思想
町泉寿郎	山胁东洋与徂徕学派——围绕《外台秘要方》的翻刻	山胁东洋；日本汉学；江户；思想

第 51 期（1999）、6/19　31.6%

小林彻行	《仪礼》士冠礼篇中所见女礼	女礼；儒学；先秦；考证
南部英彦	从西汉后期对宗庙制的议论看儒教国教化——以亲亲·尊尊主义的分析为中心	儒教；儒学；秦汉；思想
清水凯夫	《隋书》经籍志的地位与改订复原法	隋书经籍志；综合；隋唐；其他
柴田笃	"颜子没而圣学亡"——宋明思想史中的颜回	颜回；儒学；未定；思想
沟本章治	朱子哲学的理论构造——形而上下与体用的关系	朱子；理学；宋；思想
吉田公平	大盐中斋与林良斋——以池田盛之助的日记为线索	大盐中斋；日本汉学；江户；思想

第 52 期（2000）、7/19　36.8%

佐川茧子	郭店楚简《兹衣》与《礼记》缁衣篇的关系——关于先秦儒家文献形成的考察	兹衣；儒学；先秦；考证
辛贤	关于《太玄》的"首"与"赞"	太玄；儒学；秦汉；思想
渡部东一郎	后汉"宽政"的思想背景	宽政；儒学；秦汉；思想
高桥均	旧抄本《论语义疏》与敦煌本《论语疏》	论语义疏；经学；魏晋；比较
山田俊	关于林疑独《庄子》注的思想——以理·性·命为中心	林疑独；综合；宋；思想
木下铁矢	朱熹的思索——其面貌与可能性	朱熹；理学；宋；思想
鹤成久章	关于明代科举中的专经	科举；儒学；明清；思想

第53期（2001）、7/20　35.0%

森和	《山海经》五藏山经中的山岳神祭祀	山岳神祭祀；信仰；先秦；思想
坂出祥伸	从"治国"到"治身"的思想历程——天人相关说与"气"的修炼	天人相关说；儒学；未定；思想
佐野大介	《古文孝经孔安国传》的法治观	古文孝经、法治观；儒学；秦汉；思想
吉村诚	从玄奘的事迹看唐初佛教与国家的交涉	唐初佛教；佛教；隋唐；思想
马渊昌也	从刘宗周到陈确——宋明理学到清代儒教转变的一例	理学、转换；儒学；明清；思想
吉田纯	翁方纲的经学——"乾嘉之学"中的"宋学"与"汉学"	翁方纲；经学；明清；思想
金培懿	龟井南冥《论语语由》在日本汉学史上的地位	龟井南冥；日本汉学；江户；思想

第54期（2002）、6/21　28.6%

庄兵	关于《孝经》的成书	孝经；经学；秦汉；考证
池田秀三	左氏说消失之谜——后汉左氏学的形成与特质	左氏说；经学；秦汉；思想
会谷佳光	《崇文总目》的抄本与辑佚书	崇文总目；综合；未定；考证
近藤正则	"圣人可学而至"的依据——程伊川思维方式中"对"的特质	程伊川；理学；宋；思想
松本武晃	胡安国《春秋传》的复仇思想	胡安国；经学；宋；思想
佐藤炼太郎	阳明学派的禅思想与其评价	阳明学派；心学；明清；思想

第55期（2003）、8/20　40.0%

竹田健二	郭店楚简《性自命出》与上海博物馆藏《性情论》的关系	性自命出；儒学；先秦；比较
渡边义浩	三国时代的"公"与"私"	公、私；儒学；秦汉；思想
猪股宣泰	《论语义疏》中所见郭象说与皇侃	论语义疏；经学；魏晋；思想
薄井俊二	《天台山记》的流传	天台山记；道教；隋唐；考证

日本中国哲学研究之一端
——《日本中国学会报》1949—2013 哲学类论文统计与分析

续表

西胁常记	佛教徒的遗言——以唐代为中心	佛教徒；佛教；隋唐；思想
锅岛亚朱华	李见罗的"修身"与"知止"思想	李见罗；心学；明清；思想
小林武	章炳麟《訄书》与明治思潮——以其与西洋近代思想的关联为中心	章炳麟；儒学；民国；思想
伊东伦厚	伊藤东崖的《周易》十翼批判	伊藤东崖；日本汉学；江户；思想

第 56 期（2004）、6/19　31.6%

城山阳宣	贾谊《新书》的成书	贾谊；儒学；秦汉；考证
工藤卓司	贾谊《新书》中所见应对诸侯王国的策略	贾谊；儒学；秦汉；思想
井泽耕一	王安石学派的兴隆与衰退——蔡卞与秦桧	王安石学派；儒学；宋；思想
三泽三知夫	杨简的解经法——以《杨氏易传》为中心	杨简；经学；宋；思想
孙猛	唐佚籍十二种考——以《日本国见在书目录》的著录书为中心	唐佚籍；日本汉学；未定；考证
川原秀成	星湖心学——朝鲜王朝的四端七情理气之辨与亚里士多德的心论	星湖心学；日本汉学；未定；比较

第 57 期（2005）、6/18　33.3%

小岛毅	二种心——朱熹的批判和对朱熹的批判	心；儒学；未定；思想
本多道隆	紫柏真可对觉范慧洪的推崇及其他——向明末知识界投去的一石	紫柏真可；佛教；明清；思想
中嶋隆藏	嘉兴大藏经刻印的初期状况	嘉兴大藏经；佛教；明清；考证
石田志穗	被修炼过的性——刘一明的思想	性；道教；明清；思想
北泽纮一	康有为的华夷观	康有为；儒学；近代；思想
汤城吉信	中井履轩的宇宙观——读其天文关系图	中井履轩；日本汉学；江户；思想

第 58 期（2006）、9/20　45.0%

石田秀实	自我与他人——《庄子》与"别物"	我、别物；诸子；先秦；思想
宫崎顺子	伪托郭璞所作《葬书》的形成与变化	葬书；术数；魏晋；考证

421

续表

白井顺	《朱子训蒙绝句》如何被解读——朱子学的普及与传播的一个侧面	朱子训蒙绝句；理学；明清；考证
大场一央	关于王阳明的"立志"——集中在冲动上的休养	王阳明；心学；明清；思想
荒木龙太郎	对良知现成论者的考察——从浑一与一贯的视角	良知现成；心学；明清；思想
小川晴久	对人严厉而温暖的眼神——王船山的《尚书引义》与《诗广传》	王船山；经学；明清；思想
田村将	雍正二年的文庙从祀改革与其时代背景——以主导人物及其影响力为中心	文庙从祀；儒学；明清；思想
川路祥代	大正民主思潮下的台湾儒学思想	台湾儒学；日本汉学；近代；思想
中安真理	传抄本《日本国见在书目录》的系统	日本国见在书目录；日本汉学；江户；考证

第59期（2007）、7/20 35.0%

草野友子	上海楚简《竞建内之》与《鲍叔牙与隰朋之谏》的关系及其思想	上海楚简；儒学；先秦；思想
颖川智	上海楚简《互先》的宇宙生成论——以其与马王堆汉墓帛书《道原》的关系为中心	上海楚简；儒学；未定；思想
志野好伸	笔法与笔意——关于张旭的历史地位	笔法、笔意；艺术；隋唐；思想
斋藤正高	《东西均》的反因说与水循环论	东西均；儒学；明清；思想
竹内弘行	朱谦之的大同共产思想	朱谦之；儒学；近代；思想
池田昌广	《日本书纪》与六朝的类书	日本书纪；日本汉学；平安以前；思想
松村巧	华冈青洲的医学思想	华冈清洲；日本汉学；江户；思想

第60期（2008）、6/19 31.6%

村田进	关于《老子》三十九章中"万物得一以生"一句	老子；诸子；先秦；思想
中西久味	契嵩的护法思想	契嵩；佛教；宋；思想

日本中国哲学研究之一端
——《日本中国学会报》1949—2013 哲学类论文统计与分析

续表

石立善	关于朝鲜古写徽州本《朱子语类》——兼论语类体的形成	朱子语类；儒学；宋；考证
松野敏之	有关王夫之修养论的考察——以"一以贯之"的解释为中心	王夫之；儒学；明清；思想
松崎哲之	浙东的礼学——万斯大《学礼质疑》的世界观	万斯大；儒学；明清；思想
阿部光麿	伊藤仁斋的"天道"论	伊藤仁斋；日本汉学；江户；思想

第 61 期（2009）、6/19　31.6%

洲胁武志	汉文帝遗诏与短丧制——"以日易月"为中心	短丧制；儒学；秦汉；思想
佐野大介	孝行谭中的血缘性的意味	孝行谭；佛教；未定；思想
高桥睦美	《老子指归》与王弼《老子》注的差异	老子指归；诸子；未定；比较
藤井伦明	"流行"的"理"——再考朱熹之"理"	理；理学；宋；思想
白井顺	薛瑄《读书录》在东亚的刊行与变化	薛瑄；理学；明清；思想
斋藤正高	《物理小识》的脑与心	物理小识；儒学；明清；思想

第 62 期（2010）、8/20　40.0%

高户聪	关于"明神"的作用与性格的考察	明神；信仰；先秦；思想
渡边义浩	陆机的"封建"论与贵族制	陆机；儒学；魏晋；思想
大渊贵之	《艺文类聚》编纂考	艺文类聚；综合；隋唐；考证
神塚淑子	《海空智藏经》续考——以卷十"普记品"为中心	海空智藏经；佛教；隋唐；考证
橘千早	关于讲经文形成的考察——以 P·二四一八《佛说父母恩重经讲经文》的分析为中心	讲经文；佛教；隋唐；考证
中纯夫	本末格物说考	本末格物说；理学；宋；思想
伊香贺隆	王龙溪的"颜子"论	王龙溪；心学；明清；思想
久米晋平	李二曲的"反身实践"思想——围绕其四书解释	李二曲；儒学；明清；思想

第 63 期（2011）、8/19　42.1%

武田时昌	刑德游行的占术理论	刑德游行；术数；秦汉；思想
池田恭哉	《刘子》中刘昼的思想	刘昼；儒学；魏晋；思想
播本崇史	明末天主教书中的灵魂论	天主教；信仰；明清；思想
堀池信夫	中国伊斯兰哲学的第二代——马注及其思想	马注；信仰；明清；思想
小方伴子	段玉裁《说文解字注》引《国语》考	段玉裁；综合；明清；考证
尾崎顺一郎	关于焦循的"一贯"——所谓"修己治人"观的特色与意义	焦循；儒学；明清；思想
中丸贵史	汉文日记叙述与汉籍——作为摄关家日记的《后二条师通记》	后二条师通记；日本汉学；平安；其他
松井真希子	海保青陵《老子国字解》——徂徕学派对《老子》学的发展	海保青陵；日本汉学；江户；思想

第 64 期（2012）、6/20　30.0%

前原あやの	张衡《灵宪》的天文理论与尚水思想	张衡；术数；秦汉；思想
明神洋	《肇论》中的"空"与"无"的理论	肇论；佛教；魏晋；思想
野间文史	从义疏学到五经正义——问答体的去向	义疏学；经学；未定；考证
佐佐木聪	《开元占经》的诸抄本与近代以后的传来	开元占经；术数；未定；考证
辻井义辉	朱熹哲学中的"主宰"论——围绕关系性与主体责任的问题	朱熹；理学；宋；思想
关口顺	作为礼的神祇祭祀的考察——与日本神祇祭祀的对比	神祇祭祀；信仰；未定；比较

第 65 期（2013）、9/16　56.3%

吾妻重二	儒教再考——仪礼・祭祀・神・五经	儒教；儒学；未定；思想
福谷彬	孔孟一致论的展开与朱子的位置——以性论为中心	朱子；理学；宋；思想
阿部亘	李贽的生死观——从对死的恐惧到对死的选择	李贽；心学；明清；思想
连凡	《宋元学案》中的学案表与师承关系——其内容与学术之意义	宋元学案；儒学；宋；思想

日本中国哲学研究之一端
——《日本中国学会报》1949—2013 哲学类论文统计与分析

续表

志野好伸	从哲学到人生哲学——以李石岑为中心	李石岑；综合；近代；思想
山本恭子	近代华北"招魂""报庙"习俗的变迁	招魂、报庙；信仰；未定；思想
佐野大介	本朝对"杀亲"之不孝的接受	杀亲；日本汉学；未定；思想
南泽良彦	《孔子家语》在日本的接受——以德川时代为中心	孔子家语；日本汉学；江户；思想
野村英登	佐藤一斋的"静坐说"中的"艮背工夫"——与林兆恩比较	佐藤一斋；日本汉学；江户；比较

二、《日本中国学会报》中国哲学类论文之数据统计与分析

（一）哲学类论文的百分比及走势

如上所述，1949—2013 年《日本中国学会报》共发行 65 期，刊载论文 1005 篇，其中哲学类论文 462 篇，占总数的 46.0%，具有相当的分量。在各年度哲学类论文数占当期总论文数之百分比中，最高者为 1958 年第 10 期的 81.8%，其次为 1959 年第 11 期的 75.0%；最低者为 1969 年第 21 期，仅占 25.0%，其次为 2002 第 54 期，占 28.6%。图 1-1 直观地反映了 65 年来哲学类论文的百分比数值的变化。

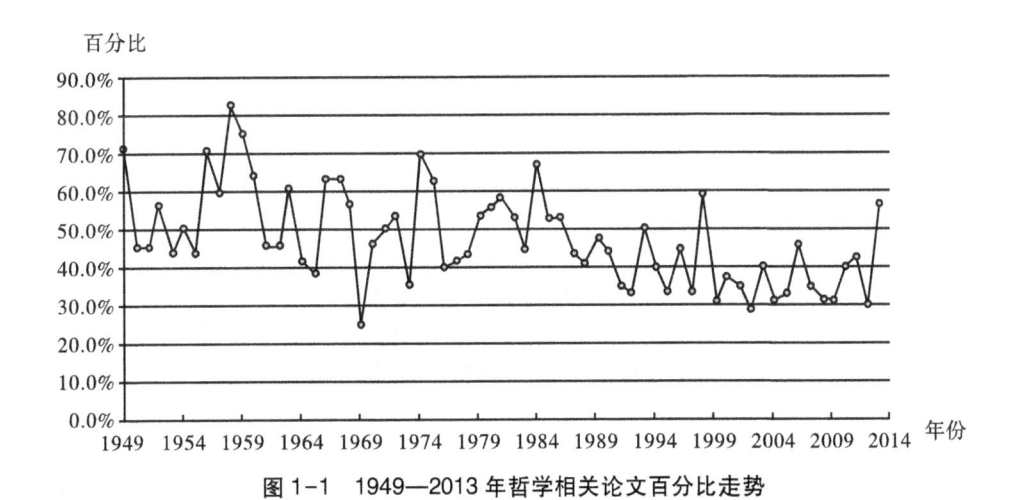

图 1-1 1949—2013 年哲学相关论文百分比走势

大致来看，以 1969 年第 21 期为界，此前各期的百分比数值虽然出现较大起伏，但总体保持在较高的段位，且出现三个峰值，分别是 1958 年第 10 期的 81.8%、1959 年第 11 期的 75.0% 和 1949 年第 1 期的 71.4%。在此后的 1969 年到 1976 年之间，虽然又出现一个新的高潮，即 1974 年第 26 期的百分比一度达到 69.2%，但 1976 年第 28 期时又陡然下降到 40.0%。自此以后，百分比总体呈下降趋势。

另一方面，在本文所统计的全 65 期杂志中，哲学类论文所占百分比达到 60.0% 及其以上的共 12 期，百分比在 30.0% 以下的共 2 期。百分比介于 30.0%（含）到 40.0% 的共 15 期，介于 40.0%（含）到 50.0% 的共 22 期，介于 50.0%（含）到 60.0% 的共 14 期，全 65 期的百分比平均值为 47.3%。若以每 10 个百分点为一段，统计各段内期数的多少，则如图 1-2 所示。

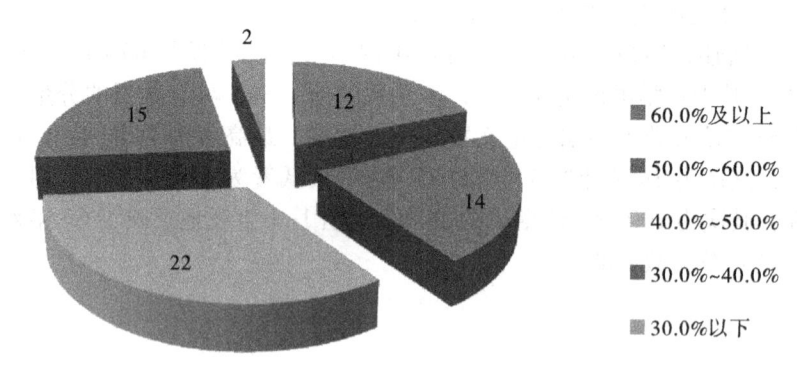

图 1-2　各百分比例内期数

图 1-2 数据显示，哲学类论文占该期论文总数的比例多保持在 40.0%～50.0%，低于 30.0% 的情况极少，而比例超过 60% 的期数却很多。同时，由于受同期文学类和语言类论文篇数的影响，其百分比也有略微上下浮动的空间，且上浮或下浮的概率基本相当（此图的数据之比为 14：15）。由此可见，虽然哲学相较于文学来说更枯燥、冷门、难度更高，但日本学界对哲学的兴趣依然浓厚，也不断地有大量研究成果问世，使得哲学类论文在《日本中国学会报》中保持了较高的百分比。

（二）日本中国哲学研究关注的哲学范畴

本文的第一部分将中国哲学的范畴划分为了 13 小类，65 期杂志所载 462

日本中国哲学研究之一端
——《日本中国学会报》1949—2013 哲学类论文统计与分析

篇论文分别进行了归类。据统计，各范畴相关论文的具体篇数及占总数的百分比如图 2-1 所示。

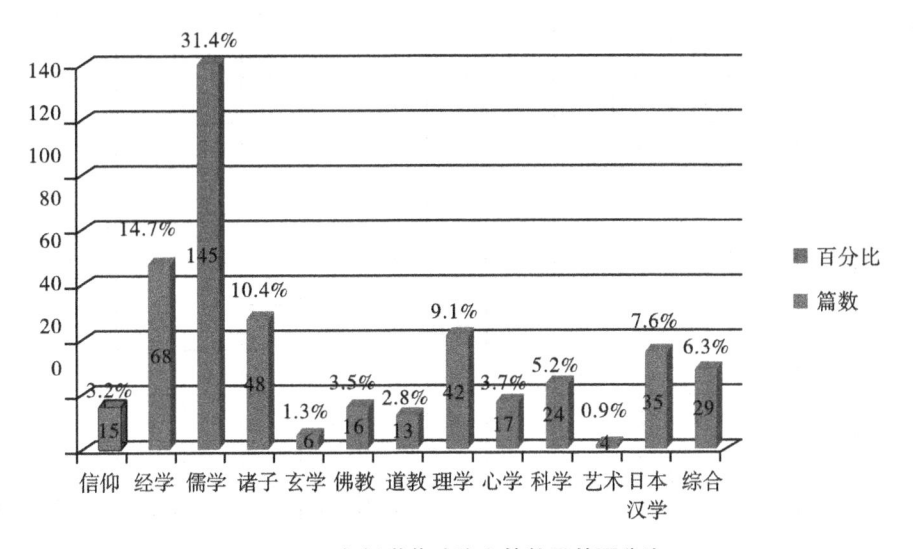

图 2-1　各哲学范畴论文篇数及其百分比

据图 2-1，研究数量由多到少排前五位的依次是儒学、经学、诸子、理学和日本汉学，分别占 31.4%、14.7%、10.4%、9.1% 和 7.6%；研究数量最少的五个范畴依次是艺术、玄学、道教、信仰和佛教，分别占 0.9%、1.3%、2.8%、3.2% 和 3.5%。这反映出在日本学界，以经学和儒学为中心的研究占据了重要位置，两者加起来占 46.1%，比重已接近一半。诸子学的论文篇数仅次于经学，也占据总体的 10.4% 之多，可见诸子学研究亦十分兴盛。理学相关论文的篇数为心学的两倍多，而二者之和的比例超过 12%，因此也可说是日本学界研究的重点所在。"综合"一项占 6.3%，高于心学的比例，是由于文字音韵、目录校勘类型的论文在其中占据了重要组成部分。"科学"一项占 5.2%，与日本学界对中国古代思想中的天文历法、占卜术数、中医等部分抱有一定的兴趣有关。佛教、道教论文数量较少，当与日本的佛教、道教研究各有其出版刊物有关。

我们取"儒学类"145 篇和"经学类"68 篇论文来进行具体分析，二者在 65 期中的篇数分布可用表 2-1 表示。

表 2-1

期数	篇数 儒学	篇数 经学	期数	篇数 儒学	篇数 经学	期数	篇数 儒学	篇数 经学	期数	篇数 儒学	篇数 经学	期数	篇数 儒学	篇数 经学
1	2	1	14	1	2	27	4	2	40	2	2	53	3	1
2	1	0	15	4	1	28	2	0	41	1	3	54	0	3
3	2	0	16	0	2	29	4	0	42	2	2	55	3	1
4	1	0	17	2	1	30	6	0	43	1	2	56	3	1
5	1	1	18	4	0	31	2	2	44	2	2	57	2	0
6	0	0	19	3	3	32	1	3	45	2	0	58	1	1
7	0	1	20	3	0	33	6	0	46	2	0	59	4	0
8	1	3	21	2	0	34	4	1	47	1	1	60	3	0
9	1	2	22	2	1	35	4	1	48	2	0	61	2	0
10	2	3	23	3	1	36	3	0	49	2	1	62	2	0
11	0	3	24	2	0	37	3	4	50	3	0	63	0	0
12	1	3	25	3	0	38	4	3	51	3	0	64	0	1
13	0	1	26	4	0	39	3	1	52	4	1	65	2	0

由表 2-1 可知，一期之内刊载"儒学类"论文的篇数从 0 篇至 6 篇不等，其中刊载 6 篇的共 2 期，分别是第 30 期、第 33 期。其次，刊载 4 篇的共 10 期，分别为第 15 期、第 18 期、第 26 期、第 27 期、第 29 期、第 34 期、第 35 期、第 38 期、第 52 期、第 59 期。再次，刊载 3 篇的共 13 期，刊载 2 篇的共 21 期，刊载 1 篇的共 12 期，刊载 0 篇的仅 7 期。

一期之内刊载"经学类"论文的篇数从 0 篇到 4 篇不等，其中刊载 4 篇的共 1 期，即 37 期。其次，刊载 3 篇的共 9 期，分别为第 8 期、第 10 期、第 11 期、第 12 期、第 19 期、第 32 期、第 38 期、第 41 期和第 54 期。再次，刊载 2 篇的共 9 期，刊载 1 篇的共 19 期，刊载 0 篇的共 27 期。

若以 13 期为一个单位时段，统计 65 期以来 5 个时段内"儒学类""经学类"论文的篇数，则 1~13 期此二类论文篇数分别为 12 篇、18 篇，14~26 期分别为 33 篇、11 篇，27~39 期分别为 46 篇、17 篇，40~52 期分别为 27 篇、14 篇，53~65 期分别为 27 篇、8 篇。可见儒学类论文篇数在 1962~1974 年、

日本中国哲学研究之一端
——《日本中国学会报》1949—2013 哲学类论文统计与分析

1975~1987 年这两个时段内快速增长，而 1988~2000 年、2001~2013 年这两个时段内篇数又有所减少；经学类论文篇数在 5 个时段内则大致经历了一个平稳减少的走势。

另外，从"儒学类""经学类"篇数之和的情况来看，数值为 0 篇到 7 篇不等。其中，二者之和为 7 篇的共 2 期，分别是第 37 期、第 38 期。其次刊载 6 篇的共 4 期，分别是第 19 期、第 27 期、第 30 期、第 33 期。刊载 0 篇的仅 1 期，即第 6 期；这与该期论文总数仅 8 篇、而中国哲学类论文仅占 4 篇有关。从时段来看，二者之和在 1975~1987 年这一时段达到峰值，随后渐次减少。可见虽然儒学、经学研究总体上占了半壁江山，但近年来二者篇数均呈下降趋势。

除"诸子"和"理学"之外值得一提的是，"日本汉学"的篇目比重占 7.5%，也是不容忽视的一部分。自第 2 期刊载第一篇以日本汉学为主的论文以来至今，陆续刊登 35 篇。若将各期内所刊载的日本汉学类论文篇数进行统计，则结果如表 2-2 所示。

表 2-2

期数	篇数	期数	篇数	期数	篇数	期数	篇数	期数	篇数
1	0	14	0	27	1	40	0	53	1
2	1	15	0	28	0	41	0	54	0
3	0	16	0	29	0	42	0	55	1
4	0	17	0	30	0	43	0	56	2
5	0	18	0	31	1	44	0	57	1
6	0	19	0	32	0	45	0	58	2
7	0	20	1	33	0	46	0	59	2
8	1	21	0	34	0	47	0	60	1
9	3	22	0	35	0	48	0	61	0
10	0	23	0	36	1	49	1	62	0
11	0	24	2	37	1	50	0	63	2
12	2	25	1	38	0	51	1	64	0
13	1	26	0	39	1	52	0	65	3

由表 2-2 可知，第 9 期和第 65 期分别发表 3 篇，创下两个峰值。一期中刊载 2 篇的共 6 期，依次是第 12 期、第 24 期、第 56 期、第 58 期、第 59 期、第 63 期。一期中刊载 1 篇的共 17 期，依次是第 2 期、第 8 期、第 13 期、第 20 期、第 25 期、第 27 期、第 31 期、第 36 期、第 37 期、第 39 期、第 49 期、第 50 期、第 51 期、第 53 期、第 55 期、第 57 期、第 60 期。纵观这 35 篇论文，不难发现，自 1997 年第 49 期以后日本汉学类论文发表的频度明显增大。若按 13 年一个时间段来统计日本汉学的篇数在各时段内的分布，则如下图 2-2 所示。

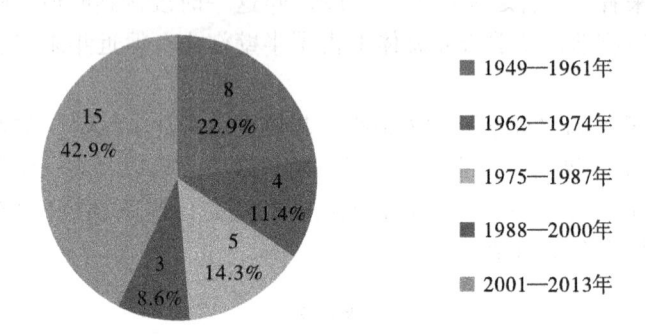

图 2-2　日本汉学类论文时段内篇数及其比例

图 2-2 数据显示，1949—2000 年的 52 年间总共发表日本汉学类论文 20 篇，平均每 13 年发表 5 篇；而仅 2001—2013 年的 13 年间就有 15 篇论文发表，是上述平均值的 5 倍之多，且百分比激增以致占到 65 年总发表数的 42.9%。与儒学类、经学类论文数量呈现减少趋势相反，日本汉学类论文篇数迅猛增长，可见近十几年来日本学界在日本所收汉籍、日本历代学者对中国典籍文化的研究，以及中国文化（及朝鲜儒学）影响下日本文化的样态等方面的兴趣和研究力度加深，这也是日本方面不断尝试拓宽中国学研究领域的成果[①]。

（三）日本中国哲学研究所关注的时代

---

① 在日本中国学会的网站上，时任会长的川合康三先生在《致辞》中提到："我们在扩展研究领域方面也进行了尝试。例如：去年（指 2010 年——引者注）在广岛大学召开的全国大会上新增了'日本汉学'这一研究领域。以往对日本汉学的研究是由研究中国问题的学者和研究日本问题的学者分别进行的，这就更加迫切需要提供一个双方共同切磋研究的平台。"原文出自 http://nippon-chugoku-gakkai.org/gb2312/aisatsuC.html。

日本中国哲学研究之一端
——《日本中国学会报》1949—2013 哲学类论文统计与分析

此部分可分作两方面来看：一是除"日本汉学"以外的论文所关注的中国历史时代；二是"日本汉学"类论文所关注的日本历史时代。

首先，中国历史时代可具体划分为先秦、秦汉（含三国）、魏晋（含南北朝）、隋唐（含五代十国）、宋（含金元）、明清、近代、未定八个时段，每个时段的论文篇数及其百分比如图 3-1 所示。

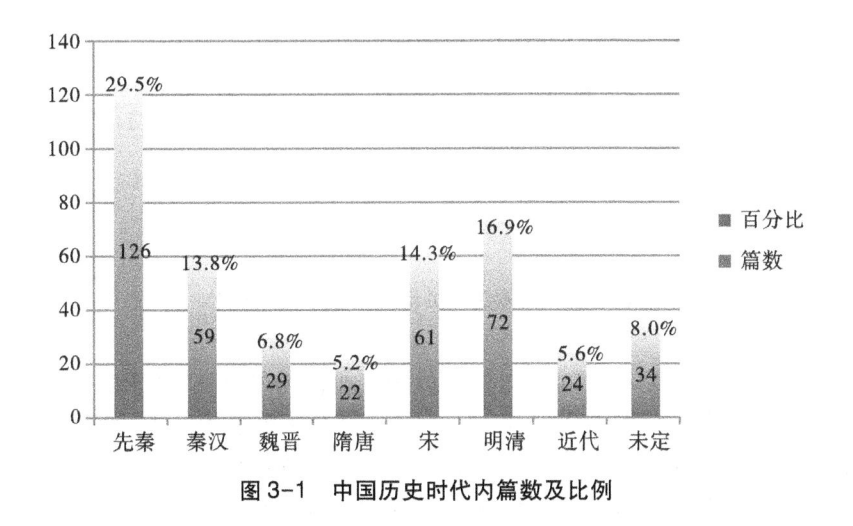

图 3-1 中国历史时代内篇数及比例

图 3-1 数据显示，研究先秦的论文篇数最多，占 29.5%；其次为明清 16.9%；再次为宋 14.5%；最少的依次为隋唐 5.0%、近代 5.7%、魏晋 6.9%。这反映出百家争鸣、为后世思想之源的先秦思想备受日本学界关注；结合哲学范畴来看，这一结果与日本学界重视儒学经典和诸子研究不无关系。同样，明清和宋代研究数量之多，应该也跟理学、心学及清代经学研究的兴盛有关。而秦汉研究篇数紧跟三者之后，大概得益于内山俊彦、池田秀三等汉代儒学专家以及安居香山等谶纬思想专家的贡献。日本学界对近代思潮的研究数量超过魏晋和隋唐，或是由于晚清至民国时期中国社会发生剧变，思想家辈出，新思潮大量萌发；同时也由于魏晋玄学相对来说是一个较狭窄的领域，而隋唐的经学被官方定型以来思想趋于稳定和一致，因而思想上的发展并不显著。

其次，日本汉学领域可大致划分为平安及以前、镰仓及室町、江户、近

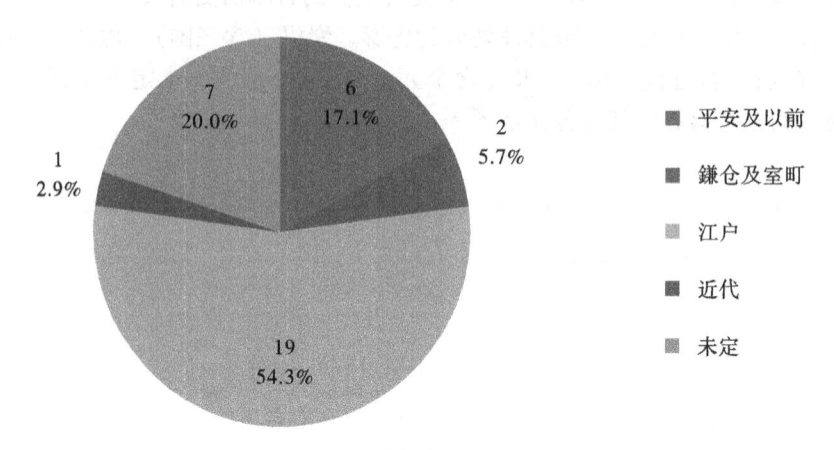

代、未定五种。各时段内篇数和百分比如图 3-2 所示。

图 3-2　日本汉学类论文关注时代及比例

五种之中,研究江户的论文篇数最多,所占比例高达 54.3%;其次是未定和平安及以前,分别占 20.0% 和 17.1%。结合历史来看,江户研究的兴盛,大概由于德川幕府以朱子学为正统思想,从而涌现出伊藤仁斋等大批儒学学者、思想家,其大量著作也得到较好的保存,故江户时代的思想研究为日本学界所重视。"未定"所占比例较高,是因为其中论文多以日本古抄本或中国古籍在日本文献中的保存为研究对象,由于相关文献众多,又跨多个时代,故难以准确概括其时代特征;但这同时也反映出,中国古籍在日本的流传、日本古抄本的形态和系统等问题,也是日本学者颇有兴趣的一方面。平安及以前,汉籍虽然已经大量传入日本①,但由于材料的散佚,针对这一时段的研究仍然集中在日本的神话传说和古史等方面。

（四）日本中国哲学研究所据角度

如前所述,日本学界的研究角度大致分为考证、思想、比较、其他四类;据统计,四类各含论文 94 篇、347 篇、17 篇、4 篇,所占比例分别为 20.3%、75.1%、3.7%、0.9%,参见图 4-1。

---

① 由日本平安中期学者藤原佐世（828—898）奉敕编纂的《日本国见在书目录》,已收唐及唐以前中国古籍 1500 多部,共计 17000 多卷,并沿袭了《隋书经籍志》的分类及次序。

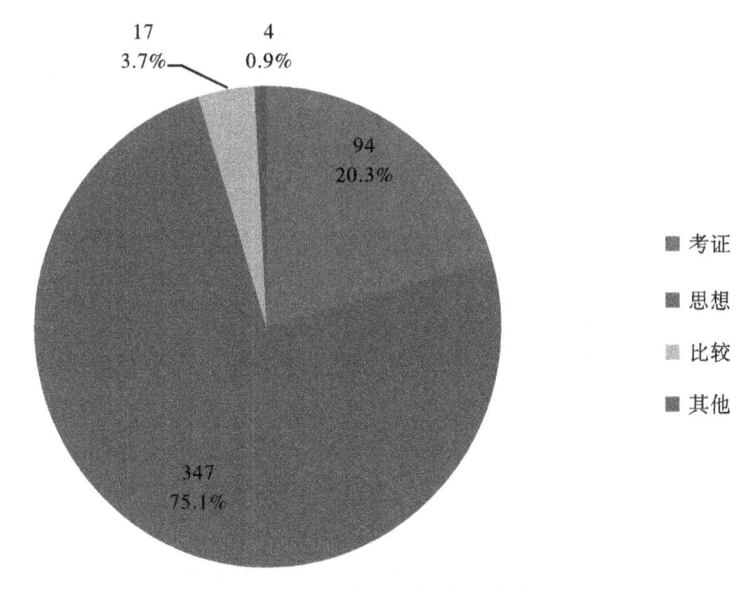

日本中国哲学研究之一端
——《日本中国学会报》1949—2013 哲学类论文统计与分析

图 4-1 所据角度及相应比例

这一结果显示，在中国哲学领域，以阐发思想为主的论文数量远远超过考证和比较，但考证的篇目仍然占据第二位，远高于第三位的比较。另外，思想类论文也十分注重使用翔实的材料对观点进行佐证，因此日本学界的论文一直以来都给外界留下"精细"、"扎实"的印象。相反，在广阔的背景下进行跨文化、多视野比较的论文数量比较少，这也从另一方面体现了日本学界的踏实学风。

三、结论

本文以 1949—2013 年共 65 期《日本中国学会报》所载 462 篇中国哲学相关论文为考察对象，从"研究对象""哲学范畴""所属时代""研究角度"四个方面，以提炼关键词的形式对每篇论文的特征加以描述，然后就这四个方面的特征分别进行了整理、统计及数据分析。

总体来看，文学、哲学、语学论文总篇目共 1005 篇，其中中国哲学相关论文占到 46.0%，在三者之中占有相当的分量，略低于中国文学相关论文的比重。具体到每一期，中国哲学相关论文数量与当期论文总数的百分比虽然有高有低，但多数保持在 40.0%—50.0%；全 65 期百分比平均值为 47.3%。这说明，哲学研究的对象虽然枯燥、难度大，但日本学界对中国哲学·思想的兴趣依然浓厚，成果依旧突出。

从哲学范畴上来看，日本学界关注最多的是经学和以之为中心的儒学，接下来依次是诸子、理学、日本汉学、综合、科学、心学、佛教、信仰、道教、玄学、艺术。作为中国古代社会的主流思想及其延伸的经学、儒学、理学和心学成为日本学界的研究热点，这亦在情理之中；而作为中国思想之源头的诸子学，也颇受日本学者青睐。值得一提的是，日本汉学在所有论文中占了很大比重，特别是近 13 年来这一比重迅速增加。这说明日本学界已不仅仅将目光锁定在中国本土和文献、文化思想上，而且将其扩展到日本文献·思想与中国本土文献·思想的关联，以及整个东亚思想等方面。另外，综合类、科学类的论文数量也不在少数。这说明日本学界对中国文字、古籍校勘等也有较多的关注；并且对中国古代思想中的历法、术数、中医等部分抱有较大的兴趣；他们把这些思想当作中国科学史中的重要部分进行严肃而耐心的研究，而不是简单地加以否定、排斥。

从日本学界所关注的历史时代来看，在中国本土文献·思想这一方面，先秦受到的关注最多，其次是明清、宋和秦汉。日本学界的兴趣集中体现在时代比较靠前的先秦、两汉，和时代较靠后的宋、明清，与其关注经学、儒学、宋明理学、心学有较大关系。在日本汉学这一方面，对江户时代的研究比例占一半以上，这得益于江户时代儒学的发展以及相关文献资料的制作、保存。位居第二的"未定"占 20.0%，实际上体现了日本学界对汉籍文献的传播、版本、影响等问题具有较大的兴趣。"平安及以前"的比例略低于"未定"，表明日本学界对本国上古历史、神话、信仰的研究也占有一席之地。

从研究角度上来看，日本学界对某一思想进行阐发的论文占了绝大多数。其次对史实、文字、版本等的考证也占有一定比例。考证类论文往往体现出学者的心血和功力；思想类论文也多以丰富、有力的材料作支撑；而比较类论文数量相对于前二者来说非常少，尤其跨领域、多文化的比较更是鲜见。这些都体现了日本学界专精务实的学术风格。

（田访：京都大学文学研究科中国哲学史专业在读博士）

日本"中国文学"研究侧影
——《日本中国学会报》1949—2011 "文学"类论文统计与分析*

段江丽　金文京

摘　要："日本中国学会"成立于1949年，为全国性的跨哲学、文学、语言学诸领域的学术团体；学会杂志《日本中国学会报》每年一期，选发年会上的代表性成果。根据《日本中国学会报》创刊以来凡63期所刊发的"文学类"论文的统计分析，可以从一个侧面了解63年来日本"中国文学"研究的总体趋势以及所关注的时段、文类、代表性作家作品以及研究方法等诸多方面的重要信息。

关键词：日本中国学会　中国学　中国文学

一、关于"日本中国学会"及《日本中国学会》杂志

日本有一个全国性的"日本中国学会"，学会的目的和性质是："以中国相关学术研究为目的，以从事中国哲学、中国文学、中国语学研究者为主的全国性综合学会。"[1] 即学会成员主要由从事中国哲学、文学和语言学的研究者组成。至于为什么不包括历史学，主要原因是，日本从事中国历史研究的人员众多，他们有自己的学会。

---

* 本文为国家社科基金重点项目"日本人所撰'中国文学史'研究（1882—2002）"的阶段性成果，项目编号14AZW010；并受中央高校基本科研业务费专项资金资助，项目编号15YJ010019。

[1] 关于"日本中国学会"的相关介绍以及《日本中国学会报》目录，参见"日本中国学会"网站，中文版 http://nippon-chugoku-gakkai.org/gb2312/index-c.html；日文版 http://nippon-chugoku-gakkai.org/index.cgi。

日本中国学会创立于1949年10月，创立之初会员为246人，首届会议参加人数为100左右；此后不断增加，1976年会员数突破一千，有1015人，参加会议人数达455人；1996年会员人数突破二千，有2003人；此后，会员总数一直保持在2000人左右，与会人数最多的时候达600多人，如1994年为605人，1997年也是600人以上。首任会长为加藤常贤，此后历任学长包括吉川幸次郎、伊藤漱平、户川芳郎、石川忠久、丸尾常喜、兴膳宏等众多著名学者。会长任期一般每两年一届。历任会长中，首任加藤常贤先生自1950年起，连任5届至1958年；此后，会长一般最多连任两届。[1]

学会每年召开一次大会，类似于国内各学术团体的年会，而时间确定为10月10日前后两天，主办单位由各大学轮流承担；每年发行一期学会杂志《日本中国学会报》，从学会年会的投稿中，经由论文审查委员会聘请专家进行严格、公正的审查，择优加以刊载。此外，每年还刊行两期通讯，向会员报告学会情况，提供一些必要的信息。学会自1969年起，以已故奥野信太郎先生的寄赠款为基础，评选"日本中国学会奖"。为了使奖励具有鼓励性质，原则上要求获奖者不超过40岁，并主要以在《日本中国学会报》上发表的论文为评选对象，每年选出哲学1名，文学与语言学1名，在学术大会的总会上颁奖。近年来，为了鼓励更多年轻人积极参与学会的活动，学会还采取了其他措施，如自2011年度开始，研究生会员的会费减半，由7000日元减至3500日元；2011年3月，首次举办"中青年学术研讨会"，由一些相对年轻的会员策划并运作，报告会的成果以论文集的形式发表。

值得注意的是，在"日本中国学"网站上，现任会长川合康三先生的《致辞》中有这样一段话："我们在扩展研究领域方面也进行了尝试。例如：去年（指2010年——本文作者注）在广岛大学召开的全国大会上新增了'日本汉学'这一研究领域。以往对日本汉学的研究是由研究中国问题的学者和研究日本问题的学者分别进行的，这就更加迫切需要提供一个双方共同切磋研究的平台。"川合会长的话很清楚地传达了这样一个信息：此前，自1949年以来，运作达62年之久的"中国学学会"所关注的"中国学"，是不包括"日本汉学"的，而从2010年开始，在"日本中国学"领域这个重要平台上，

---

[1] 《日本中国学会五十年史·日本中国学会五十年史资料》，汲古书院1998年，第245—280页；1999—2011年的相关信息参见学会网站等资料。

日本"中国文学"研究侧影
——《日本中国学会报》1949—2011"文学"类论文统计与分析

"日本汉学"与"日本中国学"呈现了某种"合流"的趋势。

随着中国经济的崛起,"汉学"一词也越来越受到关注。在欧美等西方国家,"Sinology"被翻译成"汉学",广义地指与中国相关的学术研究,当无太大歧义;可是,在日本,"Sinology"有时却被译成"支那学[①]",而不是"汉学"。日本的大学中,"汉学"属于国文学科或国家汉文学科,"中国学"属于外国学科。而20世纪初以内藤湖南、狩野直喜、桑原骘藏等大家为代表的、风靡一时的"支那学",与"汉学""中国学"之间已有剪不断、理还乱的关系。因此,尽管在国际学术界,很多时候汉学与中国学似乎可以通用,但是,就日本学界而言,汉学、"支那学"、中国学,三者之间的关系三言两语很难说清,在具体使用时还是得特别注意语境才是。[②] 而川合先生《致辞》中所透露的消息,无疑可以作为考察当下日本中国学与汉学关系的一条重要参考材料。

目前,"日本中国学会"网站提供了1949—2011年期间共63期《日本中国学会》杂志的目录。作者中不乏已故的日本中国学泰斗吉川幸次郎、现任中国学会会长川合康三、现任京都国立博物馆馆长兴膳宏等著名的日本汉学名家。

"日本中国学会"作为横跨文学、哲学(经学·思想)、语言学三个领域的全国性学会,其代表性和影响力毋庸置疑。因此,《日本中国学会报》上所刊载的论文,虽然只是日本学界在中国文学、哲学、语言学三个领域的研究成果的一部分,却具有重要的、统计学上"抽样调查"的意义。

我们拟以"日本中国学会"网站上所提供的目录为基本资料,[③] 适当参考论文本身,对《日本中国学会报》1949—2011年共63期杂志所刊载的文学类论文进行统计和描述;然后,再以统计数据以及所设置的关键词为参数,进一步分析中国文学研究在"日本中国学"中所占的比例及走势、日本"中国文学研究"的关注点和特点等问题,从而勾勒出日本中国文学研究的一

[①] 为研究使用,作保持原貌处理,全书同。编者注。
[②] 孙歌《"汉学"的临界点——日本汉学引发的思考》,载《国际汉学》第1期。
[③] 关于"日本中国学会"的相关介绍以及《日本中国学会报》目录,参见"日本中国学会"网站。目录中文译文以网站提供的版本为基础,笔者对个别题目的译文做了修正,典型如第59期成田健太郎的文章日文题目为"書體を詠う韻文ジャンル「勢」とその周邊",网站上提供的译名为"咏体的韵文型'势'及其周",意义含糊不清,笔者修正为"咏书体韵文类型之'势'及其周边"。此外,对于题目中的书名号等亦按中文习惯做了一些调整。

重要侧影，希望能给国内学界提供参考。文章由两部分组成，第一部分为《日本中国学会报》（1949—2011）"文学"类论文的统计和描述；第二部分以统计数据和"关键词"所描述的内容为依据，对日本"中国文学研究"的趋势和特征进行具体分析。

二、《日本中国学会报》"文学"类论文统计

据统计，1949—2011年期间，63期《日本中国学会报》共刊载论文975篇，其中文学类论文496篇，占50.9%，达一半以上。

为了提供一些比较具体的参考信息，并作为进一步研究的基础，我们将有关文学类论文的具体情况以列表的方式出示。关于制表，有如下说明。

第一，图表所包含的内容。每期一表，每表包括期刊序号、年份、文学类论文与当期论文总数之比、作者、篇名、关键词六项内容，"比例"以数字之比和百分比两种方式出。百分比以四舍五入为原则，保留小数点之后一位。

第二，关于文学类论文的判断。为了给中国文学研究界提供更多的信息，本文采取"文学本位"的立场，将一些文学、哲学、语言学等学科交叉的论文划入文学，因此，所列文学论文与《日本中国学会五十年史》之"日本中国学会报揭载论文分类目录"（简称"分类目录"）并不完全相同。比如，《酸果传说起源考》《桑树信仰论》等论文在"分类目录"中被列为"哲学"类，因其以较大篇幅论及酸果、桑树等与文学的关系，本文将其划归为文学类；再则，一些涉及神话故事、文体、文论以及文学活动、文学思想的论文，亦被视为"文学类"论文，如《〈公羊〉〈谷梁〉二传的文体及传文结构》《与陈独秀诀别的周作人——以1922年反基督教运动为中心的冲突为中心》，等等。另外，《日本中国文学五十年史》之"分类目录"中所列"文学"类论文，有些与文学基本毫无关涉，则本文未曾列入，这些论文包括《马祖信仰的发生、传播及其影响》《日本古代汉文体记录与日文读法》《清谈的历史与意义》《〈天咫偶闻〉及其作者》《西晋的出处论》《关于陈寿〈诸葛氏集〉的编纂》《青年时代的王国维与明治学术文化——以〈教育杂志〉为中心》《海保渔村札记》等。尽管如此，在"文学"与"非文学"之间，还是存在模糊地带，所以，只能是大致的统计。

日本"中国文学"研究侧影
——《日本中国学会报》1949—2011"文学"类论文统计与分析

第三,关于关键词。关键词的设置,是为了进一步分析日本学界"中国文学研究"的某些特征,比如,日本学界研究中国文学时关注的时段、作家作品、文类以及研究角度等。与此相应,将关键词设计为四个方面:研究对象、所属年代、文体类别以及研究角度等,也就是说,每篇文章将从这四个方面以关键词的方式加以描述。

"研究对象"的具体内容包括作者姓名、著作名、文学团体、流派名称等。为了便于统计,对于文学史上的名家,在作者与具体著作名称之间,一般取作者名,如"嵇康《管蔡论》"取"嵇康";对于不太常见的作家作品,则视情况而定,如《耶律铸的〈双溪醉隐集〉》,取"双溪醉隐集"。《日本中国文学五十年史》之"分类目录"中有"日本汉文学"类,本文出于关注"日本中国文学研究"的立场,对于"日本汉文学"论文,主要关注所涉及的中国文学部分,如《江户初期的性灵说》之研究对象关键词为"性灵说"。

"所属年代"指作家作品、文学现象所属的时间段,分先秦、两汉(含建安、三国)、魏晋(含南北朝)、隋唐(含五代)、宋、金元、明清、近现代及"未定"等9项。关于"年代"的几点具体说明:

1. "未定"指某些流派、现象、观念等时间跨度很大或者没有明确时间归属的现象,比如《以流水为譬喻的基本结构的设定及由此而产生的诗情之考察——对自然观变化的探讨》。

2. 对研究的研究,以具体研究对象所属时代为准,如《方玉润的诗经学——〈诗经原始〉的特质》,年代取"(明)清"而不取先秦。

3. 按上述9个分段,研究对象跨二、三个时段的同时标示各个时段,如《关于"诏"的文体——以汉魏为中心》的时间描述为"两汉—魏晋",统计时分别记入"两汉"和"魏晋"。跨三个以上时段的标示为"未定"。

4. 涉及中外翻译、比较的作品,以中国作品(包括中文译著)的时间为准,如《六朝诗论与〈古今集序〉》以六朝诗论的时间为准,取"魏晋";一些受中国文学影响的日本作者的作品,影响源未确定的作品亦标示为"未定",如《祇园南海[①]的生卒年与〈一夜百首〉考》。

[①] 祇园南海(1751—1827?),日本江户时代文学家,"棋圣"道策(1645—1702)的寄名弟子"五名士"之一,其著名诗作《一夜百首》作于17岁或说18岁时。

"文体类别"分诗词赋、散文、小说、戏曲（包括歌舞、近现代戏剧等）、文论（包括小说理论、诗论、词论、画论）、"其他"（前几项之外的所有内容）等6项。

"研究角度"分6类：考证（包括作者、版本、成书等）；思想（包括内容、主题等）；艺术（包括文体、技法、形式、风格、修辞等）；传播（包括影响、接受、流变、翻译等）；比较；综合（涉及多个角度、未能归入前5类者）等，依次简化为"考证""思想""艺术""传播""比较""综合"。需要说明的是，对每篇文章的归类只是就其主要内容相对而言；"传播"既指国内的"传播"，也指国际之间的"传播"；"比较"主要强调平行性比较研究，如"脸谱与隈取"之类，影响性比较则列入"传播"研究类。

总之，每篇论文均以四个关键词加以描述，依次代表研究对象、所属年代、文体类别、研究角度，如《新文学及其工具问题》的关键词依次为：新文学、近现代、其他、综合。

此外，对论文中所涉及的日本作家、作品、流派等适当加注说明。为了节省篇幅，作者、论文题目、关键词等标目只出现在第1期的表格中，此后各表省略。

1. 1959——1∶7（14.3%）

作者	论文题目	关键词
仓石五四郎	新文学运动及其工具问题	新文学、近现代、其他、综合

2. 1960——5∶11（45%）

斯波六郎	李善《文选注》引文义例考	文选注；隋唐；其他；考证
网祐次	从以赋为中心到以诗为中心	赋与诗；两汉—魏晋；诗词赋；综合
目加田诚	初唐宫廷诗人集团	宫廷诗；隋唐；诗词赋；综合
田中谦二	《西厢记》诸本的可信性	西厢记；金元；戏曲；考证

日本"中国文学"研究侧影
——《日本中国学会报》1949—2011"文学"类论文统计与分析

续表

太田兵三郎	六朝诗论与《古今集序》①	六朝诗论、古今集序；魏晋；文论；比较

3. 1951——6∶11（54.6%）

赤塚忠	古代歌舞之诗的源流	歌舞之诗；先秦；戏曲；综合
冈村繁	沈约《郊居赋》雷张同笺补正	《郊居赋》雷张笺；明清；诗词赋；考证
重泽俊郎	从柳宗元看唐代的合理主义	柳宗元；隋唐；其他；综合
中泽希男	《国秀集》考	国秀集；隋唐；诗词赋；考证
小川环树	关于《水浒传》的作者	水浒传；明清；小说；考证
八木泽元	陈与郊传	陈与郊；明清；其他；考证

4. 1952——2∶9（22.2%）

高木正一	六朝律诗的形式	律诗；魏晋；诗词赋；艺术
吉川幸次郎	《老子》对偶句法	老子；先秦；散文；艺术

5. 1953——4∶9（44.4%）

竹田复	诗经与楚歌	诗经与楚辞；先秦—两汉；诗词赋；综合
水上静夫	酸果传说起源考②	酸果传说；未定；其他；综合
岩城秀夫	论南戏中吴语的作用	南戏；元明清；戏曲；综合

---

① 《古今和歌集》（简称《古今集》），日本最初的敕撰和歌集，附有用汉字所作的"真名序"和用日语假名所作的"假名序"两篇序文，阐述了和歌理论。其中，假名序一直被尊为日本和歌论的鼻祖和权威，而真名序则被看作是中国诗论的翻版而相对地受到冷遇和轻视。参见尤海燕《〈古今和歌集〉的真名序和假名序——以"和歌发生论"为中心》，载《日语学习与研究》2010年第5期。

② 水上静夫的《酸果传说起源考》以及《桑树信仰论》等文章均以较大篇幅论及酸果、桑树等与文学的关系，故划入文学类。

| 滨一卫 | 关于春柳社的《黑奴吁天录》① | 黑奴吁天录；近现代；戏曲；综合 |

6. 1954 ——4∶8（50%）

池田末利	屋漏·中霤同源考——《诗》、《礼》中所见前宗庙形态	诗经；先秦；诗词赋；考证
内田道夫	关于志怪小说的形成	志怪小说；魏晋；小说；综合
入矢义高	北宋的演艺（续完）	演艺；宋；戏曲；综合
小川环树	变文与讲史——中国白话小说形式之起源	白话小说；隋唐—宋；小说；综合

7. 1955 ——4∶9（44.4%）

中岛千秋	关于离骚的表现形式	离骚；诗词赋；先秦；艺术
船津富彦	今本《诗式》质疑	诗式；文论；隋唐；考证
松下忠	徂徕学派②的诗文理论	徂徕学派；未定；文论；传播
滨一卫	脸谱与隈取③	脸谱与隈取；未定；戏曲；比较

8. 1956 ——3∶10（30%）

| 八木泽元 | 李开先和他的戏曲 | 李开先；明清；戏曲；综合 |

---

① 清光绪二十七年（1901）林纾将美国皮丘·斯托夫人的小说《汤姆叔叔的小屋》翻译为文言文出版，并易其名为《黑奴吁天录》；后来曾孝谷和李叔同又将其改编为戏剧《黑奴吁天录》，1907年6月1~2日由中国留学生团体"春柳社"在日本东京演出，引起很大反响。春柳社成员之一欧阳予倩曾说："《黑奴吁天录》这个戏，虽然是根据小说改编的，我认为可以看作中国话剧第一个创作的剧本。"参见陈珂《欧阳予倩和〈黑奴吁天录〉——兼论中国新剧初创期的艺术特色》，载《戏剧》（中央戏剧学院学报）2007年第2期。

② 徂徕学派，亦称"古文辞学派"或"萱园学派"，日本江户时代古学派流派之一，提倡汉文直读法，反对从前的汉文训读法，强调要研究高深的道理须从理解中国语言文学入手，其学说曾经风靡日本，对日本后来的国学和水户学等有很大影响。代表人物为荻生徂徕（1666—1728），有知名学者40余人，均为荻生徂徕门人，包括太宰春台、服部南郭、安藤东野、平野金华、山县周南等。参看王青《日本近世儒学家荻生徂徕研究》，上海古籍出版社2005年。《徂徕学派的诗文理论》论及中国文学对徂徕学派的影响未定于一家，故研究对象的时间设为"未定"。

③ "隈取"是日本歌舞伎的"脸谱"，滨一卫此文讨论的就是京剧脸谱与歌舞伎"隈取"的差别。

日本"中国文学"研究侧影
——《日本中国学会报》1949—2011"文学"类论文统计与分析

续表

川口久雄	敦煌变文的素材与日本文学——以《目连变文·降魔变文》为例	敦煌变文；隋唐；其他；传播
近藤光男	关于《屈原赋注》	屈原赋注；清代；诗词赋；综合

9. 1957——5：10（50%）

山田琢	《公羊》《谷梁》二传的文体及传文结构	公羊传、谷梁传；先秦；散文；艺术
中岛千秋	阮籍的"论"与"赋"	阮籍；魏晋；诗词赋；综合
松下忠	江户初期的性灵说	性灵说；明清；文论；传播
伊藤正文	盛唐诗歌所表现出来的文论特征	唐诗；隋唐；诗词赋；艺术
毛冢荣五郎	袁中郎的矛盾	袁中郎；明清；其他；思想

10. 1958——3：11（27.3%）

星川清孝	楚辞的传统	楚辞；先秦；诗词赋；传播
前野直彬	明清小说理论的两个极端——金圣叹与纪昀	金圣叹、纪昀；明清；文论；比较
本田济	从宋代思想史的角度看王禹偁	王禹偁；宋；其他；综合

11. 1959——2：12（16.7%）

吉川幸次郎	钱谦益与东林——作为政客的钱谦益	钱谦益；明清；其他；综合
王育德	文学革命给台湾带来的影响	文学革命；近现代；其他；传播

12. 1960——3：11（27.3%）

中野美代子	岑参的塞外诗——其构思的一种形态	岑参；隋唐；诗词赋；综合
铃木修次、一海知义	冯惟讷和他的《诗纪》	冯惟讷；明清；诗词赋；综合
小野忍、尾上兼英、丸山升	《新潮》杂志的足迹	新潮；近现代；其他；综合

443

13. 1961——5∶11（45.5%）

水上静夫	桑树信仰论	桑树信仰；未定；其他；综合
木村英一	关于寒山诗	寒山诗；唐代；诗词赋；综合
松下忠	王世贞文论中的折衷思想	王世贞；明清；文论；思想
尾上兼英	鲁迅与尼采	鲁迅；近现代；其他；比较
饭田吉郎	《咆哮了的土地》在蒋光慈作品中的地位	蒋光慈；近现代；小说；综合

14. 1962——5∶11（45.5%）

小西升	关于七盘舞的各种说法	乐府；未定；诗词曲赋；艺术
林田慎之助	颜之推的生活与文学观	颜之推；魏晋；其他；综合
铃木修次	关于初唐诗歌的反复表现手法	唐诗；隋唐；诗词赋；艺术
村上哲见	《霓裳羽衣曲》考	霓裳羽衣曲；隋唐—宋；戏曲；考证
田森襄	元代士人对"乐府"的态度	乐府；金元；诗词赋；综合

15. 1963——5∶15（33.3%）

竹治贞夫	关于楚辞的"兮"——对正文批判性的探讨	楚辞；先秦；诗词赋；综合
小西升	汉代乐府诗与游侠的世界——南朝文学放荡不羁论的产生	汉乐府；两汉—魏晋；诗词赋；综合
毛冢荣五郎	对方回评价的质疑	方回；金元；诗词赋；传播
香坂顺一	关于《九命奇冤》的成书	九命奇冤；明清；小说；考证
太田辰夫	清代文学中的满语	满语；明清；其他；考证

16. 1964——7∶17（41.2%）

赤冢忠	关于《大雅》"文王"篇、"思齐"篇的写作年代	诗经；先秦；诗词赋；考证
片冈政雄	以流水为譬喻的基本结构的设定及由此而产生的诗情之考察——对自然观变化的一个探讨	自然观；未定；诗词赋；综合

日本"中国文学"研究侧影
——《日本中国学会报》1949—2011"文学"类论文统计与分析

续表

小守郁子	陶渊明的思想	陶渊明;魏晋;其他;思想
西野贞治	苏东坡诗的源流——围绕苏诗与白乐天诗的关系	白居易、苏轼;隋唐-宋;诗词赋;传播
前野直彬	明代古文词派的文学理论	古文词派;明清;文论;综合
岩城秀夫	明代戏曲的特质	明代戏曲;明清;戏曲;综合
藤堂明保	明代语言的一个侧面——从语言看小说的成书年代	明代小说;明清;小说;考证

17. 1965——6∶13(46.2%)

增田清秀	汉魏及晋初的鼓吹曲演奏	鼓吹曲;两汉—魏晋;诗词赋;综合
林田慎之助	张华在魏晋南朝文学中的地位	张华;魏晋;诗词赋;综合
石川忠久	论陶渊明的隐逸	陶渊明;魏晋;其他;综合
吉川幸次郎	《汉宫秋》杂剧的文学性	汉宫秋;金元;戏曲;艺术
田仲一成	关于清初的地方戏	地方戏;明清;戏曲;综合
许常安	从饮冰室诗话看晚清"诗界革命"的主张	梁启超;近现代;文论;综合

18. 1966——6∶16(37.5)

冈村繁	楚辞与屈原——关于英雄与作者的分离	楚辞;先秦;诗词赋;综合
目加田诚	中国文艺思想中的自然——以六朝诗论为中心	六朝诗论;魏晋;文论;综合
竹治贞夫	关于《楚辞释文》的撰者	楚辞释文;隋唐;其他;考证
内山知也	许尧佐和他的小说	许尧佐;隋唐;小说;综合
奥野信太郎	水与火苗的继承——《西游记》成书的一个侧面	西游记;明清;小说;考证
松下忠	中岛棕隐的诗论与袁枚——性灵说流变之一例	袁枚;明清;文论;传播

19. 1967——5：16（31.3%）

广畑辅雄	对武梁祠画像石"伏羲女娲图"的探讨——它与日本神话的关系	伏羲女娲图；先秦；其他；传播
中岛千秋	论向秀的《思旧赋》	向秀；魏晋；诗词赋；思想
林田慎之助	《文心雕龙》所见文学原理的诸问题——围绕刘勰的审美观	文心雕龙；魏晋；文论；思想
仁枝忠	关于《锦绣段》①——附：对芭蕉的影响	锦绣段；宋—元—明清；诗词赋；传播
波多野太郎	评晚清短篇社会小说《小额》——中国小说戏曲史研究	小额；明清；小说；综合

20. 1968——6：16（37.5%）

小尾郊一	谢灵运的山水诗	谢灵运；魏晋；诗词赋；思想
森野繁夫	梁的文学集团——以太子网罗集团为中心	梁文学集团；魏晋；诗词赋；综合
林田慎之助	裴子野《雕虫论》考证——六朝复古文学论的结构	雕虫论；魏晋；文论；综合
上尾龙介	论杜荀鹤诗的社会性	杜荀鹤；隋唐；诗词赋；综合
田中谦二	院本考——其戏剧理念的追求	院本；金元；文论；综合
白木直也	和刻本《水浒传》的研究——与所谓无穷会本之关联	水浒传；明清；小说；考证

21. 1969——10：16（62.5%）

藤原尚	《西征赋》的人性观	潘岳；魏晋；诗词赋；思想
森野繁夫	梁的文学集团与个人（二）——关于吴均	梁文学集团；魏晋；诗词赋；综合
黑川洋一	杜甫佛教的一面	杜甫；隋唐；其他；思想
金谷治	刘禹锡的《天论》	刘禹锡；隋唐；散文；思想
中野美代子	耶律铸的《双溪醉隐集》——父与子	双溪醉隐集；金元；其他；综合

---

① 《锦绣段》，五山诗僧天隐龙泽编辑的唐宋元明诗选集，"锦绣段"取自张衡《四愁诗》"美人赠我锦绣段，何以报之青玉案"之句。

日本"中国文学"研究侧影
——《日本中国学会报》1949—2011 "文学"类论文统计与分析

续表

中钵雅量	《水浒传》中对异民族的认识——试论水浒起义的性质	水浒传；明清；小说；思想
岩城秀夫	论剧作家沈璟——以其与汤显祖的论争为中心	沈璟、汤显祖；明清；文论；比较
船津富彦	关于王船山的文学思想	王船山；明清；文论；思想
君岛久子	中国的羽衣传说——其分布与源流	羽衣传说；未定；其他；传播
白木直也	从诸本研究的角度看泷泽马琴①的水浒观——以水浒画传校订原本为中心	水浒传；明清；小说；传播

22. 1970——5∶11（45.5%）

竹治贞夫	古书中所见《楚辞》引文的研究——关于佚文的存在与否及佚书	楚辞；先秦；诗词赋；考证
川口久雄	敦煌本《类林》与我国的文学	敦煌文献；隋唐；其他；传播
田仲一成	南宋时代的福建地方剧	地方剧；宋；戏曲；综合
中钵雅量	关于《水浒传》的后半部——其历史性与文学性	水浒传；明清；小说；综合
桥本尧	韩信的下台——从《全相续前汉书平话》到《西汉通俗演义》	平话；明清；小说；传播

23. 1971——5∶12（41.7%）

冈村贞雄	蔡琰作品的真伪问题	蔡琰；两汉；诗词赋；考证
铃木修次	秦州时期的杜甫诗	杜甫；隋唐；诗词赋；思想
中津滨涉	关于吴兢的《乐府古题要解》	乐府古题要解；隋唐；其他；综合
村上哲见	关于对"词"的认识及"词"的名称的变迁	词；未定；文论；综合

---

① 泷泽马琴，又称曲亭马琴（1767—1848），日本江户时代最出名的畅销小说家。据说他是日本历史上第一个靠稿费生活的职业作家，其读本小说《南总里见八犬传》于1814年在日本刊行，"书贾雕工日踵其门，待成一纸刻一纸；成一篇刻一篇。万册立售，远迩争睹"。参见韩小龙《〈南总里见八犬传〉史学研究》，华中师范大学博士论文2003年。

续表

| 白木直也 | 钟伯敬批评四知馆刊本的研究——《水浒传》诸本的研究 | 水浒传；明清；小说；综合 |

24. 1972——7∶15（46.7%）

古田敬一	谢朓的对偶手法——论其自然描写中的抒情性	谢朓；魏晋；诗词赋；艺术
兴膳宏	艳诗的形成与沈约	艳诗、沈约；魏晋；诗词赋；综合
小南一郎	《西京杂记》的流传者	西京杂记；两汉；小说；考证
太田辰夫	《西游记》形成史的诸问题	西游记；明清；小说；考证
阿部兼也	对《水浒传》文学性的考察——登场人物的阶层性与现实性	水浒传；明清；小说；综合
八木泽元	关于明代藩王剧作家朱宪㸅	朱宪㸅；明清；戏曲；考证
许常安	关于《清议报》第四册译载的《佳人奇遇》①	佳人奇遇；近现代；小说；传播

25. 1973——9∶14（64.3%）

田上泰昭	论春秋左氏传中历史叙述的特性——以鲁公十八夫人为例	左传；先秦；散文；艺术
小尾郊一	严铁桥"全齐梁文"补遗	"全齐梁文"；明清；其他；考证
冈村贞雄	梁武帝与乐府诗	梁武帝、乐府诗；魏晋；诗词赋；综合
高岛俊男	初唐五言律诗的形成——关于其平仄排列	律诗；隋唐；诗词赋；艺术
内山知也	《朝野佥载》考	朝野佥载；隋唐；小说；考证

---

① 《佳人奇遇》乃日本明治时代小说家柴四郎（1852—1922）所撰政治小说，梁启超在戊戌政变之后亡命日本的军舰上读到此书，随即翻译为中文，于1898年12月起在梁氏主编的《清议报》上连载，至1900年12月结束，引起极大反响，1901年由广智书局出版单行本，1902年此书又编入商务印书馆"说部丛书"，从1902年初版到1906年11月曾重印过六版。目前，该书被学界认为是"影响中国近代社会的一百种译作"之一。参见邹振环《影响中国近代社会的一百种译作》，中国对外翻译出版公司2008年。

日本"中国文学"研究侧影
——《日本中国学会报》1949—2011"文学"类论文统计与分析

续表

斋藤翠	正末正旦考	旦末;金元;戏曲;考证
白木直也	一百二十回本《水浒全传》的研究——通过发凡进行的探讨	水浒传;明清;小说;思想
铁井庆纪	蛭子神话、火之轲遇突智神话与中国①	神话;未定;小说;比较
松下忠	祇园南海的生卒年与《一夜百首》考	一夜百首;未定;诗词赋;考证

26. 1974——4∶13(30.8%)

白木直也	一百二十回《水浒全传》的研究——围绕"李卓吾评"	水浒传;明清;小说;综合
小川昭一	唐诗的政治批判态度	唐诗;隋唐;诗词赋;思想
太田辰夫	《儿女英雄传》的语言	儿女英雄传;明清;小说;艺术
洪顺隆	谢朓作品所表现出的"恐惧感"	谢朓;魏晋;诗词赋;思想

27. 1975——6∶16(37.5%)

家井真	《诗经》中鱼的"兴"词及其发展	诗经;先秦;诗词赋;艺术
田上泰昭	《春秋左氏传》的手法及其思想——主要以"初"到"始"为例	左传;先秦;散文;综合
藤井守	谢灵运的乐府诗	谢灵运;魏晋;诗词赋;综合
岩城秀夫	关于南戏(台词)的骈体化	南戏;金元;戏曲;艺术
广畑辅雄	中国思想在日本开天辟地神话中的作用	神话;未定;其他;传播
仁枝忠	关于《圆机活法》——编者及其对俳文学的影响	圆机活法诗学全书;明清;诗词赋;传播

---

① "ヒルコ神话"与"ヒノカグッチ神话"都是日本的神话故事。关于ヒルコ神话,"ヒルコ"亦被译为"水蛭子",是日本的怪胎神,也有学者认为是日神,参见《水蛭子考——中日洪水神话比较》,《广西师范学院学报》2005年第4期;关于"ヒノカグッチ神话","カグッチ"即轲遇突智,《古事记》、《日本书纪》中的神;"ヒノカグッチ"即"火之轲遇突智",为火神。

28. 1976——10：15（66.7%）

町田三郎	"刘向"二三题	刘向；两汉；其他；综合
冈村繁	以蔡邕为中心的后汉末期文学之趋势	蔡邕；两汉；其他；综合
郑正浩	论嵇康音乐思想中的"和"	嵇康；魏晋；文论；综合
森濑寿三	李贺道教的一面	李贺；隋唐；诗词赋；思想
太田次男	关于御物本《白氏新乐府》的正文	白居易；隋唐；诗词赋；考证
大塚秀高	话本与《通俗类书》——对宋代小说话本的探讨	话本；宋；小说；综合
岩城秀夫	温州杂剧传存考——对宋代戏剧的探讨	杂剧；宋；戏曲；考证
中钵雅量	论神仙道化剧的形成	元杂剧；金元；戏曲；综合
荒木见悟	屠隆与管志道	屠隆、管志道；明清；其他；综合
须藤洋一	戴名世——公与私的矛盾及其发展	戴名世；明清；散文；综合

29. 1977——9：16（56.3%）

植木久行	六朝文人别集的一个形态——对《陆云集》的"书志学"的考察	陆云集；魏晋；其他；综合
森野繁夫、富永一登	关于《文选集注》所引"钞"的研究	文选钞；隋唐；其他；综合
林田慎之助	唐代古文运动的形成过程	古文运动；隋唐；散文；综合
野口一雄	柳永的羁旅之词——通过常用词	柳永；宋；诗词赋；思想
三宝政美	关于鲁迅的《出关》	鲁迅；近现代；小说；思想
村田俊裕	周作人留下的小说创作轨迹及其意义——以社会小说《江村夜话》的问题为中心	周作人；近现代；小说；综合
远藤光正	类书的传入与军记物语	类书；未定；其他；传播
松下忠	蓈古贺侗的中国散文论	蓈古贺侗，未定，散文，传播
中钵雅量	异类婚小说的演变——中国恋爱文学史素描	恋爱文学；未定；小说；综合

日本"中国文学"研究侧影
——《日本中国学会报》1949—2011"文学"类论文统计与分析

30. 1978——9:16 (56.3%)

中嶋隆藏	萧子良的精神生活	萧子良;魏晋;诗词赋;综合
加纳喜光	口盖图变换诗的结构——《诗经·国风》的基本诗型①	诗经;先秦;诗词赋;艺术
菅野礼行	关于白居易诗中"雪月花"描写的形成	白居易;隋唐;诗词赋;思想
太田次男	关于"台湾国立中央图书馆"所藏《白氏讽谏》明刊本	白居易;隋唐;诗词赋;考证
岩城秀夫	梅花与还魂——苏轼复出的夙愿	苏轼;宋;诗词赋;思想
大塚秀高	《绿窗新话》与《新话摭粹》——万历时期的《绿窗新话》	绿窗新话;明清;小说;综合
竹村则行	《己亥杂诗》中所见龚自珍的"落花"意识	龚自珍;明清;诗词赋;思想
南云智	鲁迅与《地底旅行》	鲁迅;近现代;小说;传播
小林祥浩	关于《八犬传》的白话——《八犬传》的一种读法②	八犬传;明清;小说;传播

31. 1979——9:17 (52.9%)

田上泰昭	《春秋左氏传》中叙事手法成熟的原形——以十三鲁公女记事为中心	左传;先秦;散文;艺术
松浦崇	关于袁淑的《俳谐文》	俳谐文;魏晋;散文;综合
神塚淑子	沈约的隐逸思想	沈约;魏晋;其它;思想
兴膳宏	诗品与书画理论	诗品;魏晋;文论;综合

---

① 本文日文标题为"パラデイグム變换詩の構造——詩経国風の基本詩形",其中,パラデイグム乃语言学术语 paradigme 之音译,与之相对应的是 syntagme(サンタグム),即纵组合、横组合。

② 《八犬传》即《南总里见八犬传》,为日本江户时代的读本小说大家曲亭马琴所撰的一部名著,凡180回、106册,据说作者从48岁开始写作,至76岁完成。该小说从构思、素材到语言均受到中国文学尤其是白话小说的影响。参见周以量《〈八犬传〉的文章表达与中国的白话小说》,载《日语学习与研究》2007年第2期;李艳《论〈南里见八犬传〉受到中国白话小说的影响》,载《文教资料》2010年第14期。小林祥浩此文即详细讨论《八犬传》对《西游记》《水浒传》《三国演义》《金瓶梅》等中国小说的借鉴和引用。

续表

森野繁夫	关于《文选》李善注——集注本李注与版本李注的关系	文选注；隋唐；其他；考证
增田清秀	后蜀花蕊夫人的"宫词"	花蕊夫人；隋唐；诗词赋；综合
冈本不二明	语言与身体——朱熹的文学理论	朱熹；宋；文论；综合
礒部彰	《西游记》中猪八戒形象的形成	西游记；明清；小说；考证
山岸共	《唐诗选》的实际状况及对伪书说的批判	唐诗选；明清；诗词赋；综合

32. 1980——8∶18（44.4%）

佐竹保子	任昉的文章——其形成过程与晚年文体的变化	任昉；魏晋；散文；综合
安东谅	围绕《文心雕龙》神思篇	文心雕龙；魏晋；文论；思想
加藤国安	杜甫的"拗格七律"	杜甫；隋唐；诗词赋；综合
长谷川滋成	《文选钞》的引书	文选钞；隋唐；其他；考证
小川阳一	三言二拍与善书	三言二拍；明清；小说；综合
藤井良雄	顾炎武诗中的孤高形象	顾炎武；明清；诗词赋；思想
藤井省三	近代中国对拜伦的介绍——以章炳麟、鲁迅、苏曼殊为例	鲁迅等；近现代；其他；传播
三宝政美	鲁迅《伤逝》试论——以其创作动机为中心	鲁迅；近现代；小说；综合

33. 1981——7∶19（36.8%）

加纳喜光	《诗经》类型描写的功能	诗经；先秦；诗词赋；综合
福井佳夫	关于"诏"的文体——以汉魏为中心	诏；两汉—魏晋；散文；艺术
吉田隆英	关于仙人子安①	子安；魏晋；小说；综合
宫泽正顺	陶渊明与刘柴桑	陶渊明、刘柴桑；魏晋；诗词赋；综合
新免惠子	关于岑参的诗——同一手法的频繁使用	岑参；隋唐；诗词赋；艺术

---

① 本文研究的文本为日本名古屋市真福寺所藏《往生要籍外典钞》所收《列异传》佚文一则。

续表

下定雅弘	柳宗元的柳州诗——苦恼的解脱及其由来	柳宗元；隋唐；诗词赋；思想
南云智	茅盾与短篇小说集《野蔷薇》	茅盾；近现代；小说；综合

34. 1982——7∶15（46.7%）

大上正美	关于阮籍的《为郑冲劝晋王笺》	阮籍；魏晋；散文；思想
矢嶋美都子	关于庾信的《蒙赐酒》诗	庾信；魏晋；诗词赋；思想
神鹰德治	关于庆安三年刊本《新乐府》	新乐府；隋唐；诗词赋；考证
吉田隆英	唐宋拜月考	拜月；隋唐—宋；其他；综合
鹫野正明	归有光的寿序——古文对民间习俗的贡献	归有光；明清；散文；思想
合山究	归庄对看花的执着——《寻花日记》的写作过程	归庄；明清；散文；综合
藤井省三	鲁迅"诗人"形象的破灭——以《野草》中《复仇》《希望》各章的写作为中心	鲁迅；近现代；散文；综合

35. 1983——9∶20（45%）

石川三佐男	关于《诗经》中捕兔的兴词及婚宴中的即兴舞蹈——以兔子为对象的祭祀性行为及其发展	诗经；先秦；诗词赋；思想
藤山和子	通过戴震的"诗摽有梅解"来论述《诗经》"摽有梅"中的婚姻的适龄期	诗经；先秦；诗词赋；思想
福井佳夫	关于"上奏文"的文体——以邹阳的《狱中上书自明》为中心	上奏文；两汉；散文；艺术
太田辰夫	元刊本《调风月》考	调风月；金元；戏曲；考证
泽田亚弘	明代中期"吴中文苑"考——以名士培养为例	吴中文苑；明清；其他；综合
西村秀人	袁中郎的性灵说与李卓吾的思想	袁中郎、李卓吾；明清；文论；思想
大谷通顺	鲁迅所译《月界旅行》及《地底旅行》——以其中所表现出来的挣脱牢狱思想为中心	鲁迅；近现代；小说；综合

续表

尾崎文昭	与陈独秀诀别的周作人——以1922年反基督教运动中的冲突为中	周作人；近现代；其他；综合
菅野礼行	对《菅家后集》中"自咏"诗的考察①	菅家后集；隋唐；诗词赋；传播

36. 1984——8∶18（44.4%）

清水茂	"行"的本义	乐府之"行"；未定；诗词赋；艺术
沼口胜	关于阮籍的《东平赋》	阮籍；魏晋；诗词赋；思想
衣川贤次	论谢灵运的山水诗——山水中的体验与诗	谢灵运；魏晋；诗词赋；思想
下定雅弘	柳宗元的诗体问题——以元和十年为界从古体向近体的转变	柳宗元；隋唐；诗词赋；艺术
伊藤漱平	李渔小说的版本及流传——以《无声戏》为中心	李渔；明清；小说；考证
滨口富士雄	关于段玉裁的考据——以《诗经·匏有苦叶》第二章"轨"字的考据为例	诗经；明清；诗词赋；考证
藤村浩一	论龚自珍——关于"爱根"与"童心"	龚自珍；明清；文论；综合
广畑辅雄	《日本书纪》之神武传说与周武王故事	日本书纪、周武王故事；先秦；小说；比较

37. 1985——9∶17（52.9%）

小林茂	《春秋》侵伐笔法考	春秋；先秦；散文；艺术
佐藤利行	二陆的文章观	陆机、陆云；魏晋；文论；思想
矢嶋美都子	楼上的思妇——闺怨诗主题的形成与发展	闺怨诗；未定；诗词赋；综合
加藤国安	成都时期的杜诗与庾信的文学作品	庾信、杜甫；魏晋—隋唐；诗词赋；传播
铃木修次	唐代拟魏晋六朝诗的风潮	拟诗；魏晋—隋唐；诗词赋；传播

---

① 《菅家后集》乃日本平安朝时代伟大的汉学者、汉诗人菅原道真（844—903）的作品。一般认为，菅原道真的诗文受中国文学特别是白居易《白氏文集》的影响很大，但是又超越单纯的模仿而树立了自己的风格。参看肖瑞峰《论菅原道真的汉诗艺术》，载《杭州大学学报》1997年第3期；高文汉《道真文学与白居易诗歌》，载《文史哲》2008年第6期，等等。

续表

川合康三	游戏文学——围绕韩愈的"戏"	韩愈；隋唐；其他；综合
詹满江	甘露之变与诗人们——以李商隐为中心	李商隐；隋唐；诗词赋；综合
松尾肇子	《词源》与《乐府指迷》	词源、乐府指迷；宋；文论；传播
高桥文治	元好问《论诗三十首》及其他	元好问；金元；文论；思想

38. 1986——9：17（52.9%）

玉木尚之	"乐"与文化意识——围绕儒家乐论的形成问题	乐论；先秦；文论；综合
田中顺子	试论阮籍的《猕猴赋》	阮籍；魏晋；诗词赋；思想
沼口胜	关于阮籍的四言"咏怀诗"——以其修辞手法为中心	阮籍；魏晋；诗词赋；艺术
冈村繁	编纂《文选》时的情况与当时对《文选》的评价	文选；魏晋；其他；综合
高桥明郎	欧阳修散文文体的特色——与韩愈散文之不同的成因	韩愈、欧阳修；隋唐—宋；散文；综合
大平桂一	扬州时期的王渔阳——以汪懋麟的作品为线索	王渔阳；明清；其他；综合
竹村则行	围绕《西厢记》、《还魂记》和《红楼梦》的梦的展开——从现实中的梦到梦中的现实	西厢记、还魂记、红楼梦；金元—明清；戏曲-小说；综合
宫尾正树	新文化运动中的张厚载与胡适——以旧剧改良论争为中心	张厚载、胡适；近现代；戏曲；比较
楠原俊代	关于闻一多的《律诗底研究》	闻一多；近现代；诗词赋；综合

39. 1987——9：16（56.3%）

宫野直也	王逸《楚辞章句》的注释态度	楚辞章句；两汉；诗词赋；综合
安藤信广	陶渊明《形影神三首》包含的问题——佛教与《赠答诗》	陶渊明；魏晋；诗词赋；思想
户仓英美	离别诗的时间与空间	离别诗；未定；诗词赋；综合
西上胜	关于韩愈的墓志铭	韩愈；隋唐；散文；综合

续表

黑田真美子	关于唐代小说《乾子》——与温庭筠的关联	乾子；隋唐；小说；综合
冈崎由美	《拜月亭》传奇流传考	拜月亭；明清；戏曲；传播
阿部泰记	明代公案小说的编纂	公案小说；明清；小说；考证
本间次彦	围绕王船山的诗论	王船山；明清；文论；思想
松冈纯子	论《商人妇》——以其与泰戈尔的《在加尔各答途中》的关联为中心	许地山《商人妇》；近现代；小说；比较

40. 1988——8：17（47.1%）

薮敏裕	《毛序》成书考——以与古代文学的比较为中心	毛序；两汉；文论；考证
古川末喜	对建安、三国文学思想的新探讨	建安、三国文学；两汉；文论；综合
下定雅弘	韩愈的诗作——从古体优势向近体优势的变化	韩愈；隋唐；诗词赋；综合
东英寿	"太学体"考——在北宋古文运动中的探讨	太学体；宋；散文；综合
日下翠	"齣"字考	南戏；明清；戏曲；艺术
丸山浩明	《水浒传》简本浅探——围绕刘兴我本和藜光堂本	水浒传；明清；小说；考证
长堀祐造	鲁迅革命文学理论中的托洛斯基文艺理论	鲁迅；近现代；文论；传播
丸山升	中国知识分子的选择——以萧乾为例	萧乾；近现代；其他；综合

41. 1989——8：17（47.1%）

后藤秋正	哀辞考	哀辞；未定；散文；综合
龟山朗	关于建安诗人的送别赠答诗	建安诗人；两汉；诗词赋；综合
左藤正光	宣城时期的谢朓	谢朓；魏晋；诗词赋；综合
中筋健吉	宫体诗与《玉台新咏》——对宫体诗为艳诗的质疑	宫体诗、玉台新咏；魏晋；诗词赋；综合
松本肇	关于柳宗元的《非国语》	柳宗元；隋唐；其他；综合

根山彻	《还魂记》中对柳梦梅形象的设定	还魂记；明清；戏曲；艺术
村山吉广	方玉润的诗经学——《诗经原始》的特质	诗经原始；明清；文论；传播
伊藤虎丸	鲁迅早期的宗教观——科学与"迷信"	鲁迅；近现代；其他；综合

42. 1990——10：18（55.6%）

上田武	陶渊明的生活理念	陶渊明；魏晋；诗词赋；综合
市川桃子	古典诗歌中的荷花——从荷衰到芙蓉死	荷花；未定；诗词赋；综合
铃木敏雄	关于韦应物的杂拟诗——模仿的样式及其意义	韦应物；隋唐；诗词赋；综合
内山知也	《莺莺传》的结构与主题	莺莺传；隋唐；小说；综合
宇野直人	柳永的词风与北宋都市生活	柳永；宋；诗词赋；综合
宇佐美文理	苏东坡的绘画理论与《东坡易传》	苏轼；宋；文论；综合
芳村弘道	元版《分类补注李太白诗》与萧士赟	李白诗；金元；诗词赋；考证
福满正博	试论元杂剧中的度脱剧	元杂剧；金元；戏曲；思想
小川利康	五四时期周作人的文学观——以勃来克、托尔斯泰对其的影响为中心	周作人；近现代；文论；传播
牧阳一	作为基督教悲剧的曹禺的《雷雨》《日出》《原野》	曹禺；近现代；戏曲；思想

43. 1991——9：17（52.6）

户川芳郎	关于《淮南子》所引的诗句	淮南子；两汉；诗词赋；考证
矢嶋美都子	汉诗中杏花寓意的变迁	汉诗；两汉；诗词赋；思想
大地武雄	关于陶渊明的生死观	陶渊明；魏晋；诗词赋；综合
向岛成美	对鲍照对偶手法的考察	鲍照；魏晋；诗词赋；艺术
加藤敏	元结诗文中对水石的执着	元结；隋唐；诗-文；思想
静永健	论元稹《和李校书新题乐府十二首》的创作意图	元稹；隋唐；诗词赋；思想
村上哲见	姜白石词浅论	姜夔；宋；诗词赋；综合
明木茂夫	词学中记谱法的结构	白石道人歌曲；宋；文论；艺术

续表

| 杉野元子 | 老舍与学校纠纷——以《赵子曰》为中心 | 老舍；近现代；小说；综合 |

44. 1992——12∶18（66.7%）

石川三佐男	关于《楚辞》《九章·思美人》篇中"美人"的本质——以九歌与镜铭中"美人"之本质的解明为着眼点	屈原；先秦；诗词赋；思想
左藤利行	关于入洛后的二陆	陆机、陆云；魏晋；诗词赋；综合
松浦友久	"客寓"的思想——理解李白诗的一个立脚点	李白；隋唐；诗词赋；思想
浅见洋二	中晚唐诗中的风景与绘画	晚唐诗；隋唐；诗词赋；思想
内山精也	苏轼次韵词考——以诗词间所见次韵之异同为中心	苏轼；宋；诗词赋；综合
江口尚纯	郑樵的经书观——以诗经学、春秋学为例	诗经学、春秋学；宋；其他；传播
中川谕	《三国志演义》版本研究——建阳刊"花关索"系诸本间的关系	三国志演义；明清；小说，考证
笠井直美	被隐藏起来的另一个"忠义"——《水浒传》"忠义"讨论之我见	水浒传；明清；小说；思想
野村鲇子	关于钱谦益对归有光评价的诸问题	钱谦益；明清；其他；传播
宫内保	山水描写的手法——以王渔洋"神韵诗"为例	王渔洋；明清；文论；艺术
种村和史	戴震的诗经学——《杲溪诗经补注》的立场及方法	诗经；明清；其他；传播
清水贤一郎	明治的《湖》与民国的《茵梦湖》——日中两国对施托姆的理解	茵梦湖；近现代；小说；比较

45. 1993——10∶16（62.5%）

福田哲之	许慎对"古文"的理解	许慎；两汉；文论；思想
间嶋润一	《尚书·中候》的太平神话与太平国家	尚书；先秦；小说；思想
林香奈	关于汉魏六朝的诔——以其与墓碑的关联为中心	诔；两汉—魏晋；散文；综合

日本"中国文学"研究侧影
——《日本中国学会报》1949—2011"文学"类论文统计与分析

续表

下见隆雄	中国女性史研究的新角度——以《晋书·列女传》为例	列女传；魏晋；小说；思想
詹满江	李义山诗中的司马相如——隐含在其中的诗人的自画像	李商隐；隋唐；诗词赋；思想
加固理一郎	李商隐骈文中引用典故的手法	李商隐；隋唐；诗词赋；艺术
尾上兼英	虚构中的"王昭君"	王昭君；未定；其他；综合
濑户宏	关于上海戏剧协社上演的《少奶奶的扇子》	少奶奶的扇子；近现代；戏曲；综合
邵迎建	《传奇》的世界——认同危机的文学	张爱玲；近现代；小说；思想
郑丽芸	关于池大雅的"竹石图"题画诗——汉诗对中国诗歌是如何吸收消化的	池大雅；未定；诗词赋；传播

46. 1994——9∶15（60%）

福本郁子	关于《诗经》中的"草木伐采"的兴词	《诗经》；先秦；诗词赋；思想
上田武	陶渊明的年轻朋友——其赠答诗的世界	陶渊明；魏晋；诗词赋；思想
筧文生	李白与高适	李白、高适；隋唐；诗词赋；比较
小林彻行	元的闺秀郑允端的文学	郑允端；金元；诗词赋；综合
冈村真寿美	《秦并六国平话》与胡曾的咏史诗——对讲史小说发展过程的探讨	秦并六国平话；金元；小说；传播
上田望	清代英雄传奇小说形成的背景——由贵州安顺地方戏进行的展望	地方戏；明清；小说—戏曲；综合
中里见敬	鲁迅《伤逝》中追忆形式的轨迹——以独白及间接叙述法为中心	鲁迅；近现代；小说；艺术
丸尾常喜	复仇与埋葬——关于鲁迅的《铸剑》	鲁迅；近现代；小说；思想
大槻幸代	凌叔华与"新月社沙龙"——围绕恋爱结婚、小家庭制度及对曼斯菲尔德的认识	凌叔华、新月社；近现代；小说；思想

47. 1995——8∶15（53.3%）

谷口洋	关于《淮南子》的文辞——汉初诸学的统合与汉赋的形成	淮南子；两汉；散文—诗词赋；综合

续表

大上正美	嵇康《卜疑》试论	嵇康；魏晋；诗词赋；综合
小南一郎	元白文学集团的小说创作——以《莺莺传》为中心	莺莺传；隋唐；小说；综合
副岛一郎	《通典》的史学与柳宗元	柳宗元；隋唐；散文；思想
丸山茂	作为回忆录的《白氏文集》	白氏文集；隋唐；诗词赋；综合
根山彻	清代《还魂记》的演变	还魂记；明清；戏曲；传播
竹村则行	从梅妃看《长生殿》中杨贵妃的形象	长生殿；明清；戏曲；思想
赵京华	周作人与柳田国男——以固有信仰为中心的民俗学	周作人、柳田国男；近现代；其他；比较

48. 1996——8∶18（44.4%）

釜谷武志	为什么赋里有很多难解之字——前汉赋的读法	赋；两汉；诗词赋；综合
岩本宪司	"属辞比事"及其背景	属辞比事；先秦—两汉；散文；综合
黑田真美子	六朝、唐代冥婚故事的登场人物——与神婚故事比较	冥婚、神婚；魏晋—隋唐；小说；比较
市川清志	关于郎士元——以刘晏及安史之乱后的会稽诗人集团间的关系为中心	会稽诗人集团；隋唐；诗词赋；综合
池泽滋子	苏轼与琴	苏轼；宋；其他；综合
三野丰浩	陆游与范成大在成都的交往	陆游、范成大；宋；其他；综合
清水茂	《水浒传》的地理知识	水浒传；明清；小说；思想
船越达志	《红楼梦》恋爱故事考	红楼梦；明清；小说；思想

49. 1997——12∶18（66.7%）

野田雄史	从押韵法探讨《楚辞》离骚篇的成书状况——以奇数末韵、句中韵为线索	离骚；先秦；诗词赋；考证
佐竹保子	张华文学作品中所见《老子》之影响	张华；魏晋；诗词赋；思想
福井佳夫	关于六朝四言诗的衰微——以其与美文的关联为中心	四言诗；魏晋；诗词赋；综合

日本"中国文学"研究侧影
——《日本中国学会报》1949—2011"文学"类论文统计与分析

续表

佐藤大志	六朝乐府诗的发展与乐府题	乐府;魏晋;诗词赋;综合
矢嶋美都子	庆丰收的诗——从"喜雨"诗到"喜雪"诗	丰收诗;未定;诗词赋;综合
诸田龙美	从"欧阳詹"事件看对《莺莺传》的新解释——围绕中唐的"尤物"	莺莺传;隋唐;小说;综合
氏冈真士	平话依据的史书——试论平话之作者	平话;宋;小说;综合
根山彻	《还魂记》版本初探	还魂记;明清;戏曲;考证
新井洋子	从《苏长公文集》的编纂看张溥和吴伟业文章观之一端	张溥、吴伟业;明清;文论;思想
根岸宗一郎	亨特、泰纳文论思想对周作人的影响及周作人文学观的形成	周作人;近现代;其他;传播
北冈正子	雷石榆的《沙漠之歌》——中国诗人的日语诗集	雷石榆;近现代;诗词赋;比较
和田英信	"古与今"的文学史——对中国文学史的思考	文学史;未定;其他;综合

50. 1998——10:17 (58.8%)

谷口洋	关于《国语》《论语》的"语"	《国语》《论语》;先秦;散文;艺术
石川三佐男	《楚辞》学术史论考	楚辞;先秦;诗词赋;综合
沼口胜	关于《饮酒》诗(二十首)其十七的寓意——从陶渊明的角度看刘裕和韩延之	陶渊明;魏晋;诗词赋;思想
浅见洋二	"诗中有画"及"著壁成绘"——中国的诗与绘画	诗与绘画;未定;文论;综合
宇佐见文理	宋代绘画理论中的"形象"问题	画论;宋;文论;艺术
池泽滋子	丁谓与《西昆酬唱集》	西昆酬唱集;宋;诗词赋;综合
黄冬柏	西厢故事的流传与"传奇"——围绕"传奇"名称的变迁	西厢、传奇;未定;小说—戏曲;传播
表野和江	明末吴兴凌氏刻书考——凌濛初与出版	凌濛初;明清;其他;考证

续表

是永骏	关于中国新时期诗歌语言的特性——戈麦诗论	戈麦；当代；诗词赋；艺术
成泽胜	关于朝鲜的"集千家注"系杜诗——对《杜诗谚解》中杜诗解释的系统研究	杜甫诗；隋唐；诗词赋；传播

51. 1999——12∶19（63.2%）

东英寿	北宋初期的古文家与行卷——从科举的试前准备看古文复兴的展开	古文家、行卷；宋；散文；综合
保苅佳昭	苏轼的超然台诗词——熙宁九年发生的诗祸事件	苏轼；宋；诗词赋；综合
大山洁	《诗法源流》伪书说新考——依据五山版《诗法源流》及朝鲜本《木天禁语》进行的研究	诗法源流；金元；文论；考证
田仲一成	南戏《杀狗记》脚本的分化与流传	杀狗记；金元；戏曲；综合
合山究	"选秀女"与明清的戏曲小说	选秀女；明清；戏曲—小说；综合
廖肇亨	从金堡的《遍行堂集》看明末清初江南文人的精神世界	江南文人；明清；其他；综合
白水纪子	从中国现代文学看民国时期的蓄妾制	民国蓄妾制；现代；其他；综合
山内一惠	鲁迅与高长虹	鲁迅、高长虹；近现代；其他；综合
关根谦	对四十年代阿垄的独特性的探讨	阿垄；近现代；诗词赋；思想
松尾幸忠	试论中国"诗迹"的形成——与日本的"歌枕"相比较	"诗迹""歌枕"；未定；诗词赋；比较
长尾直茂	江户时代汉诗文中所见关羽之形象——与《三国志演义》的关联	三国演义；明清；小说；传播
白石真子	徂徕学"文论"中的韩愈、柳宗元	韩愈、柳宗元；未定；文论；传播
直井文子	赖山阳的女性观与"十二媛绝句"①	赖山阳；未定；诗词赋；传播

---

① 赖山阳（1780—1832），日本江户末期著名历史学家、汉诗人，其遗作、汉诗《十二媛绝句》吟咏从紫式部到楠木正行之母等12位日本历史上女性。

52. 2000——10∶19（52.6%）

桥本昭典	对《庄子》天地篇《汉阴丈人故事》解释的变化——围绕其比喻与夸张	庄子；先秦；散文；艺术
沟部梁惠	关于传奇勃兴以前唐代小说中的虚构——以对《纪闻·淮南猎者》与《广异记·安南猎者》的比较分析为中心	传奇；隋唐；小说；比较
川合康三	古文家与扬雄	扬雄；两汉；散文；综合
小松谦	《脉望馆钞古今杂剧》考	脉望馆钞古今杂剧；明清；戏曲；考证
根山彻	冯梦龙《墨憨斋重定三会亲风流梦传奇》中对《牡丹亭还魂记》的改变	还魂记；明清；戏曲；传播
广泽裕介	《喻世明言》四十卷本考	喻世明言；明清；小说；考证
表野和江	关于吴兴凌氏刻《世说新语》四种	世说新语；明清；小说；考证
船越达志	《红楼梦》女性描写中的两个世界——以晴雯之死为中心	红楼梦；明清；小说；思想
秋吉收	鲁迅《野草》中的芥川龙之介	鲁迅；近现代；散文；传播
邓捷	"爱国"与"文艺"的纠葛——闻一多与清华园的诗人们	闻一多；近现代；其他；综合

53. 2001——12∶20（60%）

内山直树	汉代序文的体例——以《说文解字》叙《叙曰》的解释为中心	序文；两汉；散文；艺术
大上正美	不屈不挠刚直不阿——论嵇康的《难自然好学论》	嵇康；魏晋；其他；思想
谷口真由实	杜甫的社会批判诗与房琯事件	杜甫；隋唐；诗词赋；综合
屋敷信晴	唐代小说与《真诰》	唐小说；隋唐；小说；思想
桐岛薰子	孟光故事的演变——白居易的妻子与北条政子	白居易；隋唐；其他；传播
西上胜	以母亲为题材的古文——欧阳修《泷冈阡表》考	欧阳修；宋；散文；综合
阿部顺子	《古文苑》的成书年代及其出处	古文苑；隋唐；诗词赋；考证

续表

宫纪子	蒙古朝廷与《三国志》	三国志平话；元；小说；综合
竹内真彦	关于《三国演义》中关羽的称呼——以《演义》的形成为中心	三国演义；明清；小说；考证
浅井邦昭	方苞的"义法"与八股文批评	义法；明清；文论；综合
小川阳一	肖像画与明清小说	肖像画、小说；明清；小说；综合
中野知洋	吴淞时期的沈从文	沈从文；近现代；其他；综合

54. 2002——13∶21（61.9%）

马场英雄	嵇康《管蔡论》考	嵇康；魏晋；散文；考证
狩野雄	西晋宫廷相合歌词的一个侧面——围绕"晋乐所奏"的相合歌词	相合歌词；魏晋；诗词赋；思想
河野贵美子	关于《搜神记》所收再生记事的考察——五行志记事的发展与变化	搜神记；魏晋；小说；综合
佐野诚子	作为杂传书的志怪书	志怪；魏晋；小说；综合
佐伯雅宣	关于梁代的"侍宴诗"——以其与建安文学的关联为中心	侍宴诗；魏晋；诗词赋；综合
诸田龙美	好色的风流——造就了《长恨歌》的中唐的美学观	审美观；隋唐；文论；综合
松本肇	唐诗中所见桃花源——不充足的快乐	桃花源；隋唐；诗词赋；思想
冈本不二明	唐参军戏脚色考	参军戏；隋唐；戏曲；考证
内田健太	袁宏道晚年的"学问"及其范围	袁宏道；明清；其他；综合
河井阳子	关于明末清初小说与戏曲的关联——以冯梦龙的《三言》为中心	三言；明清；小说—戏曲；综合
萧燕婉	关于袁枚的女弟子屈秉筠与蕊宫花史图	屈秉筠；明清；其他；综合
近藤龙哉	胡风与《文艺讲话》：1945年重庆—1948年香港	胡风；近现代；其他；综合
太田亨	关于杜诗的注释书《心华臆断》——日本禅林对杜诗解释的状况	杜甫；隋唐；诗词赋；传播

55. 2003——12∶21（57.1%）

佐竹保子	论陆机的《演连珠》五十首——其多元性与抒情性	陆机；魏晋；诗词赋；思想
大平幸代	神奇的长江——郭璞《江赋》的描写及其对世界的认识	郭璞；魏晋；诗词赋；思想
薄井俊二	《天台山记》的流传	天台山记；隋唐；散文；传播
内田诚一	静嘉堂本《王右丞集》刊刻年代考	王右丞集；隋唐；其他；考证
野村鲇子	归有光《先妣事略》的源流——以母亲为主题的古文体的产生与发展	归有光；明清；散文；传播
小冢由博	《板桥杂记》成书考——以余怀晚年的交往为中心	板桥杂记；近现代；散文；考证
大木康	宣炉因缘——方拱乾与冒襄	方拱乾、冒襄；明清；其他；综合
小川恒男	论黄宗宪诗的"饶舌"——类型化与叙述性	黄宗宪；明清；诗词赋；艺术
杉野元子	柳雨生与日本——太平洋战争时期上海"亲日"派文人的足迹	柳雨生；近现代；其他；综合
静永健	关于东京国立博物馆藏抄本残卷《白氏文集六十六》的正文	白居易；隋唐；诗词赋；考证
太田亨	日本禅林对中国杜诗注释书的接受——从《集千家注分类杜工部诗》到《集千家注批点杜工部诗集》	杜甫；隋唐；诗词赋；传播
清水彻	伊藤仁斋诗论中所见《诗人玉屑》的影响	诗人玉屑；宋；文论；传播

56. 2004——12∶19（63.2%）

土屋聪	鲍照的作品及自身所处的地位——以行旅诗为中心	鲍照；魏晋；诗词赋；综合
安藤信广	北周赵王的文学与庾信的影响——以圣武天皇宸翰《杂集》① 所收《周赵王集》为中心	周赵王集；魏晋；其他；传播

---

① 奈良正仓院传下来的圣武天皇宸翰《杂集》收北周赵王宇文招《周赵王集》文章10编，而宇文招的文章在中国本土已失传。

续表

长谷部刚	杜甫的《兵车行》与古乐府	杜甫；隋唐；诗词赋；思想
谷口高志	唐诗的音乐描写——其类型及白居易的《琵琶引》	白居易；隋唐；诗词赋；艺术
高桥未来	杜牧的边塞诗——以其作品集的编纂及对"河湟"的吟咏为线索	杜牧；隋唐；诗词赋；综合
伊藤晋太郎	关羽与貂蝉	三国演义；明清；小说；传播
竹内真彦	诸葛亮与筹笔驿——英雄传说及其舞台	筹笔驿；未定；其他；考证
土屋育子	元杂剧剧本在明代以后的流传	元杂剧；明清；戏曲；传播
川岛优子	《金瓶梅》的构思——脱胎于《水浒传》	金瓶梅；明清；小说；传播
王毓雯	蒋士铨的戏曲创作与文字狱	蒋士铨；明清；戏曲；综合
中里见敬	创造出"内侧"——文体论探讨	文体；未定；文论；艺术
荻野修二	谢冰心的作家魂——一片冰心	谢冰心；近现代；其他；综合

57. 2005——12∶18（66.7%）

矢田尚子	对楚辞《离骚》中"求女"的探讨	离骚；先秦；诗词赋；思想
狩野雄	舞台上的曹丕乐府——围绕曹丕乐府中所见乐舞表现	曹丕；魏晋；诗词赋；综合
北岛大悟	谢灵运对道教思维的接受	谢灵运；魏晋；诗词赋；思想
大村和人	从"巫"到"小妇"——关于乐府《三妇艳》中的小妇	三妇艳；魏晋；诗词赋；思想
中木爱	白居易诗中的"枕头"——对基于生理感觉而带来的充实感的歌咏	白居易；隋唐；诗词赋；思想
田中智行	《金瓶梅》的感情观——对令人动情之物的认识及其描写	金瓶梅；明清；小说；思想
江尻彻诚	关于陈启源《毛诗稽古编》的诗序论	毛诗稽古编；明清；文论；综合
水上雅晴	关于《全上古三代秦汉三国六朝文》的编纂——清代幕府学术功能之一端	清代幕府学术；明清；其他；综合
永井英美	论鲁迅的作品《离婚》	鲁迅；近现代；小说；思想
杨晓文	丰子恺与厨川白村——围绕对《苦闷的象征》的接受	丰子恺、厨川白村；近现代；文论；传播

日本"中国文学"研究侧影
——《日本中国学会报》1949—2011"文学"类论文统计与分析

续表

王京钰	五山句题诗的特征——以出自杜甫诗的句题为线索	句题诗、杜甫；隋唐；诗词赋；传播
佐藤晴彦	关于国家图书馆①藏《水浒传》残卷——是否是"嘉靖本"？	水浒传；明清；小说；考证

58. 2006——11∶20（55%）

内田诚一	关于《萧和尚灵塔铭》的碑文——讲述与王维、王缙兄弟交往的石刻资料之复原	萧和尚灵塔铭；隋唐；散文；综合
苏明明	唐代饮茶文化史上的诗僧皎然的茶诗	皎然；隋唐；诗词赋；思想
山口若菜	关于苏轼的打鼾诗	苏轼；宋；诗词赋；思想
土肥克己	对歌的执着及宋元时代的类型论	歌；宋—金元；诗词赋；综合
土屋育子	对戏曲剧本读物化的一个探讨——以汲古阁本《白兔记》为中心	白兔记；金元；戏曲；思想
小川晴久	对人类既严厉又仁慈的目光——王船山的《尚书引义》与《诗广传》	王船山；明清；其他；思想
佐藤浩一	关于仇兆鳌《杜诗详注》的音注——超过一万的音注说明了什么？	杜诗详注；明清；诗词赋；传播
有木大辅	从曹寅的奏折看御定《全唐诗》的成书过程	全唐诗；明清；诗词赋；考证
大东和重	鲁迅的《呐喊》与近代作家评论的登场——20年代前期中国的读书行为与《呐喊》自序	鲁迅；近现代；文论；综合
子安加余子	周作人与歌谣——关于中国知识分子与民俗学的考察	周作人；近现代；诗词赋；综合
冈崎由美	四川唐门考——武侠小说与评书《雍正剑侠图》《三侠剑》	武侠小说、评书；近现代；小说；综合

---

① 此指中国国家图书馆（北京）。

59. 2007——13∶20（65%）

田中靖彦	《世说新语》的三国描写与刘义庆	世说新语；魏晋；小说；综合
成田健太郎	咏书体韵文类型之"势"及其周边	咏书体韵文；未定；诗词赋；综合
吉田文子	敦煌民歌中所见杂言体的结构——以三言句为中心	敦煌民歌；隋唐；诗词赋；艺术
富永一登	《文选》李善注的流传——从唐抄本到尤本	《文选》李善注；隋唐；其他；传播
陈翀	替朋友亡妻赋诗的白居易——元稹之妻韦丛的死及其悼亡唱和诗	白居易；隋唐；诗词赋；思想
三上英司	唐代"轻薄"考	"轻薄"；隋唐；其他；考证
藤原祐子	《草堂诗余》与书会	草堂诗余；宋；诗词赋；综合
和泉ひとみ	关于元杂剧中尉迟敬德形象的形成	元杂剧；金元；戏曲；综合
林桂如	关于余象斗的《列国前编十二朝》	余象斗；明清；小说；考证
竹内真彦	《三国志演义》中的身高应如何计算？——中国历史记述中的身高描写浅探	三国志演义；明清；小说；思想
仙石知子	从族谱看明清戏曲小说中青年女子的形象	族谱；明清；戏曲—小说；综合
赤松美和子	对戒严令下台湾"文学场"的考察——救国团的文艺活动与编辑痖弦	台湾"文学场"；近现代；其他；综合
饭塚容	关于搬上舞台的鲁迅作品	鲁迅；近现代；其他；综合

60. 2008——14∶19（73.7%）

高芝麻子	对炎热的恐惧——《楚辞·招魂》及汉魏的诗赋中所见暑热与凉爽	楚辞等；先秦—两汉—魏晋；诗词赋；思想
须藤洋一	"虚幻"的西王母	西王母；未定；其他；综合
高桥康浩	关于韦昭的《吴鼓吹曲》——围绕孙吴正统论	吴鼓吹曲；两汉；诗词赋；思想
傍岛史奈	唐代诗僧与六朝僧	诗僧；魏晋—隋唐；其他；比较
谷口高志	音乐的映像——以韩愈的《听颖师弹琴》和李贺的《李凭箜篌引》为中心	韩愈、李贺；隋唐；诗词赋；思想
阵内孝文	王维的诗《惘怅》考——辋川庄的理想与现实	王维；隋唐；诗词赋；综合

日本"中国文学"研究侧影
——《日本中国学会报》1949—2011"文学"类论文统计与分析

续表

好川聪	围绕韩愈的长篇回想诗——与杜甫的比较	杜甫、韩愈；隋唐；诗词赋；比较
橘英范	中唐唱和文学的发展——走向《刘白唱和集》之路	刘白唱和集；隋唐；诗词赋；综合
中尾健一郎	司马光的洛阳隐居生活与其文学活动	司马光；宋；其他；综合
石立善	关于朝鲜古写徽州本《朱子语类》——兼论语类体的形成	朱子语类；宋；散文；综合
白井澄世	30年代瞿秋白作为知识分子的主体意识的变化	瞿秋白；近现代；其他；综合
山口守	巴金《家》原本的变化——围绕小说、戏剧、电影	巴金；近现代；小说；传播
桥本阳介	高行健《灵山》中叙述之声的流动与"语言流"	灵山；近现代；小说；艺术
白石真子	太宰春台①思想中诗论文论之意义	太宰春台；明清；文论；传播

61. 2009——11∶20（55%）

绀野达也	唐宋时期对王维《辋川州》与《辋川图》评价的变迁——以文人的诗画评论为视点	王维；隋唐—宋；诗画；传播
户崎哲彦	白居易《醉吟先生墓志铭》的自撰与碑刻	白居易；隋唐；其他；综合
益西拉姆	贾岛的诗人形象——在虚实之间	贾岛；隋唐；诗词赋；思想
远藤星希	李贺诗歌所表现的时间意识——神女的时间、永远的现在	李贺；隋唐；诗词赋；思想
加纳留美子	夜雨对床——联结苏轼兄弟之物	苏轼；宋；其他；思想
廖肇亨	晚明文人忏悔思想再检讨——以袁中道《心律》为中心	袁中道；明清；散文；思想
萧涵珍	李渔小说中的同性恋——从真情与礼教的角度	李渔；明清；小说；思想
船越达志	巧姐的忽大忽小与林黛玉之死——《红楼梦》后四十回构思考	《红楼梦》；明清；小说；综合

---

① 太宰春台（1680—1747），名纯，字德夫，号春台，日本古学派的荻生徂徕的高足。

续表

吴红华	围绕周作人的"李卓吾评"	周作人；近现代；其他；思想
津守阳	围绕乡土的时间形式——沈从文与"不变的静静的乡村"形象	沈从文；近现代；小说；思想
渡边晴夫	孙犁的位置——作为解放区作家的特异性	孙犁；近现代；小说；综合

62. 2010——12：20（60%）

柳川顺子	汉代古诗与古乐府的关系	诗与乐府；两汉；诗词赋；比较
山田和大	韦应物的苏州刺史期——诗歌系年与吏隐意识	韦应物；隋唐；诗词赋；综合
好川聪	刘禹锡的异文化认同	刘禹锡；隋唐；其他；综合
二宫美那子	姚合的"小吏文学"——以武功县中作三十首为中心	姚合；隋唐；诗词赋；思想
伊崎孝幸	司空图的文学论——什么是"味外之旨"	司空图；隋唐；文论；思想
甲斐雄一	陆游与四川人士的交流——与范成大成都赴任的关系	陆游；宋；其他；综合
奥尔新太郎	刘成翁的评点与"情"	刘成翁；宋；文论；思想
芳村弘道	南宋选学书《选诗演义考》	选学书；宋；散文；思想
陈文辉	《竹叶舟》考	竹叶舟；元杂剧；金元；考证
马场 昭佳	《水浒传》征辽故事的形成背景——以《宋代忠义英雄谭》为核心的作品形成	水浒传；明清；小说；考证
小笠原淳	王蒙小说对苏维埃的文学表现——以与奥斯特洛夫斯基、高尔基、艾特马托夫的比较为中心	王蒙；当代；小说；比较
白水纪子	台湾女性文学中的乡土想象——以陈雪《桥上的孩子》为中心	台湾女性文学；当代；小说；思想

63. 2011——10：19（52.6%）

加纳留美子	苏轼咏梅诗考——梅花之魂	苏轼；宋；诗词赋；综合
原田爱	由苏辙看苏轼《和陶诗》的继承	苏轼；宋；诗词赋；传播

续表

松浦智子	杨家将的系谱与石碑——杨家将故事的发展与萎缩	杨家将；明清；小说；传播
氏冈真士	关于三十卷本《水浒传》	水浒传；明清；小说；考证
上原究一	关于《李卓吾先生批评西游记》的版本	西游记；明清；小说；考证
荒木猛	关于《金瓶梅》中的反复描写	金瓶梅；明清；小说；艺术
仙石知子	毛宗岗本《三国演义》中养子的表现	三国演义；明清；小说；思想
竹村则行	明清文学史中清代顾沅《圣迹图》赞诗	《圣迹图》赞诗；明清；诗词赋；思想
岩田和子	清末民初湖南"私访"故事说唱的流行	私访故事；近现代；诗词赋；综合
森雅子	火炬之光——周作人与性科学	周作人；近现代；其他；综合

三、《日本中国学会报》"文学类"论文统计数据及分析

（一）"文学类"论文的比例及走势

如前所述，1949—2011年《日本中国学会报》共63期杂志刊载论文975篇，其中文学类论文496篇，占50.9%，达一半以上。比例最低的一期为14.29%，1949年第1期（1∶7）；次低者为16.7%，1959年第11期（2∶12）。比例最高的一期为73.7%，2008年第60期（14∶19）；次高者为66.7%，1976年第28期（10∶15）、1992年第44期（12∶18）、1997年第49期（12∶18）、2005年第57期（12∶18）。综合来看，比例为20%以下的共2期，第1、11期；比例为20%—30%以下的共3期，第4、10、12期；比例为30%—40%以下的共8期，第8、15、18、19、20、26、27、33期；比例为40%—50%以下的共16期，第2、5、7、13、14、16、17、22、23、24、32、34、35、36、40、48期；比例为50%—60%以下共19期，第3、6、9、29、30、31、37、38、39、41、42、43、47、50、52、55、58、61、63期；比例为60%以上的共15期，第21、25、28、44、45、46、49、51、53、54、56、57、59、60、62期。凡63期文学论文所占比例的总体走势可以用折线图例示如图1-1所示。

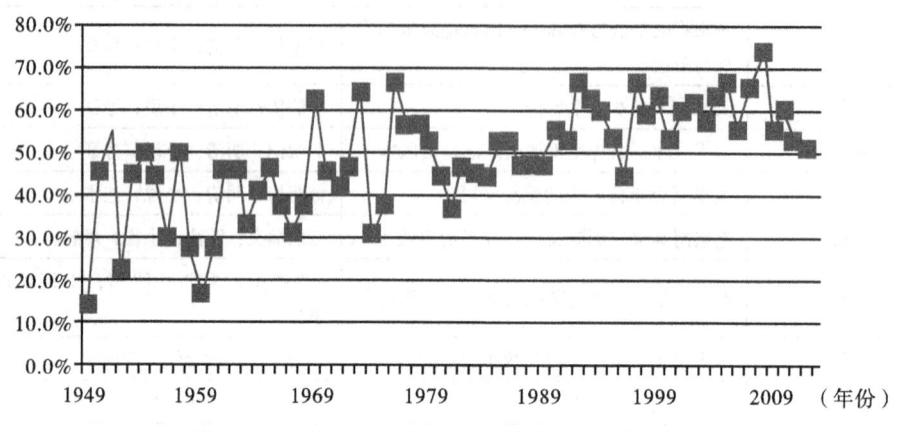

图 1-1　1949—2011 年文学类论文比例总体走势图

从折线图可以看出，在 1949—2011 年的《日本中国学会报》中，文学类论文的比例局部来看虽然有高低起伏，但是，总体上明显呈递增趋势，由 1949 年的 14.3% 至 2011 年的 57.9%，整整多了 3 倍多，比例最高的 2008 年达 73.7%，是 1949 年的 5 倍多。如果以每 10 年为一个时段，将第 1—60 期分为 6 个时段来观察，递增的趋势就可以看得更加清楚（见表 1-1）。

表 1-1　以 10 年为时段文学论文比例

年份	1949—1958	1959—1968	1969—1978	1979—1988	1989—1998	1999—2008
总　数	95	138	144	174	169	196
文学类	37	50	74	83	97	121
比　例	38.9%	36.2%	51.4%	47.7%	57.4%	61.7%

该数据表可以图示为图 1-2：

如果以第一时段（1949—1958）为基准的话，除了第二段（1959—1968）略有降低之外，其他各时段文学类论文的比例都有明显增高，其中，1969—1978、1989—1998、1999—2008 三个时段均超过 50%，尤其是 1999—2008 竟高达 61.7%。

日本"中国文学"研究侧影
——《日本中国学会报》1949—2011"文学"类论文统计与分析

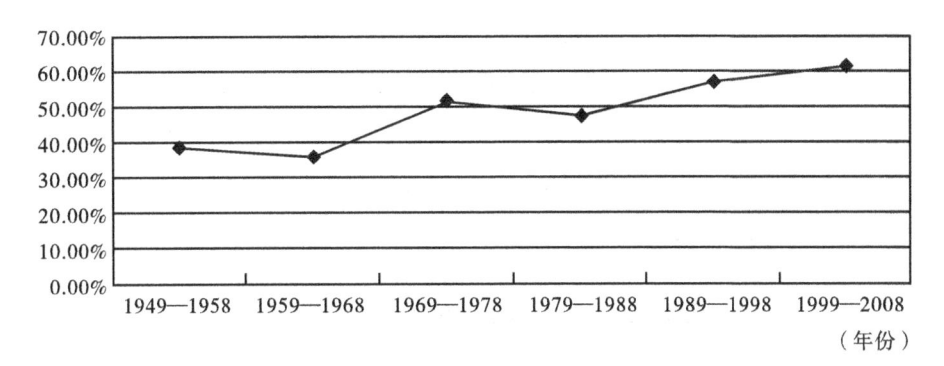

图 1-2：以 10 年为时段的文学论文比例折线图

这一统计数据说明，在"日本中国学会"这一平台上，文学、哲学、语言学三个分支相比较，文学明显处于优势地位。这一现象说明，在日本，学习和研究中国文学的学生和学者人数远超过哲学和语言学。而之所以如此，则又与文学本身的特性以及中国古代文学作品大量传入日本有关。

（二）日本中国文学研究关注的历史时段

在统计表中，我们把日本中国文学研究所关注的历史时段分为先秦、两汉（含建安、三国）、魏晋（含南北朝）、隋唐（含五代）、宋、金元、明清、近现代、未定 9 项，统计数据如表 2-1 所示。

表 2-1　日本中国文学研究关注的历史时段①

	先秦	两汉	魏晋	隋唐	宋	金元	明清	近现代	未定
篇数	35	26	77	100	43	22	116	58	32
比例	7.0%	5.2%	15.5%	20.1%	8.7%	4.4%	23.4%	11.8%	6.5%

该数据表可以图示为图 2-1：

---

① 该表中的比例为以某一"时段"为研究对象的论文数与 1949—2011 年文学类论文总数 496 之比。因为有的论文涉及两个或者以上的"时段"，如"先秦—两汉"，分别计入两个时段，所以比例之和略大于 100%。

473

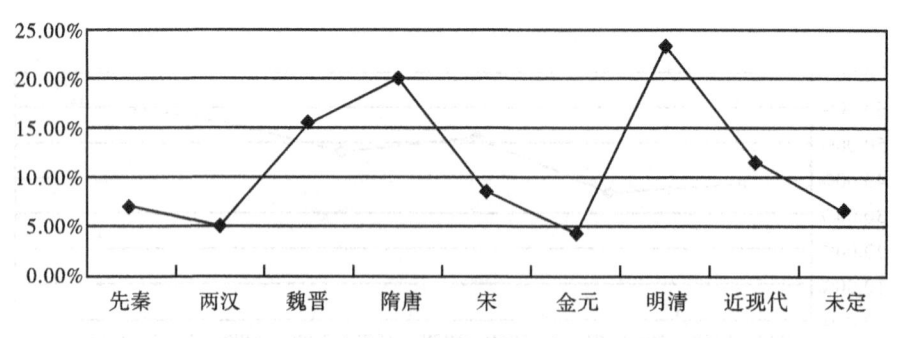

图2-1：日本中国研究关注的历史时段折线图

从统计数字可知，忽略"未定"，日本中国文学研究对各时段关注度由高至低依次为：明清—隋唐（含五代）—魏晋（含六朝）—近现代—宋—先秦—两汉（含建安、三国）—金元。也就是说，关注度最高的是明清，达23.4%；最低者是金元，只有4.4%，最高与最低相差4倍多。明清关注度最高，应该与这一时段尤其是明代小说的繁盛有关。明代小说大量产生，而且有很多作品传入日本。相对于传统诗文来说，小说又比较通俗易懂。这样，读者和研究者自然也就较多。至于金元时期，一则朝代时间短、作品数量相对少；再则这一时期的代表作元杂剧作品由"演出本"转为"案头文本"来研究本身存在先天不足，对于当代日本学者来说，语言上也存在更大的困难，因此，遭受冷落也就不足为怪了。

（三）日本中国文学研究关注的文类

对于日本中国文学研究关注的文类，我们按诗词赋、散文、小说、戏曲、文论以及其他6项加以统计，如表3-1所示。

表3-1：日本中国文学研究关注的文类①

文类	诗词赋	散文	小说	戏曲	文论	其他
篇数	177	41	100	42	49	87

① 该表中的比例为以某一"文类"为研究对象的论文数与1949—2011年文学类论文总数496之比。因为有的论文涉及两种或者以上的"文类"，如"小说—戏曲"，分别计入两种文类，所以比例之和略大于100%。

日本"中国文学"研究侧影
——《日本中国学会报》1949—2011"文学"类论文统计与分析

续表

文类	诗词赋	散文	小说	戏曲	文论	其他
比例	35.7%	8.3%	20.2%	8.5%	9.9%	17.5%

该数据表可以图示为图 3-1：

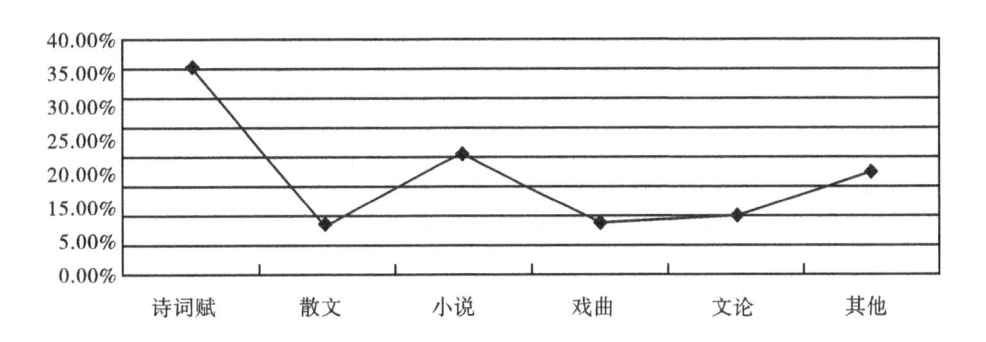

图 3-1：日本中国文学研究关注的文类折线图

从统计数字可知，忽略"其他"，日本中国文学研究对各文类的关注度由高至低依次为：诗词赋—小说—文论—戏曲—散文，也就是说，关注度最高的为诗词赋，达 35.7%；最低为散文，只有 8.3%，最高与最低相差 3 倍多。值得指出的是，诗词赋因同属韵文而将其归为一类，实则包括三种文类；戏曲则几乎与散文相同。因此，就单一文类而言，其实关注度最高的应该是小说，为 20.2%。

在中日关系早期，文化上主要是由中国向日本输入，六朝唐宋诗歌作为"输入"的重要内容之一，曾对日本文学产生深远影响。因此，在日本，无论是在外国文学视野下研究"中国文学"，还是在本国文学视野下研究"和汉比较文学"，六朝唐宋诗都是非常重要的一个部分。赋则因为佶屈聱牙、难读难懂而问津者少。散文除了韩柳尤其是柳宗元的文章之外，其他被关注的作家也不多。戏曲因为很难看到表演，唱词又比较难懂，也影响到研究的积极性。至于中国小说，则如前所说，因为有大量文本传入日本并被保存下来，又相对容易读懂，所以，研究者就比较多，成果自然也就多了。

（四）日本中国文学研究关注的作家、作品

那么，对于中国文学史上的作家作品，到底哪些才是日本学界关注的重点呢？在研究对象中，排除乐府、楚辞、杂剧、唐诗等含义较广的内容，分别将日本中国文学研究主要关注的前10位作家以及前10种作品统计如下：

表4-1　日本中国文学研究主要关注的作家（前10位）

作家	鲁迅	杜甫	白居易	苏轼	陶渊明	周作人	韩愈	柳宗元	屈原（含离骚）	阮籍	合计
相关论文	16	11	10	10	8	8	7	6	6	5	87
比例①	3.2%	2.2%	-	-	-	-	-	-	-	-	17.5%

表4-2　日本中国文学研究主要关注的作品（前10种）

作品名称	水浒传	诗经	三国演义	文选	莺莺传与西厢记	还魂记	西游记	红楼梦	金瓶梅	左传	合计
相关论文	15	13	6	6	6	5	4	4	3	3	65
比例	3.0%	2.6%	-	-	-	-	-	-	-	-	13.1%

关于此项统计的说明：第一，表4-1中，将屈原与《离骚》合并统计。第二，表4-2中，《三国演义》包括《三国志演义》；"文选"包括《文选》《文选注》《文选钞》等。第三，表4-1和表4-2中的百分比均只示出前两项以及合计项，其他各项从略。

从表4-1的统计数据可知，单个作家中最受关注的鲁迅，占论文总数的3.2%；其次是杜甫，占2.2%，而排名前10位的作家合计占17.5%。除了表中所列的前10位之外，其他受到比较多关注的作家还包括谢灵运、嵇康、王维、王船山等，前两位分别是4篇，后两位分别是3篇。

---

① 表4-1及表4-2中的比例为相关论文数与1949—2011年文学类论文总数496之比。

日本"中国文学"研究侧影
——《日本中国学会报》1949—2011"文学"类论文统计与分析

从表4-2的统计数据可知,专书中最受关注的是《水浒传》,占论文总数的3.0%;其次是《诗经》,占2.6%,而排名前10位的作品合计占13.1%。

最受关注的前10位作家和前10种作品两项合计,占论文总数的30%强,由此可见,"名家名作"虽然有一定的影响力,但是总体比例并未失衡,研究对象分布相对比较多元。这一点,如果引入中国大陆《文学遗产》的相关数据进行对比,也许能够得到进一步的说明。据郭英德先生统计,自1980年至1995年《文学遗产》发表的160篇古代小说论文中,有关《三国演义》《水浒传》《西游记》《金瓶梅》《聊斋志异》《儒林外史》《红楼梦》的共82篇,约占总数的51.3%。[①] 而在1949—2011年《日本中国学会报》中,有关小说的论文共100篇,据表4-2,有关《三国演义》《水浒传》《西游记》《红楼梦》《金瓶梅》的论文总数为33篇;再经核查,有关《聊斋志异》《儒林外史》均无,以郭先生所列的小说"名著"而论,在《日本中国学会报》的小说类论文中的比例是33%,与"名家名作"的总体比例大体一致,明显低于《文学遗产》的51.3%。

在研究对象中,除了"名家名作"的比例之外,还有几点值得关注:

关于名家。第一,10位"名家"中,魏晋及唐占了6位,包括阮籍、陶渊明、杜甫、白居易、韩愈、柳宗元,这一点也许与隋唐时期是第一个中日文化交流高峰有关。正是在当时文化交流的大背景下,这些魏晋隋唐时期优秀的作家作品传入日本,产生了广泛而深远的影响,并成为日本"中国学"源远流长的传统内容之一;第二,鲁迅成为"名家"第一人,其弟周作人亦名列第6。周氏兄弟之所以独领风骚,显然与他们旅日的特殊经历有关。由此可见,在"文学"研究的背后,真正起推动作用的是"文化交流"。至于唐代大诗人李白,据统计相关的论文为3篇,比谢灵运和王维还少一篇,关注度似乎不够,个中原因值得探讨。

关于名作。《诗经》作为包括300余篇的诗歌总集,其实在统计上不能与其他几种相提并论,"文选"、《左传》亦然。所以,真正的"名作"只剩下7种,亦即单独成篇的小说和戏曲作品。在这些名著中,《水浒传》一枝独秀,其余几种相差无几。让人有点意外的是,《红楼梦》的关注度似乎与它在中国文学中的盛名不相符合。我们认为,至少有以下三个方面的原因:第一,整

---

① 郭英德:《悬置名著——明清小说史思辨录》,载《文学评论》1999年第2期。

体来看，清初以降，中国文学乃至文化对日本的影响已经式微，这一点应该与清朝入主中原之后东亚各国尤其是日本与朝鲜对"中国"的态度转变有密切关系。第二，日本拥有被称为世界上最早的小说《源氏物语》，到了江户时代，家庭小说、社会小说乃至色情小说都已经相当发达，因此，对《红楼梦》没有特别的兴趣也就不难理解。第三，作为"诗性"小说，《红楼梦》所蕴含的诗情画意，对于非母语的读者和研究者来说，要达到"不隔"的程度，难度自然很大，势必影响到它的传播与接受。第四，从更广的视野来看，自明末以降，尤其是日本明治维新以来，中国对日本的整体影响力在急剧下降。在此大背景之下，包括《红楼梦》在内的清代文学对日本的影响自然也不如以前的六朝唐宋诗以及明代小说等。

关于名家名作之外的研究对象。在名家名作之外，日本中国文学研究所关注的对象，至少有两点值得关注：第一，稀见资料的研究。随着中日两国古籍整理研究的长足进步，发现重大新材料的机会似乎越来越少。尽管如此，一些稀见材料的发现仍然值得期待和重视。《日本中国学会报》中就有这类稀见材料，如吉田隆英《关于诗人子安》（第33期），研究的对象为日本名古屋市真福寺所藏《往生要籍外典钞》所收《列异传》佚文一则，为六朝中国小说研究提供了弥足珍贵的补充资料；安藤信广《北周赵王的文学与庾信的影响——以圣武天皇宸翰〈杂集〉所收〈周赵王集〉为中心》所提供的材料为奈良正仓院传下来的圣武天皇宸瀚《杂集》收北周赵王宇文招《周赵王集》文章10编，而宇文招的文章在中国本土已失传。第二，影响比较研究。在中日文化交流史上，很长一段时间主要呈现为由中国向日本的"输入"性交流，所以，在中日文学比较中，虽然也有滨一卫《脸谱与隈取》（第7期）等之类的平行比较研究，以及如秋吉收《鲁迅〈野草〉中的芥川龙之介》等之类的对由日本到中国的"逆输入"的研究，但是，绝大多数，是中国对日本的影响性比较研究。这类成果，对于日本来说，有助于厘清其文学传统形成、演变的历史；对于中国来说，则无疑属于中国文学在域外传播、影响、接受的重要的一环，因此，对于双方都具有重要的、不可忽视的意义。在《日本中国学会报》中，这类影响性比较研究的代表性成果有松下忠《徂徕学派的诗文理论》（第7期）、川口久雄《敦煌变文的素材与日本文学——以〈目莲变文·降魔变文〉为例》（第8期）、松下忠《江户初期的性灵说》（第9期）、松下忠《中岛棕隐的诗论与袁枚——性灵说流变之一例》（第18期）、仁枝忠

日本"中国文学"研究侧影
——《日本中国学会报》1949—2011"文学"类论文统计与分析

《关于〈锦绣段〉——附：对芭蕉的影响》（第19期）、川口久雄《敦煌本〈类林〉与我国（引者注：日本）的文学》（第22期）、铁井庆纪《蛭子神话、火之轲遇突智神话与中国》（第25期）、广畑辅雄《中国思想在日本开天辟地神话中的作用》（第27期）、仁枝忠《关于〈圆机活法〉——编者及其对俳文学的影响》（第27期）、远藤光正《类书的传入与军纪物语》（第29期）、小林祥浩《关于〈八犬传〉的白话——〈八犬传〉的一种读法》（第30期）、白石真子《徂徕学"文论"中的韩愈、柳宗元》（第51期），等等。

（五）日本中国文学研究的方法（见表5-1）[①]

表5-1：日本中国文学研究的方法

方法	综合	思想	考证	传播	艺术	比较
论文数	206	100	64	63	41	20
比例	41.5%	20.2%	12.9%	12.7%	8.3%	4.0%

该数据表可以图示为图5-1：

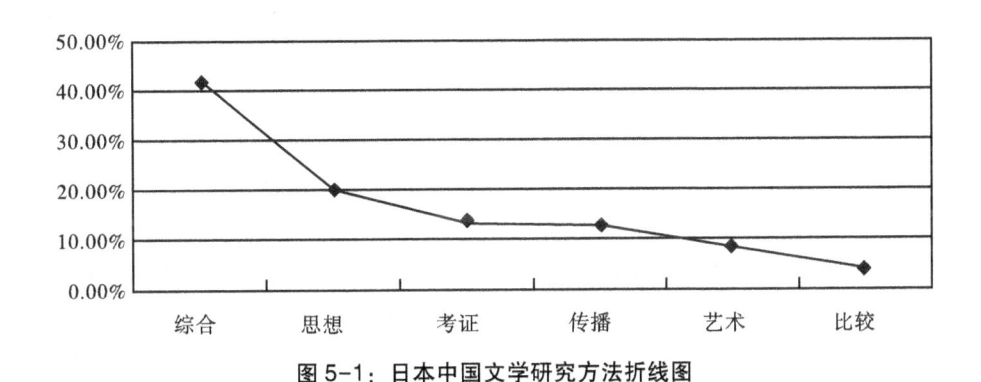

图5-1：日本中国文学研究方法折线图

学界既往的印象大多认为日本学者的研究主要擅长考证，可是，这里的统计数据却在一定程度上颠覆了这一印象。在各种研究角度当中，以综合性

---

① 该表中的比例为采用某种研究方法的论文数与1949—2011年文学类论文总数496之比。

研究的比例最高，超过四成，达41.5%；其次是思想内容分析，亦达两成以上；纯考证性文章的比例排在第三位，只占12.9%，而且只略高于第四位的传播。还有一点值得注意的是，从比较的角度进行研究的文章只占4.0%，其中还包括中国与西方文学的比较。至于中日文学的比较，即使将"传播"中的影响性比较类论文纳入进来考虑，比例也还是有限。由此可见，日本中国文学研究主要关注的还是中国文学本体；至于中日比较文学关注的主要是以"日本文学"为主体。事实上，在日本有和汉比较文学学会，其主体是日本文学研究者，他们的研究应该也会涉及中日比较。

四、结语

"日本中国学会"自1949年成立以来，会员人数已由创始之初的200多人，发展到2000余人，成为横跨哲学、文学、语言学诸领域的影响很大的学术团体。该学会每年一期的《日本中国学会报》作为"日本中国学"研究一个重要缩影，在一定程度上具有"日本中国学"研究史的抽样调查意义。

通过对1949—2011年凡63期《日本中国学会报》中"文学"类论文的数据统计和分析，可以得到以下几点参考意见：

第一，从整体情况来看，1949—2011期间，《日本中国学会报》中"文学"类论文的比例总体上明显呈递增趋势，比例最高时达73.7%。这一现象说明，在"日本中国学会"这一全国性、跨学科学术团体中，文学领域的学者人数远远超过哲学和语言学。第二，从文学史的历史时段来看，关注度最高的为明清，其他依次为隋唐、魏晋、近现代、先秦、两汉、金元。第三，从文学作品的文类来看，关注度最高的为诗词赋，其他依次为小说、文论、戏曲、散文。考虑到诗词赋实则为诗、词、赋三类之和，因此，就单一文类而言，关注度最高的实为小说。落实到具体作家作品，关注度最高的前10位作家依次为鲁迅、杜甫、白居易、苏轼、陶渊明、周作人、韩愈、柳宗元、屈原、阮籍；关注度最高的前10种作品依次为《水浒传》《诗经》《三国演义》《文选》《莺莺传》（包括《西厢记》）《还魂记》《西游记》《红楼梦》《金瓶梅》《左传》。考虑到《诗经》《文选》《左传》等"文集"的特点，真正具有可比性的单种作品其实只有其他7种小说或戏曲作品。在这7种作品

日本"中国文学"研究侧影
——《日本中国学会报》1949—2011"文学"类论文统计与分析

中,《水浒传》以15篇的优势远远领先,其他几种则在3~6篇。第四,就研究方法来看,以综合性研究最为常见,高达41.5%;向来被视为日本学者专擅的考证类文章比例并无明显优势;中日比较类论文亦不多见,说明"日本中国文学"研究领域主要关注的还是中国文学本体。

(段江丽:北京语言大学人文学院教授;金文京:韩国籍,京都大学人文科学研究所教授)

狩野直喜与《唐太宗入冥记》等敦煌变文（片段）在中国的早期传播

边明江

摘　要：狩野直喜是早期敦煌学研究中的重要学者，尤其是他最早将《唐太宗入冥记》《秋胡变文》等敦煌变文的片段从敦煌遗书中提取出来，并加以初步的研究，指出它们的重要价值。王国维从狩野处获得这些文献后，披露了部分材料，引起鲁迅和胡适等中国古典小说研究者的注意。通过不同版本之间的比对，我们能够发现王国维在引用狩野提供的资料时做了一些文字上的改动。此外，谭正璧等学者也曾直接从狩野的文章中引用变文片段。狩野将珍贵文献分享给异国学者，体现了现代学术的精神。

关键词：狩野直喜　敦煌变文　唐太宗入冥记　王国维

一、狩野直喜的敦煌学研究概述

狩野直喜（Kano Naoki，1868—1947），日本近代著名的中国学家，他在中国思想史、制度史和古典小说戏曲等研究领域都取得了杰出的成就，深刻地影响了当时及之后的诸多学者。而作为敦煌学家的狩野直喜的成就，也已经有许多学者进行了总结和评论。在日本，狩野的学生神田喜一郎较早地总结了狩野的功绩，他认为狩野最早开始研究敦煌古书，启发了一大批学者，许多敦煌古书是因为狩野才为学界所知的[①]；狩野的关门弟子吉川幸次郎曾将

[①]　神田氏的文章最早收录于日本《东光》杂志第 5 号（京都：弘文堂，1948 年），标题为《狩野先生与敦煌古书》（『狩野先生と敦煌古書』），此文后来又收入神田氏的《敦煌学五十年》（二玄社 1960 年）。中译文可参看高野雪等人翻译的《敦煌学五十年》，北京大学出版社 2004 年。

狩野直喜与《唐太宗入冥记》等敦煌变文（片段）在中国的早期传播

狩野的成就总结为六点，其中第五点即为与法国的伯希和（Paul Pelliot）等人合力开展敦煌学研究①；《京都大学文学部五十年》以及高田时雄的《京大东洋学百年》也都强调了狩野在敦煌学草创期的作用②，等等。在中国，先后有北京大学的严绍璗、兰州大学的王冀青和台湾的郑阿财等先生，撰文肯定了狩野在敦煌变文的公布和研究方面的开创性功绩③。

笔者在诸位先生的论述的基础上加以整理，首先简要介绍一下狩野的学术生涯，尤其是他在敦煌学研究上的贡献。

狩野于明治元年（1868）出生在熊本，后考入东京帝国大学文科大学汉学科。毕业后，狩野辗转几所学校任教，直到1900年4月，日本文部省派遣他和服部宇之吉以留学生身份前往北京，但正逢义和团与外国人激烈交战，狩野被困于使馆区中，他后来负轻伤，于同年8月归国。

1901年，狩野再度留学中国，这次是在上海，他频繁出入英国皇家亚洲学会分会（The North China Branch of the Royal Asiatic Society），接触到大量西方汉学著作。此外，他还结识了罗振玉（并听说了王国维的名字，但无缘亲见），拜访张之洞等，1903年回国。1906年7月，狩野被任命为京都帝国大学文科大学教授，讲授中国哲学史；1908年，兼任新开设的中国文学科教师。1909年，罗振玉将从伯希和处得来的一些敦煌遗书的照片寄给狩野等人，加上田中庆太郎的介绍，狩野和内藤湖南等京都帝大的学者对这批新文献产生了浓厚的兴趣，这促成了狩野的第三次中国之旅。

1910年，狩野、内藤、小川琢治等五位京都帝大的学者前往北京，在罗振玉等人的帮助下见到不少珍贵的敦煌遗书，其中佛典居多。但是，由于狩野的关注点并不在佛典而在经书和俗文学等方面，而相关文献基本都被斯坦因（Marc Aurel Stein）与伯希和带回了英国和法国，所以狩野在1912年第四次出国。他遍游欧陆，拜访英法俄诸国的汉学家，查寻各国所藏的敦煌遗书。

---

① ［日］吉川幸次郎《吉川幸次郎全集》第17卷，筑摩书房1975年，第238页。
② 《京都大学文学部五十年史》，京都大学文学部1956年，第217页。砺波护、藤井让治编《京大东洋学百年》，京都大学学术出版会2002年，第14—18页。
③ 严绍璗《狩野直喜和中国俗文学的研究》，《学林漫录》第7集，中华书局1983年；陆庆夫、王冀青主编《中外敦煌学家评传》第2卷，甘肃教育出版社2002年；郑阿财《论敦煌学与日本汉学发展的关系——以京都中国学派开创者狩野直喜为中心》，载台湾《汉学研究集刊》2005年第1期，等等。

这次旅行的收获极为丰富,其间狩野发现了郑玄注《论语》、唐钞本《文心雕龙》《刘知远诸宫调》等文献的残卷;而且搜寻出一些用俗文写成的故事的片段,正是今天被称为敦煌变文的一些片光零羽,狩野后来根据它们撰成《中国俗文学史研究的材料》(『支那俗文学史研究の材料』)一文(1916),认为它们对于研究中国古典小说发展史具有重要的意义。

狩野在 1913 年归国,此后专心于教学和研究,开设与清朝考证学、中国古典小说戏曲史、魏晋两汉学术史等相关的课程,培养出武内义雄、青木正儿和吉川幸次郎等优秀的学生。自 1924 年起,狩野先后四次向天皇进讲传统儒学,反复申明德治的重要性,强调战争对于国家的损害。但日本的侵略扩张道路与狩野的主张几乎完全背道而驰。1947 年 12 月 13 日,狩野去世。

以上是狩野的学术生涯的简述。笔者认为,狩野在早期敦煌学发展过程中的作用主要体现在两点上:其一,分享当时鲜为人知的一些珍贵资料;其二,对这些珍贵资料进行初步的考辨与分析,尤其体现在将新发现的敦煌变文片段置于中国古典小说戏曲的发展史之中进行研究方面。

首先,狩野与当时的欧洲和中国的学术界都有比较密切的联系,比如法国汉学家沙畹(Emmanuel-èdouard Chavannes)去世后,狩野专门撰文怀念并充分认可沙畹的学风,此外,狩野与中国的董康、杨树达、张元济等都有一定的交往[①]。其中他与伯希和、王国维、罗振玉的往来十分频繁[②],狩野在法国寻访敦煌遗书时,伯希和多有助力,并介绍狩野去斯坦因处继续查访;而狩野在获取珍稀资料之后也慷慨地与王国维、罗振玉等人共享,这对于无缘到欧洲亲自查访敦煌遗书的罗王二人而言无疑是极有助益、也颇为便利的(当然,狩野并非罗王等人获取敦煌遗书副本的唯一来源)。所以,狩野实际上是流落欧洲的敦煌遗书的副本在中国和日本的主要传播者之一,他利用亲访英法博物馆的机会抄录那些他感兴趣的文献,带回日本,提供给日本和中国的学者。

---

① 董康在《书舶庸谭》中记录了他与狩野的几次谈话,董康认为"狩野论乾嘉道咸学术升降颇有见地"(《书舶庸谭》,辽宁教育出版社 1998 年,第 30 页);张元济与狩野也有通信(《张元济全集》第 10 卷,商务印书馆 2010 年,第 476 页);杨树达《积微翁回忆录》中多次提到他与狩野互赠书籍,狩野对于杨氏的《周易古义》则大加赞赏。

② 关于狩野与王国维等人的学术交往,已经有一些出色的论文发表,比如荣新江的《狩野直喜与王国维——早期敦煌学史上的一段佳话》(《敦煌学辑刊》2003 年 2 期),陈琳琳、修斌的《王国维与日本京都学派的学术互动》(王勇主编《东亚坐标中的跨国人物研究》,中国书籍出版社 2012 年)。

狩野直喜与《唐太宗入冥记》等敦煌变文（片段）在中国的早期传播

王国维在《唐写本残职官书跋》《唐写本食疗本草残卷跋》《唐写本韦庄秦妇吟跋》和《唐写本残小说跋》等文章中多次提到他受惠于狩野提供的敦煌遗书的副本；罗振玉根据所得的敦煌唐写本《庄子》残卷诸种成《敦煌唐写本南华真经残卷校记》一文，其中《胠箧》部分正是得益于狩野，"《胠箧》则日本狩野博士（直喜）在英伦时手校，予借录入世德堂刊本上。"①

再者，狩野对于某些敦煌遗书做了初步的研读。比如他曾提到《修文殿御览》残卷，指出《太平御览》明显引用了《修文殿御览》的内容，并认为《修文殿御览》在诸方面都要胜过《太平御览》。② 狩野的论述并不精深，只有一些初步的结论，但并非毫无价值。

而狩野在此方面最大的贡献，无疑是他于1916年在日本《艺文》杂志上分两次发表的《支那俗文学史研究的材料》。狩野先是指出小说戏曲的严肃的研究直到近年才得到重视，而许多珍贵的新材料的出现也促使研究风气转盛，其中敦煌发现的众多新文献尤为重要；狩野自述在伦敦和巴黎的访书经历后点出全文主旨，即在唐末五代就已经存在元代以后的俗文学的萌芽；随后他以大量的一手资料为例有力地证明了这一观点，修正了关于中国古典小说起源于宋代的旧说；最后的结论则呼应开头，指出中国的俗文学（平民文学）繁盛于元明清三代，但其滥觞可追溯至唐末五代时期。

神田喜一郎认为这篇论文在当时是"划时代的新研究"③，虽然略有夸张，但它的影响力确实是不可忽视的。王冀青也高度评价这篇文章，认为狩野不仅介绍了珍贵写本，而且"引用了许多其他文献材料，既有助于认识这些敦煌写本的渊源与背景，又较完整地勾画出中国俗文学的历史概况，这是该文的一大特点"，甚至"可以说是日本第一篇有关敦煌文学的研究论文。"④

狩野通过对他见到的变文片段的考察将俗文学的源头从宋代上溯至唐末五代，这一在今天看来无甚惊奇的结论在当时却是不易做出的，可以说，狩野是最早将中国通俗文学的滥觞推至唐末的学者之一。而随着人们对敦煌变文的了解越来越多，一些学者也得出了与狩野相近甚至完全相同的结论。比如日本的盐谷温依据狩野的发现，承认"在唐末五代之际，除了优雅典丽的

---

① 《罗振玉学术论著集》第4集，上海古籍出版社2010年，第315页。
② ［日］狩野直喜《汉文研究法》，みすず书房1979年，第50—51页。
③ 《东光》第5号，第49页。
④ 王冀青《斯坦因与日本敦煌学》，甘肃教育出版社2005年，第132页。

传奇体小说，尚有一种极为俚俗，却为一般的下层民众所赏玩的所谓平民文学"①；王国维提到《唐太宗入冥记》"全用俗语，为宋以后通俗小说之祖"②；鲁迅在《中国小说史略》中根据敦煌遗书判断"用白话作书者，实不始于宋"③；郑振铎在其《宋元明小说的演进》（1931 年左右）的"绪言"中根据《唐太宗入冥记》《秋胡小说》等认定"我们的国语文小说的创始期犹当从宋代而上移至唐末的"④。

狩野在敦煌学研究领域的贡献已如上所述，其中尤其值得注意的是，狩野的功绩并不局限在日本一国之内，与中国学术界也有密切的关联。那么，狩野的敦煌学研究究竟与中国学界有着怎样的关联呢？

笔者接下来尝试以《唐太宗入冥记》的片段为例，厘清狩野与一些变文片段在近代中国古典小说研究界的传播的关系。

二、《唐太宗入冥记》片段在近代中国的早期传播：发源于狩野的两条线路

（一）从斯坦因到狩野

《唐太宗入冥记》，现存英国，编号为 S.2630。现存部分残缺不全，故事的大概内容是，唐太宗死后魂游地府，忧心太子，祈求判官催（崔）子玉为其延寿，子玉以太宗允诺赐官为条件，最终为唐太宗延寿十年。

这段故事的雏形见于唐代张鷟的《朝野佥载》卷六（《太平广记》引），但记载十分简略，明显不如《唐太宗入冥记》变文丰富精彩。由此也可以看出，变文虽然一般被视为所谓通俗文学，但并不一定流于粗鄙，想象力倒是能够得到更好的发挥。到了明代，《西游记》第十回《二将军宫门镇鬼 唐太宗地府还魂》和第十一回前半部分将唐太宗入冥府一事敷衍得越发生动⑤，佛教思想的氛围也更加浓厚。可以说，《唐太宗入冥记》是考察《西游记》成书过程以及中国古典小说发展史的重要材料之一。

---

① ［日］盐谷温《支那文学概论讲话》，大日本雄辩会 1919 年，第 466 页。
② 王国维《敦煌发见唐朝之通俗诗及通俗小说》，载《东方杂志》第 17 卷第 8 号，第 97 页。
③ 鲁迅《鲁迅全集》第 9 卷，人民文学出版社 2005 年，第 115 页。
④ 郑振铎《郑振铎古典文学论文集》，上海古籍出版社 2009 年，第 361 页。
⑤ 王国维则认为《西游记》中的唐太宗入冥故事"其语诞妄"（《唐写本残小说跋》）。

狩野直喜与《唐太宗入冥记》等敦煌变文（片段）在中国的早期传播

但是，《唐太宗入冥记》残卷在被斯坦因带回英国后，一直默默无闻，大概是因为斯坦因的兴趣并不在于文学典籍上，加上当时敦煌遗书仍在整理过程中，所以他未能对此秘籍做出考辨和研究。直至狩野来到伦敦考察英藏敦煌遗书，发现了这一残卷，才敏锐地认识到它的价值。狩野之所以能够慧眼如炬，在众多敦煌卷子中发掘出《唐太宗入冥记》等在当时不为人知的珍贵资料，是因为狩野在赴欧考察前就已经对中国古典小说戏曲萌发兴趣并开展研究了。早在1908年，狩野就发表了考证《红楼梦》作者及成书年代的论文；又在1910年发表《水浒传与支那戏曲》，推定小说《水浒传》成书于"水浒戏"之后，等等……狩野一反历来轻视小说戏曲的立场，极为重视通俗文学，这种研究理念的转变[①]是他主动追索和考辨小说文献的前提。也就是说，狩野是作为一个中国古典小说的研究者（当然同时也有经学研究者的身份等）去翻阅敦煌遗书的，他的研究视域使得他能够认识到这些资料的价值。

1913年10月，狩野从欧洲返回日本，带回了许多他抄录的敦煌遗书的副本，其中就有不少敦煌变文的片段。这些片段在当时几乎无人知晓，大概也没有人会想到，这些材料后来竟然会改变人们对中国小说发展史的固有认识。可以说，狩野是最早将敦煌变文从数量巨大的敦煌遗书中提取出来，并给予它们高度评价和正确认识的先驱性学者之一（或者去掉"之一"？）。

1916年，狩野在日本《艺文》杂志上发表《支那俗文学史研究的材料》，他在文中首次公开披露了今日被称为《唐太宗入冥记》变文的片段。由于这段引文并不长，不妨将其抄录于下：

判官懆恶不敢道名字帝曰卿近前来轻道
姓催名子玉　朕当识才言讫使人引皇帝至
院门使人奏曰伏惟陛下且立在此容臣入报判官
速来言讫使者到厅前拜了启判官奉大王处
太宗皇（脱"帝"字——狩野注）生魂到领判官推勘见在门外未取引

[①] 一个例子是，狩野在《支那文学史》一书（由始于1908年的讲义整理而成）的总论中讨论中国文学的范畴时，先是囊括了经史子集之中具有文学特性的作品，随后特别将"俗文学"也纳入了中国文学的范畴。

子玉闻语惊忙起立唱喏①

虽然狩野抄录的文字有个别错误,但这件之前从未为人所知的材料还是吸引了不少学者,尤其是治中国古典小说史的研究者们的注意。而王国维是一个重要的中介者。

(二)线路一：从狩野到王国维,再到鲁迅等

1. 从狩野到王国维

最先对狩野抄录的这一材料产生兴趣并加以研读的中国学者是王国维。按照赵万里《王静安先生年谱》的记载,1919年7月,王国维"得见狩野博士所录英伦博物馆藏敦煌唐写本书,因草《敦煌石室碎金跋尾》"②,其中包括专论这一材料的《唐写本残小说跋》；陈鸿祥的《王国维年谱》也记载,1919年7月,王国维收到狩野寄来的狩野手录的英藏敦煌唐写本残卷十数种；袁英光和刘寅生的《王国维年谱长编(1877—1927)》中亦有几乎相同的记录。③ 此外,王国维甚至还兴致盎然地吟诗留念,即《题敦煌所出唐人杂书六绝句》中的第五首,专门咏叹《唐太宗入冥记》(王氏当时称其为《太宗入冥小说》),其诗曰："圣德圣功古所难,千秋治郅想贞观。不知六月庚申事,梦里如何对判官。"④。

也就是说,王国维在1919年从狩野处获得了狩野手录的《唐太宗入冥记》的副本,并为其做跋文,即《唐写本残小说跋》(后收入《观堂集林》)。王国维在文中专门介绍了《唐太宗入冥记》残卷的内容:

右唐人小说断片,亦狩野博士所录英伦博物馆本,记太宗入冥事……狩野博士曾于《艺文》杂志中考此断片……⑤

值得注意的是,王国维在狩野的考证的基础上,引用《崔府君祠录》《梁

---

① 《艺文》杂志1916年第3号第105页。此文后收入狩野《支那学文薮》一书(京都：弘文堂,1927年),以下所引《支那俗文学史研究的材料》中的段落均出自此版本。

② 《国学论丛》第1卷第3号,第115页。

③ 《王国维年谱》齐鲁社1991年第225页。《王国维年谱长编(1877—1927)》,天津人民出版社1996年,第283页。

④ 陈永正《王国维诗词全编校注》,中山大学出版社2000年,第233页

⑤ 王国维《观堂集林》,中华书局1959年,第1025页。

狩野直喜与《唐太宗入冥记》等敦煌变文（片段）在中国的早期传播

溪漫志》等狩野未曾提及的文献，加以进一步的考订。但是，王国维在这里并没有列出这一"断片"，即《唐太宗入冥记》的具体文字。

随后，王国维又于1920年在《东方杂志》第17卷第8号上以"静庵"为名发表《敦煌发见唐朝之通俗诗及通俗小说》一文，介绍了当时鲜为人知的多种敦煌遗书的残卷的内容。该文对于一些敦煌变文的介绍与评论，在当时可以说是开风气之先，所以有的学者认为这篇文章"正式揭开了敦煌变文研究的序幕"[①]。王氏在该文中再次提到《唐太宗入冥记》，并且将内容也公之于众，这是《唐太宗入冥记》（片段）内容在中国的第一次公开亮相。王氏评论部分的文字则与《唐写本残小说跋》有些重复的地方，应该是在其基础上修改而成的。但是，王氏所引《唐太宗入冥记》与狩野发表在《支那俗文学史研究的材料》之中的录文有几处明显的异文存在（详见表1），这可能是学者们之前较少注意的一个问题。[②] 那么，为什么会有这些异文存在呢？

经过调查，笔者发现，原来王国维在1919年抄录从狩野处获得的《唐太宗入冥记》等材料时，就已经对于狩野的录文做了一些改动，而当王国维发表《敦煌发见唐朝之通俗诗及通俗小说》时，他对其中个别地方再次做出修改，正是这两次改动，使得王国维最终披露的材料与狩野抄录的文字产生了一些差异。

罗福葆编录的《沙州文录补》（1924）收录了王国维的录文，我们可以借此一窥王氏最初的录文，并与其他版本进行对照。[③]

罗福葆是罗振玉的第四子，《沙州文录补》收录了众多敦煌遗书的片段，其中就包括《唐太宗入冥残小说》《孝子董永传》《秋胡小说残卷》（题名按照《沙州文录补》中编者的拟题）等珍贵文献，罗福葆在此书序言中说：

> 嗣京都大学教授狩野博士（直喜）游历欧洲，复就英法两馆手录西陲残籍，先兄复手录之，将以续蒋丈之书而尚待续增……先兄不禄，家

[①] 之言《七十年来的敦煌变文研究》，载《古籍整理研究学刊》1990年第4期，第1页。

[②] 严绍璗和荣新江都指出王文深受狩野文章的影响，但似乎都没有涉及为何存在异文的问题。严绍璗《日本中国学史稿》，学苑出版社2009年，第261页。荣新江《狩野直喜与王国维》，载《敦煌学辑刊》2003年第2期，第125页。

[③] 这里特别感谢北京大学中文系古典文献专业的硕士生王孙涵之，是他帮笔者查询到这一关键材料。

大人搜其遗稿，是编独不存，幸王观堂姻丈曾录副本……［编者］从王丈借录。①

文中的"先兄"当指罗振玉的第三子罗福苌（1921年去世）；"蒋丈之书"则指蒋斧编辑的《沙州文录》（1909）；"幸王观堂姻丈曾录副本"，应该就是指王国维在1919年抄录狩野寄来的材料一事。

再者，罗福葆又在目录后的附记中说："卷中凡英伦博物馆所藏，皆从狩野博士移录"。而唐太宗入冥片段正是狩野从伦敦抄录回来的。

总而言之，这段序言清楚地表明了《沙州文录补》所收《唐太宗入冥残小说》应该正是王国维当年的手录版本。也就是说，除去罗福葆在编印时有可能做出的个别文字改动（以及印刷错误）之外，这就应该是王国维当年依据狩野的本子抄录的唐太宗入冥片段，亦即王国维撰写《敦煌发现唐朝之通俗诗及通俗小说》时参阅的底本。

事实上，《沙州文录补》与《敦煌发现唐朝之通俗诗及通俗小说》中的唐太宗入冥片段在文字上仍然存在两处不同（见表1）。这两处异文虽然无关宏旨，但是这细微的差异却提示我们，王国维在抄录狩野的录文时，大概是根据自己的判断有意识地做了一些改动。

表1　《唐太宗入冥记》诸本文字对照表

狩野本	沙州文录补	敦煌发现	变文集	说　明
姓催名子玉	姓崔名子玉	姓崔名子玉	姓催名子玉	狩野在"姓催名子玉"的旁边标注"本ノママ"（"原文如此"）。卷子原文为"催"，王氏录为"崔"，应该是根据自己的判断。
才言讫	才言讫	言讫	才言讫	《沙州文录补》与《敦煌发现》的第一处文字差异。不影响文义。

---

① 铅印本，1924年。这段话或许也有助于我们理解罗振玉《敦煌零拾》目录后的一段识语："予往者既影印敦煌古卷轴，返国以后见残书小说凡十余种……或有白有唱又有俚语俚曲，皆小说之最古者，欲为印行而未果。"（《敦煌丛刊初集》第8册，新文丰出版社，1985年，第3页）

狩野直喜与《唐太宗入冥记》等敦煌变文（片段）在中国的早期传播

续表

狩野本	沙州文录补	敦煌发见	变文集	说　明
太宗皇（狩野注：脱"帝"字）生魂到	太宗是生魂到	太宗是生魂到	太宗皇（帝）生魂到	《变文集》之后诸本基本也都作"太宗皇（帝）"，而狩野的校注先于诸本，值得变文的校勘者注意。王氏将"皇"改为"是"原因不明，或许是形近而讹？
见在门外，未取引	见在门外，未敢引	见在门外，未敢引	见在门外，未敢引	狩野录文有误。"取引"在日文中是"交易"之义。或许是狩野不敢断定此字究竟为"取"还是"敢"（二字形近），所以为了留存原貌，才将其抄录为"取"。王氏改为"敢"，文意了然。
子玉闻语	子玉闻语	判官闻言	子玉闻语	《沙州文录补》与《敦煌发见》的第二处文字差异。判官即子玉，所以文义无差。
惊忙起立唱诺	惊忙起立	惊忙起立	惊忙起立	狩野本紧接着有"唱喏"二字，其他诸本皆无。

说明：本文中的表格均由笔者自制。在该表中，狩野《支那俗文学史研究的材料》一文中的相关段落，简称为"狩野本"，下同；王国维《敦煌发见唐朝之通俗诗及通俗小说》一文中的相关段落，简称为"敦煌发见"，下同；王重民、向达等编校的《敦煌变文集》简称为"变文集"，下同。

总之，王国维从狩野那里获得《唐太宗入冥记》片段后，先后撰成《唐写本残小说跋》与《敦煌发见唐朝之通俗诗及通俗小说》，对于这一变文片段进行了初步的考察，同时可能根据自己的理解对一些文字进行了改动。

2. 从王国维到鲁迅、胡适等

自王国维在《敦煌发见唐朝之通俗诗及通俗小说》中将《唐太宗入冥记》的片段第一次介绍到中国，中国的学者们开始注意到这段一百多字的引文，他们纷纷在自己的著述中引用王氏文章中的引文，并加以简略的论述。由于王国维是间接从狩野处获得此条材料的，所以凡是引用王氏文章中这一片段的其他论文，大概都可以视为间接受到了狩野的影响吧。

鲁迅在北京大学讲授中国小说史之前，曾经广泛搜集相关资料，编成《小说旧闻钞》（1926），其中并未收录《唐太宗入冥记》。但是，在《中国小说史略》第十二篇《宋之话本》之中，鲁迅不仅提到《唐太宗入冥记》并为其命名，而且特别引用了《唐太宗入冥记》的片段文字。① 值得注意的是，鲁迅的引文虽然没有标注引自何处，但是其与王国维《敦煌发见唐朝之通俗诗及通俗小说》中的引文完全一致，而与狩野的引文不同，所以我们可以断定，鲁迅正是从王国维处引用《唐太宗入冥记》的。

除了鲁迅，胡适也曾引用这段文字，胡适是在讨论《西游记》成书时引用此段的。胡适《西游记考证》第七部分，讲到《西游记》中唐太宗游地府一段"是许多小故事杂凑起来的"，其中就包括《唐太宗入冥记》这一残本，并说"我们疑心那魏征斩龙及作介绍书与崔判官的故事也许在那损坏的部分里"。② 与鲁迅不同，胡适明确地标出他是从王氏文章中引用的。

此外，胡怀琛在《中国小说的起源及其演变》一书的第三章《中国小说"形"的方面的演变》中也引用了王国维的引文，胡怀琛把这段文字视为唐代白话小说的代表，虽然它"还和文言接近"。③

（三）线路二：从狩野到谭正璧

除了通过王国维间接地影响中国学术界，尚有另一条"路径"将狩野提供的珍贵资料引入中国，即直接引用狩野论文中的引文。由于笔者搜寻到的资料极为有限，所以笔者仅能列出一例。谭正璧的《中国小说发达史》（1935）第四章第六节《变文的起来与俗文的遗留》提到唐太宗入冥故事，谭正璧认为讲秋胡、列国故事和讲唐太宗入冥故事的三种俗文比《明妃变文》《舜子至孝变文》等更为重要，并明确标出他是从狩野的《支那俗文学史研究的材料》一文中引用的。④

除此之外，《支那俗文学史研究的材料》一文曾被汪馥泉翻译成中文，先是发表于《语丝》1929年第4期，后来被收录于汪氏的《中国文学研究译丛》。但是，有多少学者曾经参考过这个译本，暂时还难以确定。

（四）余论：关于《唐太宗入冥记》的拟题

最后需要讨论的是，《唐太宗入冥记》的"冠名权"问题，即究竟是谁为其拟定标题。王重民等编校的《敦煌变文集》中的《唐太宗入冥记》的校

---

① 《鲁迅全集》第9卷，第115页。
② 胡适《胡适文存二集》第4卷，亚东图书馆1929年，第97—98页。
③ 胡怀琛《中国小说的起源及其演变》，正中书局1934年，第54页。
④ 谭正璧《中国小说发达史》，光明书局1935年，第206页。

狩野直喜与《唐太宗入冥记》等敦煌变文（片段）在中国的早期传播

录者是王庆菽，他"依王国维、鲁迅以来所拟之标题"①，将这一段残卷的题目定为《唐太宗入冥记》。今人王昊《敦煌本〈唐太宗入冥记〉的拟题、年代及其叙事艺术》（《广州大学学报》2005 年第 4 卷第 9 期）一文则提出异议，认为王国维并未拟定题名，"发名权"应该专归鲁迅。

笔者认为，王昊的说法值得商榷，或者说，有需要进一步说明之处。

首先，诚如王昊所说，第一次正式使用《唐太宗入冥记》这个标题的是鲁迅，但是，"太宗入冥"或"唐太宗入冥"的说法实际上由来已久，并非鲁迅首创。对于《唐太宗入冥记》变文的"前身"，即《朝野佥载》中的记载，最早可能在清代，俞樾就已经在《茶香室丛抄》中将这个故事总结为"唐太宗入冥"——"按此则小说家言唐太宗入冥，乃真有其事。惜此事记载，殊不分明。"②

至于敦煌变文中记载唐太宗游地府的这一段文字，最早发现并将其抄录回日本的狩野在其《支那俗文学史研究的材料》一文中并没有为其命名，仅仅将这个故事概括为"唐太宗驾崩，其魂魄游历冥府的物语"（「唐太宗が崩して其魂が冥府に遊んだ物語」）③。

王国维从狩野处抄录这一片段时，拟题为《唐太宗入冥残小说》（《沙州文录补》）；王国维后来在《唐写本残小说跋》中称此片段"记太宗入冥事"，发表《敦煌发见唐朝之通俗诗及通俗小说》时说其"记唐太宗入冥事"，要之，也先于鲁迅将故事内容概括为"（唐）太宗入冥"。

综上，"（唐）太宗入冥"作为故事之概称由来已久，并非王国维或鲁迅等近现代学者首创；而如果说到敦煌变文的这个文本，也是王国维首先称呼其为"（唐）太宗入冥"的。当然，如果一定要以"唐太宗入冥记"为准，那么或许确如王昊所说，鲁迅应该独享"发名权"。但是，鲁迅与王国维等人的差异仅仅在于用"记"还是"故事""小说"，等等，而鲁迅对故事内容的概括并无异议，倒可以说是延续了传统的说法。其实，关键是王庆菽选择了"记"，《唐太宗入冥记》遂成惯称，王昊实在应该让鲁迅和王庆菽共享"发名权"。

---

① 王重民、向达、周一良等编《敦煌变文集》，人民文学出版社 1957 年，第 214 页。
② 转引自《支那学文薮》，第 385 页。
③ 《支那学文薮》，第 383 页。

总而言之，笔者认为，《唐太宗入冥记》的标题名称是经过多位学者的探索而最终确定的①，所以可能还是王庆菽的说法最为妥当，即将这一标题视为王国维、鲁迅等多位学者共同拟出的。

三、狩野与《秋胡变文》等敦煌变文片段在中国的传播

以上介绍了狩野与《唐太宗入冥记》在中国的早期传播的情况，笔者接下来试图说明狩野与其他一些变文片段在中国传播的关系。

（一）《秋胡变文》片段

《秋胡变文》，或称《秋胡小说》，编号为 S.133，内容源出于刘向《列女传》卷五中《鲁秋洁妇》的故事。

狩野从英国抄录回的材料中有《秋胡变文》片段，其在中国的早期传播情况大致如下：先是罗福苌从狩野处抄录，但后来遗失不见（据《沙州文录补》序言），王国维后又从狩野处录一副本，其文收录于《沙州文录补》。此外，狩野在《支那俗文学史研究的材料》中披露了这一段文字，谭正璧等人则加以引用②。

值得注意的是，王氏抄录的版本与狩野公布的版本在文字上仍然有不少差异，由此也可以证明王国维在抄录时很可能做了一些改动。具体的文字差异请看表 2。

表 2 《秋胡变文》诸本文字对照表

狩野本	沙州文录补	变文集	说　　明
一形合一	二形合一	二形合一	狩野抄录有误。
不经旬日	不经旬月	不经旬月	诸本皆作"不经旬月"，当为狩野误录。
与诸山亦不同	与诸山不同	与诸山亦不同	王氏不知何故删去"亦"字。

---

① 在《敦煌变文集》之后的项楚《敦煌变文选注》（增订本）、张涌泉《敦煌小说合集》等著作都沿用了《唐太宗入冥记》的标题。当然也有其他意见，比如商务印书馆编《敦煌遗书总目索引》等作《唐太宗入冥小说》。

② 《中国小说发达史》，第 204—205 页。

狩野直喜与《唐太宗入冥记》等敦煌变文（片段）在中国的早期传播

续表

狩野本	沙州文录补	变文集	说　明
见一石室讫（狩野注：以下四字阙）	见一石室讫，由羞一寻	见一石堂讫，由羞一寻	周绍良《敦煌变文汇录》、项楚《敦煌变文选注》、张涌泉《敦煌小说合集》等均作"石堂"。项楚和张涌泉等都怀疑"由羞一寻"可能有误。
明解才略	明解方略	明解七略	项楚、张涌泉等作"七略"，周绍良作"大略"。在字迹难以辨认的情况下，如果考虑到与上文的"九经"相对应，"七略"似乎是更好的选择。王氏作"方略"，如果仅从词义角度考虑，亦有道理。
却头魏国（狩野注曰："头"可能是"逗"的假借字）	却投魏国	却头（投）魏国	"头"当为"投"的假借字。狩野认为是"逗"的假借字，可能是将其理解为"逗留"之意。
披发倡狂	披发倡伴	披发倡伴（狂）	从文意上来说，当为"披发倡狂"，王氏录文有误。
经历六年	经历二年	经历六年	诸本皆作"经历六年"，不知王氏为何改为"二年"。刘向《列女传》原文为"五年乃归"，即"经历六年"。《西京杂记》卷六亦载秋胡事，但为"三年休还家"（即"经历二年"）。所以，王氏或据《西京杂记》而改？
其妻不知夫在（狩野注：以下三字不明）	其妻不知夫在已不□	其妻不知夫在已不？来……	狩野虽然没能辨认出究竟何字，但照样描画下来，寄给王国维后，王氏根据狩野描摹的形状推断为"已不"。
冬中忍寒，夏中忍热	冬中忍寒，夏忍热	冬中忍寒，忧（夏）中忍热	王氏不知为何删去"中"字。根据对偶原则，当为"冬中忍寒，夏中忍热"。

说明：由于此段文字较长，所以略去诸本文字，仅列文字差异处。

尤其值得注意的是，狩野在"见一石室讫"和"其妻不知夫在"之后都标注说汉字不明，而王国维却基本认出了狩野不确定的几个字。狩野的谨慎和王国维的学识都得到了体现。

（二）《孝子董永传》题名的由来

在《敦煌变文集》中，《董永变文》由王重民校录，王重民在校记中说

"篇题依故事内容拟补"①。《董永变文》这一标题名被后来的诸多学者所承认，比如项楚的《敦煌变文选注》、黄征与张涌泉的《敦煌变文校注》，等等，都袭用了这一题名。但是，王国维通过《敦煌发见唐朝之通俗诗及通俗小说》第一次将其介绍给中国读者的时候，使用的却是《孝子董永传》这一标题。为什么会有这样的差异呢？

实际上，王国维的拟题是受到了狩野的影响。狩野在《支那俗文学史研究的材料》中明确地写道："我下边披露的是我本人在遗书中发现的题目为《孝子董永传》的材料"②，也就是说，狩野所见残卷上应该是清楚地标示了《孝子董永传》字样的。1919年，王国维根据狩野提供的材料撰写《唐写本季布歌孝子董永传残卷跋》，已经沿用狩野的说法；1920年，《敦煌发见唐朝之通俗诗及通俗小说》中也是使用了《孝子董永传》的标题。受到王国维的影响，鲁迅在《中国小说史略》中也以《孝子董永传》为题名。此外，许地山在《梵剧体例及其在汉剧上底点点滴滴》（1925）一文中也略微提到了《孝子董永传》，但并没有说明为何使用这一题名。郑振铎《插图本中国文学史》亦提及《孝子董永》故事，但没有使用"传"或"变文"。

综上所述，狩野最先说明这一残篇的题名为《孝子董永传》，王国维沿用其说，鲁迅亦从之。而王重民将其标题拟定为《董永变文》，影响极大，几成定说。

但问题是，如果确如狩野所说，此卷子上题有《孝子董永传》，那么此变文无疑应该叫作《孝子董永传》而非《董永变文》，但是笔者视野有限，不知道是否已有学者在敦煌残卷上发现了《孝子董永传》这一题名。

最后，王国维抄录的《孝子董永传》与狩野论文中披露的段落在文字上依然有些差异，对照表如表3。

表3 《董永变文》诸本文字对照表

狩野本	沙州文录补	敦煌发见	变文集
大众志心须净听	大众志心须静听	大众志心须静听	大众志心须净听
孝感先贤咏董永	孝感先贤说董永	孝感先贤说董永	孝感先贤说董永

---

① 《敦煌变文集》，第113页。
② 《支那学文薮》，第390—391页。

狩野直喜与《唐太宗入冥记》等敦煌变文（片段）在中国的早期传播

续表

狩野本	沙州文录补	敦煌发见	变文集
□中流泪数千行	□中流泪每千行	夜中流泪每千行	眼中流泪数千行
家里贫贱无钱物	家里贫穷无钱物	家里贫穷无钱物	家里贫穷无钱物
长者还钱八千贯	长者还钱八十贯		长者还钱八十贯
郎君如今行孝义	郎君如今行孝道		郎君如今行孝仪

王氏《敦煌发见唐朝之通俗诗及通俗小说》一文仅引至"所买当身殡爷娘"，以下没有引用。其中一句，狩野作"□中流泪数千行"，王氏最初的抄本亦缺首字，但到了《敦煌发见唐朝之通俗诗及通俗小说》，王氏大概是据文意补上"夜"字，而今本多作"眼"字。

如上所述，王国维在参考狩野的抄本时，做出了不少的改动。那么，王国维的修改依据是什么？王国维为什么做出改动？王氏对于狩野本文字的修改依据，现已无法确认（笔者在表1和表2中的个别说明中虽然提出一些可能性，但笔者实际上也不敢肯定），所以我们只能猜测王氏是根据自己的判断进行了文字的修改。但不可否认的是，总体而言，经过王氏的改动，文意确实更加清晰，狩野明显误录的文字也得到了纠正。

王国维在拿到狩野寄来的材料之后，并没有一字不差地照搬狩野抄录的文字，而是根据自己的认识做出了适当的修正（当然也有一些改错的地方），这些修正的背后，大概隐含着一种"立场"，即虽然阐释权是每个人都拥有的，但中国人对于中国的文献理应拥有更好的读解力和决断力，所以中国学者当然可以做出自主的选择，以修正一个"汉学家"或"中国学家"的可能的错误。在王国维的时代，"汉学家"们大概还没有把持学术话语权，反倒是经常被我们的学者嘲讽甚至痛骂[①]，不像今日之中国，哪个学者如果敢于与著

---

① 章太炎在《与罗振玉书》中几乎是"点名批评"，把当时日本"汉学"界的重要人物差不多都抨击了一番，其中"令四方承学者不识短长，以为道艺废灭，学在四夷"一句虽然尖刻，但仍然值得深受"汉学主义"影响者一观（《太炎文录初编》《章太炎全集》第4卷，上海人民出版社1985年，第171—173页）。之后的钱钟书也曾讥讽英国著名"汉学家"阿瑟·韦利（Arthur Waley）做学问是盲人评古（《谈艺录》，三联书店2007年，第497页）。

名"汉学家"商榷，就会被当成挑战"权威"。从这个意义上来说，王国维对于狩野的抄本文字的改动，或许能够给我们一点小小的启示。

四、结语

在敦煌变文最初进入中国学界视野的过程之中，狩野可谓关键性的人物，通过与欧洲学者积极进行学术交流，他将敦煌变文的一些珍贵片段带回东亚，随后，他又通过多种方式，将这些秘籍慷慨地传播出去，与他的诸位同事们（内藤湖南等）在日本揭开了敦煌研究的序幕，并通过王国维、罗振玉和谭正璧等人的进一步介绍与评论，在中国也直接或间接地产生了影响。所以，他是欧洲和中国学界的桥梁，有赖于他宽广的研究视野和敏锐的学术意识，这些变文的片段才能较早地东归（当然即便没有狩野，学者们也是迟早会发现这些珍贵文献的）。

当然，狩野的知己王国维[①]在这一过程中也起着至关重要的作用，如果说狩野是源头，王国维则扮演了不可忽视的修正者与广泛传播者的角色，如果没有狩野的分享，或者没有王国维的宣传，这些珍贵材料就不会那么早为学界所知。正是由于中日学者的精诚合作，这些变文片段才能在中日学界广泛传播，引起大家的讨论，进而推动学界对中国古典小说发展史的重新认识。所以，狩野直喜在敦煌变文研究上的成就其实是一个缩影，反映了早期敦煌学发展的某些特征。当时频繁的学术互动，是推进这门学术不断发展的重要因素。所以，敦煌学或许不在某一国，而是在不同国家的学者之间的真诚互动之中。狩野用他自己的学术成就告诉我们，敦煌学也好，或者其他的学术研究也好，现代学术发展的精神应该在于分享而不在独占，在于讨论真问题而不在争夺利益。

（边明江：北京大学中文系比较文学专业博士生）

[①] 王国维与狩野在治学重点、方法和态度，甚至政治主张上都颇有相似之处：二人都曾热心于小说戏曲等"通俗文学"的研究，但后来都主要转向了经史之学；都看重将新发现的文献与旧文献进行参照研究；都属于严谨务实一派，同时又能兼容新思想；在政治上则拥护"皇帝"。当然，二者的思想变化十分复杂，这里仅就其大要而言。

· 春秋论坛 ·

中国、哈萨克斯坦与丝绸之路经济带[*]

耿 昇

首先感谢会议的组织方,邀请我参加丝绸之路国际论坛。作为一名长期研究丝绸之路的学者来说,我感到十分荣幸、十分高兴,也十分感谢。

2013年9月7日,中华人民共和国主席习近平在哈萨克斯坦的纳札尔巴耶夫大学的讲演中,提出了加强政治沟通、道路联通、贸易畅通、货币流通、民心相通,共同建设"丝绸之路经济带"国家性战略倡议。2013年10月3日,习近平主席在印度尼西亚国会发表讲演时,又明确提出,中国致力于加强同东盟国家的互联互通建设,愿同东盟国家发展海洋合作伙伴关系,共同建设"21世纪海上丝绸之路"。2014年,李克强总理在博鳌亚洲论坛年会开幕式上,特别强调中国要推进"一带一路"的建设。国务委员杨洁篪也表示,古代丝绸之路是商贸之路,而今天的丝绸之路则把经贸合作放在重要位置。这就是21世纪"一带一路"国家级战略倡议的由来。一年多来的事实,充分证明了习主席这项"一带一路"的倡议,无论对于历史、现实,还是未来,都具有不可估量的意义。为亚洲于21世纪的腾飞,勾画出了一幅美好的蓝图。

中国领导人为什么现在会提出丝绸之路"一带一路"的概念呢？它具有深邃的历史原因,完全适应了目前国内外形势的需要,是为了实现中国梦和亚洲梦的重要措施。

"丝绸之路"的概念,首先是由普鲁斯舆地学家和地质学家、近代地貌学的创始人、旅行家和东方学家李希霍芬（Ferdinand von Richthofen,1833—1905年）于他死后才全部面世的五卷本著作《中国亲程旅行家》（1877—1912年）中提出来的。他将从中国长安到达罗马之间的一片交通贸易网络,

---

[*] 此文为作者在哈萨克斯坦丝绸之路国际论坛的发言。

称之为"丝绸之路"。李希霍芬并未目睹这一命名的问世。此称谓刚一推出，并未被国际学术界普遍接受，也未曾引起过多的反响。在长时间内，老一辈国内外治中外关系史的学者，始终沿用"中西交通史""中外关系史"和特别是"西域南海史地考证"的学科名称。"二战"之后，法国科学院院士、超级编书匠、汉学家和东方学家格鲁塞（René Grousset，1885—1952年），于其1942年出版的《中国通史》第4版中，加入了一章共14页的有关"丝绸之路"的文字。从而使"丝绸之路"一词进入了东方学家们的研究著作中。他继承了法国汉学界最早以中国高僧大德（法显、义净、玄奘、悟空、慧超）们的游记和传记作品，来研究西域南海史地以及整个中西交通史的传统。他研究义净和玄奘西游的著作《沿着佛陀的足迹》（1949年出版）于1991年再版时，便顺理成章地被收入到《丝绸之路》丛书中了。对于"海上丝绸之路"的命名，法国汉学大师沙畹（Edouard Chavannes，1865—1918年）于1903年在《西突厥史料》中，根据我国唐代贾耽的四夷路程图，而提出了中西交通中的"海道"一说。但明确提出"海上丝绸之路"的，则是法国的印度学家让·菲利奥轧（Jean-Filliozat），他根据其"罗马世界与东方"的观点，最早于1956年提出了"海上丝绸之路"的观点。丝绸之路以中国长安为起点，经过陇西高原、河西走廊和新疆，而沟通了中亚、西亚和欧洲，甚至包括北非。它自古以来就是东西之间的一条通衢大道。

"丝绸"于希腊—罗马世界，最早被称为"赛儿"（Ser），中国最早被称为"赛里斯"（Serès，丝绸之国）。它最早于公元前4世纪出现在西方。首先是波斯医生和研究波斯、亚述、巴比伦和印度历史的克特西亚斯（Ctésias），他于其《印度史》中提出了赛里斯人身材高大，寿逾二百的观点。其次是古罗马最伟大的诗人维吉尔（Virgil，公元前70年—公元19年）于其传世名著《田园诗》（农事诗，公元前37年—前30年作）中，提到了"赛里斯人从他们那里的树叶上，采集下了非常纤细的羊毛"。本处的"羊毛"即指丝绸。这说明，丝绸当时已经在希腊—罗马社会中有所识。不过，他们只知其然，不知其所以然。

但在很长时间内，实际上并不存在一条从西安直通到罗马的丝绸之路，也从来未曾有过商人将丝绸直接从长安运往罗马社会的例证。欧亚大陆两极之间的政治、文化、经济交流，尤其是丝绸贸易，都是由不同邦国、民族和地区之间接力性地完成的。他们为了各自的经济利益，往往都会在丝绸的来源及性质问题上作假，以便掩饰真相。故而使西方在很长一段时间内，误认为丝绸如同蜘蛛结网一般，生长在小森林中，只要向树上泼水，便可以摘取羊毛一般的丝绸。从各方面来看，历史上的"丝绸之路"是从中国出发，以中国物产为中心，由沿途的各个国家和民族，分别由官方和民间共同开辟、维护和发展起来的。"丝绸之路"从来就不是中国一家之事。丝绸之路造福于沿途各国和各民族。

"丝绸之路"后来又有了许多衍生名称，如"海上丝绸之路""草原丝绸之路""南方丝绸之路"和"西南丝绸之路"等称谓。但从西安出发，穿越西域沙漠绿洲的这片交通网络，始终于其中占据首要位置。它始终是各条丝绸之路的源头。我国隋炀帝时代以经营西域而著称，出自河东"宰相大臣门户"的裴矩曾撰写过一部《西域图记》，可惜只有序言部分保存至今。他认为当时从沙洲到地中海世界的拂菻，共有3条道路：北道、中道和南道。其北道从伊吾（哈密）出发，到达可萨汗国王廷之一的碎叶（今吉尔吉斯斯坦的托克玛克），再向北便通向拂菻。这条路正是把中国与哈萨克斯坦联系起来的。那条西北丝绸之路，它历史最为悠久，所起过的作用最大，对中西经济文化交流的贡献巨大。它还是连接"丝绸之路经济带"之钥。

中国领导人非常重视哈萨克斯坦在丝绸之路经济带中的作用与地位，给予了高度评价。所以，习近平主席才选择在哈萨克斯坦宣布了中国的这项高瞻远瞩和造福于丝绸之路沿途各国人民的战略倡议。

"哈萨克"（Kazakh）的本意是"避难者"和"脱离者"，可能是指他们于14世纪脱离乌兹别克汗国而东迁的历史事实。也有人认为哈萨克民族起源于白天鹅化作美女而与勇士结婚的故事，所以"哈萨克"也具有了"白天鹅"的意义。哈萨克民族的文学艺术大都是围绕着"勇士"与"白天鹅"的故事展开的。每个文明的民族，都会有一个美好的民族起源故事。

哈萨克斯坦地处中亚，东南连接中国新疆，北与俄罗斯相毗邻，南与乌兹别克斯坦（月即伯）、土库曼斯坦（突厥蛮）和吉尔吉斯斯坦（黠戛斯，吉利吉思）接壤。其国土面积272.49平方公里，人口1520万，是中亚地区幅员最辽阔的国家。哈萨克斯坦民族和宗教多元，文化绚烂多彩，资源丰富，政局稳定。"丝绸之路"横贯哈萨克斯坦全境，阿拉木图更自古以来就扼控丝绸之路的咽喉。阿拉山口口岸和霍尔果斯口岸更是中国在西域的重要陆路通道。它是古代中国通往中亚丝绸之路的必经之地，长期充任中西方贸易的中继站。近年来，在联合国教科文组织的协调组织下，经过阿拉木图会议、吐鲁番会议、撒马尔罕会议及多次民间学术研讨会的充分酝酿和协商讨论，明确了丝绸之路作为文化线路和经济带遗产的总体性质，最终决定由中国、哈萨克斯坦、乌兹别克斯坦、吉尔吉斯斯坦、塔吉克斯坦和土库曼斯坦作为原始提名国，向联合申报并获得了将陆路"丝绸之路"列入世界文化遗产名录的成果。

哈萨克斯坦在丝绸之路上的作用与地位，可能是由于其族祖之一"可萨突厥汗国"为它奠定了历史的基础。据中国唐代的断代史《新唐书·西域传》记载："大食以西有苫者，亦自国。北距突厥可萨部，地数千里，有五节度，胜兵万人"。唐代文人杜环（《通典》编者杜佑族子）于天宝十载（751）随唐将安西四镇节度使高仙芝西征，兵败怛罗斯（今哈萨克斯坦境内江布尔附近的塔拉斯河畔）之后被俘。他于宝应元年（762），附商舶由海路归国，著有《经行记》，已佚，唯有杜佑《通典中》保留下来了某些片断。其中也提到"（苫国）北接可萨突厥"。这大概是唐代有关可萨突厥人记载的源头。其中的"苫国"（al—Sham）是唐代对叙利亚的称呼，"苫"系"闪"的别译。《圣经·创世记》中记载说，闪为诺亚长子，其封地在叙利亚。"火寻"即今乌兹别克斯坦境内的花剌子模。可萨突厥汗国是一个以突厥民族和操突厥语言的人口为主体的大汗国。他们从5世纪的阿提拉（Attila，？—453年，西迁欧洲的匈奴大帝国的缔造者）时代起，便向北打了通向高加索之路，最终定居在伏尔加河、顿河与高加索之间。他们推翻并主宰了不里阿耳人（Bulgares）和其他突厥族群，并且在占领黑海海滨部分地区后，还进入了拜占庭帝国的势力范围。从652年起，他们多次与大食征服者战斗，为此才与拜占庭结盟。8世纪中叶，甚至还有一名可萨突厥的接受了基督宗教归化的公主，嫁给了拜占庭一位作为王位继承人的王子，并且由此而成为拜占庭王后。

由此可见，可萨突厥人不仅是今哈萨克人的先祖之一，而且还为早期丝绸之路的开通、发展与维护做出了功不可没的贡献。我们今天在讲"丝绸之路经济带"时，绝不可忽略他们。

可萨突厥汗国自7世纪后期在高加索以北地区崛起之后，依靠其强大的军事力量，而成为欧亚大陆的中枢和丝绸之路经济带上的枢纽站，吸引各地商人蜂拥而入地去经商，曾一度与大食和拜占庭两大帝国形成了三足鼎立的局面。

8 世纪上半叶，可萨突厥汗国经两次迁都后，最终建都于伏尔加河河口的伊蒂勒（Itil，今俄罗斯的阿斯特拉罕）。此后，可萨突厥汗国便以伏尔加河下游为中心，逐渐从一个草原游牧汗国向积极从事对外贸易的商业国家过渡。它控制了东抵乌拉尔河，西达第聂伯河，北至伏尔加河中游，南至高加索山脉的大片领土。它凭借其强大的军事实力、交通要塞和商品集散地的优势，维持着东西方之间的贸易往来。实际上，该汗国在很大程度上是依靠过境贸易关税而致富并发展起来的。它充当了多国贸易的中介人与保护人，并由此而获得了巨额利润。

伏尔加河横贯欧亚大草原，最后注入里海，是天然的贸易通道。东西方的贸易，沿古老的丝绸之路而来往于其间。这种贸易交流在东侧到达地中海世界，在西侧到达西域的突厥人地域。在北方，它甚至将盛产琥珀的波罗的地区，也纳入到了自己的贸易网络。在东方，它又通过陆路、卡马河（Kama）、伏尔加河与乌拉尔地区，而与西伯利亚和花剌子模连成了一片。

可萨汗国的特征，就是其强烈的贸易志向。它成了穆斯林和阿拉伯—波斯世界、拜占庭社会、北部斯拉夫部族和花剌子模之间的贸易过境地。在中世纪时，它又是阿姆河下游的一个繁荣昌盛的国家。当时可萨突厥汗国自己的物产并不丰富，主要是要依靠过境贸易的关税收入。

对于可萨突厥人喜欢从事对外贸易的习性，我国唐代玄奘（600—644年）于其《大唐西域记》中就有记载："千泉西行百四五十里，至呾罗私城。城周八九里，诸国商胡杂居也。"呾罗私即怛罗私，位于今哈萨克斯坦的江布尔一带。哈萨克人族祖之一的可萨突厥人的这种重视商业为吸引中亚和东西方商客，提供过境贸易的方便，向臣服于可萨汗国的百姓征收赋税的治国政策，奠定了现今哈萨克斯坦作为古老丝绸之路经济带上的一个重要环节的基础，扮演了沟通中西方贸易的中介商的角色。

可萨突厥汗国历史上相继于几处立都。其第三个首都，也是其中最重要的一个，于 8 世纪创建于伏尔加河大拐弯处的伊蒂勒，地处同一条河的两岸。其西部有两座带防御工事的宫殿；其东部被留作穆斯林居民使用，并建有多座清真寺。其权力由两部分组成：其中一部分由可汗掌握，系宗教之王，负责犹太教及其个支系；另一位是伯克（bek），行使世俗权力。当地居民是混合性的，但大多数仍为草原突厥民众。740 年，可萨突厥可汗接受了犹太教的归化，部分可萨突厥居民还接受了摩尼教的归化。这说明他们既要独立于

503

信仰基督宗教的拜占庭，也想摆脱大食哈里发们的控制。

13世纪上半叶，由成吉思汗的长子术赤（Joči，1171—1225年）的儿子拔都汗（Batu，1209—1256年）创建了蒙古四大汗国之一的钦察汗国（金帐汗国），共持续200余年。1243年，拔都汗将咸海东北地区封给了其兄斡鲁朵，建白帐汗国；拔都又将咸海以北，西至乌拉尔沙之地封给其弟昔班，建蓝帐（青帐）汗国。钦察汗国侵占了原可萨突厥汗国的大片领土，甚至灭掉了可萨突厥汗国。但在钦察汗国内，许多部族都带有哈萨克族的成分。白帐汗国曾一度兴盛，占领了原金帐汗国的大部分地区。1456年，哈萨克族人在其首亲术赤系的克烈汗和贾尼别克汗（？—1473年）率领下，脱离了白帐汗国，迁至七河、楚河与塔拉斯河流域，创建了哈萨克汗国（1456—1822年）共存在366年。15世纪下半叶，哈萨克汗国的疆域很快就扩大到了锡尔河流域。16世纪时，在加尼别克汗之子哈斯木汗统治期间，制定了《哈斯木法典》。该汗国人口达百万，拥胜兵30余万。哈斯木汗死后，哈萨克汗国势渐衰，形成了三玉兹（juz，本意为"方面"和"部分"，又译为"帐"）分立的局面。19世纪初，由乌兹别克人（月即伯人）最早建立在费尔干纳河谷（拔汗那，古大宛国）的浩罕汗国，侵占了哈萨克汗国大玉兹（大帐）的大部分领土，俄罗斯人占领了中玉兹与小玉兹的领土。哈萨克汗国遂告灭亡。

由于哈萨克斯坦的这种错综复杂的历史变迁，使哈萨克斯坦形成了一个多民族、多宗教、多元文化的国家。其历史上先后存在过匈奴人、乌孙人、粟特人、阿兰人、嚈哒人、大月氏人、鲜卑人、柔然人、塞族人、可萨突厥人、大食人、波斯人、不里阿耳人、犹太人、北高加索人、拜占庭人、突厥各部民族、蒙古各部民族、俄罗斯人等。其中涉及了草原原始宗教（如萨满教）、佛教、祆教、摩尼教、犹太教、伊斯兰教、基督宗教和各种民间宗教。其文化包括中国中原文化、突厥伊斯兰文化、蒙古文化、波斯—阿拉伯文化、斯拉夫文化、希腊—罗马文化等。正是由于这样的历史文化背景，哈萨克斯坦又在丝绸之路文化带上扮演了重要角色。中国与哈萨克斯坦有着历史的和现实的，经济贸易的和文化的密切联系。中哈两国山水相连，血脉相通。哈萨克民族也是中国56个民族之一。我国的新疆伊犁、木垒和巴里坤均设有哈萨克族自治州，青海省也设有海西藏族哈萨克族自治州，甘肃省则设有阿克塞哈萨克族的自治县。

哈萨克斯坦的文化，与我国哈萨克族文化同源，具有很多相似性。例如，哈萨克族的"阿肯弹唱"于2006年3月,被列入到了我国第一批"人类口头和非物质文化代表作"名录。"阿肯"是指哈萨克族会弹唱的歌手和民间诗人。他们既能以冬不拉伴奏而演唱民间歌曲,又会即兴吟诗。由于哈萨克族的历史文字文献稀缺,所以其历史故事和民间文学作品,大多是由他们的弹唱和史诗而留传下来的。"阿肯弹唱"不仅存在于中国哈萨克民族中,而且也存在于哈萨克斯坦。

在历史上,古老的丝绸之路把中国与哈萨克斯坦及其族祖密切联系起来了。在今天,"丝绸之路经济带",包括"丝绸之路文化带",必定会使中哈两国在政治、经济和文化方面,更加紧切地联系起来。

(耿昇:中国社会科学院历史所研究员,北京师范大学历史文化学院兼职教授)

汉代外来的珍珠[*]

石云涛

摘 要：在古代的中外交往中，珠宝是帝王和贵族们孜孜以求的域外物品，珍珠是其一。中国出珍珠，广西合浦、海南岛都以出产珍珠闻名，也从域外输入珍珠。汉代中原地区的珍珠有的来自西域。中国人知道大秦多珍珠，被称为"大秦珠"。大秦以珠宝众多而著称。中原地区从南方沿海地区获得珠宝，还从周边民族和东亚民族获得珍珠，甚至还得到倭国的"白珠、青玉"。珍珠是皇室贵族之家富贵的陈设和华丽的装饰，是豪华财富的象征。汉代女性常用明珠作为佩饰。贱珠玉被认为是帝王的良好品德，也成为官场贪赃枉法行贿受贿的赃品。汉代盛行厚葬，"送死过度"。贵族帝王不仅生前享用珠玉，也幻想死后跟生前一样，所以珠玉成为陪葬物。

关键词：汉代 中外交流 珍珠

通常说的珍珠指蚌珠，蚌珠是一种古老的有机宝石，主要产在珍珠贝类和珠母贝类软体动物体内。由于其内分泌作用而生成的含碳酸钙的矿物珠粒，由大量微小的文石晶体集合而成，非常美观。汉代人知道珍珠的出处。东汉蔡邕《汉津赋》云："明珠胎于灵蚌兮，夜光潜乎玄洲。"[①]《青衣赋》又云："金生砂砾，珠出蚌泥。叹兹窈窕，产于卑微。"[②] 徐幹《齐都赋》云："其宝玩则玄蛤抱玑，骏蚌含珰。"[③] 珍珠因珠光晶莹似月光，故名明月珠。人们用它比喻心爱的人或美好贵重的事物，汉语中有"掌上明珠"的成语。在古代的中外交往中，珠宝是帝王和贵族们孜孜以求的域外

---

[*] 本文为2014年度国家社科基金后期资助项目《汉代外来文明研究》（14FZS003）阶段性成果。
[①] 费振刚等辑校《全汉赋》，北京大学出版社1993年，第571页。
[②] 《全汉赋》，第573页。
[③] 《全汉赋》，第623页。

506

汉代外来的珍珠

珍品,丝绸是古代中国主要的输出产品,统治者用丝绸换取的往往是域外的奇珍异宝。

一、汉代珍珠的来源

中国出珍珠,广西合浦、海南岛都以出产珍珠闻名。汉武帝平南越,在今海南岛置珠崖郡,取名即因其地盛产珍珠。但如汉元帝时贾捐之所说:"又非独珠厓有珠、犀、瑇瑁也"。① 汉代合浦采珠业已经非常兴盛。康熙二十五年修《合浦县志》云:"合浦南部地瘠人贫,不种粮食,耕海采珠,以珠易米。"古代合浦是壮族先民聚居之地,沿海土地贫瘠,无有田农,在王命和生计的双重逼迫下,百姓以采珠为业,"年十余岁使教入水"的乌浒人、珠儿、珠户、珠民不顾安危采来的珍珠,一是作为贡赋上交官府;一是以珠易米赖以生存。西汉时有内地人至合浦以采珠致富者。② "合浦珠还"是产生于东汉时的著名故事。③ 东南沿海地区皆出珍珠。王粲《游海赋》写大海出"贲蛟大贝,明月夜光"。④

汉代中国也从域外输入珍珠。《汉书》卷九十六下《西域传赞》描述西汉所获异域物产云:"明珠、文甲、通犀、翠羽之珍,盈于后宫;蒲梢、龙文、鱼目、汗血(四种骏马名)之马充于黄门;巨象、师子、猛犬、大雀之群,食于外囿。殊方异物,四面而至"。《西京杂记》卷二记载:"武帝为七宝床、杂宝案、厕宝屏风、列宝帐,设于桂宫,时人谓之四宝宫。"⑤ 汉代域外和国内皆有经营珠宝的商人,焦延寿《易林》中卜辞有云:"范公陶夷,善

---

① 《汉书》第64卷下《贾捐之传》,第2834页。
② 《汉书》第76卷《王章传》记载,王章受诬陷被杀,妻子皆徙合浦。后王章平反,"其家属皆完具,采珠致产数百万"。第3239页。
③ 《后汉书》第76卷《孟尝传》记载,东汉时合浦当地百姓以采珠为生,以此向交趾郡换取粮食。合浦地方官吏贪赃枉法,强迫珠民连年滥采。导致合浦沿海珠苗灭绝,珍珠贝逐渐迁移到邻近的交趾郡的边海,在合浦能捕捞到的越来越少了。故称"珠逃交趾"。汉顺帝时派孟尝担任合浦太守。孟尝到任后,改革前弊,废除盘剥的非法规定,并不准渔民滥捕乱采,以便保护珠蚌的资源。不到一年,珍珠贝很快又回到了合浦的沿海,合浦又成了盛产珍珠的地方。
④ 《艺文类聚》第8卷《水部》,上海古籍出版社1982年,第152页。
⑤ [东晋]葛洪《西京杂记》第2卷,《汉魏丛书》,吉林大学出版社影印本1992年,第305页。

507

贾俙资，东之管丘，易字子皮。把珠载金，多福利归。"① 同卷《讼》"大壮"条云："处高不伤，虽危不亡。握珠怀玉，还归其乡。"② 同卷《泰》"升"条云："日中为市，各抱所有，交易货誉，含珠怀宝，心悦欢喜。"③ 《大有》"履"条云："商人行旅，资无所有，贪贝利珠，留连王市。还家内顾，公子何咎！"④ 显然这些都是对商贾活动的一种预言。

汉代中原地区的珍珠有的来自西域。中国人知道大秦多珍珠，古代罗马产珍珠被称为"大秦珠"，大秦即罗马。自古以来，大秦以珠宝众多而著称。三国时吴国康泰撰《吴时外国传》云："外国称天下有三众：中国人众，大秦宝众，月氏马众。"⑤ 魏晋时鱼豢《魏略·西戎传》记载大秦物产，有"明月珠、夜光珠、真白珠"。⑥ 随着丝绸之路的开辟，大秦珍珠西汉时已经传入中国。汉乐府诗有《陌上桑》，其中写罗敷的首饰，说她"头上倭堕髻，耳中明月珠"。"明月珠"应该就是大秦珠。东汉辛延年《羽林郎》诗写当垆卖酒的胡姬："头上蓝田玉，耳后大秦珠。"⑦ 至迟辛延年的时代，已有胡人在中国开酒店，那位胡姬的首饰有"大秦珠"。汉武帝时通过战争手段从西域获得珍珠。李广利伐大宛胜利，汉武帝《封李广利为海西侯诏》云："贰师将军李广利，伐胜大宛，赖天之灵，从溯河山，涉流沙，通西海，山雪不积，士大夫径度，获王首虏。珍怪之物，毕陈于阙。"⑧ 李广利伐宛大捷，重要的战利品就是"珍怪之物"。《后汉书》卷八十八《西域传》记载，东汉光武帝建武二十一冬，"车师前王、鄯善、焉耆等十八国俱遣子入侍，献其珍宝"。东汉时继承西汉的传统，继续在西域置官护守，西域各国往往贿赂汉朝官员，其中有珠宝。《东观汉记》卷十六《李恂传》记载："为西域副校尉，西域殷富，多珍宝，诸国侍子及督使贾胡数遗恂奴婢、宛马、金银、香、罽之属。"⑨

---

① ［西汉］焦延寿《易林》第1卷《蒙》"需"条，中国国家图书馆编：《国立原北平图书馆甲库善本丛书》国家图书馆出版社据明末刻本影印2013年，第956页。
② ［西汉］焦延寿《易林》第1卷《讼》"大壮"条，第962页。
③ ［西汉］焦延寿《易林》第1卷《讼》"大壮"条，第974页。
④ ［西汉］焦延寿《易林》第1卷《大有》"履"条，第974页。
⑤ ［唐］司马贞《史记索隐》引，《史记》第123卷《大宛列传》，第3160页。
⑥ 《三国志》第30卷，裴松之注引《魏略·西戎传》，第861页。
⑦ 逯钦立辑校《先秦汉魏晋南北朝诗》，中华书局1983年，第198页。
⑧ 《汉书》第61卷《李广利传》，第2703页。
⑨ ［东汉］刘珍等撰，吴树平校注《东观汉记校注》第16卷，中华书局2008年，第730页。

汉代外来的珍珠

《后汉书·李恂传》李贤注云:"督使,主蕃国之使也;贾胡,胡之商贾也。"① 这种贿赂行为在当时可能是常例,只是因为李恂清廉,才"一无所守",其他官员通常是接受的。

汉武帝之前,中原地区就从南方沿海地区获得珠宝。刘邦为汉王,赐张良"金百溢,珠二斗"。② 汉朝建立。公元前 196 年,汉高祖刘邦派遣大夫陆贾出使南越,劝赵佗归汉。在陆贾劝说下,赵佗接受了汉高祖赐给的南越王印绶,臣服汉朝。③ 此后,南越国和汉朝互派使者往来,并通互市。惠帝时赵佗仍"称臣奉贡"。④ 吕后时汉朝与南越国交恶,但公元前 179 年汉文帝派陆贾第二次出使南越国,赵佗再次去帝号,归附汉朝。这段臣属期维持时间非常长,共经历了四代南越王。直到汉景帝时,南越都向汉朝称臣,每年春秋两季派人到长安朝贡。在这样的往来中,南越国贡献汉朝的主要是包括珍珠的南方特产。吕太后死,郦寄劝说吕禄放弃兵权,吕禄接受了这一建议。吕禄的姑母吕媭听说此事,大怒,"悉出珠玉宝器散堂下,曰:'无为它人守也!'"⑤ 除了通过西北陆上交通与西域各国交往外,汉武帝还遣使出南海,交通东南亚、南亚诸沿海国家和地区,远至黄支国(在今印度)、已程不国(今斯里兰卡)。《汉书·地理志》提到汉朝商使出海至黄支国,"赍黄金、杂缯而往",目的是"市明珠、璧琉璃、奇石、异物"。汉朝人特别欣赏南方沿海各国的大珠,从其地得"大珠至围二寸以下"。⑥ 东方朔《化民有道对》批评当时奢侈之风,云:"木土衣绮绣,狗马被缋罽,宫人簪珥瑁,垂珠玑。"⑦ 颜师古注云:"玑,珠之不圆者。"⑧

汉武帝以后汉朝人从交阯得到各种珠宝,更多的南海珠玑不断传入内地,进入皇宫和达官贵人之手。东汉初公孙述称帝蜀中,建武十一年(35 年)汉廷遣兵征讨,公孙述破时,"珍宝珠玉,委积无数";"珍宝山积,卷握之物,

---

① 《后汉书》第 51 卷《李恂传》,第 1684 页。
② 《汉书》第 40 卷《张良传》,第 2027 页。
③ 《汉书》第 1 卷《高帝纪》,第 73 页。
④ 《汉书》第 2 卷《惠帝纪》,第 89 页。
⑤ 《汉书》第 3 卷《高后纪》,第 101 页。
⑥ 《汉书》第 28 卷下《地理志》"粤地",第 1671 页。
⑦ 《汉书》第 65 卷《东方朔传》,第 2858 页。
⑧ 《汉书》第 65 卷《东方朔传》,第 2859 页。

509

足富十世"。① 章帝时朝廷还以"均输"的名义，让交阯、益州市珍宝输纳，朝廷转手"收采其利"。② 和熹皇后时，"宫中亡大珠一箧"。③ 安帝时"至有走卒奴婢被绮縠，著珠玑"。④ 汉末王允设计诛杀董卓，"长安士女卖其珠玉衣装市酒肉相庆者，填满街肆"。⑤ 说明当时从海外传入珍珠之多。东汉安帝时，桂阳太守文砮向皇帝进献大珠，受到朝廷的批评。《后汉书》卷八《安帝纪》记载永建四年五月壬辰诏曰："海内颇有灾异，朝廷修政，太官减膳，珍玩不御。而桂阳太守文砮，不惟竭忠，宣畅本朝，而远献大珠，以求幸媚，今封以还之。"桂阳在今湖南省郴州市，位于湖南省东南部，地属岭南，毗邻南方沿海地区，文砮的大珠应该来自南海地区。

汉朝还从周边民族和东亚民族获得珍珠。东汉时，匈奴分为南北二部，南匈奴降汉，南单于给汉朝的贡物有珠宝。《后汉书》卷八十九《南匈奴列传》记载，建武二十五年，"南单于复遣使诣阙，奉藩称臣，献国珍宝"。汉朝从西南夷哀牢国获得珠宝。扬雄《蜀都赋》写西南所出有"玉石江珠"。⑥《后汉书》卷八十六《西南夷列传》记载哀牢国："出铜、铁、铅、锡、金、银、光珠、虎魄、水精、瑠璃、轲虫、蚌珠、孔雀、翡翠、犀、象、猩猩、貊兽。""西部都尉广汉郑纯为政清洁，化行夷貊，君长感慕，皆献土珍，颂德美。"其君长所献土珍应有光珠和蚌珠。李贤注引《华阳国志》云："澜沧水有金沙，洗取融为金。有光珠穴"。又引《博物志》云："光珠即江珠也。""哀牢"是达光王国国王的名字，因哀牢是最早与汉朝有接触的达光王，达光王国也就被汉史称作"哀牢国"。达光王国是濮人（傣族先民）在怒江—澜沧江流域建立的部落联盟国家，前期被汉史称作"哀牢国"或"滇越乘象国"，后期被汉史称作"掸国"。《后汉书》卷八十六《西南夷列传》记载，永元九年，"徼外蛮及掸国王雍由调遣重译奉国珍宝，和帝赐金印紫绶，小君长皆加印绶、钱帛"。汉朝在从东北亚地区的入贡中也获得大珠。《后汉书》卷八十五《东夷传》记载，夫余国"出

---

① ［东汉］刘珍等撰，吴树平校注《东观汉记校注》，中华书局2008年，第587页。
② 《后汉书》第43卷《朱晖传》，第1460页。
③ ［东汉］刘珍等撰，吴树平校注《东观汉记校注》，中华书局2008年，第204页。
④ 《后汉书》第5卷《安帝纪》，第228页。
⑤ 《后汉书》第72卷《董卓传》，第2332页。
⑥ 费振刚等辑校《全汉赋》，北京大学出版社1993年，第160页。

名马、赤玉、貂豽,大珠如酸枣"。建武二十五年,"夫余王遣使奉贡"。此后"使命岁通",安帝、顺帝、桓帝和灵帝时都"诣阙贡献"。夫余人的贡献中少不了如上物产。汉朝还得到倭国的"白珠、青玉"。白珠是玉珠。汉武帝灭卫氏朝鲜,倭人"使驿通于汉者三十许国",东汉光武帝时封其国为倭奴国,并赐以印绶。倭国向汉朝进贡除"生口"(奴隶)之外,应该还有"白珠、青玉"。① 汉末曹植《美女篇》诗云:"明珠交玉体,珊瑚间木难。"木难,琅玕之类的宝珠,又写作"莫难",来自域外。李善注引《南越志》云:"木难,金翅鸟沫所成碧色珠也。"② 这是出于传说。崔豹《古今注》卷下云:"莫难珠,一名木难,色黄,出东夷。"③《新唐书·西域传下》记载拂菻:"土多金、银、夜光璧,明月珠、大贝、车渠、码碯、木难、孔翠、虎魄。"拂菻,即东罗马。

二、珍珠与汉代社会生活

珍珠是皇室贵族之家富贵的陈设和华丽的装饰。传说中刘邦的斩蛇剑是汉朝诸帝传家之宝,被历朝珍藏。据说"剑上有七采珠、九华玉以为饰"。④ 刘邦起兵时不可能这样阔气,这当然是后来加工的。西汉时文帝、景帝都崇尚节俭,汉武帝时开始追求奢侈,宫殿装饰趋向豪华。东汉辛氏《三秦记》记载,西汉时"未央宫渐台,西有桂宫,中有明光殿,皆金玉珠玑为帘箔,处处明月珠。金堲玉阶,昼夜光明。"⑤ 葛洪《西京杂记》卷二记载:"武帝为七宝床,杂宝案,厕宝屏风,列宝帐,设于桂宫,时人谓为四宝宫。"⑥ 何清谷解释说:七宝床,用多种宝物装饰的床;杂宝案,用杂宝装饰的几案;

---

① 《后汉书》第85卷《东夷列传》,第2820—2821页。
② [南朝·梁]萧统编《文选》第27卷,上海书店1988年,第381页。
③ [西晋]崔豹著,焦杰校点《古今注》卷下,辽宁教育出版社1998年,第16页。
④ [东晋]葛洪《西京杂记》第1卷,汉魏丛书,吉林大学出版社影印本1992年,第303页。
⑤ 何清谷校注《三辅黄图校注》第2卷,三秦出版社1995年,第127页。
⑥ [东晋]葛洪《西京杂记》第2卷,《汉魏丛书》,吉林大学出版社影印本1992年,第305页。

厕宝屏风，厕所里装有屏风，① 屏风上饰以各种珍宝；列宝帐，用一排一排的宝物装饰的帐幔。② 未央宫之北宫"珠帘玉户如桂宫"。③《西京杂记》卷一记载，汉成帝宠幸赵飞燕姐妹，其居昭阳殿，"壁带往往为黄金釭，含蓝田璧，明珠翠羽饰之"。④ 同书卷二记载："昭阳殿织珠为帘，风至则鸣，如珩佩之声。"⑤ 后世托名汉人小说《赵飞燕外传》写飞燕和妹妹赵合德都受到成帝宠幸，"真腊夷献万年蛤，不夜珠，光彩皆若月，照人亡妍丑，皆美艳。帝以蛤赐后，以珠赐婕妤。"后赵合德又以"枕前不夜珠"赠姐姐。⑥ 大概是由此生发的想象。东汉刘梁《七举》写宫殿之装饰："镂以金碧，杂以夜光"；"随珠明月，照耀其陂"。⑦

汉代女性常用明珠作为佩饰。汉乐府中无名氏《陌上桑》写罗敷："罗敷喜蚕桑，采桑城南隅。青丝为笼系，桂枝为笼钩。头上倭堕髻，耳中明月珠。"司马彪《续汉书》记载："太皇后花胜上为金凤，以翡翠为毛羽，步摇贯白珠。"⑧ 东汉傅毅《舞赋》写舞女之美："珠翠的砾而炤燿兮，华袿飞髾而杂纤罗。"⑨ 张衡《舞赋》写舞女："粉黛施兮玉质粲，珠簪挺兮缁发乱。"⑩ 刘桢《鲁都赋》写舞女："插曜日之珍笄，珥明月之珠珰。"⑪ 刘騊駼《玄根

---

① "厕宝屏风"之"厕"字，有参与、掺杂之义，意思是镶嵌有珠宝的屏风。何清谷解释为"厕所里装有屏风"，有误。见何清谷注《三辅黄图校注》第2卷第128页。葛洪《西京杂记》第1卷云：刘邦的斩蛇剑被汉朝诸帝作为传家之宝收藏，"杂厕五色琉璃为剑匣"，意思是剑匣上镶嵌有五色琉璃。见《汉魏丛书》，吉林大学出版社影印本1992年，第303页。
② 何清谷校注《三辅黄图校注》第2卷，三秦出版社1995年，第128页。
③ 何清谷校注《三辅黄图校注》第2卷，三秦出版社1995年，第128页。
④ ［东晋］葛洪《西京杂记》第1卷，《汉魏丛书》，吉林大学出版社影印本1992年，第303页。
⑤ ［东晋］葛洪《西京杂记》第2卷，《汉魏丛书》，吉林大学出版社影印本1992年，第305页。
⑥ ［西汉］伶玄撰《赵飞燕外传》，《汉魏丛书》，吉林大学出版社影印本1992年，第745页。
⑦ 费振刚等辑校《全汉赋》，北京大学出版社1993年，第542页。
⑧ ［南朝·梁］萧统编《文选》第19卷，曹植《洛神赋》李善注引，上海书店1988年，第255页。
⑨ 《艺文类聚》第43卷《乐部》，上海古籍出版社1982年，第769页。
⑩ 《艺文类聚》第43卷《乐部》，上海古籍出版社1982年，第770页。
⑪ 费振刚等辑校《全汉赋》，北京大学出版社1993年，第711页。

汉代外来的珍珠

赋》有"戴金翠,珥珠玑"的句子。① 杜笃《祓禊赋》写三月三日上汜王侯公主富贾大商的郊外宴饮,其娇妻美妾亮相郊外水滨:"若乃窈窕淑女,美媵艳姝,戴翡翠,珥明珠,曳离袿,立水涯。"② 汉末乐府长诗《焦仲卿妻》中,刘兰芝自言其美:"腰若流纨素,耳著明月珰。"③ 曹植《美女篇》诗写盛年未嫁的美女云:"攘袖见素手,皓腕约金环;头上金爵钗,腰佩翠琅玕。明珠交玉体,珊瑚间木难。"④ 曹植《洛神赋》写女神宓妃:"戴金翠之首饰,缀明珠以耀躯。"⑤ 王粲《神女赋》写神女:"戴金羽之首饰,珥昭夜之珠珰。"⑥ 男性喜用明珠装饰佩剑。曹植《乐府》云:"所贵千金剑,通犀间碧玙。翡翠饰鸡璧,标首明月珠。"⑦ 珍珠代表美好而珍贵的东西。汉末赵壹《刺世嫉邪赋》讽刺社会上的是非颠倒,黑白混淆云:"势家多所宜,咳唾自成珠;被褐怀金玉,兰蕙化为刍。"⑧

珍珠是奢侈品,是豪华财富的象征。扬雄《校猎赋》写天子苑囿中的珠宝:"方椎夜光之流离,剖明月之珠胎。"颜师古注云:"珠在蛤中若怀妊然,故谓之胎也。"⑨《汉书》卷四十七《梁孝王传》言梁王之富:"府库金钱且百巨万,珠玉宝器多于京师。"同书卷五十二《田蚡传》云:"后房妇女以百数,诸奏珍物狗马玩好,不可胜数。"西汉时昌邑王被立为帝,无道,大将军霍光欲废之。皇太后下诏召昌邑王,《汉书》卷六十八《霍光传》记载:"太后被珠襦,盛服坐武帐中。"颜师古注引如淳曰:"以珠饰襦也。"又引晋灼曰:"贯珠以为襦,形若今革襦矣。"颜师古同意晋说。贯珠为饰的短衣,称为珠襦,乃皇帝、皇后在正式场合所服。汉成帝时赵飞燕被立为皇后,姐妹

---

① [南朝·梁] 萧统编《文选》第19卷,曹植《洛神赋》李善注引,上海书店1988年,第255页。
② 费振刚等辑校《全汉赋》,北京大学出版社1993年,第274页。
③ [宋] 郭茂倩《乐府诗集》第73卷,中华书局,第1035页。
④ [南朝·梁] 萧统编《文选》第27卷,第381页。
⑤ [南朝·梁] 萧统编《文选》第19卷,第255页。
⑥ 《艺文类聚》第79卷《灵异部》下,上海古籍出版社1982年,第1352页。
⑦ 《北堂书钞》第122卷《剑》作傅玄《九思》,钱氏校云:"此是陈思王《乐府》,今案本篇下文引陈思王《乐府》同,惟璧作必,考璧必同音,戈壁即郭必,可通借也。"学苑出版社1998年,第275页。
⑧ 《后汉书》第80卷下《赵壹传》,第2631页。
⑨ 《汉书》第87卷上《扬雄传》上,第3552页。

513

受到宠幸，《汉书》卷九十七下《外戚传》记载："皇后既立，后宠少衰，而弟绝幸为昭仪，居昭阳舍。其中庭彤朱，而殿上髹漆，切皆铜沓（冒）黄金涂；白玉阶，壁带往往为黄金釭，函蓝田璧，明珠、翠羽饰之。"王莽时天下大乱，但朝廷仍颇有资财，"时省中黄金万斤为一匮，尚有六十匮，黄门、钩盾、臧府、中尚方处处各有数匮。长乐御府、中御府及都内、平准帑藏钱帛珠玉财物甚众"。① 《后汉书》卷三十四《梁冀传》记载，梁冀贪图富豪孙奋的家财，诬告孙奋母为其守臧婢，"盗白珠十斛、紫金千斤以叛"。虽然这是诬告，但梁冀曾"遣客出塞，交通外国，广求异物"；而且"四方调发，岁时贡献，皆先输上第于冀"，其家拥有域外购取的大量白玉珠应为事实。梁冀与其妻孙寿大起第舍，对街为宅，其中"金玉珠玑，异方珍怪，充积臧室。"汉末黄琼批评梁氏："羽毛、齿革、明珠、南金之宝，殷满其室。"②

贱珠玉被认为是帝王的良好品德。扬雄《长杨赋》赞美汉文帝云："建至圣文，随风乘流，方垂意于至宁，躬服节俭，绨衣不敝，革鞜不穿，大厦不居，木器无文。于是后宫贱瑇瑁而疏珠玑，却翡翠之饰，除彫瑑之巧，恶丽靡而不近，斥芬芳而不御，抑止丝竹晏衍之乐，憎闻郑卫幼眇之声，是以玉衡正而太阶平也。"③《后汉书·和帝邓皇后传》记载，邓皇后节俭，"御府、尚方、织室锦绣、冰纨、绮縠、金银、珠玉、犀象、瑇瑁、雕镂玩弄之物，皆绝不作"。邓皇后的行为正说明在汉室宫廷中一直是以这些珍贵的东西制作器物的，汉文帝和邓皇后的节俭特别得到社会的赞扬，正反映了汉代皇室贵族及整个社会上的奢靡风习。张衡《东京赋》颂扬朝廷的节俭之风："改奢即俭，则合美乎斯干。登封降禅，则齐德乎黄轩。为无为，事无事，永有民以孔安。遵节俭，尚素朴。思仲尼之克己，履老氏之常足。将使心不乱其所在，目不见其可欲。贱犀象，简珠玉。藏金于山，抵璧于谷。翡翠不裂，玳瑁不蔟所贵惟贤，所宝惟谷。"④ 汉末王符批评当时的社会风气："昔孝文皇帝躬衣弋绨，革舄韦带。而今京师贵戚，衣服饮食，车舆庐第，奢过王制，固亦甚矣。且其徒御仆妾，皆服文组彩牒，锦绣绮纨，葛子升越，筩中女布。犀象珠玉，虎魄玳瑁，石山隐饰，金银错镂，穷极丽靡，转相夸咤。其嫁娶者，

---

① 《汉书》第 99 卷下《王莽传》下，第 4188 页。
② 《后汉书》第 61 卷《黄琼传》，第 2037 页。
③ 《汉书》第 87 卷下《扬雄传》下，第 3560 页。
④ ［南朝·梁］萧统编《文选》第 3 卷，第 46 页。

汉代外来的珍珠

车骈数里,绨帷竟道,骑奴侍童,夹毂并引。富者竞欲相过,贫者耻其不逮,一飨之所费,破终身之业。古者必有命然后乃得衣缯丝而乘车马,今虽不能复古,宜令细民略用孝文之制。"①

珍珠贵重,成为赐赠的礼品,也成为官场贪赃枉法行贿受贿的赃品。汉乐府诗《有所思》云:"有所思,乃在大海南。何用问遗君,双珠玳瑁簪。"②《汉书》卷五十三《江都王建传》记载刘建:"遣人通越繇王、闽侯,遗以锦帛奇珍,繇王、闽侯亦遗建荃、葛、珠玑、犀甲、翠羽、蝯熊奇兽,数通使往来,约有急相助"。江都和越地的繇王、闽侯都地近南方沿海地区,故能获得大量珠宝。《汉书》卷九十三《佞幸传》记载,董贤受到哀帝的宠幸,哀帝"诏将作大匠为贤起大第北阙下,重殿洞开,木土之功穷极技巧,柱槛衣以绨锦。下至贤家僮仆皆受上赐,及武库禁兵、上方珍宝,其选物上第尽在董氏,而乘舆所服乃其副也。及至东园秘器、珠襦玉柙,豫以赐贤,无不备具。"汉末繁钦《定情诗》云:"何以致区区,耳中双月珠。"③《汉书》卷九十八《元后传》记载,王太后专权,其兄弟五人皆封侯,王凤秉政,"五侯群弟,争为奢侈,赂遗珍宝,四面而至"。《后汉书》卷九十《乌桓鲜卑列传》记载,光武帝建武二十二年,"是时四夷朝贺,络绎而至,天子乃命大会劳飨,赐以珍宝。"《后汉书·马援传》记载:"初,援在交趾,常饵薏苡实,用能轻身省欲,以胜瘴气。南方薏苡实大,援欲以为种。军还,载之一车。时人以为南土珍怪,权贵皆望之。援时方有宠,故莫以闻。及卒后,有上书谮之者,以为前所载还,皆明珠、文犀。因而坐罪,葬不归墓,妻子亦株连,史称薏苡之谤。"这个事例说明东汉时往南方沿海地区任职的官员,常常带明珠、文犀归来。马援"载之以车",如果是明珠、文犀,数量巨大,才成为"上书谮之者"诬陷的口实。内地至交阯任职的官员往往贪赃纳贿获得南海的珠宝,携之以归。他们又用这种珠宝贿赂权贵,以求升迁。《后汉书》卷三十一《贾琮传》记载:"旧交阯土多珍产,明玑、翠羽、犀、象、瑇瑁、异香、美木之属,莫不自出。前后刺史率多无清行,上承权贵,下积私赂,财计盈给,辄复求见迁代。"进入中原地区的珠宝也被用于施贿。《后汉书》卷

---

① 《后汉书》第49卷《王符传》,第1635页。
② 《太平御览》第688卷《服章部》五,第七册,上海古籍出版社2008年,第235页。
③ [南朝·陈]徐陵编《玉台新咏》第1卷,世界书局印行1935年,第23页。

515

七十八《宦者·张让传》记载,宦官张让擅权,人们以为扶风富豪孟佗与之友善,贿赂孟佗,"皆争以珍玩赂之"。孟佗又分与张让,获得凉州刺史之职。

汉代盛行厚葬,"送死过度"。① 贵族帝王不仅生前享用珠玉,也幻想死后跟生前一样,所以珠玉成为陪葬物。"汉帝送死,皆珠襦玉匣"。② 汉代人相信,口含手握珠玉,裹以金缕玉衣,尸身不腐。故丧礼中以珠、玉、贝、米等物纳于死者之口,称为饭唅。饭唅珠玉是帝王贵族之礼。《后汉书》志第六《礼仪》下"大丧"云:"登遐,……守宫令兼东园匠将女执事,黄绵、缇缯、金缕玉柙如故事。饭唅珠玉如礼。"李贤注引《礼稽命徵》曰:"天子饭以珠,唅以玉;诸侯饭以珠,唅以(珠)[璧];卿大夫、士饭以珠,唅以贝。"③ 西汉大将军霍光死,朝廷"赐金钱、缯絮,绣被百领,衣五十箧,璧珠玑,玉衣"。④《汉书》卷九十三《佞幸传》记载:"董贤自杀伏辜,死后父恭等不悔过,乃复以砂画棺四时之色,左苍龙,右白虎,上著金银日月,玉衣珠璧以棺,至尊无以加。"颜师古注云:"以此物(玉衣珠璧)棺敛也。"⑤《东观汉记》卷十五《梁商传》记载,梁商病笃,遗嘱薄葬,他说:"吾以不德,享受多福,生无以辅益朝庭,死必耗费帑藏,衣衾饭唅玉匣珠贝之属,何益朽骨?百僚劳攘,纷华道路,祇增尘垢。虽云礼制,亦有权时。今边郡不宁,盗贼未息,岂宜重为国损!"⑥ 据此可知,按照当时的礼制,达官贵族是应该以珠贝之类陪葬的。王符批评当时的厚葬之风:"今京师贵戚,郡县豪家,生不极养,死乃崇丧。或至金缕玉匣,檽、梓、楩、楠,多埋珍宝偶人车马,造起大冢,广种松柏,庐舍祠堂,务崇华侈。"《后汉书·顺帝纪》记载,东汉顺帝崩,"遗诏无起寝庙,敛以故服,珠玉玩好皆不得下"。⑦ 这种特殊规定正说明,一般情况下帝王陵墓中往往以珠玉玩好陪葬。厚葬引起盗墓,死葬而含珠握玉,恰是招惹盗墓者的诱饵。焦延寿《易林》卜辞云:"把

---

① 何清谷校注《三辅黄图校注》第1卷,三秦出版社1995年,第64页。
② [东晋]葛洪《西京杂记》第1卷,汉魏丛书,吉林大学出版社影印本1992年,第303页。
③ 《后汉书》志第六《礼仪》下,第3142页。
④ 《汉书》第68卷《霍光传》,第2948页。
⑤ 《汉书》第93卷《董贤传》,第3740页。
⑥ [东汉]刘珍等撰,吴树平校注:《东观汉记》第15卷,中华书局2008年,第613页。
⑦ 《后汉书》第6卷《顺帝纪》第274页。

珠入口，为我畜宝，得吾所有，欣然嘉喜"；①"把珠入口，蓄为玉宝。得吾所有，欣然嘉喜"。②说的正是贪恋财货却为别人所有的结局。西汉末年，天下大乱，出现大规模盗墓的情况。赤眉军"发掘诸陵，取其宝货"。③东汉末年再次出现盗墓之风，规模空前。《后汉书·董卓传》记载，何皇后入葬，开汉灵帝文陵，董卓把"藏中珍物"悉数盗取。董卓迁都长安，"又使吕布发诸帝陵，及公卿以下冢墓，收其珍宝"。《后汉书》卷七十四上《袁绍传》记载，袁绍指斥曹操："梁孝王，先帝母弟，坟陵尊显。松柏桑梓，犹宜恭肃。操率将吏士，亲临发掘，破棺裸尸，掠取金宝，至令圣朝流涕，士民伤怀。又署发丘中郎将、摸金校尉，所过毁突，无骸不露。"这可以说都是珠宝惹的祸。

（石云涛：北京外国语大学教授、中国文化走出去协同创新中心研究员）

---

① ［西汉］焦延寿《易林》第1卷《同人》"复"条，第978页。
② ［西汉］焦延寿《易林》第2卷《复》"损"条，第1003页。
③ 《后汉书》第11卷《刘盆子传》第483页。

517

化"腐朽"为"神奇"：芬格莱特眼中的"礼"*

宋 健

摘 要：所谓"化'腐朽'为'神奇'"，是在该词的一般意义上，叠加了芬格莱特的学术观点："礼"不再腐朽不堪，而是充满"型塑"与"行动"的"神奇魅力"（magical）。就型塑作用而言，涉及两类"自我"观：个人中心者将"私我"系缚和执着于各种事情上，而君子的目标则指向完善自我（"成己"）与成就他者（"成物"）。就行动作用而言，涉及两类"选择"观：一者视"选择"为一种神秘的内心、私人或精神活动，而芬格莱特却认为"选择"同样可以源于美德的能动性与社会性。总之，"礼"在芬格莱特眼中充满"公共之美"；而追寻"公共性"，与其说是20世纪70年代美国学术的底色，不如说是人类思想的愿景与难题，亟待深思。

关键词：芬格莱特 礼 神圣

百余年来，"西学东渐"构成了中国最为独特的学术生态，上演着一幕幕爱恨交织的悲喜剧。国人时而额手称庆，高扬西方思想的启蒙意义，视华夏文明为亟须砸烂的"铁屋子"："我以为要少——或者竟不——看中国书，多看外国书"[①]；时而扼腕叹息，指摘西方学术的殖民祸心，丧失对本国传统应有的"温情与敬意"："在崇西潮流中懵懵懂懂地就丧失了清明的思想良知，以很不合适的西方传统哲学的方法来切割中华古学，而毫不意识到其中的不合适，于是做出了不少焚琴煮鹤、买椟还珠的事情"[②]。当神州大地还在各据

---

* 本文受到华东师范大学"优秀博士学位论文培育行动计划"资助（项目编号：PY2014001）。
① 鲁迅《青年必读书》，见《华盖集》，人民文学出版社1958年，第7页。
② 张祥龙先生语。引自张志扬《偶在论谱系：西方哲学史的"阴影之谷"》，复旦大学出版社2010年，封底。

化"腐朽"为"神奇"：芬格莱特眼中的"礼"

所本，继续谱写自由主义、保守主义、激进主义的新"三国"时；大洋彼岸早已是"看风景的人在楼上看你"[①]，中国传统文化正在装饰"别人的梦"。美国汉学家赫伯特·芬格莱特（Herbert Fingarette）眼中的"礼"，正是"他者"（the Other）之梦的典型"显象"[②]。

一、题解

（一）腐朽与神奇

中国素有"礼仪之邦"的美誉，正所谓"礼仪三百，威仪三千"（《中庸》）；相反在英语世界中，似乎并无与"礼"完全对应的词汇。"礼"或译为 propriety，或译为 rite，或译为 ceremony，或译为 manner，或译为 ritual and deference，等等。如此一来，"礼"在异域文化中势必会发生不同程度的变形，一些学者正是有鉴于此，认为海外汉学家关于"礼"的研究，在某种意义上只是隔靴搔痒，无关紧要。此论是否允当，不妨先向历史求解——在近代中国，"礼"非但没有得到珍视，反而成为"现代化"的宿敌。

> 孔二先生的礼教讲到极点，就非杀人吃人不成功，真是残酷极了！一部历史里面，讲道德说仁义的人，时机一到，他就直接间接的都会吃起人肉来了。[③]

礼教吃人的观念一经提出，可说是"天下云集响应"，迅速成为国人共识，影响至今。其间就连"文化保守主义"学人亦不例外，于"礼"多有恶感。如，熊十力先生即言：

> 古代封建社会之言礼也，以别尊卑、定上下为其中心思想，卑而下

[①] 卞之琳《断章》，见《十年诗草：1930—1939》（增订本），安徽教育出版社 2007 年，第 24 页。

[②] "显象"一词借自萨特："如果我们不再相信'显象背后的存在'，那么显象就成了完全的肯定性，它的本质就是这样一种'显现'，它不再与存在对立，反而成为存在的尺度。"（萨特著，陈宣良等译、杜小真校《存在与虚无》修订译本，生活·读书·新知三联书店 2012 年，第 2 页。）

[③] 吴虞《吃人与礼教》，见《吴虞文录》，黄山书社 2008 年，第 31 页。

者以安分守志、绝对服从其尊而上者。虽其思想行动等方面受无理之抑制，亦以为分所当然、安之若素，而无所谓自由独立。①

不难看出，"礼"不但是封建专制的象征，更是腐朽落后的根源。"冲决伦常之网名"② 渐成风尚，文学作品更喜以此为母题，极尽嘲讽之能事。总的说来，"晚清以来百年中国的文化处于艰难的解构与重建的过程之中。这其中的问题多到不知凡几，但最为人所忽略也是最重要的，是代表一个民族文化秩序和文明程度的礼仪问题。"③ 近代以降，对"礼"的批判，虽不是完全错误，但可说是相当偏激。

也许正应了"墙内开花墙外香"这句俗语。与国人大肆挞伐之态迥别的是，不少海外汉学家把"礼"视为重要且深邃的人类社群观念，几欲彰显其现代意涵。一场化"腐朽"为"神奇"的思维革命在海外持续升温，且有愈演愈烈之势。所谓"化腐朽为神奇"，是在该词的一般意义上，叠加了芬格莱特的学术观点——"礼"不再腐朽不堪，而是充满"神奇魅力"（magical）。当然，不少学者警惕地指出："海外中国学并不总是一面清晰平整的玻璃镜子，可以让我们一览无余地看到自己真实的高低、胖瘦、黑白；相反，它更像是一面经过众多汉学家处理过的铜镜：有的地方模模糊糊，有的地方凹凸不平，有的地方倒也明白可鉴。在这面铜镜的每一个地方，都带着这个或那个汉学家的个体偏好。"④ 但若可从汉学家的"个体偏好"中，发现某些传统观念仍有可供诠释的空间，那就不能将偏好简单地当作误识，而需正视其独特的学术价值——"我们不仅必须放眼海外去认识世界，还必须放眼海外来重新认识中国"⑤。当然，汉学家的"个人偏好"，很可能不陷于"个人"，而是代表了西方某些理论预设或刻板偏见，如此就引出下一问题。

---

① 熊十力《十力语要》，上海书店出版社2007年，第250页。
② 谭嗣同"今中外皆奢谈变法，而五伦不变，则举凡至理要道，悉无从起点，又况于三纲哉！"见谭嗣同《仁学》，蔡尚思、方行编《谭嗣同全集》，中华书局1981年，第351页。
③ 刘梦溪《礼仪与文化传统的重建》，载《光明日报》2004年04月28日。
④ 喻中《海外中国学：一面模糊的镜子》，载《中国图书评论》第9期，第76页。
⑤ 刘东《序"海外中国研究丛书"》，见史华慈（Benjamin I. Schwartz）著，程刚译、刘东校《古代中国的思想世界》，江苏人民出版社2004年，序言。

化"腐朽"为"神奇":芬格莱特眼中的"礼"

(二)为何是芬格莱特

海外汉学有其特殊的学术价值,并不意味它可以从根本上代替本土思考,否则必将沦为"文化分析的失语和学术洞察的失明"①。因此,更为困难的不是"要不要"海外汉学,而是"如何要"的问题——甄别与品鉴海外汉学的研究成果。众所周知,"海外汉学研究"与"研究海外汉学"并不对等:前者所涉时间之长、国别之多、学者之众、领域之广、成果之丰,一时难以概述;而后者大体兴起于 20 世纪 80 年代,突出表现为大量系统地译介西方汉学成果。其中,代表性丛书先是王元化先生主编、上海古籍出版社出版的《海外汉学丛书》和刘东先生主编、江苏人民出版社出版的《海外中国研究丛书》,后有任继愈先生主编、北京外国语大学海外汉学研究中心和大象出版社共同组织出版的《国际汉学研究书系》。研究海外汉学的风头之健②,同时也说明"海外汉学研究"的复杂多样;而芬格莱特关于"礼"的研究,充其量算是冰山一角。为何选取芬格莱特,则是需要回答的又一问题。或许可从以下三个方面略作陈述:

就立场而言,芬格莱特不再从"西方中心主义"出发,而是对此有了自觉的反省并提出相应的批判。"在西方,《论语》最初可能是被当作近似基督伦理箴言的东西来阅读的……(引者省)西方人是以其本能的或自觉地方式来解读《论语》的,而且还不自觉地受到了用基督教术语、用欧洲思想的术语来思维的束缚。"③ 此种"束缚"在马克斯·韦伯(Max Weber)的一些著作中得到显著体现,其在比较世界各大宗教(尤其是基督教)后,断言"儒教纯粹是俗世内部的俗人道德"④;而芬格莱特由"礼"的神圣性切入,颠覆了儒学缺乏超验性这一流布甚广且深入人心的传统观点⑤。

---

① 刘东《序〈阅读中国〉丛书》,载《中华读书报》2002 年 1 月 16 日。
② 董海樱"近十年国内学界对西方汉学(中国学)的研究取得了非常显著的成果!据统计,自 2000 年以来国内出版界推出的各类西方汉学(中国学)译著和专著两百多部。"见董海樱《近十年来中国的西方汉学(中国学)研究》,载《世界历史》2011 年第 3 期,第 129 页。
③ 赫伯特·芬格莱特著,彭国翔、张华译《孔子:即凡而圣·序言》,江苏人民出版社 2002 年,第 2 页。
④ 马克斯·韦伯著,洪天富译《儒教与道教》,江苏人民出版社 2003 年,第 125 页。
⑤ 芬格莱特考察了诸多研究孔子的著作或篇章——韦利《孔子的论语》、莱斯列《孔子》、陈荣捷《中国哲学资料》、顾立雅《孔子与中国之道》、茂树贝冢《孔子》、柳无忌《孔子的生活和时代》、冯友兰《中国哲学》的精神,发现以上种种虽然在许多方面并不相同,却在孔子具有"现世性"上达成一致。

就视域而言，多数孔子（或《论语》）研究者认为，孔子哲学的核心范畴是"仁"[1]；芬格莱特却一反常见，指出"孔子最为实质性的洞见之一，恰恰正是认为人性可以通过礼的意象来理解和把握"[2]。礼的意象具体说来"便是使用'礼'的语言和意向作为媒介，在礼仪活动中来谈论道德习俗（mores）的整体，或者更确切地说，在礼仪活动中来谈论社会的真正传统与合理习俗的整体"[3]。暂且悬置具体内容，提取句子主干便可看出：芬格莱特将"礼"与"整体"相联系，视"礼"为孔子哲学的"中枢神经"。更为直接的是其对仁礼关系的论述："只有随着'礼'的发展，'仁'才会有相应的发展；'仁'也就是在'礼'中塑造自我。"[4]

就影响而言，芬格莱特虽不懂汉语，或许不能算是严格意义上的汉学家，其著作《孔子：即凡而圣》（Confucius: the Secular as Sacred）一书，也只是由几篇论文组成；但他构成了20世纪70年代以来美国研究孔子（或《论语》）的新端绪。其后史华兹在《古代中国的思想世界》（The World of Thought in Ancient China）、郝大维（David L. Hall）与安乐哲（Roger T. Ames）在合著的《通过孔子而思》（Thinking through Confucius）中分别征引与评述了芬格莱特的学术观点。三者前后相继，构成了一段美国汉学史，既表明芬格莱特的重要影响，也为品鉴海外汉学提供了方法："研究国际汉学，应当采用学术史研究的理论和方法，最重要的是将汉学的递嬗演变放在社会与思想的历史背景中考察。"[5]

二、型塑与自我

芬格莱特为《孔子：即凡而圣》的中译本特意写了《致中国读者》一文，除表达喜悦和感谢外，还概述他对孔子思想的理解："在孔子思想中，我

---

[1] 李泽厚"也几乎为大多数孔子研究者所承认，孔子思想的主要范畴是'仁'而非'礼'"。见李泽厚著《新版中国古代思想史论》，天津社会科学院出版社2008年，第17页。
[2] 赫伯特·芬格莱特著，彭国翔、张华译《孔子：即凡而圣》，江苏人民出版社2002年，第63页。
[3] 《孔子：即凡而圣》，第6页。
[4] 《孔子：即凡而圣》，第48页。
[5] 李学勤主编《国际汉学著作提要》，江西教育出版社1996年，序言。

化"腐朽"为"神奇":芬格莱特眼中的"礼"

发现了一种人性的视域,这种视域在哲学上是深刻的,在心理学上是真实的,在社会学上它也是既富有洞见又发人深省的。"① 芬格莱特所发现的"人性的视域",即"人类生存的圣神性"。因此,该书开篇点题,强调"有必要在某种程度上强调《论语》富有神奇魅力(magical)和宗教性的维度"②,反对把《论语》"化约"(reducible)③为日常经验的道德说教。

> 孔子认为,人类的道德和精神成就并不依靠欺骗或幸运之神的降临,也不依赖神秘咒语(esoteric spells)或者任何纯粹外在的力量。这种思想加深了《论语》的现实的、务实的人文主义色彩。……(引者省)然而,尽管孔子执着于这种充满修身色彩的和具有世俗倾向的道德说教,但我们还是发现《论语》中偶尔有些言论,似乎透显出对那种具有深远意义的神奇魅力的力量(magical powers)的信念。我所谓的"神奇魅力"(magical),是指一个具体的人通过礼仪(ritual)、姿态(gesture)和咒语(incantation),获得不可思议的力量,自然无为地直接实现他的意志。④

在经由启蒙思想洗礼的"现代人"看来,"礼"是一种剥夺人性或非人性化的形式主义;芬格莱特却不以为然,指出:"只有当其原始冲动受到'礼'的型塑时,人们才成为真正意义上的人";"'礼'是人与人之间动态关系的具体的人性化形式。"⑤ 从中不难看出,"礼"的神奇魅力至少表现为"型塑性"与"行动性"(下节详)两个方面。

言"礼"有型塑(或塑形)意义,可以说毫无理论新意,因为否定"礼"学的人,也正是有鉴于此,才展开对礼教的强烈批判。所以,真正值得思考的问题在于:经由"礼"型塑后的"我",是否还是"真实的"自我?

---

① 赫伯特·芬格莱特《致中国读者》,见《孔子:即凡而圣》,第1页。
② 《孔子:即凡而圣》,第1页。
③ 芬格莱特"现代阐释者一般都竭力淡化《论语》中实际上不可化约的(irreducible)神奇魅力的思想成分。因为在我们的时代,由咒语和礼仪的姿态而导致的直接的行为目标,不能够被作为一种严肃认真的可能性,这是大家普遍接受的一条公理。"见芬格莱特《孔子:即凡而圣》,第5页。
④ 《孔子:既凡而圣》,第2—3页。
⑤ 《孔子:即凡而圣》,第7页。

关于何为"真实的自我",芬格莱特从正反两个方面立论:就正面而言,"自我问题"是指人的一项任务——促使自身达到完善的境界;就反面而言,"'自我问题'也可能指失去自我或放弃自我的任务,因而从一种自我的幻象即我们最深沉的痛苦的渊薮中解放出来。"① 自我问题,早已不再限于认识论,更关乎本体论:"'自我问题'可能不是指一个知性问题,而是指人的一项任务。"②

  在此,我建议试用一种不同于以前的研究路径,以便界定孔子对自我及其角色从根本上加以肯定的那些方面,并且,在这些方面之中,孔子所教导的是一种完全无私的思想。我认为,要试用这种方法,必须特别考察《论语》中意欲或意志(will)的角色,从而显示:在孔子的习惯用语中,意欲或意志的不同维度究竟是怎样的,我们又如何依据我们视为立足点的这种维度,获得对个体自我及其重大意义的一种不同看法。③

  孔子关于自我完善的"习惯用语",至少与"己""身""欲""志"相涉。"己"作为人称代词,在古代汉语中常与"人"相对,如此意味着自我与他人存在着或多或少的冲突与对立;然而在孔子哲学中"自我的利益应当在理想上与他人的利益相协调,或者甚至多半会迁就他人"④。与"己"相比,"身"则更为复杂:一方面,身体使"自我"成为具有时空广延性的有限的存在,也就是说"身"与一个人的生命息息相关——"志士仁人,无求生以害仁,有杀身以成仁"(《论语·卫灵公》);另一方面,身体又进一步牵涉自我修养的问题,如"吾日三省吾身:为人谋而不忠乎?与朋友交而不信乎?传不习乎?"(《论语·学而》)。就后一个方面而言,自我修养集中表现在"欲"(wanting)与"志"(willing)两个层面。

  "欲"与"志"的具体含义虽有差异,但两者总与"自我"难解难分。"就像'欲'是个人的欲一样,'志'也总是一个特定的人的志。"在集中考察《论语》中"欲"和"志"的使用后,芬格莱特总结出孔子的"自我"概

---

① 赫伯特·芬格莱特《〈论语〉中自我的问题》,见《孔子:即凡而圣》,第122页。
② 《孔子:即凡而圣》,第122页。
③ 《孔子:即凡而圣》,第125页。
④ 《孔子:即凡而圣》,第126页。

化"腐朽"为"神奇":芬格莱特眼中的"礼"

念"是一个自我省察和自我调节的个体";而全部调节的动力(dynamism)都是由自我所产生和控制的,"总而言之,这个自我的特征是有意志的"①。接下来,芬格莱特区分了"自我中心者"(egoists)的意志与"君子"的意志:

> 要考察一个自我中心者的意志根据,就必然要考察这个自我或私我(ego);而要考察一个君子的意志根据,所要考察的就不是这个人,而是其所行的道。如果有人想深入地理解一个自我中心者的意志的内容,那么,他就务必要理解这个特定的人,他的动机、渴望和希望,以及他有助于弄明白这个人行为的个人资料。然而,一个人越是深入地探寻君子的意志,那么,君子的个人维度就越是显现为纯粹的形式。②

可见,"个人中心者"会将"私我"系缚和执着于各种事情上,而"君子"的目标则指向礼与成仁。因此,前者往往过分关注行为的决定理由是否是自身起了主导作用,相比之下,后者却以谦让(yielding)成就他人或实现自己。其实,所谓"真实的自我"往往嵌套在"个人"与"社会"两分的理论预设内,芬格莱特则有意颠覆与解构此种两分模式,并进一步申言:"在《论语》中,孔子并不谈论社会和个体。孔子谈论的是做人意味着什么,并且发现人是一种独特的存在,具有一种独特的尊严和力量,这种尊严和力量源自于礼,同时也镶嵌在礼之中。"③

综上所述,芬格莱特的突出贡献并不仅在于提出"礼"的型塑作用,而是在"自我(意志)"与"礼"之间架起了一座桥梁。"对于人类完善,尤其是属于人所特有的美德和力量而言,依'礼'而行的能力和克己复礼的意志乃是最基本的。"④ "礼"不再是扼杀"自我(意志)"的教条,"人们应当尽其本分的理由,是因为这正是人类事物的礼之所在,并且,从理想上所有人都是出于他们自己的意志来参与礼仪的活动"⑤;相反,"自我"可能仅是一种幻想,甚至是阻碍境界提升的一把枷锁,"个体既不是真正人性的终极

---

① 《孔子:即凡而圣》,第130页。
② 《孔子:即凡而圣》,第133页。
③ 《孔子:即凡而圣》,第75页。
④ 《孔子:即凡而圣》,第6—7页。
⑤ 《〈论语〉中自我的问题》,见《孔子:即凡而圣》,第133页。

单位，也不是人的价值的终极依据"①。

三、行动与权威

与型塑作用紧密相关的当属行动，因为在成己与成物的过程中，无论"欲"（求）还是"志"（向），都不可能只停留在观念或语言层面，而是必须也只能落实在行动中。

> 人的道德是在人际交往的具体行为中实现的，这些行为都具有一个共同的模式。这些模式具有某些一般的特征，所有这些模式的共同特征在于"礼"：它们都是"人际性"（man—to—man—ness）的表达，都是相互忠诚与相互尊重的表达。②

人与人之间的相互尊重，敦促人类不能把彼此当作工具来对待。即使如此，也同样可以达到"物理性努力"的结果——如果我希望把一本书从办公室带到教室，一条途径是我亲自走到办公室，推开门，拿上书，然后把它带回教室；另一条途径是我礼仪性地向班上的一位同学求助，本人不必亲力亲为，同样可以如愿以偿取得图书。后者可说是人类特有的一种行动方式，借助这个浅近的例子，大致可以领略"神奇魅力"在日常行为中的神奇之处。正如一些研究者所论，芬格莱特关于"礼"的解释，实际上受到"日常语言学派"代表人物奥斯汀（J. L. Austin）学说的影响。传统哲学家或语言学家通常认为，语言的主要功能是描述世界；而在奥斯汀看来，语言是实施某些行为而非描述某种事实。《孔子：即凡而圣》一书的确也征引了奥斯汀"施事话语"（performative utterance）这一核心概念，但芬格莱特并没有继续在语言与行动之间打转③，而是旗帜鲜明地亮出："人是一个礼仪性的存在（a ceremonial being）。"④ 对此标志性观点，当然可以继续沿着"日常语言学派"的

---

① 《〈论语〉中人性的音乐》，见《孔子：即凡而圣》，第90页。
② 《孔子：即凡而圣》，第7页。
③ 芬格莱特"在奥斯汀教授的推理中，对语言及其'礼仪'情境的这种研究取径的结果，是自相矛盾的。"见《孔子：即凡而圣》，第13页。
④ 《孔子：即凡而圣》，第14页。

化"腐朽"为"神奇":芬格莱特眼中的"礼"

思路做出多方面的细致解读,但笔者更为关心的是与此相关的另一问题:"权威"在日常行动或生活世界中的意义。

具有神奇魅力的"礼",显然会导致伦理或政治的差序结构,等级森严似乎是"礼"留给人们最为普遍的印象。差序或等级常与权力、理性、道德等因素结盟,并在历史进程中不断"人格化"(personalistic),进而形成各式各样"典范的权威"(authority—as—model)。如犹太教—基督教传统中的上帝,"权威"犹如一柄双刃剑,在帮助民众做出正确选择的同时,也形成了一种有形或无形的压力——禁忌、戒律、甚至是命运。然而,无论是积极意义上的施援解困,还是消极意义上的束手束脚,都还只属于"典范"的工具性意义。芬格莱特重视区分"工具性典范"与"价值性典范"(或"圆满的典范"):

> 比如,我们说到一对典范的父母、堪称楷模的父母时,我们也许是在工具性的意义上来说的——这里所说的父母经验丰富,技巧纯熟,其他父母都很有可能加以仿效。但是,我们也许还有别的意义,即这样的父母完美地实现了我们有关作为父母应该是什么样子的那种理想,由此充分认识到——并且实现了——作为父母的内在价值。也就是说,作为父母,是被视为人性某些方面的圆满实现(fulfillment),而不只是偶然发生的任何逻辑上和因果关系的可能性。就术语的这种意义而言,典范本身就是有价值的。①

所谓"工具性典范",用孔子的话说就是"器"。"君子不器"(《论语·为政》)一语说明:当"君子"以"典范"(model)的面貌出现时,并不在于其精通任何实用性技能,也不意味其能满足人们的功利需求,而是提供了一种"可能"的存在范式——人类如何尽善尽美。当然,还需进一步澄清:"君子不器"着重强调的是君子不以"器"为旨归,而非君子"不能"器。也就是说,"工具性典范"并不与"价值性典范"完全对立——当说某些事情或某些人是一个圆满的典范时,并不刻意排除其在某些方面同样是一个工

---

① 赫伯特·芬格莱特《〈论语〉如何描绘理想的权威及其作用模式》,见《孔子:即凡而圣》,第150—151页。

具性典范。分言二者是为了更好地彰显儒家君子理想的价值维度:

> 仅仅通过当下的存在和以身作则,以及通过启发他人的意志,从而参与这种生活之道,这种可以充分实现人性的天赋的生活之道,而不是通过一味地宣传说教,这样的典范人格便可以起到教育的作用。①

简而言之,"价值性典范"的意义在于激发人们自觉自愿的完善自我,而非借助外力横加干涉。如此便涉及"典范"与大众的关系问题。首先,就地位而言:君子不是凌驾于大众之上和大众对立的孤独个体,正所谓"君子周而不比",君子并非一个封闭的团体,而是与大众有机地融为一体。"君子的存在体现了公共的价值。正是由于君子尽善尽美地将这些公共价值个性化,也正是由于他是个性和人类社群的结晶,因此,君子在其他人当中唤起了尊敬、快乐以及分享其生命形式的意愿。"② 其次,就方式而言:正因为君子不凌驾于他人之上,所以君子并非填鸭式的布道说教,或借助某种外力逼迫大众服从,而是通过内心感召引发大众"关联性"(correlative)的响应。芬格莱特特别指出"关联性"的响应并不等于机械模仿:"即使在人们确实响应完善的典范的地方,这种响应也不必或者经常不具有模仿的性质。我也许崇拜某位妇女,将她视为正是那种母性的典范的体现。但对我来说,模仿是不可能的事。换一种方式来说,模仿也许是可能的,但却是不适当的。"③

此外,典范与大众之间的关系同样涉及"自我"问题,人们是否可以"选择"典范?芬格莱特一方面承认在《论语》中,孔子没有对有关选择或责任的语言加以详细阐述,只是偶尔使用类似语词;另一方面鉴于西方长期深入地沉浸在一个由选择和责任这样的词语所构想出的世界中,采取孔子的方式看待世界是十分有益的。孔子哲学中的选择和责任,似乎仅表现为"守死善道"(《论语·泰伯》)的方面;但"道"正是最富启发的核心意象——"人生之正道""治国之道""人的存在的理想大道""宇宙之道"以及"存在本身创生性—规范性(generative-normative)的方式(模式、途径、路

---

① 赫伯特·芬格莱特《〈论语〉如何描绘理想的权威及其作用模式》,见《孔子:即凡而圣》,第155页。
② 《孔子:即凡而圣》,第158页。
③ 《孔子:即凡而圣》,第153页。

线)"。

　　对孔子来说,核心的道德问题不是一个人要对出于自由意志选择的行为负责,而是他所面临的这样一种实际问题:一个人是否适当地得到"道"的教育,以及他是否愿意勤奋地学习行道?对于不能遵守道德秩序(礼),恰当的回应不是因为一种虽然邪恶但却自由的负有责任的选择而自我谴责,而是自我的再教育,以便克服一种单纯的缺陷、一种力量的不足,——总之是在"塑造"过程中的缺陷和不足。在这一点上,西方人倾向于强调由于缺乏勤勉的个人责任的问题。而在《论语》中,恰恰是这一类的问题,却甚至从来没有被提到过。①

　　西方尤其自笛卡尔以来,常常视"选择"为一种神秘的内心、私人或精神活动;芬格莱特却认为"选择"同样可源于美德的"能动性"(dynamic)和社会性。"礼"充当了"道"的地图或更为具体的道路系统,内在地涉及一种与他人的动态关系,此即美德的能动性与社会性。"像纯洁或者天真(purity or innocence)那样'静态的'或'内在的'美德,在《论语》中则没有扮演任何角色。"② 反过来说,道德与社会的唯一必要性,最终是要在"礼"中完善自我与成就他人。

四、余论 公共性愿景

　　芬格莱特关于"礼"的种种论述,对中国读者而言或许并不熟悉,甚至可能是完全陌生的。其实不必奇怪,造成此种现象的原因是多方面的,最为重要的一点是:海外汉学虽然是"中国"学,但其本质仍是一种"西学"。具体而言,芬格莱特虽论的是孔子之"礼",却难逃美国学术的底色。当德国哲学家哈贝马斯的著作译成英文后,其关于"公共领域"的探讨迅速引起美国学者的注意,并很快将此融入各自研究的领域,芬格莱特亦不例外。

---

① 赫伯特·芬格莱特《〈论语〉如何描绘理想的权威及其作用模式》,见《孔子:即凡而圣》第35—36页。
② 《孔子:即凡而圣》,第55—56页。

无论如何，我最为诚挚的希望是：我这里所写的东西是为了我的某些读者，西方的以及东方的，它不仅是一部学术著作，更是带有人类兄弟之情和公共之美的哲学信息的一部著作。而那种人类兄弟之情以及公共之美，正是我在孔夫子的《论语》中所发现的。①

正如"生活中从不缺少美，而是缺少发现美的眼睛"，《论语》中的"公共之美"，之所以被芬格莱特发现，是因为他具有一双追寻公共性的眼睛。时至今日，"公共性"早已不再是美国汉学的底色，而成为世界思想的愿景；"亲亲互隐"②的问题之所以备受关注，亦导源于此。恰逢"新文化运动"100周年，倘若渴望从"时而光荣、时而虚妄的历史蹉跎中"走出，重新发掘海外汉学"有色眼镜"中的价值共识或许是一条途径。芬格莱特从《论语》中"自家体贴"出：圆满完成之人，如同一樽神圣的礼器③，这一个熟悉而又陌生的比喻，正是开启价值共识的锁钥。

(宋健：华东师范大学哲学系中国哲学专业博士研究生)

① 赫伯特·芬格莱特《致中国读者》，见《孔子：即凡而圣》，第2页。
② 丁为祥"刘文（刘清平《美德还是腐败？——析〈孟子〉有关舜的两个案例》——笔者注）的这一批评马上激起了郭齐勇先生的反对，所以，他也在同一刊物（《哲学研究》）上撰文对儒家伦理进行辩解，并批评刘对儒家经典的简单化理解。两个月之后，《哲学研究》又刊发了署名穆南珂的文章，对郭文进行反批评。由此之后，《中国哲学史》《哲学动态》《复旦学报》、《中山大学学报》等一系列刊物相继介入争论，数十名学者参与论战，一场关于儒家亲情伦理的争论就这样展开了。"见丁为详《传统·普遍性·现代化——读〈儒家伦理争鸣集〉并对双方分歧的再反思》，载《人文杂志》2005年第3期，第1页。
③ 《孔子：即凡而圣》，第78页。

伦敦中国会[*]

何 玲

摘 要：中国会是 1907 年 1 月由英国人在伦敦成立的，其宗旨是鼓励研究中国语言文字、文学艺术、社会经济等各方面。中国会在其存续的 50 多年里，一直采取演讲、聚会、研讨、展览等多种方式开展各种文化活动，是活跃在 20 世纪上半期英国汉学界重要的学术组织。

关键词：中国会 伦敦 汉学

中国会（The China Society）是 1907 年 1 月由英国人在伦敦创建的，其宗旨是"为敦勉研究中国之文词语言、历史古迹、美术、学理、实业、社会情形及古今生计、合群交际事宜"，直至 20 世纪 60 年代初仍活跃在中英文化交流领域。然目前学术界对其知之不多，熊文华《英国汉学史》所附录的汉学书局和机构中没有谈及，巴雷特（T. H. Barrett）的《英国汉学小史》（*Singular listlessness: a short history of Chinese books and British scholars*）也没有提到，其他中英文化交流或英国汉学研究的文章都没有涉及。笔者在查阅《泰晤士报》时，意外发现 20 世纪上半期诸多中英文化交流活动中都有中国会的身影，才得以知晓中国会是活跃在这一时期英国汉学界重要的学术组织。本文试图通过对史料的梳理，还原这一已淡出人们历史记忆的学术组织，并揭示其曾在英国汉学界、中英文化交流中所起到的重要作用。

一、中国会

1907 年 1 月 28 日中国会在伦敦威斯敏斯特的卡克斯顿厅（Caxton-hall,

---

[*] 本文为北京语言大学院级科研项目（中央高校基本科研业务专项资金资助），项目编号：15Y100003 的研究成果。

Westminster）召开大会，议定学会章程，选举成员，宣告这一学会的正式成立。在英国，中国会的成立引起了广泛关注，学会成立前《泰晤士报》就刊登多篇预告消息。中国会成立后，报纸又用大量篇幅对会议内容进行详细报道。在国内，也有报刊对中国会进行关注，《广益丛报》第136期（1907年6月）全文刊登了中国会的章程；《直隶教育杂志》1907年12月也在"时闻"栏目下，报道了伦敦设立中国学会的消息。现依据《广益丛报》和《泰晤士报》的记载，一睹中国会当年之盛况。

（一）中国会章程

中国会采用会员制，会员分为两种，一种是名誉会员，一种是交费会员。交费会员又分为寻常会员和通信会员。"乐于考求中国事者堪为寻常会员"，而"凡具会员资格而居外邦者堪为通信会员，若寻常会员出英境逾一年者，可充通信会员。

中国会设正会长、副会长、理事会主席、理事会副主席、会员、书记员、会计员等。会长由会议选举决定，副会长则由会长提名。会员需有两名推荐人，而且须与召集会议的传单同时布告，最后由大会商决。所缴会费，寻常会员是一镑一先令，而通信会员则是十先令六便士。学会"尤注重赛会之事，拟时时广借中国美术工艺等品陈列"，每年召开大会至少四次，还可以随时召开特别大会，而理事会会议每年则不少于六次。

（二）中国会第一届成员

1907年1月28日的成立大会上，出使英国大臣汪大燮和大英博物馆亚东文艺部的道格思爵士（Sir Robert Kennaway Douglas）被选为正会长。副会长则由以下诸公担任：

美国驻英头等公使［怀特洛·里德］Whitelaw Reid、日本国驻英头等公使小村寿太郎、英国水师提督（前驻华英舰队统领）［西摩］Sir Edward Hobart Seymour、英国查办坎［加］拿大事件大臣［斯特斯克拉］Lord Strathcona、英国前驻日本公使窦纳乐（Sir Claude M. Macdonald）、英国驻中国公使朱尔典（Sir John Newell Jordan）、前香港汇丰银行总理哲克森（Sir Thomas Jackson）、英国印度部参议［莱尔］Sir Alfred Comyn Lyall、前驻新加坡英总督新密士（Sir Cecil Clementi Smith）、英国水师提督（前充福州水师教练官）［普斯］Sir Richard Praccy、英国朴支茅海军提督［道格斯］Sir Archibald Lucius Douglas、前上海英按察司咸金生（Sir Hiram Shaw Wilkinson）、前高丽英总税务司怕着案［柏卓安］（Sir John McLeavy Brown）、南斐洲［南非］中国总领事刘玉麟、中国协会（China Association）会长［冈卓］Richard Simpson Gundry、堪百里治［剑桥］大学汉文教员（前宁波英领事）［翟理斯］Herbert Allen Giles、奥司福［牛津］大学汉文教员（前烟台英领事）［布拉克］Thomas Lowndes Bullock、前香港医学校总理［康德黎］James Cantlie、伦敦泰晤士报馆外部主笔［姬乐尔］Valentine Chirol、伦敦中国税务司金登干（J. D. Campbell）。

理事会主席由前上海总领事哲美森（George Jamieson）担任，伦敦英王书院汉文教员禧在明（Sir Walter Caine Hillier）任副主席。会员有：

参赞衔驻英使署翻译随员吴葆誠、伦敦大学财政科学生许士熊、伦敦大学商科学生周承裕、前驻京英使署医士［布舍尔］Stephen Wootton Bushell、东方益智报馆主笔［柯拉姆·宾］L Cramner Byng、前中国英税务司葛德立（W. Cartwright）、伦敦藏书楼籍掌［翟林奈］Lionel Giles、日本横滨英总领事郝璐（J. Carey Hall）、前中国英税务司葛显礼（H. Kopsch）、前上海英按察司［莫厄特］R. A. Mowat。

清朝驻英使署参赞陈贻范和前上海天津英国总领事璧礼南（Byron Brenan）任书记员。会计员由伦敦汇丰银行总理汤森（A. M. Townsend）担任①。

中国会的成立得益于郝璐和璧礼南前后的张罗和运作。郝璐曾任日本横滨英国总领事，璧礼南（1847—1927）1866年来华为使馆翻译学生，1870—1880年代理汉务参赞，1898—1901年任驻上海总领事，1901年退休。在成立大会上，理事会主席对两位的辛勤付出提出了特别感谢②。

（三）中国会的定位

成立大会上，中国会将自身定位在中英两国文学、科技、艺术领域进行

---

① 《广益丛报》第136期附编丛录门新章，伦敦中国会会章，1907年6月10日。引用时对原文部分印刷错误进行了更正。

② The Times：*The Chinese Minister On Ancient Chinese Institutions*，Jan. 29，1907.

交流研讨，和此前成立的中国协会（China Association）侧重政治、商业贸易不同，因而也邀请中国协会的会长冈卓（Richard Simpson Gundry）参与到中国会的活动中来。

中国会的成立也是参考了日本在英国成立了日本学会成功做法。1892年日本会在伦敦成立，不到半年就已有会员230多人，对于联络日英两国关系起到了很好的作用①。此次设立中国会意欲仿照日本学会的做法，"联络英之有权力者为吾国将来之外交界置一转力机"②。道格思爵士、怀特洛·里德、小村寿太郎、窦纳尔、朱尔典、金登干、翟理斯、禧在明、哲美森等这些都曾来过中国，或与中国有着千丝万缕关系的领事官或学者加入中国会，无疑使中国会变成中英文化交流的重要组织。

自汪大燮被选为中国会第一届正会长后，以后学会的正会长也多由中国驻英国大臣、公使或大使担任，如郭泰祺、顾维钧、郑天锡等先后担任过此职。理事会的主席则多由来过中国的社会贤达或对中国文化感兴趣的学者担任，如驻华领事官哲美森（George Jamieson）、伦敦大学亚非学院第一任院长罗斯（Sir Denison Ross）、对中国美术和考古学有成就的颜慈（W. Perceval Yetts），以及马尔科姆（Sir Neill Malcolm）、怀特女士（Lady Whyte）、德里（L. Handley-Derry）等先后担任过主席。

中国会的活动场所第一次世界大战前一直设在威斯敏斯特的卡克斯顿厅（Caxton-hall，Westminster），伦敦大学的东方研究院（School of Oriental Studies）成立后，中国会的讲座一直在此学院进行。中国研究所（China Institute）和香港饭店（Hong Kong Restaurant）、莱伊餐厅（Ley On's Restaurant）等也都先后承办过中国会的活动。

二、中国会与石印《古今图书集成》

驻英大臣汪大燮自第一届大会被选举为中国会会长后，对中国会的活动十分积极热心，不仅在成立大会上发表了长篇演讲，还为中国会的书籍储备

---

① The Times：The Japan Society-A society is in course，Jan. 5，1892. The Japan Society-The first annual dinner，Jun. 25，1892.

② 《广益丛报》第136期附编丛录门新章，伦敦中国会会章，1907年6月10日。

积极筹划。

　　1908年3月，被任命为出使英国考察宪政大臣的汪大燮将再次出访英国，他上折为中国会奏请赏赐图书集成和大清会典各一部。奏折中称"臣前次奉命驻英，与彼都人士往还谈论今古，每以中国开化最先，数千年文物典章于今未坠，徒以东西文字悬隔，稽考为难，遂致彼此情性不通，易生厌薄。适英绅郝璐、璧礼南等解组家居，研求有素，相与联合同志设立学会，一时闻风兴起，来者日众。往者英伦设有日本学会，研究日本掌故，不及十年，而英日交欢，遂成与国。良以政事学问息息相通，必使其善政善教在人耳目，斯神明之契合，日浸灌于无形，而国际亦兼受其益。兹英绅所设中国学会其用意亦在使英伦学子考求中国文明，即足迹不及东来而观感欣慕之心油然生于不觉。惟是草创伊始，图籍未备。天禄石渠之秘，外间尤不易搜求。查前时上海排印钦定图书集成，尚有存书。近年新修大清会典已付石印，今岁可以告成。合无仰恳天恩各颁全部，由外务部饬运英伦转给祇领。庶遐方得邀稽古之荣，绝域同仰右文之盛。"①。朝廷依议允准②。

　　这部字朗体整，并带有24册考证的石印《古今图书集成》运送到伦敦后，为英国汉学家查阅利用。1911年翟林奈（Lionel Giles M. A.）出版《〈钦定古今图书集成〉索引》时，此部《古今图书集成》不仅为翟林奈的研究带来很大的方便，更重要的是它帮助翟林奈清晰地认识到《古今图书集成》各个版本的流传与之间的区别③。

三、中国会的活动

　　中国会成立后，举办过演讲、聚会、午餐会、研讨、展览等各种形式的活动，这些活动都取得了良好的效果。聚会演讲使对中国文化感兴趣的各领域学者有了交流、研讨的场所；展览则使普通民众对中国文化有了更直接的接触，增进相互的了解。

---

①　汪大燮：奏为英绅设立学会研究中国文明掌故拟请颁赏图书集成大清会典各书事，中国第一历史档案馆军机处全宗，档号：03-7175-058。

②　《清实录》光绪三十四年二月十二，第59册，第762页，中华书局1987年。

③　Lionel, Giles, M. A: *An Alphabetical Index to the Chinese Encyclopaedia*. London: Order of the Trustees of the British Museum, 1911, Introduction, xviii.

(一) 中国会的演讲

从 1907 年中国会成立，到 20 世纪 60 年代初期，学会的各种演讲活动一直在持续，包括二战时伦敦遭受空袭期间。

到中国会演讲的有中国、英国、法国、瑞典、德国、美国等各国学者。如中国的汪大燮、陈贻范、李经方、伍朝枢，法国的伯希和（P. Pelliot），瑞典的高本汉（Bernhard Karlgren），德国的李谷克（A. von Lecoq），美国的德效骞（Homer Dubs）都曾在中国会上发表过演讲。当然更多的是英国学者，如翟理斯（H. A. Giles）、麦嘉温（Rev. J. MacGowan）、翟林奈（Lionel Giles）、修中诚（Rev. E. R. Hughes）、慕阿德（A. C. Moule）、霍克斯（David Hawkes）等都参与过中国会的活动。

中国会演讲的内容涉及中国文学、绘画、美术、建筑、医药、地理、书籍、民俗、河流、中外交流等各个方面。除此之外中国会还讨论中国的时事政局，关注中国的变化。如清末反缠足运动，在抗日战争期间中国人民的生活，关注四十年来中国的变迁，抗日战争后中国情况等。

许多学者是刚刚离开中国到达英国，就来到中国会发表演讲，因此许多是最新的学术动态。如 1909 年，马继业（George Macartney）刚刚从中国新疆回到英国，即发表"喀什噶尔：中国最西部地区"的演讲。1928 年，冯贵石（Miss Francesca French）与冯贵珠、盖群英完成中亚旅行，就在中国会发表了"穿越中国西部之旅"的演讲。

各类演讲中，也有站在西方国家立场上点评中国政局。1909 年 1 月 2 日清廷发布让袁世凯开缺回籍的上谕，1 月 14 日中国会上柏卓安（John McLeavy Brown）即发表看法，鼓吹袁世凯代表中国进步力量，认为袁被开缺实因个人嫉妒，而非代表清政府排外行为[①]。1910 年 3 月 10 日班德瑞（F. S. A. Bourne）发表演说，认为中国要想在今后一二十年里取得更大的发展，就必须要聘用外人和利用外资[②]。

中国会存续的 50 多年里中国经历了巨大的变化，但学会致力于对中国文化的研究与传播，致力于中西方相互了解的定位一直没改变。现今可以从中国会持续 50 多年的各类演讲中窥一斑而见全豹。

---

① The Times: *The China society*, Jan. 16, 1909.

② The Times: *The China society*, Mar. 12, 1910.

《泰晤士报》不仅对中国会的成立进行了详细的报道[①],而且对中国会的各种讲座、会议、宴会等活动进行跟踪报道,留下了丰富而珍贵的史料。现依据《泰晤士报》刊登的报道、消息,将中国会的讲座信息列表如下:

序号	时间	演讲人	演讲题目	地点	备注
1	1907.1.28	Wang Ta-sieh 汪大燮	The Popular Element in China's Ancient Feudal Constitution	Caxton-hall, Westminster	Inaugural meeting
2	1907.2.21	Lawrence Binyon 比尼恩	Chinese Pictorial Art	Caxton-hall	
3	1907.3.21	H. A. Giles 翟理斯	Some Notes on Psychic Phenomena in China	Caxton-hall	
4	1907.4.25	J. Carey Hall 郝璐	How the Chinese write their thoughts	Caxton-hall	Lantern slides
5	1907.11.7	Ivan Chen 陈贻范	Comparative Study of English and Chinese Customs and Superstitions	Caxton-hall	
6	1907.3.5	Augustine Henry 韩尔礼	Primitive Folk in China	Caxton-hall	
7	1908.11.12	李经方 中国驻英大臣	The General Evolution of Philosophy and Science	Caxton-hall	Sir Robert Hart presiding
8	1908.11.12	Ivan Chen 陈贻范	Climbing the Chinese Social Ladder	Caxton-hall	Sir Robert presiding
9	1908.12.10	James Cantlie 康德黎	China in its Medical Aspects	Caxton-hall	Sir Patrick Manson presiding

---

① The Times: *The Chinese Minister On Ancient Chinese Institutions*, Jan. 29, 1907.

续表

序号	时间	演讲人	演讲题目	地点	备注
10	1909.1.14	John McLeavy Brown 柏卓安	Early Reminiscences of China	Caxton-hall	
11	1909.2.11	George Macartney 马继业	Kashgaria: China's most westerly province		
12	1909.3.11	Colonel Conder, R. E.	The Relations of the Early Chinese to the Turanians of West Asia	Caxton-hall	
13	1909.4.8	S. Y. Hsü	Economic Ideas in Old China		Read by Lionel Giles
14	1909.11.11	H. B. Morse 马士	Canton Factory Days	Caxton-hall	
15	1909.12.9	Ivan Chen 陈贻范	The Patriarchal System in China	Caxton-hall	
16	1910.1.13	L. C. Hopkins 金璋	The Development of Chinese Writing	Caxton-hall	
17	1910.3.10	F. S. A. Bourne 班德瑞	The Condition of China, with Analogies from England and Japan	Caxton-hall	
18	1910.4.14	R. L. Hobson	Chinese Porcelain	Caxton-hall	
19	1910.11.17	G. Jamieson 哲美森	Leading Events in our Early Intercourse with China	Caxton-hall	
20	1910.12.15	Paul King	In a Chinese Mirror	Caxton-hall	
21	1911.1.19	Mrs. Archibald Little	Progress in China, especially with regard to anti-foot-binding	Caxton-hall	The Chinese Minister presiding
22	1911.3.16	A. G.. Angier	The Chinese as Emigrants	Caxton-hall	

续表

序号	时间	演讲人	演讲题目	地点	备注
23	1911.4.20	M. T. Z. Tyau	The Educational Reform in China	Caxton-hall	
24	1911.11.16	Chao-chu Wu	The Longevity of China	Caxton-hall	The Chinese Minister presiding
25	1911.12.13	Rev. J. MacGowan 麦嘉温	The Drama in China	Caxton-hall	
26	1912.1.18	Staff-Surgeon W. Perceval Yetts, R. N 颜慈	Symbolism in Chinese Art	Caxton-hall	
27	1912.2.22	E. C. Wilton 韦礼敦	With the Mission to Lhasa	Caxton-hall	Sir Francis Younghusband presiding
28	1912.4.8	Lionel Giles 翟林奈	The Great Chinese Encyclopeadia	Caxton-hall	Sir Walter Hillier presiding
29	1912.10.31	Bainbridge	The Heart of China	Caxton-hall	
30	1913.4.3	Frank Stevens	Mythical Monsters: East and West	Caxton-hall	Sir F. Carruthers Gould presiding
31	1914.3.31	R. L. Hobson	The Potter's Art in the Tang Dynasty		Sir C. Hercules Read presiding
32	1918.11.21	A. D. Waley	The Poet Li Tai-Po	School of Oriental Studies	
33	1918.12.12	Miss A. M. B. Meakin	Social Life in Central Asia	School of Oriental Studies	
34	1919.11.6	Sir E. Denison Ross	Far Eastern Studies		
35	1919.11.27	Middleton Smith	Industrial Changes in China		

续表

序号	时间	演讲人	演讲题目	地点	备注
36	1920.5.7	G. S. Boulger	The History of Silk	School of Oriental Studies	
37	1921.2.3	E. H. C. Walsh	Central Tibet and Lhasa	School of Oriental Studies	
38	1923.1.25	Lieutenant-Colonel P. T. Etherton	The Heart of Asia	School of Oriental Studies	
39	1923.11.29	A. L. B. Ashton	Chinese Sculpture	School of Oriental Studies	
40	1924.3.20	Miss E. G. Kemp	Up and Down in Shansi	School of Oriental Studies	
41	1924.4.10	Chao-Hsin Chu	The Development of Chinese Education	School of Oriental Studies	
42	1924.4.17	Rev. Evan Morgan 莫安仁	An Ancient Philosopher's View of the Perfect Life		
43	1924.10.24	R. P. Scott	The Value of British Co-operation in Promoting Chinese Education	School of Oriental Studies	
44	1925.2.20	Mrs. Ayscough	The Symbolism of the Purple Forbidden City	School of Oriental Studies	
45	1925.4.23	Chao-Hsin Chu	Chinese Music	School of Oriental Studies	
46	1926.3.25	Lionel Giles 翟林奈	First-fruits from Tun-huang	School of Oriental Studies	
47	1926.11.19	P. Pelliot 伯希和	European Art in China in the 17th and 18th Centuries	School of Oriental Studies	
48	1927.2.17	Lady Hosie 谢福芸	The Map of China	School of Oriental Studies	

伦敦中国会

续表

序号	时间	演讲人	演讲题目	地点	备注
49	1927.10.13	A. von Lecoq 李谷克	Central Asia	School of Oriental Studies	
50	1927.11.22	W. Buchler	Some Aspects of Chinese Life	School of Oriental Studies	
51	1928.1.19	Bernhard Karlgren 高本汉	The Romanization Problem in Chinese	School of Oriental Studies	
52	1928.2.10	Miss Helen B. Chapin	Chinese Sculpture and Painting in the Museum of Fine Arts Boston	School of Oriental Studies	
53	1928.3.1	Miss Francesca French 冯贵石	A Journey Through China's New Dominion	School of Oriental Studies	
54	1928.10.28	Francis C. M. Wei	Early Confucianism: An Historical and Critical Study	School of Oriental Studies	
55	1929.1.18	Lieutenant-Colonel G. Douglas Gray	My Life in the British Legation, Peking	School of Oriental Studies	
56	1929.4.26	G. Margouliès	Artistic Qualities of the Chinese Language	School of Oriental Studies	
57	1930.11.21	Szeming Sze	Chinese Students in Great Britain	School of Oriental Studies	
58	1931.3.13	W. G. Sewell	Everyday Life in West China	School of Oriental Studies	
59	1932.5.20	C. K. Young	Manchuria	School of Oriental Studies	
60	1933.2.20	Rev. E. R. Hughes 修中诚	Recent Progress in the Scientific Study of History in China	Grosvenor Street	
61	1935.12.6	Bernhard Karlgren 高本汉	The Word Families in Chinese		

续表

序号	时间	演讲人	演讲题目	地点	备注
62	1935.12.17	Arnold Silcock	Chinese Palaces Pagodas and Temples	Grosvenor Street	
63	1936.2.25	Mrs. W. P. Ker 柯瑅良夫人	Chinese Bronzes	Grosvenor Street	
64	1936.3.17	Chen Ta	The Chief Problems of the Working-Class People in China		The China Ambassador presiding
65	1936.3.31	E. M. Gull	Some Aspects of Modern China		
66	1936.4.21	Peng-Chun Chang	The Perplexities and Perspective of the Transition in China	Grosvenor Street	
67	1936.10.13	J. H. Lindsay	Indian Influence in Chinese Buddhist Sculpture		
68	1937.10.26	Lady Hosie	Progressive China		
69	1938.4.8	Sir J. Pratt	Forty Years of China	Gower Street	
70	1938.11.1	H. Chatley	The Yellow River in China's Development	Grosvenor Street	
71	1939.1.31	P. C. Chang	Recent Developments in China	Gordon Square	
72	1939.2.22	N. Soong	Life in China in time of wor	Gordon Square	
73	1939.10.27	S. Howard Hansford	Peking, 1939		
74	1940.4.2	A. C. Moule 慕阿德	Nestorians in China	Grosvenor Street	Lantern slides

伦敦中国会

续表

序号	时间	演讲人	演讲题目	地点	备注
75	1940.10.3	H. J. Temperley	Contrasts between China and Japan in the Light of History		
76	1940.12.10	E. B. Howell	Design and Legend in the Far East	Grosvenor Street	Lantern slides
77	1941.3.18	W. P. Yetts 颜慈	Ancient Chinese Bells		
78	1941.10.14	Lionel Giles 翟林奈	Six Centuries of Tun-huang		
79	1941.11.11	H. D. Liem	Reconstruction of China in War-time		
80	1941.11.25	Z. Y. Kuo	Social Changes in China Since the War		
81	1941.12.16	Prince John Loewenstein	Swastika and Yin-Yang		
82	1942.4.9	W. P. Yetts; S. H. Hansford	Anyang, past and present		Lantern slides
83	1942.11.25	Lady Hosie	The face of New China: a forecast		
84	1943.6.22	C. Y. Hsieh	The first Chinese Minister to the Court of St. James's		
85	1944.12.15	Fan Tsen-Chunag	Dr. Johnson and Chinese culture		
86	1945.3.26	T. C. Chao	Development of local democracy in China	Grosvenor Street	
87	1946.2.14	Sir Francis Rose	Art seen through Chinese and Western eyes	China Institute	

543

续表

序号	时间	演讲人	演讲题目	地点	备注
88	1946.3.28	C. P. FitzGerald 费子智	Strategic factors in the history of North China, and their bearing on current events——'Shu versus Heng'		
88	1946.5.6	John Blofeld	Sino-British cultural relations		
90	1946.7.12	Gerald Samson	The history of the Burma Road	Royal Society of Arts	
91	1947.3.19	Lo Ching-Shu	A world for everybody	China Institute	
92	1947.5.14	Edith Chu	The position of women in the new China	China Institute	
93	1947.6.23	Chi-Yuen Wu	The economic future of China	Gordon Square	
94	1948.1.14	Cheng Te-Kun	The West China Union University Museum	China Institute	与 Universities' China Committee 合办
95	1948.4.20	Margaret Emslie	In China, 1945—47	Royal Society, Burlington House	illustrated
96	1949.1.13	S. H. Hansford	The technique of jade carving	China Institute	与 Universities' China Committee 合办
97	1949.9.22	Homer Dubs 德效骞	China: The land of humanities and scholarship	China Institute	
98	1951.5.1	Victor Purcell	The Chinese in south-east Asia	Hongkong Restaurant	

伦敦中国会

续表

序号	时间	演讲人	演讲题目	地点	备注
99	1953.3.3	Miles Malleson	Impressions of the theatre in China to-day	New Shanghai Restaurant	
100	1954.1.19	James Liu	Elizabethan and Yuan: a brief comparison of certain conventions in poetic drama	Hong Kong Restaurant	
101	1955.7.14	H. F. Simon	China revisited	Ley On's Restaurant	
102	1955.11.24	Homer H. Dubs 德效骞	Evidence of Roman City in China		
103	1956.1.12	Denis Mathews	An artist visits modern China	Ley On's Restaurant	
104	1956.6.26	D. W. James	Survey of Chinese medicine	Ley On's Restaurant	
105	1958.2.26	P. S. Marshall	The development of Chinese pugilism	Ley On's Restaurant	
106	1958.3.26	Colonel Kenneth Cantlie	Progress in China	Ley On's Restaurant	
107	1958.10.1	G. R. G. Worcester	Highlights on Chinese junks	Ley On's Restaurant	
108	1959.1.14	S. Howard Hansford	Some queer characters	Ley On's Restaurant	
109	1959.2.11	Brigadier J. V. Davidson-Houston	PeKing past and present	Ley On's Restaurant	
110	1959.7.3	Christmas Humphreys; Rene Cutforth	The Dalai Lama	Ley On's Restaurant	

545

续表

序号	时间	演讲人	演讲题目	地点	备注
111	1959.7.29	F. T. Cheng	A few precepts of Confucius	Ley On's Restaurant	
112	1959.9.30	David Hawkes 霍克斯	Chinese poetry	Ley On's Restaurant	
113	1959.12.9	Cyril Birch	Defence of ghosts	Ley On's Restaurant	
114	1961.10.11	Denis Mathews	Visit to Inner Mongolia	Ley On's Restaurant	

（二）中国会其他文化活动

除持续举办讲座之外，中国会还与中国协会、中英文化协会（Sino-British Cultural Association）、中国大学委员会（Universities China Committee）等其他组织合作，组织、参与各种文化活动，共同致力于中英文化交流。

1935年2—3月，中国会和中国协会共同主持了刘海粟等人的现代中国美术展①，在伦敦展出期间有大量的民众前往参观，展览不仅使英国民众看到了美不胜收的水墨画作，更使他们对中国绘画的演进与欣赏有了进一步的认识。1943年7月，中国会和英国考陶德艺术学院（Courtauld Institute of Art）共同筹办了孔子及其弟子展（Confucian Exhibition）②，使英国民众对孔子及孔子对中国的影响有了进一步的认知。

1937年10月，英国红十字会、中国协会等呼吁捐款捐物支持中国抗日，中国会也积极参与③。1944年1月，王云五等中国访英团到达伦敦，中国会邀请访英团成员举行茶会，了解中国战时情况④。中国会还与中英文化协会、中国大学委员会等一起参与克利浦斯夫人（Lady Cripps）的各种战时援华活动。

---

① The Times：*Exhibition of Modern Chinese Painting*，Feb. 20，1935.
② The Times：*Confucius and China*，Jul, 14，1943.
③ The Times：*Aid for China*，Oct. 2，1937.
④ 王云五《访英日记》，商务印书馆1944年，第50页。

三、结语

中国会的诸多活动网罗了许多学者,但是仅限于英国汉学的学术圈里,普通民众对之了解较少。1947 年,在中国会已成立四十年时,理事会主席马尔科姆(Sir Neill Malcolm)在《泰晤士报》上刊登布告,欢迎更多的会员加入中国会,促进东西方的相互了解,并以解决中国会经费不足的现状[①]。

随着曾在中国经商、传教或担任官职的许多成员的先后去世,中国会的会员剧减,中国会曾经的春天不再了[②]。翟林奈是自 1907 年中国会成立就和其父亲翟理斯一起加入学会,此后的 50 年,他一直承担着学会的各种活动。1958 年,随着他的去世,最后一个见证中国会建立的成员也离去了[③]。到 20 世纪 60 年代初期之后,中国会的活动减少至停止。

自 1907 年中国会建立后,其活跃期历时 50 多年,为中英两国间的文化交流做出过贡献。现在学界不载,实为憾事。希望有更多学者关注伦敦中国会,深入探讨这一重要学术组织及其进行的学术活动。

(何玲:北京语言大学图书馆馆员)

---

① The Times: *The China society*, Jun. 16, 1947.
② The Times: Other contacts besides politics, Dec, 1, 1956.
③ The Times: Dr. Lionel Giles, Jan, 30, 1958.

从平托《远游记》看地理大发现时期伊比利亚文学视阈中的中国形象

邹雅艳

摘　要：15~17 世纪是西方历史上的"地理上大发现"时期，伊比利亚半岛上的葡萄牙率先引领人类进入了大航海时代，体现在文学创作上，记述航海历险经历的海外发现文学作品开始风靡一时，其中最著名的当属费尔南·门德斯·平托的《远游记》。书中，作者将中国描述成一个繁荣、富足、安定的理想国度，为处在巨大变革中的欧洲社会提供了一个可供参考的理想范式，成了启蒙主义批判文学的先驱。

关键词：平托　地理大发现　西方中国形象

"地理大发现"是西方史学界对 15—17 世纪欧洲国家开辟海上新航路和对地球上已知世界以外新的地理单元探索发现时期的通称。它不仅是人类地理观念的一次更新，也是思想观念上的一次飞跃，被视为西方近代文明的起点。"这里是陆地的终端，大洋的起始"[1]，在文艺复兴的背景下，位于欧洲大陆最西端伊比利亚半岛上的葡萄牙和西班牙率先引领人类进入了大航海时代，反过来，航海活动又为文艺复兴运动注入了新的生机和活力，体现在文学创作上，记述航海历险经历的游记性质的海外发现文学作品开始风靡一时，其中最著名的当属葡萄牙人费尔南·门德斯·平托（Fernão Mendes Pinto）的《远游记》。本文即从比较文学形象学的角度对该书中作者所塑造的 16 世纪西方人眼中的中国形象进行考察，并探究其所产生的历史文化语境及其象征意义。

---

[1]　［葡］路易斯·德·卡蒙斯（Luis de Camoes）著，张维民译《卢济塔尼亚人之歌》（*Os Lusiadas*），社会科学文献出版社 1992 年，第 29 页。

从平托《远游记》看地理大发现时期伊比利亚文学视阈中的中国形象

一、一部充斥争议的奇书

所谓的海外发现文学,通常是指那些以游记、航海日志等形式,记录新世界、其他民族的发现过程及海外历险经历等的作品,而《远游记》无疑是当时这类作品中最脍炙人口的一部。

平托是 16 世纪葡萄牙最著名的冒险家之一,他的一生充满了传奇色彩。早年的他出身贫寒,自幼便在贵族家中当差,1537 年,像那个时代所有追逐荣誉和财富的冒险家一样,年轻的平托踏上了前往印度的旅程。在此后的 21 年中,按他自己所述,他游遍了东方各地,特别是锡兰(Ceylon)以东地区,也曾多次到达中国南部沿海各省,还曾加入了耶稣会,陪同沙勿略神父(St. Francois Xavier)远赴日本传教。在他动荡不安的海外漂泊生涯中,他"十三次被俘,十六次被卖"①,经历了无数次惊心动魄的历险。晚年的平托定居在与里斯本(Lisbon)隔河相望的小城阿尔马达(Almada),过着闲逸的隐退生活。同时,他开始撰写回忆录,记述自己漫游东方的神奇经历,他最初的目的不过是想为子女留下一本书,让他们能够通过它了解遥远的东方,但出乎意料的是,该书完成后,竟然为人们争相传抄阅读,一时间广为流传,他本人也被冠以"东方学者"的美誉。该书初稿完成于 1580 年,但由于教会的百般阻挠,直到 1614 年,他死后 31 年才得以正式出版,而其中所有能反映作者与耶稣会有关系的内容都遭到了删改。尽管如此,该书仍在欧洲引起了很大的轰动,相继被翻译成西、法、荷、德等多种语言版本,到目前为止,全世界各种语言版本累计已达 170 多种,其所造成的影响堪与塞万提斯(Miguel de Cervantes Saavedra)的名著《堂·吉诃德》(*Don Quixote*)相媲美,不仅在葡萄牙文学史上,就是在世界文学史上亦可占有一席之地。②

虽然作者一再强调其所述皆为其亲身经历,但和《马可波罗游记》(*The Travels of Marco Polo*)一样,《远游记》自诞生之日起,围绕着其真实性问题,

---

① [葡] 费尔南·门德斯·平托(Fernão Mendes Pinto)著,金国平译注《远游记》(*Peregrination*),东方葡萄牙学会 1999 年,第 1 页。

② 详见 [葡] 费尔南·门德斯·平托等著,王锁英译《葡萄牙人在华见闻录——十六世纪手稿》(*Antologia dos Viajantes Portugueses na China*),艾思娅(Maria Leonor Buescu)评介,澳门文化司署、东方葡萄牙学会、海南出版社、三环出版社 1998 年,第 136 页。

就一直令评论界争论不休。支持者认为《远游记》虽不是一部史学著作，但其中所涉及的关于澳门开埠以及中葡关系史上一系列重大事件，可以看作是对中外交通史、葡人入华史，乃至明史等正史从文学角度进行了侧面补充，具有不可忽视的史料价值。而质疑者则指出，若视之为一部旅行记录，则存在年代混乱、地名不清、距离错误等诸多不实之处，甚至有人还将作者的名字 Fernão Mendes Pinto 戏称为"Fernão, Mentes? Minto."，意为："费尔南，你在说谎吗？我在说谎。"① 时至今日，比较一致的看法认为其叙述虽然有一部分个人经历，但却有夸大之嫌，作者更多的是大量引用了同时期其他不同来源的纪实资料，如第一位派往中国的葡萄牙官方使节托梅·皮雷斯（Tomé Pires）、传教士加斯帕·达·克路士（Gaspar da Cruz）等人关于中国的报道，因而，人们更愿意把它看成一部以某些史实为基础，融真实与想象于一体的游记小说②。而之所以能让读者信以为真，则是由于"在《远游记》中，虚构和现实奇妙地得以结合，因为作者擅长为他向我们叙述的一切披上真实的外衣，就像叙述他的亲身经历，总的说来，即使他在描述他未曾去过的地方或者他所编造的情景和人物，也是令人信服的。"③ 换句话说，正是由于平托超凡的文学天赋，才使得他的描述绘声绘色，并总能让人相信作者的在场。

二、作为"他者"的中国形象

当代形象学理论家、法国学者巴柔曾把文学中的异国形象定义为"在文学化，同时也是社会化的运作过程中对异国看法的总和"④。"所有的形象都源自一种自我意识，它是对一个与他者相比的自我，一个与彼处相比此在的意识。"⑤ 换句话说，形象即是一种"自我"对"他者"描述，它不仅是对异

---

① 详见《葡萄牙人在华见闻录——十六世纪手稿》第137页。

② 详见王慕民《评葡人平托所撰之〈游记〉》，载《世界历史》2000年第4期，第57页。

③ Anótnio Saraiva e Oscar Lope, *História da Literatura Portuguesa*, Porto: Porto Editora, 1987, p. 308.

④ [法] 达尼埃尔-亨利·巴柔（Daniel-Henry Pageaux）著，孟华译《形象》，孟华选编《比较文学形象学》第154页，北京大学出版社，2001年。

⑤ [法] 达尼埃尔-亨利·巴柔著，孟华译《从文化形象到集体想象物》，孟华选编《比较文学形象学》，北京大学出版社2001年，第121页。

从平托《远游记》看地理大发现时期伊比利亚文学视阈中的中国形象

国或异族文化现实的描述，同时也注入了注视者，即"自我"的文化或情感、主观或客观、个人或社会群体等各种因素的影响。因此，不能不说，形象是一个广泛复杂的总体，从某种意义上说，它等同于"幻象"。而游记，作为一种文学样式，无疑是与异国相遇最好的方式，"旅游者不仅仅是在地理空间内或在历史时间中的位移；它还是在一种文化中，在注视者文化中的一种位移。"① 因此，游记中的异国形象，既含有异国现实的因素，同时也不同程度折射出制作者自身所处文化的精神面貌，也就是说，它们是形象制作者身处本土文化语境之中，出于自身文化精神的某种需要而创造出来的一种"想象物"。

《远游记》全书共226章，其中从第80章至131章作者用了将近三分之一的篇幅讲述了1540—1550年前后他在中国的经历。按书中所述，1542年5月14日，在一个叫安东尼奥·德·法利亚（Antonio de Faria）的葡萄牙人的带领下，一支包括平托在内一行150人的冒险队，前往一个叫卡伦普卢伊的小岛，据传那里埋葬着17位中国国王，陵墓中金银珠宝堆积成山。当他们登岛企图将陵墓洗劫一空时，不想被人发觉，于是匆忙逃遁，途中又遇风暴，仅14人幸免于难。他们隐瞒身份，谎称是遭遇海难的暹罗商人，一路乞讨步行向南京进发，结果被当地总兵以不务正业罪逮捕，押解到北京，被判流放关西（Quansi），他也因此得以有机会深入中国内地，全面了解中国的情况。

尽管在中国身陷囹圄，备受折磨，但丝毫没有减损平托对中国的钦羡之情，与同时代的许多作者一样，他把中国描述成了一个"乌托邦"式的理想国度。

（一）辽阔、富饶、繁荣的国度

平托被俘后从南京押解至北京，一路上，他亲眼见识了中国广袤的国土，丰富的物产，便利的交通，宏伟壮观的建筑以及经济发达的城市。平托用了大量笔墨描述中国的辽阔、富饶和繁荣。虽然意识到自己的话未必会有人相信，但他还是坚持认为有必要指出："我到过一些物产极为富饶的地方，实为我们欧洲所不及。但无论每个地方，还是全部加在一起，都不如中华帝国那样富饶。大自然赋予了中华帝国一切，气候宜人，风调雨顺。"②

都城北京不仅是最坚固的城市，而且"宏伟壮观，大厦林立，生活丰裕，

---

① 《从文化形象到集体想象物》，第146—147页。
② 《远游记》，第291页。

物品充盈，人如过江之鲫，帆樯如林。法律严明、政府廉洁，朝廷安稳，官衙众多"。① 城中的街道宽阔整齐，房屋华丽讲究，商贾云集。不管是从其巨大的规模，文明的制度，富有的程度，或其他任何方面来讲，都可以"堪称世界都会之首"②，"它完全可以同罗马、康士坦丁堡、威尼斯、巴黎、伦敦、塞维利亚、里斯本相媲美。"③ 而欧洲以外的城市，都无法与北京最细微的东西相比，亦不能与北京庞大的规模与恢宏的气势相提并论。

（二）优越的社会制度

中国不仅自然条件优越，同时也是一个被管理得很好的国家，"中华帝国的社会秩序、物产之丰、国家管理、一切东西的宏伟壮观都是举世无双的。更为其增添光彩的是人人遵纪守法，政府平等廉洁，实为其他国家所羡慕"④，"无论是从慈善上讲，还是从安邦治国上讲，足可作为基督教国家的楷模"⑤。据中国的史书记载，现任国王的曾祖父，曾因重病而双目失明，但他性情温和，政绩卓著，深受百姓爱戴，他"下令在全国所有的城镇设立谷仓米库，赈济穷人。"⑥ 他的善行博得了上天的欢心，于是上帝让他恢复了视力。从此，这个王国内粮仓遍布，百姓们丰衣足食。每个城市都有政府开设的收容弃婴的机构，这些孩子长大后可直接进入"穷人义学"接受教育。即便是残疾和无依无靠的人，也都能得到妥善安置，并根据实际需要，教给他们谋生的办法，使其免于饥饿之苦。

平托借沙勿略神父之口称赞道："如果哪天上帝将其带到中华帝国的话，他一定要求我国国王看看此处的治国安邦，打仗理财的办法，因为毫无疑问，他们远远超过鼎盛时期的罗马人，超过所有人，超过以往的史家介绍过的国家的人民。"⑦

（三）迥异于基督教的另一文化统绪

尽管平托津津乐道于中国的物质繁荣和制度的完善，但作为一个曾经是

---

① 《远游记》，第 313 页。
② 《远游记》，第 272 页。
③ 《远游记》，第 313 页。
④ 《远游记》，第 291 页。
⑤ 《远游记》，第 332 页。
⑥ 《远游记》，第 332 页。
⑦ 《远游记》，第 333 页。

从平托《远游记》看地理大发现时期伊比利亚文学视阈中的中国形象

来自基督教文化背景的传教士，受其自身文化视野的局限，他并不能真正了解中国悠久的历史和古老的文化。在他看来，中国虽然繁荣富庶，但却始终生活在异教的黑暗之中。

关于中国的历史起源，平托是这样记述的："中华八十个皇帝第一纪年第十三章上记载说，六三九年的大洪水过后，出现了一块当时称之为关提陂高的地方……当时，那块地上住着一个小国王子，名叫图鹏。"① 接下来的故事是年轻的国王图鹏（Turbão）爱上了一个叫南卡（Nanca）的美丽姑娘，并生下了三个儿子，但却遭到了寡居的太后的反对，最终图鹏被叛军杀害，悲痛的南卡被迫带着儿子逃亡。在上帝的指引下，来到了现今北京城的地方。在这里，南卡立长子北京为王，从那时起，这个中华帝国的王位就开始世袭相传。

尽管平托自诩在他之前，"以往的作者至今从未涉及过"②，但不难看出，这个关于中国起源的故事完全是凭想象编造的，或移植自某部传奇小说。而从形象学理论分析，这正是本土文化对异域文化认同和归化功能的体现，当一种异域文化进入本土文化的视野时，人们必然会自觉或不自觉用想象和虚构来弥补不同文化之间差异造成的疏离，而中国文化进入西方文化视野时，也遭遇到了这一传奇式的改造。

三、《远游记》中中国形象建构的历史文化语境

比较文学意义上的异国或异族形象，并不能简单地理解为现实的复制品，因为"它是按照注视者的文化模式、程序而重组、重写的"③，"一个社会在审视和想象着'他者'的同时，也进行着自我审视和反思。毫无疑义，异国形象事实上，同样能够说出对本土文化的有时难以感受、表述、想象到的某些东西。"④ 因此，形象学所研究的不是形象真伪的程度，"也绝不仅限于研究对简称为'现实'的东西所做的文学置换。它应该研究的是形形色色的形象如何构成了某一历史时期对异国的特定描述；研究那些支配了一个社会及

---

① 《远游记》，第 266 页。
② 《远游记》，第 266 页。
③ 《形象》，第 157 页。
④ 《形象》，第 156 页。

其文学体系、社会总体想象物的动力线。"① 具体到《远游记》一书，毋庸置疑，平托笔下的中国形象确有其符合历史现实的一面，16 世纪正值中国明代中前期，就经济发展、科技成就、军事实力和政治制度来看，中国确实超过了当时基督教神学统治之下的欧洲。但是，我们所要考量的并不是其在多大程度上符合那个时期中国的历史真实情况，而是要探究这一时期伊比利亚文学视阈中的中国形象构筑的过程和观念视野。

众所周知，早在中世纪晚期，通过《马可·波罗游记》等作品，中国就已作为财富与世俗享乐的象征进入了欧洲人的社会集体想象范畴，开启了之后近两个世纪对"中国神话"的幻象之门。赫德逊（G. F. Hudson）在《欧洲与中国》(Europe and China) 指出，"马可·波罗一家在哥伦布发现新大陆之前就已经为中世纪的欧洲发现了一个新大陆。这一发现对欧洲人的思想习惯有着深远的影响。"② 到东方去，获取财富，在重商主义和自由精神的感召下，商人、使节和冒险家们纷纷踏上了前往中国的征程。

15 世纪西方对海洋的开发是由葡萄牙和紧随其后的西班牙人组织的，无论是在地理知识方面还是航海技术上，葡萄牙都是意大利的学生。里斯本之所以繁荣，是因为它正好位于威尼斯和热那亚通向佛兰德斯的直布罗陀海峡的航线上。而当时的意大利，通过十字军东征和与东方的贸易而获得了巨大的收益，变得十分富裕并富有冒险精神。这给了葡萄牙人以灵感，他们开始试图自己开辟一条直接到达东方的新航线，从而打破意大利人对东方贸易的垄断。

此外，这一时期人类进行环球旅行的物质条件也已经具备了。

首先，15 世纪，"地圆说"已普遍为人们接受，在葡萄牙诞生了现代意义上的地图学，其所绘制的地图，无论是数量还是质量在当时的欧洲都是一流的。天文学家托斯卡内里（Toscanelli）根据"地圆说"绘制了一张世界地图，将印度置于大西洋西岸，认为只要一直向西就会到达东方。其次，在航海和造船技术方面的不断发展也使欧洲人克服了远航的障碍。15 世纪在葡萄牙的多桅轻便快帆船上已普遍使用罗盘、火炮、六分仪、三角帆等设备，这

---

① 《形象》，第 156 页。
② ［英］G. F. 赫德逊（G. F. Hudson）著，王尊仲、李申、张毅译《欧洲与中国》(Europe and China)，中华书局 1995 年，第 137 页。

从平托《远游记》看地理大发现时期伊比利亚文学视阈中的中国形象

种经过改良的快船专为远航而设计，航速快、安全、载重量大，而且操纵极为灵活，即使逆风也能快速行驶。这些航海和造船技术革命性的提高，使葡萄牙处于了领先地位。另外，葡萄牙之所以走在其他欧洲国家前面和统治者的提倡是分不开的。国王诺昂一世（João I）的第三子、素有"航海家"之称的亨利亲王（Henry the Navigator），一生热衷于航海和探险。据说，1428年，亨利的兄长佩德罗王子从欧洲旅行归来，为他带回了一本《马可波罗游记》，从此，它为年轻的亨利开启了冒险之路的大门。[①] 在他的资助下，葡萄牙建立了著名的多桅帆船队，开始了大规模的沿非洲海岸的探险活动。

1487年，迪亚士（Bartholmeu Dia）的船队到达非洲南端，发现好望角，并进入印度洋；1498年，达·伽马（Vasco da Gama）的船队沿迪亚士航线继续向前，经非洲东岸到达了印度西南部的卡利卡特（Calicut），开辟了一条绕非洲南端到印度的新航线并在非洲东海岸建立了中转站，打破了阿拉伯人控制印度洋航路的局面，成了控制香料之路的新主人。

新航路的开辟，打破了先前世界各地相互隔绝的状态，使欧洲贸易范围空前扩大了，发展资本主义所需的世界市场开始逐步形成，正如马克思所说："世界贸易和世界市场在16世纪揭开了资本主义近代生活史。"[②] 出于资本原始积累和获取更大商业利润的需要，欧洲国家纷纷走上了疯狂的海外扩张和掠夺的道路。葡萄牙、西班牙，以及紧随其后的荷兰、英国，开始在海上展开较量，旨在控制那些新的贸易航道，亦即攫取财富之路。1511年，葡萄牙人占领了马六甲，与那里的中国商人建立了联系。国王曼努埃尔一世（Manuel I）给马六甲的舰队司令迪奥戈·罗佩斯·德·塞克伊拉（Diego de Sekyla）下命令：

> 要问明中国人，他们来自何方，旅途有多远，到马六甲需多久，或可问明他们隔多久到那里经商一次，都有何种商品，每来船的数目、船的样式，下年来船样式是否改变，在马六甲或者其他地方是否设有商行或公司。中国商人是否有钱，其性格如何，有否武器或者大炮，服装款

---

① 吴志良《十六世纪葡萄牙的中国观》，载《国际汉学》1998年第1期，第152页。
② ［德］马克思（Karl Heinrich Marx）、恩格斯（Friedrich Von Engels）著，中共中央马克思恩格斯列宁斯大林著作编译局译《马克思恩格斯全集》第23卷，人民出版社1972年，第167页。

式，个人高矮凡此等等。①

欧洲人终于叩响了中国的大门。

四、《远游记》中中国形象的象征意义

人类生活的任何一个年代都不是完美的，所以我们常会借助古代的、边缘的或异域的文化作为我们改造现实、寄托梦想的依据。德国学者顾彬（Wolfgang Kubin）认为，西方人之所以自古以来一直关注着异国，一个最主要的原因就是"想寻找一种与自己社会不同的异域"②，以表达对现实的不满。"大航海"所引发的"地理大发现"不仅是地理学意义上的新发现，也是人们思想观念上的新起点。随着地球上未知部分被不断发现，欧洲人越来越清醒地认识到世界的广阔。

新航路的开辟让更多的欧洲人来到了他们向往已久的中国，然而，不同于蛮荒的美洲大陆，他们看到的是一个很早以前就已经开化、具有高度文明的国度，这里的人们不仅有优越的物质生存条件，而且有着丰富的精神生活。中国有着古老的历史，独立发展的文化传统，迥异于其他文化的语言文字，教育普及，人民知书达礼，虽然自然科学的发展速度不如西方，但却有着高度发达的道德哲学和以此为基础的优良的社会制度。托斯卡内利在写给哥伦布的信中称，"盖不独金、银、珍珠、宝石、香料，所在皆是，可以致富也。而吾人亦可与其国学人、哲士、天文家等交谈，互换知识。统治国家之才能，巧慧战争之方法，吾人皆可自其人学习取材也。"③ 去中国不仅可以获得财富，还可向他们学习交流治国之道、战争之法，总之，中国值得西方人跨洋越海去寻找。

《远游记》中，平托将中国描述成了一个世界上最令人向往的国家，这里有地球上所有人类生存所需的最美好的事物，没有贫困、饥馑、瘟疫和不合

---

① ［葡］J. H. 萨拉依瓦（José Hermano Saraiva）著，李均报、王全礼译《葡萄牙简史》（História Concisa Portugal），花山文艺出版社1994年，第146页。

② ［德］顾彬（Wolfgang Kubin）讲演，曹卫东编译《关于"异"的研究》，北京大学出版社，1997年，第2页。

③ 张星烺编注《中西交通史料汇编》第一册，中华书局1977年，第440页。

从平托《远游记》看地理大发现时期伊比利亚文学视阈中的中国形象

理现象,人民幸福安定。常有人指责平托的描述过于夸张,但其背后却蕴含着轻易不能为人所体会到的深意。那就是在当时的欧洲,宗教法庭能够肆意扼杀人们思想的年代里,作者之所以反复强调中国的富足、安定、繁荣,人民的勤劳、爱好和平、安居乐业,其用意在于试图揭露和讽刺虚伪、腐化的葡萄牙宗教和政治机构,同时也谴责了统治者所执行的海外帝国生命线的殖民掠夺政策。如果说与平托同时代、享有文艺复兴时期葡萄牙最伟大的诗人这一美誉的卡蒙斯1572年创作的歌颂达·伽马远航印度的长篇史诗《卢济塔尼亚人之歌》以无比洋溢的爱国主义热情从正面赞颂了葡萄牙人勇于探险的开拓精神,那么,平托的《远游记》则从反面对这段辉煌历史进行了补充和反思。《葡萄牙文学史》(História da Literatura Portuguesa)的作者安东尼奥·若瑟·萨拉依瓦(Antonio José Saraiva)这样评价该书:

> 乍看起来,这本书无非是想用荒诞不经的经历和残暴的描写来取悦读者。然而,它却一反那种产生骑士精神或十字军精神的文学。这里,战争被描绘成洗劫富饶的城市和抢劫满载货物的商船的简单方式。平托把自己也写成一个脱去爱国主义和骑士精神外衣的可怜鬼,一个桑科·潘扎,用以同若奥·巴洛斯或是卡蒙斯所歌颂的英雄的吉柯德们形成对比。[1]

在他的笔下,中国人才是真正的文明人,而欧洲人不过是一群生番,中国人的智慧、宽厚与欧洲人的野蛮、无耻形成了鲜明的对比。他所塑造的中国形象,寄托了他对自己心目理想国度的美好期冀。"由于这种间接的批判,由于他这种勇气,费尔南·门德斯·平托的《远游记》成了某种启蒙主义批判文学的先驱"。[2]

后来的启蒙主义者便是从这一时期关于中国的作品所塑造的中国形象中挖掘出了其为改造社会服务的文化利用价值,他们看到的中国是一个建立在道德伦理原则上的非基督教的国家,虽然没有明确的基督教教义指引,但人

---

[1] [葡]安东尼奥·若瑟·萨拉依瓦(Antonio Jose Saraiva)著,张维民译《葡萄牙文学史》(História da Literatura Portuguesa),澳门文化学会1982年,第71页。

[2] 《葡萄牙文学史》,第72页。

们却能通过遵循道德原则完成个人修养，维持社会的稳定和秩序。即便始终生活在异教的黑暗之中，中华帝国却强大繁荣、人民幸福平和、社会和谐稳定，这就直接证明了伦理道德不一定和宗教有必然的联系。它迫使启蒙主义者们不得不思考这样一个问题：人是否可以不依靠上帝，单凭自身的道德修养和恪守礼仪而得救？于是，一场新的、更大规模的思想文化运动——启蒙运动应运而生。

五、结语

史景迁曾指出："欧洲人关于中国的真实知识中总掺杂着想象，二者总是混淆在一起，以致我们确实无法轻易地将它们区分开"，并且"想象往往比知识更为重要"[①]。因而，我们所说的西方中国形象只不过是一种假设的知识，是某一历史时期流行于西方社会的一整套关于中国的话语表述体系，它由各种不同类型的文本共同构筑而成，并随着社会的变化和时代的发展而不断地发生着变异。其中不仅蕴含着对中国现实状况的某种认识，而更多的则是西方文化自身期待与焦虑的隐喻性表达[②]。透过平托的《远游记》，我们看到的不仅是"地理大发现"时期伊比利亚文学视阈汇总一个被理想化了的完美的中国形象，更能从中捕捉到其所蕴含的西方文化精神的象征意义。

（邹雅艳：文学博士，南开大学汉语言文化学院讲师）

---

① [美] 史景迁（Jonathan D. Spence）著，廖世奇、彭小樵译《文化类同与文化利用——世界文化总体对话中的中国形象》（北大讲演录），北京大学出版社1990年，第13页。
② 周宁《西方中国形象史》，载《东南学术》2005年第1期，第100—108页。

论日本"幻灯事件"研究的流变

蒋永国

摘 要：日本学者对"幻灯事件"真实性的怀疑和否定遭到中国大陆学者批判，从而激起了"幻灯事件"研究的热点。在此研究中，中日学者都具有自己的视野，因此难免有国家本位。对"幻灯事件"研究要有一个客观公正的评价，必须首先回到日本"幻灯事件"的历史过程。从演变的时间逻辑看，日本"幻灯事件"真实性的研究经历了怀疑淡化期、基本否定期和综合论证期。这一过程伴随日本社会思想的演变而生发，有民族情绪和学术真实的纠缠，因而中国大陆学者应在学术的立场上客观公正地评价它的贡献和不足。

关键词："幻灯事件" 反思 鲁迅

鲁迅在《呐喊·自序》《藤野先生》和《俄文译本〈阿Q正传〉序及著者自叙传略》中写过日军杀中国侦探而导致他受刺激走上文学道路，此事件被学界称为"幻灯事件"。有关此事件的研究已成为中日学界热点，且争论不休。针对日本学界怀疑"幻灯事件"的真实性，中国大陆的学者对此也提出了反驳。[①] 但大陆学者的反驳使笔者觉得他们缺少对日本"幻灯事件"研究历史过程的理性把握，从而制约了对日本这一研究做出客观判断，也未把日本"幻灯事件"研究的价值和问题并置呈现出来。因而本文试图在20世纪40年代到80年代这个时限内再现日本"幻灯事件"研究的历史过程，把研究演变的逻辑还原出来，并尝试提出一些反思的视角。据演变的时间和逻辑进程，

---

① 如高远东在2007年撰写《"仙台经验"与"弃医从文"——对竹内好曲解鲁迅文学发生原因的一点分析》(《鲁迅研究月刊》2007年第4期)，认为竹内好的相关研究是为了建构理想的日本现代主体，把鲁迅和中国看成日本的一面镜子；廖久明2014年撰写《"幻灯片事件"之我见》(《鲁迅研究月刊》2014年第10期)，全面总结了日本否定"幻灯片事件"真实性观点和理由，并提供了很多证据来捍卫"幻灯片事件"的真实性。

日本"幻灯事件"可分为怀疑淡化期、基本否定期、综合论证期。此处的划分主要为方便陈述,其实各个分期没有绝对严格的界限。

一、怀疑淡化期

这一时期始于竹内好出版《鲁迅》,具体时间从20世纪40年代到60年代初,代表人物及著作论文是竹内好的《鲁迅》(1944)、新岛淳良的《关于鲁迅初期思想的笔记》(1957)和尾崎秀树《与鲁迅对话》(1962)及丸山升、竹内芳郎等对尾崎秀树的反驳。

竹内好是怀疑"幻灯事件"真实性的奠基人,在《鲁迅》一书中首次对"幻灯事件"发微。此书第二部分《有关传记的疑问》中提供了一个引子,说鲁迅从医学转入文学的事情,是通过《藤野先生》和其他作品为人所知,他在后面注释这是被当作传说化的例证之一。① 然后在第三部分《思想的形成》中详细讨论了"幻灯事件"对鲁迅文学道路的影响。为更加清楚地说明需要引述一大段原文:

> 在这里,事情比《呐喊》自序复杂。形成他离开仙台的动机的并不只是幻灯事件。在幻灯事件之前还有一件事。我们不如说,幻灯事件本身并不像在《呐喊》自序中所写的那样,具有形成文学志向的"开端"的单纯性质。幻灯事件与在此之前的令人讨厌的事件有关联,在这种情况下,这两者的共同之处,便是问题所在。他在幻灯的画面上不仅看到了同胞的惨状,而且在那惨状中看到了他自己。这怎么说呢?就是说,他并不是抱着以文学解救同胞的精神贫困这类很光彩的志向离开仙台的。我认为他恐怕是蒙受了屈辱后才离开仙台的。我认为,他大概并没有因为医学无用才去搞文学这一种从容不迫的心情吧。这个时期在《年谱》上纠缠在他暂时回国上。正像前面所写的那样,我不明白这种关系,所以,不打算去虚构。不管怎么说,幻灯事件和文学志向并没有直接的关系,这就是我的判断。幻灯事件与那个令人讨厌的事件有关,但与文学志向没有直接的关系。我认为,幻灯事件给予他的东西是与那个令人讨

---

① 竹内好著,李心峰译《鲁迅》,浙江文艺出版社1986年,第42—43页。

论日本"幻灯事件"研究的流变

厌的事件同样性质的屈辱感。屈辱,更是他自己的屈辱。与其说是怜悯同胞,不如说是怜悯不得不怜悯同胞的他自己;而不是一面怜悯同胞,一面想到文学。对同胞的怜悯甚至成了联系他的孤独感的一个路标。即使幻灯事件与他的文学志向有关,而且那确实不是没有关系;但是,幻灯事件本身并不意味着他的回心。他所受到的屈辱感在形成他的回心之轴的各种原因中增加了一个要素。因此,这个事件与其说是《新生》事件的原因,不如说,它同时间上有无联系并无关系,对于他的回心来说,它与《新生》事件在性质上具有同等价值。①

这段文字有三个关键问题:第一,"幻灯事件"不是单纯促使了鲁迅文学志向的开端,还有一个重要的事情是"漏题事件";第二,这两个事情都是表面的,蕴藏在后面的是它们给鲁迅带来的屈辱感,这种屈辱感是他走向文学的根本原因;第三,鲁迅的屈辱感不带有宏大叙事色彩,而是他内心拥有的东西。这样来看,"幻灯事件"和"漏题事件"都成为鲁迅转向文学的表面,他的真实性变得无关紧要,竹内好之所以说"幻灯事件"被传说化,就是要告诉读者,这是一个被作者和读者构建起来的宏大叙事,不是鲁迅自身拥有的东西,他真正转向文学是内心遭受了屈辱(竹内好所说的"回心")。竹内好的分析并非没有道理,鲁迅转向文学的确是一个复杂的事情,不像他在《呐喊·自序》的表面文字那样简单。从根本上看是量的因素堆积到一个临界点,此时出现了"幻灯事件",就发生了质变,因此不能否定量的积累,也不能夸大"幻灯事件"的作用,同时还要看到鲁迅自身的心理结构,竹内好就是抓住了这个心理结构。竹内好在做出上面的分析前曾说道:"鲁迅在仙台的医学校看到日俄战争的幻灯才立志于文学这件事情普遍地脍炙人口。这是他的传记被传说化了的一个例证。我对他的真实性怀有疑问。我认为,恐怕没有那样的事情吧。不过,不管怎样,这给鲁迅的文学的自觉投上了某种影子,这大概是无可怀疑的。所以,把这种说法与我所说的他的回心相比较,作为研究他所获得的文学自觉的性质的手段,大概是个方便的办法吧。"② 这里面提出一个问题,竹内好怀疑的"真实性"是"放映幻灯"的真实性还是"幻

---

① 《鲁迅》,第58—59页。
② 《鲁迅》,第55页。

灯事件促使鲁迅转向文学"的真实性？根据他的说法，似乎并没明确否定"放映幻灯"的真实性，但明显可以看出他否定了"幻灯事件促使鲁迅转向文学"的真实性。这就自然和后面他做的这种分析连接起来，即幻灯事件在表面上被构建成促使鲁迅转向文学，而真正的原因后面所蕴藏的内心屈辱，其中"漏题事件"所起的作用比"幻灯事件"还要大。因此在这里就出现了理解的分歧，为后来两种不同路径的研究批评开启了道路：一是否定了"放映幻灯"的真实性；二是否定"幻灯事件促使鲁迅文学转向"的真实性。由此来看，竹内好通过回归鲁迅的心理结构，淡化了"幻灯事件"对鲁迅文学转向的决定性作用，同时也提供了后来者怀疑"放映幻灯"真实性的通道。

新岛淳良在1957年发表了论文《关于鲁迅初期思想的笔记》，文章指出鲁迅1903年前后和1908年前后有本质区别，鲁迅在前一阶段加入了光复会，还没有形成自己的独立个性，而1908年以后，鲁迅与光复会逐渐疏远，获得了主体性自觉，文学家的一面彻底觉醒，所以最终转向文学。前一阶段是轻视个性和想法上的地方主义；后一阶段是捣毁旧价值体系的工作，自觉完成了这种承担文化工作的鲁迅的独立性。因此，新岛淳良认为鲁迅转向文学并非"幻灯事件"，而是在政治上受了挫折才去仙台，此后又转向文学。换句话说，鲁迅转向文学关键在于政治上的不得意导致他文学家个性觉醒。这其实是通过政治上的挫折来淡化"幻灯事件"对鲁迅走向文学的作用。新岛淳良还批评了中国研究者忽视这个非同寻常的转变。[①] 新岛淳良似乎想寻找不同于竹内好的角度来解释鲁迅从文的变化，但在淡化"幻灯事件"的作用上是一样的，他认为起着关键作用的其他原因导致鲁迅转向文学。新岛淳良只是淡化幻灯事件对鲁迅转向文学的作用，并没有否认，所以王家平认为："1957年新岛淳良在《关于鲁迅初期思想的笔记》中认为以留学仙台为界，鲁迅由政治走向了文学，并且新岛淳良当时并不否认幻灯事件的真实性。"[②] 尾崎秀树1962年出版《与鲁迅对话》，在新岛淳良的基础上继续阐发鲁迅并不是从医学转向文学，他是从政治转向文学而获得新生的，伊藤虎丸认为他"几乎全面依照了新岛提出的这一构图。"[③] 尾崎秀树继承了竹内好把鲁迅的文学与政

---

① 刘柏青《鲁迅与日本文学》，吉林大学出版社1985年，第221页；伊藤虎丸著，李冬木译《鲁迅与终末论》，生活·读书·新知三联书店2008年，第234页。

② 王家平《鲁迅域外百年传播史：1909—2008》，北京大学出版社2009年，第133页。

③ 伊藤虎丸著，李冬木译《鲁迅与终末论》，生活·读书·新知三联书店2008年，第234页。

治对立的思路,他指出仙台求学是鲁迅转向的中间站,政治上的挫败因这个中间站而发生。刘柏青认为:"尾崎秀树和竹内好的看法有一致的地方,也有不一致地方。一致的地方是都认为'幻灯事件'不是鲁迅从文的动机,是被研究者们'神话化了'。不同的地方是,尾崎秀树认为鲁迅离开仙台,是一个转机,心灵发生了变化,产生一种冲动,是一种用文学解救同胞心灵的觉醒。"[1] 尾崎秀树比较情绪化地说:"凭借幻灯事件这一神话,讲述鲁迅,便是神化鲁迅的开始。每当读到对鲁迅的如此理解,我都气不打一处来。我想说,幻灯事件之类都是虚构。"[2] 同时,他又认为"幻灯事件"是鲁迅弃医从文拯救中国人灵魂的心理转折点,和他否定"幻灯事件"事实又相矛盾。前面那个否定明显带有情绪,缺少客观证据,因此只能把尾崎秀树的论证看成对"幻灯事件"的怀疑和淡化。丸山升、北冈正子等为代表的鲁迅研究会成员针对尾崎秀树的观点提出反驳,其中丸山升的观点须在此提及,他否定了尾崎秀树把政治与文学对立起来,从鲁迅本身具有革命性文学者的形象这个角度说明弃医从文这种突变的问题,但他没有明确指出鲁迅文学转向的具体时间。[3] 从此亦可看出丸山升也不赞同"幻灯事件"与弃医从文的直接逻辑,这实际上也是淡化"幻灯事件"对弃医从文的关键作用,但他没有否定"幻灯事件"的存在。针对丸山升的观点,竹内芳郎在《鲁迅——其文学与革命》一文中对丸山升没有明确指出转变契机表示不满,他认为正是"幻灯事件"是鲁迅的屈辱体验获得了决定性定型。显然竹内芳郎捍卫了"幻灯事件"对鲁迅文学转向的关键作用。[4]

新岛淳良和尾崎秀树的研究放大了竹内好"他并不是抱着以文学解救同胞的精神贫困这类很光彩的志向离开仙台的"这一思维路径,他们都是从政治挫折角度来解释鲁迅转向文学,从而延续了竹内好淡化"幻灯事件"对鲁迅转向文学的决定作用,去"幻灯事件"的"神话化"。新岛淳良比尾崎秀树离竹内好更远,他纯粹从政治挫折角度立论,想开辟自己的研究道路。尾崎秀树虽然继承并发展了新岛淳良的观点,但和竹内好走得更近,他不否认"幻灯事件"的存在,承认心灵发生了变化导致了走向文学(但二者认为鲁迅

---

[1] 刘柏青《鲁迅与日本文学》,吉林大学出版社1985年,第221页。
[2] 伊藤虎丸著,李冬木译《鲁迅与终末论》,生活·读书·新知三联书店2008年,第239页。
[3] 丸山升《鲁迅的革命之意义》,载岩波书店《文学》1964年12月号。
[4] 竹内芳郎《鲁迅——其文学与革命》,载《文艺》1967年5月号。

转化的时间点不一样，竹内好把骨骼期放在归国到《狂人日记》发表这段时间，而尾崎秀树却放在仙台学医这段时间）。刘柏青认为这是尾崎秀树与竹内好不一致的地方，而事实上，这正是他们共同点的表现，只不过竹内好用"回心"来表达，而尾崎秀树用心灵变化来表达。但总体来看，这一时期日本的"幻灯事件"研究没有提供直接的事实证据来否定"幻灯事件"，只是通过鲁迅转向文学的深层心理及其他原因的分析来淡化"幻灯事件"的决定性作用，试图解构它的传说化和神化。

二、基本否定期

虽然尾崎秀树直接在他的著作中说"幻灯事件"是虚构的，但真正在事实上否定这一事件发生在20世纪60年中期到80年代。这个时期日本"幻灯事件"研究进入了新的历史时期，从根本上推动了日本学界否定"幻灯事件"真实性的研究。有两个标志性事件的发生：一是60年代中期鲁迅在仙台求学时期大批原始资料的发掘，特别是当时幻灯机和幻灯片的发现构成了对"幻灯事件"真实性的否定；二是新岛淳良利用调查材料彻底否定"幻灯事件"的存在。

1966年10月，半泽正二郎的《鲁迅·藤野先生·仙台》一书出版，这里面提供了很多构成否定"幻灯事件"的资料。有两个方面要详细介绍：一是幻灯片的发现（最重要）；二是鲁迅同学回忆鲁迅并非对"幻灯事件"有特别反应。先说第一方面。1965年初夏，日本东北大学细菌学教授石田名香雄发现了仙台医专时期的幻灯机和幻灯片，半泽正二郎前往勘察实物，得出结论：它们就是鲁迅当年留学时期用来放映日俄战争的幻灯机和幻灯片，但是一箱20张的幻灯片只剩下了15张，恰恰没有杀中国侦探的幻灯片。[①] 第二个方面是鲁迅的同学回忆说鲁迅没有表现出对日俄战争失败一事的苦恼。其中名古屋长藏和铃木逸太的话最具有代表：

---

① 根据日本调查所得幻灯资料编号共有二十个，其中缺二、四、五、十二、十六共五张，没有看到杀中国侦探命名的幻灯片底版。见薛绥之主编《鲁迅生平史料汇编》第2辑，天津人民出版社1982年，第107页。

论日本"幻灯事件"研究的流变

> 他好像对中国在日中战争中失败一事一点也不感到苦恼,他甚至说喜欢日本,因为他说不是中国败了,而是满人败了。①
> 幻灯的解说由中川教授亲自进行。也许有中国人被日军杀死的场面。在上映的幻灯片中,好像有喊万岁的场面,学生大体都是静静地看着。后来才听说这件事成了周树人退学的理由,当时周树人却没有说过这件事。日俄战争的幻灯原版可能也是中川教授自己买的。枪上是上着刺刀。这种幻灯,四、五回是看过的。②

幻灯片底版的发现提供了模糊的答案,有可能放映了日俄战争的幻灯片,也有可能没有,这便留下了做文章的空间。再加上鲁迅同学回忆说鲁迅当时对这个事情并不是像他后来在《呐喊·自序》《藤野先生》及《俄文译本〈阿Q正传〉序及著者自叙传略》中所说的那样:周围的同学随喜喝彩。

新岛淳良利用这些资料否定了"幻灯事件"的真实性。1983年4月10日他在东京大学《比较文学研究》43号发表了《〈藤野先生〉——其诗与事实》,该文第一部分末尾通过铃木逸太回忆否定了"笔记事件"的真实性,接着就转到"幻灯事件"的虚构性上,于是在第二部分详细论证了这个问题。首先分析日译把"电影"译成"映画"后又改为"幻灯"的过程,认为有两种可能:一是看到"幻灯",鲁迅在描写中把他变化成"电影";二是相反。新岛淳良说中日大部分研究者认可第一种,而对第二种可能不做讨论,所以他认为鲁迅是在电影里看到,然后把它描写成仙台医专的教室里发生,并证明了鲁迅有经济实力去看电影。其次,他引述了当时鲁迅同学的回忆,说明看电视时同学的鼓掌喝彩是不存在的,然后又说明铃木回忆的"枪毙"和鲁迅所写的"斩首"不一致。再次,他说仙台发生的幻灯片没有日俄战争中枪毙中国人的底版。③ 最后,新岛淳良又延续了他在《关于鲁迅初期思想的笔记》中提出的政治失败导致转向文学,而不是弃医从文,并且他说"文学家鲁迅不是一九零六年诞生的,而是一九一八

---

① 《鲁迅研究资料》第2辑,文物出版社1977年,第346页。
② 《鲁迅生平史料汇编》第2辑,第103页。
③ 新岛淳良引述时没有说明幻灯片共有20张,只说发现的15张,另外未发现的5张也有可能有枪毙中国人的底版。

年（写《狂人日记》）诞生的。"① 新岛淳良找到四个否定"幻灯事件"的证据，但他没有否定鲁迅看到过枪毙中国人的电影，因为他认为："当然，也可能事件全部虚构（指前面提到的两种可能，引者注），鲁迅不论是在幻灯或是电影里都没见过这样的场面，但是从他中途在其生涯中所占的比重的重要性看，以及鲁迅本人对增田的《鲁迅传》没有表示反对意见这一点看，我们暂不考虑全属虚构的看法。"②

另外，阿部兼也在 1985 年发表了《鲁迅仙台时代思想的探索——关于"退化"的意识问题》，间接否定了"幻灯事件"与弃医从文的关系。该文从中国知识界接受进化论的角度考察了鲁迅早期具有的中国人生理"退化"的观点，但是通过鲁迅仙台学医前后及五四时期所写文章的分析，他又认为鲁迅早期的这样"退化"意识发生了变化："如果大致地总结鲁迅从《中国地质略论》到此为止（五四时期，引者注）的有关进化论思想的变化，那就是一个从扬弃'生理退化'危险的观念发展到肯定精神的不进化和文化落后的可能性的思想过程。"③ 阿部兼也明确指出这一变化发生在仙台求学时期，他认为鲁迅在这里找不到革命的理由，所以就离开了，并对之前生理退化的观念进行了清理。这样就和新岛淳良的政治失败说连接起来，并间接否定了幻灯片事件与弃医从文中间的逻辑关系。新岛淳良等人对《藤野先生》中的细节进行过充分解析，所以他就把视角集中于《呐喊·自序》关于"幻灯事件"的描述上。他所论证的核心问题是鲁迅想急切地摆脱生理退化观念，就用了偏激的言论，因此"幻灯事件"的真实性就成问题。"如果再对行文的语气和脉络略作分析的话，直到被绑的俄军侦探受刑时为止的行文，为这句偏激之论所做的铺垫还是比较自然的，但叙述到放弃医学时，则其中的脉络转折却并不很顺畅。这实际上暗示了在俄军侦探的处刑与轻视肉体的说法之间，有一种牵强生硬的联系痕迹。鲁迅在经历了 18 年后来写这段幻灯事件的往事，给人的一种印象似乎他是在一瞬间形成了轻视肉体并由此决定弃医从文

---

① 新岛淳良著，左自鸣译《〈藤野先生〉——其诗与事实》，载广西师范学院外语系编译《文学评论译文集》（现藏广西师范大学图书馆），1985 年，第 43 页。

② 《〈藤野先生〉——其诗与事实》，第 33 页。

③ 阿部兼也著，胡玉华、吴俊译《鲁迅仙台时代思想的探索——关于"退化"的意识问题》，载《现代文学研究丛刊》1995 年第 3 期，第 99 页。

的想法。"① 阿部兼也从鲁迅思想变化的角度阐述了弃医和革命的关联性，就自然搁浅了幻灯事件与从文的逻辑关系，他认为这是鲁迅在《呐喊·自序》中极端情绪化的表达。

20世纪60年代发掘的材料构成了对"幻灯事件"真实性的威胁，为否定"幻灯事件"提供了空间。正是在这个意义上，新岛淳良把他以前政治失败说与新发现的调查材料相结合，否定了"幻灯事件"与弃医从文的直接关系。阿部兼也绕开了这些事实的牢笼，从思想变化的角度重申了鲁迅政治失败的观点，分析《呐喊·自序》中用了偏激的言论，进而否定了"幻灯事件"的真实性。这些否定"幻灯事件"的研究基本都是从某个局部出发，缺乏对材料事实和鲁迅思想的综合考虑，这为进入"幻灯事件"研究的综合论证期提供了通道。

三、综合论证期

从20世纪60年代后期到80年代初，由于鲁迅仙台求学资料的广泛搜求，迎来了"幻灯事件"研究的一个高潮，核心观点是依据幻灯片底版和鲁迅同学的回忆否定"幻灯事件"的真实性。与此几乎同时，在日本学界出现了比较谨慎的研究，对"幻灯事件"的真实性进行了综合性的考量，一些学者还针对否定"幻灯事件"的说法进行了质疑。在此把它称为"幻灯事件"研究的综合考量期，主要发生在20世纪70年代中后期到80年代，代表人物有伊藤虎丸、丸山升和渡边襄。

伊藤虎丸在1974年到1975年在《道》上发表了系列文章，后收入《鲁迅与终末论》第三部，提名为《显现于鲁迅论中的"政治与文学"——围绕"幻灯事件"的解释》。他在《前言》中说明他将按照丸山真男《近代日本的思想和文学》的视角解释竹内好、尾崎秀树、丸山升、竹内芳郎关于"幻灯事件"的研究，时间跨度从1944年到1972年，明显综合分析了这些学者关于"幻灯事件"的研究并提出他自己的看法。丸山真男认为从昭和初年到太平洋战争，日本是围绕着"政治—科学—文学"这三种关系的思想变迁，伊

---

① 《鲁迅仙台时代思想的探索——关了"退化"的意识问题》，第104页。

藤借用这一思想史考察视角,认为日本战后思想史也具有这个变迁的特点,而且上面提到的这些"幻灯事件"的研究也是在这样的思想史框架下发生的。伊藤虎丸提出一个总体性概念——战后民主主义空洞化,就是指战后提起的对日本"近代化"的全面反省并未获得成功,科学没有作为思想成为文化整合的原理,也就是说只把握到了科学的方法教条,没有学习到科学蕴含的自由精神,即在主体精神中把握科学。[①] 竹内好对"幻灯事件"的怀疑乃是回归鲁迅文学自觉所蕴含的主体精神,他在政治与文学的关系中强调了鲁迅文学者的自觉,和政治有关,但绝不是政治性的宏大叙事。这样,"幻灯事件"与拯救同胞之间的必然关系就遭到竹内好的怀疑,他认为这是传说化了。新岛淳良和尾崎秀树比竹内好走得更远,几乎在相反的角度上怀疑和否定了"幻灯事件"对鲁迅文学转向的作用,他们认为鲁迅的政治失败才是转向的真正原因。从文学与政治关系来看,竹内好偏重于文学的一维,新岛淳良和尾崎秀树则偏重于政治的一维,依托于"幻灯事件"就形成了鲁迅文学与政治对立的研究格局。因此,丸山升就很担心这种对立在简单的图式下把政治与文学割裂开来,他对尾崎秀树的批评其实是想重拾竹内好所看到的鲁迅反抗政治的政治性的那一面。这样"幻灯事件"在丸山升那里通过第一手资料就从理论逻辑上获得了真实性,他从鲁迅仙台前后思想内在统一性上分析了鲁迅转向文学的必然性,他认为正是鲁迅对中国人作为人存在方式这一问题的一贯关注,才很自然地在经历了"幻灯事件"和"笔记事件"转向了文学。换句话说,丸山升承认了"幻灯事件"传记式的真实性,但同时他也对抗了新岛和尾崎的政治失败说。但是伊藤虎丸认为丸山升没有明确说明鲁迅转向文学的契机,只是在思想逻辑的层面延续了竹内好关于转向发生在《狂人日记》时期的观点,并且无法对接科学与文学在鲁迅身上的统一性,这成为后来者批评他的切入点。于是伊藤就指出大石智良在丸山真男的三维视角下批评了丸山升不能有效对接科学与文学的分裂状态,即科学所孕育的"'个'的自觉",就是说丸山升没有把握到鲁迅身上的自觉性科学精神。[②] 这应是伊藤所说的"战后民主主义空洞化"的表现之一。丸山升在传记事实的基础上缺

---

① 伊藤虎丸著,李冬木译《鲁迅与终末论》,生活·读书·新知三联出版社 2008 年,第 212—213 页。

② 《鲁迅与终末论》,第 268 页。

论日本"幻灯事件"研究的流变

少对鲁迅主体自觉性的把握,会搁浅"幻灯事件"的诗性内容,就是看不到鲁迅对此的文学虚构。在这样的逻辑链条中,伊藤开始分析竹内芳郎明确地指出鲁迅正是因为在仙台看到"幻灯事件"而促使他的屈辱体验获得决定性定型,并且这个体验成为鲁迅一生的文学原点。竹内芳郎本是在批评丸山升没有明确指出鲁迅转变的契机来看待"幻灯事件"的,但在本质上他们都肯定了传记事实的一面。这构成了伊藤虎丸的批判性质疑:"首先引起我注意的,是作者(竹内芳郎,引者注)把'幻灯事件'称作'鲁迅自叙的自己对文学的回心',可以说他是将此作为传记事实来做实体化把握的,换句话说,作者完全无视鲁迅言及幻灯事件的《〈呐喊〉自序》和《藤野先生》等文章在它们被写作的时间点上所具有的作品性。这不是相当基本的问题吗?"[1] 伊藤所说的时间点就是鲁迅《狂人日记》发表以后,此时已经相距"幻灯事件"近20年,而且是文学作品,那么作者的虚构就不是没有可能,这便是伊藤所说的"作品性"。因而,伊藤做出结论:"至少可以说,没有根据能够确定作者说的'屈辱'体验,其'决定性定型'时期是仙台时代,而且也没有根据把鲁迅的'原体验'和'回心'与他作品反复出现的和'幻灯事件'共通的'杀革命党'以及'面对悲惨的起哄旁观'的心像割裂开来,而只限定其与'日本人'相关,是与日本人关系中的'被压迫民族'的'屈辱'体验。"[2] 这个结论很明确地指出"幻灯事件"是真实性与虚构性(作品性)的共谋。

综合来看,伊藤运用丸山真男的三维视角在战后思想史的变化中考察了从竹内好以来对"幻灯事件"的代表性观点,他的主旨是论证鲁迅具有的"终末论"思想(人的根底上的自觉),但是可以看出伊藤关于"幻灯事件"的基本态度,他认为这是一个复杂的事情,既具有真实性又具有虚构性,而竹内好以后的有关"幻灯事件"的研究其实是"战后民主主义空洞化"的表现及再思考,体现了知识界的分野和对人主体自觉性的捍卫。伊藤这种艰深的思想探索提供了客观科学看待日本"幻灯事件"研究的视角。与此相对应,渡边襄的"幻灯事件"研究更直接地就这个事情本身做出了他的综合性论证,而不具有伊藤那种难以理解的思想史特征。

---

[1] 伊藤虎丸著,李冬木译《鲁迅与终末论》,生活·读书·新知三联出版社2008年,第275页。
[2] 《鲁迅与终末论》,第276页。

王家平认为渡边襄在《鲁迅的"俄国侦探"幻灯事件——探讨事件的真实性和虚构性》(1985)得出的结论值得商榷①，但详细阅读该文，发现作者论证有力，立论公允，体现了渡边襄对"幻灯事件"研究的严谨性、客观性和综合性。渡边襄首先提供了六则材料，分别从新闻报纸、日俄战争实录、当时的照片（不仅提供了日本国内的，还提供了英国的）及日俄战争的幻灯和影片等方面阐明，日俄战争期间有关中国人做侦探被斩首的事情的确存在，"然而，处决俄国侦探的场面，在当时报刊的报道或画面中确实有过。不过，那不是鲁迅在《呐喊·自序》和《藤野先生》中所描写的那样，一名做俄国侦探的中国人被处决，许多人看热闹。"他推测鲁迅当时阅览过刊登处决俄国侦探的报纸杂志，但他没有片面得出结论，而是说"根据目前的研究成果无法断定，处决俄国侦探的原幻灯片当时没有，也无法断定像鲁迅所描写的那种场面的幻灯片从来没有。"② 然后渡边襄又根据多种资料分析了鲁迅在仙台前后革命态度的变化，前面看不出他积极参加拒俄运动，后面却成为参加了光复会的革命派。渡边襄分析鲁迅在仙台时成为革命派，是为了说明他对日俄战争发展形势的极大关注。最后重点放在详细分析鲁迅在三篇文学作品中描述的俄国侦探事件，指出三文在描写处决方法和有无围观者上不同。据渡边襄分析，鲁迅去仙台后成为革命派，应该很热心这个问题，但是在他的三篇文章中没有一处肯定地描写日俄战争的实际问题，和当时中国留学生中的革命派和改良派对日本敢于抗争大俄罗斯精神的赞叹和羡慕完全不同。沿着这个分析，渡边襄落脚在《破恶声论》上，认为鲁迅之所以采取这种对立的态度，是因为他看到回归中国自身的自卫立场的重要。那么，由此可推出渡边襄的观点：鲁迅当时转变到文学上是反对这种武力与兽性的张扬，放弃学医和这个转变并未必然相连。他总结道："根据目前掌握的资料，笔者认为，日俄战争时期，经常放映有关幻灯或电影是一个历史事实，但是处决俄国侦探场面的原始材料，同鲁迅作品中的描写有所不同。笔者认为鲁迅所描写的处决俄国侦探的幻灯场面，是采取的夸张和虚构的方法，为的是强调说明在日俄战争条件下，旅居仙台留学的鲁迅实现了弃医从文的转变。"③ 渡边襄的结论是在事实基础上做出的，他没有片面的否定，

---

① 王家平《鲁迅域外百年传播史：1909—2008》，北京大学出版社2009年，第137页。
② 渡边襄著，蒋将星译《鲁迅的"俄国侦探"幻灯事件——探讨事件的真实性和虚构性》，载《日本学者中国文学研究译丛》第3辑，吉林教育出版社1990年，第162页。
③ 渡边襄著，蒋将星译《鲁迅的"俄国侦探"幻灯事件——探讨事件的真实性和虚构性》，载《日本学者中国文学研究译丛》第3辑，吉林教育出版社1990年，第174页。

也没有片面的肯定，"夸张"和"虚构"是在事实基础上做出的。从政治变化的角度看，他在不片面否定"幻灯事件"的基础上延续了新岛淳良、尾崎秀树的观点，并比他们更加具有事实的说服力。因而，渡边襄在"幻灯事件"的研究上依据详细的文本细读和充分的事实材料对前两个时期的观点进行了客观的分析与综合。

上面分为三个时期对日本"幻灯事件"研究做了一个概括式的梳理和评析。日本关于这个方面的研究最引起中国学界关注的还是他们对"幻灯事件"的否定，前提已经提到了中国学者的批判。但在这个问题上，批判日本学者否定"幻灯事件"的中国学者也应该对自己反思：我们是站在一个什么立场上进行的？是学术还是民族情感，抑或为尊者讳？比如当我们在说竹内好具有民族主体性诉求的时候，我们是不是也有很强的民族主体性诉求？日本学者否定"幻灯事件"的真实性有民族情感的纠缠，比如"战后民主主义空洞化"可能使有些日本学者并未放弃强势的民族立场而否定"幻灯事件"真实性，同时中国学者捍卫"幻灯事件"的真实性难道就没有民族情感的纠缠？正是在这样的问题意识下，才尝试还原日本"幻灯事件"研究的历史过程，以便在学术的立场上认识"幻灯事件"。因此，伊藤虎丸、丸山升和渡边襄等学者的观点很值得我们重视，特别是他们的实证和思想史视角的研究。综合事实材料、鲁迅思想和文学创作的内在特质等多方面，"幻灯事件"就是真实性与虚构性的共生，否定其真实性是不尊重事实，否定其虚构性是把文学等同于现实。

（蒋永国：广西师范大学文学院副教授，复旦大学博士后）

·中国典籍传播研究·

英译《春园采茶词》与茶文化的西行

江 岚

摘 要：被苏曼殊辑入《文学因缘》一书中的《采茶词三十首》原题《春园采茶词》，长期以来作者佚名，在徽州茶乡文化研究中虽有一席之地，却不甚受到重视。而这一组词随清代中西茶叶贸易被译介到海外，为西方的中国研究提供了一个形象的范本。本文寻绎《采茶词》的英译文本与传播脉络，认为《春园采茶词》不仅是一组中上水平的竹枝词而已，更因其题材特殊、篇幅整齐、内容生动，而成为一个含义丰厚的媒介，为近代的中国文化西传起到了不可替代的作用。

关键词：采茶词 徽州茶文化 诗词英译

歙县、休宁、黟县、祁门、绩溪和婺源，这绵延六百年的古徽州"一府六邑"，境内自然条件得天独厚，所产茶叶早在唐代已负盛名。南唐刘津曾记载："太（大）和中，以婺源、浮梁、祁门、德兴四县，茶货实多"①，陆羽《茶经》中也有茶"生婺源山谷"的说法。但凡中国茶乡，山间水畔的"茶鼎煎正熟"之时，必然要有"诗情森欲动"的。自唐以降，历代吟咏徽州茶乡的诗词很多，尤以反映茶事、茶情、茶风的竹枝词清丽淳朴，音韵琅然。现存徽州茶乡竹枝词数量不少，被苏曼殊辑入《文学因缘》一书中的《采茶词三十首》，就是其中一组完整的竹枝词。"它即景即情的感怀，如同仙露明珠般的朗润，亲切细腻地描绘出一幅徽州茶乡、特别是松萝山茶区的风情画卷。历代茶诗茶词中述及采茶场景甚多，如此多篇且充满诗情画意的竹枝词也是难得一见。同时，这些竹枝词提及的徽州休宁、婺源和松萝茶等，更是

---

① 见《全唐文》卷871，（南唐）刘津《婺源诸县都制置新城记》。

英译《春园采茶词》与茶文化的西行

一份难得的近代茶文化研究资料。"①

而这一组诗有别于其他茶乡竹枝词之处,不仅仅在于篇幅整齐或堪为本土茶文化研究之借鉴,更在于为中国茶文化的西传起到了不可替代的作用。《采茶词》见证了中国茶与茶文化进入西方的历史进程,而且至今仍担当着为西方生动表述中国茶文化的角色。苏曼殊并未说明原作者是何人,只注明英译者是"茂叟",是以这一组诗歌的真实作者一直都是"佚名",英译者"茂叟"的资料也不见详细记载。值此"徽州学热"在国内外学界方兴未艾之际,关于这一组诗歌的作者、英译以及在英美流播的情况,有必要追本溯源,厘清脉络,重新认识《采茶词》及更全面地评价其历史价值。

这组诗的原文与英译最早于1840年发表在《中国丛报》第八卷的"中国诗歌"栏目里②。译者茂叟曾是英国驻香港总督府的高级职官③,后执教于牛津大学,本名"W. T. Mercer",生于1822年,卒于1879年。1835年前后,他任职香港殖民地大臣(The colonial secretary)期间,因工作关系接触到不少从事中英贸易的商人,其中包括徽商。据译文前所附编者按,说明茂叟自一位徽州茶商处得到这组诗之时,写在"一种极为精致,印有花边的红笺上"。——大约是茶商将这组诗的书法作品作为礼物送给了茂叟。徽商大多通文墨,读书明理,至于这位送礼的茶商是否就是原作者,此处没有述及。茂叟生平嗜茶,得到这组诗之后甚为喜爱,便亲自动手译成英文。刊发时配有原文,原诗题为《春园采茶词三十首》(Chun yuen tsae cha sze. Sansheih show),作者是"海阳亦馨主人李亦青"。据研究明清徽商的当代学者唐力行先生介绍,李亦青当是屯溪知名茶号李祥记的主人。

有山有水更有茶的徽州,是商贾之乡,更为东南邹鲁④。自晋时开始,徽州人凭借本土茶、木两业的资源优势离乡经商,蔚然成风。至明清,随茶叶需求量激增,徽州茶叶生产在原有基础上迅速发展,一大批资本雄厚的徽州茶商更应时应运而生,足迹几半宇内,一度执茶叶贸易之牛耳。

---

① 郑毅《徽州、茶、竹枝词》,载《茶业经济信息》总第269期。
② *The Chinese Repository*, Volume_ 8. May 1839-April, 1840, p195.
③ Ernest John Eitel, *Europe in China: the history of Hongkong from the beginning to the year 1882*, Eliborn Classics, 1895. Chapter XIX.
④ 赵汸《商山书院学田记》,见道光《休宁县志》卷一"风俗"。

到光绪年间，"徽茶内销不及十分之一二，外销者常及十分之八九。"①徽州茶商的贸易网络直至海外。在被太平天国运动阻断通路以前，徽州茶商的出口贸易长期以广州为口岸，依靠粤商与洋行交涉。苏曼殊原籍广东香山县，其祖父苏瑞文以经营进出口业发家，其父苏杰生正是某英商洋行买办，经营茶叶生意。苏曼殊很可能因其父的关系，从洋行的渠道见到这一组诗的抄本，后来收录于《文学因缘》中，成为《采茶词》的原文能够在本土被保存并流传的唯一媒介。

茂叟常驻香港，对中国的社会生活、风土人情、文化源流有一定程度的了解。知名汉学家理雅各（James Legge, 1815—1897）的英译本《诗经》付印之前，曾请他帮忙校对过。足见文学翻译虽非茂叟专长，在当时也颇有文名。茂叟翻译《采茶词》，声明没有要让译文接近英文诗歌传统的意思，而是要最大限度地再现中国茶文化的原汁原味。暂且不论茂叟是否做到了这一点，这组译诗一经发表即受到诸多关注却是一个事实。短短数年之后，这组译诗便再次出现在《中国总论》这一部鸿篇巨制里。

1848 年出版的《中国总论》分上下两卷，是知名美国汉学家卫三畏（Samuel Wells Williams, 1812—1884）的代表作②。第一卷中关于中国茶叶种植、采摘、制作、包装、销售有详尽论述，并以"Ballad on Picking Tea"为题，完整收录了《采茶词》的茂叟译文（见于该卷第 577—581 页）。卫三畏是美国首位汉学教授，汉学研究的开山祖师。作为美国汉学研究的奠基之作，《中国总论》集 19 世纪国际汉学研究之大成，其内容正如此书后来修订版的副标题所总结，是一部关于"中华帝国的地理、政府、文学、社会生活、艺术、历史及其居民"的百科全书。直到如今，这部书也还是美国的学生学者以及普通大众了解中国的重要参考资料。《采茶词》列于此书正文之内，无异于青蝇之附于骥尾，迅速被带进了一个更广大的读者群里。

另一位具有丰富汉文学知识和深厚学术功底的汉学家约翰·戴维斯爵士（Sir John Francis Davis, 1795—1890，又译德庇士），也很早就注意到了《采茶词》，并且十分喜爱。戴维斯早年前往中国，曾担任东印度公司驻广州的首

---

① 刘锦藻《清朝续文献通考》，浙江古籍出版社 2000 年。
② Samuel Wells Williams: *The Middle Kingdom: A Survey of the Geography, Government, Literature, Social Life, Arts, and History of the Chinese Empire and Its Inhabitants*, Vol. 1.

任大班以及英国政府驻华商务总监,并于1844年出任第二任香港总督。这位乐于品茶,又对中国文学很感兴趣的地道"中国通"读到《中国丛报》刊载的《采茶词》之后,认为"年轻姑娘们吟唱的这些歌谣,描绘出景物、气候、她们的内心感受,等等,呈现出自然的,有趣、欢快而近于天真形象"①。为此戴维斯提笔再译《采茶词》,而且在他自己的著述《汉文诗解》里将原文也完整转录。

戴维斯的《汉文诗解》② 一书出版于1870年,是最早从宏观角度介绍中国诗歌总体情况的英文专著之一。全书分为两个部分,第一部分介绍中国古典诗歌风格、形式的源革流变,第二部分则选取中国历朝诗歌作品,从赏析的角度解读中国诗歌的表现手法和内涵。《采茶词》三十首原文及译文都在第二部分当中,所占篇幅之大,在全书中相当显眼。民歌风味的通俗类作品,向来与正统士大夫文学存在分野,后世评家因此对戴维斯这本书的学术评价并不高。但《汉文诗解》毕竟是较早关注中国古典诗歌的专著,其当时的影响力也不可低估。

品读《采茶词》的两种译文,茂叟的文本实际上是字词对应的简单直译,戴维斯则用韵体直译。具体到某些诗句,二人的诠释或许各有短长,也各有不尽如人意处。但就总体而言,茂叟译本较为刻板生涩,戴维斯译本则更具有可读性,也更富于诗意。

其一,戴维斯的用词比较简练,译文每首都押韵,形式更规整。比如第一首"村南村北尽茗丛"一句,茂叟作"Where the tea, north and south of the village, around grows",戴维斯则是"And on the sloping sides around, the Tea grows everywhere",用"周遭山坡上茶树遍植"取代了"村南村北"的生硬对应,突出了满山遍野是茶丛的自然景象。再如第八首"采得旗枪归去后",茂叟译为"The tender leaflets being fully picked, we now to our homes return",戴维斯只作"Then home once more, when all is pick'd",语意便直截了当得多,不那么拖沓累赘。

其二,是戴维斯对一些特定词汇的处理更加灵活。比如第一首"社后雨前忙不了,朝朝早起课茶工"一句中的"社后雨前"两个词涉及中国传统农

---

① Sir John Francis Davis, 汉文诗解 *The Poetry of the Chinese*, Asher and Co., London, 1870, p61.
② 汉文诗解 *The Poetry of the Chinese*, 1870

历节气，英文里没有合适的词可以对应，诗歌的形式又不允许展开更详尽的解释，茂叟便直接用"春社"和"谷雨"的字音拼写，作"From *chinshay* to *kuhyu*, unceasingly hurried, Every morning I must early rise to do my task of tea"。戴维斯深知将这两个拼音词汇生搬到诗句中，英美的读者不可能明白。于是他将原诗前后的句意糅在一起，译为"我必须黎明即起，忙忙碌碌，完成每天采茶的任务（And I must rise at early dawn, as busy as can be, To get my daily labour done, and pluck the leafy tea）"，干脆把"社后雨前"的词意省略掉，也并没有过分偏离原意。

其三，戴维斯对这一组诗整体的理解更准确，译文从风格上更贴近原作的民歌风味。比如第六首"行向矶头清浅处，试看侬貌近何如？"一句里，"矶头"代指水边。可茂叟认为是"一个清而浅之处的一块大石（the jutting verge, over a clear and shallow spot）"，所以他译文里的采茶女就在这石头上"刻画自己今日的容颜（mark how of late my face appears）"了。他望文生义的过度诠释，使得原诗里采茶女临水自怜的形象再无踪迹可寻。戴维斯用"俯身向"替代"行向"，他笔下是采茶女打量着玻璃般明净的水面上自己的倒影，惊异地喃喃自语"how looks my face to-day！"——少女的娇憨呼之欲出，形象鲜明。还有第七首"谁家有妇丑如奴？"一句当中的"奴"字，本是中国古代妇女的自称之一种，茂叟却翻译成了"奴隶（slave）"，戴维斯则还原为"我"。

1871年，《凤凰：中日与东亚》期刊再次刊发了茂叟的三十首完整译文①。不过，戴维斯译本所具备的上述优点，促使后来修订《中国总论》的卫三畏，用戴维斯文本替代了茂叟译文。换言之，《中国总论》1907年及以后的版本当中所见到的三十首《采茶词》②，是戴维斯译文而不再是茂叟的译文。问题是，1848年版中注明了这组译诗的出处，修订版中却没有。所以当后人再从《中国总论》转引这一组诗，就会出现两个不尽相同的文本。而后一个文本即戴维斯译文，很容易被误认为也出于1840年的《中国丛报》，或者干脆被当作卫三畏本人的译笔。

---

① *The Phoenix: A Monthly Magazine for China, Japan and Eastern Asia*, Volume 1, George Yard, 1871, p125.

② 见于该书1907年版第一卷第710—714页。另，该版本中这一组诗有"Ballad of the Tea-Picker"与"Tea-Picker's Ballad"两题互见，或许只是编辑排版的疏漏。

英译《春园采茶词》与茶文化的西行

自 19 世纪末到今天，经过不断被各类书籍援引、节录，《采茶词》有了好几个不同的英文标题，仅笔者见过的就有 "Ballad Of Tea-Picker" "A Ballad On Picking Tea" "Tea Ballad About Picking" "The Ballad On Picking Tea In The Garden At Springtime" "Tea-Picking Ballad" 等数种，但究其内容也不外乎是戴维斯或茂叟的译文。这一组在本土并不很受人们重视，连作者也长期未明的竹枝词，在异邦却产生了如此广泛的影响，不免令人感喟。

当然，其一，因为《采茶词》是一组诗。按照采茶时令的先后叙事抒情，聚焦茶女典型日常动态，铺陈她们的生活、思想和丰富的内心情感。作为诗歌，它或许不算是中华浩瀚诗海中的精品，却章法整齐，结构清晰，层次井然，而且不用艰深典故，不用繁难字词，三十首一气呵成。行文浅白而声情并茂，是茂叟和戴维斯偏重这组诗的主要原因。后来英国女学者 Catherine Ann White 也是为此转录了部分《采茶词》，用作她的《古典文学》一书里中国古典诗歌的实例①。1852 年，伦敦 Grant and Griffith 出版社推出儿童读物《家里奇观》(*The Wonders of Home in Eleven Stories*)②，由十一个与家中常见实物相关的小故事组成，其中第一个"一杯茶的故事"，用的是茂叟译文的第一首开篇，还是出于同样的原因。

其二，《采茶词》是一组叙说茶事活动的诗，带有系列的连贯性，而且出自中国茶文化的发祥地，有名的松萝茶、雨前茶的产区。通过采茶女对劳作过程的自述，次第叠现出产区的种茶环境、采茶时序、烘焙情境，真切而具体。

茶叶是中国原生经济作物，种茶制茶有着悠久历史。清中叶以降，从广州公行贸易到五口通商、沪甬开埠，茶叶和鸦片是中英印三角贸易中举足轻重的两大宗类别，二者之间错综复杂的关系对 19 世纪的中西交往、中国社会和全球经济体系都产生了巨大影响。西方学者对神秘中华的好奇，对东方财富的贪欲，都与茶叶有着千丝万缕的联系。

1875 年，英国皇家学会亚洲分会会刊曾发表过一份中国茶叶产区普查及红、绿茶主要品名报告，其中的"绿茶"一词被等同于"松萝茶"，提到"松萝是一座山名，据传为首次发现绿茶之地"。文中可见松萝茶不仅一度是

---

① Catherine Ann White, *Classic Literature: Principally Sanskrit, Greek, and Roman, with Some Account of the Persian, Chinese, and Japanese, in the Form of Sketches of the Authors and Specimens from Translations of Their Works*, London: H. Holt, 1877.

② Grandfather Gary, *The wonders of home in eleven stories*, London: Grant and Griffith, 1852.

徽州绿茶的代称，甚至中国绿茶的代称①。所以卫三畏论述中国茶事，会将《采茶词》录入其中，以增强他自己著述中相关文字的说服力。1849年，英国汉学家，英政府首任香港最高法庭律师瑟尔（Henry Charles Sirr，1807—1872年）在伦敦出版《中国与中国人》②，第二卷中论及茶事的部分也节选了茂叟《采茶词》译文7首。

如今，茶已成为世界三大饮料之一，全球饮茶人口达33亿之多，以介绍茶和茶文化为主题的英文书籍层出不穷。新英格兰作家Katrina Munichiello最近的新著《品茶：一次一杯》③，还能见到《采茶词》译文的摘引。美国作家Sarah Rose的《写给所有中国茶》④一书里，也有《采茶词》的影子。Sarah截取原译文中的一些诗句重新组合，更改调整了几处用词，仍然沿用"春园采茶词"的旧题，作为中国茶叶种植、生产和饮用的历史悠久之明证。她这本书有一个很长而有趣的副标题："英国人如何窃取这世人最爱的饮料并改变了历史"，或可作为她摘引《采茶词》的饶有兴味的注解。

其三，《采茶词》是一组描绘中国茶乡民俗风情的诗。中国源远流长的茶文化，不但包含物质文化层面，还包含深厚的精神文化层次。随着采茶女日复一日的脚踪，诗歌以个体的动态与情感为主线，勾勒出茶乡生活图景的不同侧面。茶园漫山遍野，茶村散落其间，岭上有茶姑的山歌盘旋，岭下是家家炒茶焙茶，户户以茶待客。抽象的民俗民情由此变得真切可感，飘散着茶乡原生态的香高味浓。于是当我们从早期Alfred Arthur Reade的《茶与品茗》⑤、James Johnston的《中国大陆与台湾岛》⑥、Edward Randolph Emerson的

---

① H. G. Hollongworth, *List of the Principal Tea Districts in China and Notes on the Names Applied to the Various Kinds of Black and Green Tea*, Journal of the North China Branch of the Royal Asiatic Society, Vol. X, 1875, p. 12.

② Henry Charles Sirr: *China and the Chinese: their religion, character, customs, and manufacturers: the evils arising from the opium trade: with a glance at our religious, moral, political and commercial intercourse with the country*, Vol. 2, W. S. Orr & co., 1849, pp. 127—128.

③ Katrina Munichiello, *A Tea Reader: Living One Cup at a Time*, Tuttle Publishing, 2013, pp. 63—69.

④ Sarah Rose, *For All the Tea in China: How England Stole the World's Favorite Drink and Changed History*, Penguin Group (USA), 2010, p. 45.

⑤ Alfred Arthur Reade, *Tea and Tea Drinking*, Sampson, Low, Marston, Searle & Rivington, 1884, p. 98.

⑥ Johnston, James, *China and Formosa: The Story of the Mission of the Presbyterian Church of England*. London, 1897, pp. 46—47.

《饮料的过去与现在：制茶与品茶历史概观》[①]、到近年 Jacky Sach 的《品读茶叶》[②]、Beatrice Hohenegger 的《流玉：从东到西茶故事》[③]，甚至一些现今茶叶贸易公司的资料文件里[④]，都或多或少地见到《采茶词》的转引和节录，也就不足为怪了。

其四，《采茶词》是一组关于女子从事采茶活动的诗。她们"小姑大妇同携手""一月何曾一日闲""雨洒风吹失故吾"之际，她们"容颜虽瘦志常坚"，始终保持"惟愿侬家茶色好"的乐观积极。她们不是摇摇欲坠的缠足妇女，也不同于穿着文明新装进学堂的城市女性，经由这些诗句娓娓道来的，是持守中国劳动妇女传统品行与美德的茶娘。飘散在异域的松萝茶香，每一缕都渗透她们的辛劳汗水，凝聚着她们朴素的希望。

西方学者从历史学、人类学的角度观照社会，向来对男女的性别差异以及社会分工反应敏锐。研究中国问题的当代人类学家，美国女学者葛希芝（Hill Gates）曾经明确指出，要了解整个中国的经济、政治和社会情况一定要看社会性别分工，不能只关注男人们的工作，也必须观察女人们都做些什么，是怎么做的。

在男耕女织的传统中国社会里，采茶焙茶都不是繁重的体力劳动，尤其采茶主要由女性执行，焙茶也是女性可以参与并掌握其专业技术的加工过程，有明显的性别分工特征。茶娘通过自己劳动，不仅得到金钱的收入，也从中获得自我认同。这种分工同时也决定采茶女活动范围的两大空间：茶园和家里，其间的社会互动成为她们的生活重心，采茶和焙茶既是劳动，也是她们维持社交网络的方式，男性的身影在这里淡出并被边缘化。这些情况，在《采茶词》中都有直接的、而且是蕴含着诗意的反映。

长期以来，西方着眼于中国传统女性的研究大多围绕着家庭与婚姻、节妇与殉节、女性文盲与才女、娼妓与文学等主题展开，而且多以城市女性为研究对象，缺乏对农村劳动女性的关注。1877 年，传教士汉学家 Ross C.

---

① Edward Randolph Emerson, *Beverages, Past and Present: An Historical Sketch of Their Production, Together with a Study of the Customs Connected with Their Use*, Volume 1, G. P. Putnam's Sons, 1908

② Jacky Sach, *Tea Leaf Reading*, Sterling Publishing Company, Inc., 2008, pp. 73—95.

③ Beatrice Hohenegger, *Liquid Jade: The Story of Tea from East to West*. Macmillan, 2006, pp. 205—206.

④ Tea Leaves, Francis Leggett & Co. Official Release Date: October, 2002, pp. 205—206.

Houghton 在他的《东方女性》一书中①，以茂叟三十首译文为辅助资料，用以说明中国劳动妇女的生存境况、人格精神与审美取向，扩展了西方中国传统女性研究视域的同时，也证明了《采茶词》对这一领域鲜活的样本意义。

关于《采茶词》及其英文本的流播与影响，以上所列举的仅是笔者所见的部分，挂一漏万势必难以避免。而仅以上述列举，已足以聚合成中华文化西传史上一个引人注目的闪光点。《春园采茶词》三十首凡一百二十句，不是《木兰辞》的线索清晰，叙事完整；也不是《琵琶行》的字字珠玑，起伏跌宕。然而至此它已不再是小小一组竹枝词而已，而成为一支画笔，为异邦无数好奇的眼睛从容描绘出徽州茶乡以及中国茶文化的本真态。

在当时的历史条件下，东学主动西渐的途径因清政府的闭关锁国政策而近乎断绝。当我们回溯《采茶词》西行的历程，不难看到，是茂叟和戴维斯他们这些受过良好教育且具有较高人文素养的西方精英们接触到并高度评价了《采茶词》，再将这一组诗翻译成英文公开发表，《采茶词》才得以进入西方视野。这些倾心于中国文化的西方学者们，同时又是他们母文化圈中的权威，《采茶词》作为中国文化的一个有机组成部分，被权威地推向更广大的受众，由此广泛地流传开去。

而后来层出不穷，各取所需的摘引、转录和改写，也绝不只是单纯的权威效应而已，更是因为《采茶词》所携带的文化内涵中蕴藏的强大感染力。这份内在的感染力首先在茂叟们身上产生了影响，继而通过他们扩展开来。使得这一组小小的竹枝词在西方语境中被传播被接受的范围之广，让中国古典诗词瀚海中的精品名篇都难以与之比肩，因此成为一个典型范例，成就了中华传统文化西传史上的一段传奇。

参考文献

王世华《徽商研究：回眸与前瞻》，载《安徽师范大学学报（人文社会科学版）》2004 年第 6 期。

殷明明《"徽商"含义之探索》，载《黄山学院学报》2005 年第 1 期。

蔡文龙《徽商·徽文化·徽商集团》载《安徽史学》2005 年第 1 期。

---

① Ross C. Houghton: *Women of the Orient: An Account of the Religious, Intellectual, and Social Condition of Women in Japan, China, India, Egypt, Syria, and Turkey*, Hitchcock and Walden, 1877, pp. 355—360.

英译《春园采茶词》与茶文化的西行

程必定《徽商兴衰的文化解读》，载《安徽师范大学学报（人文社会科学版）》2005年第1期。

赵斌《徽商与明清文学——试探徽商对明清文学发展所作贡献的原因》，载《东京文学》2010年第6期。

许周鹣《徽商与徽吴两地的女性地位》，载《苏州大学学报（哲学社会科学版）》2009年第2期。

秦效成《徽商与徽州文化》，载《中国文化研究》1996年冬之卷。

吴仁安、唐力行《明清徽州茶商述论》，载《安徽史学》1985年第3期。

周晓光《清代徽商与茶叶贸易》，载《安徽师大学报》2000年第3期；《近代外国资本主义势力的入侵与徽州茶商的衰落》，载《江海学刊》1998年第6期。

附：《春园采茶词》及英译

春园采茶词 三十首 海阳亦馨主人李亦青	A Ballad On Picking Tea In the Garden in Springtime Translated by T. C. Mercer	Tea-Picking Ballad Translated by Sir John F. Davis
之1	侬家家住万山中， 村南村北尽茗丛。 社后雨前忙不了， 朝朝早起课茶工。	Our household dwells amidst ten thousand hills, Where the tea, north and south of the village, around grows; From *chinshay* to *kuhyu*, unceasingly hurried, Every morning I must early rise to do my task of tea.	Where thousand hills the vale enclose, our little hut is there, And on the sloping sides around, the Tea grows everywhere; And I must rise at early dawn, as busy as can be, To get my daily labour done, and pluck the leafy tea.
之2	晓起临妆略整容， 提篮出户雾方浓。 小姑大妇同携手， 问上松萝第几峰？	By earliest dawn, I, at my toilet, only half-dress my hair, And seizing my basket, pass the door, while yet the mist is thick; The little maids and graver dames hand in hand winding along, Ask me, "which steep of *Sunglo* do you climb today?"	At early dawn I seize my crate, and sighing, oh, for rest, Through the thick mist I pass the door, with sloven hair half-drest; The dames and maidens call to me, as hand in hand they go, "What steep do you, miss, climb to-day, what steep of high *Sunglo*?"

续表

之3	空濛晚色照山岔，雾叶云芽未易降。不识为谁来解渴，教侬辛苦日双双。	The sky is thick, and the dusky twilight hides the hill-tops; The dewy leaves and cloudy buds cannot yet be easily plucked. We know not for whom, their thirst to quench, We're caused to toil and labor, and daily two by two to go.	Dark is the sky, the twilight dim still on the hills is set, The dewy leaves and cloudy buds may not be gather'd yet; Oh, who are they, the thirsty ones, for whom this work we do; For whom we spend our daily toil, in bands of two and two?
之4	双双相伴采茶枝，细语叮咛莫要迟。既恐梢头芽欲老，更防来日雨丝丝。	In social couple, each to aid her fellow, we seize the tea swige, And in low words urge one another, "don't delay, Lest on the topmost bough, the bud has even now grown old, And lest with the morrow, come the drizzling, silky rain."	Like fellows we each other aid, and to each other say, As down we pull the yielding twigs, "Sweet sister, don't delay; E'en now the buds are growing old, all on the boughs stop, And then to-morrow-who can tell? - The drizzling rain may drop."
之5	采罢枝头叶自稀，提篮贮满始言归。同人笑向池前过，惊起双凫两处飞。	We've picked enough; the topmost twigs are sparse of leaves; We lift our baskets filled brimful, and talk of going home; Laughing, we pass along; when just against the pool, A pair of scared mallards rise and fly diverse away.	We've picked enow, the topmost bough is bare of leaves, and so We lift our brimming loads, and by the homeward path we go; In merry laughter by the pool, the lotus pool we hie, When hark! uprise a Mallard pair, and hence affrighted by!
之6	一池碧水浸芙蕖，叶小如钱半未舒。行向矶头清浅处，试看侬貌近何如?	This pool has limpid water, and there deep the lotus grows, Its little leaves are round as coins, and only half-expanded; Going to the jutting verge, over a clear and shallow spot, I try my present looks, mark how of late my face appears.	Limpid and clear the pool, and there how rich the lotus grows, And only half its open leaves, round as the coins, it shows- I bend me o'er the jutting brink, and to myself I say, I marvel in the glassy stream, how looks my face today!

英译《春园采茶词》与茶文化的西行

续表

之7	两鬓蓬松貌带枯,谁家有妇丑如奴?只缘日日将茶采,雨洒风吹失故吾。	My curs and hair are all awry, my face is quite begrim'd; In whose house lives the girl so ugly as your slave? 'Tis only because that everyday the tea I'm forced to pick; The soaking rains and driving winds have spoiled my former charms.	My face is dirty, out of trim my hair is, and awry, Oh tell me where's the little girl so ugly now as I? 'Tis all because whole weary hours I'm forc'd to pick the tea, And driving winds and soaking show'rs have made me what you see!
之8	朝来风雨又凄凄,小笠长篮手自提。采得旗枪归去后,相看却是半身泥。	With the morning comes the wind and rain, together fierce and high, But the little hat and basket tall, still must I take along; The tender leaflets being fully picked, we now to our homes return, When each sees her fellow's dress, half-bedaubed with mire.	With morn again come wind and rain, and though so fierce and strong, With basket big and little hat I wend my way along; Then home once more, when all is pick'd, and everybody sees, How muddy al our dresses are, and dabbled to the knees!
之9	今日窗前天色佳,忙梳鸦髻紧横钗。匆匆便向园中去,忘却泥泞未换鞋。	The morn, without the door, behold a pleasant sky, Quickly I comb'd my girlish tufts, and firmly set my pin; With rapid steps away I speed in the path toward the garden, And forget of the muddy way, omit to change my shoes.	I saw this morning through the door a pleasant day set in, Be sure I quickly drest my hair, and neatly fix'd my pin; And featly sped I down the path to gain the wonted spot, But, never thinking of the mire, my working shoes forgot!
之10	园中才到又闻雷,湿透弓鞋未肯回。遥嘱邻姑传言去,把侬青笠寄将来。	But just within the garden bounds, I hear the thunder roll, My bow-shaped shoes are soak'd quite through, but I'm not ready to return, I call my distant comrade, to send my message home, And have my green umbrella-hat sent hither to me soon.	The garden reach'd, my bow-shap'd shoes are soaking through and through; And the sky is chang'd-the thunder rolls-I don't know what to do; I'll call my comrades on the hill to pass the word with speed, And fetch my green umbrella hat, to help me in my need.

583

续表

之11	小笠蒙头不庇身， 衣衫半湿像渔人。 手中提着青丝笼，只少长竿与细纶。	The little hat, when on my head does not protect my limbs, My dress and gown are wet half-through, like some poor fisherman's; My green and fine meshed basket, I carry closely in my hand; And I only lack of his long rod, and his thin slender line.	But my little hat does little good, my plight is very sad! I stand with clothes all dripping wet, like some poor fisher-lad; Like him I have a basket, too, of meshes woven fine, A fisher-lad, if I only had his fishing rod and line.
之12	雨过枝头泛碧纹， 攀来香气便氤氲。 高低摘尽黄金缕，染得衣襟处处芬。	The rain is pass'd, and the outmost leaflets show their greenish veins; Pull down a branch, and the fragrant scent's diffused around. Both high and low, the yellow golden threads are now quite culled, And my clothes and frock are dyed with odors all around.	The rain is o'er, the outer leaves their branching fibres show, Shake down the branch, and the fragrant scent about us 'gins to blow; Gather the yellow golden threads that high and low are found—— Ah, what a precious odour now is wafted all around.
之13	芬芳香气似兰荪， 品色休宁胜婺源。 采罢新芽旋又发，今朝已是第三番。	The sweat and fragrant perfume's like that from the Aglaia, In goodness and appearance, my tea'll be the best in *Wooyan*, When all are picked, the new buds, by the next term, will again horst forth, And this morning, the last third gathering is quite done.	No sweater perfume does the wild and fair Aglaia shed, Throughout *Woo-yuen*'s bounds my tea the choicest will be said; When all are pick'd we'll leave the shoots to bud again in the spring, But for this morning we have done the third, last gathering.
之14	番番辛苦不辞难， 鸦髻斜拖玉指寒。 惟愿侬家茶色好，赛他雀舌与龙团。	Each picking is with toilsome labor, but yet I shun it not, My maiden curls are all asker, my pearly fingers all benumbed, But I only wish our tea to be of a superfine kind, To have it equal his "sparrow's tongue" and their "dragon's pellet"	Oh, weary is our picking, yet do I my toil with hold? My maiden locks are askew, my pearly fingers cold; I only wish our tea to be superior over all, O'er this one's "*sparrow-tongue*", and o'er the other's "*dragon ball*".

英译《春园采茶词》与茶文化的西行

续表

之15	一月何曾一日闲， 早时出采暮方还。 更深尚在炉前焙， 怎不教人损玉颜。	For a whole month, where can I catch a single leisure day? For at earliest dawn I go to pick, and not till dusk return; Till the deep midnight, I'm still before the firing pan; Will not labor like this, my pearly complexion deface?	Oh, for a month I weary strive to find a leisure day, I go to pick at early dawn, and until dusk I stay; Till midnight at the firing-pan I hold my irksome place; But may not labour hard as this impair my pretty face?
之16	容颜虽瘦志常坚， 焙出金芽分外妍。 知是何人调玉碗， 闲教纤手侍儿煎。	But if my face is lank, my mind is firmly fixed, So to fire my golden buds that they shall excel all beside. But how know I who'll put them in the gemmy cup? Who at leisure, will with her tapir fingers gives give them to the maid to draw?	But if my face be somewhat lank, more firm shall be my mind, I'll fire my tea that all else shall be my golden buds behind; But yet the thought arises, who the pretty maid shall be, To put the leaves in jewell'd cup, from thence to drink my tea?
之17	活火煎来破寂寥， 哪知摘取苦多娇？ 无端一阵狂风雨， 遍体淋淋似水浇。	At a bright fire she makes the tea, and her sorrows all flee; Where shall she learn our toil, who so tender picked it all? How that without a sign, the fierce winds and rain did rise, Drenching and soaking our persons, as if plunged into a bath.	Her griefs all flee as she makes her tea, and she is glad, but oh, Where shall she learn the toils of us who labour for her so? And shall she know of the winds that blow, and the rains that pour their wrath, And drench and soak us through and through, as plunged into a bath.
之18	雨横风狂鸟离巢， 双双犹自恋花梢。 缘何夫婿轻言别， 愁上心来手忘梢。	In driving rains and howling winds, the birds forsake their nests; Yet many a couple seem to linger upon the flowery boughs. Why did my loving lord with lightsome word drive me away? As my grief swells in my heart, my hands forget to pick.	In driving rains and howling winds the birds forsake the nest, Yet many a loving pair are seen still on the boughs to rest; Oh, wherefore, lov'd one, with light look didst thou send me away! I cannot, grieving as I grieve, go through my work to day.

585

续表

之19	纵使愁肠似桔槔， 且安贫苦莫辞劳。 只图焙得新茶好， 缕缕旗枪起白毫。	But though my heaving bosom, like a well-sweep rise and fall, Still patient in my poverty and care, I'll never shun my usual toil; My only thought shall be to have our new tea well fired, That the *flag* and *awl* be well rolled, and show their whiten'd down.	But though my bosom rise and fall, like bucket in a well, Patient and toiling as I am, 'gainst work I'll near rebel, My care shall be to have my tea fired to a tender brown, And let the *flag* and *awl*, well roll'd, display their whitish down.
之20	功夫哪敢自蹉跎， 尚觉侬家事务多。 焙出干茶忙去采， 今朝还要上松萝。	But my own ton and weary steps, how shall I dare to mention them? Still I see that in our house is many a sort of work; As soon as the tea is fired and dried, I must quickly go and pick. This morning, even, must I reascend the steep *Sunglo*.	Hah, for my toil, ho, for my steps! aweary tho' I be, In our poor house, for working folk, there's lots of work, I see; When the firing and the drying's done, off at the call I go, And once again this very morn I climb the high Sung-lo!
之21	手挽筠篮鬓戴花， 松萝山下采山茶。 途中姐妹劳相问， 笑指前村是妾家。	My splint-basket slung on my arm, and my hair plaited with flowers; I go to the side of the *Sunglo* hills, and pick the mountain tea. Amid the pathway going, we sisters one another rally, And laughing, I point to yonder village—"there's our home!"	Mi wicker basket slung on arm, and hair entwined with flowers, To the slopes I go of the high *Sunglo*, and pick the tea for hours; How laugh we, sisters, on the roads-what a merry turn we've got! I giggle and say, as I point down the way-there, look, there lies our cot.
之22	妾家楼屋傍垂杨， 一带青阴护草堂。 明日若蒙来约伴，到门先觉焙茶香。	Your handmaid's house and home is at the weeping willow's side, In a place where the green shade, the grassy dwelling hides; Tomorrow, if you're content, I beg you'll come and be my boon companions, Coming to the door, you'll know it by the fragrance of the firing tea.	Your handmaid 'neath the sweet green shade in shelter'd cot abides, Where the pendent willow's sweeping bough the thatchy dwelling hides; Tomorrow, if you wish it so, my guests I pray you'll be! The door you'll know by the fragrant scent, the scent of the firing tea.

英译《春园采茶词》与茶文化的西行

续表

之23	乍暖乍凉屡变更,焙茶天色最难平。西山日落东山雨,道是多晴却少晴。	Awhile its warm, and then its cold, the weather's ever changing; The sky is never so unsettled as when one wants to fire tea. For as sun goes down the western hills, o'er the eastern hills there's rain. Promising much fair weather, yet in truth but little comes.	Awhile 'this cold, and then 'tis warm, when I want to fire my tea, The sky is sure to shift and change-and all to worry me; When the Sun goes down on the western hills, on the eastern there is rain! And however fair he promises, he promises in vain.
之24	今日西山山色青,携篮候伴坐村亭。小姑更觉娇痴惯,睡倚栏杆唤不醒。	But today, the tint of the western hills betokens fair, Taking my basket, I wait for my fellow at the village stile. There the little lass is seen, the simple girl most tenderly brought up, She's fast asleep, leaning on the rail, I call but none awakes.	To-day the tint of the western hills is looking bright and fair, And I bear my crate to the stile, and wait my fellow toiler there; A little tender lass is she-she leans upon the rail, And sleeps-and though I hail her, she answers not my hail.
之25	直待高呼始应承,半开媚眼若难胜。匆匆便向前头走,提着篮儿忘着簦。	When at length, to my loudest call, she begins to answer, She half opens her pretty eyes, she's like one staggering; Quick she starts, and in the opening path before her, goes; Takes up her basket, and quite forgets to put its cover on.	And when at length, to my loudest call, she murmurs a reply, 'Tis as if hard to conquer sleep, and with half-opened eye; Up starts she, and with straggling steps along the path she's gone; She brings her basket, but forgets to put the cover on!
之26	同行迤逦过南楼,楼畔花开海石榴。欲待折来分插戴,树高攀不到梢头。	Together we trudge the sideway path, and pass the southern lodge, By its side, the sea pomegranate displays its yellow flowers; We'd like to stop and pluck them, for each to adorn her hair, But the tree is high, and the outer boughs quite beyond our reach.	Together trudge we, and we pass the lodge of the southern bowers, Where the beautiful sea-pomegranate waves all its yellow flowers; Fain would we stop and pluck a few to deck our tresses gay, But the tree is high, and 'tis vain to try and reach the tempting spray.

续表

之27	黄鸟枝头美好音，可人天气半晴阴。攀枝各把衷情诉，说到伤心泪不禁。	The yellow birds, perched on the boughs, warble their sweetest songs; The weather most grateful to man is when the sky's half cloud half clear, While pulling down the twigs, each vents her troubled thoughts, We talk till our hearts are wounded, and tears are not restrained.	The pretty birds upon the bough sing songs so sweet to hear, And the sky is so delicious now, half cloudy and half clear; While bending o'er her work, each maid will prattle of her woe, And we talk till out hearts are sorely hurt, and tears unstinted flow.
之28	破却工夫未满篮，北枝寻罢又图南。无端摘得同心叶，纤手擎来鬓上簪。	Our task is done, but our baskets are not half filled; On the north the twigs are searched, we think we'll see the south; Just then I snapp'd a twig, whose leaves were all in pairs, With my tapir fingers, I fastened it upon my curls	Our time is up, and yet not full our baskets to the mouth, The twigs anorth are fully search'd, let's seek them in the south; Just then by chance I snapped a twig whose leaves were all apair; See, with my taper fingers now I fix it in my hair.
之29	茶品由来苦胜甜，个中滋味两般兼。不知却为谁甜苦，掐破侬家玉指尖。	Among the kinds of teas, the bitter heretofore exceeds the sweet, But among them all, both these tastes can alike bare be found; We know not indeed for whom they may be sweet or bitter; We've picked till the ends of our pearly fingers are quite marred.	Of all the various kinds of tea, the bitter beats the sweet, But for whomever either seeks, for him I'll find a treat; Though who it is shall drink them, as bitter or sweet they be, I know not, friend-but the pearly end of my finger only see!
之30	任他飞燕两呢喃，去采新茶换旧衫。却把袖儿高卷起，从教露出手纤纤。	You, twittering swallows, may fly just as your wills incline. Going to pluck new tea, I'll change to my old gown; I'll grasp the cuff, and rolling it high up, Will thus display my fine and slender arm.	Ye twittering swallows rise and fall, in your flight around the hill, But when next I go to the high *Sunglo*, I'll change my gown-I will; And I'll roll up the cuff and show arm enough, for my arm is fair to see; Oh, if ever there were a fair round arm, that arm belongs to me!

（江岚：文学博士，美国新泽西州威廉·柏特森大学"关键语言研究中心"主任）

论《道德经》中"道"与"德"之英译*

金永平

摘 要:"道"与"德"是《道德经》中两个最核心的基本概念,它们在书中具有丰富的文化内涵。通过多种英译本中"道"与"德"之翻译进行考察,进而指出由于汉语与英语存在着巨大的文化差异,试图找出与之完全对应的词汇来进行翻译是不可能的,也是徒劳的,译者所能做的是在英译过程中通过创造性叛逆活动,在尽可能保留文化信息的基础上,选择出相应的词语,使国外的读者能较好理解中国古代典籍中的文化内涵。

关键词:《道德经》 "道" "德" 英译

中国古代典籍英译是当前翻译界的重要议题,翻译家一方面通过翻译活动来展示自己的艺术才华,另一方面希冀此活动的展开使代表中国优秀思想文化的古代典籍在海外传播开来。而在这一译介活动过程中,最能代表中国思想文化典籍之一的《道德经》,无疑是众多译者的首选对象。以往译界对文学作品翻译过程中出现的创造性叛逆比较认可,而对非文学类文化典籍中蕴含丰富内涵词语的创造性翻译持保留态度。诚然,翻译家以创造性叛逆来透视文学翻译,无疑触摸到文学翻译的一些基本规律,但遗憾的是,译界对这一规律在中国文化典籍中的运用缺少应有的关注,特别是对具有特定文化内涵词语中出现的创造性翻译缺乏深究。鉴于此,本文通过对《道德经》中"道"与"德"的英译进行考察,以期对文化典籍英译过程中出现的创造性叛逆活动之理论阐述有所裨益。

《道德经》,又称《道德真经》《老子》《五千言》《老子五千文》,为春

---

* 本论文为 2012 年教育部哲学社会科学重大课题攻关项目"英语世界中国文学的译介与研究"(项目批准号:12JZD016)阶段性成果之一。

秋时期的老子所撰写①，原文不分章，后分为《道经》（前37章）和《德经》（后44章），共81章，是中国古代先秦诸子中的一部力作，为当时诸子所共仰。此书系统地阐述了老子的宇宙观、政治观和认识论，是道家哲学思想的源头，不仅在我国产生了深刻的影响，而且在世界上也日益受到重视，各重要语言几乎都出现了多个译本。以英译为例，自1868年诞生第一个英译本以来到20世纪末，《道德经》译本就已达40种左右②。本文择其要概述之，选取的英译本有：詹姆斯·理雅各（James Legge）译的 The Text of Taoism③（以下简称理本），亚瑟·韦利（Arthur Waley）译的 Tao Te Ching（以下简称韦本），辜正坤译的《老子道德经》（Lao Zi: The Book of Tao and Teh）④（以下简称辜本），顾丹柯译的《老子说·汉英对照》（以下简称顾本），王柯平译的 Dao De Jing⑤（以下简称王本），马德五译的《老子道德经·汉英对照》⑥（以下简称马本），埃德蒙·雷顿（Edmund Ryden）译的 Dao De Jing⑦（以下简称雷本）。"道"和"德"是老子哲学思想的理论基础。"道"在《道德经》一书中出现74次。⑧ 在文学作品翻译过程中，对同页或同段中重复出现的词汇（成语）翻译，译者通常会进行多样化的处理，以免译文的重复和单调，在字里行间凸显出个人的翻译艺术才华；而非文学类典籍的翻译则不同，译者对文本中出现重要词语往往要"一以贯之""坚持到底"的姿态来处理，不必节外生枝，翻译把握的尺度是忠实与顺达。《道德经》各译者对"道""德"的英译便是如此。因此，笔者也就没有必要把各译本关于"道""德"之译句一一列出。"道"的英译，本文仅以开篇之句为例，此举虽有避重就轻之嫌，但亦有一斑窥豹之效，同时，也更利于行文论述的展开。

---

① 老子与《道德经》成书之关系，已成为20世纪学术界悬案，本文采用叶朗先生的说法，详见《中国美学史大纲》，上海人民出版社1987年，第21—30页。

② Robert Wilkinson. Introduction in Tao Te Ching, trans. Arthur Waley, Wordsworth Editions Limited, 1997, vii.

③ The text of Taoism, trans. James Legge, in The Sacred Books of the East, vol40, F·Max Muller Ed. Oxford: Oxford University Press, 1891, pp. 1—124.

④ 辜正坤译《老子道德经》，北京大学出版社1997年。

⑤ 王柯平译 Dao De Jing, 外文出版社2008年。

⑥ 马德五译《老子道德经·汉英对照》，天津古籍出版社2008年。

⑦ Edmund Ryden, Trans. Dao De Jing, Oxford: Oxford University Press, 2008.

⑧ 傅惠生《老子 前言》，湖南人民出版社2006年，第18页。

论《道德经》中"道"与"德"之英译

《道德经》开篇之句为"道可道，非常道；名可名，非常名。"（第1章）[①] 此句玄奥难懂，加之老子所用的语言本身就是属于诗性语言，意义含混，如何断句，古往今来，争论不少；何况不少译者来自不同文化的国家与地区，他们对文段的理解自然就不同，在英译翻译过程中就难免存在差异，兹录各家英译如下：

"The Tao that can be trodden is not the enduring and unchanging Tao.

The name that can be named is not the enduring and unchanging name."（理本）

"The Way that can be told of is not an Unvarying Way;

The names that can be named are not unvarying names."[②]（韦本）

"The Tao that is expressed in words is not the true and eternal Tao;

The name that is expressed in words is not the true and eternal name."[③]（辜本）

"The Way can be expressed, but the Way that can be expressed is not the eternal Way;

the Name can be addressed, but the Name can be addressed is not the eternal Name."[④]（顾本）

"The Dao that can be told is not constant Dao.

The Name that can be named is not the constant Name."[⑤]（王本）

"If the principle of the universe could be translated into words or letters, it would not be the principle. If the name could be pronounced, it would not be the principle's name."[⑥]（马本）

[①] 魏王弼注，楼宇烈校释《老子道德经校释》，中华书局1984年，第1页。（以下所引据此版本）

[②] 亚瑟·韦利英译，陈鼓应今译，傅惠生校注《老子》，湖南人民出版社2007年，第3页、77页。

[③] 辜正坤译《老子道德经》，北京大学出版社1997年，第59、175页。

[④] 顾丹柯译《老子说·汉英对照》，世界图书出版公司2006年，第3、83页。

[⑤] 王柯平译 Dao De Jing，外文出版社2008年，第16、66页。

[⑥] 马德五译《老子道德经·汉英对照》，天津古籍出版社2008年，第2页、第83页。

"Of ways you may speak, but not the Perennial Way;
By names you may name, but not the Perennial Name."① （雷本）

从上面各译家的举要中，我们可以知道，作为名词的"道"的译法有四种，即"Tao"（理本、辜本）、"Way"（韦本、顾本、雷本）、"the principle of the universe"（马本）、"Dao"（王本）。作为动词的"道"的英译有"can be trodden"（理本）、"can be told of"（韦本）、"is expressed in words"（辜本）、"can be expressed"（顾本）、"can be told"（王本）、"could be translated into words or letters"（马本）、"may speak"（雷本），七位译者译文各不相同。需要指出的是，作为动词"道"的英译虽比作为名字"道"的英译要多，但前者其意可归为两种，而且基本上是确定的，一是"可行"（can be trodden），二是"可言"（can be expressed、told, may speak），而作为名词的"道"意义要复杂得多，也是我们讨论的重点所在。不过我们仍然要问，为什么作为同一名词"道"会有这么截然不同的翻译呢？对于他们的四种译法，究竟孰优孰劣？哪一个英译与《道德经》的原意最接近呢？有没有其他更为接近的、与之对应的词来翻译呢？如果没有，那又是什么缘由造成这种窘境呢？

面对这些问题，我们还是先来看看什么是"道"吧！

《道德经》是一部诗化语言写成的著作，其语具有模糊性和含混性，而"道"的具体含义在《道德经》中却是复杂的。不过，从《道德经》全书来看，"道"之含义虽说不明确，但其仍旧具有以下几个性质。首先，"道"是混沌未分的。《道德经》书中云："有物混成，先天地生。"（第25章），就是说，"道"是在万物之先就存在的原始混沌状态，它不依靠外力而存在。我们找不到"道"的创造者，因为在上帝之前就存在了。"吾不知谁之子，象帝之先。"（第4章）其次，"道"是万物之源。"道生一，一生二，二生三，三生万物，万物负阴而抱阳，冲气以为和。（第42章）有了"道"，才有一，才有万物，它是万物的祖先，"道冲而用之，或不盈，渊乎似万物之宗。"（第4章）再次，"道"是不可闻、不可见的，却又独立运行的存在。"视之不见，名曰夷；听之不闻，名曰希；搏之不得，名曰微。此三者不可致诘，故混而为一。迎之不见其首，随之不见其后。"（第14章）不仅如此，"道"还是有

---

① *Dao De Jing*, Trans. Edmund Ryden, Oxford: Oxford University Press, 2008, p. 5、p. 81.

论《道德经》中"道"与"德"之英译

自己运行的规律,"寂兮寥兮,独立而不改,周行而不殆。"(第25章)最后,"道"是"可言"与"不言"、"有"和"无"的辩证统一。"道可道,非常道。"(第1章)可言说的道,却不是常道,在这里,"道"具有不可言说性,可老子又说"吾不知其名,字之曰道"(第25章),"道"又是可言说的。由此观之,"道"是"可言"与"不言"的矛盾体。"无名,天地之始,有名,万物之母。故常无,欲以观其妙;常有,欲以观其徼。"(第1章)这就是说,"道"又是"无"的,可"道"又通过"无"来形成"有",从这个意义上说,"道"也是"有"的,是"有"和"无"的结合体。由此看来,"道"大致的意思还是能够概括出来的。在《道德经》里,老子完成了"道"作为本体意义上的哲学建构。从原初指涉道路的"道",即许慎在《说文解字》所说:"道,所行道也。"引申为一种抽象的道理与规律,即《周易》所说"一阴一阳谓之道。"这一过程,许慎在《说文解字》里也有很好的阐释:"道者,人所行,故亦谓之行。道之引申为道理,亦为引道。"至于从规律的"道"到言说(speaking)的"道",不是从上述原初意义上的引申,《说文解字》也只字未提。正因为如此,有学者认为,它(言说之"道")成为一个孤独的、拥有自身独立意义的书写符号。至于作为"言说"(speaking)意义的"道"何时生成,已逸出论文所要探讨的范围了,此处不论。

以上的分析,我们可以看出,"道"作为名词原初的含义是指涉"路",理雅各就是从这个意义上来翻译的。他把作为动词的"道"译为"can be trodden"(可行走的),这与老子的原意不合,但不能说理雅各的翻译就是错的。"道"后来引申为道理与规律的"道",韦利翻译的"道"(Way)就是从这个意义上来说的,他的译词"Way",原意就是通常所说的"路"(way)的意思,用大写特别标示出来,来指涉与通常道路的"道"(way)有所不同。很显然,韦利的译文考虑到中英文化的差异因素,在他看来,要在英语中找出与汉语里相对应的"道"是不可能的。正因为如此,理本、辜本通过音译用"Tao"和王本"Dao"来指涉"道",能指是有了,但对于英语中的读者来说,其所指就不明了。至于马本把它翻译为"the principle of the universe",此种英译是对"道"的具体阐释,通常会有变异的因素,显示出译者在翻译过程中的独特理解和艺术才能,英语中的读者基本上能领会其含义;但也有不足之处,即翻译出来的只是"道"的部分含义,并不能包括《道德经》中"道"的整个内涵。对于章首的英译,海外华裔学者张隆溪先生,曾说此句用的是"双关",是不可译的;并以西方同样具有"思"与"说"的 Logos 来进行参照。对于张的这一看法,笔者深表赞同,不过需要指出的是,"道"与"Logos"虽都有"思"与"说"之意,但两者毕竟属于不同文化语境下的言说,具有异质性。它们之间仍不能完全等同,至于它们的相异之处,已有学者论述,不再叠述。

相对于"道"来说,"德"这一概念相对好理解些。《易经》云:"形而上谓之道,形而下谓之器。"此说甚是。《道德经》中的"德"就是《易经》所说的"器"。在《道德经》中,老子正式论述"德"是从第 38 章开始的,不过,"德"字在《道经》已经提起,如第 21 章"孔德之容,惟道是从"、第 23 章"故从事于道者,道者同于道;德者,同于德;失者,同于失。同于道者,道亦乐得之;同于德者,德亦乐得之;同于失者,失亦乐失之"。"德"字在全书中出现 44 次。现以第 38 章"上德不德,是以有德;下德不失德,是以无德"中的"德"之英译为例,进一步说明问题之所在。兹录各家英译如下:

"Those who possessed in highest degree the attributes of the Tao did not seek to show them, and therefore they possessed them in fullest measure. Those who possessed in a lower degree those attributes sought how not to lose them, and therefore they did not possess them in fullest measure."(理本)

"The man of highest power does not reveal himself as a possessor of power; therefore he keeps his power. The man of inferior power cannot rid it of the appearance of power; therefore he is in truth without power."(韦本)

"a man of the great virtue does not claim to be of virtue, thus he is of the true virtue. A man of small virtue always holds fast to the virtue in form, thus he is actually of no virtue."(辜本)

"The men of high virtue do not meticulously seek the Virtue, and get it; the men of low

virtue try hard not to lose Virtue, and lose it."(顾本)

"The man of the superior De is not conscious of it, And in the way he really possesses it.

The man of inferior De never loses sight of it, And in this way he really has none of it." （王本）

"The man who possess the highest virtue does not consider himself a person who possesses

the highest virtue, yet he is actually the person who possesses the highest virtue. The man who does not possess the highest always thinks of the reputation virtue confers, yet on that account, he himself is without virtue." （马本）

"The highest life force does not cling to vitality, for this reason it is vital; The lowest life force does not let go of vitality, for this reason it has no vitality;"（雷本）

从上面的翻译可知，"德"有"degree""power""De""virtue""life force"五种译法。"degree"在英语中的意思指人或物所处的阶段（a stage in an ascending or descending scale, series, or process），译文中是指人在社会中的地位；"power"原指能力（the ability to do or act）[①]，后来引申为权力，译文是后者之意；De是音译；"virtue"既指道德上的高风亮节（moral excellence, upright, goodness），也指妇女的贞洁（chastity）；[②] "life force"原来指的是人的生命力，译文指的是对社会精神与道德的约束力（a mental or moral strength）[③]。"德"的英译可以说是五花八门，基本上都可归入创造性的叛逆这一类。但仔细思量，我们不难发现，在这些迥异的译文背后，它们之间的含义还是有内在的统一性。这种统一就是在"道"的总摄下的统一，它们表现之所以有很大的差异，根源在"道"具体内涵的不确定性，而作为"器"层面的"德"也只好如影随形，其意具有模糊性、差异性和多样性。

许慎在《说文解字》中云："德，升也。"段玉裁注："升，当作登，迁

[①] （英）德拉·汤普逊编《牛津简明英语词典》（第九版），外语教学与研究出版社1999年，第354、1071、1565、528页。
[②] （英）德拉·汤普逊编《牛津简明英语词典》（第九版），外语教学与研究出版社1999年，第354、1071、1565、528页。
[③] （英）德拉·汤普逊编《牛津简明英语词典》（第九版），外语教学与研究出版社1999年，第354、1071、1565、528页。

登也。"① 这与《道德经》中的"德"之意义相差甚远。杨明照先生在给《原道》篇中"文之为德也，大矣"之句进行注释时，以"中庸之为德，其至矣乎""鬼神之为德其盛矣乎"来释"文之为德"之"德"的含义，认为"德"乃"性情功效"之意。② 这样看来，《道德经》之"德"也应该是指"道"之功效，只有这样，"德"才能更好地理解，否则，离开"道"来谈"德"是说不同通的，《道德经》有时确实是先讲"道"，而后再讲"德"的，如"道生之，德畜之"，"万物莫不尊道而贵德。"（第51章）只不过"德"需"无为"来实现。"道—德—无为"也就成为老子思想哲学建构的特有方式。所以，从这个角度讲，"德"是"道"在社会、政治、哲学、人生等方面的表现。既然"道"在英语中无法找出与之相对应的词来，作为"道"功效层面的"德"也无法在英语中找到。因此，上面各家英译的，无论是"degree""power""De ""virtue"还是"life force"都只是译者在目的语体系中寻找指涉"德"的某一方面，虽有创造性翻译活动的因子，但它们都并不能穷尽"德"的全部意义。

这样看来，不管是作为"言说"和"规律"的"道"，还是作为"道"的体现者"德"，在另一语言体系里是无法找到与之有完全相同意义的词语来的。正如钱钟书在论《林纾的翻译》时所说的，文学翻译受一定的条件的制约，一国文字与另一国文字之间必然有距离，译者的理解和文风跟原作品的内容和形式之间也有距离，而且译者的体会与表达之间还时常有距离。这些距离在翻译过程的存在是客观的，无法消除掉的，译者所能做的是尽可能把距离缩小。③ 钱先生所说的距离是指文学翻译的距离，其实，非文学类典籍的翻译也是存在这种距离的。上述提到的各个译者在英译过程中之所以无法传达出"道""德"之内涵，更大的原因就在中英两者之间的"文化距离"。译者能做的是，一方面在创造性叛逆活动中尽显其才，最大限度地保留原语言中的文化信息；另一方面又要使英语世界中的读者尽得其义，使中国古代典籍中优秀的思想更好地在国外传播开来。

（金永平：复旦大学中文系博士后，丽水学院教师）

---

① 许慎著，（清）段玉裁注《说文解字》，中州古籍出版社2006年，第75—76页。
② 黄叔琳注，李翔补注，杨明照校注拾遗《文心雕龙校注》（增订），中华书局2000年，第5页。
③ 钱锺书《七缀集》，生活·读书·新知三联书店2002年，第78页。

明清之际中国儒家经典西译的里程碑

——以耶稣会士卫方济的《中国六经》法译本第三卷《论语》译本为中心

刘 婷

摘 要： 明末清初来华传教士对儒家"四书"的翻译是中西交通史研究的一个重要问题。西方最早的刊印本拉丁文"四书"是比利时耶稣会士卫方济（François Noël）神父所翻译的《中国六经》（*Sinensis Imperii Libri Classici Sex*, 1711）。本文将对卫方济生平及《中国六经》做一介绍，同时还将对《中国六经》的法译本《中华帝国经典》中第三卷《论语》进行评述和文本研究。该书的法译本是欧洲目前可见的最早法语"四书"刊印的全译本，它对于中国儒家思想在17、18世纪欧洲的传播与影响起到了推动的作用。

关键词：《中国六经》 卫方济 《中华帝国经典》 论语

明末清初是中西文化交流的高潮阶段，这一阶段的开始是以1582年耶稣会士罗明坚与利玛窦入肇庆，建立"仙花寺"为标志的。在利氏传教过程中，他逐渐意识到儒家文化在中国文化中的核心地位。为了使天主教教义与儒家思想能更好地结合以利于天主教在华传播，利玛窦确立了"合儒易佛"的传教路线与"文化适应"的传教策略，他钻研中国经典，试图找到天主教与儒学的相通之处，同时结交文人士大夫，奉行上层路线，以达到最终传教的目的。利氏"合儒"的表现之一便是他脱掉了僧袍，"蓄发称儒"[①]。利氏的传教策略后被称为"利玛窦规矩"，而这种适应政策也成为后来的传教士在华传教所惯常遵循的准则。

采取"适应策略"的传教士们为了推进天主教在中国的传播，让中国的

[①] 邓恩著，余三乐、石蓉译《从利玛窦到汤若望》，上海古籍出版社2003年。

文人士大夫阶层接受基督教信仰，试图通过各种方法将基督教教义同儒家思想相结合。然而耶稣会所遵循的利玛窦制定的"适应政策"却被以多明我会、方济各会为首的托钵修会传教士所批判，进而引发了著名的"中国礼仪之争"[①]。争论中的各方为了更好地为自己的立场辩护，纷纷著书立说，尤其是坚持"利玛窦规矩"的耶稣会士一派，他们积极翻译中国典籍，诠释中国思想与伦理，试图在欧洲及教会内部赢得更多的支持者。

在此期间，卫方济（P. François Noël）所译 Sinensis imperii libric lassici sex（中文名为《中国六经》）就成为"中国礼仪之争"催生的作品之一，这本书同样也是中国典籍外译中的一座里程碑。

一、卫方济生平简介及汉学成就

卫方济（François Noël，1651—1729），比利时来华耶稣会士。他出生于比利时赫斯特鲁德（Hestrud），1670年加入耶稣会，曾在比利时教授语言文学达七年，并创作了大量的拉丁文诗歌以及若干部拉丁文戏剧，撰写了一篇戏剧艺术方面的论文[②]。1684年，卫氏同塞洛斯神父（Philippe Selosse）一同从里斯本赴华，于1685年抵达中国。他先后在江苏、安徽、上海、江西等地传教。1700年，索邦神学院否定了"利玛窦规矩"，并命令耶稣会士不可再采用适应政策进行传教。耶稣会高层害怕此政策会破坏中国传教事业，遂派卫方济和庞嘉宾（Gaspar Castner，1655—1709）一同赴罗马处理礼仪之争的问题。二位神父于1703年12月31日抵达罗马[③]。然而此行似乎没有达到预期，因为教宗克莱芒十一世（Clément XI，1700—1721）发布了禁令，正式禁止耶稣会的适应政策以及对Deus译名"上帝"的翻译[④]。1707年7月，卫氏

[①] 礼仪之争指的是17、18世纪西方天主教传教士就中国传统礼仪是否违背天主教教义进行的争论。主要内容包括对"Deus"译名的争论，以及中国教徒是否可以参加祭孔、崇拜祖先等活动的争论。

[②] Abel-Rémusat, J. P. (1829). *Nouveaux mélanges asiatiques* (Vol. 2). Paris: Schubart et Heideloff, p. 252.

[③] Dehergne, J. (1973). *Répertoire des Jésuites de Chine de 1552 à 1800*. Roma, Institutum historicum S. I.; Paris: Letouzey&Ane, p. 186.

[④] Noll, R. R. (Ed.) (1992). *100 Roman documents concerning the Chinese rites controversy*, 1645—1941. (D. F. St. Sure, S. J., Trans.). San Francisco: The Ricci Institute for Chinese-Western Cultural history, pp. 8—24.

明清之际中国儒家经典西译的里程碑
——以耶稣会士卫方济的《中国六经》法译本第三卷《论语》译本为中心

回到澳门,翌年他又同康熙派出的使者艾若瑟(Joseph-Antoine Provana,1662—1720)和陆若瑟(Raymond-Jeseph Arxo,1659—1711)共同奔赴罗马,此后便再没有机会返回中国。1709年,卫方济来到捷克的布拉格,继续翻译中国典籍,并于1711年出版了《中国六经》等著作,此后他曾经两次试图返华而未果,于1729年9月17日病逝于法国北部城市里尔(Lille)①。

在学术成就方面,首先值得一提的是卫方济在天文方面的贡献,他的《1684—1708在印度和中国所做的天文观察》(*Observationes mathematicae et physicae in India et China factaeab anno 1684 usque ad annum 1708*, Prague, 1711.)记录了在中国和印度几个不同地点所观测到的日食、月食以及木星卫星的结果,其中最有价值的内容,莫过于一份关于行星的中文名录②。1711年,卫氏除了出版《中国六经》外,还出版了《中国哲学》,这本选集包含了中国人对于人类起源的看法、中国人的丧葬习俗、道德修养等内容。然而这部著作鲜有人阅读,因为它和卫氏的其他著作有同样的问题:作者着力最重的仍旧是那些困扰当时传教士们的问题,即关于中国人祭天、祭祖、祭孔的争论③。卫方济在中国礼仪之争白热化的阶段出版了这些捍卫中国礼仪的作品,势必会遭到长上的打压,他的作品或是被其长上大段删除,或是根本禁止流通。比如同样于1711年出版的四开本《中国作家关于追悼已故祖先和亲友礼仪之记述》出版不久就由作者收回④。

二、卫方济《中国六经》第三卷《论语》研究

(一)《中国六经》⑤(*Sinensis imperii libri classici sex*)概况

---

① Abel-Rémusat, J. P. (1829). *Nouveaux mélanges asiatiques* (Vol. 2). Paris: Schubart etHeideloff, p. 252

② Abel-Rémusat, J. P. (1829). *Nouveaux mélanges asiatiques* (Vol. 2). Paris: Schubart etHeideloff, p. 252

③ Abel-Rémusat, J. P. (1829). *Nouveaux mélanges asiatiques* (Vol. 2). Paris: Schubart etHeideloff, p. 254

④ 费赖之著,冯承钧译《在华耶稣会士列传及书目》(上),中华书局1995年,第421页。

⑤ 笔者在这里阅读的是 google books 的扫描书 [2013/11/3]:http://books.google.fr/books?id=A0K0bjBLmMYC&printsec=frontcover&dq=Sinensis+imperii+libri+classici+sex&hl=fr&sa=X&ei=rG10UorgDIaLrQf6kYDoDg&ved=0CDQQ6wEwAA#v=onepage&q=Sinensis%20imperii%20libri%20classici%20sex&f=false.

从利玛窦开始，来华耶稣会士就对中国文人必读的"四书"格外关注。郭纳爵（Inacio da Costa，1603—1666）和殷铎泽（Prospero Intorcetta，1626—1696）1662年首先在江西刻印了拉丁文本的《中庸》《大学》以及《论语》的前五章，合称《中国的智慧》（Sapientia Sinica）。1687年，柏应理（Philippe Couplet，1623—1693）又在巴黎出版了《中国哲学家孔子》（Confucius Sinarum Philosophus），书中内容包括了"四书"中的《大学》《论语》和《中庸》。卫方济1711年出版于布拉格的《中国六经》是西方最早的刊印本拉丁文"四书"，同时"六经"还包括《孝经》和《小学》的译本。

本书的开篇是一篇总括性前言（Praefatio ad lectorem），然后是关于"六经"的目录和概要（Index et synopsis capitum et articulorum）。费赖之曾评价其"得谓孔子与孔门诸子之说，翻译较为完备者，诚无过于是编"[1]，比如在《中庸》的"序言"（"Commentarii in Immutabile Medium PROOEMIUM"）中，卫方济表示此篇序言翻译自"Doctor Chu Hi"（即朱熹）的《中庸章句序》，《论语》的"序言"，采用了张居正的《书经直解》（"Su ki xi kia"）。翻译的正文部分，卫方济几乎逐字逐句翻译了朱熹的《四书章句集注》，而在部分章节加入了张居正的注释[2]。值得一提的是，在《中国六经》中，卫氏未对中国哲学文本进行基督化的解释，也并未滥用基督教思想来阐释中国哲学，或是使用基督教词汇翻译中国儒家概念。

卫方济的《中国六经》对德国著名思想家莱布尼茨的学生沃尔夫[3]（Christian von wolff，1679—1754）产生了重要的影响。伍尔夫认为，在《中国六经》中，未出现天主教信仰的最高名称"DEUS"，于是他认为中国是不信神的国家，不需要天主教便可以产生高度的文明。他的这一观点，为欧洲的启蒙思想运动奠定了基础[4]。

---

[1] 费赖之著，冯承钧译《在华耶稣会士列传及书目》（上），中华书局1995年，第420页。

[2] 罗莹《十七—十八世纪四书在欧洲的译介与出版》，载《中国翻译》2012年第3期，第35页。

[3] 沃尔夫：德国近代著名的哲学家、数学家，莱布尼茨的学生。

[4] 莱布尼茨著，李文潮译《莱布尼茨与中国》，科学出版社2002年，第287页。

明清之际中国儒家经典西译的里程碑
——以耶稣会士卫方济的《中国六经》法译本第三卷《论语》译本为中心

图1 Sinensis imperii libric lassici sex 封面

（二）欧洲第一部《四书》法语全译本——《中国六经》法语转译本《中华帝国经典》概况

关于《中国六经》在欧洲影响深远的另一标志便是其法语转译本的出现。在《中国六经》问世70年后，法国一位修道院院长布鲁克（François-André-Adrien Pluquet, 1716—1790）将该书译为法文。布鲁克是一位法国哲学家、历史学家，1716年出生于法国的巴约市（Bayeux）。曾撰写《宿命论的检查》（l'Examen du fatalisme），为了研究宿命论的起源，进而对印度、中国的哲学产生兴趣。布鲁克在翻译时，删掉了原书的"致读者"和"序言"，自己为每部书撰写了序言《关于中华帝国经典的观察》（"Observations sur les livres classiques de l'empire de la Chine"）。序言中他论证了中国的政治哲学和伦理

哲学的起源与意义。后法文版《中国六经》改名为《中华帝国经典》(*Les Livres classiques de l'Empire de la Chine*)，分七卷于 1784—1786 年陆续出版①。可以说，《中华帝国经典》是欧洲目前可见的最早法语"四书"刊印的全译本。

在《中华帝国经典》出版之前，1688 年在阿姆斯特丹曾出版过一本《中国哲学家孔子的道德》(*La morale de Confucius, Philosophe de la Chine*)，作者匿名。这本法语小册子内容来自于《中国贤哲孔子》，其中包括对"四书"的介绍和节译②。但这部小书中关于儒家思想的内容远不如《中华帝国经典》丰富和全面。《中华帝国经典》一书对于中国儒家思想在17、18世纪欧洲的传播与影响起到了推波助澜的作用，然而这本书在学界却少有人研究，笔者在此将通过《中华帝国经典》第三卷《论语》，对《中国六经》及其法译本的主要特点做一分析和论述。

布鲁克将《论语》翻译为"*le Livre des sentences*"，也就是"格言之书"。全书分为前言与正文：八页的前言主要是布鲁克研读《论语》后的个人见解；正文部分，《论语》法译本和《论语》原本一样，分为二十章。每章开篇都有布鲁克根据这一章的主要内容总结出的一小句话。比如第一章的标题为：仁义之士在公共和私人场合下的道德与责任③。

（三）《中国六经》法语转译本第三卷《论语》(*Le livre des sentences*) 研究

布鲁克为《论语》(*Le livre des sentences*) 撰写了前言 (Avant-propos)，其中介绍了《论语》的主要内容，称其是一部记录孔子和他的弟子对话的书籍。此外，布鲁克根据自己在翻译过程中对《论语》的理解，写下了一系列评述性的文字。首先，他认为中国哲学书籍（《论语》）看似在谈哲学，实际上在谈政治。在中国政治哲学中，政治并非政府的部长、议员关在一间屋子里进行的神秘会议，而像管理一个大家庭，每个"孩子"（也就是每位社会成

---

① 费赖之著，冯承钧译《在华耶稣会士列传及书目》（上），中华书局1995年，第420页。
② 笔者在这里阅读的是 google books 的扫描书［2013/11/3］：http://www.google.com.tw/books?id=J28PAAAAQAAJ&printsec=frontcover&hl=zh-CN&source=gbs_ge_summary_r&cad=0#v=onepage&q&f=false。
③ 原文为：Du caractère du sage, de ses vertus, de ses devoirs, soit dans la vie privée, soit en public.

明清之际中国儒家经典西译的里程碑
——以耶稣会士卫方济的《中国六经》法译本第三卷《论语》译本为中心

```
LES
LIVRES CLASSIQUES
DE L'EMPIRE
DE LA CHINE,
RECUEILLIS
PAR LE PERE NOEL;
PRÉCÉDÉS
d'Observations sur l'origine, la nature et les
effets de la philosophie morale et politique
dans cet empire.

TOME TROISIEME

A PARIS,
Chez DE BURE, BARROIS aîné et BARROIS jeune,
quai des Augustins.
M. DCC. LXXXV.
```

图 2 *Les Livres classiques de l'Empire de la Chine* 封面

员）都要被照顾到，都要受到教育①。其次，前言对《论语》进行了高度的赞扬，称其"不仅仅是一部关于道德准则的书，人们还可以通过阅读此书，了解中国的社会风俗，政府的治理情况。书中揭示了堕落与美德，光明与愚昧的斗争"②。以上的一系列赞美似乎还不太够，他还不惜使用一系列形容词表达他对《论语》中名言警句的终极赞美，比如：敏锐、准确、坚定、严格、

---

① François Noël. *Les livres classiques de l'empire de la Chine*, Vol 3, Paris, 1784, p. 7.
② François Noël. *Les livres classiques de l'empire de la Chine*, Vol 3, Paris, 1784, p. 7.

人性化、宽容等，"《论语》将启蒙的光融进情感，直入人心又予人以启示"①。同时，《论语》并不是一部曲高和寡、高不可攀的道德书，它还具有"简洁""贴近生活""具有普遍适用性"等特点——"最笨的人也可以看得懂《论语》，而最聪明的人通过阅读和反思，也可以找到他们认为有用的东西，并能从中领悟真理"②。布鲁克对《论语》显示出强烈的认同感，认为孔子的思想值得被介绍至欧洲，他认为"《论语》所包含的道德智慧，对生活在世界各地各种政府统治下的人们都具有吸引力"③。

《论语》卷正文的翻译，体现了译者卫方济一丝不苟的精神。然而由于卫氏希望准确传达原文的意思，使得读者可以理解《论语》的精髓，故在译文中加入了一些注释内容，译文有时显得比较拖沓、冗长。举例说明：

　　1."君子不器"
　　N：Le sage n'est point comme un vase qui n'a qu'une utilité et qui n'est que de peu d'usage.
　　卫：君子不像容器那样只有一个用途。
　　2."志于学"
　　N：Se presser de suivre la profession des sciences et de la sagesse
　　卫：选择科学、智慧为职业。
　　3."思无邪"
　　N：Ne permetter à votre esprit de penser rien de mal ou de dehsonnête
　　卫：不想任何不好的内容，做一个诚实的人。
　　4."知天命"
　　N：Comprendre la loi du Ciel et l'admirable harmonie qui y règne
　　卫：懂得天的法则以及掌控天的值得人赞美的和谐。

卫方济为了将《论语》中简洁、省略的内容补全，译文稍显啰唆，似乎失去了《论语》的神韵。值得一提的是，从神父对"天"的翻译可看出，他

---

① François Noël. *Les livres classiques de l'empire de la Chine*, Vol 3, Paris, 1784, p. 7.
② François Noël. *Les livres classiques de l'empire de la Chine*, Vol 3, Paris, 1784, p. 6.
③ François Noël. *Les livres classiques de l'empire de la Chine*, Vol 3, Paris, 1784, p. 6.

明清之际中国儒家经典西译的里程碑
——以耶稣会士卫方济的《中国六经》法译本第三卷《论语》译本为中心

只是使用了最普通的天空（ciel）一词来翻译儒家的"天"，并未进行过度解释。

（四）学界对《中国六经》的评价

学术界并未有过多对于《中国六经》的关注，在笔者找到的评价中，有肯定也有批评。首先是对其总体翻译情况的肯定，《中国六经》是欧洲刊印出版的最早、最全的"四书"译本，卫方济深入原文且参照汉语注疏，翻译态度严谨，译本较完善。比如：

法国汉学家雷慕莎（Jean Pierre Abel Rémusat，1788—1832）曾经在《新亚洲杂纂》中对卫方济的《中国六经》有过较中肯的评价，他肯定了卫方济对于《中国六经》翻译的严谨精神：卫方济没有复制前人的版本，他直接深入原文，并且为了最大限度地领会原文，他参考了最好的翻译和最有名的注解，我们可以确信的是，卫方济版本的孔子与弟子的对话一定是最好的①。

美国汉学家孟德卫（David E. Mungello，1943—）教授在比较《中国哲学家孔子》以及《中国六经》之后，曾由衷感叹：或者因为耶稣会高层畏于推广此译本，也因为在卫方济之后，欧洲汉学界不再对"四书"的不同注疏本持肯定态度，加上卫方济的著作中隐含着再次引爆中国礼仪之争的成分，尽管《中国六经》是继《中国哲学家孔子》以来，耶稣会士翻译儒家经典"四书"完整本的最高峰，其译文也优于前人，却默默地被尘封至今②。

但同时，也有一些批评的声音，主要是针对其翻译风格——啰唆、冗长。或许卫方济的本意是希望更全面地呈现中国"四书"，所以不惜笔墨对原文进行阐释。汉学家们批评道：

雷慕沙指出了《中国六经》的问题，他说："卫氏的译本着力于如何阐明原著作者的本意，对晦涩点进行解释并补充省略的内容及隐含的内容。卫氏本想使得译本浅显易懂，最后的结果却啰唆、冗长、含糊不清。他将本可以作为脚注的点评、注释都编入了正文中，以至于这些经典原来的风格都消失了。读者读到的不再是那个庄严睿智的孔子，也不是机智狡黠的孟子，而仿佛是一个中世纪沉闷、复杂、还说着拉丁语的神学院修士在说

---

① Abel Rémusat, *Nouveaux Mélanges asiatiques*, 1824, p. 254.
② Mungello, D. E. (1983). *The first complete translation of the Confucian Four Books in the West*. In *International symposium on Chinese western cultural interchange in commemoration of the 400th anniversary of the arrival of Matteo Ricci, S. J.*, p. 516.

话。虽然读卫氏的作品，读者可能不容易误解孔子的意思，但是却无法领会原著中的那种精神。他所使用的表达方式，让人感觉像是阅读一部中世纪道德剧。"[1]

荷兰哲学家迪保尔（Cornelius de Pauw，1739—1799）曾经毫不客气地也批评《中国六经》译文语句啰唆与冗长这一问题。他说："虽然是传教士们将中国的经籍带进了世人的视野，然而读者们却无法不批评卫方济的翻译——大量看不到结尾的难懂的拉丁长句，仿佛出自一名糟糕的布道者。甚至可以怀疑，在欧洲，不会有超过三十人能有勇气读卫氏的译本。"[2]

三、结语

卫方济是第一位将"四书"全部译为拉丁文的欧洲人。他在三百年前译出的《中国六经》，无疑是典籍外译历史中的一部里程碑式的作品。这部作品还被翻译为法语，成为欧洲目前可见的最早法语"四书"刊印的全译本。虽然卫方济翻译的目的是为了传教或是为礼仪之争中耶稣会的立场辩护，在翻译的过程中却并未采取基督化的思维解释词语，译本并未受到译者本身文化背景的过多影响。卫方济试图还原一个真实的"四书"，其严谨的翻译态度以及对于异质文化的尊重都是值得后人思考的。

不论是《中国六经》的拉丁文本，抑或是布鲁克在18世纪末转译的法文版《中华帝国经典》，这些中西交通史中重要的一手资料，在我国一直都没有被足够研究与解读。本文对于《中国六经》法文版《论语》卷的浅显解读，希望能起到抛砖引玉的作用，让更多的人来关注和研究这座典籍外译中的里程碑。

（刘婷：北京外国语大学 中国海外汉学研究中心）

参考文献

[1] 邓恩著，余三乐、石蓉译《从利玛窦到汤若望》，上海古籍出版社2003年。

---

① Abel Rémusat, *Nouveaux Mélanges asiatiques*, 1824, p. 254.
② *Nouveaux Mélanges asiatiques*, 1824, p. 255.

明清之际中国儒家经典西译的里程碑
——以耶稣会士卫方济的《中国六经》法译本第三卷《论语》译本为中心

［2］费赖之著，冯承钧译《在华耶稣会士列传及书目》（上），中华书局1995年。

［3］罗莹：《十七—十八世纪四书在欧洲的译介与出版》，载《中国翻译》2012年第3期。

［4］张西平《欧洲早期汉学史》，中华书局2009年。

［5］莱布尼茨著，李文潮译《莱布尼茨与中国》，科学出版社2002年。

［6］潘凤娟《卫方济的经典翻译与中国书写：文献介绍》，载《编译论丛》2010年3月。

［7］张国刚《从中西初识到礼仪之争：明清传教士与中西文化交流》，人民出版社2003年。

［8］Abel-Rémusat, J. P. (1829). *Nouveaux mélanges asiatiques* (Vol.2). Paris: Schubart et Heideloff

［9］Dehergne, J. (1973). *Répertoire des Jésuites de Chine de 1552 à 1800*. Roma, Institutum historicum S. I.; Paris

［10］François Noël. *Les livres classiques de l'empire de la Chine*, Vol 3, Paris, 1784

［11］Mungello, D. E. (1983). *The first complete translation of the Confucian Four Books in the West*. In International symposium on Chinese western cultural interchange in commemoration of the 400th anniversary of the arrival of Matteo Ricci, S. J.

《四书》英译研究在中国
——基于中国知网的期刊论文和博硕士论文调查

于培文

摘 要：本文以《中国知网》中的有关中国"典籍英译"和"《四书》英译"的1007篇期刊论文和博硕士论文以及《四书》的3部英语全译本和部分单译本为主要研究材料，分6个主题即"典籍英译""《四书》英译""《论语》英译""《孟子》英译""《中庸》英译""《大学》英译"展开调查，调查研究了中国的《四书》英语翻译研究现状。研究发现：中国学界对《四书》全译本和单译本的研究呈现出明显的不平衡性，《四书》全译本研究论文数量极少，不到《四书》整个英译研究的2%，《四书》单译本研究占了98%以上；《四书》英语单译本研究中，《论语》研究独占鳌头，超过82%，其次是《中庸》，超过10%，再次是《孟子》，占6.5%，对《大学》的研究数量甚微，只占1%左右。调查的博士论文和硕士论文数量悬殊，博士论文占24%，硕士论文占将近76%，博士论文89%集中在《论语》英译研究，涉及《孟子》英译研究的博士论文占11%，还没有博士论文涉及《中庸》和《大学》英译领域。

关键词：《四书》英译 《论语》英译 《孟子》英译 《中庸》英译 《大学》英译 不平衡

一、调查缘起

中华典籍英译的重要性和意义不言而喻，我国很多学者对此进行了论述（霍跃红，2005；潘文国，2004；许渊冲，2006；汪榕培，黄中习，2008）。本次调查是为了了解国内《四书》英译的研究情况。此次调查范围是中国知

《四书》英译研究在中国——基于中国知网的期刊论文和博硕士论文调查

网数据库的全文"期刊"数据库和全文"博硕士"数据库,检索模式是"主题模糊匹配",检索年限为"不限",检索时间为 2013 年 6 月 22 日。调查范围由"典籍英译""《四书》英译""《论语》英译""《孟子》英译""《中庸》英译""《大学》英译"共六部分组成。每一部分的调查分别为"期刊论文"和"博硕士论文"。调查的相关论文数量具体如表 1 所示。

表 1　调查的相关论文统计　　　　　　　　单位:篇

调查内容	期刊论文	博士论文	硕士论文	小计
典籍英译	509	48	89	646
《四书》英译	6	1	/	7
《论语》英译	215	8	68	291
《孟子》英译	17	1	5	23
《中庸》英译	18	/	18	36
《大学》英译	3	/	1	4
小计	768	58	181	
总计	1007			

二、"典籍英译"论文调查

由于《四书》是中华典籍的组成部分,故首先对我国的中华典籍英译研究的总体情况进行调查,然后再分别调查《四书》的全译本英译研究及单译本英译研究情况。

(一)"典籍英译"期刊论文

在《中国知网》全文的"期刊"栏输入"典籍英译",共检索到 746 个结果,相关论文 509 篇。由于条目过多,为了便于统计,把"典籍英译"分 4 组分别进行了检索统计,下面将对每组检索结果做统计分析。

1. 第一组:"典籍英译总体介绍、儒家经典、典籍翻译名家、典籍会议"这部分相关的论文共有 226 篇,其中,有关典籍英译总体介绍 118 篇,内容涉及18个方面：翻译理论探讨、翻译策略、典籍翻译体系构建、典籍翻译的重要性及意义、典籍翻译的地位、文化翻译观、目的论翻译观、语言学翻译观、解构主义翻译观、哲学翻译观、传播学视野、人类学视野、比较文学视野、美学视野、阐释学视野、典籍翻译政策研究、译者研究、基本概念词翻译的探讨等。儒家经典84篇中，关于《论语》的61篇，《孟子》的11篇，儒经英译评述6篇（其中有5篇是关于辜鸿铭的英译儒经），《中庸》4篇，《四书》2篇。"典籍翻译名家"17篇中，涉及中外7位典籍翻译名家，数量分别为：研究辜鸿铭的6篇，汪榕培4篇，理雅各2篇，林戊荪2篇，罗慕士、林语堂、陈荣捷各1篇。"典籍会议"7篇文章中，4篇是3届"全国典籍英译研讨会"评述，2篇是关于两届"《论语》翻译研讨会"，1篇关于"全国典籍英译新作展"的报道。表2显示，这226篇"典籍英译"论文发表的日期跨度为2000年到2013年的6月份，其中，2003年论文数量为0，论文数量总体呈上升趋势，论文从2000年到2003年数量少，从2004年开始到2009年期间逐年增多，2010到2012年增长幅度大，年论文数都在40篇以上，其中，2012年达到了50篇之多；2013年仅半年的论文数已经和2009年齐平。

表2 第一组"典籍英译总体介绍、儒家经典、典籍翻译名家、典籍会议"期刊论文统计

年份	2013	2012	2011	2010	2009	2008	2007	2006	2005	2004	2002	2001	2000
篇数	19	50	43	44	19	16	11	8	8	4	1	1	1
总计	226												

2. 第二组："文学及文论典籍"

该部分相关的论文共123篇，其中，文学典籍115篇，分别为小说、诗词、戏曲、散文四大类；文论典籍8篇。文学典籍115篇中，诗词56篇，分别为：诗歌总体研究15篇、《诗经》10篇、楚辞11篇、唐诗9篇、陶渊明诗4篇、茶诗2篇、杂诗3篇、宋词2篇。小说41篇，具体为：《红楼梦》10篇、《三国演义》9篇、《聊斋志异》6篇、《浮生六记》5篇、《水浒传》3篇、其他8篇，四大名著中没有《西游记》的英译研究。戏曲12篇，分别是：《牡丹亭》4篇，《单刀会》《西厢记》《长生殿》《桃花扇》各1篇，其

他 4 篇。散文 6 篇,具体为:陶渊明 3 篇,苏东坡、欧阳修各 1 篇,其他 1 篇。文论典籍 8 篇论文中,关于《文心雕龙》的 2 篇,《石涛画语录》2 篇,《诗大序》1 篇,司空图《诗品》1 篇,《李笠翁曲话》1 篇,还有 1 篇是关于《中国文学典籍英译词典》的编纂。表 3 显示,这 123 篇论文发表的日期跨度为 2002 年到 2013 年 6 月份,论文篇数呈上升的总趋势,论文数量从 2002 年开始到 2010 年期间呈平稳上升趋势,2011 到 2012 年成倍数增长。

表 3 "文学典籍与文论典籍英译"期刊论文统计

年份	2013	2012	2011	2010	2009	2008	2007	2006	2005	2004	2003	2002
篇数	13	29	31	10	10	5	7	2	6	5	3	2
总计	123											

3. 第三组:"诸子百家(诸子、茶经、法学、史学)及佛学"典籍

此部分相关论文共 104 篇,其中诸子 77 篇,史学 11 篇,茶经 7 篇,佛学 5 篇,法学 4 篇。内容如下:诸子 77 篇中,《道德经》20 篇;《庄子》11 篇;《孙子兵法》11 篇;《墨子》10 篇;《易经》9 篇;《菜根谭》5 篇;朱子 3 篇,分别为《朱子家训》2 篇和朱子学 1 篇;《山海经》2 篇;《三字经》2 篇;《荀子》2 篇;《四元玉鉴》1 篇。史学 11 篇中,关于《史记》的论文 6 篇,关于《尚书》、《左传》、《汉书》的各 1 篇,其他 2 篇。茶经 7 篇,内容关于《茶经》《续茶经》,以及其他茶典籍的英译。佛学 5 篇。法学 4 篇中,《大清律例》2 篇,《唐律》1 篇,其他 1 篇。表 4 显示,这 104 篇论文发表的日期跨度为 2005 年到 2013 年 6 月份,论文数量总体呈上升趋势,论文数量增长速度分为两个阶段:2005 年开始到 2008 年基本呈平稳上升趋势,2009 到 2012 年成倍数增长,2011 年最多,为 24 篇,2013 年半年论文数为 10 篇。

表 4 "诸子百家及佛学典籍"期刊论文统计

年份	2013	2012	2011	2010	2009	2008	2007	2006	2005
篇数	10	21	24	15	16	6	4	6	2
总计	104								

4. 第四组："中医典籍、少数民族典籍、典籍英译与教学"

此部分相关的论文共 56 篇，其中，中医典籍 30 篇，少数民族典籍 20 篇，典籍英译与教学 6 篇。中医典籍最多，共 30 篇，其中，《黄帝内经》20 篇，其他中医典籍 10 篇。少数民族典籍 20 篇中，壮族典籍占 11 篇，其中，《布洛陀》研究占了 10 篇，其他 1 篇；蒙古族 4 篇，都是关于《蒙古秘史》的研究；其他少数民族典籍 5 篇。表 5 显示，这 56 篇论文发表的日期跨度为 2002 年到 2013 年 6 月，论文数量总体是上升趋势，论文数量从 2002 年开始到 2009 年期间基本上呈平稳上升趋势，2010 到 2012 年成倍数增长，2010 年和 2012 年分别达到了 12 篇。

表 5 "中医典籍、少数民族典籍、典籍与教学"期刊论文统计

年份	2013	2012	2011	2010	2009	2008	2007	2005	2004	2002
篇数	6	12	9	12	4	4	3	2	3	1
总计	56									

为了更好地了解这部分论文数量的总体变化趋势，在此将这四组的发表年份与篇数汇总后，共 509 篇，其发表年份及其数量的曲线图如图 1。图 1 显示，从 2000 年到 2013 年期间，论文数量总体上呈上升趋势，其中，2000 年到 2008 年增长比较平稳，2009 年到 2012 年，论文数量成倍数增长，数量很多，2011 年和 2012 年都超过了 100 篇，2013 年半年将近 50 篇。

（二）"典籍英译"博硕士论文

在《中国知网》全文中的"博硕士"栏输入"典籍英译"，共搜索到 197 个结果，相关论文 137 篇，其中，博士论文 48 篇，硕士论文 89 篇。博士论文中，与儒学相关的博士论文 6 篇，以《论语》为研究对象的 3 篇，翻译名家研究（理雅各和安乐哲）2 篇，《孟子》研究 1 篇。其他典籍博士论文 42 篇，内容涉及诸子百家、文学、文论、跨文化、中医等典籍英译的翻译名家研究译本研究、译者研究、翻译理论研究以及综合性研究。89 篇硕士论文中，与儒学相关的硕士论文 16 篇，其中，14 篇以《论语》为研究对象，2 篇以《中庸》为研究对象，这些论文从不同的视角——文化翻译观、目的论翻译观、语言学翻译观、解构主义翻译观、阐释学视野、哲学

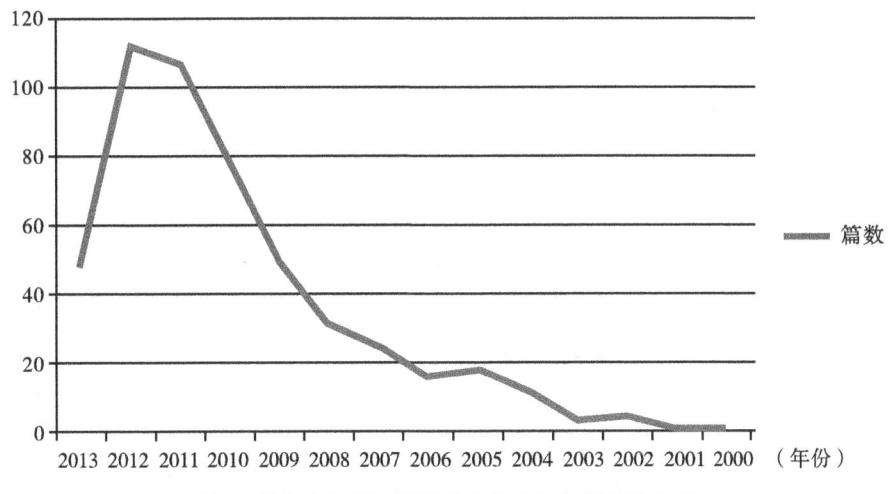

《四书》英译研究在中国——基于中国知网的期刊论文和博硕士论文调查

图 1 "典籍英译"期刊论文发表年代数量趋势图

翻译观、比较文学视野、美学视野——对儒学经典英译进行了研究。其他73篇，题材广泛，内容涉及诸子百家、文学、文论、中医、史学、法学等典籍的翻译名家研究、译本研究、译者研究、翻译理论研究以及综合性研究。表6显示，这137篇论文发表的日期跨度为2000年到2013年，论文数量总体呈上升趋势，博硕士"典籍英译"论文从2000年到2005年发表的篇数很少，仅为1篇；从2006年开始到2008年呈平稳上升趋势，2009年到2012年成倍数增长，2011年达到了35篇，由于2013年6月，全年的论文还没有收录入库，故只有1篇。

表6 "典籍英译"博硕士论文统计

年份	2013	2012	2011	2010	2009	2008	2007	2006	2005	2004	2003	2002	2000
篇数	1	21	35	23	24	12	7	8	1	2	1	1	1
总计	137												

613

三、"《四书》英译"论文调查

(一)"《四书》英译"期刊论文

在《中国知网》全文的"期刊"栏输入"《四书》英译",检索到163个结果,相关论文6篇,其中,译本研究2篇,分别为:赵长江的"译儒攻儒,传播福音——'四书'的第一个英译本评析"(《天津外国语大学学报》,2012),杨正典的"英文版《四书》译误浅析"(《孔子研究》,1992);译本的影响和接受研究3篇,分别为:李洁的"梭罗对中国《四书》及儒家思想的认识与接受"(《苏州科技学院学报》(社会科学版),2011),谢志超的"超验主义《日晷》英译《四书》研究的补注"(《中国比较文学》2007),鲍宪阔、李艾文的"从《四书》的英译看中国经典的对外传译"(《浙江万里学院学报》,2008);译本的阐释研究1篇,为李新德的"耶稣会士对《四书》的翻译与阐释"(《孔子研究》,2011)。这6篇论文发表日期集中在5个年份,见表7。

表7 "《四书》英译"期刊论文统计

年份	2012	2011	2008	2007	1992
篇数	1	2	1	1	1
总计	6				

(二)"《四书》英译""博硕士"论文

在《中国知网》全文的"博硕士"栏输入"《四书》英译",检索到80个结果,相关的论文1篇,为博士论文,是上海师范大学谢志超的"爱默生、梭罗对《四书》的接受"(2006),是关于《四书》的接受研究。

四、"《论语》英译"论文调查

(一)"《论语》英译"期刊论文

在《中国知网》全文的"期刊"栏输入"《论语》英译",检索到744个结果,相关的论文215篇,从不同的翻译理论角度,如翻译理论探讨、文化翻译观、目的论翻译观、语言学翻译观(从语篇、语域、语境、修辞等方面)、解构主义翻译观、哲学翻译观、宗教翻译观,以及从不同的翻译视角,如传播学视角、比较文学视角、美学视角、阐释学视角、接受美学视角、影响研究视角、权力话语视角、教育哲学视角、生态视角,对《论语》的英译进行了译本研究、译者研究、基本概念词翻译的探讨、翻译名家的《论语》研究以及综合性研究。表8显示,这些论文发表的日期跨度为1985年到2013年(6月份)之间的17个年份,论文数量总体呈上升趋势,论文数量变化明显分为两个时期,从1985年到2004年数量变化很小,从2005年开始呈上升趋势,2008年到2012年成倍数增长,2012年高达46篇,2013年半年为24篇。

表8 "《论语》英译"期刊论文统计

年份	2013	2012	2011	2010	2009	2008	2007	2006	2005
篇数	24	46	38	30	22	19	9	6	5
年份	2004	2003	2002	2001	2000	1999	1996	1985	
篇数	1	3	3	3	2	2	1	1	
总计	215								

(二)"《论语》英译""博硕士"论文

在《中国知网》全文的"博硕士"栏输入"《论语》英译",检索到303个结果,相关论文76篇,其中,博士论文8篇,硕士论文68篇。8篇博士论文从以下几个方面对《论语》进行了研究:语言学翻译观的角度3篇,译者研究3篇,哲学诠释研究1篇,译本比较研究1篇。68篇硕士论文探讨的范围较广,从不同的翻译理论角度,如翻译理论探讨、文化翻译观、目的论翻译观、语言学翻译观(从如语境、修辞等方面)、解构主义翻译观、哲学翻译观以及从不同的翻译视角,如比较文学视角、美学视角、阐释学视角、接受美学视角、生态视角,社会符号学视角等对《论语》的英译本进行了译本研究、译者研究、基本概念词翻译的探讨、翻译名家的《论语》研究以及综合性研究。表9显示,这76篇论文发表的日期跨度为2005年到2012年,论文数量总体呈上升趋势，论文数从2005年开始到2010年期间基本上呈平稳上升趋势，2011年到2012年成倍数增长，截至2013年6月，还没有相关的博硕士论文入库。

表9 "《论语》英译"博硕士论文统计

年份	2012	2011	2010	2009	2008	2007	2006	2005
篇数	15	24	7	10	9	7	2	2
总计	76							

五、"《孟子》英译"论文调查

（一）"《孟子》英译"期刊论文

在《中国知网》全文的"期刊"栏输入"《孟子》英译"，检索到308条结果，相关的论文17篇，其中，译本研究6篇，《孟子》英译综述4篇，翻译语言学方面的3篇，比较文学视角的2篇，翻译方法1篇。从表10中可以看出，这类论文主要集中在2009、2010、2011这三个年份。

表10 "《孟子》英译"期刊论文统计

年份	2013	2012	2011	2010	2009	2003	2002
篇数	1	1	5	5	3	1	1
总计	17						

（二）"《孟子》英译""博硕士"论文

在《中国知网》全文的"博硕士"栏输入"《孟子》英译"，共检索到184条结果，相关论文6篇，只有1篇博士论文，是关于译本研究的；硕士论文5篇，都是对理雅各的《孟子》译本的研究，研究角度不同，译本总体研究2篇，译本文体研究1篇，译本翻译理论研究2篇。这6篇论文发表的日期跨度为2001年到2013年之间的6个年份，见表11。

表 11 "《孟子》英译"博硕士论文统计

年份	2013	2012	2011	2008	2006	2001
篇数	1	1	1	1	1	1
总计	6					

六、"《中庸》英译"论文调查

(一)"《中庸》英译"期刊论文

在《中国知网》全文的"期刊"栏输入"《中庸》英译",检索到 214 条结果,检索到相关论文 18 篇,包括翻译理论 6 篇,译本研究 5 篇,传播接受视角 3 篇,哲学翻译观 1 篇,其他 3 篇。这 18 篇论文发表的日期跨度为 1991 年到 2013 年(6 月份)之间的 10 个年份,见表 12。

表 12 "《中庸》英译"期刊论文统计

年份	2013	2012	2011	2010	2009	2008	2007	2006	2005	1991
篇数	3	3	2	2	2	2	1	1	1	1
总计	18									

(二)"《中庸》英译""博硕士"论文

在《中国知网》全文的"博硕士"栏输入"《中庸》英译",检索到 127 条结果,相关论文 8 篇,都是硕士论文,其中,比较文学视角 3 篇,从接受理论、互文性以及后殖民理论视角探讨了《中庸》的英译情况;译本比较研究 2 篇;译者研究 2 篇,对译者文化身份和译者风格进行了探讨;还有 1 篇从哲学阐释学角度探讨了《中庸》的英译情况。这 8 篇论文发表的日期跨度为 2008 年到 2012 年,如表 13 所示。

表13 "《中庸》英译"博硕士论文统计

年份	2012	2011	2010	2008
篇数	3	2	2	1
总计	8			

七、"《大学》英译"论文调查

（一）"《大学》英译"期刊论文

《大学》英译研究论文的检索遇到了问题，按照上面的检索方法，检索的结果上千条，基本上都是关于高等教育的"大学"的论文。因此，为了解儒家经典《大学》的英译情况，本调查采用了以下3种检索方式，共检索到3篇文章：第一种为在《中国知网》全文的"期刊"栏输入"礼记《大学》英译"，检索到40条结果，却没有一篇相关论文；第二种为在《中国知网》全文的"期刊"栏输入"The Great Learning 英译"，检索到117条结果，只有1篇相关论文；第三次检索：在《中国知网》全文的"期刊"栏输入"儒家经典《大学》英译"，检索到627条结果，只有2篇相关论文，是关于译者研究和译本比较研究的，这两篇论文都是2011年发表的。

（二）"《大学》英译"的博硕士论文

《大学》的英译博硕士的论文也采取了上文提到的3种检索法，共检索到1篇文章：在《中国知网》全文的"博硕士"栏输入"礼记《大学》英译"，检索到37篇论文，没有相关论文；输入"The Great Learning 英译"，检索到117条结果，只有1篇相关论文，是关于译者研究的硕士论文，发表于2012年；第三次检索：输入"儒家经典《大学》英译"，检索到193条结果，没有相关论文。

八、调查结果分析

研究发现，中国学界对《四书》全译本和单译本的研究呈现出明显的不平衡性，《四书》全译本研究论文数量极少，不到《四书》整个英译研究

《四书》英译研究在中国——基于中国知网的期刊论文和博硕士论文调查

的2%，《四书》单译本研究占了98%以上；《四书》英语单译本研究中，《论语》研究独占鳌头，超过82%，其次是《中庸》，超过10%，再次是《孟子》，占6.5%，对《大学》的研究数量甚微，只占1%左右。调查的博士论文和硕士论文数量悬殊，博士论文占24%，硕士论文占了将近76%，博士论文研究近89%集中在《论语》英译研究，《孟子》英译研究只占11%，还没有博士论文涉及《中庸》和《大学》英译研究领域。这样的研究现状原因是多方面的：《四书》作为整体，篇幅较大，能读透其中文文本实属不易，要读完读懂其英译文本则难上加难，其完整的英译本到目前为止只有3部，外国两部，译者分别为英国人柯大卫和理雅各，中国一部，译者为郑麟，学界能够掌握《四书》中英文的人士凤毛麟角，但这同时也这说明此领域的研究大有可为。《四书》中，《论语》由于其在国内外影响力大，研究资料丰富，成为研究的宠儿不足为怪；但是《大学》英译研究受到冷遇，确实令人困惑，众所周知，按朱熹和程颐的看法，《大学》是孔子及其门徒留下来的遗书，是儒家学派的入门读物，作为《四书》之首，应该受到广泛关注才是。

无论如何，上文典籍英译的调查结果还是令人振奋的，说明中华典籍的英译研究前景光明。调查的1007篇期刊论文和博硕士论文说明我国开展典籍英译的研究已经有数十载，但真正蓬勃兴起是在2005年之后，2009年到2013年这5年间达到了高潮，研究涉及面极广，涉及典籍英译总体研究介绍、儒家经典、典籍名家、典籍会议、文学典籍、文论典籍、诸子百家典籍、佛学典籍、中医典籍、少数民族典籍、典籍英译与教学。中国传统文化典籍是中华文化之瑰宝，典籍外译和传播是我国文化传播的一个重要途径，中国学术界已经行动起来，成立了典籍英译学术团体，定期召开"全国典籍英译研讨会"，国内已经有数十所高校成立了典籍研究中心，旨在对中华典籍进行翻译和研究以及培养典籍翻译研究后备人才。中华典籍外传的重要性已经上升到国策的高度，典籍英译的变化趋势和我国的文化外交政策息息相关，国家重大文化出版工程《大中华文库》就是在这样的背景下应运而生的，该工程于1995年正式立项，计划从我国先秦至近代文化、历史、哲学、经济、军事、科技等领域最具代表性的经典著作中选出100种，由专家对选题和版本详细校勘、整理，由古文译成白话文，再从白话文译成英文，《大中华文库》几乎涵盖了中国五千年文化的精华,已经出版的译本 51 种①,包括《四书》中的《论语》和《孟子》,其他中华典籍的译本将陆续推出。

本研究也发现,中国知网的便捷确保了本次调查的成功,但同时也感受到其作为数据库的不足之处,即检索的相关程度不高,造成筛选费时费力,效率不高。另外也发现了一些学术不端行为,即一稿多投现象,这给统计带来了麻烦。由于时间和精力有限,本次调查没有涉及《四书》英语世界的英译研究的英语论文调查以及《四书》英译研究的中英文专著调查,这将作为下一步研究的任务。

参考文献

[1] 陈可培、刘红新《理雅各研究综述》,载《上海翻译》2008 年 2 期,第 18—22 页。

[2] 陈梅、文军《〈中庸〉英译研究在中国》,载《上海翻译》2013 年第 1 期,第 21—25 页。

[3] 陈旸《〈论语〉三个英译本翻译研究的功能语言学探索》,载《外语与外语教学》2009 年 2 期,第 49—52 页。

[4] 丁大刚、李照国《典籍翻译研究的译者话语视角——以辜鸿铭《中庸》英译文为例》,载《山东外语教学》2013 年第 1 期,第 99—104 页。

[5] 郭磊《首位〈四书〉英译者柯大卫生平诸事考述》,载《北京行政学院学报》2013 年第 6 期,第 121—126 页。

[6] 郭尚兴《论中国典籍英译的几个基本问题》,载《安阳师范学院学报》2010 年第 1 期,第 1—5 页。

[7] 季红琴《〈孟子〉及其英译》,载《外语学刊》2011 年第 1 期,第 113~116 页。

[8] 姜哲《学而时习之,不亦说乎——晚清新教传教士的〈论语〉英译》,载《中国文化研究》2013 年第 1 期,第 43—52 页。

[9] 蒋骁华《典籍英译中的"东方情调化翻译倾向"研究——以英美翻译家的汉籍英译为例》,载《中国翻译》2010 第 31 期,第 40—45、95 页。

[10] 金学勤《通俗简练 瑕不掩瑜——评戴维·亨顿的〈论语〉和〈孟子〉英译》,载《孔子研究》2010 年第 5 期,第 117—123 页。

[11] 李钢、李金姝《描述翻译学视域中的〈论语〉英译研究》,载《外语学刊》

---

① 参见 http://zhidao.baidu.com/question/504211038.html,2013.02.21

2013年第1期，第127—131页。

[12] 李钢、李金姝《庞德〈论语〉英译研究》，载《湖南社会科学》2013年第1期，第242—244期。

[13] 李新德《耶稣会士对〈四书〉的翻译与阐释》，载《孔子研究》2011年第1期，第98—107页。

[14] 刘单平、曾振宇《英译〈孟子〉的三种误区分析》，载《东岳论丛》2011年第32期，第59—62页。

[15] 刘单平《〈孟子〉西译史述评》，载《理论学刊》2010年第8期，第105—108页。

[16] 宋晓春《比较哲学视阈下安乐哲〈中庸〉翻译研究》，载《外语与外语教学》2013年第2期，第77—80页。

[17] 谭晓丽、安乐哲、郝大维《〈中庸〉译本与美国实用主义》，载《中国翻译》2012年第33期，第75—79页。

[18] 汤莉《从解构视角对比分析〈论语〉的三个英译本》，载《长春理工大学学报》2013年第4期，第58—59页。

[19] 王辉《〈论语〉中基本概念词的英译》，载《深圳大学学报（人文社会科学版）》2001年第5期，第116—121页。

[20] 王辉《传教士〈论语〉译本与基督教意识形态》，载《深圳大学学报（人文社会科学版）》2007年第6期，第122—126页。

[21] 王辉《辜鸿铭英译儒经的文化用心——兼评王国维"书辜氏汤生英译〈中庸〉后"》，载《外国语言文学》2006年第3期，第186—191、216页。

[22] 王辉《后殖民视域下的辜鸿铭〈中庸〉译本》，载《解放军外国语学院学报》2007年第1期，第62—68期。

[23] 王辉《理雅各〈中庸〉译本与传教士东方主义》，载《孔子研究》2008年第5期，第103—114页。

[24] 王琰《〈论语〉》英译与西方汉学的当代发展》，载《中国翻译》2010年第31期，第24—32、95—96页。

[25] 谢志超《超验主义〈日晷〉英译《四书》研究的补注》，载《中国比较文学》2007年第2期，第148—155页。

[26] 杨平《〈论语〉核心概念"仁"的英译分析》，载《外语与外语教学》2008年第2期，第61—63页。

[27] 杨平《20世纪〈论语〉的英译与诠释》，载《孔子研究》2010年第2期，第19—30页。

[28] 杨平《评西方传教士〈论语〉翻译的基督教化倾向》，载《人文杂志》2008年

第2期，第42—47页。

[29] 杨平《哲学诠释学视域下的〈论语〉翻译》，载《中国外语》2012年第9期，第101—109页。

[30] 袁锦翔《王国维评辜译〈中庸〉》，载《外语教学与研究》1991年第2期，第63—64页。

[31] 赵长江《译儒攻儒，传播福音——"四书"的第一个英译本评析》，载《天津外国语大学学报》2012年第19期，第57—61页。

(于培文：北京语言大学副教授，博士)

首部英文本中国印刷史之汉译考[*]

程熙旭

摘 要：卡特于 1925 年出版的《中国印刷术的发明及其西传》是研究中国印刷史的首部外文著作，出版不久就引起了中国学者的关注。本文梳理了该著作在中国译介和流布的过程，介绍和比较了各译本，并考察了几位译者的学术背景。通过上述梳理和考察等工作，可以清楚地看到卡特此书对中国学术界以及对中国国内的中国印刷史研究所产生的影响。

关键词：汉学家卡特　中国印刷史译介　影响

西方汉学界对中国印刷术的研究始于 19 世纪中叶，法国汉学家儒莲（Stanislas Julien）发表于《亚洲杂志》（*Journal Asiatique*）的《雕版印刷、石碑拓印以及活字印刷本》（*Documents sur l'art d'imprimer à l'aide de planches au bois, de planches au pierre et de types mobiles*）一文乃开山之作，此后的论述多以此为基础①，直到 1925 年。当年，美国汉学家卡特（Thomas F. Carter）②

---

* 本文系中央高校基本科研业务费专项资金资助项目"首部英文本中国印刷史在中国的译介与影响研究"（项目批准号：2015JJ006）部分成果。本文得到北京外国语大学中国海外汉学研究中心顾钧教授的大力帮助和悉心指导，在此表示诚挚感谢。

① 参见 Carter, Thomas F., *The Invention of Printing in China and Its Spread Westward* 中的 "Introduction" 部分。

② 卡特 1882 年 10 月出生于美国新泽西州的布恩顿镇（Boonton），先祖是苏格兰人，祖父曾创立并经营出版机构。1904 年卡特毕业于普林斯顿大学，1906 年进入奥本神学院（Auburn Theological Seminary）学习，同年到中国旅行。1910 年作为传教士再次来到中国，1922 年夏天离开。次年受邀加入哥伦比亚大学中文系，1924 年成为该系执行系主任。1925 年，卡特出版《中国印刷术的发明和它的西传》，同年病故。卡特生平介绍参阅 *The Invention of Printing in China and Its Spread Westward*，1931 以及 *The Invention of Printing in China and Its Spread Westward*，1955 中 "Thomas Francis Carter" 的简介。乔治·萨顿（George Sarton）在《伊西斯》（*Isis*, Vol. 8, No. 2, pp. 361—373, 1926）上对卡特此书的评论中，以及伯希和（Paul Pelliot）在《通报》（*T'oung Pao*, Second Series, Vol. 24, No. 2/3, pp. 303—304，1925—1926 年）上登载的卡特讣告中也有些许介绍。

的《中国印刷术的发明和它的西传》(*The invention of printing in China and its westward spread*) 由哥伦比亚大学出版社出版，不仅是西方汉学界在中国印刷史研究领域的集大成之作，也是英语世界里的首部中国印刷史，蜚声世界汉学界，时至今日仍为中国印刷史研究者的案头必备，影响弥足深远。该书出版后广受关注和好评，很快于 1931 年再版。1955 年，哥伦比亚大学中文系教授富路德（L. Carrington Goodrich）应卡特遗孀 Dagny Carter[①] 要求修订了该著，尽力保持初版原貌及行文的同时增加了很多最新的考古证据，修订版由罗纳德出版公司（The Ronald Press Company）出版。

一

《中国印刷术的发明和它的西传》全书分四个部分，内容翔实，资料丰富。书中的 40 幅精美插图和详细图表使论述生动、直观，70 余页的注释见证了作者详细的考证过程。

该书第一编论述中国印刷术的背景，从纸的发明、印章的使用到石碑拓本和佛教的发展，详述了这四个方面对促使中国印刷术产生起到的重要作用。第五章到第十一章构成的第二编从雕版印刷对中国的重要性讲到宋元时代的雕版印刷，把雕版印刷从起源到兴起再到高潮的这一历史发展过程清楚地勾勒出来。第三编系统论述了中国雕版印刷术的西传。作者从丝绸之路传播思想所起的作用开始，对纸张和雕版印刷术如何经过吐鲁番境内的回纥人、中亚的波斯人和阿拉伯人向西传播进行了细致的考证和描述。元朝的西拓、十字军东征等因素使中国与欧洲有了直接接触的机会，中国的雕版印刷术得以在元朝及后来的年代里经由俄罗斯、波斯、埃及等几条路线进入欧洲，对欧洲人发明自己的印刷术产生了直接影响，纸牌以及纸币等古代印刷品的出土提供了强有力的旁证。这一部分共有十章，占全书二十四章的近一半，是全

[①] Dagny Carter 是卡特的遗孀，她曾从事中国艺术史方面的研究，收藏并展览过中国艺术品，在金陵大学（今南京大学）教授过中国艺术史课程。著有 *China magnificent*: *five thousand years of Chinese art*. New York: Reynal & Hitchcock, (1935); *Four thousand years of China's art*. New York: Ronald Press Co., (1948); *The symbol of the beast*: *the animal-style art of Eurasia*. New York: Ronald Press Co., (1957) 等作品。1930 年 6 月 21 日再嫁美国著名建筑师 Henry Murphy。1931 年重印本中对卡特的介绍就是出自她手，当时的署名 D. C. M. 中的 M. 应该就是 Murphy 的第一个字母，而 D. C. 则是 Dagny Carter 的首字母缩写，这一点从 1955 年修订版的卡特介绍的落款也可以推断得出。

书最重要的部分。第四编讨论活字印刷术。活字印刷术的西传，学者争议尤多，因为迄今为止还没有找到足够的证据表明古腾堡印刷术的发明与中国的活字印刷术和朝鲜铜活字印刷有直接的关联。虽然中国印刷术的影响表现在多方面，但作者卡特对此所下的结论——也可认为是全书的结论——是：中国印刷术对于古腾堡印刷术而言"与其说是祖先，不如说是堂兄弟。"① 中国的活字印刷是否影响到了欧洲的印刷术并没有发现可靠的证据。② 同时，卡特还认为他通过论述这一问题证实了东西方人的相同心理，这比肯定或否定中国印刷术对欧洲的影响更重要。

二

《中国印刷术的发明和它的西传》面世不久，就得到了中国学术界的密切关注。该著出版的次年10月，史学家张荫麟在《学衡》杂志第五十八期翻译了荷兰汉学家戴闻达（J. J. L. Duyvendak）对此书的英文概述，相当于卡特著作的摘译。1926年12月，中西交通史专家向达在国立北平图书馆（今国家图书馆）的《图书馆学季刊》（1926）等杂志上陆续发表了他对此书重点内容的选译。1933年，戴裔煊在《现代史学》第一卷第3、4期上发表了此书第十一章的中文。同年，张德昌在《清华周刊》第39卷第9期上发表了此书第一章的中译文。1936年至1937年，《出版周刊》连载了全书二十四章的译文③，译者为刘麟生。1938年，这些译文由商务印书馆集结成书，以《中国印刷术源流史》④为题出版，并被该社收入"汉译世界名著"丛书。1957

---

① [美]卡特著，吴泽炎译《中国印刷术的发明和它的西传》，商务印书馆1991年，第204页。
② 《中国印刷术的发明和它的西传》，第206页。
③ 《现代史学》《清华周刊》《出版周刊》上登载译文的相关信息，笔者参阅了马军的《"1949年前中国学术界对美国汉学的译介"篇目初编》，载朱政惠主编的《海外中国学评论（第一辑）》，上海古籍出版社2006年。
④ 许多论著都提到了这个译本，但是大多数都把出版年代错误地写成了1928年，如钱存训的《中国纸与印刷文化史》的绪论中便说的是"上海商务印书馆于1928年出版刘麟生节译本"（第22页），这个译本后面的印刷信息页上明确地写着"中华民国二十七年十月初版"，由是可知出版年代为1938年，后来也未见重印，而且译者在"跋"中明确地提到该译本是从1931年改订本译出，所以不可能于1928年出版。译者虽然把个别字句省去未译，却翻译了原著所有二十四章内容，只是没有翻译原著的注释、参考文献和索引，基本可以说是一个全译本，下文有述及。另外，印刷此书时，商务印书馆由于日本入侵已经搬迁至湖南长沙。马军的《"1949年前中国学术界对美国汉学的译介"篇目初编》列有此书的上海商务印书馆1931年版，疑有误。

年12月，商务印书馆出版了此书的第二个全本汉译：吴泽炎从1925年初版本翻译过来的《中国印刷术的发明和它的西传》，这个译本分别于1960、1962和1991年重印。台湾商务印书馆在1968年出版了第三个全本汉译，这就是胡志伟从美国汉学家富路德1955年的增订本翻译过来的《中国印刷术的发明及其西传》，并于1980年重印。该著进入中国得以传播的过程中，张荫麟的译文最早。张荫麟是著名历史学家，研究涉猎哲学、社会学、政治学等领域，著有《中国史纲》（上古篇），有《张荫麟文集》等作品存世。他翻译过大量外文著作，译作散见于《学衡》《国闻周报》《学术》《清华学报》《东方杂志》《考古》等杂志。1926年他刊载于《学衡》第五十八期的《中国印刷术发明述略》是译自荷兰汉学家戴闻达的英文文章"Coster's Chinese Ancestors"，该文是戴闻达读完卡特此书后对书中内容的概括和述评，发表于燕京华文学校校刊 The New Mandarin。在这篇译文的前面，《学衡》编者给了一段说明，里面提到了这篇译文的原文出自何人何处。这段说明原文如下：

> 美哥伦比亚大学卡脱氏以多时研讨之功，著成《中国印刷术之发明及其西传》一书，1925年6月出版（哥伦比亚大学出版部印售）。其书搜罗宏富，考订精审，颇为世所重。惟书甫出版，而卡脱氏即阒然长逝。荷兰人戴闻达氏者亦欧洲汉学家之一人，乃荷兰莱登大学之汉文教授也，治荀子及苏东坡诗，均有撰述。曾来中国二次，今春在京爰取卡脱氏之书，撮述其内容而加以评赞。题曰 Coster's Chinese Ancestors，登载燕京华文学校所出之杂志 The New Mandarin 第一卷第三号（本年6月出版）中，即今所译者是也。究心国故及实爱先民之荣誉者自当取卡脱氏原书读之。兹篇其先导耳（本期中国文化史第十七章雕版印书之盛兴，读者可参阅）。编者识。①

译者张荫麟最后也提出虽然卡特已经网罗搜集了大量的中西资料，考订也极为精审，但似乎还有重要的资料没有采集到，即唐代司空图《为东都敬爱寺讲律僧慧确化募雕刻律疏》，特意抄录在译文后面，并由此资料阐发了自己对中国印刷术的看法，认为由唐代司空图的"律疏"可以得出中国印刷术

---

① 《学衡》1926年第58期。

已发明很久并广泛使用，除了佛教刻书之外，与中国当时的学术界也业已发生联系①，对后来相关问题的研究者有重要的参考意义。

在后面几种直接译自卡特原著的中译本中，向达的译文当属最早。向达是著名历史学家，有《中西交通史》《唐代长安与西域文明》等著作，翻译过大量国外学术名著，如《史学》《斯坦因西域考古记》《匈奴史》《鞑靼千年史》等。他精于中西交通史和敦煌学，不仅在史学上成就卓著，在考古学、版本学、目录学等方面也成果斐然。作为中西交通史研究专家，向达在《中国印刷术的发明和它的西传》英文版出版后不久就敏锐地注意到了该著的重要地位和作用。1926年12月他在《图书馆学季刊》第一卷第四期上发表了译自此书第十四章的《吐鲁番回鹘人之印刷术》；1927年12月在该刊第二卷第一期发表译自该书第七章的《日本孝谦天皇及其所印百万卷经咒》；1928年3月在该刊第二卷第二期发表译自该书第二十三章的《高丽之活字印刷术》。1929年2月他在《北平北海图书馆月刊》第二卷第二号发表译自该书第五章和第六章的《中国雕版印刷术之重要及墨之使用》和《中国佛寺之始创雕版印刷术》。1931年12月他又在《图书馆学季刊》第五卷第四期发表译自该书第十章的《中国雕版印刷术之全盛时期》②；1932年3月在该刊第六卷第一期发表译自该书第八章和第九章的《现存最早古印本及冯道雕印群经》；1932年12月在该刊第六卷第四期发表译自该书第十一章的《论印钞币》。

向达前后共翻译了该书的九章，除了第十四章、第二十三章，原书第二部分有关中国雕版印刷的章节全部译出。他在发表于《北平北海图书馆月刊》的译文前标示出他翻译的该书的书名《中国印刷术之发明及其传入欧洲考》，这是继《学衡》杂志编辑给出的《中国印刷术之发明及其西传》汉译书名后，卡特此书的第二个中文译名。译文前的一段话中，著名文献学家、敦煌学家赵万里先生介绍了刊载向达译文的缘由，摘录如下：

> 去岁八月，余自日本《艺文杂志》转载金刚版画于《图书馆月刊》，

---

① 《学衡》1926年第58期。
② 马军在《"1949年前中国学术界对美国汉学的译介"篇目初编》中列出了这篇译文还刊载在《国学季刊》1935年第5卷第3、4期中，笔者没有找到，疑有误。既然这篇译文已经于1931年发表在某本杂志，似乎完全没有必要四年后在另一杂志上发表同一标题的同一篇译文，这样做也有违学术道德。

以寄友人淑浦向君觉明与海上。向君读而善之，谓此画久思一见，无意得之，至为欣幸。惟于余所云最古版画为晋开运四年所刻之昆沙门天王像觉有未谛。向君谓传世版刻之有绘图者，当推唐咸通九年王玠刻本《金刚经》（今藏英京博物院）前有扉画一，纸作长老须菩提故事。美人 T. E. Garter① 氏于所著 The Invention of Printing in China and Its Spread Westward 书中曾有专著论之。余凤闻向君于 Garter 氏曾译出摘载《图书馆学季刊》；因请将全书专登，以广流传。向君覆书欣然以译稿第二册见假。爰录原书第五第六两章先付手民。至关于唐代刊书事，则向君别撰专考详之。已载入《中央大学国学图书馆年刊》，兹不具录，赵万里识。②

向达翻译所用文字因为时代的缘故还是文言文，但译文典雅流畅。译文把原著相关章节内容以及注释和参考文献都逐一译出，此外还补充有进一步的注释和更加细致的考证。原书中，注释和参考文献是放在全书的最后，向达翻译的部分章节，注释等都被放于每篇译文之后，更加方便了读者阅读。由于译文刊载于杂志，原书中的插图被省去。向达的译文还有一个值得注意的现象：在《北平北海图书馆月刊》上发表的译文中，向达保留了作者的英文名字没有译成中文；在《图书馆学季刊》上的译文中，作者的姓名在前几篇译文里被翻译成了"加特"，而在后几篇译文里却被翻译成了"卡忒"，不知何故。同一译者把同一作者的名字译成不同的中文，实属罕见。

向达之后，戴裔煊于 1933 年在《现代史学》第一卷第 3、4 期上，发表了名为《纸币印刷考》的译文，是译自卡特此书的第十一章。《现代史学》由当时广州"国立"中山大学史学研究会出版，戴裔煊发表此译文时还是"国立"中山大学本科三年级的学生，新中国成立后一直在中山大学任教，是著名的历史学家、民族学家，在西方民族学史、中国民族史、中外关系史、澳门史研究等方面有杰出的贡献，有很多著述和译著③。不同于向达所译的

---

① 这段引文中两处都把 Carter 印成了 Garter，原文如此，应为印刷错误。
② 《北平北海图书馆月刊》，第 103 页，1929 年第二卷第二号。
③ 关于戴裔煊的生平与研究，参阅章文钦的《戴裔煊先生传略》及《戴裔煊先生论著目录》，载蔡鸿生主编的《澳门史与中西交通研究——戴裔煊教授九十诞辰纪念文集》，广东高等教育出版社 1998 年。

《论印钞币》，《纸币印刷考》用白话文译成，译者也没有译出原著的注释。戴裔煊在翻译的过程中发现原著有疏漏，译文后附有"译余附记"，对卡特书中此章节的内容评价颇高，认为是不可多得的作品，同时也指出其中多有疏漏需要补充和说明。① 同年，张德昌在《清华周刊》第 39 卷第 9 期上发表了卡特此书第一章的译文，题为《中国造纸术的发明》。张德昌是 20 世纪 30 年代清华大学历史系的高才生，在当时的杂志《中国近代经济史研究》《清华周刊》《清华学报》《图书评论》《今日评论》等上面发表诸如《胡夏米货船来华经过及其影响》《清代鸦片战争前之中西沿海通商》等高水平论文。② 张德昌的译文也是白话文，不仅有原著的注释还有自己的加注，同时还附有对原著的勘误。张德昌不但翻译了此书的第一章，同一年 3 月《新月》杂志第 4 卷第 6 期还发表了他的《评"中国印刷术之发明及其西传"》一文，对卡特此书做出了全面的评论。由于《新月》杂志的知名度和阅读群体的广泛性，卡特此书不仅在中国学术界也在普通受教育的民众中广为人知。

在杂志上发表的译文还有刘麟生（生平介绍详见下节）所译全书的二十四章内容，作为特约译稿，译文从 1936 年 5 月至 1937 年 1 月连载在商务印书馆出版发行的《出版周刊》上，从第 181 号到第 216 号，每期译文长短不一，书中有的章节被分成不同部分分别发表在不同的期号上，虽然是在杂志上发表，原著中的部分插图也被刊载出来，可惜译者并未译出原著的注释，译者在正文中还以"译者按"或"按"的形式对书中内容有所加注。

三

在《出版周刊》上连载了刘麟生的译文之后，商务印书馆又于 1938 年以书籍的形式出版了刘麟生的译著《中国印刷术源流史》。刘麟生是著名学者，一生著译颇丰，对文学、版本学等都有研究，著有《中国文学史》《中国骈文史》等作品，译作除卡特的这本书外，还有《犯罪学》《经济地理学》等。他早年任职于商务印书馆，后来曾在交通大学、金陵女子大学以及中央军官

---

① 《现代史学》1933 年第一卷第 3、4 期，第 217 页。
② 顾钧《中国外交史的学术革命——〈筹办夷务始末〉》，载《中华读书报》2014 年 1 月 29 日。

学校任教授，也曾在不同的政府部门供职，翻译该作时任职于当时财政部的监务稽核总所。① 他1949年左右赴台，后定居美国。著名华裔美国学者、中国印刷史研究专家钱存训在金陵女子大学工作期间还曾经旁听过刘麟生的"中国文学史"课程，并成为挚友②。刘麟生翻译了全书四个部分二十四个章节的所有内容，是卡特此书的第一个中文全译本，译本保留了原书中的大部分插图，少许插图被删去不用，如原著第一章末尾的"北京造纸工人"和"中国的印章"两幅图。但由于技术原因，刘译本中的插图效果不佳。更让人遗憾的是，跟刊载在《出版周刊》上的译文一样，原著的注释、参考文献和索引还是没有翻译出来。刘麟生翻译所用的1931年修订本与1925年初版本相比，变化很小，根据卡特夫人的介绍，1931年本只是在原书第12页和参考文献部分的第273—274页的书名上做过几处修订③。1925年初版问世后，相关考古挖掘和文献整理有了不少进展，可惜卡特在该书出版的当年就逝世，无法见到。后来的译者则可以参考这些最新的成果。刘麟生在翻译过程中就发现了卡特在使用中文文献时的一些知识性错误和一些印刷错误，并进行了修改。刘麟生在他的"跋"中写道：

　　本书译本，系1931年改订本。原书搜讨甚勤，议论雅正，出诸异邦人之手笔，弥可珍贵。惜天不假年，作者存年四十有三，否则自更有精密之研究，以饷吾人。且作者逝世以后，吾国旧文献之整理视前更多进展，亦恨作者未之见也。原文中间有错误之处，今照原书页码一一检举如左……"中华民国"二十五年七月一日，宣阁译毕自记。④

---

① 参见《出版周刊》1936年第181期（第17页）刊载的刘麟生简介，紧随于首篇译文"卡德小传"之后。
② 钱存训《留美杂忆——六十年来美国生活的回顾》，黄山书社2008年，第10页。
③ Carter, Thomas F., 1931, *The Invention of Printing in China and Its Spread Westward*, p. xii. 原文为"A correction has been made on page 12, and on pages 273 and 274 some titles"。刘麟生译本中此处的译文为"惟第三章标题则易以新者，书尾参考书目亦略有增加"。此处刘麟生有误，原著的第三章标题在1925年版和1931年版中并无变化。笔者仔细对照阅读两版中的这部分内容，发现了卡特夫人所说的修改：1931年版的第12页对中国石拓方法的描写上有所调整，以及在274页上清楚地标示出来的1931年印本中增加的七本著作。这些新加的参考书目均出版于1924年以前，但是并未出现在1925年的初版中。不过，这在刘麟生的译本中并无体现，因为他没有翻译原著的参考书目。
④ ［美］卡德著，刘麟生译《中国印刷术源流史》，商务印书馆1938年，第201页。

从这个跋也可以清楚地知道译者所据的版本及其对此书的评价。

1957年吴泽炎根据1925年的英文初版翻译出《中国印刷术的发明和它的西传》，译本初版后又分别于1960年、1962年、1991年重印，这个中译本是几个中译本中重印次数最多、流传最广的版本。吴泽炎曾是商务印书馆的编审，主持过商务印书馆的汉语辞书编辑出版工作，对辞书学和编辑学颇有研究，在《东方杂志》上发表过多篇文章，除了这本译著外，还曾经翻译过诸如《和平的胜利》《美国的民族性》等作品。吴译《中国印刷术的发明和它的西传》把原书中除参考书目外的所有内容都翻译出来了，是几个译本中最完整的全译本，但跟刘麟生的译本一样也没有把原著中的插图完全用过来。此外，译者还在译文中以"译者按""译者记"等方式对原文的论述多有补充和解释说明，更易于读者理解。该中译本封二的出版信息页上有一段说明，指出这个中译本译自1925年版，并评价此书为外国人论述中国印刷术最全面的一本书，肯定了该书对研究中国印刷和中外文化交流的参考价值。随后在"译者前记"部分，译者说明了重译此书的原因，对卡特生平有简短描述，并说虽然在该书出版后的几十年内有新的材料和某些专门领域的新研究成果出现，但整体来看此书作为第一本全面研究中国印刷术的专著优点还是明显的。可惜的是，译者并没有根据该书由富路德修订增补的1955年版来翻译，原因也许是在当时的国际形势下译者在中国大陆难以见到此最新版本。

稍后的另一个中译本由台湾学者胡志伟[1]翻译，台湾商务印书馆1968年印行，后于1980年再版。该译本据1955年的修订本译出。该译本把修订版的插图集中在一起放到了书的封一之后，而不是像原著散见于各章节论述到相关内容之处，也去掉了几幅插图，如原著第20页的两幅有关中国印章的插图，这与前面两个译本做法相同，或许译者和编辑认为这些插图对中国读者理解论述影响不大。此外，虽然胡志伟在"译者序"中说"该书每章皆附有详尽之注释，书末详载有关之文献，诚堪作国人进一步研究之参考"[2]，但是他也没有把原著中的注释和参考文献原原本本地翻译出来供读者参阅，他对

---

[1] 胡志伟，毕业于台湾大学历史学系，曾在《大陆杂志》1962年第24期上发表《造纸术西传的经过》一文。

[2] ［美］卡特著，胡志伟译《中国印刷术的发明及其西传》，台湾商务印书馆1980年，第19页。

原著注释或简要摘译，或编译，或直接删去，但胡志伟有非常详细的译注，其中对1955年以来十几年间新出现的印刷史材料做了说明。这些译注和翻译成中文的原著注释都被统一标明为"注释"直接附在了每一章的后面，没有阅读过原著的读者很容易误认为这些注释就是原著的注释。该译本的"译者序"对作者卡特和修订者富路德都做了简短的介绍。

四

卡特的《中国印刷术的发明及其西传》一书对中国学者产生了非常重要的影响。中国印刷史专家张秀民先生在厦门大学求学期间读到此书，觉得中国印刷史由外国人写成，深以为耻，从此立志走上了中国印刷史研究的道路[①]，开始全面研究中国印刷术的发展和向外传播的过程，最终完成并出版了《中国印刷术的发明及其影响》[②]一书，后来扩展成两卷本的《中国印刷史》[③]，填补了国内研究的空白，在中国印刷史研究历史上留下了恢宏的一笔。更多其他的研究者也都在卡特此书的基础上展开自己的工作，不断开创出中国印刷史研究的新局面。可以说，如果没有卡特的这本书，中国印刷史研究很可能不会有今天这样众多的成果。前文所述这些译者和他们的译文清楚地说明了卡特此书对中国学界产生的影响，而且也正是经由这些中译本，卡特此书在中国的影响扩展到更多普通的读者，使得越来越多的人对中国印刷术及其在西方的研究有更多的了解。

（程熙旭：北京外国语大学专用英语学院、中国海外汉学研究中心）

[①] 韩琦《著名科学史家张秀民先生逝世》，载《中国科技史杂志》2007年第2期，第196页。
[②] 张秀民，世纪出版集团，上海人民出版社2009年。
[③] 张秀民著，韩琦增订（插图珍藏增订版），浙江古籍出版社2006年。

·书评与动态·

辨章学术　考镜源流
——《〈论语〉与近代日本》的方法论特色及启示

王广生

摘　要：随着国际中国学（汉学）研究的深入，如何站在学术的立场，沟通国内外的中国历史文化研究，形成开放多元的学科对话，应是国内学界今后着力的方向之一。近期出版的《〈论语〉与近代日本》（刘萍著，中国青年出版社 2015 年）一书，在此问题上，尤其在学术方法论层面，给予了我们很多有意义的启发和思考。

关键词：论语　近代日本　方法论

作为一部传统文化典籍，《论语》不仅在中国文化史上占有重要位置，就东亚特别是日本文化发展史而言，《论语》也是一部值得予以十分关注的文献。近代日本的《论语》流变与研究，不仅折射出日本整体在近代化过程中所遭遇的挑战和困惑，从中也可见近代日本学人面对时代转向和社会变动的具体应对与抉择。刘萍所著《〈论语〉与近代日本》一书，首先基于文献史学的立场，从梳理截至近代以前《论语》在日本的流布概况入手，进而在日本近代中国学史的框架内，借以跨文化研究的方法与理念，选取了哲学、历史和文学等领域内若干研究成果以及日本近代文学创作中的相关作品，就其源于各自不同的立场、视角、学养以及情感体认而完成的具有个人特征的《论语》读解，并尝试做出基于日本学人解构和重构《论语》之后的回应与再研究，从而进入到了跨文化研究中的阐释学层面。本书后面另附"近代日本《论语》研究著作目录"等，也为读者进一步的阅读与研究提供了有益的线索与提示。

从内容上讲，本书最大的特色无疑是基于原典文献实证之上的学术思想史梳理，且在国内学术界，对于《论语》在近代日本的理解与接受这一课题，以全面而深入的梳理与研究而论，本书尚属首例。① 但对于笔者而言，比之于本书观念论断之创新、成功尝试之效果，本书是如何将"《论语》与近代日本"这一图景，详略得当、错落有致地展现给读者，并为后来研究者提供了怎样的借鉴和范例，即本书在学术方法论层面给予我们的启示与意义，才是我最感兴趣的话题。就此问题而言，笔者注意到至少有以下两个方面：

一、时代特征的宏观把握与具体研究个案分析的统一

自书名可知，"近代日本"是本书的核心关键词，其所承载的时代特征决定了《论语》被解读的时代框架与历史语境，对于《论语》的一切正确、不正确与误读等理解形态都取决于这个既具体又抽象的历史时段。而（在版本考订之上的）《论语》自身也具有原典文本的规范性与开放性，所以，"《论语》与近代日本"为题，就决定了需要在特定的历史场域内，将时代对于《论语》的导向性解读与《论语》自身的规范性之间的冲突与妥协、将时代对于《论语》阐释的延续性与《论语》自身的开放性之间的矛盾与融合，客观又不失可读性地展现给读者，的确是一件困难重重的工作。

幸而本书做到了这一点。本书作者准确地把握到了近代日本的时代特征在学术思想史上的表征，即"在欧洲近代文化观念的催生下，日本的中国认识与中国文化观都发生了重大转变，这一点在《论语》的研究史上也得到折射"②。详言之：

  首先《论语》所承载的中国儒家学术的基本理念，开始从日本传统意识形态恶本体，逐渐过渡为一个"他者"，也即《论语》从曾经的表达日本文化核心价值观的主体存在，变化为一个可以被言说、被讨论的客观对象；其次，讨论的边界日益学科化、体系化，也即《论语》从古

---

① 以已刊行的著作而论，未出版的学位论文尚有：《科学与谬误——日本近代学术思潮与〈论语〉研究的新态势》（天津师范大学文学博士张士杰，王晓平指导，2012）与《〈论语〉在日本的传播与影响》（河南师范大学历史学硕士馆冈邦雄，王记录指导 2013）等。

② 刘萍《〈论语〉与近代日本·前言》，中国青年出版社 2015 年，第 1 页。

来的一部经学文本，开始被纳入近代学科体系中加以考量。①

这一段话，极为精确地描述了《论语》在日本近代之前的接受史特征与近代转型的时代特点。众所周知，《论语》作为最早传入日本的中国文献典籍之一，无论是 7 世纪圣德太子颁布的"十七条宪法"，还是 8 世纪日本首次制定的"大宝律令"，抑或是《万叶集》《源氏物语》等文学名著中，不断闪现《论语》的音影，即便到了 17 世纪的日本，朱子学遂为官学而盛行，无一不体现了日本古代文化曾将《论语》视为自己文化母体自身一部分的倾向。而日本的"近代"之转型，在《论语》的接受史上看，也就是《论语》为代表的儒学经典被日本思想学界借助近代西学从自身剥离和"客观"审视的过程，也是《论语》在日本"脱亚入欧"与"大东亚主义"两大思潮与势力的相互扭结中被重新解构并重构的过程。

若使上述具有抽象意义的时代转向之判断得以例证与立体呈现，则需要具体而典型的个案研究作为基础和铺垫。换言之，时代特征之把握与具体个案之呈现这两者的统一，应是一部优秀学术著作应有的品质，唯其如此，才算完成了一次完整意义的学术探索过程。

本书则很好地完成了这一点。作者将其对于宏观时代特征之把握、历史转型之判断，与其具体个案的研究相互参照和印证，在对整个日本中国学（汉学）史梳理的基础上，分别选取了日本中国学（汉学）在哲学思想研究、史学研究和文学研究等相交叉领域有关《论语》研究的代表学者与典型论述为主要对话对象，立体展现了《论语》在近代日本传播和研究过程中，所呈现出的前所未有的丰富多彩的势态与广泛参与的特点。

正如作者所述，近代日本中国学的形成最早始于"哲学"学科的确立。在某种意义上日本汉学史就是在对以儒学文化为核心的中国文化的受容与回应之中建构起来的。② 而作者首先选取中国思想哲学研究领域内的著名学者服部宇之吉（1867—1939）和武内义雄（1886—1966）为具体案例，详细分析这两位典型的近代学者对于《论语》的研究观念形态，针对学者不同的特点采用不同的研究策略，如以服部宇之吉为例，作者从服部的人生和工作经验、

---

① 《〈论语〉与近代日本·前言》，第 1 页。
② 《〈论语〉与近代日本·前言》，第 2—3 页。

尤其是他在中国的切身体验为考察点,将其人生与学术做了生动地辨析与梳理,揭示出了日本汉学家研究中国历史文化出发点背后的历史成因及构成学术活动背后的心理需求等精神线索,做到了将历史与时代之考察浓缩于人物具体之考辨的诠释学层面。而对于武内义雄的《论语》研究,作者则针对其"原典文献"的特点,分别从版本厘定、思想内容和学术史意义等几个相互关联的层面渐次拆解分析,体现了作者深厚的古文献学功底。

而对于中国历史研究领域的学者,作者选择了学术史较易忽略的"民间学派"代表人物山路爱山(1864—1917)和她所熟悉的学者津田左右吉(1863—1961),加之作者在中国文学研究领域内选取的学术权威吉川幸次郎,我们可以发现,作者在选择具体学者和典型案例时的用心,不仅考虑到文史哲不同领域的学术样态,还考虑到了作为研究本身的思想立场与社会位置。服部宇之吉无疑是"官方学派"的代表,山路爱山则为"民间学派",津田左右吉则与官方若即若离,武内义雄与吉川幸次郎(1904—1980)则较为接近"学院派",由此也应和并支撑了书名所示——《论语》与近代日本——这样一个较为宏大的论题。

最后,作者尚不满足于此。进而又以"日本近代作家的'论语情结'"为题,单列为一个章节,以下村湖人(1884—1955)和中岛敦(1909—1942)为例,分别介绍并分析了他们文学创作中《论语》的影响、接受与变异。较之于上述文史哲领域的《论语》研究,作家创作面向的则是更为广大的社会民众,借此途径,对于《论语》在近代日本的影响与受容之考察才更具有社会学的意义与价值,无疑也更好地体现了本书时代特征之判断与具体个案研究的统一。

二、学术史的整体关照与原典文本分析的结合

与第一个层面相关,学术史的整体观照与"原典文本"的细读和分析的结合,也是本书在方法论层面上一个值得关注的特点。作者在详尽展示哲学、史学和文学等多个领域内的《论语》理解与接受时,所呈现的丰富多彩的具体个案研究,实则是一本本"原典文本"分析之上观察的结果。所谓"原典文本",在多边文化研究中,据严绍璗倡议的"原典实证的观念与方法论"而言,主要指向文本材料的原典性和确证性,即佐证材料为母语材料和作为证

辨章学术　考镜源流——《〈论语〉与近代日本》的方法论特色及启示

据材料的同时代性等。[①]

本书作者不仅对近世以来的诸多《论语》和汉钞本及刻本,做了详尽的"历史性爬梳",其所引述的材料均是日文原版,且以"文本细读的方式"进入"《论语》与近代日本"这一宏观的学术史视野课题的解读与思考。换言之,本书中所呈现的细微的文本辨析,并没有迷失在细节的探寻之中,作者在拿着放大镜导引我们观察历史局部的面容和表情同时,并没有放弃对于历史整体风貌的追问和描绘。

如本书第一章节即以"近世日本《论语》流布概说"为题,分列"《论语》东传日本及其文本流布""'南宗论语'——《天文版论语》述略""江户时代汉学家与《论语》"三个小节,详尽地展示了近代之前日本主要《论语》版本的变化与流传,尤为难得的是,刘著还特别列举了伊藤仁斋(1627—1705)及其《论语古义》和荻生徂徕(1666—1728)及其《论语徵》为具体案例,进行了原典实证的文本细读方式,还原了江户时代日本这两个最具代表性的汉学研究者,如何基于自身的知识与需求,对《论语》进行创造性的解读而自朱子学中走出,并进而为后来的日本近代《论语》及儒学理解与接受,提供了不可回避的"前理解"[②],成为日本近代汉学重要的学术史的前提之一。

又如,本书在论述哲学、史学和文学等多个领域内的《论语》理解与接受时,还为我们立体呈现了近代日本不同阶层与领域内丰富的"孔子"形象以及以此为表征意义的"中国"形象。面对近代日本学术思想界纷繁复杂的描述与表达,作者对此保持了足够的学术冷静与客观,站在日本近代学术史整体的立场,将之放在日本近代思想史的脉络("脱亚入欧"与"大东亚主义"相互交织的脉络图景)之内,强调这些解读的丰富与多元,是在一个相对具体的历史语境下完成的,即上述《论语》的研究及"孔子"形象所呈现的不同之内,有着那个时代的统一特征与内在规则。如津田左右吉对于儒学的批判与服部宇之吉对"孔子教"倡议,虽有着不同的学术主张与方法,但就其目的,也都是"以中国为方法"的日本近代文化自我确认和与重新建构

[①] 严绍璗《多边文化和多边文化研究的原典实证的观念与方法论》,载《比较文学与文化"变异体"研究》,复旦大学出版社2011年,第134—152页。

[②] 伽达默尔著,洪汉鼎译《诠释学:真理与方法——哲学诠释学的基本特征》"修订译本译者序言",商务印书馆2011年,第2页。

的途径和表达。甚至是对《论语》极为亲近与喜爱，并以"我们这样的中国人"而自称的吉川幸次郎这样一位"对中国最温情的典型学者"亦概莫能外。①

要之，作者在具体个案之中把握时代脉络、在时代宏观特征的把握之下考辨具体研究个案的学术路径与过程，共同向我们展示了本书将学术史的把握与具体（文本）个案分析有机统一的特点。若借用清代著名的目录学家、史学家章学诚（1738—1801）在其所著《校雠通义·自序》中提出的"辨章学术，考镜源流"②一语，亦是贴切，且体现了作者扎实朴素的学术风格。

这样的学术风格和特点，无疑与其知识架构及学术经验密切关联，刘萍乃是北大古文献学专业出身，毕业后留任北大古文献教研室至今，兼而从事"日本汉学与中国学"方向的研究，在以上两个专业方向的交叉点上，刘萍继《津田左右吉研究》之后，以十年之功完成了这部兼有整体学术视野和宏观时代关照、又不缺乏个体细微考证和文献版本梳理的著作。

除却方法论层面的"辨章学术，考镜源流"的特点之外，本书还有很多值得我们借鉴与学习的地方，如作者对于跨文化研究观念与方法的自觉运用，彰显了海外中国学（汉学）这一跨学科研究领域日益成为其重要研究方向和范式的学术事实。在自述前言中，作者就明确了自己在本书中跨文化研究的学术立场与视角，即："旨在立足比较文化的立场，就中国古代典籍、儒家经典《论语》东传日本后，在异质文化的土壤中，如何植入再生，如何发生变异，以及如何得到别样诠释等诸样相，作一历史性爬梳。"③而作者在版本考订和文本细读同时，亦没忘记义理的阐发与历史的研究，甚至有意识地借鉴了伽达默尔和海德格尔所倡议的诠释学之主张，考察《论语》在近代日本的接受与研究时，侧重分析研究主体理解的时代和个性的限定等，这些特点也表明了作者开放的研究姿态与自由的学术立场。

学无止境，论难定说。学术的进步也只存在于辩难和疑问之中。笔者阅读本书的过程中，在受到很多有意义的启发和思考同时，也有疑问产生。其

---

① 《〈论语〉与近代日本》，第165页。
② 原文"校雠通义，盖自刘向父子，部次条别，将以辨章学术，考镜源流，非明于道术精微，群言得失之故者，不足与此"。另，章学诚在《校雠通义·焦竑误校汉志》中，将其表述为"辨章学术，考竟源流"。
③ 《〈论语〉与近代日本·前言》，第2页。

辨章学术　考镜源流——《〈论语〉与近代日本》的方法论特色及启示

中之一即是正如所谓"近代""现代""当代"划分过程中的不确定性与延续性问题一样，《论语》在近代以来的日本被接受与解读的历史亦是显现于断裂和继承之间，本书且以"《论语》与近代日本"为题，以整篇章节做了"近世日本《论语》"的铺陈和说明，但在其后却并未适当说明"近代"之后的"现代日本《论语》"的特征与变化等情况。如此，似乎缺失了历史性考察与分析的视野。自然，此问题亦有吹毛求疵之嫌，其解决亦非一本书所能承担。但令人欣喜和期待的是，在本书的后记中，据作者所言，后续将陆续完成"《论语》与现代日本""《论语》与当代日本"等相关课题，以期完整呈现"二十世纪日本《论语》学"之图景。

总之，以《论语》为代表的儒学典籍在日本的流布与影响，抑或是以儒学为代表的中国传统文化在历史和当下世界中的轨迹和命运，是一个内容丰富且事关紧要的重大时代课题。刘萍新著的出版，在学术观念、方法及路径等层面，无疑都给我们提供了一个成功的范本和样例，值得我们认真地借鉴与学习。

（王广生：北京外国语大学海外汉学研究中心博士后、国家图书馆工作人员）